JN291778

叢書・ウニベルシタス　974

アメリカという敵

フランス反米主義の系譜学

フィリップ・ロジェ
大谷尚文／佐藤竜二 訳

法政大学出版局

Philippe Roger
L'Ennemi américain
Généalogie de l'antiaméricanisme français

Copyright © 2002 by Éditions du Seuil

This boook is published in Japan by arrangement
with Éditions du Seuil
through le Bureau des Copyrights Français, Tokyo.

目次

日本語版への序文

『アメリカという敵』は、その挑発的なタイトルにもかかわらず、アメリカ合衆国に対する攻撃文書でもなければ弾劾の書でもない。これは歴史書である。文化史、あるいはこういったほうがよければ「表象」の歴史、この場合は二世紀以上も前からフランスに存在するアメリカおよび北米人に対する否定的表象の歴史である。

というのも、仏米関係は逆説的な状況に置かれているからである。一方で、幸福感を醸す伝説（レジャンド）によって称えられる共通した一つの歴史全体によって、フランスと合衆国は、時間的にも（一七七六年、一七八九年）、インスピレーション（「人権」の肯定、立憲代議制、個人の自由の保障）によってもきわめて近い二つの民主主義革命から生じた「姉妹共和国」である。他方で、フランスは他の国々にもまして一つの伝統――文字どおり反米的「文化」とでもいいうる伝統――が発展し、根を下ろしたヨーロッパの国なのである。

つまり、フランスは二重の例外をなしている。すなわち、フランスは合衆国と一度も戦争状態に陥ったことのないヨーロッパ唯一の大国である。だがフランス人はこの国に対して言葉とイマージュの戦争を絶えずつづけているのである。この敵意には情勢によるものは何もない。二〇〇二年と二〇〇三年に、イラク戦争の正当性と適時性をめぐる仏米間の外交的対立が最高潮に達した際、世論調査によってほとんどすべての国において合衆国の「イマージュ」が悪化したことが明らかになったのに対し、フランスの世論は際立って安定していた……否定的であることにおいてである！　また逆に、フランス人の大多数がオバマ大統領に対して抱いている共感、さらには熱狂を、ありのままの合衆国に対する好意の回帰と混同することは、おそらく間違っている。「一羽のツバメが来ただけでは春にならない」と諺は述べている。感じのいい（型におさまらないがゆえに、ますます感じのいい）大統領だけでは、永続的に根を下ろした偏見と不信を忘れさせることはできないだろう。

フランス反米主義に固有の歴史的な厚みが存在する。これは世界に類例を見ない——おそらくメキシコを除いてであるが、これには明白な理由がある。隣り合っているために危険だということと、「ヤンキー」がメキシコの土地に頻繁に遠征したという理由である。フランス反米主義のこの長い持続は、合衆国に対する他のすべての敵対形態、明確な情勢といっそう結びついたより最近の敵対形態とフランス反米主義を区別するのに十分である。

しかし本書が本質においてフランスにかぎったフランス史を物語っているとしても、他の反米主義の文化的なパターン、知的・政治的なメカニズムをよりよく理解するのにも役立つことができる。というのも、本書が描き出す歴史は、今日、フランス、および仏米というただそれだけの関係をはるかに超えて響き渡っているからである。

『アメリカという敵』が今日、大谷尚文教授らの翻訳で（ここで教授らにお礼を申し上げることを喜びとするものであるが）、英語、アラビア語、イタリア語についで日本語で出版されるとすれば、それは反米主義がほとんどすべての国において問題となっているからであり、この問題が長いあいだタブー視されていたか、問題が提起されたにしても、ごく周辺的な諸グループによるものであった日本においてすら、この問題が最近になって公的な論争の場に入り込んできたからである。私がこのことを確信できたのは、ここ一〇年来、頻繁に催される国際シンポジウムを通じてであり、二〇〇六年、私が招聘された京都産業大学での刺激的なセミナーのおかげである。このセミナーのあとで関西日仏学院で会談があったが、これも同じく実り豊かであった。

合衆国は、一九八九年以降、そしてこれがどれだけつづくかは不確定であるが、他の次元（経済、とりわけ金融）では否定できない弱体化の兆しを見せているにもかかわらず、軍事的優位と政治的ヘゲモニーを掌握している。ブッシュの時代を特徴づけた「超大国」としての単独行動は、それ自体が孤立の要因である。こうした主導権にほとんど不可避的に結びつく《*ubris*》〔傲慢〕には、友好国や同盟国ですら懸念を硬化させた。バラク・オバマといういっそう「多数の国にかかわる」大統領が就任したことが緊張緩和に十分であるかどうかは定かではない。

反米主義はアメリカのヘゲモニー——あるいはこのヘゲモニーの認識——と同様、世界的な現象となった。適切であろうがあるまいが、当と不当とを問わず、反米主義はいまや事実である。というのも、歴史家にとって、間違った観念でさえ、現実のなかにその結末と影響とをもたらす、事実そのものだからである。

「反米主義の比較研究」を可能にする同種の研究が増加することを待っているあいだ、本書の願いとは、複雑な側面をもち莫大な争点を担った現象に注意を引くことである。というのも、アメリカという「超大国」がしばしば私たちの不安にみちた注意を喚起するとしても、反米主義もまた私たちの警戒を必要とするからである。

そもそも、争点とはたんに外交的なものでも、政治的なものでも、「文明にかかわるもの」でもない。というのも、反米主義の系譜を分析することとは、真と偽と検証不可能なものをごちゃ混ぜにするタイプの言説の誕生と展開について考えることだからである。反米主義は物語とイマージュの蓄積からの産物である。こういってよければ、それは対抗-伝説（コントル・レジャンド）であって、反米主義に身をゆだねる集団の不安、強迫観念、怨恨をごちゃごちゃに混合させるのである。反米主義は、その修辞学的な機能の仕方においては、偏見に固有のいくつかの特徴（決まり文句、社会通念、批判を受けることの決してない申し立て、の反復的回帰）を、風聞に固有のほかの特徴に結びつける（反米主義は、ミシェル・フーコーが述べたような「真理を語ること」《véridiction》の体制によれば、検証されないし検証され得ない情報を喜んで糧とする。この真理を語る体制は、最善で「みんながそれを知っている」という体制であり、最悪の場合は陰謀理論〔さまざまな社会現象の背景に、それを仕組んだ集団の陰謀があると根拠もなく思い込む思考方法〕の体制である）。

　反米的言説の分析によって、私たちは集団的確信のメカニズムについて考えることを余儀なくされる。そして一方の現実の利害の不一致を根拠とした合理的批判に属するものと、他方の私たち自身の偏見と幻想によって引き起こされるほとんどパヴロフ的な反射に属するものとを可能なかぎり厳密に区別すべくうながされる。フランス反米主義のような大がかりな現象に歴史的な考察を加えることは、敵意の言説が発生する政治的、文化的、または宗教的な核心部を正確に把握することを可能にする。だがそれはまた、私たち自身に対する警戒を呼びかけることである。他者に対する恨みのこもった中傷の便宜さに対する警戒を呼びかけることである。それはしばしば自己嫌悪の反映でしかないからである。決まり文句の自動性に警戒を呼びかけることである。この決まり文句の怠惰な反芻は、非合理的なものの宣伝者には似つかわしいかもしれないが、世界の内部にあって、私たちにはどう考えても受け入れがたく思われるすべてのものに対する私たち自身の批判的抵抗の妨げにしかなり得ないのである。

二〇一〇年四月二〇日、パリにて

フィリップ・ロジェ

「ワシントンはつぎのような見事な正論を表明していた。〝他国民に対する好悪の感情にいつも囚われる国民は、ある意味で奴隷になる。そうした国民は憎悪または愛情の奴隷なのである。〟（松本礼二訳）」

アレクシス・ド・トクヴィル、

『アメリカにおけるデモクラシーについて』

序文

英国、ドイツ、スペイン、イタリアは、かつてアメリカ合衆国と戦争をしたことがある。フランスは一度もない。それにもかかわらず、世界貿易センターへのテロ攻撃直後にミシェル・ヴィノクが述べたように、フランスは「反米主義がもっとも激しかったし、いまなおもっとも激しい」国である[1]。ここにはフランスの反米主義をたちどころに歴史的・文化的な謎にしてしまう極端な逆説がある。なぜ私たちフランス人はかくも反米的なのだろうか。この問いはまさに提起されるにあたいする。というのも、この反米主義には、現実的なものであれ想像上のものであれ、私たちの合衆国に対する関係以上のもの、この関係をはるかに超えたものがかかわってくるからである。

フランスの反米主義は、現代の気分とか最近の熱病なのではない。世論調査で反米主義の曲線グラフをたどるだけで、フランス－アメリカの関係にまつわるあれやこれやのエピソードと、反米主義の変遷を関連づけるのに十分だろう。一九八〇年代の半ば、世論調査者と政治学者は反米主義が大きく後退し、間もなく消滅すると予告していた。彼らの言い分を信じるならば、フランス反米主義は最後の瞬間を生きているのであった。反米主義の決まり文句は時代遅れとなった。大衆はいまや逆の紋切り型をつつしむべきだと警告された。勝ち誇った「アメリカびいき」の紋切り型である。知識人までもが、彼らなりの「ダマスカスへの道」〔エルサレムからダマスカスに通じる道。使徒パウロはここで啓示を受けて回心した〕を見出していたらしい。この「インテリゲンチャの転向」[2]

は細部にわたって記述されていたのである。

だがもし実際に奇跡が起きていたならば、この転向という語は、場違いではなかっただろう。現実であれ仮定であれ、「晴れ間」は長くはつづかなかった。(3) 二一世紀に入る前に、振り子はリセットされていた。農民はマクドナルドを襲撃した。政府は国民の健康を理由にコカコーラの販売を一時見合わせた。「軽い高校」《lycée light》〔一九九九年春に文部大臣クロード・アレーグルによって提案された高校教育の中身の軽減案〕と高等教育のアメリカ化は街路という街路で罵倒された。さらにコソヴォへの介入の真っ最中に、NATOの活動に全体として賛意を表していた同じフランス人が、CSA〔放送メディア高等評議会〕と『リベラシオン』誌の世論調査で、かつてないほど反米的であることが明らかになった。(4) フランスは正気に返り、インテリゲンチャは、自分のつかの間のまどろみを変節と混同され、気を悪くして自分の持ち場にもどっていた。まれな例外を除いて、二〇〇一年九月一一日の事件への反応によって、フランスは転向したのではないかという疑いは完全に払拭されたのである。

フランス反米主義は最近になって価値として認められたのではない。それは歴史にしっかり根を下ろしており、しかも情勢の動向にほとんど影響されることがない。反米主義を一定期間かぎりの何らかの変動を通してとらえようとすることは、間違いなくそれをとらえ損なうことになる。持続のなかで、持続を通して形成された反米主義は、これを調査しようとする者に対して持続のなかにもぐり込むことを要求する。よくそう思われがちだが、反米主義の起源は、ヴェトナム戦争でも、冷戦でも、反米主義が絶頂に達する一九三〇年代でもない。一九世紀末には、そのほとんどすべての要素が出そろっている。その語りの図式の大半はできあがり、宣伝パンフレットには磨きがかけられ、レトリックはほぼ完成している。なおいっそう驚くべきことには、すでに合意が成り立っているのである。けたたましい分裂の時代にあって、反米主義はフランスで(すでに)もっともよく共有された事象なのである。はやくもこの時代には反米主義に右翼も左翼もない。反米主義によって精神主義者と非宗教的な人、ナショナリストとインターナショナリストは和解したのである。

周知のように、〈自由の女神（リベルテ）〉の像は台座よりずっと先に完成された。フランス人によって建立された〈アメリカという敵〉の像のほうは、必然的に未完成なままである。各世代がこれに専心し、ボルトを締めつける。しかし台座は一世紀来のものである。そして基礎工事――啓蒙思想家たちの新世界に対する奇妙な敵意のこと。これが〈プロローグ〉で問題とされるだろう――はもう二世紀も昔のことである。

この研究へとみちびいた第一の確信は、要するにフランス反米主義の謎は、それが刻み込まれている長期の持続を外れては解明できないということである。この奇妙な文化的対象は、どのように定義しようが、情勢の動向とは無関係である。流行という回転式陳列台が反米主義にもたらす影響は顕著でもなければ持続的でもない。予想外の出来事が反米主義形成の初期の段階において大きな役割を演じることができた。〈分離戦争〉〔南北戦争〕と一八九八年の米西戦争のケースにこれを見ることができるだろう。だがフランス反米主義は、みずからがまとった言説と表象の分厚い詰め物によって、外部からのショックを、軌道をそらされることもなくあっという間に吸収してしまった。フランスにおける反米的言説は独我論的ではないが、反米主義の「悪意」と無関係ではないある種のアウタルキーに恵まれている。合衆国に反対する、どれほど多くの扇動的な大演説、どれほど多くの誇張された弾劾文が、「そんなことは大したことではない」という安心感をかき立てる恥ずべき思考によって支えられ、鼓舞されたことだろうか。しかしこの錯覚が、たとえば三〇年代のフランスの外交・財政・道徳上の孤立を完成させるとすれば、これこそが明らかにもう一つの錯覚、しかも危険度がもっとも低いわけではない錯覚である。

記号論は、バルトがいったような「固まる（サ・プラン）」臨界点、言説が粘り気をもつ臨界点、言説がみずからの鈍感さによって永続することができる臨界点を正確に決定するのに多大な苦労をしている。だがこの問題はあらゆる同意という現象の分析と理解にとって本質的である。（というのも、同意するのはつねに言説に対してであり、言説を誇示する身振りに対してであって、政治的コミュニケーションが私たちに信じさせたがっているように、個人とか「人格」に対してではないからである。）反米主義は物語としてフランスで強い同意を呼び起こすが、この同意はかならずしも実際に感じられた敵意を必要としないのである。ここから、ある種の友人の真摯な抗議がやって来る。この友人はフランス反米主義の典型的な月並みな表現・主題（トポス）を表明したあとで、アメリカ人に対していっさい悪感情を抱くことをみずからに禁じるのである。このような言説の原動力は反復にある。その強さは頑固さにある。おそらくその強度の「ピーク」のグラフを作成できるかもしれない。だが重要なことはよそで決せられている。イマージュ、伝説、ほら話、逸話、信仰、情動の緩慢な重層化においてである。これらすべてを白日の下にさらすには、「世論調査」〔sondage。「測深する、ボーリング調査する」等を意味する sonder の名詞形〕（きわめて不適切な呼び名である。というのも、世論調査は状況を「掘り下げ」ることをせずに、スナップショットを「製版する」からである）以上のものを必要とする。すなわち、穴をあけ、つるはしで掘り、坑道をうがち、鉱脈を露出させ、鉱脈を掘り進まなければならないのである。

――さあ、出発だ。ぐずぐずせずに。道のりは長いのだから。――まあまあ、そんなにあわてずに、と、声を合わせて答えるのは、方法の監視人とイデオロギーの税関吏である。

*

「私は反米的ではまったくない。それに、そもそも私はこの語が何を意味するのかわからない」とサルトルが宣言するのは一九四六年である。(5) この反論の論法はルイス・キャロルを、またマッド・ハッター

〔『不思議の国のアリス』に登場する頭のおかしな帽子屋〕であればなおさら狂喜させたことだろう。同じ論法は反米主義という概念を妨害しようとする現代の言説を相変わらず支配している。実際は、サルトル以降、路線はいっそう激しくなった。反米主義は彼にとって理解不可能な語——あるいは自分が反米的でないことを証明すべきときにのみ理解可能な語——でしかなかった。今日ではそれは、その「使用が無害ではない」徹底的に除去すべき「よけいな言葉」であり、「怒りに駆られた〝アメリカびいき〟(6)」の陰謀であって、ヤンキーのスパイによって念入りに準備された意味論的な謀議である。『ル・モンド・ディプロマティック』で、セルジュ・アリミがこの意味を欠いた語の背後に割り出しているのは、「アメリカがその実験室となっているある社会秩序に反抗する最後の者たちを威嚇する」任務を帯びた、いろいろな下心を隠した人々である。この口調をいささか恐怖政治じみていると思うような人には、『ル・モンド・ディプロマティック』のこの文書が「解毒のためのファイル」と題されていると答えるべきである。薬を断つことと威嚇とを取り違えてはならない。というのも、この語、「ふくらんでいき、広がっていく」この反米主義という語を私たちに禁じようとするのであれば、それは私たちの幸福のためであり、麻薬に対する闘いの一環としてだからである。

「反米主義」？　知りません。サルトル以降、この否認の言葉は、いかなる反米的レトリックを誇示する際にも、必然的な前置きである。「よけいな言葉」と題された記事は典型的である。そこではすべてが逆さに働いている。検閲を正当化するために導入された「威嚇」への非難から、告発のベースとなっている政治的ヴィジョンの善悪二元論を隠蔽するために「しっかりビス止めされた二つの要素からなる論理」を反対者のせいだとする非難にいたるまでである。「意味論的」反論がそこに導入されるのは、論争機械を動かすためでしかない。つまり、法廷でよくいわれるように、本案に併合することができるのである。

＊

いっそう認識論的な次元のもう一つ別の反論はつぎのように提起される。反米主義が存在し、そのあらわれを割り出すことができるとしても、私たちにはこのあらわれから一つのコンセプトを作り、これを分析するカテゴリー、あるいはたんなるこれを記述する道具を作る権利はあるのだろうか。言葉はフランス語に受け入れられた。これについては、みなが同意している。物は「言語圏」にかなり目に見えるような形でただよっている。よろしい。物はいくつかの態度と行動を決定することさえ可能である。だがこれをコンセプトに仕立て上げることは、反米主義者が反対するようなアメリカの「本質」が存在するという見解を――間違って――信用させることにはならないだろうか。異論を呈することが困難な現象を説明するには、アメリカの非歴史的な本質化を承認しなければならないのだろうか。

この反論に答えるには、この反論が前提としている「アメリカニスム〔アメリカ主義、アメリカ精神〕」«américanisme»と「反米主義」のあいだの関係をざっと検討してみなければならない。

americanism〔アメリカニズム〕はアメリカ合衆国においては、一九世紀末には、国家的アイデンティティの本質的構成要素とみなされた一連の「価値観」、およびこれらの価値観を採り入れ、この国家的理想に私的アイデンティティを一致させようと努力する人々の態度を意味している。二〇世紀初頭にシオドア・ローズヴェルトによって広められたこの表現は、「一〇〇パーセントのアメリカ人」のような種々の概念と不可分である――「ハイフン付きアメリカ人」（愛国的融合に逆らう *German-Americans*〔ドイツ的‐アメリカ人〕とか *Italo-Americans*〔イタリア的‐アメリカ人〕）とは対照的である。意図は明白である。内容のほうはきわめて漠然としたままであるが。たとえば、マリ＝フランス・トワネはつぎのように記している。「アメリ

カニスムは勇気、名誉、正義、真実、誠実、力といった美徳を意味している——それらはアメリカを作った美徳である。[7]」一九二〇年代にアメリカそれ自身の繁栄によって栄光と権力へと上りつめた *americanism* は、当時、「文明」のいくつかの特徴をみずからに包含しようとしていた。効率、生産性、物質的財産への接近である。*americanism* のスローガンは、そのナショナリズム的、さらには狂信的愛国の色彩をとどめたまま、以後、もう一つの同語反復的な自己規定と組み合わせられる。*American way of life*〔アメリカン・ウェイ・オヴ・ライフ〕である。これは *americanism* の物質的な部分をなし、*americanism* が「道徳性」の側で規定していたものを、「習俗」の側で補完する。ここで重要なのは、幅広いとともに漠然とした「アメリカの理念」に対する各市民の知的・感情的賛同を通して茫漠とした国家的一貫性を確立する必要から誕生したにもかかわらず、*americanism* はドクトリンの地位に達したことも、明確な政治綱領の地位に達したことも一度もないということである。

ナルシスト的な指示語であり、内部で使用されるスローガンであるがゆえに、*americanism* は輸出不可能であるように思われる。だがあふれ出すアメリカの力は、これをヨーロッパまで押しやる。フランス人は一九二〇年代の終わりに、合衆国に対する（論争的）関心の回復のさなかでこれを発見する。だがこれにイデオロギー的または政治的な一貫性を与えようとするフランス人の努力は、素材の抵抗にぶつかる。*americanism* は何よりもまずアメリカ人であることの誇りを意味している。それ以外はどうでもいいことだ。シオドア・ローズヴェルトの *americanism* はフランクリン・デラノ・ローズヴェルトのそれに重ね合わせることはできない。フォードの「アメリカニスムの」信条は、アメリカの *Manifest Destiny*〔明白な運命。アメリカの西部開拓を神の意思による当然の運命とみなし、正当化した標語〕の最初の推進者の信条ではもはやない。かなり論理的にフランス人はこれを素早くとらえると、今度はこれにある内容を結びつける。たいていの場合、否定的なこの内容は、フランス人自身のアメリカ合衆国に対するヴィジョンを反映している。デーヴィッド・ストラウスは二〇年代のフランス反米主義について一冊の書物を書いたが、正しくつぎのように記している。「アメリカニスム」はフランス語への翻訳においては「アメリカ文明の不可欠な部分をなすとフランス人が信じている文化的価値観と制度」を意味する。(8) 戦争直後、サルトルだけが *americanism* を文化的に翻訳しようとしている。つまり、それがもっていない内容を吹き込むのではなく、アメリカにおける社会化のメカニズムの心的な鍵としてこれを分析するのである。(9) このきわめて個人的な試みは、結局、罵倒されざるを得ないこの用語の運命に何の影響ももたらさない。(10) レジス・ドブレは一九九二年に出版された書物のなかでこの語(そもそもますます使用されることが少なくなっている)の意味論的状況をみごとに要約した。この語のコノテーションの長い目録を作成したあとで、(11) ドブレはつぎのような結論を下している。「アメリカニスム、それは暗黒へと押しやられたアメリカ、そのポジティヴなものすべてを差し引いたものであろう。」そのあいまいな経路の果てに、フランス流の「アメリカニスム」はもはや、アメリカに対する反米主義的な紋切り型のリストでしかなくなってしまう。

いまやアメリカの本質化という最初の反論に引き返し、答えることができる。ここで間違っているのは、反米主義を「アメリカニスム」の概念の派生語だと仮定することである。この偽りの反義語は歴史的にも論理的にもこの概念に何も負っていない。フランスでは、反米主義の実存(エグジスタンス)はアメリカの本質に先行している。その結果、「アメリカニスム」ではいつまで経ってもアメリカの本質をつかむことはできない。

またそれゆえに、この書物全体を通じて、反米主義 antiaméricanisme はハイフンなしで綴られる。

最後の疑念。これからおこなう調査は二世紀にわたっている。だが反米主義という語がそれよりもずっと最近のものであることに不都合はないだろうか。名づけられなかった概念の系譜を作ることなどできるのだろうか。

年代をはっきりさせることからはじめなければならない。この語がフランス語の辞書に採り入れられたのは、最近のことである（『プチ・ロベール』に一九六八年）。だが周知のように、辞書は時間的なずれのある登録所である。語彙研究によって見出された最初の使用は一九四八年にさかのぼる。五〇年代初頭から、この語は通常の政治的言語に含まれるようになった。[12] この用語は反ソ主義と並行して広まったと主張してもそれほど軽率ではないだろう。この用語が語彙に登録されたのは、冷戦の結果であるように思われる。

結論を先にいえば、問題はその答えを、意味論的-文化史のパイオニアのひとり、ラインハルト・コゼレックの懐に見出すことができる。彼が、ある概念なりある思考カテゴリーなりの出現をそれを指示する語の誕生に厳密に依存させるような、むなしい理論的厳格主義（または新たな唯名論）に警戒をうながすときである。「ある語の意味の変化と持続は、この変化と持続が指し示す諸構造の持続と変化に対応している必要はない」とコゼレックは書いている。というのも、「長持ちした語はそれ自体として、同一のままの物質的現実を指し示す十分な指標ではないし［……］逆に、きわめて長い時間をかけてしか変化しない現実は、きわめて多様な表現で表現されている……」[13] からである。誘いは明白であり、声は権威にみちている。語彙研究の手がかりを、コンセプトや行動を調査する領域を限定するのに利用するのは単純すぎるだろう。フランスに一九世紀末以降、言葉であらわされない反米主義が存在することは異論の余地がない。（そもそも、この語は「ヤンキスム」《yankisme》または《yankeesme》をもとにして構築されたらしい。[14]）辞書から記憶にとどめるべき教訓は別にある。辞書によって想起される有益なこととは、反米主義はフランス語で国名をもとにして形成された「反－」をもつ唯一の名詞だということである。この奇妙な語がとうとう出現したということ、この語が認められたということ（および、今日ではこの語を辞書から削除することは不可能だと思われるということ）、このことこそ、それ自体、優遇ではないとしても、例外的な扱いを示しているのである。

＊

フランス反米主義の系譜――それはどういう意味だろうか。第一に、反米主義はここではフランスがアメリカ合衆国を相手につづけている長期にわたる言葉についての論争（ロゴマシー）、果てしない言葉の戦争として検討されるだろうということである。問題なのは、その論争の論理を復元することである。つまり、フランス－アメリカの関係の不愉快な側面に身を置くことになる。ここでこそ殴り合いがおこなわれ、ローブローが交わされているのである。いつまでも洗われることのない汚れた下着を白日の下にさらすだろう。これが内輪でのことなのか、《*perfect strangers*》〔まったく見知らぬ人〕どうしのあいだでのことなのか、あまりよくわからないけれども。だがこの反米的言説をもっと緩やかな傾斜の地帯でも追いかけることができるだろう。そこでは反米的言説は、罵倒の急流のようなゴーゴーとした音も立てずに、静かに流れ落ちる。要するに、反米的言説が自然に流れ出すのは、そこなのである。

私はクローデルの『日記』を開き、読む。一九三三年にワシントンで書かれたものである。「アレ〔グザンダー]・ハミルトンは『フェデラリスト』で、すでにその時代、退化の影響はアメリカの風土のせいにされていたことを指摘している。″この国では、犬でさえもう吠えることがない″。」さらにクローデルは余談としてつけ加えている。「しかもこれはまったくの真実である。[15]」すべてが間違いであることを別にすればだが。まず、アメリカの犬は吠える。つぎに、ハミルトンは「指摘」していない。彼は退化というテーゼをばかげたこととして非難している。「深遠な哲学者として称賛される人々は、歯に衣着せずに[ヨーロッパの]住民には身体的優越性があるとみなし、すべての動物は、そこには人間も含まれるが、アメリカにおいて退化する――犬でさえ私たちの大気を吸ったあと間もなくして吠えることをやめる、と重々しく宣言した。」こう語っているのは、彼、ハミルトンではない。コルネリウス・デ・パウである。ハミルトンは注で彼だとしているのである。[16]この〈啓蒙主義〉の博物学者からフランスの詩人‐大使にいたるまで、一世紀半にわたる反証とハミルトン自身の言葉があるにもかかわらず、アメリカを失声症の犬の伝説に結びつける鎖はよくもちこたえた。ある朝、フランス‐アンフォ放送で、トゥールーズのビストロの経営者が反‐アルコール・キャンペーンについてコメントして、パスティス〔ウイキョウで香りをつけた酒〕を飲み過ぎてはいけないとしても、コカコーラのほうが胃にもっとよくない、と答えている。「試しにコカのコップに二〇サンティーム硬貨を入れてみて下さい……。」この科学的な神話素はそれほど古くはない。この神話素の起源はたかだか一九四九年のコカ戦争である――それでも半世紀である。(コップにユーロが入れられるには、おそらくあと半世紀が必要だろう。)ビストロ経営者と大使は、それぞれ自分なりの流儀で、私が反米主義と呼ぶ手渡し行列を作る。彼ら自身が反米的であろうがなかろうが、そんなことは大したことではないのである。

反米主義はバルト的な意味では神話ではない。というのも、それは共示的なメッセージが知らぬ間に

「中立化されたもの」としてみずからを押しつけるような「二次的言語」ではないからである。（そこには構造的な陰険さはない。）

それはシオドア・ゼルディンが描写した「フランス的情熱」の意味での情熱でもない。あるいは、それだけではない。

それはイデオロギーなのだろうか。ありあまるほどあるイデオロギーの定義がここでは答えの妨げになる。もっとも開かれた定義の一つによれば、イデオロギーとは「論争的な言説の形成物であって、ある情熱はこれのおかげで社会のなかで力を行使することによって価値を実現しようとする」[17]のである。この定義の前半はまさしく反米主義にうってつけである。だが後半はそうではない。反米主義と政治との関係はもっと複雑であるように思われる。というのも、一方で、反米主義はもっともイデオロギー的に敵対的な政治的言説と手を結ぶからであり、他方で、反米主義は、それとして見定めることができるようないっさいの政治的な予定表とか目標の外部でしばしばくり広げられるからである。

では、いったい何なのか。

たんにつぎのように答えられよう。反米主義は言説である。それでも、ここで哲学（ロゴスの翻訳としての哲学）と構造主義（レヴィ＝ストロースからフーコーにいたるまでの構造主義）によって過備給された用語は軽くしてやらなければならないだろう。言説とはまず、その語源（*dis-correre*）が示すように、またルネサンスにいたるまでのこの語の用法が証明しているように、「あちこち走り回る」仕方である。反米主義はくつわを外された言説である。これが情動に浸透され、気まぐれの縞模様をつけられているからばかりではない。同時に、小論文や論証ではなく、エッセイの規則に従っているからである。（それは「命令」に応えるわけでもない。反米的陰謀は存在しないからである。）その論理は、蓄積、堆積、私のためにそれを取ってください décrochez-moi ça、「もう〔まだ〕少しです、ありがとう」«encore un peu, merci» の論理である——要するに、一つの螺旋であって、そこでは矛盾律は解除されているのである。（反米主義は同時におたがいに排他的な不平不満を声高にいうことに当惑することは決してない。）しかしこれらの飛躍、これらの跳躍を通しても、反米主義は決して「無償」ではない。まして、ばからしいものではない。その交錯した戦略の複雑さ——問題なのは、これを解きほぐすことだろう——のみが、さまざまな個人的な思いつきの束という偽りの様相を反米主義に与えるのである。思いつきはある。これは疑うまい。思いつきは語に肉を与え、文に神経を与える。しかし反米的言説はこれを一般大衆にゆだねるのである。

「言説」という語はフーコーの名と切り離せない。その場合、それは七〇年代に言説を実践（プラティック）の発出（エマナシオン）とか支配（ドミナシオン）の引き継ぎ（ルレ）ととらえるフーコーと対比して、むしろ最初と最後のフーコーということになるだろう。反米的言説は現実の状況のなかにある。だがそれは自律的で「非支配的（アクラティック）」——バルトが権力と結びついていない言説についていったように——である。だからといって、居場所もなく寄る辺もないということではない。反米的言説はインテリゲンチャによって大量に生産される。それはインテリゲンチャの発散物である。交霊術の用語を使えば、反米主義はインテリのエクトプラズマ〔霊媒の頭部からあらわれる白い液体状の心霊体〕である。

このことはまた、この書物がそれではないすべてのものをよく示している。この書物のなかにアメリカ合衆国は遍在するにもかかわらず、これはアメリカにかんする書物ではない。悲観的に見直されたフランス－アメリカ関係の論争史でも、「日常生活における」異文化間の誤解の民族学的研究でもない。(18) これはまた、今日、フランスに流布している反米的モチーフのテーマ別リストでもない。二つの国がおたがいに送り合う「交錯するイマージュ」の明細目録でもない。これらのイマージュについては、「均衡のとれた」貸借対照表をもたらすためには、その目録を作成しなければならないだろう。とりわけフランス反米主義は両義的であいまいで矛盾にみちた関係の諸相の一つとして、これまでは扱われてきた。つまり、メダルの裏であって、このメダルについては、裏のほうが表よりもはるかによく見えるということが同時に認められていたのである。ここでのアプローチは根本的に異なっているだろう。すべてを網羅しようとしても不可能であるし、「賛成(プロ)」と「反対(コントラ)」というむなしい吟味を求めることもない。反米主義は歴史的に重層化された意味論的な一ブロックとしてとらえられるだろう。この意味論的ブロックを切り離して分析することは可能だし、そのほうが好ましくさえあるだろう。したがって、以後のページにおいては、アメリカに好意的な諸表象、フランス人とアメリカ人が幸福感を共有した（短い）諸瞬間は、反米的言説のある種の方向転換や新たな衰退を解明するために必要であるかぎりにおいてしか採り上げられない。多くのアメリカにかんする「よき」読者、アメリカ神話学の学者のなかでもっとも心広き人々は、このようにしてこの報告の余白の部分に追いやられたり、間接的な扱いを受けている（この人たちがこうむったひずみゆえに、または彼らが引き起こした反米的反撃ゆえにである）。この存在の抹殺が表現しているのは、アプローチにおける根本的選択であって、アメリカびいきの声に弱音器を押しつけるための陰険な努力なのではない。

つまり、「言説」として解されたこの反米主義から生じる結論とは、系譜学であろうとすることであるだろう――この系譜学においては、歴史と意味論はおたがいのむなしい論争の口を封じなければならないだろう。歴史は、偽りの「物語(ナラシオン)」が紛れもない事実でありうること(19)を受け入れることによって、意味論は、バルトが『講義』で意味論に引き受けさせようとした不純物を受け入れ、要するに「言語の不純物、言語学の残り滓、メッセージの直接的な歪み、つまり、もっぱらさまざまな欲望、恐れ、表情、威嚇……を収集する作業(20)」と化すことによってである。

プロローグ　この「不運な世界」――啓蒙主義の反‐米

「ワシントン閣下、ここに私たちが参上いたしました。ラ・ファイエット閣下、そちらに私たちが参上いたします。要するに、ＵＳＡをめぐるハリウッド的神話……。」仏米関係の起源にある物語を「ハリウッド的神話」[1]だと言い切るには、論争におけるエティアンブルの厚かましさが必要だった。ラ・ファイエットとその戦友たちの個人的・集団的行為が書き直されはじめたのが、カリフォルニアのスタジオから遠く離れた革命期のパリのまっただ中であることは、もちろんである。ラ・ファイエットとアメリカの神話が、曖昧模糊としており、すぐに横取りされる〔七月〕革命の演出に参加するのも、一八三〇年の、同じくパリにおいてである。一九一五年、合衆国を参戦させようとするフランスにおいて、仏米の「永遠の友好関係」の熱に浮かされたような再活性化が起きるまで、似たり寄ったりである。だからエティアンブルとは逆に、つぎのようにいわなければならないだろう。つまり、「ワシントン閣下、ここに私たちが参上いたしました。ラ・ファイエット閣下、そちらに私たちが参上いたします。要するに、ＵＳＡをめぐるフランス‐共和主義の神話……」。

この神話の機能は、少なくともこの神話の異本と同じくらい数が多い。しかしこの神話のもっとも一般的な効果とは、仏米間の初期の関係史を自分のために横取りすることにあったのかもしれない。神話とはパロールである、とバルトはいった。ここではそれは、ほかのパロールを覆い尽くすためにやって来たパロールである。いくつかの「大きな物語（ナラシオン）」（フランス革命、共和主義、仏米同盟）を奨励するようになる前には、この神話はほかの物語を忘れさせようと躍起になった。ラ・ファイエットの同時代人たちに向けてこの神話が提案したのは、それまでの三〇年間にアメリカについてフランスで蓄積されたかなり手厳しい表象を忘却することであった。つまり、それまで惨憺たる歴史のなかに閉じ込められてきた一つの大陸が、友愛と栄光にみちた歴史のなかに入ることができるようにすることを提案したのである。ずっとあとになって、一九世紀と二〇世紀にこの大陸を占領した人々には、この神話は裏切られた連帯とつかの間の同盟の苦痛を隠蔽することを可能にする。ラ・ファイエットという象徴は、幸福な一〇年間に照明全体をあてることで「マスク〔映画・テレビで合成画面を作るために画面の一部を隠すためにもちいられる〕」の役割を果たすのである――上流ではアメリカに対する半世紀にわたる中傷に対する、下流ではフランスとアメリカが共同の勝利の一五年後に「大分裂」状態に陥り、おたがいに武器を向け合うようになる世紀末に対する「マスク」の役割である。

アメリカに反対する啓蒙主義

フランス反米主義には、一つの歴史があるだけではない。前史も存在する――理解されず、忘却され、集団的表象の連続層のなかに埋もれた前史が。この前史は一八世紀後半を占めている。それは独立国家としてのアメリカ合衆国の出現に先立ち、ゆっくりとした堆積の第一層に相当する。ヨーロッパによって進められるこの奇妙な訴訟のなかで、非難の矛先を向けられるのは大陸全体である。この訴訟は、少し前、アントネッロ・ジェルビによって「〈新世界〉についてのいさかい」(2)と名づけられたが、このいさかいを受け継ぐことになるのは、誕生しつつあるアメリカ合衆国であり、挑戦に応じるのはジェファーソン自身である。

一七五〇年頃にはじまったこの「いさかい」は、一七七〇年代から一七八〇年代にかけてピークに達する。このとき、このいさかいは仏米間の論争に変わるのである。アメリカ独立戦争の戦闘で結束したフランス人とアメリカ人は、ヴァージニアタバコの湿気率や、ペンシルヴェニアの土壌中にある硝酸塩類化学肥料の濃度、小麦の生産高、入植者の受胎率について、事情を熟知していながら対立し合う。というのも、このいさかいはむしろ、旧世界の学者や哲学者によって〈新世界〉に対して科学的に仕掛けられた訴訟だからである。争点となっているものは、ちょっとやそっとのものではない。問題なのは、この大地には未来があるのか、あるいは反対に、〈自然〉が「半球全体で思い違いをされてきた(3)」のかどうかを知ることである。とりわけ一八世紀の後半に、アメリカの擁護者がくり返した、あまりにも素朴で、あまりにも敬虔なイマージュを見直さなければならない。アメリカは実際には期待外れの大陸であることを明らかにしなければならない。これは要するに、半ば科学的論争、半ばイマージュの戦争という形ではじまる、アメリカ崇拝の欺瞞に対する十字軍なのである。学者、哲学者、「文学者」は、この対象を追いかけることに驚くほど固執し、思いがけない激しさを示すだろう。だからこのプロローグには、つぎのようなタイトルを付けることもできるだろう。すなわち、とんでもない誹謗の時代、と。

最初の驚きは、これらの言説の起源に由来する。あらゆる予想に反して、またいずれにせよ一八世紀に〈新世界〉と新しい思想を結びつける型にはまった考え方とは逆に、この反米主義は〈啓蒙哲学〉の陣営で生まれ、発展する。反米主義は、絶頂期の啓蒙主義と同時代というだけではない。「哲学的精神」のプログラムやその進歩と否定すべくもなく結びついた人々によって作り出され、広められたのである。パリという震央から論争は間もなくヨーロッパ全土に広がり、この世紀の終わりにはアメリカにまで伝播する。反米主義の先駆者は社会の周辺に生きる人々や孤立した人間ではないし、アメリカに対する何らかの個人的な恨みによって苛立った精神の持ち主でもない。それはビュフォンやヴォルテール、レーナルのような人たちである。今日ではそれほど名が知られていないが、当時はそれなりの名声を得ていたコルネリウス・デ・パウのようなほかの人々が、前人の足跡をたどる。彼らは全員が〈新世界〉の欠陥を誇示することによって、盲目的なヨーロッパ、欺かれたヨーロッパに警告を発することを任務としている。コロンブスの二世紀半後に、ヴォルテールが『風俗について』[4]で書いているように、「アメリカが発見されたのが哲学の努力によってであるとするならば」、アメリカが失望と反感のあいだで再発見される、いやむしろ見直されるのもまた〈啓蒙哲学〉の努力によってなのである。

第二の特徴。この反米主義は断固として科学的であることを、より正確にいえば「博物学的」であることを望んでいる。反米主義が政治的・道徳的になるのは、事後的でしかない。つまり、論理的・年代学的に第二段階になってからでしかない。アメリカについての論争の重心が政治哲学に移行するのは、一七八〇年以降であるが、だからといって博物学的論争の激しさが減ずることはなかった。フランスの「誹謗中傷」は根拠がないことを立証しようと決心したアメリカの論客と論戦を交えることで、逆にこの博物学的論争は勢いを増していく。アメリカの論客は当時、ジェファーソンをその筆頭として、祖国の政治制度を擁護するのと同じように、祖国のすばらしい自然を証明することにも気を配っていた。こうした反米的言説はその後の政治的な豹変にいたるまで、「博物学」によって統合される知にもとづいている。つまり地質学から動物学、植物学から人類学までである。ビュフォンがその先駆者であり保証人である。ビュフォンののちに、アメリカに対する誹謗集団は、コルネリウス・デ・パウがいったように「私たちがしぶしぶでなければ決して離れることのない博物学」を後ろ盾にすることになるだろう[5]。博物学は弾薬をもたらすと同時に、後方基地、必要な場合には防御陣地をも提供する。「ある学問について書かれた本を非難する際には」とデ・パウはつけ加えている、「利用すべきは、この学問から引き出された論拠であって、ほかの学問の論拠ではない」[6]。このような立場にしっかりと足場を固めたデ・パウもビュフォンも、アメリカ擁護者の前に断固として立ちはだかる。彼らの博物学は「近代的」である。つまりそれは描写よりも論理によって進められる。またはビュフォンの場合のように、描写そのものまでも論証に仕立て上げられる。これらの博物学者——そのだれひとりとして大西洋を渡っていない——にとって、アメリカの自然を丸ごと却下するためには、それを詳細に描写することが必要だとは思われない。動物学と植物学の任務とは、「その土地固有の産物」の生き生きとした一覧表を作ることではなく、この多くのもののなかからアメリカそのものの自然の種々の特徴を引き出すことである。驚くことに、もっとも特異なこととは、アメリカの産物の「小ささ」である。それ以前の物語の無限のきらめきに反発するかのように、アメリカの自然はいろいろな要素の短い一覧表に還元される。すなわち、寒さ（熱帯地方でさえ、土はほんのわずか掘っただけでも冷たいとみなされている）、湿気、塩辛さである。同様に、奇妙な動物相のとんでもなく雑然とした集まりは、いくつかの数字に帰着する。重さは？　身長は？　身体的特徴は？〈新世界〉のこれらの動物は、とりわけ体の寸法を測ることが要求される。重さを測られ、判断を下されたこれらの動物たちは、恵みの乏しい大地に不利な証言をするのである。

第三の特徴。アメリカ大陸の欠陥に対するこの科学的な批判は、大陸のイマージュの多様性を犠牲にしておこなわれる。いさかいは一つにまとめられた〈新世界〉に向けられるが、これはそれ自体、新規なことである。新大陸の発見にかんする初期の物語から、ラフィトーやシャルルヴォワといった宣教師の後期の報告にいたるまで、アメリカの記述には、他とはっきり区別できるさまざまな描写が併置されていた。それはインカ王国から北部の遊牧の民族まで、さまざまな気候、身体的類型、慣習の膨大な寄せ集めであった。激しいコントラストをもつ土地である「西インド諸島」は、一般化をほとんど受け付けないように見えた。その観察者には——そこには、その住民はみな同じ起源をもっていると考える人たちも含まれる——、住民は生活環境と同じくらい多様であると思われていた。無尽蔵に風変わりな土地、ちりぢりに分散して暮らす人々、舞い上がったほこりのように数かぎりない慣習、これがヨーロッパにとってコロンブス以後のアメリカ像である。したがって、いかなる風変わりな特殊性にも言及しつつ——そのもっとも有害なものについては、のちほど採り上げるが——アメリカ大陸の均質性を強調するこれらの分類法とともに、著しい変化が導入される。かくして、誹謗者自身の筆の下にはじめて、統一されたアメリカ——大陸アメリカ（パタゴニアからラブラドル半島まで）であると同時に島のアメリカ（アンチル諸島とカリブ海の島々は、そこではえり抜きの場を占めている）——が出現する。最近になってもまだ神秘の小さな穴が点々とあり、さまざまなコントラストによって縞模様を付けられている〈新世界〉は、みずからに向けられた論争の必要に応じて、連続体——類似が差異に、一様が不同にまさる連続体——になるのである。この均一の集合体のなかでは、「英国植民地」、つまり未来の合衆国は姿をあらわすのにかなり苦労する。一七五〇年頃には、英国の植民地はこの均一の塊のなかにまだ完全に埋もれていた。デュラン・エチェヴェリアが記しているところによれば、『百科全書』でアメリカにかんする権威として引用されている二〇〇名の作家のなかで、英国植民地をそれとして（«*specifically*»）語っているのは、わずか八名のみである。(7)

第四の、そして最後の特徴。これら啓蒙主義者において反米主義とは反植民地主義である。国をけなし、住民をこき下ろすこと、それはいずれも植民地化を断念させることによって、そうなる恐れのあるものを救う方法である。「この未開人たちを平和裡に細々と生活させておこう」とデ・パウは弁護している。

「未開人の不幸が私たちの不幸を上回るのであれば、彼らに同情しよう。私たちが未開人の幸福に役立たないのであれば、彼らの不幸を増やさないようにしよう。[8]」〈自然〉から見放され悲嘆に暮れたアメリカは、〈征服〉によって甚大な被害をこうむった。アメリカは人間、言語、慣習の広大な墓地であり、「皆殺し」が実行されて廃墟と化した舞台である。誹謗者たちは、このアメリカの運命が呈する悲劇の大きさにまったく無関心だというわけではない。その反対である。デ・パウとレーナル（あるいはレーナルの名前で書いているディドロ）は、ヨーロッパが犯した罪に対するもっとも頑強な告発者に数えられる。しかし彼らは加虐者たちに憎しみを感じているからといって、犠牲者を理想化することはない。彼らは〈新世界〉の破壊された文明から、共感を欠いた遺憾の意を吹き込まれるのである。この点で自分の主人であるフレデリック二世――アメリカのためになされるどんな人的損失に対しても反対である――の政策を支持するコルネリウス・デ・パウにとって重要なこと、またモンテスキューを書き写す『両インド史』の執筆者たちにとって本質的なこととは、同国人を海岸から遠ざけ、「航海」を阻むことである。したがって、本国の人的損失を避けながら先住民の損害を免れさせるものである以上、これは二重の意味で哲学的な十字軍である。だがそれは自然法則に偽装された十字軍である。「風土の法則によって、各民族、各生物種、各植物種は、自分の生まれた国で成長し、死ぬことが望ましい。[9]」

したがって、これは分水嶺である。アメリカ大陸の発見者たちによって伝えられた魔力をもつ万華鏡、旅行家によって彩色された安定しない装飾模様、宣教師によって綿密に描かれた民族学的絵画を、ひとまとまりの大陸という大規模な演出が引き継ぐのである。すでにアメリカの緻密なイマージュが幅をきかせているさまざまな未知の土地は、地球全図のなかでふたたび白くなっていく。まるで発見への期待を夢想で満たさなければならないかのように、これら *terrae incognitae*〔未知なる大地〕には、少し前までは地図作成者の空想によってまだ奇妙な人間が住んでいたが、今後はもはや「まだ探検されていない」土地、猶予されている空間でしかない。博物学者と哲学者の監視の下で、すでにまとめられ、統合された世界のごく一時的な空隙にすぎない。

つまり早期の反米主義は、〈新世界〉をただ一つの世界として塗り替えるのである。だがこの塗り替えは、たんに一様一律であるだけではない。色調は陰気である。反米主義はモザイクのみずみずしさを、ぼやけたフレスコ画――グリザイユ〔灰色の濃淡だけで浮き彫りのような効果を出す技法、およびその技法による作品〕で描かれたアメリカ――でもって置き換えるのである。

大洪水のアメリカ

大陸全体、その動物相、植物相、そしてとにかく手当たり次第に、先住民や開拓者に対してまで、失望をあらわにしたり、嫌悪感を叫んだり、激しい非難の言葉をぶつけるために立ち上がるこれらの予想外の誹謗者たちは、いったい〈新世界〉について何を非難しなければならないのだろうか。彼らが寛大にもアメリカ大陸に住むことを許したようなハエや恐ろしいタランチュラが、啓蒙主義時代のすべての人間を刺したとでもいうのだろうか。この「新」世界に対する最初の抗議は、まさしく新しすぎるということである。博物学者のあいだで、アメリカの「若さ」という紋切り型はここにはじまる。しかし彼らにとって、それは賛辞ではない。

ここで大洪水までさかのぼらなければならない。世界の年齢の問題は、一八世紀の大論争の一つである。そこには宗教的、「哲学的」に重大なものが賭けられていた。大洪水という思想は、いったん自由思想家によって批判されたが、復権を果たした。いわば、まったく予想外の味方によって、つまり地質学者と最初の「宗教史家」によって、ノアの物語は危機的状況を脱したのである。ニコラ＝アントワーヌ・ブーランジェは、地質学者と宗教史家の両方をかねている。土木局の技師であるブーランジェは、トゥーレーヌ地方で道路を敷設しているが、そこの貝殻砂（ファルン）は、レオミュールの賢明な方法を使うと、例の「貝殻（コキーユ）」——私たちのいう化石——を含んでいることが明らかになる。この「貝殻」によって、フランスの〈庭園〉と呼ばれるこの地方が、長いあいだ水に飲み込まれた庭園だったことが証明されるのである。化学者であり、「比較」神話学者でもあるこの無神論者は、聖書に否（ノン）といい、大洪水に諾（ウィ）という者のひとりだった。聖書の年代配列と神の摂理によるノアの箱舟の冒険には、否（ノン）。全世界的な大洪水の具体的事実には、諾（ウィ）。全世界的な大洪水の物的痕跡（「貝殻」）は、文化的・宗教的な痕跡によって裏づけられるのである。ブーランジェによれば、世界の宗教すべてが地球の大洪水を引き合いに出すのは、それらの宗教がすべて、その際に人類に吹き込まれた迷信的恐怖の影響を受けているからである。この大洪水の復権は、人類がいつ生まれたのかという年齢の問題へとふたたび向かわせる。というのは、いまや問題になるのは、人類は大洪水の前にすでに存在しており、大洪水で著しく減ったとはいえ、生き延びた——これがブーランジェの主張である——のであるかどうかを知ることにあるからである。あるいは反対に、ブノワ・ド・マイエが一七四八年に『テリアムド』のなかで提示しているように、人類の起源を大洪水のあとにもってくるかどうか、人類が全世界規模の大洪水の漸進的後退から生まれたかどうかを知ることにあるからである。後者の考え方を採用すると、諸民族の年齢はその民族が住んでいる大地の年齢に対応している。つまり、ずっと昔からあった大地には、古い文明が存在し、より最近になって水が引いたあとに出現した大地には、最後の雨から落ちてきたような新しい民族が存在するのである。今後、アメリカは、さまざまな仮説に照らして、綿密な検討の対象となるだろう。

実際、アメリカの諸民族の「若さ」については、コンセンサスが幅をきかせている。博物学者と哲学者は、この点で意見が一致している。これらの民族は、生理的・知的に未熟な姿を呈している、ということである。彼らの制度は萌芽状態にあるか、ないも同然である。このことは人類学的には「自明のこと」であり、地質学はこのことを説明するように求められる。地質学はみずからすすんで、考えられるあらゆる方法を駆使して、その説明をおこなっているのである。

第一の可能性。アメリカ大陸は、旧世界よりもあとになって形成された。[10] したがって、先住民とみなされる住民も必然的に新しいことになる。第二の可能性。地表の年齢はどこも同じであるが、アメリカはほかの大陸よりもあとの時代に「混乱に陥った」。したがって、アメリカは時間的にずれた「大洪水」から計算すると、ほかの大陸に比べて相対的に若い――アメリカの住民の若さについても同じ結果である。第三の可能性（これはデ・パウによって採用された）。さまざまな大陸の大洪水は同時に起こったが、生き残る可能性は同じではなかった。アメリカでは、諸民族は「山々の頂上」でも生き残ることができなかった。それは「山々の頂上がより高いために、ますます不毛で乾燥している」からであり、「動物の群れとともに避難した家族集団が生きていけるのに十分な食用の植物をおそらく生産できなかった」からである。この最後のシナリオでは、アメリカ人はほかの民族と同じくらい古い人々となったのである。しかし、タタール人（たとえばである）がもっとうまく切り抜けられた大惨事から、アメリカ人は生き残れなかった。なぜなら、山々が「凸状」だったからである。[11] これら大洪水前のアメリカ人は、タタール人のように「平坦な山々」にいる幸運をもたなかったので、現在のアメリカの住民は新しい民族、大洪水後の民族である。以上三つの案はたがいに相容れない「体系」にもとづいているが、重要なことは、それらが同じ結果に帰着しているということである。つまり、アメリカの人間が幼少段階にあることを説明しているのである。

しかし、これですべてではない。というのも、アメリカの大洪水は、それが最近起こったことであるにせよ、これから解き明かさなければならないほかのどんな理由があるにせよ、依然として生々しい痕跡を残しているからである。それはアメリカ大陸全体に、もっとも一般的に見られる、もっとも有害な特徴をもたらしている。湿気である。最初の探検家たちが報告して以後、少しく忘却されていた新しいアメリカが姿をあらわしてくる[12]。この広大な空間は陰鬱であり、敵対的というよりも不愉快で、恐ろしいというより困惑させる。こうしたアメリカのなかでは、色彩は消え失せ、輪郭はかすむ。あらゆるものの輪郭が、靄のかかった地平線へ消えていく。海、大地、潟、すべてが混ざり合い、もつれ合う。入り乱れた植生が地面を這い、あるいは込み入った茂みのなかで絡みつく。動物自体もはっきりとした特徴がなく、ぼやけている。犬はもはや吠えない。トラは臆病だ。人間にも欠陥がある。このような寂しい場所をビュフォンは私たちに描き出しているが、そこに住みついているというよりも歩き回っているのは「いわゆる国民(ナシオン)[13]」であるが、実際には民族(プップル)の亡霊が森の暗闇のなかをさまよっているのである。これらの博物学者にとってアメリカとは、水と大雲と霧と風の帝国である。とりわけ水の帝国である。水は海岸地方を包囲し、大地を侵略する。沿岸地方の背後で、湿地のアメリカがはじまる。アメリカ大陸という境界のない沼沢地、「悪臭の強い湿地[14]」、果てしない頻水低地——これらを遠くで、西方のきわめて遠くで見下ろしているのが過酷な峰々であるが、これら岩の障壁は、その巨大な足を洗っている塩水と同じく生命に対して敵対的である。ビュフォンの言葉をそっくり真似て、デ・パウは書いている。「垂直に山々がそそり立ち、あるいは森と沼地に覆われている大地は、不毛で、広大な砂漠の様相を呈していた[15]。」

以前は探検家だけが、その無分別や悪巧みによって、大陸を驚異にあふれた場所だと紹介できたのであるが、いまやパリ、またはベルリンの書斎からアメリカを再発見するこれらの疑り深いヨーロッパ人によって、地質学的、地理学的な同じ束縛が大陸にのしかかってくる。これらのヨーロッパ人の筆の下で、新しい〈新世界〉がはっきりとした形をなしてくる。しかし彼らが大陸に与えるこの形は、ひどい形をしていて、この世界はほとんど生育力をもたない。ビュフォン、レーナル、またはデ・パウにとって、アメリカの「明白な運命」とは停滞である。これより強い表象のコントラストを想像するのは難しい。ニューイングランドの植民地が *vita nuova*〔新生活〕へのあこがれを堅固に抱いているのに対し、ヨーロッパでもっとも傾聴にあたいする声は、アメリカを不毛と死の世界だとしているのである。

アメリカが大洪水のためにスタートを永久に失敗したことを確認したところで、おそらくはやめておくこともできただろうと思われる。しかし博物学者と哲学者は承知しない。だれにも邪魔されないので、彼らは過熱する一方である。

ビュフォンとアメリカの縮小

したがって、アメリカは最近の大洪水で出現したばかりの粗野な大陸である。ぎざぎざに尖った頂上も、よどんで腐った平原も、生命を容赦しない。今日でもなお——一七七〇年頃（キルカ）——、アメリカに人間が住んでいるとしても、ほんのわずかである。そしてそこには〈時間〉という大きな母態に慈しんでもらえなかった、未熟な民族が住んでいる。おそらく遠くから来たのだろう。どうしてアジアからではないのだろうか。あるいは、ひょっとするとごく局地的に、自然発生的にわき出たのではないだろうか。解決不能な質問であり、それゆえよけいな質問である。ヴォルテールが嘲弄しているように、「毎日、どうしたらこの大陸で人間を見つけることができるのか、だれが彼らをここに連れてきたのか」、「アメリカにハエがいてもだれも驚かない」[16]のかどうかなどとみずからに問いかけても、それが何の役に立つのだろうか。いずれの場合にも、彼らは取り返しがつかないほど遅れてやって来たのだ。そしてやっと芽生えたばかりの彼らの歴史が、〈他者〉の歴史によって侵略されるその日に、この遅れが命取りとなる――〈他者〉は長靴を履き、兜をかぶり、奇妙な雌羊に乗って、波から出てくるのだ。

しかし、話さなければならない最悪のことがある。博物誌によって探求されたこの世界は、幻滅させる存在に見えるだけではない。それはほかよりも小さな世界なのである。つまりチビな世界、発育不全の宇宙であり、そこで生命あるものは細々と生きており、人間は虚弱で、あらゆる種が縮んでいく。それこそが博物誌が明らかにした驚異の新発見である。それこそが一八世紀後半の思慮分別のある人々の心を占めた奇妙なヴィジョンであり、おかしな確信である。

ここで、ある人物がとても重要な役割を演じている。ビュフォンである。アメリカとその産物の物質的劣等性を宣言するのが、ビュフォンなのである。彼は学者の権威と天才の名声をほしいままにしている。彼を包んでいる尊敬の念は、崇拝といってもいいほどである。その秘密を明らかにしようと熱心に〈自然〉と向き合っているビュフォンを画家たちは描いている。崇拝の念はどんどん広がっていき、ヴォルテール崇拝やルソー崇拝と劣らないほど激しくなる。この大人物を少しでも見ようというただそれだけのために、モンバール〔ビュフォン邸があった土地の名〕への道をたどる人もいる。このような名声に反論することは、容易ではない。ジェファーソンは、一七八四年にビュフォンに反論するときに、この《*celebrated zoologist*》〔有名な動物学者〕に対する賛辞と尊敬のしるしを（フランス語版と同じく英語版でも）くり返すように気をつけている。ジェファーソンの説明では、大衆は「判断する際に、ビュフォンの輝くような文体によって魅了され」た。ジェファーソン自身は、ビュフォンに反論せざるを得ないが、「すべての証拠には、ビュフォンへの敬意と尊敬の念[17]」が含まれているのである。このヴァージニア州出身者は爪を隠している。「この〈自然〉の腹心の友」にけちをつけたらフランス人から何も得るものはないだろう。偶像破壊の危険を自覚していたジェファーソンは、角を立てず、あえて若干の注釈を加えることを選ぶ。「アメリカに移住したヨーロッパ人の退化は、ビュフォン氏の体系のなかには入っていません[18]」とシャステリュクス侯爵に書き送る程度であるが。確かにビュフォンに反対するよりも、賛同しておいたほうがいいに決まっている！

ジェファーソンは、ここでは猫をかぶっている。しかし彼は私人として、自分が個人的に所有しているビュフォンの本の余白に注釈をつけるときは、この「有名な動物学者」にこれまでほど好意的ではない。「ビュフォン氏以上に雄弁の力量と理論の不確かさを証明している書き手はいない[19]。」しかしビュフォンの役割が、反米主義の博物学的土台の構築において決定的だったことは、ジェファーソンは他のだれよりも知っている。ジェファーソン自身、ビュフォンに反駁するために『ヴァージニア覚え書』の長い章を割いているのである。

アメリカの病気の動物

ビュフォンは、アメリカ大陸についてどんな注目すべきことを語っているのだろうか。アメリカ大陸——それは現在の私たちにはひどく奇妙に思われるが、それほど私たちはアメリカが大きくて、桁外れでさえあるというイマージュにはぐくまれているのである。すなわち、この新大陸ではすべてが小さい、旧大陸よりもはるかに小さい。新大陸では、あらゆる種が旧大陸よりも小さい。動物はより虚弱である。その存在がかなり疑われているかの有名なパタゴニア巨人を除けば、新大陸の人間自身の大きさも控えめである。ビュフォンは『人種の多様性』（一七四九年）、『旧大陸の動物、新世界の動物、両大陸に共通の動物』（一七六一年）、『動物の退化について』（一七六六年）といった連続する複数の研究を通じて、明らかな事実をくり返している。この大きな大陸では生命体は成長しない、ということである。ビュフォンが章から章へと、論説から論説へとくり返している根本的な教えは、単純である。「私たちが述べたことは、一般に〈新世界〉の動物はすべて、旧大陸の動物よりもはるかに小さい、ということである。[20]」しかし、このことは正確には何を意味しているのだろうか。

たとえば、バクは象やサイ、カバよりも明らかに大きくないということである。リャマはラクダより小さい。ビクーニャ〔南米原産のリャマの一種〕は雌羊のミニチュアのようである。公平な観察者には、ペッカリー〔アメリカ大陸産のイノシシの一種〕は縮んだ豚に見える。もちろん、ビュフォンは、それぞれのケースにおいて同じ血縁関係を設定しているわけではない。ペッカリーは、同系列の豚と間違いなく同じ「属（ジャンル）」に属する。反対にバクは、カバやサイ、象の仲間ではない。第三のモデルケースに属しているリャマとビクーニャが旧世界の対応動物とのあいだにもっている関係は、あいまいである。ビュフォンが開口一番語るのは、リャマやビクーニャは、バク以上に旧世界の同種の動物と「古い親戚関係を示す目立った特徴をもっているように思われる」ということである。それぞれリャマはラクダとの、ビクーニャは雌羊との関係である。しかし親戚関係はすぐに消えていき、たんなる近接（プロクシミテ）となる――この近接の正確な性質は、ビュフォンが使用した隣接 *voisinage* という語と同じくあいまいなままである。たとえば、「それらの動物は隣接しているが、親戚ではない[21]」。ビクーニャは私たちの雌羊の（アメリカにおける）隣接者であるが、従兄弟ではない。これはすぐには理解できない。ビュフォンはここでは、暗示されるが、その後、否定される親戚関係の代わりに、不鮮明であると同時に逆説的な概念を、何千マイルも離れたところにいる動物どうしにかんして提起している。

したがって、一八世紀末までアメリカの表象に重大な結果をもたらしたビュフォンの思想体系にもっと深く入っていかなければならない。その論法の意味は、バクをめぐる極端なケースで明らかになる。というのも、バクはサイやカバ、象と親戚関係にあるどころか、それらの動物と「隣接」さえしていないからである。バクはそれらと強い類似性（シミラリテ）を示しているわけでもない。それらと形態学的、ないし体質的にいくつかの二次的な類似点（ルサンブランス）をもっているにすぎない――その一つがあまり弁別的だとは思われない、つぎのような類似点である。すなわち、「バクはカバと同じように多くの時間、水中にいる」……。バクとの照合がなされている三つの動物は――とビュフォンは述べている――バクとのあいだに「わずかな共通点（ラポール）」しかない。あまりわずかなので、このような照合にどんな意味があるのか自問したくなるのも当然である。

ところで、ビュフォンの目で見て、この比較を正当化するのは、各動物が自分自身の地理学的領域の生物体系のなかで観察された場合に、そのなかで占めている相対的な位置である。かくして、バクがほとんど「ロバの背丈」しかないにもかかわらず――とビュフォンは認めている――、サイやカバ、象と照合されるのは、それが「新大陸において大きさで第一位に」くるからである。ビュフォンのやり口は、めんくらわせる。両大陸の照合を正当化するのに、数的に十分と思われる共通の特徴を観察することにもとづくことなく、しかも形態論的確認をおろそかにするように見えるのである。しかしながら、たとえばリャマの場合のように、その描写が暗示するほど、このアプローチは印象主義的なものではない。「リャマはラクダと同じように背丈が高く、首もとても長く、頭部はほっそりしており、上唇が裂けている。リャマは気質がおとなしい点などもラクダに似ている、等々。」ビュフォンのやり口は、類推（アナロジー）に訴えかけることを明らかに要求している。

科学的にいえば、類推は評判がよろしくない。しかしビュフォンは危険を冒しても類推を復権させようとする。一方でそれは生きているものの正確で一貫した見方としてであり、他方では、たんなる観察を補完する、あるいは修正する、より洗練された調査方法としてである。実際のところ、理論的な次元では、類推によるものの見方は、動物種と人類の根本的な一致という命題の相関物として、ビュフォンにおいては否応なしである――〈新世界〉という見たところ旧世界と離れた世界においても同じである。この一致という公準は、ビュフォンの思想にとって本質的である。これが博物学者および哲学者としてのビュフォンの信条である。ビュフォンは、この見方をためらわずにアメリカ人にまで押し広げている。「アメリカ人のもともとの起源についていえば、神学的理由とは無関係ではあるが、私たちの起源と同じであることは疑いない。[22]」したがって、ここで博物誌は、同一化、あるいはむしろ再認という務めに直面している。可能ならば、旧世界から新世界へと血縁関係を復元しなければならない。それが駄目なら、外見の違いの下に隠された関係を明るみに出さなければならない。地上で生きるものの一致は、一方の世界から他方の世界へのグローバルな照応関係を前提としている。したがって、アメリカ大陸と旧大陸の動物相は、突き合わせると、照応関係を明らかにできるし、明らかにできるはずである。

方法は簡単である。まずはじめに両大陸の動物の一覧表を作る。そうすれば、この二つの表を照らし合わせることによって、親族、従兄弟、「隣接者」の割り出しが可能になる。博物学者はかつての〈自然〉のように真空を恐れるので、〈新世界〉の動物たちは、すでに一覧表に記載されている同類との類推によって、自分用に設定された記入欄を埋めるように求められることになる。このことによって、いつもサイやカバ、象と照合されるバクについて、ビュフォンはつぎのように書くことが可能になる。すなわち、たとえば「その上唇が筋肉で盛り上がって、前に突き出ている」、あるいは泥水のなかに入ることを好む性質があるといった「ささいな点で、バクだけでこれら三種の動物すべてを表象する〔代理する〕」のである。表象する＝代理する *représenter* という動詞は重要である。一方でそれは、博物学者において動物の表象が果たしている役割を想起させる。博物誌の土台としての修辞学的・造形的記述の役割である。しかしいま引用したのと同じような一節のなかでは、表象するは他の意味を負わされている。それは両大陸間の照応関係の戯れそのものを指し示し、類推の進め方をひそかに正当化しているのである。バクによるサイの表象は、二番目の意味で、体系の前提そのものを指し示している。すなわち、〈新世界〉の動物が外見上、そして実際にも、ひじょうに異なっているとはいえ、それは旧世界の、ある動物の、ないしはいくつもの動物の代わりとなるということである。〈新世界〉の動物は、大西洋の向こうにおける旧世界の動物の代理者である。したがって、この博物誌は二つの一覧表全体にわたる比較研究となる。すなわち、博物誌は特異なものとしての動物たちを照合するのではなく、各大陸の全動物が記載されている、整理された二つの一覧表を一致させるのである。ビュフォンが提供するのは肖像画のギャラリーではない。整合表である。

移住と退化

一七六六年に出版され、アメリカ論争の主役たち全員によって採り上げられたもう一つのテクストである『動物の退化』は、「実験」と結合した「類推」への依拠を理論的に正当化しようと努めている。観察だけでは——と、要するにビュフォンはいっている——不十分なケースがある。その場合は、「できるかぎり注意深く調査したり、実験や類推に依拠したりも」[23]しなければならない。そのようなケースとは、いかなるものか。「地球の変動や人間の力によって、生まれた土地を捨てざるを得なくなった」動物たちの移住や強制退去のケースである。移動させられた動物、すなわち本性を歪められた動物である。

ここでビュフォンのやり口がきわめてはっきりと読み取れるようになると同時に、ビュフォンのうちで類推という方法とアメリカ問題のあいだにつながりがあることが確認される。類推という方法、すなわち形態学に適用された繊細の精神は、博物学者の秘密兵器――移住させられ、必然的に「退化した」動物たちの真の「性質」を明らかにするために博物学者が手にした秘密の武器である。〈新世界〉のあいまいな動物たちについて、博物学者に求められるのは、くり返しの努力である。類推による勘によってそれらの動物の意味が与えられないならば、全体図の幾何学的正確さは無駄に終わるからである。注意深く、とビュフォンは叫んでいる。とても注意深く！　間近から観察しなければ、外見を越えなければ、率直な見方だけで満足するのであれば、私たちは何も見えないし、識別できなくなる。それほど、恐ろしい気候の下で味わった苦難は、〈新世界〉の動物たちを見分けがつかなくしたのである。そこから連想ゲームに頼ることになる。では、それが雌羊ならば？　では、それはビクーニャになるのかもしれない……。アメリカの前で立ち止まったビュフォンの動物学は、一連の形態論的なぞなぞ、イマージュのなぞなぞとなる。知識豊かな観察者だけが、バクのなかにその子孫を見出すことができるのである。

ビュフォンの動物は、従順で、不安定な存在であり、気候、そしてもちろん食生活に影響を受ける。同時に一連の馴化の流れ全体にも影響を受け、これが動物に「痕跡」を残している。人間も同じである。周知のように、ビュフォンは黒人の肌の色は気候のせいであると主張し、「人間の本性を取りもどすためには」――つまり、黒人の肌本来の白さを取りもどすためには……、デンマークに「移動させられた」黒人は「どれぐらいの時間を必要とするか」を決定するための *in vivo*〔生体内〕実験を想像している。人間も動物も植物も「変質」の法則の下で生きているのである。これがビュフォン的解釈のキーワードである。それは『動物の退化』のテクストの冒頭から見られる。「人間がほかの地域に移住しはじめ、一つの気候から他の気候へと広がっていくとすぐに、その本性は変質した。」人間の肌の色の変化という変質、アメリカにいる動物の背の高さや体型の変化という変質。変質と退化であって、変化や変動ではない。旧世界は依然として基準点であり、少なくとも暗黙のうちに起源となっているのである。

しかしビュフォンの無数の読者に深い影響を与え、アメリカの誹謗者たちをとりわけ夢中にさせることになるのは、そのやり口よりも「結果」である。それは、つねに真新しい大陸を犠牲にして、全体としてとらえられたさまざまな種の不均衡を、挿絵入りで、もっといえば、計測された形で見るということである。アメリカの自然の全体的な「退化」を、動物誌に依拠しながら、論証されたものとして見ることである。ビュフォンの一覧表には、まさしくいくつかの方法論的な疑問がある。いくぶんかの堂々めぐり[24]、若干の不公平。だがそんなことは大したことではない。雄弁なビュフォン——ジェファーソンのような言い方をすればである——が説き伏せることで、ビュフォンの「アメリカは今後、長期にわたり、不均衡な動物たちの大行進から衰弱して出てくることになる。ビュフォンの「アメリカにおける動物の退化」の確認は、アメリカの劣等性の言説に科学の印章を押す。高価な証印、思いがけない認証。二世紀半にわたって好意的で、熱狂的だった証言、あるいはたんに鵜呑みにされただけの証言をひっくり返すために、アメリカ大陸では生きているものは衰弱するという考えに、このような保証が必要だったのである。

アメリカにおける退化

ビュフォンの分析は原型の役割を果たしている。「博物学的」反米主義全体がここに由来する。ビュフォンの分析が提供するのは、たんにアメリカの欠陥の確認だけではない——この確認は、デ・パウの『アメリカ人についての哲学的探求』の冒頭で、すさまじい腕のさえをもってふたたび採り上げられている。ビュフォンの分析はアメリカの生成の理論的モデルを、衰退という修辞的図式に従って提供しているのである。のっけから比較研究の眼差しは、ある傾向性を帯びている。それはアメリカ世界の「変質」の指標を発見し、それを記録するという使命を受け入れるのである。この眼差しの下で明らかにされるのは、アメリカのさまざまな種の哀れな「小ささ」だけでなく、これらの種の退化——ビュフォンが示唆的な奇妙な表現で述べているように、「大きさの大きな縮小」——のプロセス全体であって、これが比較研究の眼差しがあらかじめ方向づけられていることを、はからずも示しているのである。というのは、これからは二つのうちの一つだからである。あるいは、〈新世界〉の動物は、旧世界の動物から決定的に、あまりにも遠ざかることになる（隣接もしていないないし「縁戚関係」にもない）。そしてそのとき、それらの動物がアメリカに土着していることが認められると同時に、はるか彼方の「対応動物」に比較して、その小ささが強調される。あるいは、動物（たとえばペッカリー）は、旧大陸における現在の「系統」（豚という「属（ジャンル）」）にふたたび結びつけられうることになる。そしてそのとき、「それ〔新大陸の動物〕は、今日、自分の起源である種とは異なる別の種を形成するほどに退化した[25]」のである。分析は、いずれの場合にも、アメリカの誤解へと転じている。この誤解によって、さまざまな凡庸な種が産まれたり、ほかの場所からやって来た種が発育不全になったりしたのである。

つまり、ビュフォンの作品にアメリカの誹謗者たちが見出すのは、生理学的決定論のなかでもっとも強力であると、より明確に表明し直された気候理論と、生きているものはすべてアメリカではわずかしか発達しない、あるいは退化する、という結論にいたる「観察」の寄せ集めとの関連づけである。モンテスキューによれば、気候は肉体に影響を及ぼし、種々の行動を作り上げた。これらの行動は何らかの習俗をはぐくむことで、あれやこれやの政治制度に有利に作用した。ビュフォンにとっては、気候はより直接的で、より絶対的な専制君主である。気候は、動物と人間をその外形にいたるまで変化させる。それは人種を区別するもろもろの特徴にいたるまで変形させる。「灼熱地帯で」人間を「ニスで黒光りさせた」のは気候であり、北極の近くで人間を「氷のような寒さで肌を焼き」、人間を「収縮させた」のも気候である。[26] 温暖な風土にもどってきた黒人やラップ人に「もともとの特徴や原初の身長、自然な肌の色」を取りもどさせるのもまた気候である。[27] なお「いっそう迅速で、いっそう大きな」変化を動物にもたらすのも、やはり気候である。「なぜなら、動物は人間よりも大地にずっと近く接しているからであり[28]」、文化によって発明された保護措置の恩恵をまったく受けずに、気候の気まぐれの影響を受けるからである。もしある気候が人間を「縮小させる」ことができるのであれば、その気候はペッカリーを縮小させることも可能であった……。

変質の概念は、この説明装置を補完するのに効果的に使われている。というのも、すべての生活様式に関係し、ビュフォンが気候や恵みの大地と関係づけているこの変質は、さまざまな種（人間も含まれる）がある気候から別の気候へ、ある土地から別の土地へとたんに空間的に移動することの不可避的な結果として生じる変化すからである。〔ビュフォンの〕『動物の退化について』が問題にしているのは、動物界ではなく、人間とその可塑性である。「人間がほかの地域に移住しはじめ、一つの気候から他の気候へと広がっていくとすぐに、その本性は変質をこうむった。私たちが出身地に隣接していると仮定する温暖な地域では、変質はわずかであった。しかし出身地から遠ざかっていくにつれて、その変質は増大していった……。[29]」したがって「退化する」のは動物だけではない。人間の本性もまた変質する。たとえ、人間固有の資産（住居、衣服等々）がこの変質をよりゆっくりと、より機械的でなくするとしてもである。ビュフォンの反米主義の継承者にとって無視できない切り札である「変質」は、この上なく緩んだ概念の一つである。コルネリウス・デ・パウは、そのことをただちに理解する。偶然にもあるペッカリーが予想していたよりも肥満していることが判明するならば、それは「変質」が、たとえば体型に違ったふうに影響を及ぼしたからである。「ペンシルヴェニア Pensilvanie〔原文のまま〕〔正しくは Pennsylvanie〕では萎縮している豚が、ほかの場所では身長は変わらずに体型を変えている……。[30]」かくして、痩せなかったようなペッカリーはすべて、規則を確固たるものにする例外のステイタスを受け取る。「退化」はたまたま「大きさの縮小」とは違った仕方であらわれたのである。

移住が変質と退化の原因ではないかという検討は、一般化し先鋭化して、移住したヨーロッパ人の生理学的・精神的衰弱をめぐる政治的‐博物学的言説を丸ごとはぐくむことになる。ビュフォンはこのように、アメリカに対する科学的誹謗のうねりの起源にあるが、この科学的誹謗のうねりは、約二〇年ものあいだ博物誌をよりどころにしつづけるのである。コルネリウス・デ・パウが、この年老いた師、この「巧妙な、ときとして自然そのものよりも巧妙な博物学者[31]」にバンデリリャ〔闘牛で牛に突き刺す飾りのついた槍〕を何本か投げつけても無駄である。アメリカにおける人類の年齢について、あるいは大胆だとみなされたほかの仮説について、ビュフォンに難癖をつけても無駄である。コルネリウス・デ・パウの『アメリカ人についての哲学的探求』の元気のよさは、ビュフォンが残した目覚ましい成果のおかげである。

有害なアメリカ

〈新世界〉はあまりに新しすぎる。敵対的な気候がこの大陸を寒気か湿気の帝国、あるいはその両方の帝国にしている。不毛で、とにかく実りのない帝国。砂漠がかなりあり、つねに人口過疎である。そこでは全〈自然〉が「変質した」姿を示している——人間もその影響を免れ得ず、人間性はかなり怪しげである。アメリカでは、一般に人は生きるのではなく、「生育している」。このように、最初の反米的言説が学識をもって語るのである。反米的言説は語るが、また描写もする。アメリカはヒエロニムス・ボスの素朴な絵に事欠かなかった。〈無頭人〉、〔足が逆向きについている〕〈あべこべ人間〉、羊の実る木で満たされている。ラス・カサスにおいてはグレコの絵もあり、それはどぎつい色で受難の大陸の苦悩を描き出した。ラフィトーやシャルルヴォワ、イエズス会、フランシスコ会は、〈未開人〉に高貴さをまとわせ、受胎告知のためであるかのように、上方からカンバスを照らした。一七六八年にアメリカは自分たちにとってのゴヤを見出す。コルネリウス・デ・パウである。

デ・パウはオランダに生まれた。フレデリック二世の宮殿で生活し、フランス語で書く。『アメリカ人についての哲学的探求』を出版するときには、三〇歳にも満たない。またたく間に、彼の名はヨーロッパの思想界に知られる。その著作は評判となり、人々はこれについて語り、論駁する労をいとわない。ベルリンにおいてさえ、デ・パウはフランス人のベネディクト会修道士アントワーヌ＝ジョゼフ・ペルネティの攻撃を受けている。デ・パウの正式な反駁書である『擁護論』とペルネティの反論は、二年間、街頭や宮廷、アカデミーで注目の的になる。これはローカルな論争、フレデリック二世によって集められた哲学者集団の寄宿生たちのあいだで起こった勢力争いなのだろうか。おそらくはそうである。しかし『アメリカ人についての哲学的探求』の影響は、ベルリンの小さな社会を越えるものであることが明らかになる。レーナルは当時『両インド史』の最初の草稿をまとめているが、この草稿には、いたるところに『アメリカ人についての哲学的探求』の痕跡が見られる。それに、もしフレデリック二世の図書館員ペルネティが、若きライバルであり期待の星でもある人物に反論するきわめて個人的な理由がありえたとしても、たとえばデリル・ド・サルという人物の場合はそうではない。彼は『自然の体系』という作品のなかにデ・パウの議論を挿入しているが、この作品ではアメリカにかんする議論はどうしても不可欠というわけではなかった。まるで一七七〇年頃には、デ・パウを弁護するか反駁するかすることなしに、原因と結果について論じることができなかったかのようである。

デ・パウの否定的態度は、異常なほど活発である。アメリカについてこれまで積み重ねられてきた敬虔な、あるいは熱狂的な報告による構築物全体を破壊する。にせ学者も、怪しげな宣教師も、三文作家も、いっしょくたにしてはねつける。彼はほとんどすべての旅行者を疑ってかかる。「以下のことは、一般的規則として打ち立てることができる。つまり、一〇〇人の旅行者がいると、そのうち六〇人は私利私欲からではなく、おそらくばかであるために嘘をつき、三〇人が私利私欲によって、あるいはこういってよければ悪意によって嘘をつき、そして残りの一〇人は本当のことをいう人間らしい人間なのである。[32]」さらに、この一〇人においても情報を選別することが適当である……。デ・パウは、強く休みなく叩く。多くの〈啓蒙哲学者〉にとってはいまだに貴重であり、感傷的文学が自分のものにしようとしはじめている気高い〈未開人〉という伝統を踏みにじるのである。[33] 彼は驚くほど黒いフレスコ画を描いている。おそらくはもっとも暗いゴヤの絵よりももっと暗いデ・パウのアメリカは、メキシコ壁画運動〔一九一〇年のメキシコ革命を機に高揚する精神を大衆に伝えるためにくり広げられた壁画を描く運動〕の溶岩と血の恐ろしい流出を想起させる——残虐行為のただ中で生気にあふれすぎたリベラではなく、オロスコとぞっとするほど黒焦げな彼の色調を想起させるのである。しかしデ・パウの作品の恐ろしさは、さらに手の施しようがない。死は、ヨーロッパの侵略者とともに、鎧ですっぽりと身を包んでアメリカに上陸するのではない。腐敗し、汚染された大地そのものから立ち上り、発散する。デ・パウは〈征服〉の恐怖をくり返し語ったり、犯罪者であるヨーロッパを告発したりすることを怠っているわけではない。デ・パウはこれを猛然とおこなっている。しかし彼にとって、悪はもっと根深い。殺戮者は卑劣であり、彼は殺戮者を激しく非難している。だがアメリカは呪われている。だからデ・パウはアメリカを公然と非難する。

「この作品の冒頭で、私はいくつかの驚くべき決定的な観察記録を提示する」とデ・パウは書いている。確かにその観察記録は、驚くべきものである。ビュフォンに敬意を表して、その最初の一斉攻撃は動物相に向けられている。「アメリカ大陸を発見した当時、その気候は、大部分の四足動物にとってひどく有害であった。アメリカの四足動物は、旧大陸に棲む同種の動物の六分の一の大きさだった。」その後すぐに二番目の一斉攻撃がつづくが、それは二足動物の人間も容赦しない。「この気候はとりわけ人間に有害であり、驚くべきことに、人体のあらゆる器官が鈍くなり、気力もなくなり、腐敗する。」最後に三番目の一斉攻撃は、自然全体に向けられている。「不毛で、広大な砂漠」である。デ・パウは、自分の結果にも、読者にも配慮しない。絵筆で三度力強く刷いて、舞台装置となる景観を描いているが、そこで前面に進み出るのは必然的にスペイン人である。しかし何というスペイン人だろう！　この作品の最初のページに姿をあらわすのは、コルテスたちでもなければ、ピサロたちでもない。諸帝国の破壊者でもなければ、大陸の征服者でも、大衆の拷問者でさえない。無名のごろつきの群れである。これは腹を空かせた「一攫千金を夢見る者たち」である——最後には自分たちのあいだで食い合うほど腹を空かせているのである。「スペイン人たちは、ほかに食べ物がなければ、アメリカ人、さらにはスペイン人さえ、ときとして食べざるを得ないときがあった。」ほかの場所では、フランス人も同じである。「この不運な世界に派遣された最初のフランス人入植者たちは、最後には自分たちのあいだで食い合った。」英国人はほんの少しだけ幸運である（あるいは自制心がある）。彼らはこの地獄を逃れ、自国にもどるが、「ロンドンで幽霊と間違われた」ほど飢えた状態だったのである！

　私たちは三ページ目にいる——初版は七七二ページである。何という序言だろうか！　デ・パウは、このとんでもない最初の場面から一石二鳥を得ている。一方で、だれも生存できない国の絶望的な荒廃を証明している。もう一方で、恐ろしい「激変」を示唆しているが、それはカリュプソ〔オデュッセウスを一〇年間オギュギア島に引き止めたニンフ〕への訪問者たちが豚に変えられてしまったのと同じくらい確実に、アメリカはその侵略者自身に影響を及ぼし、食人種に変えてしまった、ということである。実際にはこれは一石三鳥である。というのも、この想像を絶する前文が、植民地開拓に向かう国々の運命の寓意としても読まれるからである。ヨーロッパ人の共食いが象徴しているのは、彼らの生きる力が完全に無駄にアメリカという人間の地獄の淵に呑み込まれてしまうということである。今日でもなお——とデ・パウは主張している——多くの植民地は「自給自足できる状態ではまったくない」。アメリカは人間を養うどころか、むさぼり食うのである。ここでデ・パウは、モンテスキューからディドロまでの哲学の世紀〔一八世紀〕全体と一致している。デ・パウが最初から主張しているのは、先住民と植民地開拓者の運命は、同じ不幸に向かっているということである。彼はアメリカに加えられた歴史的災いという伝統的な着色石版画を、自然的な永劫の不幸というフレスコ画に拡大する。ヨーロッパ人は、増大する先住民の不幸のために、また同時に自分自身の不幸のために、そのような場所へとやって来たのである。戦争画家ではなく、災害画家であるデ・パウが興味を抱くのは、〈征服〉による死体の山よりも、むなしい勝利者の墓となるべき致死的な大陸が深く腐敗していくさまである。

いまやデ・パウは、重要な問題にたどり着くことができる。大地とその気候である。塩から汁液へ、塩水から毒へと通じる有害な糸をたどることができる。これからは、科学の出番である。

まず塩である。それはどこにでもある。塩は、いたるところにある水と見渡すかぎりの湿地から大気中に上り、必然的な沈殿作用で、ふたたび植物の上に落ちてくる。「腐敗して、有害で、死にまで至らしめる」アメリカの水、「発酵」しやすいこの水は、太陽の影響で海塩を発散させるが、この海塩は「つづいて、この塩水で湿った葉の一枚一枚の上で結晶する」[34]。デ・パウによれば、アメリカの自然は実際には生きていない。それは缶詰であり、巨大なシュークルート〔塩漬けして発酵させたキャベツ〕である。塩気を含んだ分厚い雲の下で、植物は窒息し、ヨーロッパのように「やわらかく、草質である」ことをやめ、「下生えの木質の」形態でしか生き残れない。というのも、状況を悪化させるために、塩の影響に、「地硝石」の影響が加わるからである。これが、この貧弱な産物をその内部で乾燥させるのである。これは経験的事実であり――とデ・パウはつけ加えている――、議論の余地のない事実である。ニューフランスの入植者が、本国と同様に木灰で家庭用布類を白くしようとしたときに、彼らは「この洗剤が一瞬で布を細かくぼろぼろに引き裂き、つづいてそれを柔組織に変えてしまうのを見て、ひどく驚いた。当然、その原因はこの灰に含まれている刺激的で、たっぷりの塩の強烈な作用であるとされた」[35]。この不愉快な化学的実験の背後では、アメリカの驚異という想像世界（イマジネール）の全体が、依然として震えている。デ・パウが天才であるのは、アメリカの驚異にかんするレトリックを自分のものにし、そのさまざまな詞姿を模倣しつつ、反アメリカ的な詞姿にしていることである。彼はこれまで同様、驚かせはするが、ここには人を魅惑するようなものは何一つない。夢想することの禁止。戯れることの終わり。二世紀以上ものあいだ、ヨーロッパの好奇心をとりこにしてきた *lusus naturae*、つまり自然の戯れを、デ・パウはすべて長い一続きの不快な思いがけない出来事のようなものとして書き換えたのである。すなわち、意地悪な、あるいは率直にいえばサディスティックな自然が、人間に対しておこなう、たちの悪いいたずらのようなものとしてである。いたずら用の玩具を売っている店からまっすぐに引っ張ってこられたようなこの貪欲な洗剤で、デ・パウは私たちを面白がらせようとしているわけではない。彼がやろうとしているのはまさしく、落とし穴だらけの自然に対する不安感と嫌悪感を読者に少しずつ吹き込むことなのである。

サドが記述するような「邪悪な継母」であるアメリカの〈自然〉は、いくつもの罠を積み重ね、不実をくり返す。この同じ硝石とともに、スペイン人にとって必要不可欠な硝酸カリウムをスペイン人に提供することまでしたのである。それによって、スペイン人の火薬の在庫がふたたび満たされ、メキシコ人を屈服させることができた。かくしてメキシコ人は、自分たちの大地に裏切られたのである。この危険な大地 méchante terre は、意地の悪い大地 terre méchante でもあるからである。みずからの侵略者に新しく武器を与えたことは、この大地の悪事のなかではもっともささいなことである。この大地は大昔から人々を殺そうと努めている。脆弱な精気をすべて駆使して、大陸から人間を減らしたがっている——しかもそれにかなり成功する。（デ・パウは、自分の先駆者たちと同じく、アメリカのさまざまな空間に、人間がほとんどいないことを強調している。）アメリカはたんに不愉快で不毛なだけでなく、毒に汚染されている。アメリカの「悪臭を発する湿地帯」は、「これまで知られている世界の残りの全地域で生えているよりも、多くの有毒な樹木を生え」[36]させているのである。もっとも魔力にあふれた植物は、アメリカではすべての樹液を通して死を染み出させる。未開人が自分の矢の先に塗るクラーレ〔中南米の先住民が毒矢にもちいる猛毒物質〕は、すべての旅行者がこれについて言及しているが、デ・パウの作品においては象徴的な価値を獲得する。この毒については、デ・パウのエッセイの冒頭で採り上げられ、また「毒矢の使用法」については最終章で議論の対象になっており、この『アメリカ人についての哲学的探求』を文字どおり枠で取り囲んでいる。植物の毒が過剰にあることは、アメリカの〈自然〉の犯罪性を示している。恐ろしいクラーレでさえ、キャッサバ〔タピオカはキャッサバの根茎から採れるでんぷんである〕の恐ろしさに比べれば何でもない。というのも、人間がみずからの栄養源として食べるわずかな植物にさえ毒が含まれているからである。デ・パウは、アメリカで主食となっているでんぷん質の野菜の「腐食性」を引き合いに出しながら、人間は毒――*alimentum in veneno*〔有毒な食事〕――のおかげで生き延びているという驚くべき逆説をでっち上げている。「アメリカ人の主食は」とデ・パウは初期の接触の時代を思い出しながら書いている、「すぐれた腕前がなければ食べられないような毒を含む植物であった」。このすぐれた腕前とは、植物を煮炊きすることであるが、この単純な語でデ・パウが示唆したのは、残忍な自然と窮乏した人間とが交えるひそかな決闘である。生(なま)のものと煮炊きされたもののあいだに、死が徘徊している。ユッカ〔リュウゼツラン科の植物〕とキャッサバは、自然状態では、死に至らしめる食物である。「私はたくさんの種類の〈ユッカ〉や〈マニホット〉〔＝キャッサバ〕について話題にしているが、それらはまるで大地の深奥から出てきたかのように、生で食べると、ほぼ間違いなく死を招く。しかしながら、この〈マニホット〉こそが、インディアンにとって、彼らの知らないライ麦や小麦の代わりになってくれるのである。」仰天すべきアメリカ。自分の子供たちをもっとうまく殺すために子供たちに食物を与えるふりをするのだ！　デ・パウが書いているように、「旧大陸の歴史を見ても、このような例は見当たらないし、その不幸の合計がどれくらいのものであるにせよ、旧大陸には、そのひとりひとりが自分の主食を有毒な植物から得なければならなかったような民族はどこにも見当たらないということは認めなければならない」。

　であるからして、あらゆる毒にあふれたこの大地が、ヨーロッパまでも――キャッサバでもユッカでもなく、ヨーロッパを性病の「病原菌」でいっぱいにすることによって――毒で汚染したということに、いかにして驚けばいいのだろうか。デ・パウは、梅毒がアメリカとは違う場所で（たとえばアフリカで）発生したという仮説は、もちろんすべて「滑稽である」と考えている。「性病というペストがアメリカで生まれた」ことは「反駁の余地のない[37]」証明済みのことである。違うなどということはあり得ない。あえてデ・パウは、そのことに過度に明確な理由を示そうとはしていない。しかし彼はアメリカの地にこの病気をしっかりとくくりつけるためでもあるかのように、「博物学的な」二つの指摘で、梅毒にかんする自説を組み立てる。というのも、その病気の起源がどこなのかを、はっきりいうことはできないとしても、この病気がイグアナの食べ過ぎで悪化したり、ときには再発したりするとデ・パウは遠慮せずに主張しているからである。つまり、「ナポリ病」とひどく不適切に呼ばれている病気――なぜなら、それは〈新世界〉で生まれたのだから――と、「アメリカトカゲ」――これをむさぼり食べることは「この病気にかかっている人には致命的」である――のあいだには密接な関係が疑われるのである。そもそも、生殖源までも攻撃するこの侵食性の病気は、みなが「筋肉と神経の緊張と抵抗から生じるあの生き生きとした身体的な力を奪われている[38]」アメリカ人の「弱さ」と同じ原因をもっているのではないだろうか。デ・パウはそのように信じるほうへと傾いている。すなわち、「住民の体質を腐敗させ、堕落させた」のは、依然としてつねに大陸の洪水であり、「大気のひどい湿気」であり、「大陸の表面に広がってよどんで腐っている、信じられない量の水[39]」なのである。

アメリカというこの恐ろしい住処では、人類は生まれたときから勝ち目がなく、自由がきかない。アメリカ人の最近の歴史は不幸だった。しかしアメリカの博物誌は、黎明期からずっと不運と取り返しのつかない間違いの歴史である。「腐敗に見舞われ」、「トカゲや小型ヘビ、大型ヘビ、爬虫類、巨大な昆虫にあふれ[40]」、健康に悪く敵意にみちたアメリカの大地は、熱狂した宣教師たち[41]によって記述された旧約聖書のイスラエル民族の族長が住むカナンではない。それは人間が耐えられる以上の災厄に襲われたエジプトなのである。

「アメリカ人の愚かな性質」

というのは、この「不運な世界」の最大の犠牲者は人間だからである。もちろん、〈未開人〉からはじめなければならない。デ・パウは、ジョゼフ・ド・メーストルよりも前に、しかもほかの理由から、その徹底的な退廃ぶりを主張している。

「アメリカ人の愚かな性質について」というタイトルは、『アメリカ人についての哲学的探求』の第四章の冒頭に置かれ、その著者自身が決定的なものだと提示した章特有の調子を帯びている。おぞましい自然によって、頭上に積み上げられた種々のハンディキャップの直接的な結果であるアメリカ人は、肉体と精神が薄弱である。「ばかで愚かな言動が、アメリカ人全員の性格の根本になっている」とデ・パウは警告し、アメリカ人は「知性がないと同時に改善の余地もない[42]」という判断を下している。しかしデ・パウは、『サンクト＝ペテルブルクの夜話』の作者〔ジョゼフ・ド・メーストル〕のように、何らかの途方もない「不正行為」、自分たちの先祖によって犯された未曾有の罪のなかに、その原因を探したりせずに、「知力の弱さ」[43]を生み出す血液循環の悪さのなかに、より自然にその原因を見出している。インディアンの思想は、彼らの気質に特有の「べとべとした粗野な性分」のために「うまく伝えられない」。インディアンの根本的気質とは無感覚である。「無感覚は、インディアンのなかで変質した体質の欠陥である。彼らは許しがたいほど怠惰であり、何も発明せず、何も試みず、目に見えるものを越えて発想の領域を広げることがない。彼らは臆病で、怖がりで、いらいらして、精神に高貴さがない。意気喪失しており、理性的な動物を形成するものが絶対的に欠けているために、自分自身にとっても社会にとっても、役に立たないものになっている。」「生きているというよりも生育している」これらの存在に対して、デ・パウは「魂をもっていないと思わざるを得なく」[44]なる。

一七四九年におけるビュフォンの最初の発言以降、アメリカにかんして確認される事柄は悪化の一途をたどった。〔ビュフォンの〕『人種の多様性について』では、アメリカ先住民に特有な改善不可能性がとりわけ強調されていた。デ・パウは人類と非‐人類の境界に位置する存在を描写するが、この存在はアメリカの〈自然〉が課した「秘密の悪徳」によって生理学的に蝕まれている。肉体と精神の弱さはそこから生じるのだが、さらにほかにもたくさんの欠陥がある。すなわち、ほとんど確かな性的不能、男性の女性に対する明らかな欲望の減退である（「性に対する反感」）。拷問を受けても彼らが口を割らないことそれ自体、つまり〈未開人〉の気高さというこの主要な月並みな表現・主題（トポス）が、彼らの感覚組織が萎縮していることの補足的証拠に逆転させられる。拷問柱の上で我慢強いのは、崇高なヒロイズムのせいではなく、たんに「感性」が欠如しているからである。

「不運な世界」のこの住民は、それでもまだ人間なのだろうか、それとも、すでに怪物なのか。この活気のない偏狭な〈未開人〉のなかでは異常が支配していると博物誌は予想する。アメリカでは男性は男らしくもないし体毛もない。男のくせに、しばしば乳房から乳を分泌する。女性を避け、みずからの偏愛嗜好、つまり「反肉体的」(45)嗜好に身をゆだねる。それは周知の事実なので、デ・パウはほとんど論じていない。ディドロのほうは、このことについて多くを語っている。『両インド史』は、つぎのことを認めている。すなわち、「男たちはほとんど子供をもたない。女性のことが少しも好きではないからである。これは国家的な悪徳であり、老人たちはそのことで若者たちを絶えず責めつづけている」。それは役に立たない説教だとデ・パウは一笑に付しているが、そんなことでは「逆のことを説教する場合と同じように、気質を矯正することはできなかった」。では女性は？　多情で好色な女性は、猛然と侵略者に身をまかせる。この女性たちがいなかったら、侵略者たちはおそらく、この広大な地域を征服することに失敗していただろう。だからといって、男性のリビドーに反比例しているこのリビドーは、もちろん女性を女性らしくしているわけではない。女性のリビドーは性の役割の逆転を確証しているのである。そもそも、アメリカ人男性とアメリカ人女性を区別するのは難しい。「顔で男女を区別するのは難しい」(46)からである。そして乳は容易に男の側からやって来るのに対し、「複数の区域では、アメリカ人女性はどんなときにも、乳が流れるのを体験しない」(47)。アメリカの男女の対決は〈男色〉と〈レスビアン〉の対決である。

アメリカで怪物的なのは、愛だけではない。異常は林を駆け回り、森を占領する。「青白い人」がそこにあふれている。「カッカーレイク」、つまり奇妙な白子（しらこ）については、長いあいだ、サルとの交配のようなものから生じたのではないかと疑われてきたが、デ・パウはビュフォンと同様に、それを「偶発的な変種」としか見ていない。それが頻繁に見られることは、アメリカ人の「退化」を示すもう一つの徴候である。「両親の精液のなかにある」欠陥から生まれた白子は、彼ら自身が「生殖能力を完全に奪われているか、あるいは自分に似た子供を産めない」[48]。このような白子が、博物学者たちのアメリカにかんする著作のページを一斉に満たすとしても、驚くことはないだろう。最後に「青白い人」に劣らず象徴的な両性具有者（エルマフロディット）がいる。これはアメリカの性的混乱を集約した像である。これまた堕落した怪物であるフロリダの両性具有者は、アンドロギュノスの完結性をまったく体現していない。これは「一つの性しかもたない人間よりも完璧さで劣る」人間である。ラフィトーはその存在を否定して、それは女性の身なりをして、女性として扱われた男であると主張した。デ・パウはこのイエズス会修道士に反論して、「男性を変装させて、男性に対して暴君のようにふるまうという未曾有の慣習は［……］身体的次元での大勢の両性具有者と同様、道徳的次元で驚くべきことである」[49]と述べている。いずれにしても、〈自然〉がみずからの法のすべてを犯して楽しんでいるように見える大地に、真の両性具有の民族が、なぜいないことがあるだろうか。

「クレオール」問題

以上が、怪物でないとすれば、退化したものとしてのアメリカ人の肖像である。この肖像は、一七五〇年代から一七七〇年代にかけて、くり返し再生産された。これは〈未開人〉だけの肖像であろうか。いや違う、とビュフォンも、デ・パウも、レーナルも答えている。「不運な世界」のすべての「住民」の肖像なのである。確かにこの点で三人の意見はいっそう不一致をきたし、彼らの言葉もいっそうためらいがちである。しかし大筋は明快である。すべては、以下のことを信じ、結論を下すように仕組まれている。すなわち、残酷な〈自然〉によって人間に加えられた恐ろしい痕跡は、移住したヨーロッパ人も容赦しなかったたけでなく、雌鶏の生殖力を奪い、犬も吠えられなくしたということである。アメリカ人についての哲学的探求の『擁護』のなかで、ペルネティ師への反論として、デ・パウはすでにかなり陰鬱だった描写に何度かタッチを加えることができるが、ビュフォンが樹立した変質と退化の規則を、とりわけ〈クレオール〉――アメリカで生まれたヨーロッパ人――にはっきりと適用することが可能となる。これは決定的な進展である。以後、博物誌に霊感を得た反米的言説においては、インディアンの運命と〈クレオール〉の運命が結びつけられることになる。「北米では」と、デ・パウはスウェーデンの博物学者ペーター・カルム――その『ペンシルヴェニアの博物誌&政治史』はフランス語に翻案されたばかりである――を今回はよりどころにしながら書いている。「ヨーロッパ人は目に見えて退化していき、世代を重ねるにつれて、その体格は変わっていく[50]」。「アメリカに居住しているヨーロッパ人の退化」は疑いようのない事実である。大西洋の向こう側で荷下ろしされた雌鶏が、しばしば四、五世代にわたって、三〇年間も卵を孵さずにいるのと同様に、〈クレオール〉が先住民と同じ「愛における熱意のなさ」と不妊症に近い状態に襲われるのを目の当たりにすることとは、あらかじめ予測できるはずである[51]。デ・パウは、『アメリカ人についての哲学的探求』で進展させた仮説をここで強引に確証している。「旧世界から新世界に連れてこられた動物はすべて、いかなる例外もなく、その体型であれ、その本能であれ、はっきりとした変化をこうむった。」人間の場合も、それと別でなかった。「そしてこのテーマにかんする観察をくり返したために」、ある時期からそこに居を定めた〈クレオール〉と、最近上陸したばかりのヨーロッパ人を比較することによって、「可能性があると信じられてきた退化が事実であることを、人は納得したのである[52]」。ここで人とは、当然ながらビュフォンのことである。デ・パウはビュフォンの臆病さを嘆きながら、彼を絶えずよりどころにしているが、ビュフォンはこの非礼な弟子によってこうむった歪曲を最後には告発するにいたるのでである。

しかしながら、デ・パウが一七六六年の報告書で、ビュフォンの思想を過度に自分に引きつけて解釈したということはできない。実際、〔ビュフォンの〕『動物の退化』では、少なくとも仮説としては、（デ・パウがそのことをきわめて正確に述べているように）動物の退化にかんする気候の法則を人間にまで拡大することは認められている。テクストが進むにつれて、博物誌がアメリカの暮らしに重しのようにのしかからせた欠陥は、ますます重くなっていった。すなわち、最初の住人の「退化」は既定の事実とされ、ヨーロッパ人入植者の退化は少なくともありそうなこととみなされるのである。同じ時代――一七七〇年代――においては、この記述は学術的な博物誌、あるいは世俗的な博物誌を越えて広がっていく。この記述はジャンルの垣根を飛び越えて、いたるところでその説明的図式を押しつける。この成功は *Colonists*〔植民地開拓者〕にとっては憂慮すべきことである。彼らは、アメリカ人の劣等性にかんする臨床的描写と、彼ら自身が衰退していくのは避けられないという仮説とが、『両インド史』のようなひじょうに多く読まれる作品のなかで、科学の知識として幅をきかせるのを目の当たりにするのである。

実際には『両インド史』の第一の対象は、アメリカの博物誌ではなく、世界中の「ヨーロッパの植民地」である。この作品は「経済的、哲学的、政治的」なものになると、みずからを予告している。レーナル神父の署名でもって複数の人の手で書かれ、再版のたびに訂正を加えられたこの作品は、流動的で、往々にして矛盾した概観を呈している。この書物におけるアメリカ大陸の紹介は、ビュフォンの変質‐退化の理論がまる写しされているほど、ビュフォンによってもたらされた説明図式に多くを負っているが、デ・パウによって略述された毒にかんする描写にも多くを依存している――デ・パウの反植民地主義はレーナルのそれと一致しているのである。その影響はとりわけ初版（一七七〇年）ではっきりと見て取ることができる。そこでは人間の退化の仮説が受け入れられているのである。レーナルはこの確認を、さらに重いものにしている。「英国領アメリカ」の「自由な人々」について、レーナルはこの初版で書いている。「彼ら［この階級の人々］は目に見えて退化していった。そこではクレオールはみな、ヨーロッパ人ほど仕事においてたくましくはなく、戦争において強くもない。」しかしながら、移住したヨーロッパ人の子供たち、その場で生まれた子供たちは、「揺りかごのときからこの気候に慣れている」。レーナルがこの指摘で暗示しているのは、たんなる適応の問題ではこの欠陥を説明できないということである。おそらくさらに悪いのは、「この異国の空の下で、精神も肉体と同様に衰弱した」ことである。そしてレーナルは、植民地アメリカにいかなる「天才」も存在しないと強調することでこの確認を結んでいる。「驚かざるを得ないのは、いまだにアメリカがひとりのすぐれた詩人も、熟達した数学者も産み出さず、またいかなる分野の芸術や科学でもひとりの天才も輩出していないことである。」その原因は、あらゆることに対する「安易さ」と、気候と関連づけられる早成性であり、早成であるために火はすぐに消えていくのである。「私たちよりも早成で早熟なために、私たちが最終段階にたどり着くとき［すなわち、成熟に達するとき］には、彼らはずっと後方に遅れているのである。[53]」アングロ－サクソン系アメリカ人は、肉体も精神も弱い。若い頃は早熟で活発であるが、長い時間、熟考することはできない。彼らの知的劣等性は、その身体的衰えが「目に見える」のと同じようにはっきりしている。

〈植民地反乱軍〉の代表者たちは、何に代えてもこのようなページを『両インド史』から抹消しようとするだろう。だが彼らが成功するのは、せいぜいそのページを書き直させることである。

フランスの偏見という「アウゲイアス王の牛舎」

ベンジャミン・フランクリンは〈植民地反乱軍〉の代表として、〈独立宣言〉の数か月後の一七七六年一一月にパリに着いた。一七七五年四月一九日、レキシントンでおこなわれたアメリカ市民軍と英国軍との最初の交戦から一八か月が経過していた――〈反乱軍〉にとっては厳しい期間であった。フランクリンと彼の帽子やコートは、〈都市〉と〈宮廷〉で熱狂を呼び起こす。このいっぷう変わった人を目の当たりにして、みな夢中になる。多くの人がフランクリンをクエーカー教徒と誤解する。外交的には機が熟していないことを彼は感じ取っている。国王ルイ一六世は失敗の恐れのないときにしか、すなわちテュルゴーが辞職して以来、全権を掌握したヴェルジェンヌが決定したときにしか動き出さない。ここは我慢のしどころである。「善男リシャール」〔ベンジャミン・フランクリンの異名〕は、収穫の日のために、自分の人気をはぐくむ。一年が流れる。ついに一七七七年一〇月一七日、サラトガで、一万の英国軍が疲労困憊し、補給も途切れ、反乱者に降伏する。その衝撃波はちっとやそっとのものではない。一二月二日から三日の夜に、衝撃波はロンドンに到達する。問題を最小限にくいとめるために払われた内閣の努力にもかかわらず、だれもが戦争が曲がり角にあるのを予感する。その知らせは、パリにも少なからざる影響を及ぼす。いまが最後のチャンスだ――《*aut nunc aut nunquam*》――とヴェルジェンヌが決める。一二月六日、国王ルイ一六世は、植民地の独立を承認し、〈反乱軍〉と通商・友好・同盟の条約を締結する決定をフランクリンに知らせる。一七七八年二月六日、ヴェルジェンヌとフランクリンは条約に署名する。

同盟関係を結んでいるあいだにも「いさかい」はつづく。クレビヨンがいったような極端な上流社会がジョージ・ワシントンに熱狂しても、博物学者は相変わらず自分たちの理論にしがみついている。相変わらず「政治作家」は論争に飛び込み、マブリのようにアメリカ憲法を批判する。知的側面についていえば、状況は逆説的である。〈反乱軍〉に対する社交界の熱狂――彼らには歌や流行の帽子が捧げられる――は、アメリカの全面的に否定的なイマージュと奇妙な対照をなしている。この否定的なイマージュは、ビュフォンの名声とデ・パウの驚くほど大きな成功によって、教養のある公衆のなかにいまやしっかりと根を下ろしているのである。すなわち、デ・パウの『アメリカ人についての哲学的探求』は一七九九年に一一版に達する（ペルネティに対する反論は九版を重ねた）。そして一七七六年――かなり象徴的な年――に、『百科全書』の〈補遺〉として「アメリカ人」の項目を書くように要請されるのは、彼、この頑固な誹謗者なのである。一七七七年、英国人ロバートソンはビュフォンから大きく想を得た概要を出版するが、事態を好転させることにはまったくならない。アメリカ大陸に対してひどく辛辣なのである。アメリカ大陸では、〈自然〉はヨーロッパと比べて「繁殖力で劣り」、「生産物の生命力の強さでも劣っている」。そこでは動物相は「不活発で、精彩がなく」、人間自身も野生のエネルギーをうちに秘めていることからはほど遠く、*«a pensive melancholy animal»*〔物思いに沈んだ憂鬱な動物〕(54)になっている。ロバートソンを経由して、ビュフォンのウイルスはヨーロッパ、とりわけドイツで新たな発展を見せるが、そのドイツでは、アメリカ人は衰弱しているとする主張がフンボルトの称賛を受けるのである。

フランクリンも、一七八五年にパリでそのあとを引き継いだジェファーソンも、繁殖力のない雌鶏や臆病なトラといった、際限なくくどくどとくり返される話を軽視することができない。二人は、弁護士ランゲの批判のような、仏米同盟に対して向けられた政治批判のほうを、もっと懸念すると思われたかもしれない。ランゲは優秀で、逆説好きの論争家であり、植民地の独立の際には地方の小暴君が増えること、そして長期的には、世界の貿易を独り占めするためのあらゆる軍事的作戦の準備ができた、いまでいう《*rogue state*》〔ならず者国家〕が出現することを予測している。またフランクリンとジェファーソンは、マブリ神父が『アメリカ合衆国の政府と法律についての考察』（一七八四年）のなかで展開した諸制度に対する辛辣な批判を気にかけることができたかもしれない。しかしながら、きわめて示唆に富んだことに、二人のアメリカ人が一致して反論の矛先を向けることになったのは、ランゲでもマブリでもない。ランゲは無視するほうがよいとされる。マブリはマッツェイの筆にゆだねられた。マッツェイはアメリカ市民となったフィレンツェの人であり、パリで出版された駁論は成功しないが、ジェファーソンはその本の売れ残りを売りさばく役目を引き受けるのである。

というのも、ジェファーソンがその推進者である非公式の *brain-trust*〔ブレーン－トラスト。政策決定のための専門家集団〕にとって決定的な闘いとは、博物誌と博物誌が産み出したアメリカの悲惨なイマージュに対する闘いだからである。アメリカの出来事で敵軍に生じた動揺を利用しながら、最大限の努力を向けなければならないのは、この点である。ヴァレー・フォージ、ロング・アイランド、サラトガの戦士たちを退化した人々と、それでもなお描写することなどできるだろうか。しかも、「劣った社会」としてのアメリカの理論家たちも、おたがいを中傷しはじめていた。デ・パウは、ひじょうに若いと同時にすでに老いぼれているとアメリカを皮肉ることによって、ビュフォンを怒らせた。「何らかの存在が、創造されたばかりで、いかにして年をとって老いぼれた状態になるかを理解することは容易ではない。」アメリカ人が退化しているとすれば――だれもがそのことに同意しているが――、その場合は、アメリカが若いという意見は「支持できない」[55]。ビュフォンは一七七九年に『自然の諸時代』でデ・パウに反論しているが、それはそっけなくて、かなり漠然としている。ビュフォンは北米（その評価は確かに上昇している）と南米のあいだに細かな区別を導入する。南米では、「自然は老いぼれて退化しているどころか、逆にそこでは時期的に遅くなって生まれた。だから、北の国々と同じ力、同じ活力をもって存在したことは、いままでなかった」。しかし説明の終わりでは、ヨーロッパよりも非活動的な「原理」という仮説、ヨーロッパよりも「不活発な」〈自然〉という仮説を、ふたたびアメリカ全体に一般化している。博物学者たちよ、まだ一頑張りだ……。

レーナル神父と、その急流のように激しい『両インド史』にかんしても、事態はほとんど好転しない。この著作のフランスとヨーロッパでの成功を考慮すると、賭けられているものは重大である。どうしたら神父を丸め込めるか。フランクリンは、まず実地教育を選んだらしい。ジェファーソンの証言によると、フランクリンはパシーで、同じ数のアメリカ人とフランス人――レーナルはその名誉招待客である――をテーブルの周りに集めた。アメリカの「小ささ」にかんする会話に神父を誘い込んだのち、フランクリンは突然、会話を中断させ、国籍ごとに集められた招待客を立たせる。その結果、すべてのアメリカ人が、もっとも背の高いフランス人よりも背が高い。レーナルは彼自身、とても背が低いが《*a mere shrimp*》〔たんなるチビ〕)、喜んでこの冗談を受け入れたが、議論は拒否したらしい。ヨーロッパのもっとも偉大な精神の持ち主たちがアメリカの〈自然〉の衰弱ぶりについて意見を同じくしているときに、この上なく俗悪な経験論に従うのは論外だということである。しかしながら、『両インド史』の一七八〇年と一七八一年の版では、このエピソードに触れられることはないが、少なくともフランクリンの有益な影響のきわめて明確な痕跡が見られる。いくつもの文章が、アメリカにより好意的な方向に修正されるのである。もっとも瞠目すべき変化は、もちろんパリのアメリカ人がとくに神経質になっている点にかかわっている。「〈クレオール〉の退化」――すなわち、彼ら自身の退化である。アメリカ大陸に天才はいないという説は、一七七〇年の版で詳述され、今回も丸ごと採り上げられているが、それはまさしく闘うべき偏見の例としてである！「この不当な偏見を一掃するためには」と、いまや読むことができる、「フランクリンのような人が、びっくりしている私たちの大陸の物理学者に、雷を鎮めるすべを教えるべきだった〔フランクリンは凧を使った実験で、雷が電気であることを明らかにした〕、云々」[56]。避雷針は一七五三年に発明されたのであるから、『両インド史』の執筆者たちはもっとはやくフランクリンの才能に気づくことができただろうが、遅くなっても気づかないよりはましである。

しかしながら勝利を手にするにはほど遠い。前言を撤回しながらも、『両インド史』は絶えず、ああいったり（「［アメリカ人を］変化させる栄光と幸福は、英国領アメリカのなせる業であるに違いない」）、こういったりする（「それはまだ英国領アメリカがしていないことである」）。後悔したり訂正はしても、「偏見」の大部分は手つかずのまま残されるのである。自己批判などする気づかいはないし、修正などめったにしない『両インド史』は、北米について型にはまった判断――人間に対して過酷で、しかも何の資源もないので、何ものも、アメリカ独立さえも、北米を先天性衰弱から救い出すことはできないという型にはまった判断――を保持しつづける。「アメリカにはすべてが欠けている」とデ・パウはかつて断言していた[57]。一七八〇年には、レーナルはもはやそれほど断定的な言い方はしなくなっている。どうにか、「ほぼその国は自給自足できるだろう」ということを認めているのである。「すぐさま退化していく」この大地では――とレーナルは書き留めている――「いつか一〇〇〇万人の人間が生活の糧を保障されたら、それだけでも大したことである」[58]。結びの章「一三の連合州を作るべきだとは何という考えだろう」で、レーナルは質の悪い土地とそれがすぐに疲弊することを相変わらず強調している。すでに南部のプランテーションでは、「むかし」収穫されていたタバコの三分の一しかもはや収穫できなくなっている。もっと北部（メリーランド、ニューヨーク、ニュージャージー）では、一エーカーあたり六〇ボワソー〔一ボワソーは約一二・八リットル〕あった小麦の収穫が、「二〇ボワソー収穫できるのは、ごくまれでしかなくなる」。それほど「そこでは土地はすぐに疲弊したのである」。レーナルの合衆国は、デ・パウが描写した「不運な世界」に相変わらずそっくりである。いくつかの「ほぼ全体的に悪い土地、あるいは並以下の質の土地」があり、さらに遠くには「湿地」がある。また、「高地になると、それはもはやイグサの生えた自然の牧草地がところどころに点在する扱いにくい砂地、またはゾッとするような岩山にすぎなくなる」。Insurgents〔反徒〕の公然たる支持者によって、仏米同盟の絶頂期に書かれたこれらの文章を読むと、アメリカに対する「博学的」偏見の根深さを推し量ることができる――そして、なぜジェファーソンが、みずからこの闘いに身を投じたのかもよりよく理解することができる。

フランクリンと同じように、ジェファーソンも悪の根を攻撃し、三〇年来、災禍にみちたイマージュを十分に堪能したフランス人の精神のなかで、アメリカの名誉を「科学的に」復権させようとする。急を要する務め、どんな政治的・制度的な論争よりも深く政治的なこの務めは、ジョン・アダムズ[59]が一七八五年の書簡のなかできわめて暗示的に「アウゲイアス王の牛舎」〔積年の腐敗の意。三〇年間掃除しなかったが、ヘラクレスが一日で掃除したとされる〕と比較しているこの大量の偏見を破壊し、追い散らすことである。合衆国を政治的に擁護するためには、その自然的・経済的な発展性を論証しなければならない。アメリカの制度に対していたるところで噴出する批判や留保に、ほかの者たちが反論するなら、すればいい。ジェファーソンにとって、緊急のこと、優先すべきこととは、退廃したアメリカという悲惨なイマージュを正すことである。アメリカの政治改革が信頼を勝ちうるためには、ビュフォン以来、根を張っている否定的な神話をフランスにおいて根絶しなければならないのである。

『ヴァージニア覚え書』のなかで、ジェファーソンは〈新世界〉の誹謗者をひとまとめにして反論している――しかもそこには、ヒエラルキーに対する繊細なセンス、および、対象とした公衆、つまり哲学にはぐくまれたパリのインテリゲンチャの信頼を獲得するのにもっとも適切な方法に対する完璧な直観が伴っている。つまり、ジェファーソンはデ・パウ（彼はフランス人でさえない）を軽蔑的に扱うだろう。レーナルに対しては厳しく手短に非難するだろう。アメリカにおける〈白人〉退化説はレーナルの説であると考えているからである。またアメリカはまったく天才を生み出さなかったという主張を、遺憾とする以前に、軽々しく肯定してしまったことでレーナルを非難している。しかるに、アメリカはすでに三人の天才を輩出している。ワシントン、フランクリン、リッテンハウスである。人口三〇〇万人に対してこの人数は、ヨーロッパの平均に相当しているのである。(60)

しかしジェファーソンがとくに反駁しているのは、ビュフォンである。その反駁は一点一点、何ページにもわたり、いずれもの大陸の動物について、証拠として比較にウエートをかけながら、独自の一覧表を作成するまでにいたっている。じっくり考えて判断してほしい、と今回はジェファーソンがフランスの読者に求めている。アメリカを残余の世界と対照させるのは、しかるべく理にかなった、*fair-play*〔フェアプレー〕であるかどうかをまず判断してほしい。実際、世界の一部は世界の一部と対照させるほうが、つまり、この論争がヨーロッパに由来する以上、アメリカを唯一ヨーロッパとだけ対照させるほうが、いっそう公平なのではないだろうか。そしてつぎに、あなた方の熊（一五三・七リーヴル〔一リーヴルは約五〇〇グラム〕）が私たちの熊（四一〇リーヴル）に太刀打ちできるかどうか、じっくり考えて、確認してほしい(61)。両大陸の各一覧表のトップがいかに変化するかを、とりわけ確認してほしい。というのも、私たちは、あなた方の最大の動物となった熊とは比較にならないほど大きなバイソン（一八〇〇リーヴル）を、そしてひょっとすると、骨格が発見され、まだ北西部には棲息しているとデラウェア族のインディアンたちが断言している巨大生物をもっているからである。すなわち、*mammoth*〔マンモス〕と名づけられるマストドンである。

しかしアメリカの大きさを示す、おそらくは絶滅したこのチャンピオンに頼らなくても、ビュフォン伯爵が慎重さを欠いていることは――分別を欠いているとまではいわなくても――検証することによって十分に証明される。ビュフォンの三重の「説」――*primo*〔第一に〕、旧大陸と新大陸に共通に存在する動物は、新大陸では旧大陸よりも小さい。*secundo*〔第二に〕、新大陸固有の動物は、サイズが小さい。*tertio*〔第三に〕、両世界で家畜化された動物は、アメリカでは退化したという説――は、比較研究の方法によって完全に無効になる。この方法は、細心に適用されさえすればというう条件で、ビュフォンが奨励しているものなのである。アメリカは一般に寒くて湿気が多いというビュフォン氏の気候にかんする考察についていえば、ジェファーソンはその責任をほとんど免除してやっている。ジェファーソンは、フィラデルフィアで計測された湿気は、パリやロンドンの湿気よりもかなり少ないとだけ記している。反面、ジェファーソンは、ビュフォン氏の説の科学的根拠については、相変わらず丁重に疑念を呈している。ビュフォン氏は、湿気を生命にとって本質的に好ましくないとみなしているように思われる……。断じて否である、とジェファーソンは結論を下すだろう。旧世界よりもアメリカにおいて「生物ははるかに不活発で、はるかに弱々しい」(62)（彼はこれをテクストに引用している）と、この「有名な動物学者」が書くことを正当化するものは何もなかったのである。

かくして、モンテスキューと英国の立憲主義者の読者であり、政治的な新世界の建設者でもある〈建国の父〉は、啓蒙主義的見解のレベルまで前進する。かくして、彼は測量士、気象学者、植物学者の衣をまとって、アメリカを擁護する。かくして、彼がまじめな顔で皮肉っぽく、降水量を並べ立て、植物の多様性をひけらかし、中傷されてきた祖国アメリカの動物寓話を身長計を使って調べ直すのを、驚きをもって楽しく見ることができる。「アメリカの自然」を再活性化させることは、もはや博物学の問題ではなく、歴史そのものの問題である。合衆国の政治的・外交的運命、若き共和国の確立が、啓蒙哲学者の学識によって新大陸への不利益も顧みずにはぐくまれた、とんでもない偏見の根絶にも（とりわけ、それに？）左右されるかのように、すべてがおこなわれるのである。

いまや闘争は、表象を戦線としておこなわれる。これこそが、明言はしないが、ジェファーソンの考えであって、この考えが彼の戦略を規定するのである。彼がみずからの戦場――ビュフォンとその亜流が立てこもっている博物誌という戦場――に敵を探しに行くとしても、それは穏やかに、その戦場における支配権を取り返すためである。アメリカ人がアメリカについて語るべきである。そうすれば、ビュフォン氏におけるよりも湿地の少ない土地、デ・パウが想像するよりも「無害な」土地、レーナル神父が描写しているほど「劣化」していない土地が見出されるだろう。数字に対しては、ジェファーソンはほかの数字で応える。理論に対しては観察で、描写に対しては見本で、厄介な仮説に対しては人を喜ばせる推測で（巨大なmammoth〔マンモス〕の実在のように）、中傷の誇張的言辞（レトリック）に対しては拡大の詩学（ポエティック）で反論する。これらヨーロッパの紳士たちは、アメリカタイガーを臆病者とみなしているのだろうか。そんなことは、かまわない。ジェファーソンは、彼らの足もとにひじょうに美しい「巨大オオヤマネコ」を投げ入れるのである……。イマージュの戦争も戦争のような仕方で、である。

つまり、よりよき感情へと知的フランスを立ち返らせるのに、ジェファーソンは何も出し惜しみをしなかったらしい。自分の財布さえも。*elk*〔エルク。ユーラシアのヘラジカ〕を見たがっていたビュフォンに対しては、バーモント州の*moose*〔ムース。北米のヘラジカ〕を送る。(63) 記念品とその輸送には六〇ギニーの費用がかかり、ジェファーソンはため息をつく。しかし真実は、〈新世界〉にいる大きな反芻動物のすすがれた名誉と同じく、値がつけられないほどの価値がある。この財政的な犠牲にもかかわらず（彼は美しい毛並みのピューマの皮までも手に入れる）、ビュフォン氏はアメリカの〈自然〉と人間をあますところなく復権させるという約束を果たすことなく、一七八八年に亡くなることとなった。「愛国的」哲学者の唯一の生き残りとして、最初はフランス革命にちやほやされたレーナルについていえば、一七九一年に革命による混乱をあえて批判したために、いきなり台座から滑り落ちる。デ・パウは一七九九年まで生きるが、いまやギリシア人やエジプト人に興味をもち、自分自身の忠告に厳密に従って、アメリカを「そっと平和にしておく」。「〈新世界〉についてのいさかい」は、彼らといっしょに消えることはない。ところで、いまやフランスは「ヘラジカ（エラン）」の体長や巨大オオヤマネコの力強さとは違ういさかいの動機を合衆国とのあいだでもっているのである。

ミシュレは一七九〇年をフランス革命と連盟祭〔フランス革命一周年記念祭〕の祝年、その幸福の絶頂とみなす。フランスでアメリカに対する祝賀が最高潮に達するのも、おそらくは一七九〇年である。フランクリンの死〔一七九〇年四月一七日〕のために布告された三日間の服喪の際である。感動的な瞬間、つかの間の栄誉である。すぐさまフランスの革命は先鋭化し、純粋な美辞麗句としてのものを除けば、アメリカを参考にすることはなくなる。モデルとしてのアメリカの代弁者と、仏米同盟を象徴していた人々は、表舞台から引退するか、命を落とすかする。連邦政府と革命フランスのあいだの外交関係は悪化する。ワシントンにおける革命フランスのきわめて戦闘的な公使であるジュネは、アンチル諸島にいる英国人を攻撃するために、センセーショナルな宣言を何度もして、アメリカの領土そのもので義勇軍を召集しようとする。〔トマス・〕ペインを投獄する恐怖政治によってフランス革命が失うものとは、ジャコバン党のいかなる感化も避けようとするアメリカ政府の共感、および、くり返される死刑執行にショックを受けた世論の大半の共感である。ロベスピエールの失脚も、何ら落ち着きをもたらしはしない。合衆国は英国と交渉して、秘密条約を締結した（ジェイ条約）。この裏切りの条約はパリに知られることとなり、フランスの総裁政府の当局者をひどく落胆させ、合衆国に反対する激しいプレスキャンペーンを引き起こす。そのとき以降、フランスの私掠船は、アメリカの船舶を攻撃する。「通商・友好・同盟」条約の二〇年後、仏米は交戦状態となった。アメリカの歴史家はこれを《the Undeclared War》〔宣戦なき戦争〕と呼ぶことになる。実際、これが戦争であるために足りないのは、戦争という名だけである。啓蒙主義の世紀の奇妙な結末である。この啓蒙主義の世紀には、アメリカ国家が誕生する前においてさえ、反米的イマージュというフランス的な戦争がはじまったのであった――この「アウゲイアス王の牛舎」の掃除は、ヘラクレスというよりも、むしろシシュフォスの仕事である。

第Ⅰ部　ヤンキーの抑えがたい上昇

1　軽蔑の時代

「J・ド・メーストルが言ったように、何といういう商店臭さだろう！」（阿部良雄訳）

ボードレール

「……そして、ああいうところには〈オペラ〉はない。」（生島遼一訳）

スタンダール

帝政はワーテルローで二度目の死を迎えた。「私たちは北国の息子らをふたたび見た。そしてウクライナ産の雌馬が、もう一度、私たちの庭の樹木の皮をかじった。[1]」戦いに敗れたフランスは、回復された平和に身をまかせる。間もなく一世代全体が、にわかに小さくなった世界で息苦しいと不平をもらすようになるだろう。パリからポントワーズ〔パリ北郊の町〕に行くのにパスポートが必要になる。アメリカに行くにも、あるいはより正確にいえば、フランスの国外に出るにもパスポートが必要になる（一〇フランの費用がかかる）。というのも当時、アメリカに入国するには、パスポートやビザなどの書類は不要だからである。しかしアメリカはとても遠い。物理的に――最良の条件でも、大西洋を横断するのに一か月かかった。

事態が悪化すれば、最大八週間かかることもある。一八一七年、ニュー゠オーリンズの不幸な司教デュブール猊下は、ボルドーを出発してアナポリスに向かうのに六五日かかる。確かに、神意によってそれよりもずっと不幸に見舞われたヴォルネーは、一七九五年に八九日もかけてはいるが……。情報も同じペースで伝播される。公電が届くまでに、二か月はたっぷりかかったのである。そのため、外交上の仕事は容易ではない。たとえば、ワシントン駐在のフランス公使ルー・ド・ロシエルが一八三〇年の七月革命を知るのは、その事件の四〇日後なのである。一八三〇年代に快速帆船（クリッパー）の定期便が就航したあとには、キュナード社の蒸気船で大きな改善が見られ、一五日で大西洋を横断することが可能になった。この蒸気船の航海は一八四〇年にはじまるが、出港地は英国だけである。フランスの最初の定期便が創設されるのは、やっと一八六四年になってからである。この年代的なずれは、多くの統計表よりも雄弁である。

これは「遠さ（ディスタンス）」のためである。ルネ・レモンが「隔たり（エルワニュマン）(2)」と呼んでいたものがまだ残っている。というのは、この遠さはたんに地理的なものではなく、心理的なものだからである。封鎖、対抗封鎖、米英戦争は、大西洋間の交流を複雑にした。しかし、とりわけ革命時代の失望が、熱狂の多くを冷ましてしまった。ルイジアナの譲渡〔一八〇三年〕によってアメリカ植民地の臍の緒が断ち切られる前においてすら、そうである。植民地というつながりが消滅したからといって、移民によって埋め合わせられることもない。移民は平和が回復しても、相変わらず低水準で推移するのである。

一八一五年から一八一六年にかけて、数名のナポレオン信奉者が出発する。その後、とりわけ一八四八年以降、何人かの空想的社会主義者がつづく。ささやかな大移動（エクソダス）である。カベとそのイカリア島の弟子たちはもっとも数が多いが、それでもわずか五〇〇人にすぎない〔カベには『イカリア旅行記』（一八四二年）というユートピア小説がある〕。そもそも白紙状態（タブラ・ラサ）のアメリカは、すべての社会改革者を魅惑することからはほど遠い。この点で意味深長なのは、一八三〇年代初頭にはじまるサン＝シモン主義運動の方向転換である。ラ・ファイエットの仲間で、シンシナティ協会〔一七八三年、独立戦争の際に創設された上級将校のクラブ〕のメンバーであるサン＝シモン自身は、つねに合衆国を参考にすべき見本とみなしていたのであったが、彼の精神的後継者たちは、〈新世界〉への批判をくり返し、サン＝シモンの巣箱から〈新世界〉へ移住することに水を差す。(3) 貧民の移民についていえば、それは洪水というよりも、小川である。結局、ルネ・レモンの推測によると、一八二〇年から一八五〇年のあいだに、アメリカに渡った年間平均人数は、四二〇四名である。それだけでは、母国と受け入れ国とのあいだに数多くの強い関係を築くのには十分ではない。

「社会的落伍」が――とルネ・レモンはつけ加えている――この移民においてそれなりの役割を演じている。移民のイマージュがそれから影響を受けるのである。多くの場合、社会から排斥された者のイマージュだからである。当時の文学が証明している。バルザックの作品においては、ごろつきどもがアメリカに出発し、さらにもっと悪になってもどってくる。たとえば、天才である優しいジョゼフに不相応な兄弟フィリップ・ブリドーである（『ラブイユーズ』）。一九世紀前半のフランス小説で大西洋を渡るには、まさしく下劣な（そして副次的な）登場人物でなければならない。フィリップ・ブリドーのような者にとってよきアメリカは、ヴォートランには自殺以上に悪いものに見える（『浮かれ女盛衰記』のなかで）。スタンダールの作品では、ファブリス・デル・ドンゴはアメリカのことは念頭にない。彼は愛すべきクレリア・コンティの近くの監獄にいることであまりにも幸福なのである。モスカ伯爵は彼のためにアメリカのことを考えるが、すぐにその仮定を退ける。「アメリカの共和国では、本気になって町の商人たちのごきげんとりをして一日中不愉快な思いをし、彼らと同じように愚劣にならねばならぬ。そして、ああいうところには〈オペラ〉はない。(4)」

どうしようもない必要性や、紛れもない零落からそうせざるを得ないわけでもないのに、あちらに生活しに行くことができるなどとは、フランス人には（そしてなおさらパリの文学者には）異常なことに思われる。「一年ここに滞在したら、私は死んでしまいます」とタレーランはスタール夫人に書いた。(5) アメリカが、政治亡命者のなかでもっともしたたかな者からそのような心の叫びを引き出しえたということは、彼の著名な文通相手もひどく驚いたに違いない。この激しい嘆きはみせかけではない。この感情は、小さいが騒々しいペンシルヴェニアのフランス人植民団のなかで広く共有されていた。身体が虚弱になり、パリを恋い焦がれ、生きているという感情さえ失われていたのである。地上の地獄、あるいは永劫の冥府である合衆国は、亡命者をがつがつとむさぼり食うので、たまたま亡命者が本国にふたたび姿をあらわしても、幽霊と間違えられるほどだった。たとえばルナンは、国民公会の議員であり国王殺害者として一八一六年に亡命を余儀なくされたラカナルが再度、姿をあらわしたときについて語っている。アメリカで二二年過ごしたのち、一八三七年に帰国して、フランス学士院に復帰する姿は、〔バルザックの〕『シャベール大佐』にふさわしい場面である。フランス学士院の同僚たちは、公教育省の元大臣、アメリカのゾンビと化したこの国民公会の亡霊を、「まるで幽霊でもあるかのように」茫然として迎えたのである。

この半世紀のあいだずっと、仏米関係は沈滞している。関税障壁、あるいは航行権についてくり返された摩擦は、全般的に陰鬱な関係にとげとげしさを加える。一八三四年から一八三五年にかけて、合衆国から請求された賠償金をめぐって、重大な危機が起こった。この危機はすぐに回避されたが、ひどく悪い記憶を残すこととなる。(6) 全体として平穏状態がまさっても、それは無気力の平穏状態である。この無関心の結果の一つが、「イマージュの不変性」、すなわちアメリカの現実に対してイマージュが古くさくなっていることである。アメリカが提供するのは、「大西洋の海岸からはじまり、内陸部に進むにしたがって、ますます鬱蒼としてつづく、ほぼ全域を覆い尽くす森林の人跡未踏の景色」であると、ヴォルネーは一八〇三年に書いている。彼はむしろ中東の砂漠のほうに慣れ親しんでいるのである。(7) 一八一六年の作品でも、この風景は変化しない。「合衆国の領土は、いわば大西洋に端を発する広大な森にすぎない。(8)」この風景はすぐには変化しないだろう。ルネ・レモンが指摘しているように、フランス革命より以前の情報にもとづいた著作が、一八四〇年代まで同一のまま複製されている。あるいくつかのケースでは、「事件に対する情報の遅れ」が半世紀にまで達し、「一八三〇年以降この遅れが縮まったと信じるのは幻想かもしれない(9)」。

つまり活気のない時代であるが、反米的イマージュにとっては、思われているほど不毛な時期ではない。大した変更もなく描写や情報がくり返されるとしても、合衆国についてもたらされる解説や判断は同じではないからである。したがって、視野の移動、眼差しの新たな方向設定という考えによって、「イマージュの不変性」という解釈を修正しなければならない。新大陸に対する「博物学的」中傷は、徐々に勢いを失うか、歴史が博物誌〔=自然の歴史〕に対して先んずるという弁神論〔悪の存在は神の摂理であるとする説〕のなかで、みずからに新たな価値を見出すかする。制度的なモデルについての論争は緊急性を失う。一部の共和的な世論が「現実の共和主義」の国に対して根本的な敬意を表するとしても、それは二度大統領になった荒武者アンドリュー・ジャクソン(10)に対して熱狂することができたためではないし、奴隷制度が永続しているという厄介な問題と折り合いをつけることができたためでもない。

この無関心によって残された空虚のようなもののなかから、反合衆国の新しい言説がわき起こる。それは美的反米主義の言説、すなわち二〇世紀の文化的反米主義の基礎的土台である。博物学者や政治家の眼差しのあとに、アメリカに注がれる眼差しは、芸術家や耽美主義者、快楽主義者の眼差しである。この新しい誹謗者たちは、ビュフォンとその臆病なトラ、声の出なくなった犬の比較対照表を必要としない。先人たちを熱中させたアメリカの制度にかんする政治的‐法的論争については、さらに興味がない。彼らは植民地後のアメリカが「民主主義」であるのは当然だとみなしているのである（この確信は、二世代後には、もはや同じように共有されることはないだろう）。しかしこの民主主義については、彼らは民主主義が文学、哲学、芸術にもたらした成果、および民主主義が習俗や「礼儀作法（マナー）」、行動にもたらした影響によって判断すると主張する——そしてこの判断が厳しいのである。彼らを不安にするのは、アメリカの自然の「退化」ではない。彼らが唯一心を動かされるのは、アメリカの芸術的不毛である。連邦共和国〔アメリカを指す〕の不安定さや無秩序の危険については、ほとんど気にかけない。彼らが激しく非難する民主主義は、平等主義的で、「有用なこと」に取りつかれ、才能を敵視し、天才に息苦しさをもたらす民主主義である。しかしながら、全員が芸術のための芸術の支持者だというわけではない。それどころではない。だが、たとえスタンダールが政治的反逆者で、司祭たちと国王たちとからなる旧世界に対する理屈抜きの反対者であっても無駄である。彼の主人公たちは、正統王朝派であるバルザックの主人公たちと違ったふうに合衆国について語ることはない。そして自分の登場人物から素顔が透けて見えるベール〔スタンダールの本名〕は、小商人的なアメリカに対する戦争をはじめるが、王権や教会、死刑執行人の擁護者であるジョゼフ・ド・メーストルと同じ言葉でもって戦争をはじめるのである。この十字軍の頂点に位置するボードレールは、弾劾文を作成するのに、アメリカという俗物（ペリシテ人）に対して三〇年間積み重ねてきた不満をまとめるだけでいい。彼はこの弾劾文に、物質や機械への盲従の前兆となる決定的な特徴をつけ加えるだろう。

したがって、この半世紀にわたる中間色（ハーフトーン）ののち、分離戦争〔南北戦争〕guerre de Sécession 前夜には、合衆国のイマージュは表向き安定しているが、隠然たる破壊工作によって、根本的な変化をこうむっている。

この破壊工作においては、神権政治家と自由主義者、神秘主義者と合理主義者、現体制の手先と破壊者が、すべての憎しみを忘れて、忙しく立ち働いているのである。

ルソーを忘れること、アメリカとの関係を断つこと

アメリカ民主主義に対する美的風刺に向かうこの大きなシフトは、一八世紀末に、反米的であると同時に反ルソー主義的な見直し作業そのものによって準備される。ここでは総裁政府時代（一七九五年〜一七九九年）まで少々さかのぼらなければならない。この時代には、仏米関係の極端な悪化とともに、合衆国にかんする出版物が、政治亡命者の帰還と結びついて大量に刊行される。たとえば、フェルディナン・ベヤールの『合衆国内陸への旅』（一七九七年）やラ・ロシュフコー＝リアンクールの『アメリカ合衆国への旅』八巻（一七九九年）である。米英間のジェイ条約によって醸された敵意の雰囲気のなかで、アメリカへの共感から旅立ったフランス人によってもたらされた、控えめだけれども、ときには悪意を含む証言は、特別な重みを帯びる。大西洋の向こう側の共和国を紹介するに際して、それほど否定的ではないように見えるこれらの作品においてさえ、公衆が気づくのは（そしてジャーナリズムが解説をするのは）失望と疑念なのである。

亡命者文学というこの新しい資料の山は、パリのサロン生活から突然、引き離され、まったく無縁の世界に足を踏み入れた個人の狼狽やフラストレーションの痕跡を帯びている。「これまで私が会ったフランス人はすべて」と、フィラデルフィアに到着したあとすぐに、もっとも公平な人物のひとりが書き留めている、「アメリカのことをほとんど好きではなかったし、アメリカ人のことはなおさらである。彼らが描写するアメリカ人は、うぬぼれが強く、けちで、欲深で、自分たちがおこなうどんな取引においても不正

をしようと血眼になっている」[11]。礼儀作法（マナー）の欠如（あるいは「ひどい礼儀作法」）、会話の空虚さ、知的思索に対する主人たちの関心の乏しさ、こういったことすべてが、これらのフランス人に耐えがたい印象をもたらし、のちにそれはフランスの同時代人たちに伝えられることになるのである。粗野な習俗、精神的な事柄に対する無関心、芸術に対するまったくの無理解は、いまや合衆国のあらゆる記述で真っ先に引き合いに出される特徴となる。がさつで俗物のアメリカ人に対するロマン主義世代の軽蔑的な態度は、多くの場合、フランシス・トロロープやホール少佐の書物のなかであらわにされている英国的軽蔑のいささか盲従的なコピーであると解釈された。彼らの影響を過小評価するつもりはないが――もう少しあとでトロロープ夫人の影響に立ち返ることになるだろう――、かなり手厳しい描写からなるあの第一波、きわめてフランス的な第一波について強調しなければならない。これらの描写は、情勢がとげとげしく、またアメリカについてのこれらの証人へのかつての共感が彼らのアメリカ批判にさらに信憑性を付与するがゆえに、ますます大きな信頼感をもって公衆に受け入れられたのである。

合衆国の熱狂的な賛美者であるブリソ（彼は合衆国で九か月過ごした）は、すでにフランス革命の前から、みずからの努力を実用的な「技術（アール）」に向けようとする国家全体の傾向を、アメリカ平等主義の一つの結果だと認めた最初の人物である。ところでそのルソー主義的信仰によって、ジロンド党のこの未来の指導者は、むしろアメリカ人に好意的な結論にいたった。すなわち、ヨーロッパがむなしく自慢したがるこれらの豪華な記念建造物よりも、丈夫な橋や居心地のよい家、とても明るく照明された通りのほうがずっとよかったのではないだろうか[12]。より多くの人々に分配されるより全体的な繁栄のためには、いわゆる芸事を犠牲にすることも可能だったのである。

一七九〇年代の旅行者が確認した事柄は、みな同じである。だれもが旧英国植民地でなされた急速な物質的進歩を認めざるを得ないのである。しかし彼らの結論は、ブリソの出した結論とはきわめて異なっている。おそらくは個性の問題であり、出自の問題である。これらの亡命者のなかには、憲法制定議会に属する社会的エリートの一部を見ることができるからである。しかしまた、フランスで平等の旗印の下で迫害されてから、教養、文芸、芸術が新たな正当性を獲得したということでもある。テルミドール〔一七九四年七月二七日の反ロベスピエール派のクーデターが成功した日〕以来、「革命的な文化財破壊（バンダリスム）」が批判の対象となっている。芸術家と作家の敵は、もはや一七八九年以前の「専制的な」大臣や検閲官ではない。マラーとともにルソーを引用する「残忍な恐怖政治家である。ブリソの熱狂を正当化していたルソー主義的基準は、そのもっとも過激な攻撃的利用によって、ひどく評判を傷つけられたのである。

前－革命的であるとともに革命的であるルソー主義からのこの大規模な離脱（デフェクシオン）の動きにプラスされるのが、啓蒙主義者、とりわけコンドルセによって同世代に伝えられた、人類の全体的な進歩というイデオロギーからの人心の離反（デザフェクシオン）である。フランス人亡命者の証言によって、この確信が大きく揺らぐのである。この亡命者たちは全体として、アメリカの経済的発展を自覚していないわけでも、多くの場合、その発展のスピードを称賛していないわけでもない。独立戦争を闘った何人もの人たちは容易に、さまざまな比較をおこない、これまでたどって来た道を評価することができる。だが彼らが声を合わせて強調しているのは、この物質的進歩は、趣味（グー）と精神（エスプリ）というより漠とした王国についてはいうまでもなく、芸術や文芸において同等の進歩を伴っているというにはほど遠く、むしろそれらを犠牲にしてなされているように見えるということである。これがラ・ロシュフコーの意見である。これは一八〇三年に『アメリカ合衆国の気候と土壌要覧』を出版したヴォルネーの意見でもあるだろう。再検討は徹底しており、アメリカがもたらす教訓は苦々しい。万人が「若き」アメリカのなかに、あらゆる分野に及ぶと同時に連続的な人類の発展について、実験にもとづいた確証を見出せるものと期待していた。しかるに実際はまったく違っている。彼らが確認した事柄が提供するのは、「同時に進歩と退歩の」、彼ら自身にとってもそうである「矛盾しためんくらわせるような光景」[13]なのである。

つまり、生来、善良である人間を捨てたあとで、〈進歩〉は一つで分割できないと信じることも放棄しなければならないのだろうか。いまや物質的な征服をおこなうたびに、知的退行でその代価を支払うことを恐れなければならないのだろうか。この胸を引き裂くような再検討からそれほど遠くない地平に、ボードレールと、彼の徹底的な反ルソー主義、〈進歩〉に対する嫌悪——および「アメリカ化」が甚大な被害をもたらすというヴィジョン、が存在する。

当分は、アメリカを革命的騒乱からの避難所に選んだこの小集団の著作が、ブリソのような政治参加した（アンガジェ）ジャーナリストたちによって革命前の一〇年間にでっち上げられた肯定的な神話を根底からくつがえしていくのである。アメリカ的生活の倦怠、俗悪、あるいは空虚をこき下ろす彼らの物語（レシ）や長広舌を際立たせる不機嫌の発作は、逸話的なものよりはるかに大きな影響力をもつ。未開性礼賛の楽観主義と同様、進歩主義的楽観主義の放棄という背景に組み込まれることによって、この人たちの亡命地に対する嫌悪、日常生活に対する風刺、知的生活に対するひどく不利な評価は、フランスの読者に強い印象を与え、新しい決まり文句を確立する。すなわち、世界中のすべての政治的善意をもってしても、普通のフランス人、つまり芸術、文芸、娯楽の愛好家として仕立てられたフランス人は、アメリカでは幸福には生きられないという決まり文句である。

地獄と劫罰――タレーランからジョゼフ・ド・メーストルまで

タレーランのケースは興味深い。彼はこれらの不満を抱いている亡命者のなかでもっとも有名な人物である。タレーランが憲法制定議会で果たしたすぐれた役割、帰還後に総裁政府、執政政府、帝政、王政復古の各時代を通じて果たすことになるフランス外交に欠かせないリーダーという役割は、彼のアメリカに対する嫌悪に特別な重みを与える。アメリカに追放された空位期間でさえ、みずからの比類なき精神による名声、人間関係の幅広いネットワークのおかげで、タレーランはヨーロッパ中にみずからの意見を鳴り響かせ、不機嫌をかいま見させる。

ところで、一七九四年にアメリカの地に上陸するとすぐに、タレーランはフランス革命が過激化したために来ざるを得なくなったこの国に対して、嫌悪を覚える。フィラデルフィアの晩餐会や、モロー・ド・サン＝メリが自分の書籍印刷販売店に宿泊させている亡命者たちの会合で、思う存分、辛辣な言葉を吐く。アメリカに対する彼の嫌悪は、大量の書簡のやり取りを通じて、ヨーロッパにとどまっている多くの友人知人に伝えられる。何ごとにおいても不快を感じる滞在について、タレーランがどんな言葉でスタール夫人に不満を並べているかはすでに見たとおりである。公的問題から遠ざけられているというフラストレーション、金儲けを期待していた金融取引でもうまくいかないというフラストレーションが、何よりもまずアメリカ的生活の凡庸さに向けられた辛辣さの背景にある。実際、フィラデルフィアの狭苦しい環境には、確かに見世物も、火遊びも、おいしい食事も、機知に富む言葉もなく、タレーランは死ぬほど退屈する。彼自身がこの活気のない環境のなかで、ひどく衰弱しているので、ラ・ロシュフコー＝リアンクールのいうところによれば、もはや「だれも理解できない神父の狭量な精神[14]」しかもてなくなる。アメリカ人に対する共感をもたないタレーランは、アメリカ人は一般にフランス人に対して敵対的だと考える。同じリアンクールが記しているように、タレーラン以上に「アメリカ人について、あらゆる報告書のなかで否定的な見解を表明し、悪くいうことは不可能[15]」である。

タレーランのほうは、この双方の性格の不一致に、自分の個人的な敵意を政治的な問題へと転換させる理由を見出す。アメリカ人の背後に英国人をすぐに見つけるのである。彼の同国人や亡命仲間の多くは、落胆しながらも、反英国人という点でフランス人とアメリカ人を結びつけた最近の戦友としての友愛に浸っているのに対して、タレーランは、アメリカ人はフランス人がそう信じたがっているよりもはるかに英国寄りであることに、不安な驚きを抱きながら気づくのである。すなわち、独立戦争のあいだに積み重ねられたあらゆる恨みをもってしても、「しかしながらアメリカは全面的に英国寄りである[16]」ということである。かつての結びつきの力、現在の利害の重さ、言語が共有されているという利点が、英米の接近を必然的かつ不可避なものにする。この英国嫌いの時代には、このような確認事項は物議を醸す。それはフランスで何度もくり返し採り上げられ、一八〇三年にはヴォルネーがこれに学術的な保証を与えることになる。

アメリカ？「三二の宗教とたったの一品」と、このオータン〔フランス東部ソーヌ＝エ＝ロワール県の都市〕のかつての司教は要約している。この言葉はスタンダールを魅了するだろう。この言葉は合衆国に対する依然としてきわめて〈旧体制〉的な風刺の快楽主義的側面をみごとに映し出している。シャルル＝モーリス・ド・タレーラン＝ペリゴールほどノスタルジーを感じていない多くのフランス人でも、この揶揄に熱狂的に賛意を示す。おびただしい「宗派（セクト）」とメニューの選択の狭さ（ローストビーフのポテト添えが圧倒的な力をもっている）は、一九世紀末までフランス人旅行者の二つの主要な不満の種でありつづける。タレーランの反米主義の強さとは、フィラデルフィアを冗談にしてしまっていることである。すなわち、このアメリカをより辛辣な批判の火中に投げ込む前に、紋切り型となるまで理想化されたアメリカを、まず笑いものにしなければならなかったのである。未来のベネヴァン公〔タレーラン〕が発する「名言」は、善し悪しのいずれにしても、かつての崇拝の的(アイドル)をぐらつかせる。これらの名言の成功は、フランス人がワシントンのアメリカについてでっち上げていた神話、つまりアメリカは新‐ローマであって、農地均分法論者で、有徳であるという厳粛な神話をフランス人自身が捨て去ることを予告している。

タレーラン自身にとっては、からかいは予備段階にすぎない。気品のない粗野に対する公然たる軽蔑によって、より根本的な批判たらんとする「哲学的」批判に道が開かれるのである。共和国暦七年ジェルミナル五日〔一七九九年三月二六日〕にフランス学士院で読み上げられた「合衆国と英国の貿易関係にかんする報告書」のなかに、その輪郭をはっきり見て取ることができる。[17] この〈報告書〉は、ラ・ロシュフコーやヴォルネーの浩瀚な大全に比べると薄いように見えるが、その直接的な衝撃は大きい。タレーランは総裁政府時代の外交関係大臣だが、執政政府時代もこの職にとどまる。フランス領アンチル諸島にとって危険な英米同盟に対する不安によって、合衆国との関係正常化へと駆り立てられている危機的時代に、フランス学士院でおこなわれるこの「学術的な」発表は、特別な政治的反響を巻き起こす。しかし、おそらくこの〈報告書〉のもっとも示唆的な一節は、地政学的‐経済的な報告のなかにそっと挿入された反ルソー主義的な展開である。そこでタレーランは、自分が知っているアメリカ人にかんして、おもねることのない人類学的な描写をおこなっている。ここではアメリカの都市が都会的洗練さを欠いていることに対する個人的非難の軽薄な調子は捨て去って、田舎者のアメリカ人、最果ての *squatter*〔不法定住者〕、そしてジョン・クレーヴクールの『手紙』によって理想化された農民を非神話化することに着手しているのである。

これはアメリカのイマージュをいっそうひどく傷つけることである。ここで問題にされているのは、若き合衆国とワシントン－キンキナトゥス〔古代ローマの国民的英雄。ローマ軍の危機を救ったが、独裁官の職を返上して農耕生活にもどった〕をめぐって織り成される平等主義の純粋さと幸福なつつましさにかんする言説全体だからである。ボストンの卸売商がヨーロッパの卸売商と同じくらい不快だというのは、まあよい。クエーカー教徒自身がもはや完全には以前の姿ではないということは、何とか受け入れられる。[18] しかし田園の住人と森の開拓者が人類の最下層におとしめられているということ、これこそはるかに憂慮すべきことである。ところで、これらの真のアメリカ人にタレーランは出会っている。*wilderness*〔荒野〕のはるか遠い居留地まで出かけたのであるが、それはルソー主義の脳天気どもがあらゆる美徳とエネルギーにみちていると述べている場所である。まったくのたわごとだ、とタレーランは彼らに答えている。森の奥地には、無気力な田舎者が住んでいる建てつけの悪い小屋しかない。誇り高き農民というが、これらの人気（ひとけ）ない場所では、堕落した農民、不精な木こりにしか出会わない。彼らは「自分たちが取って代わった土着の未開人にひじょうによく似ている」。世紀末における〈クレオール〉の最後の変身である。アングロ－サクソンの*colonist*〔植民地開拓者〕は、野蛮さの最前線で道に迷い、そこで生まれ変わることも、少なくともみずから生まれもった特質を活性化することさえなく、デ・パウふうの無気力で愚かな〈未開人〉のさえないレプリカとなる。「貧しくて、欲のない」この鈍重な獣は、道徳性も知性も欠いている。「その悪徳は、無知によって悪化している。」ベルナルダン・ド・サン＝ピエールやシャトーブリアンによって詠われた、いわゆる無傷の自然の調和についていえば、そのような自然をヨーロッパ人が信じようが夢想しようが自由であるが、これらの乱暴になったアメリカ人は、そのような観念はまったくもちあわせていない。自分たちを取り巻いている壮大な光景について何も見ていない。彼らの都会の同国人が味覚を欠いているのと同じように、感性を欠いたこれらのアメリカ人は

「木を切り倒すのに何度、斧を振り下ろしたらいいか」ということにしか興味がない。これらの新しい未開人たちは、すでに木こりでないとすれば会計係であろう。このように文明化した世界の最果てに身を置けば――とタレーランは示唆している――ただでは済まない。未開状態は自分にすり寄ってくる軽率な人間をつかまえる。この人間は、自分からすぐに人間性を奪ってしまう奇妙な麻痺、つまり「無気力」の罠にかかってしまうのである。こうしてアメリカ奥地への旅は、根本的にその意味を変える。人類のたくましい幼少期への立ち返り、あるいはその回復であるどころか、アメリカの長旅はコンラッドふうの闇の奥へとさかのぼることである。すなわち、「人間の精神の発展とは逆方向に旅をしているような印象を受ける」のである。進歩への反‐弁神論であるアメリカ内部への旅は、原始状態の深淵へと絶望的に入り込むことである。「私たちの欲望が増えていくにつれて必要物だとみなしてきたこれらの発明品を日ごとに一つずつ」失っていきながら、「人はますます下のほうへ沈み込んでいくのである」とタレーランは述べている。*wilderness*〔荒野〕に深く入っていくことは「古い自分を捨てること」ではない。摂氏〇度、つまり人間の精神の無価値性に向かって、骨の折れる背面行進〔隊列を組んで回れ右をして前進すること〕を、あえてするということである。

　このタレーランの主張と、「古いヨーロッパの住民の集合体、つまりドイツ人、オランダ人、とりわけ三王国の英国人の集合体をうぶで汚れていない民族と呼ぶ作家たちの現実離れした（ロマネスク）誤り」を告発するヴォルネーの主張が対立しているのは、うわべだけである。[19] というのも、タレーランは、みずからが拒絶する図式そのものを相変わらず含んでいる語彙を使っているけれども、この世界のありのままの「若さ」については記述していないからである。彼は文化的アイデンティティの消滅のプロセスを記述し、退化を図式化し、漸進的な転落を公然と非難している。すなわち、未開の険しい道で途方に暮れた人間の緩慢な破滅である。その「若さ」の神話から引き離されたヴォルネーのアメリカと、「起源」とはもはや退行的地形測量の最終段階にすぎないとするタレーランのアメリカとのあいだでは、アメリカが「新しい」という言説の信用を失墜させようとする点で、一致は根本的である。「未開状態」の価値の低下とヨーロッパの古い諸民族へのアメリカ人の同一化――これら相異なる態度は同じ方向、すなわちアメリカに対する幻滅という方向に向かう。アメリカは、自然状態へと開かれた窓、また未開と文明のあいだの困難だが活気にみちた対決の舞台へと開かれた窓であることを同時にやめるのである。

ヴォルネーの『合衆国の気候と土壌要覧』は、地理学的にまったく正確で、偏りがないとみずから主張している。しかしその序文からは、別の性格が明らかになる。この学術的書物の冒頭で提示されているがゆえに、反米的メッセージがそれだけいっそう強烈であり、その教えは持続的なのである。この『要覧』はその後、半世紀のあいだ参照されつづけるからである。というのも、いまこそ――と、一八〇三年にヴォルネーが読者に強調しているように――「熱狂の時代に確立されたいくつかの偏見を是正することによって[20]」、フランス人はアメリカについてのより正確な見方を作り上げるべきときだからである。これはすでにレーナルの言説であった。レーナルは仏米関係の蜜月のまっただ中にあって、「世論の激流と熱狂の激流に抵抗する[21]」ようにと説いたのであった……。時間がなかったために、ヴォルネーは合衆国の政治的・社会的状態についての考察を発展させることはないだろう。まずは科学である！　あまりに多くのことをいわねばならず、あまりに多くの考えを訂正しなければならない。これは別の機会に譲ろう。

もちろん、これらすべては逆言法〔あえて触れないということで、逆に注意を引く修辞的技法〕である。途中でヴォルネーは、アメリカの印象について、力強い要約を提示する。ほかの移民と同様に、みずからの証言を個人的な経験でふくらませる。自分は合衆国に住みつづけるという計画を強調することで、その信頼度を高める。ほかの多くの者とは反対に（そのなかにはタレーラン氏も含まれている）、危険が過ぎ去っても――と彼は私たちに語っている——、自分は決してすぐにフランスへ帰ろうとはしなかった。ヴォルネーが帰らざるを得なかったのは、一七九八年春に端を発したアメリカ人の敵意のためである。フランスの恐怖政治から逃げ出した彼が合衆国で見出したのは、フランス人に向けられた「真の恐怖政治」である。[22] この語は強烈である。このアメリカ式の恐怖政治には、ヴォルネーの目を開かせ、彼の眼差しを鋭敏にするという利点があった。「残念ながら、私はいわなければならない。すなわち、私の研究によって、アングロ‐サクソン系アメリカ人のなかに、愛情豊かで親切な素質を見出すことはできなかった。何人かの作家はそれでもって私たちを喜ばせてくれたのであるけれども。」タレーランにつづいて、ヴォルネーもまったく逆の事実を確認したのである。アメリカ人は依然として著しく英国的である。「私たちに対して、アメリカ人は自分の出身国がもっている国家的偏見を色濃くもちつづけている。」戦友としての私たちの短い関係は、この国家的偏見を大して変化させなかった、とヴォルネーはつけ加えているが、自分がここで将来性のあるテーマに着手していることを知らない。すなわち、これらの偏見は「〔独立戦争時の〕反乱における私たちの同盟によって若干、損ねられたが、最近ではさまざま大仰な演説によって、ふたたびきわめて激しく勢いづけ」られた、ということである。というのは、彼らの政治家がフランスを弾劾する一方で、教師は中学生に「反仏的な誇張表現と中傷的作文のコンクール」を強制しているからである。たとえば、「プリンスタウン中学校」は、一七九七年と一七九八年と二年つづけて、選抜試験にフランス人嫌いを問題として出題した。[23]

しかし「訂正」しようとするならば、さらに事態の奥深くまで入っていかなければならない。一七九八年の一時的な危機を越えて、英米の血縁関係によって吹き込まれた不安とは無関係に、ヴォルネーが明らかにしようとするのは、合衆国が誕生時の政治的な契約を破り、すでにみずからの理想を捨ててしまったということである。ジョゼフ・ド・メーストルが、合衆国を手続きの不備から生じた生育力のない実体として退けるまさにその時代に、ヴォルネーがまったく異なった公衆に向けた、まったく逆のアプローチによって打ち出す考えとは、この同じ合衆国が、みずからの土台を統御していた、それ自体すぐれた諸原則を否定したということ、つまり合衆国が「退歩した」ということである。独立戦争の終わりと連邦政府の設立のあいだには――とヴォルネーは主張する――理想と行動の根本的な退廃、つまり「善意と原始的な純真さの喪失[24]」が起こった。誠実、習俗の純潔、市民の人間関係のなかにある正義の感覚――「これらほとんどすべての項目において、国家は創成期の原理から後退した」。メーストルは、この共和国がみずからの本質的な不可能性に従って消滅してくれること以外は何も期待しない。ヴォルネーは急速に進んでいく退化を、おそらくはいっそう深刻な調子で描写している。アメリカ人がこのことについて何をいおうと、また合衆国への最後の「熱狂者たち」がこの一五年間に何を主張しようと、「人口、事業の山、組み合わせの多様性に比例して、合衆国において権力をふるってきたのは、古いヨーロッパの大半の諸国家におけるよりも大きな財政的節約でもなければ、商取引におけるより大きな善意でも、公共道徳におけるより大きな品位でも、党派心のより大きな節度でも、教育・教化へのより大きな配慮でもない[25]」。

合衆国の政治的描写はもっとあとにくり延べしておいたほうが――とヴォルネーは締めくくる――、おそらくはいいだろう。というのも、「私の結果は奇妙なものに見えたかもしれない」からである。とりわけ――とヴォルネーはつけ加える――、フランス人ならば可能な「幸福」という観点で、私がアメリカについて話さなければならなかったとしたならばである。というのも、その際には、「私は同胞たるフランス人の多くに私の例を見習うように鼓舞したりすることはなかっただろう[26]」からである――この亡命という例を、彼は長いあいだ公表することはなかった。

ジョゼフ・ド・メーストルの呪われたアメリカ

ヨーロッパ規模でおこなわれたアメリカの信用を失墜させようとする動きは、各国で独自の形態を帯びる。ドイツでは、ヘルダーが「この不運な大陸」の博物学的主張にかんして人類学的・神学的解釈をおこなう。すなわち、アメリカは〈神〉の全体的計画には入らない。また〈未開人〉は人類の樹形図における「死んだ分枝」にすぎない。ヘーゲルにおいては、別な論理の名の下で同じ排除がなされている。純粋に自然的で物質的なアメリカは、ヘーゲルの目には反則(オフサイド)の位置にいるように見える。世界史の重力場から外れ、ヨーロッパ－アジア－アフリカの三大陸から排除されたアメリカは、先天的な「不能」の冥府(リンボ)に閉じ込められている。[27]「誤りの二乗」とアントネッロ・ジェルビは注釈を加えている。すなわち、ヘーゲルは不正確な「データ」（前世紀の反米的博物誌のデータ）をもとに、特殊な推論を培っている。実際、ヘーゲルがア・プリオリに決定された排除を正当化できるすべてのものを、啓蒙主義の博物学者によって収集された疑わしい関係資料から収集することにとりわけ気を配っていたことは、ほぼ異論の余地がないように思われるのである。

一九世紀初頭においてもっとも激しいアメリカ拒否は、ヘルダーの教えと無縁ではない。しかしこの拒否は、その祖国がそうなったように、しばしばフランスに組み込まれた作家の下で新しい方向へと向かう。サヴォワの人ジョゼフ・ド・メーストルである。自分を「移民」と呼ぶことをはっきりと拒否したこの亡命者は、フランス革命時に占領されたサヴォワを離れ、サルデーニャ王に仕えて、ベルン、ついでサンクト＝ペテルブルクへと渡り歩いた。「反動的な思想」（シオラン）に駆られたスポークスマン、あるいは急進的な反民主主義者、逆説的な神政主義者であるこの『フランスにかんする考察』と『サンクト＝ペテルブルクの夜話』の作者は、アメリカ合衆国の存在そのものに、嘆かわしい錯乱、だが幸運にも一時的な錯乱を見る。彼は二種類の *homo americanus*〔アメリカ的人間〕を厳しく非難している。道に迷った人としてのアメリカのヨーロッパ人と、神に見放された者としての〈未開人〉である。彼がもっとも独創的なのは、この点ではない。一七八〇年代にジェファーソンとその仲間たちによって採用された *Native Americans*〔アメリカ先住民〕と *Colonists*〔植民地開拓者〕による共同防衛作戦は、ヴォルネーの皮肉をかき立てていた。ヴォルネーは、〈未開人〉に対する彼らの賛美はおかしいと感じ、「それは奇妙な空想（フィクション）によって、彼らが彼らの先人たる先住民の代表者と復讐者を自任しているようなものだ」[28]としたのである。これらの連帯の擁護に対して、一九世紀初頭の反米主義者は、それは釣り合いを欠いた同類扱いだと論理的に答えている。しかしこの二重の断罪は、メーストルにおいて特別な形態をとる。すなわち、絶対的な反ルソー主義者であるメーストルは、それまでまったく非宗教的であった、野蛮なアメリカに対する誹謗に、カトリックのドグマを押印するのである。彼においては、〈未開人〉に対する神学的な非難と、アメリカ共和国の信用を失墜させることとは、啓蒙主義に対する闘いと同じことである。すなわち、理想的な〈未開人〉というのは、ルソーの詭弁から生まれた創造物である。また、アメリカ民主主義は、えせ哲学の盲目的崇拝（フェティッシュ）の対象である。一七九七年の『フランスにかんする考察』から、一八〇九年に完成しているが、一八二一年になってやっと死後出版された『サンクト＝ペテルブルクの夜話』まで、メーストルはこのようにして、アメリカに対する反博物学的であると同時に反近代的な批判を組み合わせるのである。その直接的で公然たる継承者がボードレールである。

合衆国については、メーストルは実際は一七九七年に『フランスにかんする考察』のなかで厄介払いしている。フランス共和国には生育力がないことを論証しようと躍起になっているこの反革命的な扇動的作品においては、アメリカは――そうと感じられるように――棘である。刺さると論争家の皮膚に炎症を起こす棘である。メーストルはかなりあとになってから、これを議論にもち出してくる。「できることは、せいぜいアメリカを引き合いに出すことだけだろう。しかし私は、いまはアメリカを引き合いに出すべきときではないと述べることによって、前もってすでに答えている。」彼は注で第四章「フランス共和国は持続できるか」を参照するようにと指示している。しかしアメリカはそこでは名前を挙げられず、メーストルは大共和国は不可能だとする啓蒙主義のドグマ（そして自分が忌み嫌っていたルソーのドグマ）をくり返しているだけである。「一般に〈運命〉と呼ばれているものが、四〇〇〇年前から休みなくサイコロを振りつつ、かつて**大共和国**をもちきたらしたことがあるだろうか。否である。つまり、この数はサイコロ上にはなかったのである。[29]」表向き明示された結論――共和国フランスは妄想にすぎない。暗黙の結論（「前もって答えている……」）――合衆国は存在しない。ゲームに夢中になったメーストルは、ワシントンの町について奇妙な賭けをしている。「その町が築かれないことに、その町がワシントンと呼ばれないことに、その町で議会が開かれないことに、一〇〇〇対一の賭けをすることができるだろう。[30]」この重鎮にはつきがない。慎重に二者択一がなされるこの賭けで、メーストルは三重に敗北を喫する。というのも、アメリカを前にして、この断固とした論理家は激烈極まりない *wishful thinking*〔希望的観測〕に没頭しているからである。「その政体のなかで真に新しいもの、共同討議から出てきたものはすべて、この世でもっとも脆弱なものである。これ以上多くの弱さとはかなさの前兆を集めることはできないだろう。」そして、さらに激しく非難しようという無分別な願望。「私はアメリカ政府がこのまま存続するとは決して思わないだけでなく、英国的アメリカの特殊な体制についても、私はまったく信用する気になれない。[31]」これらの体制はメーストルの信用など必要としないだろう。

合衆国は失敗すると宣言したのち、残されていたのは〈未開人〉を死に捧げることである。*homo democraticus*〔民主的人間〕は、メーストルにおいては評判がよくない。しかし、あまりに寛大すぎる宣教師や、ひどく悪意のある哲学者のでっち上げである「気高い〈未開人〉」には、これ以上頑強な敵はいない。「その世紀でもっとも危険な詭弁家（ソフィスト）のひとりである」ルソーの最悪の誤りは、未開の人間を「原始人」とみなしたことである。「だが未開の人間は、何らかの不正のために文明の大木から引き離された人間の末裔にすぎないし、そうでしかあり得ない。[32]」「この不正の性質について、はっきりしているようなことは何もない」とシオランは記している。[33] そんなことは明らかに重要ではない。重要なのは戯画化された肖像である。極端であるとともに斬新な、気高い〈未開人〉という月並みな表現（トポス）・主題の逆転によって、ジョゼフ・ド・メーストルは未開人のことを、この上なく「堕落した」存在としている。未開人の人格、言語、習俗は、いかなる起源にも向かわない。それらは「残骸」であり「瓦礫」である。こうして未開人は、記憶にないほどの遠い過去に結びつけられると同時に、神秘的であるのと同じだけ桁外れの過ちに結びつけられる。未開人はヘルダーの「死んだ分枝」の罪深い異本である。未開人が樹形図から引き離され、隔てられた大陸で、ヨーロッパ人が出会ったような萎びた存在になったということは、何らかの恐るべき罪に対する罰のせいだからである。メーストルは未開人を記述するために、インディアンの肖像画を描くデ・パウの語調（しかもメーストルは『至高性についての研究』において公然とこれを引き合いに出している[34]）や、フロンティアの*squatter*〔不法定住者〕を描写するタレーランの語調を再発見している。「これはルソーとその仲間たちが自然状態と名づけている愚鈍化の最終段階である。」この「恐るべき状態」は、〈啓蒙哲学〉によって「社会秩序に反対する無益で罪深い大仰な演説を補強するために」、牧歌的な黄金時代として偽装された。忌まわしく愚かな未開人は、呪いを帯びているが、その呪いは「私にいわせれば、彼の魂のなかだけでなく、その肉体の外形にまで書かれている」。神の「恐るべき御手」が「この生贄にされる民族」の上に襲いかかったのだ、とメーストルはつけ加えている。未開人とは *devotus*〔人身御供〕、つまり犠牲となるべき被造物であり、「それは明らかに生贄にされており、その精神的本質の最深部において打撃を受けている」。生き残るためにもっとも欠かすことのできない資質、すなわち先見の明と改善可能性は、未開人の意識からは消え去ってしまった。世紀が過ぎ去るごとに、このえせ原始人は神から生じた唯一の起源から、さらに少しずつ遠ざかっていくが、このことはタレーランにとって、*wilderness*〔荒野〕に向かって一歩ずつ歩を進めるたびに人間性が少しずつ失われていくのと同じように、抗いがたいのである。

反ルソー主義的で反哲学的な十字軍——もちろんジョゼフ・ド・メーストルの十字軍がそうである。しかしまた、この反米的十字軍が、啓蒙主義の博物学的な「呪いの言葉」を神学的に再度、明確に述べ立てたものであることは異論の余地がない。新しいアメリカは、憎むべき近代性の権化としてメーストルを苛立たせ、未開のアメリカは、哲学的虚言のなかでもっとも恥ずべきものとして彼を激昂させるのである。

つまり、フランス文学においてシャトーブリアンの名前ときわめて強く結びついている一九世紀初頭は、アメリカの表象にとってはターニングポイントなのである。だがこの表象においては、〈未開人〉の崇高さとアメリカの偉大さが、いましばらくはおたがいに結びつけられている。〈魔術師〉〔シャトーブリアン〕の作品は、メーストルが聖書ふうのインディアンに熱中する宣教師において非難している寛大さと同じ寛大さをもって、反ルソー主義者の冷徹な眼差しと、彼らにとってうってつけの犠牲者、つまりいまや生贄と化している〈未開人〉とのあいだに割って入る。しかしミシシッピのあらゆる樹木、「カエデからユリノキまで、ユリノキからタチアオイまで[35]」を使っても、アメリカに対する幻滅の前兆という森を隠すことはできない。レーナルが予想していたよりもずっとはやく絶滅していくことがヨーロッパ人の意識にはっきりと示されるよりもはるか以前に、インディアンはジョゼフ・ド・メーストルによって人類から、ヘルダーによって歴史から、容赦なく排除されるのである。しかしシャトーブリアンにおいても、インディアンはまた立派に排除されていないだろうか。ドラクロワによって描かれたナッチェス族の死んだ子供は、まさしくこの絶滅の寓意そのものではないだろうか。シャトーブリアンは、すばらしい言葉の花飾りの下で、葬式と異なったものを執り行っているのだろうか。シャトーブリアンによって書かれたインディアンにかんする最初のページ、すなわち一七九七年の『革命試論』の注に記載されている有名な夜は、すでに絶滅した民族に対する服喪であった。シャルルヴォワとラフィトーはインディアンを旧約聖書の威光で飾り立てたが、シャトーブリアンはキリストの慈悲の香気でインディアンを包み込む。彼のロマン派的な〈未開人〉たちは涙を誘うが、ジョゼフ・ド・メーストルにはおそらく大迷惑である。しかし勇壮な、あるいは崇高な〈未開人〉の形象は、それでもやはり半側面像、つまり過度に寛大な言葉の照明によってかろうじてかいま見られはするが、すぐに消え去るべき定めにある姿なのである――『フェリーニのローマ』のなかで、フレスコ画が登場するとすぐに消えていくようなものである。

「未開のアメリカの記述は、当然ながら文明化したアメリカの描写を必要とするだろう」とシャトーブリアンは一八二六年に『ナッチェス族』の序文で書いている。「しかしこの描写を想像力の作品のなかに置くのは間違っていると私には思われる。[36]」だからシャトーブリアンは「文明化したアメリカ」を『旅行記』のなかに移し替えるだろう。「かくして歴史は移り変わっていき、さまざまな主題は混ざり合うことはないだろう。」インディアンの神話とアメリカの歴史の分離をこれ以上うまく言い表わすことはできない。シャトーブリアンにおいても、インディアンは歴史からはみ出している。確かに、天上を通って、至高の側、失われた民族の叙事詩の側であるが、それでもはみ出している。ジョゼフ・ド・メーストルは、ラス・カサスやシャルルヴォワ、ラフィトーと同様に、シャトーブリアンの作品に対しても、そのインディアンに対して好意的な「慈悲の誤り」を公然と非難できるかもしれない。しかしいずれにせよシャトーブリアンは、ヴォルネーによって告発された「現実離れ（ロマネスク）した誤り」は犯していない。彼はアメリカが若いとも、〈未開人〉が生き長らえるとも思っていないのである。

トロロープ夫人からアリゴ・ベールまで

叙事詩的な〈未開人〉、神に見放された偉大な者たち、あるいは〈精神〉の弁神論のなかでよけいな端役であるインディアンは、神話の地平線にかすんでいくか、歴史の落とし穴にはまる。上からはみ出すか、下からふるい落とされるかすることによって、インディアンは一九世紀初頭にはヨーロッパの文献からは完全に排除される。最初は「想像力による」著作のなかに閉じ込められ、つぎに子供の収集品のなかに押し込められるのである。おかげでアメリカのイマージュは著しく貧困化する。野営の煙が上がっていたところには、間もなく工場の煙が上がるだろう。現今では、大げさな名前の付いた村——ローマ、パリ、シラキュース——が旅行家の冷笑を誘う。貧しい村落が合衆国の中心地の資格を熱望する。記念建造物のない町は不格好な大建造物を、整然と配置するのではなく区別なく積み上げる。住居は優雅さを欠いている。服装は洗練さを欠いている。礼儀は欠けている——これは、ただ欠けているだけ。フランクリンの飾り気のなさに対する少し前の熱狂など忘れて、フランス人旅行家はそのあまりの簡素さにすぐにうんざりする。

えせクエーカー教徒的服装は、ルイ一六世の宮廷で絶大な力を発揮したのである。だがフィラデルフィアの通りで日常的にすれ違うこの服装は、ヴォルテール主義者のままでいたフランス人を不愉快にする。彼らにとって「倦怠はある日、画一性から生まれた」。あまりにこれ見よがしの簡素さについては、間もなく偽善だと非難されるようになる。

実を言うと、アメリカで営まれている重苦しい生活を中傷するのは、フランス人だけではない。「本国に帰還した人たち」の話が尽きはじめたときには、フランス人は隣の英国人のほうを向くだけで十分である。一八一五年から一八三五年までの約二〇年間、英国人は旧植民地に対する敵意のヨーロッパにおける供給源になるのである。フランスはまさしく英国かぶれの新時代に入るが、これは四〇年で二度目である。馬であれ、小説であれ、洗濯屋であれ、英国はお手本となる。ギゾーが英国史にかんするひじょうに受講者の多い授業をおこなっているときに（一八二八年から一八二九年まで）、パリ市民はロンドンでジョッキーや中世の冒険物語、婦人用コートを調達している。合衆国にかんする偏見についても同様である。アメリカ人を中傷するのに、英国人以上の適任者はいるだろうか。

英国の作家や旅行家、記録作家は、ためらうことなくアメリカ人を中傷する。それまでくすぶっていた恨みが、一八一二年の戦争〔第二次米英戦争。以後、アメリカは大陸内部の開拓に着手する〕によって再燃したのである。何人もの退役軍人――ホール「大尉」《Captain》やハミルトン「少佐」《Major》――は、ペンを手に、アメリカ人の凡庸さに対する反対運動を再開する。この新しい闘争にかき立てられたヤンキーの愛国心に対して、英国人は痛烈な著作の連続砲火で反論する。この分野の最初のヒットは、バジル・ホールの『一八二七年と一八二八年のアメリカ旅行記』（一八二九年）である。彼のライバルも出てくるが、そのひとりが『アメリカの人とマナー』（一八三三年）の著者トマス・ハミルトンである。これらの本はすべて相当な成功をおさめるが、この白熱した競争において、英国で、ついでヨーロッパで大ヒットの栄誉を与えられたのは、一八三二年に英語で出版された『アメリカ人の家庭のマナー』の著者であるフランシス・トロロープに間違いない。

フランシス・トロロープの経歴は波乱に富んでいる。ペトラルカとアルコールが大好きな風変わりな牧師兼発明家の娘として一七七九年にブリストルで生まれたトロロープは、一八〇九年に弁護士と結婚したが、夫が期待していた遺産相続は実現せず、営んでいた農業事業は惨憺たる失敗に終わった。彼女は一八二七年、親友のファニー・ライトの招きに応じる決心をした。ファニー・ライトは奴隷廃止論者でありフェミニズムの活動家で、奴隷のためのユートピア的で教育的な共同体をテネシーに設立していた。息子――のちに小説家となるアントニー・トロロープ――と、まだ子供である娘たちのうちの二人を連れて英国を出発したフランシス・トロロープが到着して気づかなければならなかったのは、マラリアの蔓延する森のなかの屋根もないいくつかの丸太小屋が、学校だということである。逆境にくじけないトロロープは、シンシナティに行き、奇妙な「雑貨店」を開いた。それはモードの店であると同時に芸術のギャラリーであり、いまでいう文化センターであった。ていねいに装飾された建物は注目を引かずにはいなかった。トマス・ハミルトンは、その建物を「ギリシア－ムーア－ゴシック－中国」ふうと評する。マーティノー嬢は「ゴシック－ギリシア－トルコ－エジプト」ふうと記述し、「ひどく不格好な町」とあまり好意的には規定していない。一八三一年の事業の破産とトロロープ夫人の出発ののち、その「雑貨店」はダンス教室、学術協会本部、そして最後には、いっそう長く存続するが、有名な売春宿へとつぎつぎに引き継がれた。

アメリカでの事業ではほとんど成功しなかったトロロープ夫人は、一八三一年八月に英国行きの船にふたたび乗った。彼女はホイッグ党員、フェミニスト、改革派として出発した。だがアメリカにも、平等主義にも、教養のない成り上がり者にも、横柄な女中にも、山師的な宗派にも、強欲な商人にも嫌気がさして帰還するのである。五五歳にして故郷に帰り、ブリタニアと和解したこのエネルギッシュな女性は、アメリカでの幻滅から文学的大ヒットの題材を手に入れた。出版初年から英国で四版、アメリカでも四版を数え、すぐさまフランス語、スペイン語、ドイツ語、オランダ語に翻訳された『アメリカ人の家庭のマナー』によって、つかの間のゆとりと（一八三四年からはトロロープ夫人とその夫はふたたび債権者から逃げ回ることになる）、*royalties*〔印税〕よりもう少し長くつづく名声を手に入れる。

シャトーブリアンはトロロープ夫人を高く評価する。スタンダールは大いに楽しむ。『家庭のマナー』を読むと、なぜだろうという疑問が起こる。というのも、一八三〇年頃（キルカ）の合衆国の描写（ここでトロロープ夫人は個人的な災難については口をつぐんでいる）は、しばしば冗長だと感じられるからである。その一方で、この物語の教訓はきわめて短い。「私は彼らが嫌いだ。彼らの信条が嫌いだ。マナーが嫌いだ。意見が嫌いだ。[39]」ファニー〔フランシスの愛称〕・トロロープは相当な熱意をもって誹謗の言葉を操っているが、そこにはユーモアはほとんどなく、独創性もまったくない。彼女の不満は、結局のところ、よく知られたいくつかの非難項目に帰着する。すなわち、平均的アメリカ人の無教養、生来の金儲け主義、品のないマナーと下品な娯楽、国内、とりわけ町中の全体的な醜悪さ、「気晴らし（デラスマン）」（本文ではフランス語になっている）に対するこの国民の無能ぶり、必要最低限を超えては体を触れ合わせようとはしない男女の社会的分離である。これらのことはすべて、それほど新しいことではないし、そもそもトロロープ夫人は独創的であることを追求しているわけではない。彼女が追求しているのは、「すでにかくも頻繁に言及された[40]」欠点を要約する際のその徹底ぶりである。

しかしおそらく成功の鍵はここにある。アメリカの独立以来、形成されてきた臆見（ドクサ）をまとめ上げたトロロープ夫人は、ヨーロッパの教養ある大衆にすでに広く受け入れられた一群の否定的特徴に、実際に眼で見られ体験されたものの権威を付与するのである。この啓蒙主義の申し子は、自分の博物誌も、ビュフォンによって惜しげもなく与えられ、ロバートソンによってふたたび採り上げられた教訓も忘れてはいない。トロロープ夫人の話は、言語を絶する荒涼たる風景、泥水、不毛な土地、「大洪水以来そこで腐敗している落ち葉の山」(41)の光景ではじまっている。ミシシッピとその三角州(デルタ)である。トロロープ夫人はダンテを引き合いに出しているが、彼女が書き直しているのはコルネリウス・デ・パウのほうである。フランスの読者が慣れ親しんだものである。彼女がフランスで引き起こした特別な熱狂の理由は、ほかにもある。このフランスびいきの英国人は、自分の話にフランス語からの借用(ガリシスム)をちりばめ、ナポレオンに対するタレーランの言葉を称賛をもって躊躇なく引用する。とりわけ意見の交換を重んじ、啓蒙主義時代のフランスのサロンで実践されていたような会話術を擁護する。彼女はサロンの会話術を、礼儀と信念、文章の典雅さと思想の大胆さのあいだのバランスだとみなしている。「会話に魅力もなければ気品もない」アメリカ人は、そのまったく正反対である(42)。少々奇抜なこの新 - 保守主義者は、共和主義アメリカに対するイデオロギー的な敵を喜びで満たし、しかも文学的左派を怒らせることがない。彼女が二つの重要な点で、自分の青春時代にあくまでも忠実だからである。反教権主義と奴隷制度廃止論である。実を言えば、ファニー・トロロープは、たとえ彼女の個人的な経歴がなくても——結局は落ち着いたが、それでもなおボヘミアン的な極左主義者の経歴である——、フランスの読者を魅惑するのにほとんど苦労しなかっただろう。フランスの読者は彼女の本を読む前からすでに同じような考え方をしていたからである。

「……アメリカにいれば、ぼくはうんざりするだろう。」

スタンダールの例は雄弁である。スタンダールは一八三四年にトロロープ夫人の本に書き込みをしているが、喜びを隠さない。しかもベルギー人にかんする次回作をすぐに要求するだろう。『アメリカ人の家庭のマナー』のすべてがスタンダールの気に入り、すべてが面白がらせる。もちろんアメリカ人の性格についてナポレオンに質問され、つぎのように率直に答えているタレーランをこの本にふたたび見出して大喜びしているのである。「陛下、こいつらは札つきの豚と高慢な豚です。」ファニー・トロロープは、この定義を称賛していた。(43) スタンダールのほうは拍手をして、本の余白に「すばらしい」と書き込んでいる。(44)

しかし実を言えば、トロロープは釈迦に説法をしているのである。『赤と黒』が出版されたのは一八三〇年、『家庭のマナー』の英語版の二年前である。スタンダールは、第一章「小都会」でヴェリエールの名を不滅にしている。これを読んで、「フランシュ＝コンテのもっとも美しい町の一つ」の高速レントゲン写真をだれが忘れることができるだろうか——スタンダールはこの町を地方の息苦しさの象徴としている。しかしまた、その奇妙な結びについては、だれが覚えているだろうか。「事実、［この］賢明な連中がこの土地で実に不愉快な専制政治をしいている。パリと呼ばれるあの大共和国で生活した者が小都会の暮らしがやりきれないのは、この不愉快な言葉のためである。」ヴェリエール対パリ、マル(ポワン・フィナル)？

いや、アメリカ対パリである。というのも、スタンダールはつぎのような結論を下しているからである。「世論の専横は——しかも何という世論か！——、フランスの小都会においても、アメリカ合衆国においても、同様に愚劣なことだ。(45)」アメリカはあらゆる愚劣さを測る物差しであり、専横を測るメートル原器である。アメリカ、すなわち一つ、二つ、三つのヴェリエール……。

以後、すべての物語で、スタンダールが修辞法を駆使してくり返し提起し直しているのは、すでに『赤と黒』の三ページ目で解決済みの問題である。『パルムの僧院』においては、すでに述べたように、モスカ伯爵がファブリスを心配して、アメリカ行きの可能性を退ける。ファブリス自身は、クレリアのことしか考えていないので、もはやアメリカのことなど念頭にない。しかし数年前、ワーテルローから帰還したときには、アメリカのことを考えていたのである。自分の人生をどうしようか。高位聖職者になることが天職だとはほとんど納得できなかった「ファブリスは最初は僧職など見向きもしなかった。ニューヨークへ行って市民になり、アメリカ共和派の軍人になるといった」。この最初の議論の際に、アメリカの生活に対する紋切り型の言い方をするのは、公爵夫人である。「〝たいへんな思い違いをしているわ！　もう戦争なんかありません。そして結局、あなたはカフェびたりの生活をすることになるのよ。ただ、あちらでは趣味のいいことも、音楽も、恋もないだけの相違よ〟と、公爵夫人はいいかえした。〝あたしのいうことをお信じなさい。あなたにとっても、あたしにとっても、アメリカの生活なんか面白くないものなのよ。〟」そしてこの発言に即座に答えるのは、スタンダールである。「彼女はドルの神の信仰のことや何とでも投票で決定する町の職人に払わねばならぬ尊敬のことなどを説明した。[46]」『パルムの僧院』よりもフランス的な小説で、現在史にいっそう深く根を下ろした『リュシアン・ルーヴェン』は、政治的に「無分別な」ひとりならざる若者がフランスで直面するジレンマの最終段階をふたたび採り上げている——トロロープ一家によって受け入れられ、彼らのアメリカへの大旅行にも同行した画家兼陰謀家のオーギュスト・エルヴューから話ははじまる。共和主義を奉じたために理工科学校を退学させられ、またローマ人の複数の偽名を使って陰謀を企てる下士官たちに対する共感に胸をふくらませる愛想のよいリュシアン・ルーヴェンも、同じ問いをみずからに課す。「ぼくたちは全員、アメリカ行きの船に乗ったほうがいいだろう……。ぼくもみんなといっしょに乗船するだろうか。」もう一度、よく考えてみても、アメリカの美点のほうに考えが向かない。「この問題を考えながら、リュシアンは興奮した様子で長い時間、歩き回った。いや、とついにひとり言をいった……。期待したって、それが何になるのだ？［……］まあ、完璧に正しくて理性的だけれども、粗野で、ドルのことしか考えていない人たちに囲まれて、アメリカにいれば、ぼくはうんざりするだろう。」この告白はまた信仰告白でもある。スタンダールはそこにフランス流の快楽主義的な美的反米主義の信条（クレド）を付与したのである。「どんなに徳があっても、洗練された考え方ができない人間といっしょに生活することはできない。腐敗した宮廷の習俗のほうがずっと好ましいだろう。ワシントンはぼくを死ぬほど退屈させるだろう。タレーラン氏と同じサロンにいるほうがましだ。つまり、尊敬の気持ちは、ぼくにとってすべてじゃない。古い文明が与えてくれる喜びのほうがぼくには必要なのだ……。」

この長広舌は、フランス小説ではじめてのものである。そこでは反米主義は、主体の「信念」を打ち負かすことができる実存的な「偏見」となっている。「文化的なもの」がすでに「政治的なもの」に勝っているのである。スタンダールは断固としてこのことを力説した。「それじゃ、なあ、この古い文明の産物である腐敗した政府で我慢しようよ。」しかし（自分を）叱責したところで何の役にも立たない。誠実なリュシアンは、明晰なスタンダールと同様、タレーランからはじまり、ボードレールを予告する長広舌をしだいに声を高めながら（クレッシェンド）終える。「アメリカ人のうんざりさせるような良識は大嫌いだ。アルコル橋の勝利者である若きボナパルト将軍の生涯の物語に、ぼくは夢中なんだ。それはぼくにとってホメロスであり、タッソーであり、はるかにそれ以上のものである。アメリカの道徳性など、ぼくにはおぞましいほど俗悪に思える。アメリカのすぐれた人物の作品を読んでも、ぼくは一つの欲望しか感じない。それは、この世で彼らには決して会いたくないという欲望である。この模範的な国は、私にはばかで自己中心的な無能さの大勝利のように見える。死ぬのを覚悟で、この国のご機嫌をとらなければならない。[47]」無能なものの機嫌をとること、「真剣に通りの店のご機嫌をとること」、「町の職人」を尊敬すること。リュシアン、モスカ、そして公爵夫人は同じ声で語っている――腹話術師ベールの声である。

一世紀ばかりのちに、アンドレ・モーロワはプリンストンの学生に『パルムの僧院』を読ませる。「生徒たちはひどく不満げにやって来る。」長すぎる。おかしすぎる。「それから」とプラグがいう。「反米主義者ですね、このスタンダールっていう奴は。〝ドルの王様〟に対してひどく意地悪な批判をしている……。すでに一八三〇年には、アメリカの悪口をいうことは、ヨーロッパの流行となっていたのではないでしょうか。[48]」若きプラグの直観は間違ってはいなかった。一八三〇年頃には、アメリカに対する中傷がヨーロッパでまさしく流行しているのである。トロロープ夫人の成功でもつきは落ちなかった。一八四二年、チャールズ・ディケンズは合衆国に上陸し、辛辣な『アメリカ・ノート』（*American Notations*）とともに帰還する。しかし自分の反米主義の袋をもっと上手に空っぽにするには、小説『マーティン・チャズルウィット』が必要になるだろう。ディケンズの作品の揶揄は、もっと道徳的であると同時に、もっと社会的である。その揶揄がタレーラン氏の才気と同じくらいスタンダールを面白がらせたかどうかは定かではない。答えのない問いである。一八四三年にディケンズの小説が出版されはじめるとき、スタンダールはすでに少し前に（一八四二年に）亡くなっているからである。だが小説という仲介者は残っている。この仲介者は、ワシントンよりもタレーランを重視し、民主主義よりもオペラにある程度の優先権を付与しつつ、出る小説、出る小説で、英国の反米主義にフランスふうの衣をまとわせるのである。

トクヴィル商会――「甘ったるいアメリカ」

「意見の途方もない対立を引き起こすあらゆるテーマについて、言論の自由がこの国以上に少ない国は地上には一つとしてないように思われる」――この国とは、もちろんアメリカである。この発言はトクヴィルの草稿だろうか。いや、(フランス語に翻訳された)ディケンズの手紙である。[49] この小説家は、一八四二年にアメリカへの気ままな旅から帰ってきて、フォースターに宛ててこの一節を書いている。トクヴィルのほうは、一八三五年に『デモクラシー』第一巻でつぎのように書いている。「総じてアメリカほど、精神の独立と真の討論の自由がない国を私は知らない。〔……〕アメリカでは多数者が思想に恐るべき枠をはめている。その限界の内側では作家は自由である。だが一歩その外へ出れば、禍(わざわい)が降りかかる。[50]」トクヴィルとディケンズの意見は一致していた。アメリカでは異論を唱えることよりも困難なことはない。ボードレールは、ポーに捧げた論文の一つで、間もなくこのことをくり返すだろう。どんな宣言からも忘れられた二つの人権、つまり異論を唱える権利と立ち去る権利をアメリカで実行することよりも難しいことはない[51]……。トクヴィルのこれらの一節と、それが書かれている「多数の全能について」の章全体は、フランスで一世紀以上ものあいだ、『アメリカにおけるデモクラシー』においてもっとも頻繁に引用されるページとなるだろう。この点については、トクヴィルの反米的使用法について語ることができるかもしれない。すなわち、ここで問題になるのは、トクヴィル自身ではなく、その使用法である。したがって、これにつづく二世代の反米主義者が、『デモクラシー』をばか正直に「受け取る」ことはめったにないということを想起するには、作品から十分距離をとり、年譜をいろいろと検討しなければならない。後世から見たトクヴィルを一瞥してみよう。

一八七三年にパリで物議を醸した劇作品がある。ヴィクトリヤン・サルドゥの『サムおじさん』である。これは『アメリカにおけるデモクラシーについて』だけを旅の必需品にして、合衆国に上陸した若いフランス人を描いたものである。幸運なことに、経験豊富な同国人であるベラミー夫人という人物が、すぐさまこれを読むことの危険について警戒をうながした。「甘ったるいアメリカよ……。せいぜい当てにしたらいいわ。(52)」

「合衆国では」とトクヴィルは書いていた、「多数者は、できあいの意見の山を個人に供給する役を引き受けている(53)」。まるで大西洋の向こう側で正体を暴かれた臆見(ドクサ)が、フランスでトクヴィルに復讐しようとしたかのようである。一八五九年に突然襲った死の翌日には、トクヴィルはすでに自分のカリカチュアの囚われ人なのである。何十年ものあいだ、トクヴィルは（誤っていると判断された）ただ一つの考え——すなわち、合衆国は本質的に民主的だという考え——の持ち主として、また、ただ一つの大義に仕える活動家とみなされることになるだろう。アメリカを褒めそやすことによって民主的な見解を促進するという大義である。同時に（そして相矛盾しているが）抽象的な独断論者であり、札付きの *lobbyist*〔ロビイスト〕とみなされるだろう。威張りくさっているが、事件が起きるたびに否定される予言者というひどい評価もなされる。アメリカに内戦〔南北戦争〕が起きても、トクヴィルの評判には助けにはならなかった。トクヴィルは、一つの州、あるいは複数の州が離脱したいと考えることなど、まったくあり得ないことだとして退けていた。起こるとは思われないが、たとえそうした事態が起こらなければならないとしても、いかなる紛争も起きず(54)、しかも連邦はこれらの離脱を仕方なく受け入れるだろう、とトクヴィルは断言していたのである。トクヴィルの本は南北双方に満足できるものを何も提供しないがゆえに、この二重の「誤り」は紛争中も、その後も、ますます容認しがたいものとなるだろう。南部連合支持者が、南部にかんするトクヴィルのひどく否定的な見通しで満足するはずはない。すなわち、南部は、社会の「別なモデル」をもってしては、清教徒的（ピューリタン）で民主的な北部と張り合うことは不可能だというのである。奴隷問題を根本問題だとみなす連邦の支持者については、彼らはトクヴィルの立場に苛立つことしかできない。トクヴィルは原則的な奴隷制反対を主張したあとで、可能なかぎり長期間にわたって現状（スタテュ・クオ）を維持することが、南部連合派が消滅しないために有している唯一の選択であると考えるのである。

　ヴィクトリヤン・サルドゥは『アメリカにおけるデモクラシーについて』を「甘ったるいアメリカ（アメリック・アン・スュックル）」という三言で片づけることによって、パリの公衆が一八七三年にトクヴィルを過小評価して打ち出した見解をかなり巧みに要約している。パリの公衆はトクヴィルを読むのをやめるのに、ベラミー夫人の忠告を待ちはしなかったのである。今日、この作品は特殊な気高さとその知的孤独によって胸を打つが、その誹謗者が一九世紀末にいたるまで、この作品について抱いているイマージュ、あるいは付与しようと望んでいるイマージュは、ひじょうに異なっている。この作品が言及されるときには（ほとんど決して引用はされない）、たいていの場合、トクヴィルの旅の同伴者ギュスターヴ・ド・ボーモンやミシェル・シュヴァリエ、あるいはフィラレート・シャールの作品と十把ひとからげにされる。[55] 似ても似つかないこれらの本は、どれもこれもがキリスト教擁護という同じ偏見を吹き込まれているとして、まとめて告発されるのである。これらの本の著者は小クラブ、徒党として紹介されている。どんなふうに彼らが責任のもたれ合いをしているかご覧頂きたい、というわけである。トクヴィル氏がいかにして相棒のボーモンの宣伝をしているか。[56] いかにして、その一五年後、フィラレート・シャールが『一九世紀のアングロ－サクソン系アメリカ人の文学と習俗の研究』（一八五一年）の第一ページでトクヴィルとシュヴァリエの権威に唯々諾々と従っているか。[57] いっしょくたにするためには、一八八〇年代の早期の反米主義者には、これだけで十分だったのである。

つまり、アメリカと民主主義の一味とみなされたこれらの人々は、フランス反米主義の生成にある役割を果たしているとしても、それは彼らの意に反してであり、逆用によってである。一八八〇年代に高まる反米的言説は、二つの併用可能な方法――そして、しばしば併用される方法――にのっとって、彼らの力を借りている。*primo*〔第一に〕反米主義の言説は、この資料体(コーパス)からアメリカの *lobby*〔圧力団体〕を出現させるために、それを人工的に等質化することによって、反撃の言説として自己を正当化している。つまり、トクヴィルからシャールにいたるまで、告発されるのは、うちに秘めた意図、つまりアメリカを模倣せよという説教であるが、このようなものは、いずれにも見当たらない。トクヴィルにおいては、記述は少しも命令的ではない。シャールについていえば、アメリカとその制度を模倣しようという誘惑に対しては、あからさまに警告を発している。「無感覚になった私たちの世界の老いさらばえた子供たちは、これまでの過去を無視して、自分たちがその萌芽さえもっていない、アメリカ的自立性をいま模倣すべきなのだろうか。彼らはこの試みに成功するだろうか。疑わしいことである。[58]」でっち上げられた陰謀から論争の正当性を引き出す誹謗者にとっては、そんなことは大したことではない。

トクヴィルと「その身内」の第二の用法が出現するのは一九世紀末である。この方法は、「賛成した(プロ)」とみなされる作家から、いくつかの「反対した(コントラ)」提案を切り離し、それでもって合衆国に対する非難文書をふくらませることに存する。当時、『アメリカにおけるデモクラシーについて』は再検討されはじめるが、それは各人が自分のあばら家のために適当な石を採取するように、見捨てられた記念物としてである。この作品の部分的流用は、作品に対する興味が失墜しているがゆえに容易である。これは「有名な本であり、だれもがその本について語るが、いまやほとんどだれも読んでいない」と一八九二年に『アメリカの生活』の著者は認めている。[59] トクヴィルの専門家は、今日、この著者の主張の正しさを認めている。トクヴィルの存命中は、『デモクラシー』の流布は、グラスは半分満たされているのか、半分空っぽなのかの話のようなものである。一八三五年と一八四〇年に二巻本で出版されたこの本は、最初に五〇〇〇部印刷されたが、「この著者の存命中は一万部をほとんど超えなかった」。つまり読者はわずかしかいなかった」とフランソワーズ・メロニオは『デモクラシー』第一巻の序文で書いている、「――しかし何という読者だろうか！」[60] そしてロワイエ＝コラールや、ギゾー、シャトーブリアン、ヴィニー、ラマルティーヌの名を挙げている。どちらかといえば不成功？ 正真正銘の成功だけれども、ある領域に限定されているのだろうか。受容のこの最初の時期については評価は分かれるかもしれない。しかしそれにつづく不評は異論の余地がない。パリの公衆が『サムおじさん』を称賛し、第三共和制がよくも悪くも自前の体制で落ち着きをみせているときに、トクヴィルは「長い忘却」[61] へと入っていく。

トクヴィルを完全に忘れなかったのは、まさしく反米的な論争家だけである。すでに述べたように、トクヴィルを引用する者はめったにいないし、あえて彼に反駁する者もいない。しかし慣例的にトクヴィルの名は挙げられるが、すぐに払いのけられる。一九世紀末の反米主義者は飽きもせず「甘ったるいアメリカ」のテーマをくり返し採り上げる。彼らの根本的な不満は、サルドゥのものと同じである。すなわち、トクヴィルはアメリカの現実に甘みをつけ、フランス人に自分の民主的なアメリカをいんちきな砂糖菓子として売りつけたというものである。これら早期の反米主義者は、この点で注目すべき満場一致を見せている。これらの反米主義者についてはあとで採り上げることにするが、彼らはとても隔りのある政治的な諸集団に所属している。すなわち、フレデリック・ガイヤルデ。彼はトクヴィルに対する読者の考えを「一変させようと」して自分の本に『アメリカにおける貴族政治について』という題名を付ける。マンダ＝グランセ男爵は、トクヴィル子爵と遠戚であることを謝罪し、子爵の嘆かわしい民主的見解は何一つ共有しないと自画自賛している。社会博物館の使者であるポール・ド・ルージエは、トクヴィルが「合衆国は民主主義によってのみみちびかれているという思想を、フランスの公衆に吹き込む」という誤りを犯したことを告発し、「この思想を信用させたことを［……］許すことは[62]」できないとしている。この引き立て役としてのトクヴィルは、前文や序文で多くの場合、脇役のトクヴィルにもなっている。引き立て役は詐欺行為と同義である。脇役は失敗と同義である。つまり、アメリカはトクヴィルに自分の秘密を明かさなかった。まだすべてがいうべきこととして残っている。トクヴィルの本は書き直されなければならない。これが、その不十分さを強調するためにしかトクヴィルに言及しない、一八九五年のポール・ブールジェの戦略である。「こうした社会を要約する本を書かなければならない[63]」。ついに、ポール・ブールジェがやって来たのだ……。

一九世紀末まで大半の反米的論争家によって軽蔑され、有無を言わさずに追い払われてきたトクヴィルは、世紀の変わり目で逆説的な支持の再来を体験するが、これは新しい不運のようなものである。その際、明らかにされるのは、トクヴィルを彼の意に反してもっともらしい理由のために役立たせることも、『デモクラシー』からアメリカに対抗する武器を取り出すことも不可能ではないということである。この点で、一冊の本が、トクヴィルの二つの使用法を併せもつという意味でターニングポイントとなる。エミール・ブートミの『アメリカ国民の政治心理学の基本原理』である。政治学自由学校の設立者によってこの書物にまとめられたテクストは、一八九〇年から一八九二年にさかのぼる。これらのテクストが時代に即して改編され補完されるのは一九〇一年である。ブートミは、トクヴィルが陥っている不評をのっけから嘆いているように見える。もっとも、そうすることによって、ブートミは当時、支配的だった反‐トクヴィル的雰囲気を確認しているのである。『アメリカにおけるデモクラシー』はいまや古典となった時代遅れの本であり、政治家が知識を得るために読むことなどもはやないと、だれもが故意にほのめかしている。「人々はもっと「抽象的」でない著者、たとえば『アメリカ共和国』の著者であるブライスのほうを参考にするようになっているが、ブートミはブライスこそがトクヴィルの「権威を失墜させた」ことを私たちに教えてくれるのである。(64)

こうした前置きは、トクヴィルが完全に復権することを予告しているように見える。ところが、実はそうではない。訴訟を再開し、そして――そんなことは信じられるだろうか――判決を見直すという口実の下で、ブートミは受刑者を苦しめるのである。ブートミによると、トクヴィルは政治の観察者や社会のアナリストというよりも「忍耐力のないモラリスト」である。お粗末な行動ガイドであるトクヴィルは、各党派が延々と分裂をくり返すとか、北部連邦が分解するといった「いくつもの予言で」ひどい間違いをした。「トクヴィルは、連邦は法律上、事実上は存在しつづけるが、間もなく影とか名前にすぎなくなると確信していた。二つともまったくの思い違いである。連邦は最終的に強化され、*state rights*〔州の権利〕の理論は放棄されて、二大政党があらゆる政治活動の枠組みとして残った」のである。できの悪いアナリスト、不運な未来学者であるトクヴィルは、時代遅れの方法論という補足的欠陥をもっている。いまでは「政治心理学」という、あの反駁不可能な学問にはふさわしくない方法論である。「トクヴィルが喜んでおこなっていた政治的演繹は、普遍的人間――私たちが決して相対することがない人物――にしか関係しない。人種や国民の心理学、つまり政治家がその大家になることがとりわけ得策である心理学についていえば、これを抽象的な心理学の平凡な背景の上に、正確さや微妙な陰影によって際立たせるには、個別的な事実よりよいものはない。」結局、ブートミはブライス氏にもどり、ブライス氏の作品を読むことを、ド・ラ・ブレー氏やクローディオ・ジャネ氏……、そしてド・トクヴィル氏のような「戦闘的な観察者」を読むことよりもずっと好ましいとして推薦している。というのも、この英国人が彼らよりも科学的に格段にすぐれているからばかりではなく、彼の著作は「それを見出したいと望んでいる人にとっては、かつて一国民に反対して作成されたなかで、もっとも猛烈な非難の材料を含んでいる」[65]からでもある。咎むべき寛大さをもった「抽象的な」フランス人と、科学的に保証された厳格さをもった英国人のあいだで迷う必要はない。

それならば、トクヴィルは忘却すべきなのだろうか。いかにも。だが完全にではない。エミール・ブートミはトクヴィルを呼び出すことを却下したあとで、彼を証人として呼びもどすことを受け入れるのである。もちろん検察側証人としてである。ひそかな回帰、つつましい再登場であるが、それでも『アメリカにおけるデモクラシー』に割り当てられる新しい役割のさきがけとなる再登場である。すなわち、説得力のある一節を抜き出してきて、反米的言説に疑いようのない保証を与えるという役割である。かくして、アメリカ合衆国は「耐えがたい環境」を作り出したのであって、良識あるフランス人ならだれもそこでは生き残れないということを読者に説得しようと懸命になっているブートミは、トクヴィルを自分に引きつけ、トクヴィルに対する賛辞をあおり立てることになる。私が誇張していると思っているでしょう、とブートミは読者にいっているように見える。トクヴィルの意見をよくお聞きなされ、「この民主主義は暴力を精神化したのである」[66]。彼のいうことは信じることができる――だが合衆国に対して批判的な意見をいっているときだけである。

「私がアメリカに賛辞を捧げようとしたと考えるならば、読者の期待は奇妙な当て外れとなろう」とトクヴィルは一八三五年の序文で書いた。[67] 二〇世紀初頭の彼の敵対者は、この言葉を真に受ける気はほとんどないが、トクヴィルの提案をすぐさま受け入れる場合の利益は理解した。今後、彼らはいくつかの箇所、つねに同じ箇所から、数々の論拠をくむことになるが、これらの論拠は敵から奪い取られたものであるだけに、ますます貴重である。トクヴィルの繊細さ、徹底的な回りくどさ、そして――これについてもいわなければならない――その矛盾は、口論好きの一味（ギャング）の仕事を容易にする。これは自説に組み込み可能な思想の小選集である。すなわち、合衆国に法的連続性は存在しない。政府は行政上の安定性をもっていない。合衆国政府は、ヨーロッパで信じられているような倹約家ではない。下院は信じられないような俗悪の集まりである。アメリカの反道徳性、つまり成り上がり者の反道徳性は、君主制における「大諸侯たち」の反道徳性よりも危険である。合衆国では知的なものはすべて「評判がよくない」。「アメリカにはいまだに大作家がいない。」なぜなら、「アメリカには精神の自由がない」からである。そこではすべてが喧騒と動きでしかない。社会の様相は「動揺し単調」である。アメリカ人は「快適さのさなかで不安をかこっている」。「彼らは快楽のなかでも深刻で、ほとんど悲しげですらある。[68]」というのも、これらすべてが『アメリカにおけるデモクラシー』のなかに見出されるからである。ほかの多くのことについてもそうである。たとえば、アメリカ人に対してすでにトロロープ夫人がおこなった、批判を我慢できないという非難である[69]……。

これらはすべてトクヴィルという植え込みから選別され、引き抜かれた抜粋であり断片であるが、それらは今後、反米主義という花壇にでたらめに移植されているのが見られるだろう。中心の茂みは『デモクラシー』第一巻の第七章の「アメリカにおいて多数が思想に及ぼす力」についての有名なページである。「鉄鎖と首切り役人こそ、これこそかつて暴政がもちいた野蛮な道具であった。だが今日では、文明の進歩は専制までも完璧にした。専制は、すでに学ぶべきもののないほど完成されたと考えられていたはずだが。(70)」私たちはすでにヴェリエールからも、スタンダールによって非難された田舎臭いアメリカの小専制政治からも遠く離れている。できるだけ正確にいえば、反対に、近代の大きな恐怖である。そこでは君主専制はもはや「容赦なく肉体を打つ」必要はなく、直接に頭のなかを支配するのである。

ボードレール――ベルギー的アメリカから世界のアメリカ的終焉へ

まだコーラスではないが、一連の反米主義的アリアといえるもののなかに、ボードレールのひじょうによく響く声を置いてみなければならない。もちろんこれは、ポーにかんする記事を書いたボードレールのことであるが、それはまたとくにボードレールが「アメリカ化された」世界の未来を描いた『火箭』の驚くべきページのことでもある。

借金に追われ、アメリカにかんする自著の成功にもとづいて蓄財しようと考えていたトロロープ夫人が、つぎに飛びついたのがベルギーであった。ボードレールが彼女を論評してくれたとしても、考えが一貫していることを褒めることしかできなかっただろう。実際、アメリカよりベルギー的なものなどあるだろうか。若いベルギーと若いアメリカは双子のペテン師であり、縁つづきの怪物である。それは同じ功利主義であり、同じ感傷主義、同じ民主的な破廉恥さ、同じ天才への憎しみ――そしてもちろん同じ「商店臭さ(71)」である。両国を共通の嫌悪の的としてひとまとめにすることによって、このようにボードレールは考える。両国を結びつけて告発することは、ボードレールの最後の計画、あるいは最後の願望の一部となっている。「ベルギーはアメリカと同様、フランスのごろつきのもう一つのエルドラドだと、いまこそ真実を述べるべきときである」とボードレールは、亡くなる二年前の一八六六年にダンテューに手紙で書いている。[72] 私たちは草稿の形でしか手にすることができないが、ベルギーにかんする有名な本のなかで、アメリカは議論の冒頭に登場してくる。「二〇年前、わが国で、いかにアメリカ合衆国の栄光と幸福が謳歌されたことか！　ベルギーについても、それに類似のばかな沙汰。[73]」この『衣を剝がれたベルギー』（あるいは『哀れなベルギー』）のページにざっと目を通すと、ボードレールは同時に二つの意趣晴らしをしているような印象をしばしば受ける。「精神への全体的かつ絶対的な恐怖」、「従属と順応の精神」、「協力の精神。協力することで、個人はそれぞれ個々人で考えずに済ます」、「商業上の不誠実（逸話）」、「だれもがセールスマンである、金持ちでさえ」、「美への憎悪。これは精神への憎悪と対をなす」、「職業研究。詩への憎悪。技師か銀行家になるための教育」。ボードレールはまさしくベルギーにこれらすべての石を投げつける。しかし背後にはアメリカがいるのである。

それはまた、ボードレールにとってアメリカとは、たんにポーを苦しめた国というだけではないということである。殉教者とは、ボードレールにとって比喩ではない。というのも、努めて日常的に祈りを捧げようとしているときに、ボードレールはポーを三名の仲介者のひとりに指名しているからである。「私たちのためにひどく苦しんだ[74]」彼をである。アスリノーが「憑依（ポセシオン）」と呼んだ、ポーに対するボードレールの執着は、まさしく恋愛である。彼が「大西洋の彼岸における唯一のロマン主義者[75]」に対して感じているこの執着は、称賛をはるかに超えている。これは、ボードレールが〈慈悲〉の形象とみなしているクレム夫人のように、詩人に救いの手を差し伸べてくれた稀有な存在へと向かう、みなぎりあふれる感情である。しっかりした情報がまったくないときに、ボードレールはアメリカのさまざまな年代記作家にもとづいて、空想のポー像、つまり南部連合派のダンディ、生まれながらの貴族でもあり天才でもあるポー像を、まず最初にみずからのために作り上げた。それはまったくの間違いで、ポーはボードレールが信じていたような特権階級ではなく、実際には貧しい生活を送り、惨めな死に方をしたことを知ったとしても、ボードレールは「私の想像力が創り出したエドガー・ポー」とひどく異なるこの「哀れなエディ」に対して愛情をいっそう強くした。「この皮肉な対照は私を克服しがたい憐憫の情で満たすのです[76]」。

詩人と人間の情熱的な弁護人であるボードレールは、詩人を無視し、人間を虐殺した邪悪な継母たるアメリカにも熱烈な恨みを抱いている。「エドガー・ポーとその祖国は同じ次元にはなかった[77]。」ポーの生も死も自分の国に対する告訴状となっている。「私が今しがた読んださまざまな資料は、私のうちに、こういう確信を創り出した、すなわち、合衆国はポーにとって一個の巨大な檻、簿記の一大施設だったのであり、彼は全生涯を通じてこの嫌悪をそそる雰囲気の影響を脱すべく陰惨な努力を重ねたのである[78]。」実を言えば、迫害は不可避であった。「ポーはその才知によって、若くてまだ形をなさぬ自分の国を眩惑しつつも、その品行によって、みずから彼の対等者と思い込んでいる者たちを顰蹙させて、宿命的に、もっとも不幸な作家のひとりとなった[79]。」ポーは几帳面であると同時に想像力豊かであり、「対照法（アンティテーズ）の肉化された姿[80]」だった。実益と感傷で結びついた手先たちから憎まれるには、それだけで十分だった。アメリカ人であるポーは、ほかの者よりも危険に瀕していた。最前線で闘っていたからである。というのも、「合衆国では、久しい前からすでに、功利主義的な運動が、その他のものと同じく詩をも引きずって行こうとしている[81]」からである。ポーに「家庭向きの本」を書かせようとするところまで行かなかっただろうか。「エドガー・ポーに家庭向きの本を要求するとは！　してみると本当なのだ、人間の愚かさはいかなる風土の下でも同じであろうこと、また、批評家はつねに、楽しみのために小灌木に重い野菜をくっつけたがるであろうということは[82]。」

いかなる風土の下でも同じである。つまり、アメリカは問題となるただ一つの国ではないということである。「そもそも社会はこうした不仕合わせな熱狂者(アンラジェ)たちを好まぬ」——このような社会は国籍がどうのこうのの問題ではない。この社会の自殺者であるネルヴァルの死体に唾を吐くような悪党どもは、フランスには事欠かなかった。(83) この点で、私たちはみなベルギー人である。みなアメリカ人である。みな民主主義者である、とボードレールはいいたがっている。それにポーが「アメリカの空気に［……］息のつまった」(84) ことが事実だとしても、それでもなお、この「貪欲で、物質主義に飢えた世界」——それは同時に「民主主義が氾濫」した世界でもあるが——この世界が、私たちの世界であり、あなた——偽善的な読者——の世界であることを知らなければならないし、知らせなければならない。アメリカ人はあまりにもよき民主主義者であるために、自国の偉人たちを憎まざるを得ないのであり、ポーの息をつまらせなければならなかったのである。しかしアメリカとは、民主主義の地理学的な名称にほかならない。では民主主義とは？　スタンダールにおいては、それはまだ小売店主のご機嫌をとることにすぎなかった。ボードレールのほうは、「合衆国にはひとりの君主の圧制よりもはるかに残酷ではるかに情け容赦ない圧制、つまり世論の圧制というものが存在する、と聞いたことがある」。(85) この恐ろしい冒瀆的な言葉によって、アメリカ人の唇に「傷つけられた愛国心の唾」がのぼる。だがそれは間違いによってである。この専制政治はもはやすでに祖国をもたない。それは世界の未来、つまり世界の終わりなのである。

「世界は終わろうとしている」——これは一八五五年からボードレールが執筆した「火箭」でもっとも長いものの冒頭句である。そして世界はアメリカ化されて終わろうとしている。かくしてアメリカは、ボードレールの最終計画のはじめにあり、終わり（到達し得ない）にある。はじめというのは、もう一度いえば、ボードレールはみずからの企図を、ポーの後見的加護の下に位置づけるからである。ボードレールは「火箭」と「暗示」という二つのタイトルをポーから借用し、そのあいだでためらいを見せている。(86) 終わりというのは、アメリカ化された人類についての不吉な暗示を含む紙片二二が最後となるからである。すでにあまりにも遅かったので、冒頭のあたりのページでの予言的な怒りは結局、遺言のあきらめに譲歩する。「しかしながら、これらのページを残しておこう、――なぜなら私は自分の怒りに日付をとどめておきたいから。」ボードレールはこの最後の文に最後の語を加える（怒りの代わりにするためだろうか）。「悲しみ」という語である。最後の火箭はなかなか発射せず、この断片は長広舌に変わる。あるいは、ボードレールがいうように、ジャーナリスティックな「前菜（オードブル）」に変わる。アメリカの夜は詩人の簡潔なエクリチュールや予言的なエネルギーに打ち勝った。というのも、ボードレールのアメリカは世界の青春時代からはほど遠く、人間の「老年期」だからである――それは「私たちが近く入っていくであろう時代、その発端がアメリカと産業との優勢によってしるしづけられるような時代に照応する」(87)。アメリカは、実り豊かなデカダンスの敵である不毛な老衰の時代を告げているのである。

アンドレ・ギュイヨーはみずから編集した『火箭』で、「世界の最後の火を負わされた流星」(88)として、この断片を語っている。ボードリヤールよりも一世紀前に、ボードレールが、すでに起こった非ー事件（ノン-エヴェヌマン）――「教訓にせよ苦痛にせよ、何の新しいものも含まれてはいない雷雨」――の世界の到来を記述している驚くべき予言を *in extenso*〔詳細に〕引用しなければならないだろう。世界のアメリカ的終焉とは、くすんで、輝きのない鬱血であり、啓示のない黙示録、精神的活動のたんなる停止、道徳的衰退、「人心の低劣化」である。しかしまた、家族のあらゆる絆の解消、利己主義的な計算の海での難破、〈富の神（プルートス）〉への普遍的な売春であり、さらにまたばらばらになった社会、消滅した定められた日程、流行に対する未曾有の恐怖、不正のリヴァイアサンである。「わずかに残る政治的なものは、万人の獣性に締めつけられてもがき苦しむだろうとか、為政者たちは、みずからの位置を保ち秩序の幻影を作り出すために、今日、すでにかくも冷酷になっているわれわれの人間性をも戦慄させるであろうような手段に訴えることを余儀なくされるであろうとか、いう必要があるだろうか。」

このページ(ボードレールがおそらくは一八六一年に書いたとされる)は、この詩人の死後二〇年経った一八八七年になって、はじめて大衆に知られることとなった。「墓の彼方からのこの声の激しさと真実味のある語調」にすぐに魅了された読者のなかには、ブロワやクローデル、プルーストがいる。そうした最初の読者のひとりがニーチェであり、彼は一八八八年の初頭に『死後出版作品』を読み、それに注釈を加えている。ニーチェがこの本のなかに見出すのは、「デカダンスの心理にかんするこの上なく貴重な指摘[89]」である。しかし紙片二二はまた凋落の文学全体を先取りしているが、のちに見るように、この文学はアメリカ化の強迫観念と緊密に結びつけられている。ボードレールは、これらの衝撃的なページのなかで、この絆を結ぶ最初の人物である。もしデカダンスが喜ばしいことで、「力強い」(ブールジェが望んだように)ものでさえあるとしても、ヨーロッパの凋落は叙事詩的なものは何もなく、この「卑しい世の中」の終焉が進歩と同様に精彩がなく、機械と同様に冷たく、アメリカと同様に冷酷なものになるだろう。これは死でさえない。むしろ非-生命である。「私は、およそものを考えるほどのあらゆる人に、生のいかなる部分がなお残存しているかを示してくれと要求する。」

将来性のない未来に対するこの見方(ヴィジョン)、この空っぽな空と「万人の獣性に締めつけ」られた人間性、歴史の停止と不変の専制政治の創設、敗北後のこうした状況全体がアメリカという名をもっているということ——これらすべては『火箭』のこの最後の断片を先駆的テクストとし、さらに、みずからを「ばかばかしい予言者」と感じていたボードレールを、人類の臨床死としてのアメリカ化に対するレジスタンスの先兵とするのである。世界がアメリカ的になるならば――とボードレールは問うている――「世界がこれから先、天の下で何をすることがあるのか」。

　ボードレールがひじょうに輝かしい未来を約束された動詞、アメリカ化する *américaniser* を作り出したとしても、それは勢いにまかせてではないし、何らかの偶発的な気まぐれのせいでもない。新語は一連のテクストから論理的かつ必然的に生じ、これらのテクストが新語に生命と活力を与えるのである。一八五五年におけるこの語の最初の使用と、ボードレールが紙片二二でこの語を使用するまでのあいだに、すでにこの語はさまざまな意味でふくらまされていた――そしてさまざまな危険で。この語は一八五五年の万国博覧会について『祖国』紙に発表された記事のなかにはじめてあらわれる――「進歩の観念」、この「大流行している一つの誤り」、「現代のうぬぼれの腐った土壌の上に花咲いたこのグロテスクな観念」に反対する長広舌につれてである。進歩の人間とは、カフェのフランス人であり、「物質界に属する事物と精神界に属する事物」を混同する新聞読者であり、物質哲学に洗脳された現代の頭の悪い人間である。「哀れな男は、動物支配主義的（ゾオクラット）で産業的な哲学者どもによってすっかりアメリカ化され（アメリカナイズ）たために、物質界と精神界の現象、自然界と超自然界の現象をそれぞれ特徴づける差異というものを、忘れてしまったのである。[90]」「デカダンス」が「老衰のぼけた眠り」という様相を帯びていた一八五五年のヴィジョンは、どちらかといえば哀れなヴィジョンである。『火箭』の「世界は終わろうとしている」の断片が増幅しているのは、まさに悲劇的と化し、悲惨と化した、これと同じヴィジョンである。「機械がわれわれをすっかりアメリカ化し（アメリカナイズ）てしまい、進歩がわれわれのなかの精神的部分全体をまるで萎縮させてしまった結果、空想改革家（ユトピスト）たちの血なまぐさい、冒瀆的なあるいは反自然的な夢想のどれをもってきても、進歩の歴然たる諸成果とは比べものにならぬ、ということになるだろう。」

一八五五年と一八六一年（この断片の日付がそうだとして）のあいだでテクストを読み比べてみると、アメリカ化された者は、カフェのオメー、つまり「自分の新聞」を読むことに毒された飲み屋の常連ではなくなっている。それは私である。それはあなたである。それはボードレールである。それは、終わろうとしている人類である「私たち」である。「そうした時代は近くに迫っている」と予言者ははっきりというう。そして世界の終わりとはこのアメリカの夜であり、そこでは「精神的なもの」の廃墟の背後に、さらに言語を絶する醜悪さがはっきりとした姿をあらわすのである。

2　アメリカ非合衆国

一八六四年六月一九日は日曜日である。英仏海峡の海岸には、すばらしい一日が約束されている。クリノリン〔スカートにふくらみをもたせるための下着用の枠〕のペチコートより軍服を見慣れたシェルブールの小さな町は、土曜日の朝から生粋のパリっ子の群衆によって占拠されている。第二帝政の上流社会は、ビアリッツとドーヴィルに富をもたらしたのちに、コタンタン半島の地味な軍港に目をつけたようだった。西部鉄道の経営陣は、もみ手をして喜ぶ。サン゠ラザール駅発往復一六フラン（三等車であれば一二フランだけ）の鉄道運賃という週末の過ごし方は、売り出されるとすぐに大ヒットする。

しかし日曜日の朝に予定された帰りの列車は、ほとんど空席のまま出発する。というのも、六月の太陽も、流行という最後の至上命令も、この魅力的な列車料金も、このすばらしい日曜日にシェルブールをシックなリゾートに変える優雅な人々の殺到とは無関係だからである。このはやめの避暑客は、外海の空気を吸いに来たのではなく、血のにおいを嗅ぎに来たのである。彼らがそこにいるのは、きっとエプソムのダービーよりも興奮し、『タンホイザー』の初演よりも荒れるに違いないスペクタクルを観るためである。この上流階級の人々はみな、ある戦闘に拍手喝采を送るためやって来た。この六月一九日に、分離戦争〔南北戦争〕がコタンタン半島に巡業に来るのである。ポスターには、北部対南部、ヤンキーの巡洋艦対南部連合の私掠船、ＵＳＳ〔北部連邦〕キアサージュ対ＣＳＳ〔南部連合〕アラバマとある。そして一時(いっとき)たりとも見逃さないように、やじ馬——パリっ子とノルマンディー人がごちゃ混ぜになり、軍人と民間人が肘を接している——が平地、堤防、波止場にひしめく。またルールの丈高いバルコニーに殺到する。さらには、外海に大きく開けた眺望を見渡せるケルクヴィルの小さな村にまで足を伸ばす。そのせいで、辻馬車、大型馬車、四輪馬車、ランドー型馬車の大混乱である。一握りの特別扱いの観客は——そのなかには小説家オクターヴ・フイエとその妻がいるが——、最前列で見物できる権利を獲得した。最前列とは、海軍軍管区長官を務める海軍少将オーギュスタン・デュプーイのボートである。一〇時よりもはるか前にみなが席に着いた。戦闘はいつはじまってもいい。

アラバマは、一八六四年には伝説の船である。二年間、ラファエル・セムズの指揮の下で、この船はおのれを破壊するために動員された連邦軍の巡洋艦をものともせず、北軍の商船団を恐怖で震え上がらせた。この船は木造の貨客両用で、装甲されていず、石炭を節約するために三本マストで帆装され、スピードと操作しやすさから構想されたものだが、装甲砲艦ＵＳＳハッテラスのように追跡船を沈めることができなくても、いつも逃げ切ることができた。この船が連邦軍に与えた損害は、戦後、合衆国が英国に自国領土で私掠船の建造を許可したかどで、破格の補償金を要求するほど大きい(1)。

実際、アラバマの運命と分かちがたく結びついているのは、中立——現実的というよりも表面的な中立——にかこつけて、フランスと同様、英国でも推進された南部連合派の手の込んだ政策である。南部連合会議の特派員ジェームズ・Ｄ・ブロックの指揮の下、リヴァプールで秘密裡に建造され、当時、エンリカと名づけられたこの優雅な船は、連邦の要求で英国政府が出港停止にする前に、外海に出ることができるだろう。英国政府機関に数多くいる南部支持派によって、この危険は事前に予告されていたが、この船は一八六二年七月二九日、音楽とシャンパン付きクルージングという名目で、リヴァプールを出航する。片道のクルージングである――知らぬ間にこの舞台に立たされた端役である招待客だけは、タグボートで無事に帰還できる。この船がその本当の名や大砲、火薬を手に入れるのは、アゾレス諸島であるが、それも中立的なポルトガルの領海外だった。この船が「封鎖潜入者」のなかでもっとも有名なセムズを指揮官として迎えるのも、アゾレス諸島である。南部連合の旗が掲げられる。私掠船としての活動（キャリア）がはじまる。その活動は北部アメリカの交易に大損害を与えつつアンチル諸島からシナ海にまで広がっている。

二三か月および六二回の拿捕ののち、アラバマは帰路ケープタウンを通って英仏海峡に入る。船は疲弊し、ボイラーは修理が必要な状態である。セムズ自身も疲れ果て、シェルブールに寄港する決心をしたのである。埠頭に着くとすぐにアラバマは損傷状態を知らせ、修理のためにしばらく停泊する許可を求める。

こうした状況は珍しくない。フランスの港には、ほかにも南部連合の船が寄港してきた。だがそれでも、この状況は厄介である。この私掠船は、その偉業によって、連邦政府にとって邪悪な獣となった。そしてフランスの中立性を規定する文書はつぎのように明記している。すなわち、いかなる場合においても、「交戦国は火力強化のために、または修理の名目で結果的に軍事力の増強をもたらすような作業のために、フランスの港を使用することはできない」。スピードが戦力となる私掠船にかんしては、厳格に禁止が適用されると、ボイラーまでもが対象になる……。時間を稼ぐために――この同じ文書が、交戦国の寄港を七二時間に制限しているからである――、委員会の委員が任命される。委員会は船の状態を検査し、港湾機関、そしてとくに政治機関に対して報告しなければならない。この問題はシェルブールで決着をつけるには、あまりに重大である。

しかし事態は急転する。三日後の六月一四日に北軍の巡洋艦キアサージュが停泊地の湾口に出現するのである。挑発は明白である。船体が損傷しているにもかかわらず、ラファエル・セムズは船を離港させる決定を下す。海軍軍管区長官がしかるべく通告するとおりに、セムズは修理のための先の寄港申請を *ipso facto*〔事実上〕放棄して、その日のうちに石炭の補給を要求する。一五日、彼は戦いを挑んできた敵軍（そしてかつての同期生）のウィンズローに文書を送る。

つぎの日曜日の午前一〇時にアラバマはシェルブール港を出発するが、フランス海域の境界線まで装甲艦ラ・クーロンヌが随行する。アラバマはキアサージュに真っ直ぐに向かっていく。キアサージュのほうはまず艦長が受け入れた指令に従って、さらに沖合までアラバマを連れ出し、その後、戦闘態勢に入る。アラバマが射撃を開始する。セムズは知らなかったのだろうか、敵船が木製の船底被覆の装いの下で、甲鉄で防御されていることを？　同等の射撃能力を保有していたキアサージュは、何といっても完璧な船であり、きびきびと働く乗船員に操縦されている。勝負にならない。アラバマは致命傷を受けて数分で沈没する。しかしながら、セムズは戦闘に倒れることも、敵軍の手に落ちることもない。南部連合の大義に共鳴したある金持ちの英国人が、自家用のヨット、ディアハウンドにセムズを拾い上げ、サウザンプトンに連れて行ったのである。

正午には真夏の太陽の下を、ジョン・ウィンズロー艦長が、腰にピストルを下げて勝者としてシェルブールの埠頭を大股で歩いている。この埠頭は、一週間、南軍の最後の私掠船にとって避難所であった。パリの大衆は何となくがっかりして、町のなかへと散らばっていく――つぎの汽車を待ちながらである。

歴史画家マネ

六月一九日の戦闘を大きく採り上げるのは、その軍事的重要性のためではない——もちろん、決して無視できるものではないが。というのも、アラバマが破壊されたことで、私掠船による実利的な戦闘に終止符が打たれ、しかも戦闘のはじめから連邦海軍が力ずくでおこなってきた恐ろしい封鎖をやめさせようという南軍の最後の望みが絶たれるからである。この戦闘を採り上げるのは、それが同時代人にとって、本義においても転義においても、イマージュを彷彿とさせる〔＝絵を作る〕faire image からである。六月二五日発行の『イリュストラシオン』誌は、この事件を詳しく採り上げているが、そこにはルブルトンの版画が挿絵として入っている。前景でアラバマは致命的な砲撃を受けている。船体が傾き、観客のほうに横倒しになりそうに見える。船尾ではためく南部連合の旗は、版画の中央を占めている。左手の奥に引っ込んだキアサージュは、機関からは黒煙が、大砲からは白煙が立ち昇っている。右端の背景には、英国製蒸気式ヨット、ディアハウンドのシルエットがかすかに見える。ほかにも複数の小舟が戦艦の周りに見える。水平の線は水平線ではなく、地平線である。決闘が円形闘技場や剣闘場でおこなわれたかのように、この場面の後方の枠組みを形成しているのは、フランスの海岸である。対照的に、もっとも普及した北米側の絵では、向かい合った二艘の船が、おたがいに船首から突っ込もうとしているように舳先を向け合っている。これはヨーロッパ人の眼差しの届かない沖合の場面、目撃者のいない決闘である。

六月一九日の決闘に触発された正真正銘の傑作に目を転じてみれば、この事件の北米側の版画とフランス側の脚色のあいだのこの対照は、なおいっそう際立っている。その傑作とは、同じ一八六四年にマネによって描かれた油絵『キアサージュとアラバマの戦闘』である。[2] この海洋画は、マネの最初の「ニュース性をもった」絵だとして、しばしば語られてきた。しかし反レアリスムの画面構成の大胆さによって、また演出を施そうという意図によって、この絵はどんなルポルタージュのイデオロギーをも免れ、むしろ解釈学的な野心において、古典主義時代の歴史画と、ふたたび関係を結んでいる。

まず最初に、この絵画の構成は『イリュストラシオン』誌の版画にかなり近いように見える——その結果、直接的な影響があるという仮説がなされえた。[3] 堂々たる索具装置を有する南軍は、瀕死の状態ながらきわめて美しく、絵の中央を占めている。背景の北軍は、途方もない存在感をもっているが、アラバマのシルエットと戦闘の濃い煙に隠れて、ほとんど見えない。両側に、つまり右手の背景と左手の前面に、救助する者と役に立たない者、つまり英国人とフランス人がいる。すなわち、英国人ジョン・ランカスターのディアハウンドと水先案内人の旗を掲げる小型平底舟である——そこでは休戦と降伏を示すどぎつい白が支配的である。目の覚めるような緑で、鉛直に切り立っているように見える海は、海自身とは関係のない歴史を私たちに誇示しているように思われる。

おそらくマネは六月一九日のこの決闘を目撃してはいない。鐘楼のなかにカメラを設置した写真家のロンダンであれば復元してみせることができたようには——そのネガは失われてしまったが——、マネはこの場面を「ありのままに伝えている」のではない。マネが描いているのは、そのスペクタクルであり、それを見ている観客（スペクタトゥール）である（フランスの船員が、小舟の前方に身を乗り出している）。マネは分離戦争の現実と同時に、この戦争に向けられたフランス人の眼差しをも表現している。この奇妙な海洋画があらわしているのは、南部に対する自発的な、あるいはわざとらしい共感、日和見主義、優柔不断、そして最後に、むなしい覗き見主義といったものでできた関係の結び目全体である。

シェルブールの港の出口でアラバマが破壊されたことは、マネの作品のなかで真実の瞬間、すなわち特異な事件から、またこの事件の特異性そのものから、歴史の内部に生じるあの「電撃のような真実」の瞬間となる。公務員、政治家、軍人、文学者、ジャーナリスト、あるいは社交界の人間といったこの戦闘の観客全員が、ある一つの政策の難破を目撃した。帝政フランスの政策である。アラバマといっしょに沈んでいったのは、合衆国の持続的分割というひそかな望みである。マネが描いたのも、これなのである。マネがこれらの船を縮小し、水平線へ追いやるのは、バルベ・ドールヴィイが当時、書いているように、「気取り（コケトリ）」からではない。そもそもバルベ・ドールヴィイは、その政治的ななぞなぞを解読することなしにこの絵を称賛し、擁護している。[4] マネの選択には、より強い動機がある。というのも、この画家が描こうとしているのは、戦闘よりもむしろ、この戦闘に対するフランスの眼差し、そしてそれを越えて、アメリカの内戦に対するフランスの眼差しだからである。これが、とマネはいう。みなさんが、それを、戦争を見る見方なのだ。すなわち、オペラグラスを逆さまに覗くような視野の狭さだ。公平な視点ではない。視点そのものがまったくない。自分の視野に無理やりにもどってきたアメリカをどのような枠におさめたらいいか、みなさんにはわからない。（ユーモア作家のシャムが、ほかの多くの人と同様に、マネの作品を攻撃し、つぎのような滑稽な伝説を提示しているが、この伝説はおそらく彼自身が考えている以上に真実味がある。「マネ氏の描いた海は真実味がないと考えるキアサージュとアラバマは、額の縁のほうに戦いに行くのだ。[5]」）マネの絵は寓意的である。それはバルベが主張するように、「ひじょうに単純で、力強い［……］自然と風景の感覚」であるが、それだけではない。なおのことドキュメンタリーでもなければ、逸話的でもない。皮肉屋たち自身もそのことを感じていた。マネが描いているのは想像世界（イマジネール）であり、表象している（ルプレザンテ）ものは表象（ルプレザンタシオン）である。「頭上で戦闘がおこなわれているあいだ、魚がどんなことを思っていたのかを、私たちは魚の表情に見て取ることができる」と別の風刺画家が解説している。[6] 魚こそいい面の皮である。というのも、マネのおかげで読み取ることができるものは、帝政フランスの様相だからである。マネ、あるいは絵画における政治的真実？　アメリカの戦闘に対する帝政フランスの見識を欠いた覗き見主義について真実を語るべきではなかったことは、この絵に向けられた批判の大きさと激しさが証明している。[7] マネの直観がひじょうに正確であり、長きにわたった無関心の時代から一気に脱したフランスが、この驚愕すべき戦争という出来事を受け入れるのに相当苦労したことは、外交上の時間稼ぎや公衆の感情の両義性が証明するところである。

とても刺激的な戦争

実際、北米での内戦は、合衆国がフランスのイデオロギーと想像力の舞台に大いなる帰還を果たすきっかけとなっている。一八六〇年から一八六五年にかけて、この内戦はジャーナリズムや世論に強い関心を巻き起こすが、この関心はフランス人にとってこの戦闘がもっている現実的な意味合いと比較して釣り合いがとれていないように見える。歴史家のW・リード・ウェストは、こうした人々の関心の盛り上がりに驚いているが、「その一方で、きわめて重要な出来事がヨーロッパで起こりつつあり、イタリア、ロシア、ドイツにおける状況の動向は、フランスの知識人の思考を独占してしかるべきであったであろう」[8]。ウェストには、フランス人が北米の戦闘にばかり目を向けていることは、その知性の錯乱、大きな判断の誤り、公衆の関心――プロイセンの台頭のような真の問題から目をそらされた公衆の関心――の間違った備給のように見えるのである。結局、一八六四年のシェルブールのやじ馬たちは、一八六六年にサドワで仰天した者たち〔普墺戦争への介入失敗を指す〕を予告し、一八七〇年の壊滅〔普仏戦争の敗北と第二帝政の終焉〕を予測させるのである。

実際、北米での紛争には、フランスの死命を制する利害にかかわるようなものは何もない。経済のいくつかの部門に対するその否定的な結果（繊維業界は綿花不足に陥り、絹糸とワインの輸出は急速に減少する）は、一八六一年から感じられる。しかしその規模はわずかである。つまるところ、それは世界的な力の均衡を崩したり、フランスの立場を危うくしたりするような性格のものではない。戦闘の結果がいかなるものであれ、それは変わらない。ウェストは正しくこのことを強調している。すなわち、ちょうどその時期にヨーロッパで起こっていることは、格別な重要性をもっているのである。イタリアの統一に向けた長い歩みは最終段階――ローマとヴェネチアの取り込み――に入り、一八四九年以降、ローマで教皇の領地を保護していたフランスにとって外交的な難題となる。帝政の外交が混乱に陥っているあいだに、デンマーク人を征服したビスマルクは、一八六五年八月、ガシュタインでシュレスヴィヒとレンボルクについての領有を承認させるが、それは翌年のオーストリアに対する *Blitzkrieg*〔電撃戦〕の勝利の前兆である。抑えられないプロイセンの発展とフランスの深まる孤立。実際、これこそが「フランスの知識人の思考を独占してしかるべき」ものであった。フランスの知識人の感受性については、ヨーロッパそれ自体において、それが行使されるべき対象に事欠かない。その筆頭が、一八六三年のポーランドの反乱と、それに対するロシアの残酷な圧制である。

しかしながら、当時、フランスが予想外の情熱をもって、大西洋の向こう側の骨肉相食む戦闘のほうに向かうのには、理由がないわけではない。大陸の鋳直しができる炉床であり近代戦争の実験室でもある戦争としての内在的な重要性に加えて、皇帝の権力にとっても、その反対勢力にとっても、無視できない国内問題が絡んでいるのである。

政府の側でいえば、この戦争が巻き起こした興奮は、ナポレオン三世のアメリカ・メキシコ政策の惨憺たる結末がそう連想させるかもしれないが、たんなる気まぐれからはほど遠い。最終的には計算違いであることが判明するが、最初は刺激的な投機としてはじまっている。フランス外交は、共和国アメリカの崩壊に賭けるのである——この崩壊はフランスに利益のみをもたらすだろう。夢がよぎる。生気のない国をあとに残すはずの、出口も勝者もない、長く、執念深い北米紛争という夢がよぎるのである。何人かの不機嫌なヒューマニストと一握りの悲嘆に暮れた共和主義者が残念がったこの《Civil War》〔内戦。「南北戦争」は この英語表現の日本語表記〕は、「レアリストの」打算家、あるいは自分を「レアリスト」だと信じている打算家には、絶好のチャンスに見える。だから、この戦争は、フランス語では約束のように響く名前を受け取る。すなわち、「アメリカの内戦」《guerre civile américaine》ではなく、「分離戦争」〔南北戦争〕《guerre de Sécession》である。ア・プリオリには、こうした大きなもくろみは、広場で大声で叫ばれるべきものではなかった。その成功のためには、むしろ沈黙、慎重さ、忍耐が必要となる。大使館の夢、商品取引所と商工会議所の金色の夢想である、このアメリカの分離への賭けは、本来、論争を巻き起こすべきものではなかった。実際、ジャーナリズムと世論の盛り上がりは別な場所からやって来る。つまり、そこで存在するチャンスをつかむある対立からである。

広場でのアメリカ

第二帝政のような厳しい出版体制のなかでは、この対立には多くの場合、領域の選択の自由もなければ、この対立が押し進めようとする論戦の自由もない。政府の独占支配は、皇帝の個人的な強迫観念に対応している。この独占支配は周知の事実なので、サント＝ブーヴのような人はそこに『ル・コンスティテュショネル』（半官報）から『モニトゥール』（公式官報）へと移る口実を見つけている。「この時代にはどんな新聞も政府の統制下にあるので、政府そのものの側にいたほうがいい。[9]」「自由主義的な帝国」の時代を開く一八六〇年一一月二四日の勅令は、新聞に対する行政の監視に終止符を打つものでは少しもない。数かぎりない警告と停止は相変わらずである――それとは別に、裁判所によって科される罰金と禁固刑がある。もっとも大胆な新聞にとっても、帝政外交が活発に（効果的ではないとしても）打開策を講じている、〔アメリカ問題よりも〕もっと差し迫り、もっと重大な危機について論争することは、極端に難しく、危険である。

反対に、アメリカ問題は、矛盾をはらみつつ、すべての側面から論じられようとしている。それはまさしくこの問題が、より周縁的であって、より直接に「感じ取れる」ものではないからである。また戦争の突発によって、帝政が不意打ちを食わせられたからでもある。一八六〇年末に武器がものをいいはじめるとき、公的な方針が存在しないことが明らかになる。二つの保守系の新聞『ル・コンスティテュショネル』と『祖国』は、ある本質的な点で北部の主張を認めている。すなわち、奴隷廃止州に避難した奴隷を南部連合派の主人のもとに送り返すことを北部が拒否している点である。奴隷制度擁護州によるこの要求は不条理なものとされるが、それ以上に奴隷制という「憎むべき制度」が、ジャーナリズム――そこには半官報も含まれる――によって、あまりにも時代遅れで、擁護できないと判断されるのである。『ル・コンスティテュショネル』は、「その領土の全域にわたり憲法上認められた奴隷制でもって」合衆国を救おうという妥協は嘆かわしいと考える。もしそんなことになったら――と論説委員はつけ加えている――、「進歩を好む一九世紀はさらにもう一つの失望を体験しただろう」。この一八六〇年一二月二六日の同紙の

「要望」は、「アメリカ大共和制の救済と同時に奴隷制の漸進的縮小に賛意を表する」[10]。一一月の『祖国』は、「奴隷制の廃止という大義こそが、擁護し、勝利させるべきすばらしい大義」であることを、これを成功させるための最善の方法について自問しながら、前提として主張していた[11]。しかしながら一一月からはやくも同紙は軌道修正し、アメリカを過度に称賛する『ル・コンスティテュショネル』と論争を開始する。グラニエ・ド・カサニャックは、三号連続で歴史をめぐる長い公式見解を発表する。「好きなだけアメリカ人を称賛せよ。そしてそれがお気に召すのであれば、アメリカ人を共和主義者とみなせ。しかしあなた方は、アメリカ共和国の設立者が、現に見出されるものとは正反対のものを政体に採り入れていたなどと主張することによって、あなた方の学識を信じている読者をだましてはいけない[12]。」まがい物の共和国にへつらうお人よしの北部支持派は、北軍の寛大さについても見誤っている。「北部が奴隷制を弾劾するのは、党派的精神、論争好き、哲学的な方針からである。奴隷への愛情や平等の感情からでない[13]。」戦いの終結まで南部支持派によって何度もくり返された最後の論拠とは、奴隷制はすでに消滅しつつあり、いかなる場合であれ、即座の奴隷制廃止によって内戦を正当化することはできない、ということである。

　したがって、皇帝が南部連合に好意的なことが知られ、それが表明されると、政府系ジャーナリズムはどうにかこうにか論争できる状態に復し、みずからの分析のなかで北部にとって有利に働く可能性のあったものをもみ消そうとする。だがすでに、『ジュルナル・デ・デバ』を筆頭として反対派のジャーナリズムには、はっきりした賛否の標識の立てられていなかったこの空間に駆け込むだけの時間はあった。この反対派のジャーナリズムに応答せざるを得ない官報と半官報は、一八六一年初頭に論争の正当性を認めるが、この論争が終わるのは終戦〔一八六五年〕によってでしかない。かくして、オルレアン派、自由主義者、あるいは共和主義者などの反対派は、北米における戦争をめぐる分析と解説によって、帝政への辛辣な批判をエスカレートさせることが可能になる。南部に好意的な皇帝の回りくどいとともに見え透いたやり方を前にして、この機会は反対派にとって自己の存在を示す好機となる。たとえば、『両世界評論』のように北部を公然と支持したり、あるいは「正真正銘の」中立性を説いたり、あるいは南部連合の大義に賛成しているけれども臆病でもある政府が、南部連合に対してこっそり提供したわずかの援助を告発したりすることによってである。アメリカ人を引き裂く戦争のおかげで、それまで鳴りを潜めていた対立が、ふたたび声を上げることができるのである。

そもそも、この対立は声を上げるとしても怒号は聞こえない。論争は剣先にボタンをつけたフルーレではじめられ、そのままで続行される。この穏やかさは、部分的にはジャーナリズムに強制されたきわめて厳密な行動ルールのためであり、反対派のきわめて納得のいく慎重さの反映でもある。しかしこの穏やかさはまた、状況のいっそう思いがけない一面を明らかにしている。すなわち、北部と南部のそれぞれの支持者によっておこなわれたアメリカの状況分析が、極度に類似しているということである。両陣営の「共感」のあいだには大きな相違があり、この戦争の解決に向けて両陣営が持している要望は正反対である。だが決して付随的ではない三つの点で、根本的な合意がある。すなわち、〈分離〉の法的正当性、制度としての奴隷制の道徳的・政治的な非合法性、二陣営のいずれか一方が勝利することの不可能性である。これについて合意はひじょうに幅広く、戦争の初期においてはほぼ全面的である。論争が進むにつれてこれから離れていく者でさえ、大した自信もなく離れていくように見える。いずれにせよ、これらの前提を全体として受け入れている意見に、みずからの論法を適応させなければならないのである。

上で列挙した「当事者の合意だけで成立する(コンサンシュエル)」三つの命題のなかで、第一の命題は南部に有利であり、第二は北部に、第三は戦争の段階と戦いの帰趨によっていずれか一方に有利である。つまり、フランス世論を前にして争っている二つの集団のそれぞれは、これらの命題を自己の論法に取り込むためには、自分がひいきにしている陣営の「公式の方針」から往々にしてかなりかけ離れた、独自の擁護または批判の言説を案出し、誇示しなければならないということである。こうして連邦と連合国〔南部連合〕に対する擁護と糾弾は、アメリカの「実物」から離れて大幅な自律性へと向かう。というのも、論説記者にとっては、「フランス人どうしの」争点を考慮に入れるためにも、また読者が期待する範囲内で論証するためにも、アメリカ人が現実に置かれている立場から自由にならざるを得ないからである。どんな拘束もそうであるが、この拘束は分離戦争によって生み出されたアメリカの新しい表象に力と形を与えることになる。つまり、この戦争はアメリカをたんにニュース性のスポットライトの下に置き直すばかりではない。それは何十年も前から休耕地の状態に置き去りにされていた想像力の砂漠に、大量の観念、物語、判断を出現させるのである。

合意（議論の土台そのものとして、アメリカと戦争にかんするいくつかの「明らかな事実」を両陣営が受け入れること）に敵意（一方の陣営が支持したアメリカの中心人物を、もう一方の陣営がはっきりと非難すること）を接ぎ木することで、五年間、来る日も来る日もCivil Warの悲劇を再解釈しているこれらのフランス人は、知らず知らずのうちに、将来の反米主義の土台を形成しているのである。だがもっと詳細に状況を検討しなければならない。

不毛な共感

すみやかに、権力側の共感が明らかになる。皇帝が肩入れしたがるのは、南部の側、南部連合の側である。この共感は公にはされていないが、公然の秘密である。自分の習慣に従って、ナポレオン三世は差し向かいの際にこの共感をささやき、これを選ばれた論説記者によって小出しにさせる。北部に対して敵対的ではあるが、南部連合を *de jure*〔法律上〕承認するほどではないし、中立に対するある種の違反に目をつぶる用意はあるが（たとえば、フランスでの南軍向け船舶の建造）、機密漏洩（リーク）で事件が公になったときもこの違反を引き受けるかというと、それまではしない帝政は、慎重な構えを崩さないが、この慎重な構えも介入あるいは「仲裁」しようという漠たる意向で中断される。それと並行して、ナポレオン三世は内戦の勃発を利用し、ラテン系のカトリック帝国を創造しようという大きな意図をもって、メキシコへの無謀な企てに乗り出す。皇帝はこの帝国を「合衆国の侵害に対する乗り越え不可能な堤防」として構想しているのである。(14)

外交的な次元では、第二帝政が従った安定性を欠いた行動規準は、完全な失敗に終わるだろう。英国との合意にもとづき、北軍との関係を断つための唯一の絶好の機会が頓挫する。これがトレント号事件である。この英国の蒸気船は一八六一年一一月八日に「臨検権」の名の下に、北軍の軍艦サン・ジャシントに海上で拿捕される。トレント号の船上には、ヴァージニア州出身のジェームズ・M・メイソンとルイジアナ州出身のジョン・スライデルという南部の二人の大使がいるが、彼らはそれぞれ英国とフランスで *Confederate commissioners*〔南部連合長官〕として信任されているのである。この二人は艦長のウィルケスによって捕虜となる。フランスでトゥヴネル・ノートが強調しているように、ここには北部支持派でさえも同意する中立権に対する明らかな違反がある。一方、半官報は北軍とその「横暴」に対して、フランスと英国が宣戦布告することを公然と要求する。ウィルケス艦長は北軍の領土にもどると英雄として迎え入れられる。しかし国際的な抗議を前にして、リンカーンは南部の密使を釈放させる。危機感がのっぴきならないものとなったのである。リンカーンの賢明な譲歩によって幕が下ろされたこの事件は、フランスでは忘れてもらえそうにない。のちに見るように、数年後、この事件はフランスの反米主義者の筆の下にふたたび出現する。反米主義者はこの権威を失墜した皇帝がチャンスを取り逃がしたことに不満を抱くのである。一八六二年秋、あまりにも遅すぎ、あまりにも不誠実なフランスの「仲裁」の申し出が、無視されたり、拒絶されたりする。[15] フランスと英国のあいだに不信がふたたび根を下ろす――マクシミリアン公のメキシコ、すなわちフランスがスペイン旧植民地に干渉することを可能にする橋頭堡にフランス軍が常駐することによって、英国側の不信感が強くなったのである。

最終的には南軍が敗北する。南軍は、フランスからは、ほとんど空約束しか受け取らなかったのである。北部についていえば、パリがとった態度に対してその後もずっと恨みを抱きつづける。一八六五年の勝利者がとった最初の行動の一つが、フランスによってメキシコ王位に就かせられたハプスブルク家のマクシミリアン公の承認を拒絶することである。こうして運命を、つまりこの架空の帝国の運命、そしてその不運な君主の運命を閉ざすのである。

「苛酷な運命」

トレント号事件の際に、「ヨーロッパにおいて私たちの連邦の永続性に対していまだわずかな希望や信頼を抱いていた人々については――アメリカ人を除けば――、その全員を、あるいはほぼ全員を指折り数えることができただろう」と、パリにおける北軍の領事、ついで代理大使を務めるジョン・ビグローが『回想録』のなかで書くだろう。「フランスにおけるわれらが政治的同志は ［*our political friends among the*

French people」と、ビグローは自分がつき合っていたパジェスやルクリュのような左翼的性格のきわめて鮮明な人々の小集団をこのように名指しながらつけ加えた、「すっかり志気をくじかれている」。一般的にいえば、「もはや戦う理由はないという考えを受け入れるまでは私たちは戦いつづけるということ、また受け入れる場合、分離の期日について私たちは同意にこぎつけるということは確実だとみなされていた」[16]。一八六一年末には満場一致のこの感情は、トレント号のエピソードのずっとのち、戦争の終わりぎりぎりまで広く共有される。ビグローは別の一節で、この「ほとんどだれもが共有している印象」は、「かつてはただ一つの合衆国が占めていた領土が、戦争が終わると、少なくとも二つの共和国になるという考えを三、四年のあいだ巧妙に広めてきた[17]」南部の密使による隠れた操作のせいだとしている。だが広まりすぎ、また根絶できないともされたこのフランスの確信を、南部連合の手先によってリードされた心理戦争のたんなる結果に還元することは難しい。彼らは特別に好都合な土地に水を撒いただけであった。

南部連合派がフランス人向けの宣伝パンフレットで、自国が分裂することは必然だという考えを強調するのは、皇帝の固定観念におもねり、南部連合派の目にヨーロッパでもっとも確実な支持者として映じるこれら「知的階級」を撫でくすぐるためである。すでに述べたように、領土の分割はフランス外交のほとんど公然の夢である。長期戦ののちに合衆国は解体するが、この解体は蓄積された憎しみと苦痛によって不可避的である――これがフランス外交のお気に入りのシナリオなのである。帝政の日和見主義は、部分的にはこうした「ヴィジョン」から説明される。一方で南部は勝利を求めず、自立を望んでいる。他方でこの南部に勝利することができない北部が南部を持続的に支配することは、なおさら不可能だろう。この論理では、南部の勝利を援助することよりも、北部の決定的勝利を妨害するほうが重要である。かくも激しい戦争が泥沼化することによって、国家の利益にとって好都合と評価される連邦の解体が、外圧もなく、自然と引き起こされるはずである。要するに、じっと待つだけで十分なのである。つまり、戦争当事国の激しい怒りにまかせておくだけで十分なのだ。自分自身は嫌だけれども、南部のために介入するよう、ひそかに英国を鼓舞することになっても仕方がない。

のちに見るように、南部への共感は経済的実情によってはぐくまれ、複雑な感情的色合いを帯びている。しかしこの共感は、南軍の「戦争の目的」とともにはじまり、そして終わる。つまり領土の分割のことであるが、それは帝政フランスの外交的期待と一致しているのである。いずれにしても、また戦争の帰趨がどうであれ、連邦の分裂は出口なき戦争にとって不可欠な出口のように見える。そしてこれは、大半の解説者が、トクヴィルの意に反して、結局は暗黙のうちに以下のような見解を受け入れているがゆえに、ますます不可欠のように見えるのである。すなわち、連邦制というきわめて緩やかな絆によってのみまとめられた広大な国家は、みずからを必然的に揺さぶる遠心力にいつかは屈するようになるという見解である。合衆国は一八六〇年の規模では存続することはできなかった。この感情は政治的スペクトルの端から端まで共有されているが、そこにはさまざま異なった前提がある。王党派や帝政主義者は、あまりに民主的な体制は存続できないと判断する。他方で多くの自由主義者は、共和的政体は広大な帝国には適さないのではないかと相変わらず考えている（一八世紀全体がそうであったように）。

勝利者のいない戦争に立ち会っているというこの奇妙な確信によって、支持者間の分裂はないがしろにされる。連邦の擁護者も、この点については自分の敵対者と同じ考え方をしている。フランスではだれも、どちらか一方の陣営が他方を粉砕するとは信じていない。一八六一年にはあまり起こりそうもないと考えられていたことが、一八六三年にはありそうにもないようにも見え、さらには「不可能」とさえ見えるようになる。これが、『ラ・プレス』のような「進歩主義的」というレッテルを貼られた新聞におけるウージェーヌ・シャタールの意見である。「分裂した諸州を力ずくでまとめ上げることは、日を追うごとに不可能になっている」と彼は一八六三年六月二四日に書いている。「戦闘はもはやとどまるところを知らない強情さにそそのかされた破壊行動にすぎない。」そして、つぎのように結ぶ。「残されているのは、もはや国境線を引くことだけである。[18]」異論の余地のない、おそらくは決定的な北軍の勝利であるゲティズバーグの戦いでさえ、南部の崩壊の前兆というよりも、この戦争には決して軍事的解決策がないということの、さらにもう一つの証拠だとして解釈される。[19] 北軍は南軍の領土で四度敗北したが、南軍は北軍の領土で二度目の敗北を喫したところである。これが勝負があまりにも拮抗している証拠なのである。この勝ち負けを記録しているジャーナリストは、引き分けを予想する。その上、北部の戦局が *in fine*〔最終的に〕優勢になるときでさえ、北部が南部を軍事的に占領することができる、あるいはそれを望んでいるという考えは排除される。北部を支持する『両世界評論』にとって、占領された南部は〈新世界〉の「悲惨な日々のアイルランド、それにハンガリー、ポーランド」になる。つまり、勝者の肉体に刺さった永遠の棘であり、征服されはするが、決して平和が訪れることない領土である。「そのような傷から脇腹を守るためには、アメリカ連邦はみずからの制度を放棄し、すすんで隷属しなければならない。というのも、そうでもしなければ、どうして連邦共和国は力ずくで、このような広大な領土と、連邦共和国の支配に敵意を抱いている何百万人もの人々を統治することができるのだろうか。[20]」北部が勝利したとしても、これは連邦が打ちのめされたということであり、つぎつぎに浸食していく征服にみずから鉄鎖でもってつながれたアメリカというプロメテウスが最期を迎えたということなのである。

もっとも、フランスでは、だれもこうした決定的な結末、深刻な状況を望んでいないように思われる。自由主義的で民主的な北部支持者でさえそうである。彼らは自分たちの擁護する陣営のために目がくらむほど大きすぎる成功を危惧し、アメリカの自由な活動を脅かすかもしれない、勝利の王冠を頂いた「強者」の出現さえ懸念している。政府系の新聞『祖国』は、一八六一年一月には歯に衣を着せずに、北部が勝利したとすれば不可避的に独裁国家になると予言する。「合衆国はもはや主権者の団結にもとづく平等者の連合国ではなく、まさしく主従の団結にもとづく非平等者の連合国［になるだろう］。」そしてこの不可能な連邦国は、まっすぐ独裁政治に通じている。「征服した一部の征服された一部に対する独裁によっては、かつての調和は回復されない。この独裁は帝国に、唯一者の絶対支配に直接に通じている。[21]」リベラルな新聞も、これほど極端な言い方はしないが、連邦が専制へと漂流することを懸念している。たとえば、オハイオ州選出の民主党員で、リンカーンの強硬な政治的敵対者であるヴァランディガムが、一八六三年にシンシナティの軍事裁判所によって逮捕され起訴されたことである。彼が禁固刑に処せられたことは――リンカーンによって国外追放に減刑されるが――フランスで大きく採り上げられる。「この武力の誇示の最中に、民間人の自由は完全に消滅する」と『ラ・プレス』紙は書き、ヴァランディガムを自社の創設者にして社長のジラルダンと比較している。「これはカヴェニャック将軍の命令でなされたエミール・ド・ジラルダン氏逮捕というエピソードのくり返しである。[22]」人民によって選ばれた者に対する処罰は、フランスで多くの北部支持者に衝撃と当惑を与える。この処罰はまた北部領事ビグローの「弁明」の任務を複雑なものにする。ビグローに（アメリカ人の）友人のひとりが遠慮なく書いているように、「ヴァランディガムを逮捕し、『シカゴ・タイムズ』紙を廃刊に追い込んだことは、まったくばかげている[23]」のである。

ヴァランディガム事件は、開戦以来、フランスのジャーナリズムによって展開されてきた不安をあおるような分析を、さらに強固にする類のものである。この事件によって、北部の政治体制が急激に変容するという恐れ（ある人々の場合）、あるいは疑念（ほかの人々の場合）が確証される。戦争の論理には、自由と憲法による保障とを一掃する恐れはないだろうか。徴兵に対する妨害戦術に出ようとするすべての人を戒厳令の支配下に置くという一八六二年九月のリンカーンの命令は、すでに軍事独裁への漂流を合法化してはいないだろうか。一八六一年、『ジュルナル・デ・デバ』紙の寄稿者で、北部の大義のひじょうに熱心な共鳴者は、「状況の深刻な危険」に不安を抱き、ワシントン政府が「アメリカ人の国民性に根深い反感を抱かせる一連の独裁的行為や［……］憲法の精神と対立し、自国の習俗を損なう革命的方策」を特徴とする「自己の政策の重大な欠陥に目を開く」ことを望んでいる。[24] 同じ論説記者によって可能性が高いと判断された「連邦の分割」[25]は、おそらくアメリカを待ち受けている最悪の事態なのではない。

敵意や不安に動機づけられたフランスの種々のシナリオは、おたがいに類似している。総力戦は出版統制、予防拘留、人々の通行規制を前提とする。それ自体、嘆かわしいこれらの措置は、すべて混乱を招く恐れがあり、この混乱によって今度は北部が特例法を採用せざるを得なくなる。政府系ジャーナリズムは、不安を隠しおおせない北部に好意的なジャーナリズムを喜んで妨害する。というのも、政府系ジャーナリズムが恐れているのは、「革命的措置」[26]――リンカーンが採用しないことをマルクスとエンゲルスがロンドンから非難している措置そのもの――であって、この措置はアメリカ的自由の廃墟の上で人民将軍に独裁をゆだねる可能性があるからである。

つまり、勝者も敗者もいない戦争という見解をめぐってフランスでなされる奇妙な満場一致は、たんに力関係の分析に由来するわけでもなければ、主としてそこに由来するわけでもない。この満場一致は、一方の陣営では分離状態が永続化するのを見たいという願望をあらわし、もう一方の陣営では、本質的なもの、すなわち民主的形態を――より縮小された連邦という形であれ――救おうという配慮をあらわしている。もっとも中立的な観察者は、連合国の解体を、論理的で、きわめて可能性が高いと判断する。政治参加した観察者は、どちらの陣営であれ、この解体に自分たちが擁護する陣営への利益を見ている。したがって、フランス人が合衆国の地図を切り刻むことに躍起になっても、何ら良心に恥じるものではない。ジャーナリズムがこの分割にかんする難解な予測に夢中になるとしても、またそれぞれの郡庁所在地において巷のタレーランたちが、自分たちの想像力から生じた新しい諸州をドミノのように並べる場合にも、良心に恥じるものは何もないのである。

北米非合衆国はどれくらい分割されるのか。どれくらいの断片に、この大きすぎる物体は分けられるのだろうか。少なくとも二つであることは、自明である。フランスの北部支持者は、自分たちの希望を南部連合の部分が二つのうちのより小さいほうであってほしいという願いにとどめている。すでに見たように、『ジュルナル・デ・デバ』紙は、一八六一年初頭に、分離を既成事実とみなしていた。同紙は、州の数は可能なかぎり少ないことを望んでいるが、それらの州が再度、連邦へと回帰することはあり得ないと長いあいだ考えつづける。いっそう貪欲な何人かの観察者は、アメリカというケーキを三分割することを好む。この三分割のシナリオを皇帝の事務局は好意的に見ているように思われる。戦後の合衆国は、英国という親族と必然的に和解する北部と、私たちフランス人の生来の盟友となる南部、そしてこの解放のチャンスをとらえて、かなり漠然とした内容をもつ類似性の名においてフランスと特別な関係を維持することができる西部連合に分割される。だが、なぜそこでやめてしまうのか。政府系ジャーナリズムが有頂天になっているときには、思い切って五まで数える！　一八六一年三月にこの予測を立てるのは、オスカール・ド・ヴァットヴィルが執筆した『祖国』である。「北部、中央部、南部、西部、大西洋側の各共和国への分割は、現在、小ばかにして合衆国という名で呼ばれているこの共和国において顕著な動向である。(27)」「この流れ、この爆発を妨害することは、リンカーン氏だけが抱いている夢である」と『祖国』はからかい気味につけ加えているが、『祖国』は夢見るのではなく、みずからの願望の現実性をかたくなに信じているのである。

つまり、南部の崩壊とその軍事的占領、そして連邦体制の迅速な再構築とともに消えていくのは、たんに優柔不断な外交の非現実的な夢だけではない。集団的幻影（ミラージュ）が霧散するのである。

南部の権利、北部の「口実」

フランス人を驚かせるのは、分離そのものよりも、戦争の激しさとその執拗さである。というのも、観察者の大半はこの分裂を必然的で、本来の *covenant*〔契約〕という語に一致していると考えるからである。南部支持者は、南部連合が行使したばかりの分離の権利を、合衆国の政体に固有のものとみなしている。南部支持者を誹謗する者たちは、この法的分野は明らかに不適切であるとして避け、反‐奴隷主義的方針の次元で論争をしようとする。無駄な骨折りである。というのも、南部支持者は、彼らとまったく同様に反‐奴隷主義者であることを望み、そう公言しているからである。

ここで、分離戦争に対するフランスの態度のなかで、おそらくもっとも驚くべき面に触れようと思う。すなわち、多数派が南部に対して抱いている共感が、奴隷制に対する激しい非難と両立しているということである。この矛盾については、この問題をより明確に表明し直すことによって、少なくともレトリックのレベルで取り除かなければならない。南部支持と奴隷制廃止論を両立させるためには、内戦において真に争点となっているのは奴隷制ではないと決するだけで十分ではないだろうか。かくして、この問題にひじょうに着目している南部の宣伝家の助けでもってフランスで発展するのは、戦争の問題と奴隷制の問題を分けて考えようとする言説そのものである。奴隷制の問題は、北部が攻撃するためのたんなる口実だとして提示されるのである。

というのも、内政干渉主義であるかもしれないという可能性にはびくびくしているとしても、多数派は明らかに南部に共感しており、この共感は社会的地位のトップにおいてはとくに強いように思われるからである。若干のインテリの例外を除くと、南部をもっとも支持しているのは、「エリートたち」である。パリのアメリカ連合国（コンフェデラシオン）大使スライデルは直属の大臣であるベンジャミンに、「インテリ階級の感情は、ほぼ満場一致で私たちに好意的です」[28]と喜んで知らせている。この共感は、無視できないほどの経済的利益と商業的結びつきという現実によってはぐくまれる。それはまたカトリック界の熱狂によって維持される。さらに、共通の起源をもっているという根強い神話によって補強される（南部の住民の半分はフランス人の血を引いていると考えられ、このことが好んでくり返し語られている）[29]。この共感は、南部連合の大義に大きく味方した地方およびパリのジャーナリズムに引き継がれる――南部のプロパガンダ・エージェント、ハッツェは、南部連合政府に好意的なパリの新聞の割合を四分の三と推算し、はっきりと敵対的なものとしては、全部あわせても二紙しか挙げていない。

しかしそれがいかに矛盾しているように見えても、奴隷制の拒絶については、さらに大きな満場一致がある。南部の密使にしてプロパガンダ・エージェントは真っ先にそのことに気づき、驚嘆もし憂慮もする。デ・レオンは公的機密文書のなかで、このことが自分の仕事の大きな障害になると見ている。この問題は英国におけるよりもさらに厳しいとさえ考えている。しかし英国でも奴隷廃止論を主張する団体が力を得て、有力になってきているのである。「ほとんど信じられないことなのですが」とデ・レオンが同じベンジャミンに書いている、「しかし英国よりもフランスのほうで、奴隷制の問題［*the Slavery Question*］は、私たちの外交的承認の大きな障害となります。というのも、イギリス海峡の向こう側のより冷徹で、計算高い隣人よりも、このような類の考察につねに左右されがちなフランス人には、実際、確かに感情的な傾向があるからです」[30]。フランス人は——とデ・レオンが同じ公用文書で強調している——奴隷制に対して「感情的な嫌悪感」をもっているのである。

この傾向が「感情的」であろうがなかろうが、この指摘は正確であるように見える。フランスでは、南部のもっとも強固な支持者は、その「特殊な制度」の正当性にかんする南部連合の見解に対して、はっきりと一線を画している——「特殊な制度」は南部連合派が好んで使っている婉曲表現であるが、フランスでは何の反応もない。啓蒙主義のヒューマニズムとキリスト教のヒューマニズムが混ざり合い、奴隷制はたんに道徳的に正当化できないだけでなく、歴史的にも時代遅れだという確信が優位を占めるフランスにおいて、その信念を揺るがすことは何ものをもってしてもできないように思われる。

ところで、南部連合派にフランス人の精神を知る絶好のチャンスを与えてくれるのは、まさに奴隷制と近代世界は相容れないという一般に受け入れられたこの考えである。奴隷制は、道徳よりも歴史によって、なおいっそう断罪されるということ、このことがわからない人がいるだろうか。南部連合派さえもそのことを知っている。彼らがそれを知らないことはあり得ない。フランスのジャーナリズムは、競ってそのことをくり返す。南部が明らかに時代遅れの「制度」を永遠に保存したがっていると考えることは悪意なしには不可能である。このフランスの南部支持派においては、無邪気に信じている部分がどれくらいあるのだろうか。本心を隠している部分はどれくらいあるのか。そんなことはどうでもよい。デ・レオンからプロパガンダ・エージェントを引き継いだハッツェが、「神慮によって人類のさまざまな種族に割り当てられた場所について正確な視点[31]」を獲得するために、偏見から超然としている科学者を南部連合の味方に引き入れることを夢見ているときに、南部支持のフランスのジャーナリズムは、奴隷制に対する読者のどうしようもなく「感情的な嫌悪感」に、よりよく合致する回答を自発的に見出すのである。

『ル・コンスティテュショネル』紙は、南部を正当化する言説の例を提供してくれるが、この新聞は最初は北部に好意的であっただけに、ますます注目すべき例である。同紙は、一八六一年五月、難しい急カーブを巧みに切りながら、この「理念なき戦争」が「奴隷制の根絶」を直接的な目標にしていないということは自明なことだ――「あまりにも周知のことである」――と主張する。この新聞は南部支持派のジャーナリズムでくり返されたテーマをふたたび採り上げて、当時、南軍に脅かされている「ワシントンを防衛しようとしている人々のなかに黒人はあまりいない」とつけ加える。[32] ジャーナリズムは全体として同調している。ジャーナリズムが「とりわけ強調しているのは、奴隷制は戦争の数ある大義のなかで、まったく取るに足りないという事実である」。[33] 一年後、同じ『ル・コンスティテュショネル』紙は、かつての無邪気さを完全に失って、「北部は覇権のために戦い、南部はみずからの独立のために戦っているというグラッドストーン氏の最近の発言」のなかに「真実」を認めている。そして南部を擁護して、つぎのように説教している。すなわち、四〇〇万人の黒人を解放することを口実にして、「六〇〇万人以上の人を服従させることが問題となっているということが、そもそもいつも忘れられている」。[34] *post factum*〔あとになって〕、一八八〇年代の反米的エッセイストのペンの下に、同じ非難がふたたび登場する。こうしたぐらつきは『同時代評論』のようなリベラルなグループでも感じられる。一八六二年夏、『同時代評論』は、戦争はその意味を変え、奴隷制が非難されていることを知っている、あるいは「感じている」南部と、奴隷制を戦争の武器として臆面もなく利用している北部とを対立させていると判断している。「北部が立ち向かっているのは、もはや奴隷制ではない。北部は奴隷制廃止論を、戦争の道具として、敵を妨害する手段として、あちこちで利用している。今日、南部が戦っているのは、もはや奴隷制のためではない。南部は、その結末がどうであれ、戦争が奴隷擁護論の発展に致命傷を負わせたことは十分に感じている。奴隷制を少しでも存続させ、消滅寸前のこの制度を活気づかせる唯一の方法とは、連邦政府の庇護の下にこれを置き直すことであると南部は予測さえしている。[35]」歴史上、奴隷制廃止を二度宣言したフランスは、リンカーンの引き延ばし策がよく理解できない。一八六二年のリンカーンによる「奴隷解放予備宣言」は、無条件の奴隷制廃止を宣言していないために、フランスの北部支持者に悲嘆をもって受け止められる。『ラ・プレス』紙は「中途半端なやり方ではだれも満足させられない[36]」と指摘する。『ル・コンスティテュショネル』紙についていえば、この偽善的行為を前にして憤慨し、勝ち誇る。「[リンカーンは]奴隷制を断罪するどころか、その維持を約束し、今から来年の一月一日までに連邦に復帰する諸州が有利になるように、奴隷制の奨励金さえ与えている。」この信じられない方針の修正ののちには、「北部が奴隷制廃止のために戦ったなどと、だれがあえていうだろうか[37]」。

それゆえ、南部に対する圧倒的な共感と結びついた満場一致の奴隷制反対は、逆説的だが非論理的ではない結果にたどり着く。その結果とは、内戦は高邁な精神によって謳われた奴隷解放の十字軍では決してなく、北部が南部に対しておこなった政治的・経済的隷属化という冷酷な企てであるという確信をフランス世論に持続的に植えつけるということである。南部がその「特殊な制度」を清算するのに手間取っているのは、おそらく間違っている。しかし北部派が南部にぐうの音もいわさぬために、奴隷制の問題を臆面もなく利用したことは、何倍も非難されるべきことではないだろうか。

「もっぱら産業的な」戦争？

つまり、北軍によって押し進められた戦争は、フランスの最大多数の出版物で解説されたように、権利の戦争ではまったくない。この戦争は、技術的にも――「最低限の権利」は連合国がもっているがゆえに――、道徳的にも――奴隷制の廃止は偽りの口実であり、連邦の武器庫にある他の幾多の「武器」の一つにすぎないので――この名にあたいしない。だがそうなると、何が問題なのか。

連合国は自分なりの答えをもっている。ヨーロッパにおける連合国のスポークスマンの任務とは、この答えを広範に伝播させることである。すなわち、この戦争は経済的なものだということである。北部にとって問題なのは、産業的・財政的な覇権を確立することである。それは禁輸に相当するような保護貿易主義的関税によっておこなわれるが、南部はこの関税に反対しており、自由になった暁には、これを修正する恐れがある。あらゆる妥協を不可能にするのは、この強固な法律であって、奴隷解放という理想なのではない。北軍派が気にかけているのは、奴隷の自由よりもむしろ、みずからが製造した製品がアメリカ大陸全体で自由に流通することや、ライバル企業に過剰な税金を課すことである。たとえヨーロッパの不可避的な報復措置によって、南部の農業経済の販路が妨害されるような犠牲を払ってでもである。経済的な大義で起こったこの戦争は――と南部連合はつけ加える――長引くにつれて、しだいに破壊戦争の様相を呈する。港からプランテーションまで、北部はアメリカ国家連合の領土全体の生産手段を組織的に破壊しようとするが、解放時にはこの損害に「人的資本」の重大な損失が加わることになる。

この議論は、エドウィン・デ・レオンが南部を擁護するために配布したパンフレット『アメリカ南部連合州についての真実』のなかで中心部を占めている。フランスの偏見という鋳型にみずからの言説を巧みに流し込む、この南部のプロパガンダ・エージェントは、例の「特殊な制度」――奴隷制――を擁護しないように相当気をつけている。彼は解放の旗を振り回す連邦主義者の偽善を告発するだけで甘んじているのである。その一方で、日常的な人種隔離政策（アパルトヘイト）は、北部における黒人の自由を「空文」[38]化している。デ・レオンによって描写された、黒人の運命にまったく無関心なヤンキーは、攻撃の口実としてしか奴隷問題を利用しなかった。戦争に先立つ数年間に、南北間で生じた緊張のなかに「奴隷制の問題はわけもなく入り込んできたのではない。もっとも、北部は巧妙に、しかもヨーロッパをだますためにこの口実を使ったのだけれども[39]」。デ・レオンが強調しているように、この緊張はまったく別の性格をもっている。きわめて物質的な利益のためのごく現実的な対立である。「現在ある難事の本来の原因は、もっぱら産業的な問題にさかのぼる。北部は工場主であるのに対し、南部は農家である[40]。」したがって経済的な因果関係、および構造的な敵意である。南部と北部は、たとえばフランスと英国のようなものである。「利益や感情、慣習、経験の関係においては、フランスと英国の分裂も、この二〇年間のアメリカ大共和国における北部と南部という二つの区分（セクション）の分裂と同じであった[41]。」区分という語は奇妙で、巧妙である。この戦争は――とデ・レオンはほのめかしている――すでに経済や歴史によって「区分された（セクショネ）」二つの実体の分離を承認するだけなのである……。

この説明は、フランス人に喜んで受け入れられた。デ・レオンのパンフレットが出版される前から、半官報は、『祖国』を筆頭として、この戦争の大義は経済的なものだという主張を広めていた。この戦争の「真の大義」は、北部が引き合いに出した理由とはまったく違っている[42]。「奴隷制はこの全体のなかでは何の理由にもならない。問題なのは土地問題と絡んだ経済問題である。」時が経つにつれ、そして戦争によって南部が荒廃するにつれて、インフラと富を壊滅させるための合議による政策のように見えるものに、フランスの世論はますます動かされる。二〇年後、こうした印象は確信の力を獲得し、分離戦争の経済的動機が、この戦争のフランスにおけるあらゆる分析のお定まりとなる。そういうわけで、頑迷な王政主義者も悔悛した共和主義者も、一八六二年にエドウィン・デ・レオンが述べた主張を追認する点で、マルクス主義の理論家と意見が一致するのが見られるだろう。「この戦争を支配していた精神、この戦争が目指している目標」とは、北部が「南部の所有地を独占すること」である。[43]

しかしさしあたり、この戦争自体がつづいているあいだは、この物質的論理は、フランス世論においては、別のインスピレーションにもとづいたアプローチ、いっそう直接的にフランスの世論に訴えかけるアプローチと競合している。連邦の道徳的意図を無に帰させるために、経済戦争という主張に信任状を与えることは、よい。しかしそれがもっとも熱烈な南部支持者のためだとすれば、不十分である。アメリカの戦争がかつての合衆国の二つの「区分」間の金儲けにまつわるいさかいにすぎないとしたら、なぜフランス人はそこに口出しするのだろうか。もし南部がたまたま勝利して、それが好都合な結果――たとえば関税率の低下――をもたらすとしても、高くつくし危険でもある直接的な交戦状態は正当化されない。つまり、ここで南部支持のプロパガンダは、二重の困難にぶつかることになる。

第一の困難。アメリカ連合国を無敵で難攻不落だと提示しながらも、南軍の有利になるように、犠牲者への同情をかき立てなければならないということである。南部はゴリアテに抵抗するダビデでなければならない。というのも、「大きな者」に挑む「小さな者」を支持することが一般に好まれるとしても、一歩も引かず戦うという条件付きだからである。デ・レオンはこの二つの要求を修辞学的に調停するために自分ができることをおこなっている。彼はいきなり北部の主張は実現不可能だとして提示する。「だれでもまじめによく考えてみれば、南部が従属することは非現実的に見えるはずである。」しかし彼の前置きは、もっと悲痛な弦を奏でている。「北部議会がとった没収政策」は「一二〇〇万人の住民を死刑に処する」ようなものだと述べているのである。[44][45]

第二の困難。分離戦争をたんなる利害の衝突として提示することによって、この戦争から情動的、道徳的、イデオロギー的なあらゆる重荷を取り去り、そのあとで、フランス人があっさり顔をそむけることなく、その結果に興味を抱くように、この戦争に是が非でも歴史的な意味をふたたび付与しなければならないということである。

この意味を、新しい「説明」がもたらしてくれる。経済的説明とは別の次元にあるこの説明は、経済的説明と完全に並存できる。それは分離戦争をアングロ‐サクソン民族とラテン民族間の民族的‐文化的対立とすることにある。このシナリオは独創的で、大半は保守主義者ないし反動主義者であるフランスの南部支持派に魅力的に映る。それによって彼らは、彼らの政敵の物質主義にあまりに多くの分け前を与えてしまう経済的な解釈を超越すること（それを十分利用したあとで）が可能になる。そしてとりわけこのシナリオによって、この外国の戦争をフランスの利害の範囲内に送還することになる。戦争はアメリカ国内の内戦であることをやめ、民族間世界戦争の最初のエピソードになるのである。

汎ラテン主義対「アングロ‐サクソン系アメリカ人種」

したがって、この新しい言説は以下のようにまとめられる。この決闘における物質的利害の重さは、十分すぎるほど明らかである。しかしいくら自明だからといって、フランス人はこの戦争のより隠された、より秘密の次元に盲目になっていてはいけない。一つの戦争は別の戦争を隠すことができる。このいわゆる解放戦争は、大規模な隷属化計画を隠している。黒人解放のための十字軍は、ラテン人種に対する討伐派遣を隠蔽している。そして人種解放者を自任する人々でさえ、絶対的な人種支配を目指している。要するにフランス人は、見かけの幻影や悪意のこもった激しい演説の背後にある真実を直視しなければならない。この真実とは、分離戦争とはアングロ‐サクソン系人種がアメリカ大陸で覇権を確立するために仕掛けた死闘だということである。

このような解読格子は、想像力によって戦争をグローバル化することによって可能となる。こうした戦略は、南部の宣伝家においては、概略が示されるだけである。かくして、デ・レオンはアメリカ南部連合州をイタリアと比較している。彼にとってイタリアは「自国の独立と憲法のために戦う」ことによって――デ・レオンは、そしてその統一のために……という言葉をつけ加えないように細心の注意を払っている――「ヨーロッパ諸国に承認される」[46]にふさわしいことをみずから示したのである。しかし北部支持者を妨害し、無関心だったり優柔不断だったりするフランス人をこの戦争に巻き込むという二重の目標をもって、「比較」という方索を計画的に活用したのは、結局はフランスの政治評論家である。

官報によってくり返し主張されるアメリカとロシアの類似性は、とりわけこの言説の戦略に起源をもっている。これら両システムの生産力競争がはじまる四分の三世紀前の一八六〇年代には、この比較は自明とはいかない。だが外交的に孤立した連邦はあらゆる手段に訴える。一八六三年にロシア帝政の船隊が華々しく米国の港を公式訪問したことで、アレクサンドル二世の専制政治とリンカーンの軍事政府が共謀しているという非難が信憑性を帯びる。ヨーロッパにおける南部連合の密使は、ポーランドの迫害者〔ロシア〕と黒人の擁護者〔連邦〕間の一見、温かい友好関係が、とりわけフランスにおいてどれほど大きな衝撃を与えるかをあれこれ計算する。デ・レオンは喜びを隠さない。「リンカーンの独裁政治とロシアの独裁政治が相互に振りまいた愛情のしるしは、ヨーロッパ世界を大いに教化し驚嘆もさせた。そしてポーランドの熱狂的な支持者である〝モデルとしての共和国〟［*The Model Republic*］の民主主義の支持者を少なからず困惑させた。悲しみを隠すために、彼らは奴隷制という、フランス人の想像力が生み出したあの文字どおりの〝黒い獣〟に対して、古びた不平をふたたび投げつけたのだ。[47]」同じ時期に政府系日刊紙『祖国』は、読者にアメリカの戦争を読み解く「鍵」を差し出す。帝政ロシアが自由を追い求める国々の虐待者であるように、連邦は離脱していく諸州の迫害者である。ところで、『祖国』によって発表された「ロシアとアメリカ合衆国」という記事は、おどけ者や偏執者の文体練習ではまったくない。この記事は、この新聞の所有者であるドゥラマールの証言によれば、ナポレオン三世自身によって吟味され、賛意を表された。ポーランドの反乱が残酷な仕方で弾圧されたこの年には、乱暴で臆面もない大国によっておこなわれる、ポーランド人の受難と類似した南部の受難のイマージュを大衆に強いることが、まさに重要なのである。限定された目的（自由主義的で共和主義的な陣営に混乱を起こすこと）をもつ修辞学的操作である北米とロシアとの比較は、すばらしい未来が約束されている――一九三〇年代に再度それを採り上げる誹謗文書の作者は、第二帝政に対する修辞学的負債を早急に認めようとしないのではあるが……。

南部支持派の武器庫では、ロシアとヤンキーのこの比較は、一つの戦略兵器にすぎない。大西洋の向こう側の戦場を「文明化した世界」にまで拡大する戦略的な長距離兵器は、アングロ‐サクソン系人種とラテン系人種の対立という考えである。それは皇帝のお気に入りの考えであった。すでに見たように、皇帝はこの考えにみちびかれて、合衆国の圧力をくいとめることを目的としてメキシコ「大構想」を実行に移したのである。これは多くのフランス人には魅力的な考えだった。「アングロ‐サクソン的」要素に支配されており、絶えず同じくらい不安を抱かせる英国と結束している合衆国という脅威に、フランス人はすぐに動揺するからである。この分析では、分離戦争は規模と意味を変えることになる。分離戦争は、どちらかといえば局地化した内戦ではもはやなくなる。これは世界的な勝負の最初の局面である。北軍と南軍のあいだの敵意は、ずっと大きな民族的・文化的亀裂を反映しているのである。ヤンキーの攻撃性と執拗さがあらわしているのは、南部に勝つかもしれないという可能性によっても癒されない支配への渇望である。

戦争のこうした解釈は、フランス人向けの南部側の言説にまったくないわけではない。エドウィン・デ・レオンは、時宜の到来を嗅ぎ分け、この戦争の根本的大義は経済的なものであるというみずからの説明に、いくつかの人種的考察を貼りつける。「これらの［経済的な］大義につけ加えられるべきは」と彼は書く、「両民族間に存在する人種と気質の違いである」。そして南北間の民族的‐文化的な溝にかんして短い報告をものしている。「統計が示しているように、北部にはアングロ‐サクソン起源の人種が住みついた。一方、南部にはおもにラテン系人種が住みついた。ピューリタンの子孫で、女性にまで戦いを挑もうと努めているかのバトラー将軍は、フランス語とフランス的な習慣によってその住民の起源が明らかであるニュー‐オリンズ La Nouvelle-Orléans で、いまや北軍の立派な総督になっている。[48]」これは、ピューリタンの乱暴な兵隊によって手ひどい扱いを受けている準‐同国人の大義に、フランス人が興味を抱くように仕向ける巧みな方法である。デ・レオンが北軍を移民の群れとして紹介するとき、おそらく方針はそれほど定まっていない。「はっきり認めなければならない。ドイツとアイルランドの移民が、〝連邦を復活させること〟を使命とするこの軍隊の兵士の大半を占めている。[49]」デ・レオンが忘れていることとは、のちに見るように、フランスでもっとも反‐北部的言説の基準となっているケルト‐ラテン的神話の集合体に、アイルランド人が正当な権利として所属しているということである。つまり、結局は、この南部の扇動者は、アメリカの白人については、人種ではなく、階級や文化、宗教という観点で考えているのである。彼にとってヤンキーとは、英国人というより「ピューリタン」である。「ドイツ系移民」とは、ドイツ人というよりも移民である。すなわち、もう少しあとで説明するように「赤（アカ）」である。「北部はまた、飢えて不満を抱いているドイツのすべての革命家、すべての赤い共和主義者を呼び寄せた。〔……〕自己の兵力を支えるためである。[50]」民族的な亀裂は、ここでは決定的でも、絶対的でもない。デ・レオンの目には、当然ながらよきアングロ‐サクソン系アメリカ人もいる。まずは「南部でも見られるアングロ‐サクソン的要素[51]」であるが、彼はその起源を「クロムウェルの時代に処罰された王党派の貴族」にあるとすることによって、このアングロ‐サクソン的要素をピューリタン起源と対立させる……。白人のあいだでは、社会的、宗教的、政治的なものが、だんぜん民族的なものよりも優位に立っている。もし「汎ラテン的」でありたいのであれば、南部の人々は、もっと努力せよ！

　論法のヒエラルキーは、フランスの干渉主義者においては逆転する。訴える力があまりにも弱い経済的因果関係に、世界的規模での人種的競争という図式が取って代わるのである。干渉主義者の目には、現在（そして未来）の出来事の流れは、打算や利益よりもはるかに有無を言わせぬ論理に属している。血と「文明」の論理である。戦争開始時に摩擦はあったとしても、連邦と英国を宿命的に接近させるこれらの力に比べて、私たちと北米世界との哀れな絆は取るに足りない。ラ・ファイエットとロシャンボーの色あせた記憶は、すでに消えているとはいえないとしても、間もなく消えてしまう。つまり、「人種の親和性」と「起源からの伝統[52]」の出番である。つまり、経済的利害よりもはるかに現実的なこれらの現実が、私たちを南部連合派と結びつけている。*A fortiori*〔なおさらのこと〕、これらがヤンキーと英国人の運命も結びつけているのである。

というのも、北部の勝利とはヤンキーの勝利だといえるからである。ヤンキーは血縁の情によって英国人と遅かれ早かれ団結し、ラテン民族、つまりラテン文化の宗主であり庇護者であるフランス人に対して敷かれる共同戦線で手を組むように定められているのである。北部とは観念でもなければ、原理でも統治形態でもない。それは南部の植民とは対立的な植民である。「すでにその起源から別々であり――というのも、一方はとくにフランス人とスペイン人のなかから選ばれ、もう一方はおもに英国人、オランダ人、ドイツ人、スウェーデン人から構成されているからである――、莫大な距離で切り離され、異なる緯度で生活し、異なる職業に従事している［……］これら二つの住民は、つねにおたがいをライバルだとみなしてきた。[53]」勝利者である北部とは、ほかの数々の征服のために再結集した「アングロ‐サクソン系アメリカ人」という人種なのである。

こうした主題系は、帝政寄りのジャーナリズムで、断片的だが何度もくり返されている。この主題系が、『汎ラテン主義について』と題され、副題を「フランスと南部連合国間の同盟の必然性[54]」とする一八六三年の小冊子のなかに、要約した形で見出される。この小冊子では、一九世紀末の反米的言説の骨組みを形成する多くの反‐ヤンキー的特徴が、三〇ページにわたってまとめられている。

のっけから視点が上昇し、分離戦争はもはやアメリカ国内の問題とは見えない。というのも、この戦争を正しく理解し、正確に解釈するには、より広い見方が必要だからである。「文明の三つの力、あるいは要素が、世界中に広がり、未来を分割しようとしている。この三つはつぎのように名づけることができる。ロシアスラブ主義、アングロサクソン主義、ガリアラテン主義である。[55]」この三つの力の最初のものは、皮相な観察者にはもっとも危険なものに見える。だがそんなことはまったくない。確かに「ロシア人の支配は、無知で野蛮な民族、あるいは老朽化した文明の悪徳によって腐敗した民族には恩恵をもたらすだろうが、ヨーロッパにとっては大きな不幸になるだろう」。しかしロシアスラブ主義は、アジアに広がるのには適している。そして「ヨーロッパが将来も今日と同じ状態、つまりよく制御され、強力でありつづけるあいだは、ツァーの大砲がそのドアを叩いても無駄だろう」[56]。ヨーロッパ国民は、みずからの「活力」によって守られるのである。

アングロサクソン主義という二番目の「文明化の梃子」は、まったく違う。これには「英国人とアメリカ人という二つの国民――貴族政治と民主主義――が仕えている」。いずれにせよ、「自分しか当てにしない」、「自分の個人的活動から最大限の利益を引き出す」という二重の才能によって、注目すべき人種である。この二重の才能は、この著者の言葉では、*«self-reliance»*〔自己依存〕と*«help yourself»*〔自助努力〕である。有能で器用な人種である彼らの成功は、私たちの意気をくじくのではなく、鼓舞するに違いない。というのも、「英国人とアメリカ人はほぼそのように信じているが」、「アングロ‐サクソン系人種が生来、ほかの人種よりもすぐれている」と信じる理由はないからである。

しかし英国とこれらの植民地とのあいだには差異がある。「先見の明も巧妙さも十分に備えた」フランスの政策、すなわちInsurgents〔反徒〕に与えた軍事的支援によって、英国はこれらの植民地を手放さなければならなかった。英国は同時に「テュロス〔古代フェニキアの港市〕とカルタゴ」である――この二重の比較は、一八世紀にさかのぼる。英国は貿易のために開かれた世界を必要としており、賢明なる老大国である「英国は、思い上がりによる逆上に引きずられることはない」。「アジア、アフリカ、オセアニアの無数の民族に、貿易を通じてヨーロッパ文明を教えること」を好む。要するに、英国によって、おたがいに理解できるようになるのである。しかしそれは、「英国の息子の子孫」によってではない！ というのも、英国がアングロ‐サクソン的「文明化の梃子」のよい面をあらわしているとしても、北米はほかの文明を破壊しようとするアングロ‐サクソン文明の攻撃性を体現しているからである。粘り強いというより無慈悲で、強いというより暴力的なアメリカ人は、アングロ‐サクソン系人種の魔法使いのへぼ見習いである。世界に導入されたロードローラーであるアメリカ人は、「北米の森林を伐採し尽くし」、大陸を平らにする。「町を間に合わせに作り」、「民族を作り出す」。アメリカ人はまた同じエネルギーを使って町や民族を破壊する。「この巨大な劇場では、アングロ‐サクソン的要素が、ほかのすべての要素を消し去った。あるいは、消そうとしている。すなわち、ハドソン川河岸のオランダ人、デラウェア州のスウェーデン人、ミズーリ州、ミシガン州、アーカンソー州、テキサス州、ルイジアナ州、インディアナ州、イリノイ州、ウィスコンシン州、アラバマ州のフランス人、フロリダ州、カリフォルニア州、ニューメキシコ州のスペイン人である。アングロ‐サクソン的要素は、白人種のあらゆる多様性を吸収しつつある。赤色人種と黒色人種については、前者はその大半を破滅させたり、残りのほぼ全員をアングロ‐サクソン的要素の活動領域の最果てまで力ずくで排除したりした。二番目については、北部では、この要素は、たんに隣り合って住むことさえ汚れと見る特権階級(カースト)の冷酷で無情な傲慢さでもって、これを追い出した。一方、南部では、アングロ‐サクソン的要素は、主人と奴隷という、いっそう打ち解けた関係のなかで黒人種と共存していた。[57]」

かくなる背景があって真のパースペクティヴがある。フランス人が分離戦争〔南北戦争〕を検討すべきは、かくなるパースペクティヴにおいてである。

まず分離戦争を――それはもっともなことだろう――ヨーロッパにとってもっけの幸いとして、あるいは少なくとも猶予として見なければならない。「わずか三年前には、アングロ‐サクソン系アメリカ人種が拡張していくべく定められている領土が、ヨーロッパの四分の三に匹敵すると予測されていた。」説得力のある推定によって、人口は今から一二五年後には「一億五五〇〇万人」に達すると想定されていた。[58]「だれがアメリカ民族の拡張をくいとめられるかと、みなが自問していた。だれが？　たぶんアメリカ人自身がこの務めを背負い込んだのだろう。少なくとも当面は。」アメリカ人が自分自身に対しておこなう歯止めである分離戦争のなかに、フランスがいかに大きな期待を寄せたのかを、これ以上はっきりと説明することは難しい。そのとき、分割は不可避的だという月並みな表現・主題（トポス）が、もう一度、あらわれるのである。「われわれが目撃している戦争の結末がどのようなものであれ、かつてと同じ姿であらわれることを不可能にする一撃を連邦は食らったのである。」

しかしこの楽観主義は、短期間しかつづかない。というのも、結局は、狂信的な北軍ができることなど、だれにわかるだろうか。北軍の激しい怒りによって、どんな極端なことが起こるか、だれがいえるだろうか。戦いには敗れたが、屈服しなかった南部が理想的な橋頭堡となり、「合衆国と今後、戦争をするすべての外国の強国にとって拠点」になることを露骨に認めながら、『汎ラテン主義』の著者は北軍に成り代わって、これから容赦ない結論を引き出す。つまり、この戦争は必然的に「殲滅」戦になるということである。北部が「死刑と追放によって、八〇〇万の人々を一掃しようと真剣に計画している」以上、すでにこの戦争は「殲滅」戦なのである。これら無情な心に不可能なことは何もない。「歴史が［彼らに］教えることは、この大殺戮には不可能なことは何もないということである。〈旧世界〉に例を探しに行かなくても——確かに〈旧世界〉は大殺戮に事欠かないが——、北部においては、隣人のなかにも、自分たちの過去にさえ、大殺戮がある。［……］ニュー‐イングランドのピューリタンは、赤色人種の最後の名残まで抹消するにいたらなかっただろうか。」

もちろん、フランスでインディアンの殲滅が告発されたのは、これがはじめてではない。しかしこの殲滅が「アングロ‐サクソン系アメリカ人」がもつ一種のジェノサイドへの適性の証拠として引き合いに出されたのは、これがはじめてだと思われる。最近、トクヴィルによって、アメリカの民主主義的自由の源泉であり、起源であるとして名誉を回復させられたニュー‐イングランドのピューリタンが、純然たる殺戮者と同一視されるのも、これがはじめてである。かつてはアメリカ・インディアンの殺戮者、今日では厚かましくも自分たちに抵抗してきたこの異人種――南部の白人――の殺戮者である。「南部連合は、戦いに負けた場合、自分たちを待ちうけている運命について幻想を抱いていない。北部の偏狭な人々の狂信的行為が、どこまでエスカレートするかを知っているからである。この狂信的行為については、確かにフランスでは正しく理解されていないが、厳密にいえば、自分を軍神――アマレク人とモアブ人〔いずれもセム族の遊牧民〕の殲滅者である神――によって選ばれた者であると本気で信じて疑うことのない民族の、野心的で凶暴な単一狂気（モノマニー）である。[59]」ここではデ・レオンによっておこなわれた反ピューリタン的な言説との一致は完全である。デ・レオンは、北部の軍人によってふたたび時の話題になっている「昔のピューリタンの教義」をつぎのように要約した。「一、大地とそれが蔵しているものはすべて聖者の所有物である。二、われわれ自身がその聖者である。[60]」

これは一八八〇年代から一八九〇年代にかけて月並みなものとなるフランス流ドミノ理論の初登場でもある。すなわち、北米という食人鬼が一口ずつ食らっていくというものである。南部とは大きな肉片であり、メインディッシュである。しかし南部をむさぼり食っても、食人鬼は満腹しない。大地の饗宴はつづけられる。明らかにほかの民族も、撃ち殺すためにマークされている。これらの民族の「丸飲み」は、南部の英雄的な防御によってしか「先延ばし」されない。[61]南部のつぎはラテン・アメリカである。ラテン人はみなそのことを知り、感じている。「自己保存本能」が彼らに向かって叫んでいる。「アングロ‐サクソン系民族」、これが敵だ！　と。この敵はいままさに南部の敵であるが、明日はラテン・アメリカの敵である。ラテン・アメリカが「生まれ変わり」、フランスの援助を求めて防衛態勢を固めなければ、ラテン・アメリカに対する「侵略」は「遅かれ早かれ不可避的に実行されるだろう」[62]。

この民族的‐戦略的高みから見ると、分離戦争はその様相を変える。おそらく黒人の解放は、北部にとって「口実」でしかない[63]。だがそれでもやはりいくぶんかは「口実」以上のもの、つまり「誘因」である。この問題を相対化し、「自分たちの心の高貴な衝動が判断を間違えること」がないようにするのは、フランス人の責任だろう。すでに大きく「修正と緩和がなされ」、大往生しつつある制度の廃止など、取るに足りない！　問題となるのは、それよりずっと重大で、決定的なことである。メリーランドやヴァージニアの戦場で賭けられているのは、世界の運命である。「ヨーロッパの未来について考えるとき、すでにあまりにも長くつづいているこの戦争において、黒人の奴隷制やその解放とはまったく別のものが、この世界の文明化された地域にとって存在する。北部のアメリカ人は、大西洋の向こう側の大陸全土に、ローマ人が世界に展開したのと同じような支配を打ち立てようとしているのではないだろうか［……］[64]」。結論。ナポレオン三世のメキシコ政策は「偉大な政策」だが、それに南部連合との軍事同盟が伴わなければ、「不完全」であり、とうてい「保証」されない。

この最後の「大胆な主張」に眩惑されてはならない。この小冊子の立場は、フランスの公式な立場にあたうかぎり近いのである。そもそもこの小冊子は、政府系ジャーナリズムの特色、さらにはその特徴的偏執（チック）、とりわけ「ヤンキーとポーランドへの侵略者間の協定[65]」の告発を再利用しているのである。この三つの大人種‐文明間の対立をヨーロッパの運命を解く鍵とみなすことで、この作者はフランスの指導者たちと、大半の――スライデルのような言い方をすれば――「インテリ階級」の思想的枠組みを体系化しているにすぎない。モルニ〔ナポレオン三世の異父弟〕は、デイトンの代わりに連邦大使の地位に就いたばかりのジョン・ビグローを一八六五年一月に迎え、その際、会談をわざわざこの「ラテン人種」の概念へと振り向け、この概念を自分の政策の中軸路線にすることはないと述べていることは重要である。否定のそぶりを見せるこの内密の話に対して、ビグローは「南部のすべての州よりもニューヨーク市のほうにラテン系」の人が多く、「アメリカ連合国全体よりもニューヨーク州のほうにカトリックが多い」[66]ということを強調することで、モルニが一線を画そうとしているまさにこの問題について巧みに回答している。実際に帝政の思想的枠組みを形成している民族的‐戦略的「理論」に対して、モルニがあからさまにとった距離にだまされたりはしないと述べるためのエレガントな方法である。

こうした想像世界(イマジネール)の理論化の努力については、フルニエ〔原文のまま。メルシエか〕の小冊子がその簡潔な報告書となっている。『汎ラテン主義について』は、たくさんの扇動的言説の上澄みみたいなものであるが、この扇動的言説においては、戦争がつづいているあいだの事実と幻想がごちゃ混ぜになっている。この親‐南部連合派の *digest*〔ダイジェスト〕のなかに、やがて反米主義という水薬を煮出すのに役立つ要素がはっきりとあらわれている。

もっとも際立っていると同時にもっとも新しい特徴とは、「科学的な」根拠によって支えられるこのような政治の民族化 ethnicisation であるが（この小冊子は南米の「雑種性」«mongrelisme» の危険に何ページをも割いており、「白色、黒色、赤色という三人種の混交」[67]を雑種性として指示するアメリカの最新の人種人類学を明らかに根拠としている）、この政治的な民族化が発展するのは、凋落という想像(イマジネール)の産物からである。かくして『汎ラテン主義について』は、新しい「大民族」――傲慢で、自信満々のアメリカとロシア――を前にして、喪失と凋落をかこつフランス的幻想のごく初期の段階を証してくれる[68]。間もなく

「ヤンキスム」《yankeesme》と呼ばれることになるものに対する抵抗は、歴史のむなしい教訓のせいでも、政治哲学の漠然とした思索のせいでもない。この抵抗は、アメリカ大陸をホーン岬〔南アメリカ最南端の岬〕まで――さしあたっては？――征服するという「明白な運命」[69]を信じるアングロ－サクソン系アメリカの「征服の精神」に対する生命の奮起、生理的反応であり、そうでなければならない。

北部対南部、すなわち小説

『汎ラテン主義について』は、「代表的な」テクストなのだろうか。そこにアメリカの戦争にかんするフランス世論をめぐって他に類例のない平均的な立場を見出そうとするならば、否(ノン)である。このテクストが表現しているのが、戦争全体を通じて皇帝の政策決定（あるいは躊躇）を支配していたのと同じ論理――その極端な結果にまで突きつめられた同じ論理――、またあらゆる政府系ジャーナリズムにおいてもっと慎重に表現されているのと同じ論理、最後に政治的に自立した解説の多くに多少とも影響を及ぼしているのと同じ論理であることを認めようとするのであれば、諾(ウィ)である。そもそも、この言説を将来のフランス反米主義の重要な構成要素にしているのは、その持続的な名残であって、直接的な影響なのではない。皇帝の臣民の南部支持によって、ジュール・フェリー〔第三共和政の首相〕の市民における反－ヤンキスムが準備されるのである。

一八六〇年代のフランス人は、みな南部支持者だったのだろうか。もちろん違う。「汎ラテン」なのではなおさらない。そうではなく、逆に、戦後のエピナル版画――反－奴隷主義の北部に対する抑えがたい共感の高まりを描いているエピナル版画――がそう望んでいるほど、フランス人はリンカーンやグラントに対して熱狂的ではないということである。集団的記憶もまたその隠蔽記憶〔幼児期の体験を抑圧する断片的で無意味な記憶〕をもっている。きわめて故意に構築された隠蔽記憶をである。第三共和政は落ち着くとすぐに、大西洋をはさんだ二つの共和国のあいだに想定される連帯の糸を結び直すという、厄介な仕事に取り組む。戦時中の連邦に対するフランスの著しい敵意は、いまや嫌悪される小ナポレオン体制の負債に書き入れられ、「現実の国」は北部との連帯の功績を認められるだろう。北部との連帯は、実際には戦闘的な極少数派のみの事実であったが。このイデオロギー的塗り替えの操作において、第三共和政が当てにすることができるのは、ヴィクトル・ユゴーの生前および死後の保証である。ユゴーの終始一貫した親連邦主義は、戦時中に支配的だった日和見主義と両義性に、ノアの外套のように投げかけられるのである〔酔いつぶれたノアの醜態を外套で覆い隠したという旧約聖書の一節への暗示〕。しかしもっと説明を要しないイマージュのためには、ジュール・ヴェルヌのほうに向かわなければならない。

ユゴーは灯台で、ヴェルヌは写真家である。一方は勝利者と連帯したフランスという伝説の形成に役立ち、もう一方は二二年の間隔をおいて書かれた二つの小説のなかで、フランスのあいまいさをすべて暴露している。実際、ジュール・ヴェルヌは、進歩主義と科学主義が反‐南部連合主義と必然的に呼応すると信じたがる読者を驚かせる。もちろん、『北部対南部』という小説があって、そこではヴェルヌは北部の大義の熱狂的な支持者のように見える。舞台はフロリダである。そこで、ニュー‐ジャージーから来た反‐奴隷主義の活動家であり、人間の顔をした大農園主であるバーバンク一族が、家族もルーツももたない、うさんくさい悪党である残忍なテキサーが率いる分離主義の扇動者(アジテーター)の格好の標的となるのである。略奪、殺人、おびえた地方裁判所によって無実な者に対して下される不正な有罪判決、子供の誘拐、これらすべてが二重の顔をもつこの悪魔にとって好都合である。(というのも、テキサーが同時に複数の場所に存在できる秘密と彼が処罰を逃れる秘訣とは、彼に双子、つまり瓜二つの共犯者がいるからである……。）バーバンク一族にとってもフロリダにとっても、万事がめでたしで終わるのはとりわけ、気高い心をもつ混血女性ゼルマのおかげである。若干手遅れになってからやって来た、待ちに待った北部の援軍には、幕が下りる前に、華々しい信条表明でもって公衆に挨拶をする時間がかろうじて残されている。「――いかにも、北部連盟、北軍派、反‐奴隷主義者、連邦主義の人々よ！　と、その男は答えた。男は、正義の党派に与えられた、こうしたさまざまな呼称を口にすることに、大きな誇りを感じているように見えた。(70)」だめ押しをする enfoncer le clou〔釘を打ち込む〕とは、このことである。

　しかしこの釘を、ヴェルヌは棺桶に打ち込むのである。ずっと前から壊れて、駄目になった南部という棺桶である。というのも、これは子供の意識にはどうでもいい瑣末なことであって、しかし歴史家にとっては興味がないわけではないが、『北部対南部』は、その「政治参加した」調子と大げさで空疎な宣伝文によって、分離戦争のあいだに書かれたと思われるかもしれないが、まったくそうではない。それどころではない！　ジュール・ヴェルヌは、事件の約四半世紀後の一八八七年に『教育雑誌（マガザン・デデュカシオン）』にこれを発表するのである。この時間的経過は、その熱心な勧誘にいくらか時代遅れの味わいをもたらしている。連邦の大義は、第三共和政の大いなる太陽の下で、何と美しく、すばらしいものとなったことか！　その間に南部は保護下に置かれ、「再建され」た。帝国は滅び、マリアンヌ〔フランス共和国の愛称〕は自分で家具を買いそろえた家に住み着いた。ジュール・ヴェルヌ、「正義」の歩兵？　最近の序文の筆者は、『北部対南部』に「自決権をもつための諸民族の解放と自由」をめぐって、「はっきりと意見表明するための［ジュール・ヴェルヌにとっての］新しい機会」を見ている。(71)だが戦争の帰趨が不確かであって、わずかな北部支持者が自分たちの意見を聞いてもらうのに苦労していた時期に、ヴェルヌがチャンスをつかんだということはできない。

実際には、『北部対南部』は文学的悔恨、すなわち、あまりに過小評価されている別の小説『封鎖潜入船』のなかで、まったくほかのやり方で撮られたスナップショットに対する遅まきの書き直しなのである。ここでは分離戦争という「主題」は事件と同時並行的に扱われている。この小説は一八七〇年に本としてまとめられる前に、一八六五年一〇月に雑誌に掲載されている。[72] そしてこの小説では、政治的に妥当な『北部対南部』とはまったく別のストーリーが物語られている。この小説はアメリカの戦争に斜めの角度から照明を当てているが、その前年にマネがシェルブールの海戦の航跡のなかに描いた絵画に劣らず、フランス人が共有している情景を照らし出しているのである。

一八六五年においては、『封鎖潜入船』は雄弁なタイトルである。それが連邦海軍による南部の港の封鎖を指していることは、だれでもがわかる。突然に実施されたこの措置により、すんでのところで英国とフランスが連邦と戦争になりそうになったことは、だれも忘れていない。もっとも事情に通じた人であれば、ナポレオン三世自身は一八六二年七月一六日におこなわれた南部連合大使スライデルとの有名なヴィシー会談の際に、アメリカ連合国を押さえ込んだこの封鎖を、自分が告発することも突破することもしなかったことに遺憾の意を表したらしいとつけ加えるだろう。ジュール・ヴェルヌが小説化しているのは、皇帝があえておこなおうとしなかった戦争ではない。なおいっそう政治的なやり方で、ヴェルヌが演出しているのは帝国大使館の終始一貫した願い、すなわち代理人による北部に対する戦争である。したがって、この物語にはきわめて論理的にフランス人はひとりも登場しないし、アメリカ人もほとんどいない。『封鎖潜入船』は英国小説なのである。ストーリーはリヴァプールではじまる。この港はずっと前から南部の利益と結びついており、戦時中でもいままで以上に金になるとして、綿花貿易をつづけようとする。これはまた南部支持者に全面的に味方した港であり、そこでは「アラバマ」がコード「二九〇」という番号で秘密裡に建造されている。突破しなければならない封鎖とは、チャールストン港〔アメリカ南部の港。ここのサムター要塞が南北戦争の発端となった〕の封鎖である。英国人の艦長は何よりも商業的な理由に動かされている。しかし同時に、海の自由について、また連邦によって犯された人権侵害に反対して、よりいっそう社会全般の利益にかかわる反－北部の演説をおこなっている。したがって、この冒険物語の主人公である艦長は、読者を「客観的に」南部支持の航路へとみちびいていくのである。しかし状況が複雑になる（そしてバランスが回復される）のは、土壇場で乗り込んできた謎の乗客が若いアメリカ人女性であることが明らかになるときである。彼女もまたチャールストンに侵入することを決心しているが、そこで捕虜となり処刑される恐れのある北軍士官の父親を解放するためである。封鎖が突破される。綿花が積まれ、父親が解放される――そしてけなげな若い娘は、勇敢な艦長と結婚する。最後のやま場であるチャールストン港からの劇的な逃亡は、特別に象徴的な重要性を帯びている。

この小説家はチャールストンという舞台を偶然に選んだわけではない。すでに述べたように、チャールストンというすばらしい錨泊地に対して加えられた仕打ちは、ヨーロッパでは「野蛮な」行為としていっせいに非難された。[73] 実際、そこへの接近を阻むだけでは満足しなかった連邦政府は、そこに「石の艦隊」(stone fleet) をそっくり沈めたのである。通行を妨げるために、石がぎっしり詰まった船を沈めることは、当時はまさしく戦争犯罪とみなされていた。フランスのジャーナリズムは、英国の新聞に劣らず激しくこのことを告発した。官報の『モニトゥール』は、「深い遺憾の意」と「反発」を示した。[74] ジュール・ヴェルヌがみずからの冒険物語の舞台として連合国の「殉教」の都市を選んだことは、確かにどうでもよいことではない。しかしおそらく、なおいっそう象徴的なのは、艦長であるジェームズ・プレイフェアの最後の殊勲である。綿花と将来の義父を積み込んだこの艦長は、封鎖潜入船と、南軍の捕虜の脱走においてこの封鎖潜入船が果たすべき役割を理解している南軍兵士を海の底に沈めようとするヤンキーの十字砲火をかいくぐって、この地獄のような港を離れるのである。

英国の船橋から見たCivil War〔内戦〕のこの英雄的行為は、何というすばらしい離れ業であり、何と巧妙な手品であろうか。ジュール・ヴェルヌの読者がそこに分離戦争をかいま見るとしても、それはシェルブールのやじ馬がアラバマの最後の戦いに目を凝らしたように、ずっと遠くから、オペラグラスを使ってである。分離戦争に対するフランスの眼差しの別の政治的寓意(アレゴリー)である『封鎖潜入船』は、『北部でも南部でもなく』というタイトルを付せられてもよかっただろう――エピグラフとして「英国人の方々よ、先に撃って下され!」〔オーストリア継承戦争のフォントノワの戦い(一七四五年)で英国軍の挑発に対してフランス軍の士官オートロッシュ伯爵がいったと伝えられる言葉〕という言葉とともにである。

*

以上のような奇妙な状況のなかで、フランス人は合衆国を再発見する。その分割を切望しながらである。トクヴィルの孤独な声によってやっと開始した半世紀に及ぶ無関心ののち、大西洋の向こう側の共和国が有罪の宣告を受けたように見えるときに、フランスはこの共和国に興味を取りもどすのである。各州の権利や連邦政府の特権について、これほど多く書かれたことはかつてない。この国の二つの「区分」における経済の発展についても、各党とその指導者についても、そしてもちろん、この戦争のすべての物質的・精神的な側面についてもである。この戦争はアメリカに対して、好戦的で征服をたくらむような新しい相貌を与えるのである。世界地図から近い将来、抹消されるという確信に支配されたフランス国内の論争から、合衆国は逆説的な一貫性を獲得するが、この一貫性はロマン主義の現実離れしたアメリカにはないものだった。

合衆国の分割という実現しなかった夢は、フランスにさまざまな後遺症を残した。かなえられなかった悪意ある願いほど厄介なものはない。まだ漠然としている懸念が、ジャーナリズムと外交が好んだ分裂というシナリオを通じて明らかになる。フランスでは、だれもが、あるいはほとんどだれもが、その消滅を確信していただけに、〈再建期〉Reconstruction〔南北戦争時に脱退した南部連合諸州が合衆国に復帰していった時代〕の合衆国はますます途方もないものに見える。このような試練を受ければ、民族は砕け散るか、かたくなになるはずだが、アメリカ人は砕けはしなかった。内乱で得られた勝利は、たちまち他者へと方向を転じる侵害の前兆としてあらわれることになる。

つまり、分離戦争はフランス反米主義の明確化の過程において重要な一段階なのである。この戦争は、大西洋の向こう側にある共和国の運命に対する公衆の、きわめて移ろいやすい関心をふたたび呼び覚ます。「遠さ（ディスタンス）と隔たり（エロワニュマン）」はもうない。だが再発見された近さは、真心のこもった近さというよりも疑念にみちた近さである。激しい言葉づかいの時代はまだ到来していない。骨肉相食む抗争による荒廃と比べて、その調子は、往々にして若干の疑念は混じっているが、配慮にみちたものである。しかしこの近さがフランスで引き起こす国民的な論争と、おびただしい量の賛否の商品説明付パンフレットによって、一八八〇年の世代が使用する武器庫が建設されるという重要な結果がもたらされる。その際、この論争の火中で産み出された論拠の大半が、しばしば誤用によって、ときには逆解釈によって、また突然あらわれるのが見られるだろう。北部に対する不満と南部に対してなされる非難は、大衆に対していわば投げかけられて、あらゆる予想に反して「再建された」合衆国に対する全体的な批判のなかで再利用されることになる。その際、作り直された連邦を前にして、独裁への漂流に対して戦時中におこなわれた警戒を思い出すこともできることだろう。一八六一年からすでに広まっている主張、すなわち北部はみずからの政治的性格をひどく変質させることによってしか勝利できないという主張は、実現された予言の力でもって再浮上し、また敗北した南部に対してきわめて不公平だと判断された扱いは、反逆者をたんに屈服させるだけでは癒すことができない支配への渇望の前兆としてあらわれることになる。

3　ミス・リバティと聖像破壊者

――それでは、あなたの国には貴族階級が一つあるのですか。
――一つですって？　連中の国には少なくとも二つはあります！
ヴィクトリヤン・サルドゥ、『サムおじさん』

つまり分離戦争〔南北戦争〕は、反米主義にとっては堆積作用の重要な時期だったということになるだろう。フランスの観察者は、大西洋の向こう側のさまざまな事件に反応して、また各自の政治指針に応じて、いずれの陣営についてもひどく軽蔑的な分析を積み重ねる。合衆国の表象をひそかに、だが根本的に変化させつつ、四年間、批判と告発が交錯するのである。

だがイマージュの変化がはっきりと、あますところなくあらわれるためには、時間――二〇年ほど――が必要である。というのも、さしあたり連邦主義者と南部連合の戦闘終結直後から、フランス人の関心は、ヨーロッパ的な状況に動かされて、その全体が別な方向に向かうからである。それは一八六六年にサドワ〔普墺戦争における一八六六年のケーニヒグレーツの戦いの仏英での呼称。この戦いでプロイセンの勝利は決定的となった〕のつらい目覚め、および鉗子を使っておこなわれたドイツ統一の衝撃である。それはまた教皇を守るために、ガリバルディ義勇軍に対抗すべく、フランスがイタリアに対しておこなった物議を醸す介入である。陰鬱なメキシコの事件〔一八六七年、ナポレオン三世の傀儡皇帝マクシミリアンが、仏軍の撤退ののちにメキシコ革命軍に銃殺されたこと〕については、当惑して目をそむける。いまやフランスが注視するのはプロイセンである。敵がやって来るとすれば、ここからだからである。一八七〇年の〔普仏戦争の〕敗戦と、それにつづくパリ・コミューンとその制圧によって、内戦がフランス本土に帰ってくる。アメリカの戦争による最近の大虐殺は、こうした内輪の悲劇によって、あっさり消されてしまう。はるか遠くの戦争に対する少し覗き趣味的な好奇心や、平穏なパリのサロンで計画された絵空事の時代は過ぎ去った。南部諸州の運命よりも差し迫ったほかの対象が、精神と心を刺激する。爆撃されたアトランタや火を放たれたプランテーションの記憶が、蜂起したパリの大火事で色あせる。

　これだけ多くの傷と、こんなに不確かな未来が、国内の神経を過敏にした。そしてフランス人はもはや〈再建期〉のアメリカに興味をもつ暇がないとしても、アメリカがフランスに加える象徴的な傷については、ひどい痛みを感じている。たとえば一八七〇年に、ドイツ人入植者が多いアメリカの諸都市でプロイセン支持のデモが頻発するときである。あるいは、さらに悪いことに、敗北し、占領され、屈従を強いられたフランスで、それもヴェルサイユ宮殿の鏡の間で帝国の誕生を宣言したことを、大統領のユリシーズ・グラントがヴィルヘルム一世に電報で祝福するときである。このことが不用意な行為であろうが、ロバの足蹴〔もう恐れることなしと見て、弱者が浴びせる一撃〕であろうが、フランス人はみずからの不幸に対するこの無頓着のしるしをすぐには許せないだろう。

モデルの黄昏、偶像の建立

一八七〇年代の一〇年間の逆説とは、政治情勢がアメリカという政治モデルの再発見にとってア・プリオリに好都合だったにもかかわらず、フランスおいてこのモデルのもっとも熱烈な擁護者だった人々が、このモデルをほぼ全面的に放棄するにいたったことである。アメリカという政治モデルの熱烈な擁護者とは、新体制における共和派の扇動者たちであり、その先頭に立つのがガンベッタである。

アルザス＝ロレーヌという「失われた地方」を切り取られた形でフランスの領土解放がおこなわれると（あるいはむしろ賠償金で返還されると）、フランスにとって適切な制度は何かという問題が、激しい議論を巻き起こす。そしてこの問題は、合衆国を時事の前面に再度、引きずり出す。「ワシントンとリンカーンの祖国」は、帝政のあいだ中ずっと、共和派的反対勢力にとって重要な基準であった。この共和派は、一八七一年に選出された国民議会では、多数派には遠く及ばない。しかしナポレオン三世の敵対者だったという威信に、彼らが国防の推進者として獲得した信用が加わる。となれば、共和派がこの威信と信用に物を言わせ、*Model Republic*〔モデルとしての共和国〕から想を得た憲法を強力に弁護すると予想することができるだろう。保守党議員でさえ、アメリカの制度の模範的な安定性に無関心なままでいられるだろうか。いまやほぼ一〇〇年間つづき、南北分裂の危機からも生き残ることで、みずからの力量を示しているのである。

しかるに、事態はまったく別な方向に展開し、風向きの変わったことに気づかないアメリカ支持者に大損害をもたらすのである。政治と演劇にかかわる奇妙な小事件が、そうした事態を警告することもできたのかもしれない。〈ブールヴァール劇〉は当時はパリの世論のもっともすぐれたバロメーターの一つである。そして、そこではヴィクトリヤン・サルドゥが我が物顔にふるまっている。第二帝政崩壊の直後、彼は『サムおじさん』という喜劇を書くが、これは合衆国に対する激しい風刺である。風刺があまりにも辛辣なので、ティエールは「友好国をひどく傷つける恐れがある」[1]演劇の上演を禁止する。一八七三年一一月六日になって、ついにヴォードヴィル劇場で上演されることになる。サルドゥはアメリカを風刺した先駆者たちよりも明らかに先を行っている。滑稽な、あるいはデリカシーのない典型的なアメリカ人を何人か登場させるだけではない。彼の喜劇は生活様式と制度を片っ端から酷評する。告発されるのは、出版界の腐敗や実業界の不誠実さであり、暴露されるのは民主主義の欺瞞であり、詐欺師がでっち上げた「宗教」の喜劇である。無教養、貪欲、俗悪で臆面のない態度。これこそがアメリカである。「――たまたま動物がいたので、アメリカが発見されたとは驚きだね！」この台詞はその典型である。モデルが引き立て役と化したのである。このメッセージは、第一幕からすでにはっきりと伝えられる。「だから、あなた方が狂ったようにモデルを買ってでることは、今後やめるべきなのです！」と、この劇のフランス人のヒロインがアメリカ人たちに言い放つ。[2]先駆的な罵声である。一八七三年に舞台上で喝采されたこの罵声は、二年後、議会の会期中にふたたび喝采を受けることになる。

帝政後のフランスにおけるアメリカという「モデルの再登場」は、必然的で、予想されたことではあるが、驚くほど「短期間」である。[3]憲法論争のあいだにおこなわれる「アメリカ派」である穏和共和派による攻撃は、はやくも一八七五年に失敗に終わるが、それはまた穏和共和派の指導者エドゥアール＝ルネ・ルフェーヴル・ド・ラブレーの個人的な失敗でもある。一八一一年にルイ一六世の秘書官の孫として生まれ、一八四八年の二月革命の影響を受けて政治の舞台に登場した法学者にして歴史家であり、一八四九年にはコレージュ・ド・フランスで比較法学の教授に任命されたラブレーは、第二帝政下では、自由主義の影響を受けた穏和共和主義のもっとも有名なスポークスマンのひとりであった。当時からラブレーは、当然ながら帝政による主権の簒奪だけでなく、シエイエス以来のフランスにおける革命的伝統の急進性にも対立してアメリカ・モデルを推進することに努めてきた。ラブレーが自説をまとめた二つの主著『国家とその限界』と『自由党』を出版したのは、一八六三年である。そしてアメリカ人の革命記念日に〈自由の女神（リベルテ）〉の像を贈ろうという奇妙な計画を思いついたのは、一八六五年である。驚くべきこととは、ラブレーが、スダン〔シャンパーニュ地方の都市。普仏戦争の際、ここでフランスが降伏し（一八七〇年）、これをきっかけに第二帝政が崩壊した〕から誕生したフランスに、アメリカ憲法というモデルから柔軟に想を得た共和国憲法を採用させようという、まことに理にかなった計画に失敗したことではない。*made in France*〔メイド・イン・フランス〕の巨像をアメリカに贈るという、はるかに突拍子もない計画に成功したことである。

一八七一年に国民議会に選出されたラブレーは、すぐさまアメリカ式制度を支持するキャンペーンをはじめる。一八七一年五月には『立憲共和政』を出版して、世論に訴えかける。『リヨン新聞』の社長のウージェーヌ・ヤンへの請願という形式で出版されたこの綱領のテクストにおいて、アメリカ人は「近代民主主義の偉大な組織者」(4)であることをラブレーは想起させる。彼の目にまったく疑いを入れる余地がないこととは、「フランスにふさわしい共和政は、アメリカとスイスの政治形態に類似した共和政だ」(5)ということである。どちらかといえばアメリカの……。一八七二年の『共和国憲法の概要』では、ラブレーはアメリカ・モデルの肩をもちつつそのアメリカ・モデルをフランス革命派のモデルと対立させているが、大統領制の問題に決着をつけてはいない。一八七三年には、彼は憲法草案を検討する任務を負った三〇人委員会の報告者である。彼はまた、ヨーロッパとアメリカの憲法の比較研究の責任を、将来の首相であるウォディントンと分担する。一八七五年初頭、決定する時期が近づくと、エドゥアール・ド・ラブレーは、自分の考えに合致した結果を期待することを可能とする一連の手はずを整えた。しかるに、一月二九日の提案は、三三六票対三五六票で却下される。彼の修正案は、こんなふうに書かれていた。「共和国政府は二つの議会とひとりの大統領からなる。」翌日、周知のように、ヴァロン修正案が多数を獲得し、つぎのような文面にもとづいて共和国が設立される。「共和国大統領には、国民議会に召集された上院と下院における投票で、多数票を取った者が選出される。」

ラブレーにおいて議員の大多数が否認したのは、ラブレーの修正案とともに、アメリカ式大統領制という仮説そのものである。ジャック・ポルトは、この否認の意義を強調している。「ラブレーの修正案が［……］いかに無害で形式的なものであろうとも、拒否されたということは、どうでもいいことではない。ラブレーの名があまりに密接に結びついていたアメリカの実例に近すぎるのである。(6)」この分析は、数日後、ガンベッタの滑稽な誇張によって確認される。第二帝政下では熱烈なアメリカ支持者であったこの共和主義左派の指導者は、アメリカというかつてのモデルを揶揄することによって大評判になる。「侃々諤々たるなかで合衆国上院が引き合いに出されました。あるアメリカ人に意見書を書いてもらうようなことにまでなりました（左側で笑い）。私は、このアメリカ人はセーヌ゠エ゠オワーズ県出身に違いないと推測しているのであります（会場全体爆笑）。フランス上院とアメリカ上院のあいだに存在しうる類似点についての意見書を、であります……。アメリカとフランスについては、いかなる点でも比較はできないし、今回については、パリからアメリカに行くよりも、たんにパリからヴェルサイユに行ったほうがよかったでありましょう（左側で称賛と笑い）。(7)」

あまり深読みをしなくても、この議会のエピソードにおいては、アメリカ・モデルに対してとられたこの距離を特徴的なものであるとみなし、左翼の席で騒々しく示された賛同を示唆的なものであるとみなすことができる。合衆国、さらにはその追従者たち――その筆頭にノアイユとラブレーがいる――をみなで笑い者にすることによって、ガンベッタはより大きな広がりをもつ動きを予感させる。その動きとは、第二帝政下で彼らによって絶賛された「モデルとしての共和国」からの共和主義左派の撤退である。共和派はアメリカに対する裏切り者なのか。そう考えることは、いささか拙速だろう。いずれにせよ、知的・感情的なつながりが弱まっているのである。「モデル」としての合衆国の放棄は、いっそう根本的な急変を予告している。早生の反米主義者の一列目にいるのは、一八八三年の時点ではフレデリック・ガイヤルデのような人である。この共和主義者はアメリカ好きから目覚めて、自分が崇拝していたものを焼き払うことに、一冊の本をまるまる割くほどまでになる。演壇での受けねらいであり、戦略的な操作であるガンベッタの長広舌は、それでもやはり、その場かぎりの状況とは無関係な転換期を示している――この転換期を裏づけるのは、同時期、共和主義的傾向をもつプロパガンダ文学において、アメリカが参考にされることがなくなるということである。それは、合衆国には今後、フランスの政治の舞台に仲間も擁護者もいなくなる、ということではない。しかしこの支持者たちは、もはや保守的共和派からなる貴族階級の小集団にすぎなくなり、その指導者もつぎつぎに消えていく。ラブレー自身も一八八三年に死去するが、それはニューヨーク湾で自分の巨大な夢が実現する前のことである。

ミス・リバティの苦難

このアメリカ好きの小集団における唯一の大きな成功は、ミス・リバティという名で帰化させられた、バルトルディ作の有名な彫像である。大成功だが、そこにはあいまいさが満ちあふれている。

そのあいまいさはフランスではじまる。寄付、祝賀とつづくフランスのキャンペーンのあいだ中ずっと、両義性が公式の演説につきまとっている。これらの演説は、原理としての〈自由〉の称賛、体制としての〈共和制〉の賛美、衰弱した仏米友好関係の復興、〈商業〉と〈工業〉における自由貿易の擁護のあいだで分かたれている。(8) ご存知のように、〈像〉の肩幅は広いのである。一八八四年五月二一日の祝宴の際に提案された、将来のパナマ運河の入り口にこの像のレプリカを設置しようというアイディアは、ラブレーに取って代わってフェルディナン・ド・レセップスが仏米同盟のトップに就いたことで説明されるとしても、この計画の責任者たちの象徴的な不安定さについても雄弁に物語っている。

このあいまいさは、これまで国家間でなされたもっとも厄介な贈り物をアメリカが受け入れたことによって続行し、いよいよ悪化していく。アメリカの大地へのその建立は、台座の建設費用を負担することを、米国議会が、ついでニューヨーク市当局が拒否したことで、ひどく困難なものになる。一八八四年のアメリカの風刺画では、像はよぼよぼの老婆の姿をしており（この像は、ピガールが彫った年老いたヴォルテールに奇妙なほど似ている）、すっかり失望した様子で、ベッドロー島〔現在はリバティ島〕の岩山にじかに腰をかけている。足元ではひとりのひじょうに小さな石工が、「礎石」と書かれた石塊の周囲で、漠然と立ち働いている。イラストのつぎのような説明文を読んだ人は、とても楽観主義にはなれない。「〈自由の女神（リベルテ）〉の像。一〇〇〇年経っても、やはり待っている。(9)」

この像はそんなに長くは待たない。二年後の一八八六年、国家の寄付金とピューリッツァーがひいでた活躍をするプレス・キャンペーンによって、地に足をつけることができる。だがこのひどい苦難はアメリカの挿絵画家の情熱を刺激して、〈像〉を貧しい女や女乞食、女浮浪者として描かせるとしても、フランス人はこの苦難を笑う気にはなれない。ラブレーが率いるアメリカ好きのグループは、かくも均衡を逸したフランスからの愛情の証を示すことで、大きなリスクを抱え込んだ。仕合わせな受取人が贈り物を前にして青ざめるのを目の当たりにするリスクである。贈り物を喜んで受け取ってもらえないこと以上に愛情にとって致命的なものはない。第二帝政下のひとりのフランス人自由主義者のフラストレーションから生まれ、いまだ安定性を欠いている共和国によって、はるか遠くのどうでもいい推定上の「姉妹国」に対して贈られるミス・リバティは、イデオロギー的綱領（そもそも混乱したものだが）を要約しているだけではない。それはラカンが定義したような愛をもののみごとに具現している。すなわち、「自分がもっていないものを、それを望まない人に対して与える」ということである。

台座の資金調達をめぐる混迷は、バルトルディとフランス側の委員会がニューヨーク宛にやっとのことで〈像〉を梱包することに決めるときにも、相変わらず解決していない。問題は当時、官僚主導の滑稽物から外交的な惨劇へと急変する寸前である。*in extremis*〔ぎりぎりのところで〕すべてがうまくいくとしても、すなわちアメリカ側の出資者が当局者の失敗を取り繕い、ニューヨーク州知事として資金の凍結解除をかつては拒否していたクリーヴランド自身が、合衆国大統領という新しい資格でその除幕式に参加するとしても、危機感は募っていたし、よく理解できないアメリカ側の公的な態度を、フランスはいらいらして我慢していた。ミス・リバティは、除幕式の行列の道沿いのブロードウェイの上にワールド社によって建造された凱旋門に立てられた吹流しが（フランス語で）主張しているように«d'entente fraternelle des deux républiques»〔両共和国の友好的な相互理解〕を不朽にするために構想されたのであったが、ニューヨークへの設置の数年後には、アメリカに対するフランスの非難のテーマとなる。『フィガロ』紙の特派員であるエドモン・ジョアネのような人が、この一連の出来事から採り上げるのは、米国議会の無礼千万なけちくささと「アメリカの独立にかくも大きく貢献した国家に対する恩というものを知らない議員たちによるフランスへの侮辱[10]」だけである。別の政治評論家エミール・バルビエは、冷淡な中傷の度合いをなおいっそう押し進め、この像そのものを「有用性という香辛料のきいた巨大な芸術的おもちゃ」（この像が灯台だからである）とからかい、また「アメリカ人の好みを見抜いて」、この巨大なアイディア商品を選択すべくフランスをみちびいた「巧妙な思想」を皮肉っている[11]。〈大国〉のブロンズ製の密使であり、フランスをアメリカの都市の中心部にふたたび導き入れるために作られた平和的な〈トロイの木馬〉は、一八九三年には、バルビエにとってはシンシナティの雑貨屋にふさわしい悪趣味（キッチュ）な巨像にすぎなくなっている。すなわち、明らかにひどい好みをもつ田舎の伯母に贈られた、場所ふさぎの醜悪な物の一つなのである。

おそらくバルトルディの像は、ただたんにやって来るのが遅すぎたのである。ラブレーが望んでいたように一七七六年を祝福するためであれば、明らかに遅すぎる。フランスの委員会が検討した埋め合わせのための記念日——独立戦争を終わらせた一七八三年の条約の記念日——だとしても遅すぎる。一八八六年一〇月二八日に除幕式がおこなわれたこの像は、結局、どんな記念のカレンダーにも記載されず、この移転を取り巻いているくだらない儀式（スピーチ、パレード、マーチングバンド）は、この空虚を埋めることができない。だがフランスの側でも、この寓意作品は共和主義という政治的な想像の産物（イマジネール）に対してもおくれをとっている。この政治的なイマジネールはこの寓意作品に対して自己を備給できないからである。バルトルディは、一八七〇年の敗戦に強い衝撃を受けたアルザス出身者であり〔普仏戦争の結果、フランスはプロイセンにアルザス－ロレーヌ地方を割譲した〕、国民軍におけるコルマールの支持者、そしてガリバルディの仲間——彼はトゥール政府によりガリバルディのもとへ派遣されたのであった——であるが、この寓意作品をまずは切れた鎖を踏みつけているものとして思い描いていた。だがラブレーは、この寓意がアメリカ憲法の銘板を手にしているほうを見たがるのである。[12] どう考えても、この〈自由の女神（リベルテ）〉はドラクロワによって描かれたバリケードの美しき女戦士のはるかな遠い親戚である。この若き大女は、第二帝政下でこの女性を思いついたその発案者と同じ年齢である。この女性が出発する前におごそかに訪問をする偉大なる老人とも同じ年齢である。その老人とは、国民的詩人で、アメリカの永遠の友であるヴィクトル・ユゴーである。

一八八四年一一月二九日にひどく衰弱したヴィクトル・ユゴーが、孫娘のジャンヌに付き添われて、シャゼル通りにあるガジェ・ゴーチェ商会に入っていく。この訪問、あるいはこの巡礼を、すでにユゴーの前に多くの人がしていた。大臣、大使、あらゆる種類の高官、さらには大統領のグレヴィまでいた。だが真の対面がおこなわれるのは、この詩人がこの像の内部の階段をやっとの思いで這い上がって、建造物の二番目の踊り場に姿をあらわす、この日、この瞬間である。だれもが感じる。そしてだれかが群衆のなかで叫ぶ。「二人の巨人が向き合っているのだ。[13]」実際、バルトルディの寓意作品は、この最重要な同時代人のまさしく同時代の大女であり、巨大な〈本質〉――〈自由〉、〈正義〉、〈未来〉――の鋳鉄製の姉妹である。これらの〈本質〉は、ガーンジー島の〈魔術師〉〔ユゴー〕にきわめて従順であるがゆえに、この〈魔術師〉の呼びかけに応えて、こっくりさん用のテーブルで、一二音節詩句（アレクサンドラン）の形でふたたびコード化された〈運命〉の裁きを指先で叩きにやって来たのである。ラブレーは前年に亡くなっている。バルトルディは生きているが、主義主張の人というよりも霊媒師である。彼が〈自由〉を、おそらくはアメリカさえも愛していることは疑い得ない。しかし結局、彼が熱中するのは巨像なのであり、一八六九年には、ミス・リバティにそっくりの巨像を、フランスの仲間であるカディーブ〔エジプト総督の称号〕に、スエズ運河の入り口を照らすために提案することをためらいはしなかった……。いや、どう考えてみても、象徴的な付加価値として、かくも多くの材料に少しの意味を与えられるのは、ひとりしかいない。それは彼――老ユゴーである。

いることである。

Vates〔予言者〕には務めがある。行って、見て、予言することである。「私はこの像を見ながらいった。

――海、この揺れ動く大海は、穏やかな二つの大地の結合を証している。だれかが私にこれらの言葉を台座に彫らせて下さいという。」以上は、ユゴーが義務は果たされたという感情から、翌日、日記に記していることである。[14]

ユゴーはその数か後に、つまり彼もまたニューヨークの除幕式の前に亡くなる。いまや使われない記号のようにマンハッタンと向かい合って建立されるのは、死んでしまった一世代の孤児となった偶像(アイドル)である。碑文を遺そうという最後の努力が空文に終わり、像からインスピレーションを受けた言葉が、像の下に彫られることは決してないことなどもちろん知らずに、彼は亡くなる。他の者――この場合は他の女性――が碑銘の栄誉を受け、しかもフランスを忘れたこの碑銘が、〈像〉を新たな象徴的な経歴へみちびくなどとは思いもせずに、彼は亡くなる。台座に彫られた女流詩人エマ・ラザラスの詩句は、バルトルディの像をもはや仏米関係の保証ではなく、あらゆる国の貧しい者の守護神、三鏈(れん)〔一鏈は約二〇〇メートル〕先のエリス島に詰め込まれている移民の〈よき母〉にする。《Give me your Poor, your Wretched...》われにゆだねよ、汝の貧しき人々、不幸な人々を。〈貧しき人々〉を称えることで、エマ・ラザラスは、二国の同盟のためにこの像を捧げる年老いたユゴーよりも、結局はユゴー的であった。だが間もなくアメリカの小学生全員に知られることになる彼女の詩句は、たちまち帰化したミス・リバティとその出身国とのあいだの分離を確実なものにするはずであった。鋳鉄製のコルセットに巻かれた外見よりも記号学的に柔軟なバルトルディの像が長いあいだ表現してきたのは、「両共和国の友好的な相互理解」ではない。新しい同国人に対して好意的なこの像は、すぐさま彼らに自分の意味を決定する配慮をゆだねたのであった。

フランス－アメリカ——大いなる幻影

周知のように、約束はそれを受け入れる人をしか拘束しないとすれば、贈り物はこれを与える人をしか拘束しない。ラブレーとその仲間たちの粘り強い努力が目指していたのは、おそらくフランスに対して無関心なアメリカの世論をふたたび征服することよりも、フランス人のなかで、かつての「姉妹としての共和国」に対する、すでにぐらついている不確かな愛情に新たな力を与えることであった。この記念碑の贈与の背景には、仏米の愛の終焉に対する漠とした不安がある。

この大きな偶像（アイドル）が故郷をまだ離れぬうちから、最初の聖像破壊者が登場する。執拗に仏米関係の無効を暴露し、その無益さと欺瞞を語ろうとする人々である。この一八八〇年代初頭には、共和国フランスが政治的に安定化したおかげで、合衆国はふたたびエッセイストや旅行家の筆の下に出現する。友好や称賛、少なくとも理解や好奇心が回帰するのが期待されるかもしれない。しかるに、まったく別の鐘の音がこの時期に聞こえはじめる。思いがけない音色が混ざり合う奇妙な反米主義のカリヨン〔教会などの音調を整えた一組の鐘〕、一八九八年の警鐘を予告するカリヨンである。

すでに失望が姿をあらわし、敵意が芽生えはじめるこの転換期は、正反対で相補的な二人の人物に具現されている。フレデリック・ガイヤルデとマンダ＝グランセである。このブールヴァール劇作家と男爵のあいだには、ア・プリオリに共通なものは何もない。まさしく早生の反米主義以外には何も。来るべき敵意の高まりのあいまいな松明持ちであるガイヤルデとマンダ＝グランセは、フランスの公衆に（それぞれが）何百ページにもわたって、同時代のアメリカの戯画的肖像とともに、仏米関係の完全に否定的な見直しとを提示した最初の人物である。真っ向から対立する過去と信念をもった正反対の論争家であるこの二人の先駆者は、すでに一八八〇年代半ばにおいてフランス反米主義に固有な左派と右派の一致の完璧な実例を与えてくれるという点でも、典型的である。

愛の終わりの言葉づかいはひどく感情的であり、国家間の関係にかんしては過度に隠喩に富んだものであるように思われる。だが合衆国に対するこれら最初の徹底的な誹謗者――とりわけ、アメリカ的なものに失望した人であるガイヤルデ――によって執拗にもちいられたのが、そうした言葉づかいなのである。彼の『アメリカにおける貴族政治』は、一八八三年に出版される。暗示は見え透いており、野心はこれ見よがしである。すなわち、トクヴィルを訂正し、トクヴィルがかつてアメリカについて付与したあまりにも好意的なイマージュの欺瞞を暴くことである。この浩瀚な著作は、実を言えば、この大きな野心に見合うものではない。しかもその皮肉は、彼が非難している有名な人物にほとんど被害を与えない。そもそも、『アメリカにおける貴族政治』はガイヤルデが期待したような成功にはいたらず、後世から見て彼のおもな肩書きとは、半世紀前にアレクサンドル・デュマといっしょに、金儲けのための『ネールの塔』を書いたことである（し、今後もそうだろう）。だが彼のエッセイは、少なくとも三つの理由で、掘り起こされるにあたいする。

第一の理由は、歴史的、政治的、また同時に文化的な一連の不平全体を、はじめて収集し、体系化していることである。これら一連の不平は、以後、フランスの論争家によって絶えず発せられる。『アメリカにおける貴族政治』は、予告されたようなトクヴィルの主著に対する解毒剤ではないとしても、包括的な反米主義のまさに最初の総合的な報告書の観を呈している。第二の関心の動機は、この作家のアメリカびいきの過去である。『アメリカにおける貴族政治』は、たとえば『フィガロ』紙の寄稿者で、アメリカ的なものすべてを激しく批判することで有名だったオーネのように、合衆国を軽蔑すると公言している政治評論家のひとりの作品ではない。[15] まったく反対である。この作家は人生の一〇年間（一八三七年から一八四七年）をアメリカで過ごしただけでなく、とりわけ彼が長いあいだその編集長を務めていた定期刊行物である『合衆国通信』において、アメリカを――彼自身の表現によれば――「四五年前から称賛していた」のである。悔悛せる恋人であり、悔しがる軍人、背教者となった布教者であるガイヤルデは、フランスの知的状況のなかで、まったく新しい形象を具現している。彼は *Model Republic*〔モデルとしての共和国〕に失望した人物、〈新世界〉に幻滅した人物なのである。彼は本義においても転義においても、アメリカを再訪問する。この旅から、彼は好意などほとんど感じさせず、さらには、生涯を通じて褒め称えた国に対して「この上なく厳しい」[16]（彼はこのことを読者に予告すべきだと考える）肖像画を携えて帰国する。ガイヤルデは、みずからの共和主義の理想を何一つ否定しない以上、道を踏み外したのはアメリカでなければならない。実際のところ、彼の証言を興味深くしている第三の特徴は、その知的個性と政治参加に由来している。フレデリック・ガイヤルデは、「進歩主義者」、つまり一八四八年ふうの共和派で、パリ・コミューンには敵対的だが、革命の原理――もちろんフランス革命の原理――に徹底して忠実な、カヴェニャックの流れをくむ新‐ジャコバン党員である。合衆国に対する彼の非難には、きわめて個人的な調子が見られる。だがこの非難はまた、大西洋の向こう側のモデルを放棄するという一八八〇年代のフランスの共和派による、より広範な動きのなかに含まれているのである。

突然、蒙をひらいたのは、このような人間である。ガイヤルデはみずからの非を認めて謝罪する。かつては自分のものでもあった幻想を告発するために、ふたたび筆をとる。それは、ルイ一六世の治世以来、フランス人にとって大切な幻想、つまりアメリカ人に「愛されている」という幻想である。いまこそ、ガイヤルデを手本にして、このようなフランス人たちは目を開くべきときなのである。

かつて *Insurgents*〔反徒〕にもたらされた支持に対するアメリカの感謝の念は？　忘却の彼方の遠い昔のことである。フランスの気まぐれは、大西洋の反対側ではほとんど共有されることはないのである。国家間の第一のルールは、おたがいの負債を忘却することではないだろうか。すでに一七九二年の時点で、フランスが孤立無援で国王たちの同盟に立ち向かっていたときに、アメリカ人は自分たちが健忘症であったり、消極的な感謝の念しかもっていないことを早々と証明しなかっただろうか。これは死活にかかわる利害と一致した賢明な決定だということを理由にして、トクヴィルはアメリカ人がフランス人を見捨てたことを容赦した。ガイヤルデは、国家的エゴイズムという口実はいくぶん不十分だと考えるが、*Realpolitik*〔現実的政策〕の教訓については考慮する。ちょっとしたいさかいや、相互の利害のごくささいな摩擦で、愛情が消えてしまうならば、現実的根拠を欠いているとともに感情的でもある友好関係という伝説で自分を欺くことは、少なくともやめようではないか。

革命的な国家間の「自然な」連帯？　危険な神話である。観点と判断の誤りがある。というのも、アメリカ人は「革命なき革命家」(17)だからである。(反‐トクヴィル主義者のガイヤルデは、ここでトクヴィルを盗用する。「彼らは民主革命を経験していない」(18)。) しかもアメリカ人はフランス革命を嫌悪している。その証拠に、誕生期にあった合衆国は、フランスが共和国となりつつあるまさにそのときに、この恩人たる国から顔をそむけたのである。そもそも純粋に「形だけ（プラトニック）」であった合衆国のひどく不確かな「感謝の気持ち」は、「一七九二年に私たちの父祖によって築かれた共和国の初期の年代に消えて」しまった(19)。恐怖政治とその暴力行為は、口実として役立ったにすぎない。つまり、この共和主義による連帯は、歴史上の伝説であり、政治的な欺瞞である。実際には、フランスは真の共和制を築くことによって、仮装した貴族政治として正体をあらわすべくアメリカを強いたのである。アメリカ人（および彼らの妻たち、すなわち「公爵夫人と同じくらい気位の高い共和派の女たち[20]」）は、フランス革命の重要な遺産に対して本能的な反感を感じている。フランス革命の重要な遺産とは、一七九二年の精神に固有の社会民主主義に対する熱望であり、第三共和政がこれをふたたび議事日程に載せるのである。

　フランスも、私自身も、何と愚かだったのだろう、とガイヤルデは憤慨する！　この友愛の幻想をでっち上げ、それを抱きつづけるためには、先祖たちの無邪気さ、トクヴィルのような偏見、ミシェル・シュヴァリエ、ギュスターヴ・ド・ボーモン、その他、軍医プーサンなどの無分別がすべて必要だった[21]！　私たち自身の理想に対して、この共和国ほど憎しみを向けている国はない。*homo americanus*〔アメリカ的人間〕よりも、この世でフランスの共和派から遠い人間はいない——おそらく、北米的人間類型の本質的な偽善が具現されている、*homo americanus* の雌的バージョンを除くならばである。「これらの名ばかりの小民主主義者は」とガイヤルデは書いている、「生まれつき真の貴族である[22]」。アメリカ人にかんしてガイヤルデをとらえているこの軽度の妄想がいかに逸話的なもの、伝記的なものであれ、この妄想はそれでもやはり彼の反米主義の記号学的一覧表に自分の居場所をもっている。敵意のこもった言説は不純で、突発的な想像世界（イマジネール）がよぎっていく。そこでは議論の網は、気分、情動、偏見、記憶によって仕掛けられている。これらの情動の効果をとらえるためには、記号学もまた「不純に」ならなければならない。

　もっとも『アメリカにおける貴族政治』は、ガイヤルデなりには生真面目な作品である。自分たちのテーマについてほとんど知識をもたない模倣者（エピゴーネン）によって、急いで手際よくまとめられた後世の多くのエッセイよりも事情に通じていて、歴史的にも資料でしっかりと裏づけられている。これは想像で走り書きされたアルバムでもなければ、修辞学のたんなる練習でもない。著者は自分が扱っているテーマについてよく知っている。だが一八八〇年代から第一次世界大戦にかけて、フランスの公衆にアメリカの「印象」を伝えてくれる何十人もの早足の旅行家、および怒りに燃えたエッセイストについては、同じことはいえないだろう。ガイヤルデは少し不機嫌にならざるを得なかったとしても、この感情に長く身をゆだねることは決してない。彼の反米主義には彼の個人的な歴史がすべて詰め込まれているが、この反米主義がエゴイストのような仕方で吐露されることはない。こんな人物であれば、自分の過去について、つまりアメリカを称賛するために使用された四五年間の公正にして誠実なる奉仕について検討することもできるだろう。だがむしろ彼は、アメリカ人に愛されているという、フランス人が抱きはぐくんでいる幻想の過去について疑問を呈するほうを好む。そして、必要な場合は予言することはあっても、より多くの場合は論証し、証明しようとする。

「愛は存在しない。愛の証があるだけだ」と、ある日、コクトーは述べるだろう。これはすでにフレデリック・ガイヤルデの意見である。フランス人に対するアメリカ人の愛の証、彼がこれを探しても無駄である。一九世紀を通じての仏米関係について彼がおこなった修正主義的再解釈においては、むしろそれとはまったく反対の傾向の痕跡がいたるところに見つかるのである。ガイヤルデに対して明らかになること、ガイヤルデが読者に明らかにすることとは、長き敵意にまつわる隠された物語(サガ)である。敵対関係の容赦ない悪化である。アメリカのフランスに対する攻撃性の抑えがたい上昇である。一世紀、もしくは一世紀になんなんとする期間にわたる、ひそかな敵意ののちのことである。怪しげな陰謀と漠然とした妨害は、昨日今日のことではなく、両共和国が親密にしていたはずの時代にまでさかのぼる。すなわち、フランス革命が歩み出したあの激動の年代である。したがって、流れをさかのぼり、アメリカの悪意の歴史を作り直さなければならない。一七九四年には——とガイヤルデは想起している——、アメリカはひそかにフランスを裏切って、みずからを植民地とした継母と手を結び、英国がフランスの船舶を没収することを許可する、英国との秘密条約に調印する(23)。ばか正直なフランスが決まってひっかかる隠し網の最初の網の目である。一八三五年には、大統領アンドリュー・ジャクソンが海軍の賠償金の決済という単純な問題で、宣戦布告するとフランスを脅し、ルイ＝フィリップに和平と引き換えに二五〇〇万フランを支払うように強要する。一八三八年には、メキシコへの圧力とベラクルス事件〔フランスがメキシコ内での自国の利益のためにベラクルスに海軍を派遣し、軍事的に占領した〕がある。つづいてクリミア戦争がやって来る。アメリカ人は、私たちをまったく支持せずに、ロシアに好意的な態度をとるのである。一八六二年は、ふたたびメキシコで、当然のことながら、マクシミリアン公の即位に対する公然たる敵意である。一八七〇年には、プロイセンに敗れたフランスの大きな災いのなかで、「アメリカ人は、いたるところでドイツ人の勝利に喝采を送った(24)」。そして昨日でもなお、一八八一年のヨークタウンの戦い〔アメリカ独立戦争における最後の決戦〕の記念祭には、嫌悪していたはずのドイツに対するアメリカ人のひいきが、白日の下に明らかになった。ドイツ人は七人招待されたのに、フランス人はひとりだけなのである(25)。ガイヤルデは、分離戦争と、南部の大義に対するフランスのこれ見よがしのひいきについては、途中で巧みに回避している。

こうしたいくつもの証拠にもとづいて、幻想から覚めたこのアメリカ好きは、問い直すことができる。「アメリカ人はフランス人を愛しているのか?」答えは彼には否(ノン)のように思われる。新しいアメリカの横柄で冷淡な顔には、もはや少しの笑顔もない。あるのは、しかめ面と見せかけである。ガイヤルデが最終的に理解したアメリカ人は、「フランスとフランス人に対して、形式だけの好感しかもったことがない(26)」のである。ところで、形式はアメリカ人の得手とするところではない。ヤンキーはそれよりも中身や触知できる現実を好んでいる。好感など贅沢であり、アメリカ人はそれが無料の場合にしか示さない。このことから、以下のような厳しい結論が出てくるが、それは『フィガロ』紙の長広舌の遠いこだまである。「アメリカ人が私たちに好感を抱くのは、私たちがアメリカ人とも、中国人とも、メキシコ人とも、要するに、アメリカ人にとって道具や市場として役立っている他のいかなる国民とも、利害の衝突をしていない場合だけである。(27)」

「人類全体を自分の軌道に」

問題の核心に近づいた。核心とは？　事の具体的な核心である。数字という無情な明証性である。新しいアメリカの世俗宗教全体を形づくる現実原則である。フランスの理想主義者は、真実に目を塞ぐのをやめるべきだ！　暴かれた過去を直視し、一九世紀全体にわたる合衆国との現実の関係をよく考えてみるべきだ！　とくに、正体を暴かれた現在に照らして、未来について問いかける勇気をもつべきである！　大きな不幸を未然に防ぐためには、このような検討が役に立つ。というのも、当時、明白なこととして彼らの目に映じているのは、この国が明らかに征服をつづけていくという運命だからである。この国は「最近まではまだ英国権力のあいまいな衛星(28)」だったが、「今日、熱望しているのは、人類全体を自分の軌道に引きつけること以外の何ものでもない」。今日はメキシコ、明日は世界である。これが、かつてのこの国の賛美者の迷妄から覚めた目から見れば、帝国であり商業国であるこの共和国、商業国であるがゆえに帝国であるこの共和国の、真の、唯一の国是である。

分離戦争〔南北戦争〕以降、連邦の解体を執拗に夢見ている人々の無邪気な希望に対して、連邦は分裂しないとガイヤルデは反駁する。結束への願望が、分離の誘惑に打ち勝つだろう。というのも、結束への願望は、前代未聞の、抑えがたい、非理性的な「併合への渇望」を原動力にしているのであって、これが自分自身の悪魔からアメリカ人を守ってくれるからである。[29] 北部、南部、西部のアメリカ人には、友愛の感情は無用である。彼らをそれよりもずっとしっかり結びつけ、今後、なおいっそう強く結びつけるのは、「現在の国境をはるかに越えて、みずからの帝国を拡大していくという、彼らが等しくはぐんでいる野心である。この野心は昨日はメキシコを越え出なかったが、現在ではパナマ地峡にまで広がっている」[30]。フェルディナン・ド・レセップスが、そこに運河という壮大な計画を構想して以来である——シオドア・ローズヴェルトの強権的なアメリカに没収される前にも後にも、この運河は反米主義者の水車に水を引くことをやめなかったのである。だから——とガイヤルデは告白する——、アメリカ合衆国が持続的に存在することを甘受しなければならない。というのも、連邦を結びつける絆は民主主義ではないからである。一八六〇年に北部に踏みにじられた連邦協約でもない。創立の父たちによって言明された諸原則でもない。合衆国を結びつける絆、それはいまや「国家的ドグマ」[31] にまで昇格させられたモンロー主義である。

モンローが古いヨーロッパで評判がよかったことは一度もない。そもそも、「アメリカ人のためのアメリカ」などという威嚇をはらんだ原理が、そこで人気を博しえたはずがあるだろうか。一八二三年の宣言のときには、フランス人も、英国人も、スペイン人も、オランダ人もまだ、大西洋からカリブ海までいたるところに、往々にして北米の新しい強国から数マイルのところにいるのである。だが大きな危機がないときには（間接的できわめて特殊なメキシコの危機を除いて）、長いあいだ「主義」が揺さぶったのは、どちらかといえば和解にもち込みたがるフランス外交というかぎられた世界だけであった。この主義は大衆の心を動かすにはほど遠かったのである。一八八〇年代から一八九〇年代にかけては、この点で転換期であり、ガイヤルデの分析は、集団的な自覚を予告している。そして一八九八年の米西戦争がこの自覚をはやめるのである。みずからの大陸におけるアメリカ人の主権という非の打ち所のない原則の主張の背後で、いまやフランス人は、北米人が「いくぶん軽蔑的に〈旧世界〉[32]」と呼びはじめたヨーロッパに対して刀剣を研ぐ音に耳を傾けているのである。

「国家的ドグマ」としての「モンロー主義」のこの再解釈は、分離戦争とその直後の幻滅の直接的な結果である。もっと直接的な悲劇的事件（ドラマ）に気持ちを奪われていたフランス人が、一八六五年から一八七五年までのアメリカにおけるさまざまな出来事をいかに視界から見失っていたかについては、すでに述べたとおりである。これは忘却期ではなく醸成期間であって、この期間が終わると、分離戦争がふたたび回顧的な分析と思索にとって特権的な主題になるのである。破壊され屈服させられた南部は、ここで新たな、そして往々にして驚くべき *supporters*〔サポーター〕を味方につける。フランスにおいて敗者に寄せられた同情を南部は喜んで享受する。奴隷制の廃止が厄介な障害を取り除いてくれただけに、ますますこの同情を享受できたのである。いまやいかなる困難もなく、北部の帝国主義の犠牲者である南部連合派に同情することができる。そしてのちに見るように、彼らの運命のなかにヨーロッパ人の運命の前兆を見るところまで、南部連合派と自己を同一視することができるのである。

二〇年の潜伏期間ののちにこのように Civil War〔内戦〕に回帰したことが、反米的言説が開始する一つの契機である。反米的言説はこのとき、みずからの花形役者、つまりお気に入りの悪役を獲得するのである。ヤンキーである。というのも、一八八〇年代から一八九〇年代のフランスの解説者にとって、戦争のもっとも具体的な結果とは、奴隷制の廃止よりも（これについては、奴隷制の廃止は南部を破壊したが、黒人の運命を改善はしなかったということを強調するのが好まれていた）、合衆国の領土と富の全体を「ヤンキー」が独占支配したことである。イデオロギー間の分裂を越えて、北部の勝利はフランスにとって失敗だった、と、あとになって分析される。反米主義は、機会を逸したことへの後悔を背景として開始する。この「ローカル」で遠い戦争は、突然、予想外の規模になる。つい最近でもまだ、リー将軍の降伏は、フランス人にとって無縁な外国の戦争の、記憶するにあたいしない結末にすぎなかった。ところで、疑惑が根を張るのはこのときである。もしそれでもって国際関係のチェスボード全体がひっくり返ったら？　もしそれで世界の様相が一変したら？　これが、南部が喫しただけでなく、いわばフランスも喫したこの敗戦の遅れてきた年代記作家たちの心を苛む問題である。

ある後悔の念が彼らを苦しめる。内政不干渉だったことに対する後悔である。共和主義者であるガイヤルデが一八八三年におこなった総括では、南部連合派のプロパガンダ・エージェントや帝政の官報が正しいことをア・ポステリオリに認めている。つまり、フランスは南部の勝利のために、そしてこのことによって連邦の分割のために惜しみなく努力を傾注しなければならなかったのである。そもそも、「南部は連邦協約とアメリカ独立法そのものに由来する最低限の権利、憲法にかなった権利をもっていた[33]」。この旧ジャコバン党員は、ひどく小難しい法律万能主義を前にしても、たじろぎはしない。そして彼の共和主義者としての後悔は、皇帝の狡猾な夢想と見紛うほど瓜二つである。皇帝はいまや、南部と共謀したことではなく、北部を前にして小心で臆病だったことで非難されている。「ナポレオン三世が英国と［北部に敵対的な］見解を共有していたとき、ヨーロッパのこの二つの大国は何をしなければいけなかったのだろうか。南部連邦の独立を承認するだけでなく［……］、北部に和平を命じるために、この連合国との軍事的な攻守同盟を結ぶことである。」残念なるかな！　この「勇敢で、まっすぐな道」を進む代わりに、「英国とフランスは臆病で、曲がりくねった別の道を進んだ」。これは見解の著しい修正であり、目覚ましい逆転である。戦時中は、自由主義の団体も、共和派の活動家も、帝国政府が「奴隷擁護者」に対してあまりに好意的で、北部に対してあまりにも控えめな政策を有していることを辛辣に非難していた。不満が逆方向になるのである。南部のためにこそ介入して、仏英の軍事力の全重量に物を言わせなければならなかった！　ところがその代わりに、フランスと英国は無気力のせいで、北部の厳しい監督下で、分裂した諸州の恐るべき再結合を可能にしたのである。

だがさらに悪いことがある。というのも、フランス人と英国人では、失敗は等しくはないからである。英国（グランド・ブルターニュ）は明らかに敗者である。というのも、莫大な資源を有する再統一された国が、英国の産業と張り合い、その商取引を妨害し、短期間で大海軍国の地位を要求するようになるからである。しかしながら、結局は、この否定的な総括は、ガイヤルデが最重要とみなし、一九世紀の最後の一〇年にはフランスの強迫観念となるある現象によって相殺される。すなわち、アメリカ大陸のアングロ-サクソン化である。実際、分離戦争を終えた新しい合衆国の抑えがたい帝国主義的衝動は、連邦の内部そのもので、「アングロ-サクソン系人種」による権力の完全な没収を伴っている。実を言えば、ガイヤルデの精神においてはつねに、これら二つの傾向は一つのものでしかない。つまり、他の民族や文化の排除・疎外によるアングロ-サクソンの独占支配は、より広範な征服を準備し、予告しているからである。新しいアメリカ人の野心が「目指しているのは、北米大陸全土でのアングロ-サクソン系人種の支配以外の何ものでもない」(34)。南部の従属は、この支配の計画のなかで決定的な段階であった。しかしそれは一つの段階にすぎない。すでに、一八六五年に勝者となった人種は、さらに遠くを見ている。すでに、ほかの獲物をしきりに欲しがっているのである。勘ぐりすぎだろうか。ぜんぜんそんなことはない、とガイヤルデは答える。事実がみずからについて語っており、しかも雄弁である。ヤンキーの盗賊どもはメキシコで活動する。ウォーカー〔アメリカの冒険家、革命家〕は二年間、ニカラグアの支配者になった。この野蛮を装った向こう見ずな行動は、連邦が国境外に組織的に拡大する前ぶれである。そのことにヨーロッパは動揺するが、それは熱狂した年少の権力者が近隣諸国に対して犯した失態に動揺するようなものである。それはその失態の本性について誤解することである、とガイヤルデは警告する。実際には、南への侵攻は、あのいわゆる分離戦争の論理的延長である。分離戦争は、本当はアングロ‐サクソンの壮大な征服戦争の試金石にすぎなかったのである。

このように再解釈された分離戦争は、まさしくヤンキーの帝国主義の出生証書となる。必然的に、敗者である南部連合派は、フランスにおける言説では典型的な犠牲者という決定的な役割を割り当てられる。歴史上のこの敗者は、反米主義者による歴史の再解釈の鍵を握る配役になるのである。長いあいだインディアンが、みずからの血で染まった大陸で犯された不正行為の唯一の形象であり、生きたイマージュだった。きわめて不正な仕方で国外に連れ出され、耐えがたいほどむごく扱われた黒人奴隷が、その後、インディアンに合流することとなった。ところが、一九世紀末においては、これらの犠牲者はその痛ましい威信の多くを失っている。解放された黒人は、もはやそれほど「関心を引く」ようには見えなくなった。ロマン派的オーラを失ったインディアンは、惨めな消滅に決定的にゆだねられているように思われる。彼ら黒人とインディアンの不幸は、未来に取りつかれた時代にとっては、あまりに遠くから――植民地時代のアメリカから、奴隷制という「中世的な」慣行から――やって来る。もはや奴隷制がなくなり、インディアンもほとんどいない以上、彼らの大義はすでに時代遅れになっているのではないだろうか。

一九世紀末期に、インディアンと黒人の運命に対する関心、もっと正確には彼らの苦しみとの「連帯」の言説がふたたび活発になるのは、逆説的にヤンキーによる帝国主義の最初の殉教者として南部連合派の地位が向上したことによってである。というのも、この「連帯」の言説には――これについては間もなくご判断いただけるだろうが――感情移入がまったく欠如しているからである。ロマン派の作家や奴隷制反対者を動かしていた称賛の念や感受性が欠けているのである。これは著しく戦術的な言説であって、ここで何よりも問題なのは、屈服させられた南部連合派の背後で、アメリカの不正に対して不利な証言をしにやって来る原告団を増強することなのである。かくして、南部連合派（白人）は、二〇世紀の反米主義にとって不可欠な装置の調整において重要な役割を果たす。二〇世紀の反米主義とは、アメリカにおけるアメリカ的性格の「犠牲者」――インディアン、黒人、白人の「マイノリティ」（排斥されたイタリア系アメリカ人からマッカーシズムの *un-American*〔反‐アメリカ的〕な共産主義者まで）――の名においてフランス語で発せられる反米非難である。まったく構造的な皮肉によって、「もう一つのアメリカ」、侮辱された者たちと屈服させられた者たちのアメリカとのこれ見よがしの連帯が、一八八〇年から一九〇〇年にかけて発展するが、それはアメリカ国内で、敵対する支配人種によって敗北を喫した南部連合派を理想化することからはじまっている。魅力を失ったインディアンが、このことからオーラを取りもどすことはない（ガイヤルデにおけるつかの間を除けば）。解放された黒人は反感をそそることをやめない。だからといって、経営者側の警察に対して武装する労働者も、これまで以上に安心させるものになるわけではない。だがこれら全員が、合衆国に対する検察側証人として、フランス反米主義者によって破廉恥にもこれ見よがしにひけらかされる。彼らは、陪審団に好意的な印象を与えるために地味な服とシンプルなネクタイを身につけさせられる好ましからざる人物のように、出廷時にはかつてのわずかな名声を取りもどすことになる。かくして、「もう一つのアメリカ」が、アメリカの犯罪を裁くフランスの裁判所で、長い実り豊かな経歴（キャリア）を開始する。二〇世紀前半全体を通じて、ヨーロッパ列強によって植民地化された諸民族の運命など毫も気にかけない人々が、アメリカ・インディアンにかんしては感情をあらわにし、黒人にかんしては驚嘆すべき心づかいをもって検討するのが見られる――彼らがアラバマ州とかイリノイ州に住んでいるという条件においてである。この扱いの明白な不均衡は、今日ではひどい欺瞞のしるしのように見える。そして明らかに論法もそれを免れない。一昨日のアンドレ・シーグフリードのような人も、昨日のGRECE〔欧州文明のための調査研究集団。新右翼〕のレトリックにおいても、今日の国民戦線のそれにおいてもである。だがこの論法を欺瞞だと単純化することは誤りだろう。二〇世紀全体を通じて、フランス反米主義者が、人種主義者も含めて、インディアンの殲滅や黒人の排斥を、みずからが予審をおこなう訴訟で被告に不利な証拠として引き合いに出すことができるとすれば、また彼らがこれらの犠牲者のうさんくさいスポークスマンになることが平気でできるとすれば、それはもとのシナリオ、最初の台本(スクリプト)（謙虚なガイヤルデは、その初期の編集者のひとりである）の力によってであり、外部における「ヤンキー」の帝国主義と内部での「アングロ-サクソン的」覇権主義のあいだに必要かつ断固たる、議論の余地なき関係を新たに築こうとするあの原型としての言説の力によってである。

したがって、一八六五年の勝利以降、国全体に広がった「アングロ-サクソン的」人種政策を『アメリカにおける貴族政治』がどのように舞台に載せているかについては、もっと間近から見てみる価値はある。

私たちの敵の敵

第一に、ガイヤルデがいっているように「土着の人種」、インディアンである。インディアンに対する共感の伝統は、フランスでは根強く、さまざまな源から養分を得てきた。この伝統はインディアンに対しておこなわれた過ちについて、一六世紀から一八世紀まで――モンテーニュから、多くの宣教師の著作を通って、ディドロやレーナル、マルモンテルまで――途切れなくつづいた哲学的かつ道徳的非難をよりどころにしている。まさしく北米の場合、この伝統の起源は、シャトーブリアンの散文の魔力にあるのと同様、インディアン戦争における反英同盟にさかのぼる。すでに『アタラ』以前に、インディアン的なものに対する熱狂に駆られて、山岳派議員は自分たちとイロコイ族を同一視し、一七九四年の『メルキュール』誌はインディアンの軍歌を出版して、サン-キュロットの賛歌「サ・イラ!」との類似性を明らかにした。だが多くの水がミシシッピ川に沿って流れた。一八世紀末には〈未開人〉への評価が落ちるのが見られた。一九世紀末の旅行家は、自分たちが出会う「堕落した」インディアンに、多くの場合、嫌悪感のないまぜになった同情しかもはや感じなかった。したがって、ガイヤルデの最初の務めは、くたびれた神話のくすんだ色をよみがえらせることである。ガイヤルデのインディアンとは、叙事詩的なプリミティヴィスムのインディアン、つまりオシアン〔古代ケルト人の伝説的吟遊詩人〕とシャクタス〔シャトーブリアンの物語の主人公のインディアン〕の混合物である。というのも、「インディアンのなかには、ホメロス的で聖書的なもの、東洋的で原始的な偉大さを示すものがある」からである、と彼はルケット神父を引用しながら書いている。ガイヤルデはこのルイジアナ州の宣教師に「インディアンの弁護人」というあだ名――かつてはラス・カサスのものであったあだ名――を授与している[35]。ガイヤルデのインディアンは、人道主義的な哲学者の熱狂とロマン派詩人の熱気が相次いでインディアンに付与していた古風で崇高な美徳と関係を結び直している。だがこの再評価はもっぱら戦略的なものである。聖書を振りかざして彼らに死刑を執行する人たちとは対照的に、インディアンはふたたび「聖書的」になる。陰険な「人の群れ」、「働くことだけがそのポエジーである画一的な蜜蜂の巣」であるヤンキーのアメリカとは対照的に、インディアンはふたたび「ホメロス的」で、気高く、自由で、詩的になるのである[36]。

ヤンキーにかんしては詐欺だとして告発された友愛の神話が、インディアンを益する形で再燃したこともまた、同じく論争的であることが判明する。プリミティヴィスムの神話のあとで、ガイヤルデは歴史的伝説を召喚する。対英戦争におけるフランス人とインディアンのかつてのつき合いを、ヤンキーを攻撃するためによみがえらせるのである。なるほど戦いには負けたが、その連帯は無駄でもなければ、むなしくもなかった。インディアンとフランス人は理解し合い、仲良くやっていくのに向いていた。傲岸な英国人を前にして——そのあとを殺戮者のヤンキーが引き継ぐのだが——、ガイヤルデのフランス人は共存の人、小さな家も分け合う人、血を混ぜ合わせる人である。居留地のインディアン人種を絶滅させようとする北米の計画に対してガイヤルデが対立させるのは、セント－ルイスというエデンの園の記憶である。セント－ルイス、すなわちミシシッピ川沿いのフランス橋頭堡であり、「クレオールの町」[37]——もはや一八世紀的な意味ではなく、「混血の町」という意味での「クレオールの町」——である。このノスタルジックな回想を透かして読み取ることができるのは、フランス人の追放はこの調和にみちた時代の終焉にサインをしたということである。かくして、共通の迫害と殉教の伝説(ファーブル)が姿をあらわす。「アングロ－サクソン」によって海に投げられたり、しばしば殺されたりしたアカディア人〔カナダ南東部の旧フランス植民地の人〕の受難(カルヴァリ)は、インディアンを犠牲にして今日でもくり返されている。彼らは「死あるいは全滅という明らかにただ一つの出口しかもたない」「脱出(エグゾード)」[38]を余儀なくされているのである。

つぎは黒人である。フランスの論争家たちが演出するように、アメリカにおける人種的悲劇に不可欠のエキストラである黒人は、典型的な犠牲者という資格で決まって見世物にされる。だがもはや奴隷制の犠牲者ではなく、温情主義的な南部を破壊された犠牲者としてである。ガイヤルデのうちに存在する二重の公準は、奴隷解放をめぐる後世のあらゆる分析をあらかじめ制約するだろう。すなわち、奴隷制の廃止は政治的な欺瞞だったということ、および黒人の経済的運命を改善するどころか、それを悪化させたということである。したがって、自由になった黒人がかつての主人に賛成投票したとしても、驚いてはならない。「それは、奴隷が北部によって与えられた自由など、彼らにとっては何もしないための自由だということを彼らなりに素直に理解していたからである。[39]」だがガイヤルデは、黒人解放は無益だったというあきれるような確認だけでは満足しない。彼はその欺瞞の起源にさかのぼり、北部にその起源を見出す。もともとの虚偽は、北部を黒人にとって公正な土地として表象したことである。しかるに、北部での黒人の境遇は羨むべきものではない。黒人は実際には市民ではない。〈義勇軍〉への入隊さえ認められない。「自由、平等、友愛が、黒人にファゴット奏者、従軍女商人、荷物運搬用の家畜の尊厳を熱望することを可能にする。だがそれですべてだ」とガイヤルデは辛辣に強調する。[40]要するに、アメリカ黒人は南部の敗北から何も得なかったし、北部の「解放者」からは何も期待できない。恐ろしいことは、すべてこれからである。というのも、解放という虚偽の背後で、黒人の絶滅は間近であるという真実が形をなしはじめるからである。「全面的消滅」、これがアメリカのアフリカ人の未来である。「合衆国では黒人はインディアンのように絶滅せざるを得ないだろう。なぜなら、インディアンと同様、自分たちのあいだでしか子供を増やさないからである。[41]」ホワイト・アメリカは、ジェノサイドを二度おこなうのである。

これですべてだろうか。ガイヤルデは犠牲にされたアメリカをひととおり検討したのだろうか。そうではない。というのも、ヤンキーの新しいアメリカに特徴的な「独占と支配の精神」のもっとも気高い犠牲者に言及することが、まだ残っているからである。この虐げられた人、ガイヤルデの言い方を借りればこの「のけ者(パリア)」とは、南部の旧支配者以外の何ものでもない。解放において大損したのは自由になった黒人なのだとした以前の分析と矛盾することなどあまり意に介さず、彼はいまや、北軍派は「大農園主をのけ者」にし、「こののけ者にかつての奴隷を主人として与えた[42]」と書く。以前のものに重ね合わされるこの新しい図式では、「かつての行き過ぎ」が、「より大きな行き過ぎによって取って代わられ」ている。かくして、解放という虚偽に、略奪と大農園主の「奴隷化」という不正がさらにつけ加えられる。この言説が黒人に与える内容の乏しさのせいで——そこでは黒人は歴史的、社会的、あるいはまったく単純に「人間的な」厚みをすべて欠いたままである——、黒人を必要に応じて虐げられた人としても、虐げる人としても描き出すことが可能になり、かくして北部、つまり新しいアメリカを、実際には黒人を解放しなかったことでも、また黒人に彼らのかつての主人を意のままに支配させたことでも、同時に非難することが可能になるのである。アメリカ黒人を矛盾した論法のジョーカーとしてこのように利用することにもまた、申し分ない将来が約束されている。そして一九三〇年代のひとりならざる「ヒューマニスト」は、アンドレ・シーグフリードからジョルジュ・デュアメルにいたるまで、根本的に人種主義的なペンでもって、アメリカ黒人に対する同情を見せつけているのである。

　反米主義的言説を持続的に突き動かすこの歴史的‐民族的策略については、しばし立ち止まって検討しなければならない。というのも、アメリカという敵（ヤンキーと「アングロ‐サクソン」に同一視される）を前にして、アメリカにおける友人を獲得したことは、反米主義が長つづきする秘訣の一つだからである。黒人、インディアン、南部連合派である。そして、当該の友人たちがおたがいに行き来することがなく、フランス語で印刷された何千ものページのなかでしか隣り合うことがないとしたら、残念だが仕方ないことである。また、これらフランスの寓話（ファーブル）の演技者（アクトゥール）が、何よりもまず投影的形象であるとすれば、それは結構なことである。結局は、これらの寓意（アレゴリー）が向けられているのは、フランスの大衆だけだからである。類比（アナロジー）は、たとえ少々乱暴であっても、フランスのアメリカ解読者を怖気づかせることはない。逆である。彼らは同一化を恐れるどころか、これを受け入れ、奨励する。かくしてガイヤルデは、インディアンに対する絶滅政策と外国に対する執拗な攻撃とを比較している。「アメリカ人が占領している〔原文のまま〕国の先住民に対して継続的におこなっている政策は、もはや外部に対してではなく内部に対しておこなわれる一種の海賊行為であった。[43]」このような比較が示唆しようとしているのは、アメリカの支配者によって押し進められる覇権主義的政策の全体的な性格である。もしインディアンが自分自身の土地で、ニカラグア、メキシコ、そして明日はキューバ、そしておそらく明後日にはアンチル諸島でおこなわれるのと同じ海賊的な略奪行為に屈服しているとすれば、私たちが近い将来、インディアンと同じように「絶滅」にゆだねられないなどと、何をもって確信できるだろうか。『アメリカにおける貴族政治』のようなテクストにおいては、インディアン、黒人、南部連合派の全滅、あるいは服従は、警告に匹敵する。

だがもっとも重要なことは、世紀末の反米主義的言説の中心的なパラダイムとして、人種主義的な基準が大々的に介入してきたことである。アメリカは、自分自身に確信をもった支配的人種の絶え間なく拡大する *Lebensraum*〔生活圏〕となるために、国土あるいは国家としては、ぼやけてしまう。まだ裏切られた愛の傷跡が残っているガイヤルデの長い非難文書は、つぎの一〇年間には、豊富な「学問的」な論証でもって増幅され、詳述される。合衆国にかんするまったく新しい言説が作り上げられるのは、この一〇年間である。その腐植土は荒唐無稽な、あるいは劇的なフィクションなのではない。それはいくぶん悪魔じみた威信に包まれた若い学問、政治心理学、社会学、民族誌学である。分離戦争のなかなか治らない傷口を引っかくのは、結局、これら新しいスペシャリスト、大学や学術機関の枠外で研究しているこれらエキスパートである。これは一八九八年のショックまでつづく。このショックが傷口を切り裂くのである。

ガイヤルデがその偵察隊にすぎないこの新しい言説は、何を語っているのだろうか。それはおよそつぎのとおりである。すなわち、アメリカ人とフランス人はそれまで、自分たちが反目し合っているのは、自分たちの深い連帯を忘却し、普遍的なものの価値観を体現するという自分たち共通の使命を忘却したためでしかないと思っていた。だがこのような思い込み自体が幻想だった。真実はまったく別である。真実はチャールストン〔アメリカ南部の港湾都市。南北戦争の発端となったサムター要塞がある〕の廃墟とゲティズバーグ〔南北戦争の古戦場〕の死体の山から出てくる。それが、その新しい真実が、述べているのは、アメリカ人とフランス人とは完全に分離しているということである。外向的・経済的なライバル関係――つねに交渉可能で、ときには改善可能なライバル関係――によってだけでなく、人種の適性とそこから生じる社会構造によって決定される彼らの存在そのものにおいて分離しているのである。不和を生じさせる言語は、もはやただたんに数字、収支、料金の言語であるだけではない。それは血統、起源、集団的特徴、隔世遺伝的な素質から聞こえてくる、かすかだが深い声である。社会体制とはその声の発現であり同時に確証である。エドモン・ドゥモランとその著書『アングロ＝サクソンの優越は何に由来するのか』の一三年前に、フレデリック・ガイヤルデは、フランス人とアメリカ人が「人種的事実」と「社会的現実」によって二重に分離していることを示すことによって、パイオニアの役をになうのである。

社会的なものの横暴

つまり、その題名にもかかわらず『アメリカにおける貴族政治』は『アメリカにおけるデモクラシーについて』とはまったく対話することもなければ、論争することとさえない。一八三三年の旅仲間であるギュスターヴ・ド・ボーモンの名前とともに序文で言及されているアレクシス・ド・トクヴィルの名前は、この報告書からすぐに消えてしまう。ガイヤルデはトクヴィルを論駁したりしない。アメリカの現実を生み出したのは「条件の平等」であるというトクヴィルの命題を逆説的に転倒させるだけで満足する。「アメリカ人の社会状態は、すぐれて民主的である」[44]とトクヴィルは主張した。まったくそんなことはない、とガイヤルデは反論する。アメリカ人の社会状態は、すぐれて貴族的である。一〇年のあいだをおいて、〈ブールヴァール劇〉のかつての作者が、ヴィクトリヤン・サルドゥと意見を同じくするのである。「――それでは、あなたの国には貴族階級が一つあるのですか」と『サムおじさん』の登場人物が訊ねる。「――一つですって？　連中の国では少なくとも二つはありますよ！」[45]ガイヤルデは輪をかけていう。すなわち、貴族階級といえば、合衆国にはこれしかないのである。人種という貴族階級がある。それはWASP〔アングロ‐サクソン系白人新教徒〕の集団全体である[46]。「富豪という」貴族階級、つまり資本主義によって豊かになった階級である。だがまたとりわけ大衆という貴族階級もある――「いかなる新聞もあしざまにいうことのできない」大衆、「国家のへつらい」[47]の対象となる平民、一八四八年の古参兵を突然、激昂させる、社会に君臨するごろつきである。「合衆国の政治的・社会的制度は力を美化し、ごろつきの名を高からしめた〔……〕。ヨーロッパ人がみすぼらしい人たちしか見ないところで、アメリカ人は政治集会を見ているのである……[48]。」

トクヴィル自身も、合衆国のような「民主的な社会状態」に付随可能な貴族政治の残滓形態について、実際に問いかけていた。彼は「貴族的な礼儀正しさ」[49]を身につけているインディアンのなかにこれを見出した。英国人から相続した保釈金（*bail*）のような制度のなかにその残滓形態を見抜いていた。貧民が多数を占める民主主義であれば、論理的には廃止すべき制度であったが。彼は社会階層それ自体のなかに貴族政治に相当するものを認めたが、それは富裕民ではなく法学者であった[50]。ガイヤルデには、もはやこの調査にかんする記憶も配慮もない。ガイヤルデはアメリカ社会全体をたがいにせめぎ合う貴族階級の連合体のようなものとして記述しているが、この貴族階級はすべて、うわべだけの自由の下で、手で触れることができる現実的な抑圧に協力しているのである。間違いなく、合衆国市民は政治的自由を、さらには「無制限の政治的自由」さえも享受している、とガイヤルデは喜んで認めているが、「社会的自由は、そこでは多くの制限をこうむっている」。ところで、「社会的自由」はこの二つの自由のうちでより重要である。「一方の自由は他方の自由の代償であるが、犠牲にされるほうがもっと貴重である。ところで、政治的自由はいくつかの限定されたケースでしか必要とされないのに対し、社会的自由はどんなときにも必要である。」(51) この古い流派の共和主義者においては、これは文化革命である。だがガイヤルデの特殊ケースをはるかに超えて、はっきりと姿をあらわし、形をなしてくるのは、アメリカにかんする左派の言説の一つの転換そのものである。その「社会学的な」転換である。伝統的にアメリカ寄りの共和派陣営において、アメリカを詳細に調査する権利が、抽象的な賛同のあとを引き継いだのである。第二帝政の崩壊までは闘争の目標であった選挙制民主主義は、もはやそれ自体ではゴールとは見えなくなる。間もなくスタートにも見えなくなる。普通選挙に対する冒瀆を恐れもせずに、ガイヤルデが無遠慮に主張しているのは、何でもかんでも、やたらに投票する権利は、自由の行使の nec plus ultra〔極み〕ではないということである。真の民主的生活はほかのところにあり、「教会や劇場に行く、または行かない権利、自分の好きなものを飲む権利のほうが、なおいっそうよいのだ！」腹を立てた旅行者と嫌気がさした観察者が居並ぶ行列の先頭に立つ『合衆国通信』のかつての編集長は、合衆国において社会的なものの横暴によって増大させられたすべての自由への障害を、乱雑に紙に書きなぐる。すなわち、無邪気な遊びの禁止、プライベートな生活におけるさまざまな行為や信仰の実践に対する厳しい取り締まり、行動の順応主義、労働崇拝である。ことごとくが日常的な抑圧の形態であるが、これに効果的というよりも侵略的であるこの「社会的なもの」

の機能不全がプラスされる。すなわち、合衆国に亡命したパリ・コミューン参加者がフランス式の憲兵隊を懐かしむほどの公共的な安全の欠如、司法制度の「劣等性」、職業上の技能の貧弱さ、免許状の価値の不確かさ（とくに医学においては憂慮すべきである）、「公務員のやる気のなさ」、背任罪の増大――合衆国はロシアとその栄誉を共有している――等々である。このカタログの豊富さが示しているのは、ガイヤルデの不快感は、よい芝居と極上のブランデーを奪われたブールヴァール劇作家のフラストレーションには要約できないということである。そもそも、投票権と食前酒への権利を比較検討するのを批判する人に対しては、ガイヤルデはシカゴの *Beer Riots*〔ビール暴動〕を引き合いに出して答えることもできただろう。一八五五年三月と四月のこの暴動では、日曜日はビールを禁止すると主張する「アングロ‐サクソン系」市長の横暴に反対して、とくにドイツ出身の民衆が一斉に立ち上がるのである。現実的な自由はビールジョッキの前ではじまるのである。「節酒という滑稽なデモンストレーション」を大々的に組織する団体は――とガイヤルデは強調する――、ヨーロッパで個人の道徳を牛耳ると主張する宗教団体に「劣らないほど抑圧的である」(52)。実際、習俗に付けられた首枷が、投票箱に投票用紙を入れるために支払われるべき代価だとすれば、その「代償」はあまりにも大きい。

したがって、ガイヤルデの言説は政治的なパリノディア〔前作の内容を取り消す詩編〕ではない。それはまさに――この語が『ネールの塔』の共著者にとって、いくらか重すぎるとしても――認識論的な回心である。この一九世紀末の「進歩主義者」にとっては、その制度が約束するものにのみもとづいてアメリカに白紙委任状を与えるという時代は終わったのである。政治的なものに対する社会的なものの優位は、「文明」の次元でアメリカを問題の俎上に載せる道を開く――この「文明」という項目の重要性は、反米的言説のなかで絶えず増大しつづけるのである。第一次世界大戦にまでいたる時代には、アメリカの「脅威」に対するもっと攻撃的な形の告発が一般的だとしても、またこの時代には文化的な風刺は比較的わずかな部分しか占めないとしても、「生活様式」に対する批判が一つの道を切り開く。この道がその後、王道となるのである。*American way of life*〔アメリカン・ウェイ・オヴ・ライフ〕が一九三〇年代の聖職者の物語のなかで激しい恐怖をかき立てるよりもずっと前に、スタンダールやボードレールの嫌悪よりも社会学的で、もっと美的でない攻撃が、アメリカへの嫌悪感を前にして姿をあらわしはじめる。すなわち、労苦に屈従し、「働くことだけがそのポエジーである」生活に対する嫌悪感、「中間の階級のない、厳密にいえば労働者しかいない、つまり一文無しの労働者と、大金持ちだが、絶えず働いている労働者しかいない[53]」平等主義の社会に対する嫌悪感、「画一的な蜜蜂の巣箱」、「人間の群れ」、「蟻塚[54]」に対する嫌悪感である。ガイヤルデの後継者たちは「大衆社会」の記述において、これを想起することができるだろう――彼がこれに挑発的に貼り付けていた貴族政治のレッテルは賢明にも忘却しながらである。

カウ=ボーイの国の男爵

フレデリック・ガイヤルデは、合衆国とのかつての親交によって、首差で先んじることができたが、彼の反米的な無分別は長時間の独走を許されない。一〇年後、アメリカについての大出版 *rush*〔ラッシュ〕、サムおじさんへの殺到が起こる。さしあたっては、ガイヤルデはエドモン・ド・マンダ=グランセを思いがけず旅の道連れにすることを我慢しなければならない。

トクヴィルの遠縁だが、トクヴィルとは意見が違うことを自慢にしているマンダ=グランセ男爵は、ウルトラ保守主義者である。冷静な人種主義者で、断固とした反民主主義者（彼はニューヨーク港に急速に砂が堆積することを予言するが、このような事態は「民主的政府に固有の先見の明の欠如した精神」によって不可避的となる）の彼は、アメリカの制度の機能の仕方よりも、馬の品種改良のほうに興味をもっているように見える。活動的で啓発的な男爵は、自分の旅行記にサン＝ジェルマン街のよい香りがする指摘をちりばめる。たとえば、ニューヨークでは「自家用馬車はきわめてわずかしか」目にせず、「目にする自家用馬車の馬のつなぎ方はへたで、馬車自体も手入れが行き届いておらず、いらいらさせる口髭をはやした御者たちが運転している」[55]と、非難がましく記すときである。あるいはまた、ボルドーふうザリガニ料理についての知識をまったくもたない六〇万のシカゴ市民の「料理にかんするとんでもない無知」に憤慨するときである。その一方で、「このすばらしい甲殻類は、近所のどんな小川にも文字どおりうようよしているのである」[56]。この重大な不満をこの上なく大まじめに語り、合衆国に対しておこなう予審の関係書類をその不満でもってふくらませるには、この短気な男爵の厚かましさが必要である。ガイヤルデと男爵が同じ考え方をしているのでもなければ、同じ政治的立場にもないことは明白である。しかしマンダ＝グランセの著作が後世にまで生き残る権利は、『アメリカにおける貴族政治』よりもはるかに少ないとしても、マンダ＝グランセの著作への興味はまさしく、そこに観察される視点がガイヤルデのエッセイと一致していることに存する。

『岩山にて』は、まず『ル・コレスポンダン』紙に、ついでプロン社から一八八四年に発表される。マンダ＝グランセは一八八五年にも同じ過ちをくり返す。『サムおじさんの家を訪ねて――ニューヨークとシカゴ』では、今回はアメリカの都会を粉砕するが、そのとげとげしさは前回と同様である。標的が拡大し、発言が過激になっている。語調はすぐに揶揄から憤激へと移行する。マンダ＝グランセは気まぐれな作家であるが、固定観念に縛られた思想家でもある。ガイヤルデの精神はアメリカの民主的な公爵夫人たちに取りつかれていたが、われらが男爵はカウ゠ボーイに取りつかれている。明らかにこの強迫観念は、ダコタの「ユリの花」〔ユリの花はフランス王家の紋章〕と命名されたファミリー牧場の経営と無関係ではない。この牧場については、のちの旅行家ポール・ド・ルージエが一八九二年の『アメリカ的生活』のなかで、フランスのペルシュ馬〔大きくて頑丈な荷馬〕によってアメリカの雌馬に受精させる一種の愛国的な実験所として言及するだろう。(57) それでもやはり『岩山にて』は、カウ゠ボーイのかなり手厳しい肖像画を描いている。この男たちは「あまりに怠惰すぎて、鉱山や農場で働くことができず、〔……〕インディアン」、および白人の「住民たち」自身の「暴政」と「絶えず戦っている」(58)。「西部の厄介者」であるカウ゠ボーイは、マンダ゠グランセを主要都市まで追いかけていく。男爵は二作目の物語をこれらの都市に捧げているのである。「避けることができないカウ゠ボーイ」がそこで生身の姿で馬に乗っているわけではないことは、もちろんである。「アメリカの現代小説家のお気に入りの主人公」になったカウ゠ボーイは、文学を通じて跳ね回っている。急激に進行する神話化に――ハリウッドにおけるその輝ける未来を想像することは、彼にはまったくできない――、男爵は逆上する。この「哀れな奴ら」からなる下層無産労働者階級が新しい騎士団としてまかり通っていること、また「月に四一ドルという安い給料のために」へとへとになっているこの投げ縄使いののけ者が、この新しい騎士団の勇士であり遍歴の騎士であること、これだけでもヤンキーの王国には何か腐ったものがあることを証明するには十分だろう(59)……。マンダ゠グランセは、アメリカからカウ゠ボーイを厄介払いするために過激な解決法を見出していただけに、ますますこのカウ゠ボーイの文学的流行には不満である。すなわち、カウ゠ボーイをインディアンでもって置き換えさせるというものである。実際、インディアンが「カウ゠ボーイの代わりをすることは有益だろう」。さらに「私が提案しているアイディアはユートピアではない(60)」と、皮肉屋の読者のためにつけ加える。きっと男爵はそのことを確信しているのである。

アルフォンス・アレーの物語から直接出てきたように見える、カウ＝ボーイをインディアンでもって代わらせるという驚くべきこの計画は、「インディアン問題」の分析の最終段階に介入してくるが、これはガイヤルデの分析とものの見事に一致している。それはフランス人とインディアンのあいだにあった昔の連帯を想起することであり、ヤンキーが実施する絶滅政策に対して憤ることであり、犠牲者と同一化することである。「インディアン一般に対するアメリカ人の政策は、嫌悪すべきものである」とマンダ＝グランセは書いている。「その目的はインディアンの絶滅である。政治家はそのことを隠そうとせず、これこそがインディアン問題を終わらせる唯一の方法なのだといって弁解している。」この弁解を、マンダ＝グランセは受け入れることはない。このジェノサイドの正当化は「絶対的に誤り」だと宣言し、その証拠として、彼もまた、かつてのカナダ、廃止されたアカディアにおけるフランス人とインディアンの調和のとれた共存を採り上げている。*Et in Acadia ego*〔そしてアカディアで私は〕……。

だが男爵が何をしたとしても、彼がフランスの調停のおかげでカウ＝ボーイに昇進したインディアンの未来の幸福を心底信じているようには見えない。「この人種の未来とは、いかなるものであろうか」と男爵は自問している。「私たちフランス人は彼らに対してとりわけ関心を抱く義務があるのだ。というのも、この人種は一世紀以上ものあいだ、私たちの忠実な同盟者であったのだから。(61)」この問いに対する答えを、男爵は、フランスもだが、もっていないように見える。それは忠実なインディアンが、ここでもガイヤルデと同様、いかなる〈約束の地〉の人間でもないということである。〈失われた楽園〉〈ユリの花の紋章をつけた牧歌的なアメリカを、インディアンはフランス人と仲良く共有していた〉の外に出たインディアンは、集団移住と死にゆだねられる。ガイヤルデの国家主義的メランコリーとマンダ＝グランセのノスタルジックな排外主義のあいだに指を通すことができるとすれば、よほど器用な人である。フランスの反米主義者にとって善良なインディアンとは、カスター将軍に立ち向かったインディアンである。それは死んだインディアンであって、死んだインディアンに気楽に哀悼の意を表することによって、消滅したフランス領アメリカを賛美すると同時に、ヤンキーによるジェノサイドを非難することが可能となるのである。

　かくして、まだ揺籃期にある反米主義のささやかな規模で、言説の共同体が確立されるのが見られる。その出自、信条、さらには一世紀にもわたる相矛盾する政治的情熱によって分裂したこれらのフランス人が、突然、同じ言語を話し出すのである。おそらく、想像力(イマジネール)による再会、あるいはむしろ想像世界(イマジネール)のなかでの再会である。だがアメリカについてのイデオロギー上のコンセンサスが見かけ倒しだとしても、さまざまな言表の一致はそれ自体、一つの「事実」であり、それが今度はこの「事実」がもろもろのイデオロギー的・政治的な結果の誘因となる。フランス反米主義の長い歴史のなかで絶えず明らかになる両極端の一致のメカニズムは、すでにこれらの先駆者のなかにはっきり読み取ることができる。フランス共和国を信じた者と信じなかった者とは、一つの思想を共有することはほとんどない。しかし合衆国の拒否ということでは一つになるのである。この逆説的な一致の動きは、インディアンと黒人の運命にかんして、とりわけ際立っている。

　フレデリック・ガイヤルデは、インディアンについては、ポストロマン主義的であると同時に共和主義的な言説を維持していたが、そこでは文学的共感と、人権の普遍性に対する原則的な愛着が混じり合っている。マンダ＝グランセ男爵は、「現代的な」反民主主義者である。さまざまな人種があること、そして劣った人種が存在することをとりわけ信じているのである。彼のインディアンの肖像を見ても、〈気高い未開人〉の姿はまったくよみがえってこない。インディアンには、と、この無遠慮な庇護者は書いている、「ぞっとするような不気味な醜さ」がある。彼らはカバとサイに似ている。「その強情でじっと動かないといった一大特徴によって、［インディアンは］何かよくわからない仕上げの一筆を欠いているように見え」、これらの動物と「同じ未完成の印象を与える」(62)。これはシャトーブリアンのインディアンからも、一八三五年にトクヴィルが作成した気取りのない繊細な肖像からも遠い。マンダ＝グランセのインディアンとは、寄せ集めであり、時代に先んじたアルジェリア現地補充兵もどき(63)、絶滅の危機に瀕している種もどきである。この「忠実な同盟者」は、インディアンから「有史以前の人間を思い描く」ことも可能である。最善の場合は、この好意にあふれた男爵はインディアンを、人間性よりも動物性に近いものとして記述されている。だが、こうしたことがあるにもかかわらず、彼がまったく信用を失うことがないのは、ガイヤルデの場合と同じく、彼がここでジェノサイドをおこなうヤンキーに対する検察側証人として立派に役割を果たしているからである。マンダ＝グランセは、前述の原則を完璧に例証している。すなわち、反米主義的言説においては、アングロ－サクソンに抑圧される者としてのインディアン人種と黒人種の熱烈な擁護は、これらの人種の「弁護士」の公然たる、あるいは潜在した人種主義と完璧に両立しうるということである。そして原則の次元においてもフランスの政治の場においても見られるガイヤルデとマンダ＝グランセの立場の対立は、アメリカの広大無辺な眺望の抵抗不可能な作用に吸収されたかのように、ここではいっさいの際立った対比を失うのである。

「黒人問題」の扱いは、インディアンの場合よりも容赦ないだけでなく、いっそう手が込んでいる。ここでは、マンダ＝グランセの人種主義にはいかなる善意も敷き詰められていない。黒人種は単刀直入に「白人種より絶対的に劣っている」(64)と宣言されるのである。男爵の目には奴隷制廃止論は忌まわしいことに見える。男爵はヴィクトル・ユゴー（この一八八五年に、フランスはユゴーを国葬にする）が「ジョン・ブラウンやパリ・コミューンのドンブロウスキやクラピュルスキのようなすべての人たちの不幸にひどく涙を流した」[65]ことが許せない。黒人に蜂起するよう呼びかけたために、一八五九年にチャールストンで絞首刑になったこの有名な奴隷制廃止論者〔ジョン・ブラウン〕と、発音しにくい名前をもつパリ・コミューン参加者を結びつけているのを見れば、マンダ＝グランセの知的宇宙がいかなるものかが、かなり明らかになる。だがこうした原則的な人種主義が何はばかることなく表明されたからといって、この同じマンダ＝グランセが「黒人問題」によって生じた我慢ならない一触即発の状況の全責任を、嫌われ者のヤンキーになすりつけることができないわけではない。北部の偽善的なプロパガンダがなければ、黒人はその場にとどまりつづけただろう。パンドラの箱をあけたのはヤンキーであり、その意味でヤンキーは、彼らの約束によって道を踏み外したかつての奴隷よりも、ずっと憎むべき存在である。以来、南部連合派が耐えがたい「事態」に対する反動として、いくつかの自己防衛策——たとえばクー・クラックス・クランの設立——を講じるのをどうして非難できるだろうか。また、ヤンキーが是が非でも解放すると主張した人々自身によって根絶やしにされることを、どうして（口に出して）夢想しないはずがあるだろうか。「この状態がつづけば」とマンダ＝グランセは無造作に予言する、「多大な苦労をして黒人を解放したヤンキーは、タタール人が中国人に征服されたように、黒人によって征服されるか、あるいは普通選挙を廃止しなければならないだろう」[66]。

インディアンがカウ‐ボーイに取って代わったあとでは、実際、どうして黒人がヤンキーに取って代わらないことがあろうか。アメリカのアングロ‐サクソンに提示された二者択一の利点は、明快だということである。彼らは自分自身の消滅か、みずからが創設した制度の破棄——その制度の筆頭が*«one man, one vote»*〔ひとり一票〕である——のいずれかを選択しなければならない。すんでのところで、黒人はマンダ＝

グランセの厚意のようなものを得ようとしている（ごく一時的な厚意であるが）。おそらく内在的な正義によれば、黒人は――この語のあらゆる意味において――自分たちの鎖を解いてくれた déchaîner〔爆発させる、猛威を振るわせる、などの意がある〕その同じヤンキーに対して懲罰の道具にならなければならない。フレデリック・ガイヤルデは、解放された黒人がかつての主人のために選挙権を行使したことを強調することによって、より黙示録的でない〈歴史〉の皮肉で満足する。だがガイヤルデにおいてもマンダ＝グランセにおいても、ヤンキーを非アングロ－サクソン系「人種」の殲滅者であると同時に、災厄だらけの偽りの解放をおこなった魔法使いのへぼ見習いとして提示するという同じ弁証法が機能している。

ガイヤルデ、マンダ＝グランセ、同じ闘いなのだろうか。フランスでは、もちろん違う。だがこの二人がほとんど一つの声でもって語るには、彼らがアメリカに足を踏み入れるだけで十分である。この当惑させる一致については、結局は、この一致は人種の問題や、ヤンキーの犠牲者との連帯という戦略――この戦略は、すでに述べたように、将来的には反米的言説の骨組みとなるだろう――だけに限定されるものではまったくないといわなければならない。実際には、仏米関係にかんする両者の歴史分析の近さは、一七八九年以降、相互に激しい憎しみを抱いている思想グループに両者がそれぞれ属していることを考慮すれば、おそらくなおいっそう驚くべきことである。というのも、マンダ＝グランセは、例のフランスに対するアメリカ人の愛の欠如というガイヤルデの診断に全面的に同意しているからである。マンダ＝グランセもまた、自分が通過したさまざまな場所、さまざまな社会階層の無関心や敵意について記録した。とくに言及しているのはシカゴである。「私は、シカゴのジャーナリズムの全体的な語調からあふれ出るフランスに対する敵意ほどはっきりした敵意には、めったに出会ったことがない。」(67) このことについては、フランスにはある誤解があって、彼はその誤解の起源をガイヤルデのように一八世紀末にあるとしているが、まったく別な論理によってである。というのも、ガイヤルデが合衆国は若きフランス共和国を一七九二年に裏切ったと非難したとすれば、マンダ＝グランセのほうは、アメリカ独立戦争が君主制を不安定化させ、フランス革命という不幸な道を切り開いたとして非難しているからである。ガイヤルデの目には、アメリカの国民は恐るべき忘恩を立証した。私たちは今後ずっとこれに警戒心を抱かなければならない。マンダ＝グランセの主張では、この同じアメリカ国民は、解放に向かう第一歩から、私たちにとって「致命的（ファタル）」(68)であった。だがこうしたまったく逆の道を通って、二人とも同じ結論に達し、見かけは盟友だが実際には敵である国民に対して、歴史の教訓にもとづいて、同じ攻撃的な警戒心を勧めているのである。

分離戦争を取り逃がしたチャンスだとする見解についても、同じ一致が見られる。マンダ＝グランセの共感は、ガイヤルデのそれほど意外なものではない。この保守的な貴族が、南部連合の味方でないはずがあるだろうか。だがこの上なき熱意をもってしても、この正統王朝派は自分が共和主義者である以上に南部連合支持者であると示すにはいたらない。ガイヤルデのように、彼は外交カードをふたたびかき混ぜる。サイコロを再度、振り、「……でなければならなかった」と「……だけで十分だった」という表現を多く使って、もう一度、賭けをするのである。というのも、「アメリカが、相互に麻痺させ合ったであろうような二つのライバル国家へと永遠に分裂し、一方の、ほとんどがフランス出身者で占められている国家が、フランス人にとってひじょうに貴重な同盟者となるためには、［南部連合を］明確に支持するだけで十分だった……」(69)からである。ここでは利害と名誉が一致していた。「メキシコ戦争をはじめた以上、そこから名誉を失わずに抜け出すことが唯一の方法であった。」このシナリオは一般に認められる。とんでもない！　フランスが臆病だったために、この破壊的な怪物が生み出されたのである。すなわち、「再建された合衆国」は、すでに今日にして、「鉄道網の建設によって、メキシコの経済的征服を巧妙に進めた。そして近い将来、パナマ地峡を占領して、私たちがそこになりふりかまわずつぎ込んだ何百万もの莫大な金を手に入れるだろう」。マンダ゠グランセは、合衆国に不幸を望むときよりも、フランスに不幸を予告するときのほうがすぐれた予言者である。だが同じく不可避だと判断するアメリカ西部の離脱は起こらない。[70] パナマ運河の没収は、彼が予告したように、まさしくおこなわれる。だが同じく不可避だと判断するアメリカ西部の離脱は起こらない。フランスは一八六五年の戦争の際にはひどく間違った賭けをしたがゆえに、分離戦争にアンコールを求めることでフランスに二度目のチャンスを与えることは、礼儀にかない、*fair-play*〔フェア－プレイ〕であったことだろう……。

ペストとネアブラムシ病

マンダ゠グランセは、ガイヤルデとは反対に、自分の旅に失望をしていない。彼がアメリカにやって来たのは、民主主義を、「この神秘的な力を、そのもっとも広大な神殿のなかで」[71] 調べるためではなく、その欺瞞を暴き、アメリカと呼ばれる能なしの巫女が座っている三脚床机をひっくり返すためである。ところが、そのいっさいの軽蔑、さらには傲慢さにもかかわらず、男爵は恐怖を感じざるを得ない。風刺に富んだ才気が尽きるときには、不安で引きつった笑いがかいま見られる。というのも、そのあらゆる欠陥のゆえに、すなわち公人の根っからの腐敗、最近の凡庸な「移民の性質」[72]、住民の「質を低減させた」愚劣な「共和主義の形態」のゆえに、アメリカはやはり危険でありつづけるからである。

アメリカはいわば物理的に、その大きさや増大しつづける経済的な影響力、生まれつきの貪欲さによって危険であり、アメリカ人の英語の用法にまで反映されるその乱暴なエネルギーによって危険である。

「彼らの新語には、ときどき鳥肌が立つ。それほどそれらはエネルギッシュなのである」と、臆病者ではない男爵は書いている。[73] 語調は性急な優越性を帯びているにもかかわらず、彼のページには不安があらわれている。皮肉は、行が進むにつれて、文字どおりのパニック、ガイヤルデのような人の論理的な不安ほど明確ではないが、より激しいパニックと入れ替わる。マンダ＝グランセがけたたましく笑いものにしているグロテスクな対象から一瞬、目を離すとする。すると彼の語調は陰鬱になる。だしぬけに、アメリカに対する敵意が彼に「カナカ族に捕らえられ、食べられそうになった仲間の話」[74]を思い出させる。奇妙な連想であって、そのつづきを見てもほとんどその意味は明らかにならない。この連想が示しているのは、アメリカの生贄になっている思考の一種の狂乱である。このカナカ族の鍋に入れられそうになった仲間と「私たちはいくらか同じ状況にいる」とマンダ＝グランセは書いている。「私たちは、ここでなされたことがわかっている。将来ここで起こることが、ひじょうにはっきり見える［……］。この将来とは、これを打開しなければ、フランスの崩壊、全国的な大混乱、フランス全体の人口の一五〇〇万人への減少である。」フランス人の民族抹消へと向かって?。

将来を打開する。この表現は強く、きな臭い。フランスの砲艦がハドソン川に来るのはいつなんだ? ここでもまた、マンダ＝グランセのいささか過度の攻撃性が、合衆国との差し迫った戦争というテーマ――世紀末にいたるまで想像力を荒れ狂わせるテーマ――をめぐって、ガイヤルデのいっそう用心深い警戒感と結びつくのを目の当たりにするのは驚くべきことである。マンダ＝グランセは、フランス人が生き残るために不可欠な予防策として、心から戦争を求めているように見える。遅くとも一八八一年、つまりチリとペルー間の紛争に対するアメリカの干渉がなされた際に、戦争がすんでのところで勃発するところだったと、ガイヤルデは控えめだが憂鬱げに記した。「ワシントン政府がチリとペルーに自分の調停に応じるようあくまでも主張していたら［……］ヨーロッパの海運大国との戦争になっていただろう。(75)」「アメリカの新世代は［……］ヨーロッパ全体を相手に賭けに出られるほど自分たちには力があると信じている」ことを強調しながら、ガイヤルデは多数派の人々の良識をなおも信じたがっている。一八九〇年代の反米主義者は、彼の穏やかな楽観主義を共有しようとしない。逆に、合衆国とフランスのあいだでは、戦争の論理のほうがまさっていることを証明しようとする。彼らにとって唯一の問題は、この戦争がどのような形をとるかを知ることである。公然たるものか？　表面上は穏やかなものか？　あちらこちらに飛び火するのか？　さしあたって、ポール・ド・ルージエが一八九二年（キューバ戦争の六年前である）に述べたような結論に、だれもが達することができるだろう。「唯一の決めるべき方針とは、だから不可避の戦いに向けて武装することである。(76)」

もっとも、マンダ゠グランセの大鍋のなかでアメリカが煮込んでいるのは、かならずしも公然たる戦争ではない。まるでパンドラの箱のように、男爵がこの大鍋から随意に取り出すのは、カリフォルニア・ワインや一リーヴルあたり八スーの牛肉（対するに、ル・アーヴルでは二〇スーである。「こんなことは、長くはつづかない(77)」）との競争によるフランスの田舎の破滅、あるいは嘆かわしい陪審制度からはじまって、「アメリカ的制度」をつぎからつぎへとフランスに「採用」させようとするアメリカの「崇拝者一派」による社会の転覆である。(78)ひそかに進行するアメリカ化は、フランスにおいてはスパイによって助長されるが、このスパイたるや、「教条主義者に幾世代にもわたって引用を提供(79)」したことで非難されるべき亡き従兄弟のトクヴィルから、ジョン・ブラウンを歌う人であるヴィクトル・ユゴーを経由して、アメリカ支持の不可解な「共産主義者(80)」にまで広がっている。

フランスが直面しているリスクは、この最後の観点では侵略よりも汚染である。おそらくマンダ゠グランセは、アメリカを伝染病原体であり、さらには（このことがアメリカをますます恐るべきものにするのだ）政治的で社会的な病気の健康な保菌者のようなものとして描写する、デ・パウ以降の最初の反米主義者である。「向こうには、アメリカ人のブドウの木にとってのネアブラムシ病のような制度がたくさんある。アメリカ人はそれらで苦しんでいるが、だからといって死ぬことはない。ところが私たちのところに移されると、それらは致命的となる。[81]」この隠喩は時宜にかなっている。この病気が南西部のブドウの木に広がり、フランス人がその被害にはっきり気づくのは、一八七〇年代である。フィロクセラ・ヴァスタトリクス〔ネアブラムシの一種〕と、そのアメリカの親戚で、一八五四年に特定されたペンフィグス・ヴィティフォリア〔ブドウフシアブラムシ〕は、国土の多くが農村で、盛んにブドウ栽培をし、大のワイン好きであるフランスにとっては悪夢である。この隠喩は、一九三一年のあるエッセイに題名としてとられている「アメリカという癌」という、なおいっそう劇的な隠喩に取って代わられるまで、大いに利用されることになる。ネアブラムシ病そのものが陰謀なのではないだろうか。「近いうちに」とエミール・バルビエは一八九三年に書いている、「アメリカ産のボルドー・ワインの積荷がポーヤック〔ボルドーの北方、ジロンド川沿いの町〕に到着して、ネアブラムシ病で全滅したフランスのワインに取って代わるだろう[82]」。

貴重なるネアブラムシ病よ！　同時に侵略と荒廃の同義語であるこの語は、アメリカ化という忍び寄る病の理想的な隠喩を供給してくれる。というのも、アメリカ化とは、アメリカの制度的、社会的、または文化的特徴のたんなる採用でも、コピーでも、あるいは押しつけでさえないからである。これは汚染－腐敗のメカニズムである。アメリカからヨーロッパに伝わり、ヨーロッパで子孫を残す――伝染という意味である――ものは、つねに最悪の種類のものである。「彼ら」と「私たち」のあいだには決して生産的な移動はない。汚染された交易があるだけである。ガイヤルデはそこに一種の自然法を見ていた。「ヨーロッパは日を追うごとにアメリカ化していくが、両人種はおたがいの長所ではなく、短所を採り入れる。[83]」この伝染という想像(イマジネール)の産物を通して、はじめてヨーロッパはみずからが免疫という防御をもたず、脆く、弱いことに気づき、そのようなものとしてみずからを記述するのである。「彼らの餌食になった旧大陸」と一八九三年にあるフランス人旅行者は書いている。[84]

*

世紀末の反米主義において突出した一匹狼であるガイヤルデとマンダ＝グランセは、スポークスマンではない。二人の不安、失望、怒りは、まったく個人的なものである。それでもなお二人の証言は、つぎの二〇年間のより断固とした反米主義を、その基本的な輪郭において先取りしている。

というのも、二人の作品で私たちが確認するのは、共有される決まり文句からなる反米的定本(ウルガタ)の早期確立だからである。仏米関係の冷めた再解釈、分離戦争でフランスがとった中立的態度への後悔、大陸に対する「再建された」合衆国の覇権的な野望への告発が、歴史的な月並みな表現・主題(トポス)となる。人種的トポスに付随するのは、非‐ヤンキーを待ち受けているジェノサイドと似たり寄ったりの運命の告発、対照的にアメリカに居住するフランス人に特有の「雑種的」過去の称揚、新しいアメリカの支配的要素をあらわすために「アングロ‐サクソン系人種」という概念に徹底的に訴えること、である。最後に、文化的トポスとは、二人の論争家の作品にあまりに数が多くて一つ一つたどることはできないが、その目録は個人的な気質に余地を残しながら（マンダ＝グランセのカウ‐ボーイのように）、今後の長い使用を約束された見出しに整理される。すなわち、市街地の醜さと人々のセンスの欠如、知的交流の貧困と会話の凡庸さ、自宅や町で女性が占める過剰な地位、公的制度の無力さ、腐敗、賄賂の横行、そしてもちろんドル崇拝、つまりガイヤルデが「貴族政治」と呼ぶほうを好み、マンダ＝グランセが金権政治として告発する、あの民主主義という黄金の子牛〔ヘブライ人が崇拝した金銭・金力の象徴〕である。

4　ハバナからマニラまで
——アメリカ人のための世界？

地球には限界がある……。この現実主義の食人鬼を前にして、分裂したヨーロッパはどうなるのか。

ジュール・ユレ、『アメリカにて』（一九〇五年）

この大陸を所有する国民は、二〇世紀には世界を支配するだろう。このことについては、疑い得ない。

ユルバン・ゴイエ、『合衆国における二〇世紀の国民』（一九〇三年）

一八八〇年代は懐疑の時代だった。自分自身をひどく鼻にかけ、高慢極まりないこの合衆国は、私たちの称賛や彼ら自身の評価に本当にあたいしたのだろうか——フランス人旅行者の好みからすれば、いくらか誇示しすぎているように見えるが？　イデオロギーの広がりの両端からやって来たガイヤルデやマンダ＝グランセのような人たちは、この問いを広場にもち出して、二人とも否定によって答えていた。すでに述べたように、孤独な声だが、わずかのあいだである。一八九〇年代には、これらの声は一つになり、そして乗り越えられる。反米主義の集団が拡大し、不穏の色が濃くなり、語調が変化する。懐疑の時代を嫌疑の時代が引き継ぐのである。アメリカの冷淡さや無関心を嘆くだけではもはや我慢できなくなる。大西洋の向こう側の共和国が示す激しい敵意やあけすけな野心を告発する。この共和国の「帝国」への変貌が不安を誘う。漠然とした懸念が、数年で文字どおりの警戒態勢になる。「アメリカの脅威」は、もはや仮定的なものでも、長期的に予測されるものでもない。それは明日かもしれない。それは確実である。

しかしアメリカがフランスにとって危険だという考えは、アメリカに対する共感がいかに少ないとしても、自明のことではなかった。そして世紀末の二年前に、まだ漠然としていた一連の警戒と憶測に「現実」という検印を押す事件が起こらなかったならば、おそらくこの考えはこれほど急速に広まることはなかっただろう。というのも、一八九八年、不穏な噂を流す人々の不安な予測が、目を見張るような確証を得るからである。合衆国がスペインに宣戦布告し、その艦隊を破壊し、キューバ、そして間もなくフィリピン諸島に上陸するのである。この米西戦争はフランスで大反響を醸す。ヴァレリーはその後、この「予想外の衝撃」を新規な心的外傷（トラウマ）を開始させる事件として記述する。いずれにしても、多くのフランス人の反米主義にとって、この「侵略」は強力な触媒である。

ニューヨーク湾でミス・リバティの建立を平和的に祝う水上パレードと、ハバナ港のUS海軍による爆撃までのあいだに流れるのは、わずか一二年である。だがこの一二年が表象の世界全体を揺り動かすのである。この期間が経過したのちには、華々しく、騒々しい、大勢の集団が、反米主義の草分けたちに加わっている。いや、むしろ新たな不満を抱き、新しい論拠に支えられた集団が、そのあとを引き継いでいるのである。

つまり、フランス反米主義に洗礼証書を与えることに意味があるとすれば、その証書には一八九八年の日付を記入すべきだろう。これは本書の調査の論理とはほとんど相容れない行為である。というのも、表象の体系は、雨後の竹の子のようにどんどん大きくなるのではなく、言説のゆっくりとした堆積作用の結果だからである。それでもやはり、あるはっきりと特定できるときに、固まる（サ・プラン）ことに変わりはない。かつては中心部から離れた路地を進んでいた考え方が、いまや世論という大通りを気取って歩く。あるいは、より正確にいえば、はっきりした形をとる。ばらばらの偏見、粉々の不満、不幸な歴史的記憶――つまり、はっきりとは発せられない非難と定めない恨みからなる材料全体が、沈殿し、固定する。だから、一八九八年という年を強調することは、「出発点」という錯覚を支持することにはならない。反対に、闘値について語ることも可能である。というのも、このときからフランス反米主義は安定状態に達するからである。これはフランスの反米主義がまったく変化しないということではなく、その後の（イデオロギー的、政治的、あるいは道徳的）変種は、この世紀末の沈殿物から派生した状況にすぎないということである。アメリカを中傷する者たちの発明の才は、論争家の弁舌と同様に、これで尽きるということはない。あとにつづく世代が、それぞれの歴史的局面によって、反米主義の宣伝パンフレットをより充実させるからである。他の「軍事介入」、一八九八年の戦争よりも残酷なもろもろの戦争は、否応なく押しつけられる強者の掟に対する憤りをさらにかき立てる。経済的、地政学的、象徴的、あるいは道徳的なさまざまな衝突が、定期的に反米主義のポンプに呼び水を入れることになる。だがその骨格は一九世紀末からまったく同じである。

結晶作用

一八九八年の衝撃は、すべての人にとって「思いがけない」ものであったわけではない。いずれにせよ、一〇年以上ものあいだ、砂漠のなかで不安を鎮めてきた人たちにとってはそうではない。フランスとヨーロッパの衰退を予言するこれらのカッサンドラ〔トロイ滅亡の予言者〕は、スペインに対しておこなわれた侮辱によって、凶兆を告げる予言者に特有の苦い満足感を得ることができる。合衆国の軍事力の目を見張るような上昇に対する彼らの警告、ますます制御できなくなっていくアメリカという「食人鬼」の食欲に対する彼らの警告――これらすべては、この事件によって公に認められる。だがこのフランスの自信の裂け目に、よそからやって来たほかの疑いが流れ込む。不安を抱かせるけれども、散発的だった種々の徴候が、いまや集められ、関連づけられ、帝国主義的な抑え切れない欲望だけには限定されないアメリカ的悪〔＝病気〕の疾病分類学的一覧に編成される。この新しい診断によって明らかになるのは、威圧的で帝国的なアメリカと同時に、不平等主義で粗野なアメリカである。一八七〇年代から一八九〇年代にかけての目覚ましい労働危機を目の当たりにして、フランス人は驚愕し、茫然としつつ、民主的文化によって鎮撫されたと信じていた社会関係の暴力を発見する。

こうした自覚が芽生えてくるのは、とりわけ万国博覧会や、フランスの労働者と職人の代表者がアメリカ滞在について作成した報告書のおかげである。[1] 一八七六年のフィラデルフィア博覧会では、約二〇の職種の代表者が〈新世界〉とのこの異例の交流を利用して、アメリカの労働者の状況にかんする伝説と現実をふるいにかけていた。彼らの意見には感激が皆無であった。彼らの眼差しを通じて、一八七〇年以前の共和派が夢見ていた労働者の楽園は、すでに失われた楽園のようなものであることが明らかになるのである。大西洋の向こう側の労働者団体は、約束を守ることからはほど遠かった。アメリカは他の国と同様の資本主義国である——ひょっとすると他の国よりもさらに悪い。（この論争については、のちの章で検討することになるが、その後、何十年ものあいだヨーロッパの社会主義を動揺させる。）いずれにせよ、アメリカを訪問した労働者——ここでは機械工——にとってまったく疑いがないこととは、「他人の仕事で生きている人間と生産する人間」のあいだの分裂は、ヨーロッパと同じくらい截然としているということである。そして「ひどくむごい表現を使えば、生産する人間は他人の仕事で生きている人間の意のままになっている[2]」。ほかの代表者は、さらに先まで行く。「アメリカ大共和国は労働者にとって約束の地であるどころか、ヨーロッパに倣って、文字どおりの社会的な地獄（ゲヘナ）と化している。労働と資本のあいだで日ごとにいよいよ激しく熱くなる敵対関係は、合衆国を人間的至福の最終避難所とみなすことを好んだ人々の最後の幻想を一掃するに違いない。」この仕立屋の報告書を引用したジャック・ポルトは、この報告書の厳しさは「かならずしも例外的ではない[3]」ことを強調している。労働者の代表者にとって、一八九三年にシカゴで開催された印象的な博覧会は、これら悲観的分析——工作機械の改良と普及を前にして高まっていく恐怖（そもそも工場主にも共有されている恐怖）によって深刻化する悲観的分析——を確証する機会となるのである。

　こうした観察と分析は、かぎられた集団に特有のものである。その流布は厳密に同業者組合や活動家だけのことでありえたかもしれない。ところが一八七七年と一八八六年の唖然とさせられる社会的爆発〔それぞれ鉄道ゼネストとヘイマーケット・スクエア事件〕のおかげで、これらの観察と分析は莫大な反響を得る。その間、ヘイマーケット裁判は、もう一つ別の幻想に致命的な打撃を与えることになる。すなわち、フランス共和派の精神のなかで、民主的な制度と、裁判を前にしたすべての人間の平等とを結びつけようとしていた幻想である。

この観点からすれば、〈自由の女神〉像の除幕式が、恐るべき一八八六年末におこなわれること以上にタイミングの悪いことはなかった。大蜂起――一八七七年の *Great Upheaval*〔大蜂起〕――というほぼ反乱に等しい衝突から一〇年も経たないうちに、国内全体がふたたびきわめて激しいストの波に揺れる。わずか一年間に、約一万の企業で、一五〇〇回近いストがおこなわれ、ほとんど五〇万人が関係したと見積もられた。繊維業界の一握りの労働者によって一八六九年に創設された〈労働騎士団〉という団体は、一八八六年の半ばには、七〇万人以上の会員を数える（前年には一一万一〇〇〇人であった）(4)。何よりもまず、あらゆる部門で雇用者によって強制された低賃金に対する抗議としておこなわれたこれらのストの一部は、《Wizard of Wall Street》〔ウォール街の魔術師〕と呼ばれたジェイ・グールドを屈服させるSouthwestern Railroad System〔南西部鉄道網〕のストのように、勝利をおさめる。だが他の多くのストは、武力の行使は別にしても、スト破りや自警団の計画的な活用の前に失敗に帰すのである。

一日八時間労働を求める国家的規模の運動によって対立が頻発する。組合活動家、無政府主義者、〈労働騎士団〉が不一致を抑えたシカゴの町が、その震央である。イリノイ州、さらには合衆国全体をもはるかに越えて、長期にわたって一時代を画する事件が起きるのは、ここシカゴである。五月一日、八時間労働を求めるストが、三万人以上のストライキ参加者によって成功をおさめる。地区から地区へと、他のストを助長しながら、勝利が積み重なっていく。五月三日、運動が最高潮に達するときには、マコーマック工場の「スト破り」を激しく非難していたストライキ側に警察が発砲して、四人が死亡し、多くの怪我人が出る。かくして、四日の夕方、抗議集会および政治集会が、ヘイマーケット・スクエアでおこなわれることが予告される。この集会は小人数である。終わりがけには、雨のせいで三〇〇人に減っている。警察がこの集会を追い散らすために介入するのは、そのときである。爆弾が投げつけられ、警察官に一名の死者と数名の怪我人を出す。シカゴを寝床にしている無政府主義者が犯人とされるこの襲撃によって、ストライキ側に対する激しいプレスキャンペーンと厳しい取り締まりが引き起こされる。大規模な不当検挙がおこなわれる。証人もいず、証拠もなかったにもかかわらず、七名の無政府主義者が容疑者とされ、死刑を宣告される。四名が絞首刑になるだろう。

フランスの世論に対するこれらの事件のインパクトは絶大で、決して労働者層に限定されるものではない。組合活動家と社会主義者は、抗議活動によってこれらの事件の周知徹底をはかるが、保守系のジャーナリズムも黙っていない。これは敵対する共和派にとってなじみの深かった *Model Republic*〔モデルとしての共和国〕を誹謗し、「進歩主義者」の信じやすさを嘲弄する絶好のチャンスなのである。フランスの組合運動は毎年、非合法的に休みにし、しばしば流血を見る数日によって、この記憶を永続化するだろう。今後、五月一日を社会闘争の日として世界中で祝おうという決定によって、労働者の記憶の中心にアメリカによって犯された犯罪が据え置かれるのである。ヘイマーケットの記憶、とりわけ、テロ行為がきっかけとなっておこなわれた警察と法による抑圧の記憶が、左派の反米主義の中心に居座りつづけることになる。この反米主義が、三〇年の間隔をおいて、他の二つの政治的‐司法的な劇的事件、最初の司法上の犯罪の反復のように認識され感じられる他の二つの事件によってよみがえるのを見れば、これらの記憶がいかに執拗であるかがわかる。サッコとヴァンゼッティ裁判〔一九二〇年、マサチューセッツ州の靴工場の会計係と守衛が殺され、イタリア生まれのサッコとヴァンゼッティが証拠不十分なまま死刑判決を受け処刑された事件〕、およびローゼンバーグ夫妻裁判〔一九五〇年にユダヤ人夫妻ローゼンバーグが原爆製造の機密をソ連に売った容疑で逮捕。夫妻は無罪を主張したが五三年に処刑された〕である。

つまり、買収話と選挙違反の噂によって政治制度が非神聖化するのに加えて、社会のモデルに対する根本的な幻滅と司法機能に対する大きな失望がプラスされる。この否定的な認識は、内戦の様相を呈する破壊的なストライキが沈静化するどころか、休みなく、情け容赦なく続行しているだけに（一八九二年のカーネギー〔カーネギー製鋼会社のストライキ。一一〇名の工員と三名のガードマンが死亡〕、一八九四年のプルマン〔プルマン寝台車輛会社でのストライキ。中西部一帯の大規模な鉄道ストにまで進展した〕）、ますます悪化していく。その一方で、労働者の収入は、第一次世界大戦まで停滞する。イマージュの失墜は突然やって来る。ニューヨーク湾への建立の一年後には、多くの労働運動の闘士にとって、ミス・リバティは「殺人の女神(5)」と化したのである。

モンロー――主義（ドクトリン）から「ドグマ」へ

工業国アメリカについて、粗野で、さらには血まみれだという新しいイマージュが公衆のなかに根を張る一方で、まだ内輪の集まりだけれども、政治決定の中心に近い集団が、別な暴力を懸念している。合衆国の拡大する軍国化によって、私たちがいつかは脅かされることになる暴力である。アメリカ人が軍備（とくに海軍の軍備）に寄せる技術的関心には、領土拡張主義としての、さらには新しいタイプの帝国主義の憲章としての「モンロー主義」の再解釈が伴っている。すでに一八九五年のベネズエラ危機〔一八八六年に端を発するベネズエラ国境紛争において、合衆国は紛争の仲裁裁判付託を主張。一八九五年にオルニー通牒を発したが英国が拒否。これに合衆国が態度を硬化させ、戦争の危険さえ生じた〕の前から、*a fortiori*〔いわんや〕一八九八年のキューバ危機〔第二次キューバ独立戦争を背景に、一八九八年、米西戦争が勃発。アメリカ軍はまたたく間にスペイン軍をキューバ全島から駆逐。以後、合衆国のキューバ支配がはじまった〕の前から、平和的な大共和国というイマージュは、みずからの「運命」を――たとえ、それがヨーロッパとの武力衝突を引き換えにしても――断固、実現しようとする大国のイマージュの背後でかすみはじめたのである。

分離戦争とその機械的な大殺戮のあいだにも、巨大化した軍事大国にフランス人は警戒せよという、いくつかの声は上がっていた。だが連邦が戦勝後に実施した思い切った兵員の削減によって、この言説は一時的に弱められていた。そもそも、この言説と第二帝政のプロパガンダとのあまりにも大きすぎる一致が、この言説自体を過去にさかのぼって疑わしいものにしていた。だからはじめのうちは、つまり一八九〇年代初頭にこの言説がふたたび聞こえはじめるときは、聞こえるか聞こえぬかである。

　ナポレオン三世下の海軍大臣であり、控えめだが専門知識を有するジュスタン・プロスペル・ド・シャッスルー＝ロバは、合衆国の海軍軍備の努力を記述する最初の専門家のひとりである。彼の『アメリカ、おもにシカゴへの旅』は一八九三年に「フランス民間技術者協会の報告書抜粋」として出版されるが、はっきりと一般大衆向けに書かれたのでもなければ、熱狂を引き起こすような類のものでもない。シャッスルー＝ロバは、事実の人であって、効果をねらう人ではない。彼は平静な綿密さでもって自分が見た何隻かの軍艦の力とその「まさに途方もない装備」(6)を記述している。すなわち、一八九二年七月二六日に進水した巡洋艦コロンビア、ニューヨーク、さらにはオレゴン、インディアナ、マサチューセッツという大量生産方式で製造された「同一型の三つの軍艦」である。手ごわい船だが、フランス人はまったく恐れるに及ばない。というのも、シャッスルー＝ロバの想像するところによれば、これらの軍艦はむしろ、「もっともほとんどありえないことだが、合衆国と英国のあいだに戦いが生じた場合、英国の貿易を破壊する」(7)ように定められているからである。結局、民間技術者向けのこの一連の『報告書』のなかで途方に暮れたと思われる善意の読者をひどく不安がらせるようなことは、何もないのである。アメリカ人のこれら反英的軍備は、フランス人にとってむしろ「幸福な出来事」でさえある、と、この著者は厚かましい無邪気さをもってつけ加えている！(8)　だがこの仮説を受け入れることなく、情報だけを採り入れる人々には、この冷静さは共有されない。仮に英国がねらわれているとしても、間違いなくねらわれているのは英国だけではない。確かなことが一つある。「アメリカがきわめて高価な大船団をもつとき、アメリカ国民の現実的な精神は、自国の船がレジャー船でしかないと認めるようなことはしない」[9]ということである。

シャルル・クロニエ・ド・ヴァリニは、過剰な無邪気さや楽観主義という欠点をもつ人物ではない。世紀最後のこの一〇年間に、その辛辣さだけでなく、攻撃の観点の多様性によっても、彼はもっとも注目すべき合衆国の中傷者のひとりのように見える。ヴァリニとともに、技術的報告や専門的業績はもはや問題ではなくなる。彼の著書はアシェット社やコラン社といった大手出版社から出版され、広範な公衆にねらいを定めているからである。幅広い観察者であるヴァリニは、最初に『合衆国と英国における巨万の富』(一八八九年)についての研究を発表し、つづいて『合衆国における女性』(一八九三年)について検討した。だが彼が自分の不信と敵意を思う存分ぶちまけるのは、とりわけ『合衆国――歴史的概要』という題名で一八九一年に出版された論文集においてである。

ヴァリニの反米的な問題提起は、部分的には経済的な反米主義の延長線上にある。アメリカの保護貿易主義に対する告発が、そこでは特別な位置を占めているのである。だが彼の領土拡張主義の分析が充実しており、一新されているのは、イデオロギー的‐宗教的次元に重要性を認めているからである。この二つのモチーフを結びつけることにヴァリニの独創性がある。このことから、*tariff*〔関税〕と「使命」の結びつきをもっとも完璧に具現するアメリカの政治家を、彼は大嫌いな者として選択する。「アメリカのビスマルク」[10]であるブレインである。ブレインは、一八八一年以降、およびガーフィールド〔第二〇代アメリカ大統領〕の政府以降、衰退したヨーロッパに法外な関税を強いることを夢見ている。だがブレインはまた、とりわけ合衆国の新たなナショナリズム神秘神学の唱導者であり、合衆国の「神意による使命」の聖歌隊員である。ブレインとビスマルクの比較が適用されるのは、その人間性よりも二人の主義(ドクトリン)に対してである。ヴァリニはドイツとアメリカのナショナリズムの類似性をフランス人に警告しようとしている。いずれのナショナリズムも神意をインスピレーションとしているからである。戦勝国ドイツという考えに取りつかれた一八九一年のフランス人が、このドイツのうちに、神によって選ばれたという神話のなかに容赦なき領土拡張主義の力と正当性をくんでいる唯一の強国を見るとすれば、間違っているだろう。「今日プロイセンは、〝神意による使命〟を授けられていると自任したり、信じたりしている唯一の強国ではない」とヴァリニは主張している。「アメリカ大共和国もまた、その神意による使命、*manifest destiny*〔明白な運命〕をもっている。」

Manifest destiny。ヴァリニがコメントしているこの表現は、実際には半世紀前に生まれている。この表現は、ジャクソン大統領の精神に沿って、『デモクラティック・リビュー』誌の編集長である政治評論家のジョン・オサリヴァンが一八四五年に作り出したものである。大統領アンドリュー・ジャクソンは一八三七年の退任の挨拶で、世界の自由の保護を合衆国に託した神の摂理に言及していた。かくして、ジャクソンはピューリタンが昔から強く信じていたことを「国有化しようとしていた」のである。実際、世界の闇のなかの灯台となり、迫害された信仰の避難所となるという植民地に授与されたこの役割こそ、ニューｰイングランドのピューリタニズム設立のテーマであった。この言説では、アメリカはすでに信教の自由を擁護するという使命を負っていた――もちろん自由思想家の自由ではなく、「人間に対する神の裁きと一致する、人間のみずからに対する裁き」[11]として定義される良心によって支配された自由である。

ジョン・オサリヴァンは一八四〇年代に、聖書の影響の色濃い雄弁をこの思想のために役立たせ、「人類の希望の箱舟」[12]としてのアメリカを賛美することに飽くことなく取り組まなければならなかった。だが一八四五年に発せられた「明白な運命」という表現はこうした伝統をよりどころにしているとしても、この伝統からはみ出している――アメリカ国民が絶えず広がっていくなかで、その国境からはみ出すように。

「私たちの明白な運命［とは、］毎年増加していく私たち民衆の自由な飛躍のために、神によって割り当てられた大陸上に広がっていくこと［*overspread*］である。」これがこの雄弁な政治評論家が広める甘い言葉である。これは逃げ込み先としての大地、不公平から守られたわずかな大地という伝統的な概念から、はるかにダイナミックな使命への移行であった。アメリカ大陸全体が〈約束の地〉と化しつつあったのである。*to overspread*（「広がる」）、だが同時に「河岸からあふれ出す」）という動詞の激しさは、過剰人口を意味する *overspill* という語との近さによって、さらに強められた。アメリカは〈義人〉の牙城から大衆の生活空間へと断固として歩みを進めていたのである。宗教的語彙の不変性がパースペクティヴの変化を覆い隠したとしても、部分的でしかなかった。そして「明白な運命」というスローガンは、一八九〇年代にフランス人によって見直されることで、新しい帝国主義の精神を補足するもののようにフランス人には映りえた。アメリカ世論におけるその成功が、一八五〇年代から一八六〇年代にかけては、モンロー主義をアメリカの「拡張の支え」として再編成しようという努力全体と不可分であったから、なおさらである。(13)

ヴァリニは、このプロセスにかんしてきわめて慎重である。「明白な運命」、すなわち同時代のアメリカを解読するために彼が差し出しているこの鍵が、約五〇年前にさかのぼることを読者に知らせないように用心している。だが実際には、多くのフランス人にとっては、こういったことはすべて十分に新奇なことである。モンローの領土拡張主義的再解釈としてのオサリヴァンの表現が浮上してきたのは、「距離と隔たり」の年代、アメリカ問題に関心を寄せる者がまれであった時期だからである。シャルル・クロニエ・ド・ヴァリニの著作は、アメリカにおける帝国主義の盛り上がりについて補習授業を提供してくれる。だが重要なのは現在である。現在の、あるいは差し迫った脅威である。アメリカの住民と政界の一部分がこぞって「明白な運命」を採用したことが物語っているのは、「モンロー主義」の放棄ではなく、まったく逆に、その強化であり、新しい表現へのその凝縮である。この表現は、それまで欠けていた宗教的次元を加えることによって、この主義を「要約する」。モンロー主義にリビドーを備給することで――とヴァリニは要約する――、神意というイデオロギーは、これを「ドグマのレベルにまで高めた」[14]のである。言い出したのはガイヤルデである。事態を説明するのはヴァリニである。

保護貿易主義（アメリカがより多い利益を上げるという名の下に）と併合主義（神がより多い利益を上げるという名の下に）。これがいまやアメリカの二重の信条となる。ところで、この実利的国民は信条表明だけでは満足しようとしない。だからヴァリニは、一八八九年の汎米会議で発せられた覇権主義的な意図にとりわけ注目する。「アメリカ人のためのアメリカ」というモンローのスローガンは――彼が私たちに警告しているのはこのことである――、新しい意味を獲得したのであって、いまや二重の目標を要約している。すなわち、「合衆国の後押しで一つにまとめられた三つのアメリカからなる連邦国」と「ヨーロッパの産物を締め出すこの大陸」である。[15]つぎの獲物は、おそらくキューバである。これは瞠目すべき予見なのだろうか。違う。リスクのない予測である。キューバが地政学的に北米大陸全体に帰属しているという事実、および合衆国に不可避的に結びついているという事実が、ジェファーソンによって開始された論争の対象になってから一世紀が過ぎている。一八九〇年前後には、アメリカの政治家はひとりならず、単刀直入にそうした併合に触れている。その筆頭がブレインであり、ヴァリニは忘れずに引用している。「われわれが主張する権利を有するあらゆる併合のなかで、キューバの併合は［……］もっとも合法的である。[16]」とにかく、この薄汚れた島ではびこっている黄熱病が、私たちのミシシッピ川流域を汚染しつづけていることは我慢ならない、とブレインはつづけている……。ヴァリニの目には、カウントダウンがはじまっていることは明白である。アメリカ人が運命の力にみちびかれて、キューバを越えて行くこともまた明らかである。

　マンダ＝グランセよりも信頼できて、シャッスルー＝ロバよりも厳密には技術者でないヴァリニは、やって来るのが少々はやすぎるために理解されない。一八九八年の戦争まで、彼のようなシナリオは、当惑はさせるが納得はさせない。不安をあおるような反米主義の風潮はまだ時期尚早で、すぐに王党派の嫌味だとかボナパルティスムの恨みだとかとみなされる。批判であれ、称賛であれ、すべてが疑わしい、とヴァリニ自身が書いている。このようにして、だれもが「共和主義形態に敵対的だったり、あるいは好意的だったりする論拠を探している」(17)以上、アメリカについて公正な歴史家がいかにまれであるかを強調している。このことからしかるべき結論を引き出したからこそ、彼はアメリカにかんする最後の作品をもっと楽しそうな主題に割くことを好むのだろうか。『合衆国における女性』である。

　ヴァリニの指摘は適切である。この世紀末において、アメリカを「共和主義形態」と同一視することは、いくつかの論争のペン（マンダ＝グランセ流の）を研ぎ澄まさせる。だがこの同一視は、サムおじさん〔アメリカ、または典型的アメリカ人〕よりもマリアンヌ〔フランス共和国を象徴する若い女性〕を対象とする敵意を疑わしいものにする。共和派については、その大半がアメリカを引き合いに出すことをやめたとしても、長期にわたって自分たちが期待を寄せていた国に対して打撃を加えることは抑制している。だがヴァリニが想起しているこの状況は、今まさに変化しようとしている。フランスで勝ち誇っている「共和主義形態」は、もはやそれほど中心的な争点にはならない。それと併行して、アメリカは何よりもまずある種の体制を象徴することをやめ、資本主義と機械化に支配される社会組織を表象するようになる。この象徴化の移動は、最後の自己規制を解除し、フランスの反米主義に新たな勢いをもたらすのである。それまでは、さらに数年のあいだ、反米的な攻撃はどちらかといえば単発的で、かなり周辺的な行動である。確かに理想化されたアメリカ――サルドゥがトクヴィルを非難する理由となったあの「甘ったるいアメリカ」――はもう終わった。だが皮肉られるのであって悪役に仕立てられるのではない。心配している人はまだまれで、しかもアメリカの海軍装備よりも、工作機械の改良のほうを心配しているのである。

「アメリカは古いヨーロッパに侵入し、洪水を起こし、間もなく水浸しにするだろう」と一八九三年にエミール・バルビエは書いている。[18]だがここで話題になっているのは、機関車、石炭、絹糸、果物、綿花、さらには「アメリカのボルドーワイン」にいたるまでの商品の洪水である。社会博物館とつながりのあるエコノミストのポール・ド・ルージエは、『アメリカ的生活』(一八九二年)でつぎのように書くとき同じ立場に立っている。すなわち、「アメリカは好奇心の対象であることをやめて、恐怖の対象になった」[19]。この言い方はきつい。だがここでもまたルージエが標的にしているのは、アメリカの産業と機械化された農業の目覚ましい飛躍にほかならない。ルージエもバルビエも、欧米間の経済競争の激化に注意を払っている。それも当然である。フランス反米主義にとって決定的なこの一〇年間は、またアメリカ製品の躍進と世界トップランクへの上昇の一〇年間でもあるからである。その一方で、英国は一八八七年に鋼鉄が、一八九〇年には鉄が、一八九九年には石炭がそれぞれ追い越される。アメリカは、とルージエは説明している、「〈旧世界〉にとって手ごわい競争相手になる」。だが一時(いっとき)たりとも、アメリカが市場を征服したり保持したりするために、むき出しの武力に訴えるなどということは想像していない。ルージエが競争から植民地化へと歩を踏み出すのは、幻想のレベルででしかない。アメリカ製品の浸透を、象徴的な意味を詰め込まれたつぎのようなイマージュでもって例証しようとするときである。すなわち、「フランスの兵士は雑嚢のなかにシカゴで製造された牛肉の缶詰を入れている」。

アメリカはまだ真には人々の頭のなかにはないが、*corned-beef*〔コンビーフ〕はすでに雑嚢のなかにあるのである。

「すばらしい小さな戦争」

一八九八年にキューバの電気ショックが、語の意味と非難の射程を一変させる。ヴァリニ、バルビエ、ルージエが所属する反米的世代が、何度か呼び鈴を引っ張っていた。いまや聞こえるのは警鐘である。結晶作用ののちには、触媒作用である。合衆国がスペインに対して起こした戦争は、化学的な意味で、反米主義を懸濁液状態〔液体中に固体粒子がコロイド粒子となって分散している状態〕に突き落とす。つまり、フランスには間接的にしか関係しないこの小規模の事件は、逆説的にフランス反米主義にとって重要な事件になるのである。

今日ではほとんど忘れられているこの紛争を取り巻く状況を急いで想起しなければならない。スペインがアメリカ大陸で手に入れた巨大な帝国のなかで、一九世紀末に残っているのは、キューバ島とプエルト゠リコ島だけである。しかも、そこから得られる収益は、決して安定したものではない。アンチル諸島の真珠であり、スペインの多くの財源であるキューバは、本国と大地主とに対して同時に起こされた一連の反乱を経験している。最初の蜂起を制圧するために一〇年間の戦闘（一八六八年―一八七八年）が必要だった。つぎの反乱は一八九五年にはじまる。カノバス・デル・カスティーリョの保守政府がこれを最後と敵を屈服させようとする。政府はウェイラー将軍に鎮圧を託すが、将軍は村人と農民を比較的大きな町に強制的に「再集中」させようとする。これはヴェトナム戦争でアメリカ人が採用した「戦略村」（完全に失敗に終わった）のシステムのさきがけである。人間的にも、政治的にも、経済的にも、この作戦は惨憺たるものである。合衆国で、反逆者とニューヨークに拠点をおく対抗「軍事政権」に好意的なプロパガンダがあらゆる階層のなかで激しさを増しているあいだに、マドリードでは自由主義的なサガスタが、一八九七年にバスク地方で暗殺されたカノバス・デル・カスティーリョの後継者となる。一八〇度の政治的転換がおこなわれる。《Butcher Weyler》〔殺し屋ウェイラー〕――北米のジャーナリズムではそう呼ばれている――は更迭され、スペインの植民地大臣モレートは、一八九八年からキューバで地方自治規定を実施すると予告する。

スペインは危機が終わったとみなし、みずからの改革への熱意を理由にして、非合法と化した反体制派の「軍事政権」にこれ以上住居を提供したり、武器を調達させたりしないよう合衆国に要求する。だが戦場に静寂はもどってこなかった。エスカレートする反乱者は、自分たちに自治計画を説明しに来たスペインの大佐を処刑する。その一方で、植民地の現状を支持する者たちは通りに下りていって、「改良主義者」に対して激しいデモをおこなう。一八九八年初頭、キューバ議会の選挙が四月に実施されると予告されると、小競り合いが頻発する。

そのときである。一月二五日、北米の強力な軍艦メイン号がハバナ港に押しかけてくるのである。総領事フィッツヒュー・リー（南軍の総司令官ロバート・E・リーの甥）の要求に応えて、マッキンリー大統領が急遽、メイン号を派遣したのであるが、その使命とは合衆国の在外自国民が虐待行為を受けた場合に備えて、これを保護することであった。スペイン政府は、予想されるような冷淡さでもってこの率先行動を迎える。だが首相のサガスタは、この思いがけない訪問者たちを賓客とみなそうとし、体面を保つために、新造したばかりの巡洋艦ビスカヤ号を、ニューヨーク港への儀礼上の訪問のために派遣する。ハバナの騒乱はごくかぎられたものであるが、メイン号の入港を正当化するとみなされている混乱は、メイン号艦長シジスベーがいくつもの激しい攻防を目撃することを妨げはしない。つまり、二月一五日の運命の晩まで、すべてがほぼ順調に進んでいるのである。

この夜、九時四〇分、巨大な爆発が港と町を揺り動かす。メイン号が吹っ飛んだのである。二名の士官を含む二六八名の死者が出る。スペインが無罪を主張する一方で、ハースト〔アメリカの新聞王。『市民ケーン』のモデル〕・グループの大衆紙が「敵」とその「陰険な仕掛け爆弾」に対して、怒りの声を上げる。他方、ジョーゼフ・ピューリッツァーの『ワールド』紙は、二月一八日には戦争を呼びかける。政治家もおくれをとることなく、一八九六年の選挙ではマッキンリーの不運なライバルだった民主党のブライアンは、公然と介入を勧告する。

このような雰囲気のなかでは、海軍に任せられた調査は被告に不利な証拠調べと化す。委員会のメンバーには、世論の嵐に立ち向かおうという気はほとんどない。反対に、爆発を説明できるどんな過失や不注意も、海軍自体には免れさせようとする。委員会は、証拠を挙げることなく、機雷のせいだという結論に達する。スペインの委員会のほうも独自で調査して（というのも、合衆国は合同調査を拒絶したから）、炭倉で火事が起こり、あまりに近い、ほとんど隔離されていない弾薬庫が熱せられたことによって爆発したという結論に達するだろう。今日、大半の歴史家によって受け入れられているこの最後の説は、一九七六年に海軍省航海史部門の官報のなかでリッコーヴァー提督によって承認された[20]。

公衆のほうは復讐を叫ぶのに専門家の判断を待っていなかった。ジャーナリズムにあおられ、大半の政治家――その先頭に立つのが、シオドア・ローズヴェルトという名のとりわけ好戦的な海軍政務次官である――によって維持された「戦争熱」は、政治の温度計の温度を急上昇させる。合衆国はスペインに最後通牒の形をした覚え書を送る。そこで合衆国が求めているのは、自治のプロセスのなかで調停者の役割を果たすことである。このプロセスは、合衆国の目にはこの島の完全な独立へと通じていなければならないのである。その後、マッキンリー政府は、干渉に侮辱をさらにプラスし、スペイン政府に三億ドルでキューバを買いもどすように提案する。戦争は不可避的となった。これはアメリカの *jingoists*〔好戦的愛国主義者〕にとっては《splendid little war》〔すばらしい小さな戦争〕となる[21]。スペインにとっては、屈辱的で惨憺たる戦争であり、キューバだけでなく、プエルト＝リコとフィリピン諸島も失ってしまうのである。

アメリカという海賊に対抗するために団結したフランス

では、こうしたこと全体のなかでフランスは？　絶えず、ますますエキゾチックになっていく作戦地域における、離ればなれで、雑然としたこれらの出来事は、地理を知らないことにかけては有名な国民の関心をかき立てるのには、あまり向いていないように見える。だがフランスで大きな反響を醸すのである。ただちに、ジャーナリズムは合衆国の軍事行動に対して怒りの声を上げる。メイン号の爆発は敵意の突発を正当化するのに役立ったが、外交官もジャーナリストも懐疑的である。だれもこれがスペイン人によって犯されたテロ行為だとは信じていないのである。むしろ改良主義の「軍事政府」、あるいはその北米の加担者たちの挑発だと信じたいらしい。というのも、結局、この犯罪でだれが得をするのか。アメリカの大衆紙の好戦的ヒステリーは、驚かせ、ショックをもたらし、フランスの疑念をさらに深める。『ル・タン』紙のように穏健中庸な機関誌も、歯に衣着せぬ物言いをし、合衆国がハバナを占領する際には、これを「重大な海賊行為[22]」だと主張する。手本が示される。これらの海賊行為ではすべてがうまくいくだけに、語調はますます辛辣になる。マニラ湾を前にしてスペイン艦隊が受けた大打撃は、一八九八年五月一日にマドリードに伝えられ、イベリア半島を茫然自失へとおとしいれる。だがパリでも驚愕は大差なく、不安も共有される。これほど遠方で、フランスが直接、関与していない軍事的事件が、かつてこのような動揺を引き起こしたことは、おそらく決してないだろう。当時、第三共和国が体験したもっとも激しい反ユダヤ的騒擾の高まりで、国内が憂慮すべき状況にあったにもかかわらず、である。

ピエール・ビルンボームが「反ユダヤ的時代」[23]と呼んだものと、この激しい反米的反発の一八九八年春のめぐり合わせは、偶発事である。だがこのめぐり合わせはフランス反米主義の本質的な特徴を明らかにする。すでにこの時期から、フランス反米主義は、深い統合をもたらす働きをもつのである。ドレフュス事件のまっただ中、ゾラの糾弾の直後に、この驚くべき満場一致は、あるキューバ観察者に衝撃を与える。「アメリカ人に対する憎しみは、まさしくフランス人を分裂させることのもっとも少ない感情のようである。というのも、このような満場一致は、これまで決して見られなかったからである。共和派は反動的君主制を擁護し、自由思想家は狂信者の国家の成功を声高に願い、家族的伝統の守護者である保守主義者は、将来、フランスでもっとも美しい名前をもつことになる貴族の母方の先祖を〝豚の商人〟呼ばわりするのだ！。」[24]実際、奇妙な光景であり、この皮肉な訪問者はみごとに要約している。すなわち、共和主義的で反教権主義のフランスは、貴族屋敷（アメリカ人の金持ちとの結婚のおかげで復活した）のフランスに同調して、合衆国を罵倒し、スペインの君主制を褒めそやすのである！

この記述は滑稽であるばかりでなく、予言的である。分裂したフランスでは市民の不和が絶頂にあるが、そのなかで反米主義は他の激情を鎮め、敵対関係をぼやかし、ひどく激しく攻撃し合う敵対者どうしを和解させる唯一の「フランスの情熱」なのである。合衆国を踏みつけにして仲直りすること、あるいは少なくとも共通の仮想敵に直面してフランスの過激派どうしが停戦することは、政治的・知的生活の常数でありつづける。合意し合うさまざまな言説の工場としてのフランス反米主義が体現する社会的－国家的利益の重要性を認識しなければ、フランス反米主義も、その安定した永続性も理解することはできない。これが反米主義の機能（あるいは少なくともその機能の一つ）だとすれば、一八九八年の戦争に際して、だがまた世紀の転換期におけるフランスの激しい分裂に対する反動として、反米主義が花開き、幅をきかせるのが見られるとしても驚くに当たらない。反米主義、すなわち内部抗争に対するこの解毒剤が、「フランス人が憎み合っている時代に」[25]花開くのは、もっともなことであった。少なくとも、いまや彼らは手を携えて、だれを嫌うべきかを知っていたのである。

一八九八年における危機の二番目の特徴もまた、反米主義のその後の歴史のなかでくり返される。すなわち、世論の激昂と憲法上の諸機関の穏健さとのあいだのずれである。というのも、フランス政府については、その態度は控えめだからである。フランスは結局、戦いには加わらず、この戦争でキューバ在住スペイン人の保護以外の役割を引き受けることはない。合衆国に対する激しい憤激によるデモが頻発するのは、公衆においてである。雰囲気が緊迫し、圧力は十分に高まって、フランス外交の責任者たちが――ガブリエル・アノトーがのちにそのことを語っている――群衆に押されて合衆国と国交を断絶させられることを恐れなければならないほどになる。つまり、直接的な感情は激しい。だがまた米西戦争によって引き起こされるのは、持続的な深い動揺である。というのも、アメリカの「侵略」にかんする直接的な解説以上に注意を引くのは、アメリカの新しいイマージュの急速な普及だからである。この出来事の衝撃波は、その後、何か月、何年経っても軽減されることなくつづいていく。論説記者の憤慨が鎮まると、すぐにあとを引き継ぐのは、エッセイストと作家である。突然、魔法のように、連載小説と通俗小説は薄気味悪いアメリカ人で埋め尽くされる。滑稽なヤンキーのあとを継ぐのは、恐ろしいヤンキーである。そして当時、大衆連載小説の巨匠を自任しているギュスターヴ・ル・ルージュは、一八九九年に連載を開始する地政学的フィクションの息づまる物語である『億万長者の陰謀』でもって、読者をはらはらさせる。そのプロット――ヤンキーの大物が集う秘密委員会が、ロボットの軍隊を使ってヨーロッパを屈服させようと企てる――は、一〇年前であれば滑稽に見えただろう。今日では、フィクションは現実の出来事からおくれをとっているし、ル・ルージュの主人公たちは、ひじょうにリアルで、栄光の絶頂にあるピエール・ロチのような人物を模倣しているにすぎない。ロチは、敵意が噴出するやいなやマドリードに急行し、フランス人の「共感」を摂政女王にしっかりと伝え、スペインが犠牲となった卑怯な侵攻に対するフランス人の「憤慨」を語るのである。(26)『氷島の漁夫』と『夢なき女たち』の作者が私掠船の指揮権を託され、ヤンキーに対して私掠行為をするという噂までパリに流れる。ロチは未練たっぷりにそれを否定する。これは真実ではないし、残念ながら不可能でもある。刀はなくても、ペンは残る。砲弾の代わりに、復讐者としてのロチが敵に向かって投ずるのは、原稿の一斉射撃である。すなわち、「マドリードにて。アメリカによる侵攻の最初の日々」(27)である。

なぜこのような感情か。多くの要素が関与している。スペインとの長い同盟の伝統、アメリカ大陸から数鏈（れん）〔一鏈は約二〇〇メートル〕のところに植民地を保持している両国間の事情の類似、最近、フランスでラテン系の連帯のためにおこなわれたプロパガンダ、そしておそらく何よりも、モンロー主義に対する不変の敵意である――この敵意は、メキシコ事件の時期にナポレオン三世のプロパガンダによって呼び覚まされ、またすでに見たように、一八八〇年代から一八九〇年代の反米的作品によってかき立てられるのである。だが他のいっさいの思惑とは別に、キューバ問題とその後のフィリピン諸島の征服と占領は、フランスではただちに象徴的な次元で受け取られた。はじめて、合衆国はヨーロッパの国に対する戦争において主導権を握ったのである。しきいは乗り越えられた。タブーが取り除かれた。キューバ侵攻は、平和な大共和国を信じるおめでたい称賛者に突きつけられた痛烈な否認である。ユゴーはちょうどよいときに死んだのである。すなわち、モデルとしての国家が他と似たり寄ったりの大国になるのを目の当たりにしてしまう前に。

一八九八年の戦争は、合衆国がこのように好戦的な国家へと転換したことが、*Civil War*〔内戦＝南北戦争〕の際にかいま見られたように、戦争それ自体の変容を予想させるだけに、ますますドラマチックに解釈される。アメリカの戦争は、ヤンキーのアメリカの似姿である。非美的で、非人間的である。キューバとフィリピン諸島でスペイン人が粉砕されたことは、たんに古いヨーロッパに加えられたローブローなのではない。新しいタイプの戦争の輸出なのである。もちろん――とロチは憤激して叫ぶ――、合衆国は戦争を発明したのではない。そうではなく、合衆国は戦争を醜悪な死の産業にした。戦争を「醜くし、石炭の悪臭で満たし、化学的に野蛮に(28)」した。この戦争では、「海の向こう側の敵」がひいでている。彼らには「より多くの金も、機械も、砲弾を浸すための石油も、火薬もある［……］」からである。アメリカ人の趣味の下品さと貧弱さという、それ以前の一〇年間にすでに通用していた月並みな表現・主題（トポス）は、ここで思いがけない用途を見出す。そのようながさつな者たちによっておこなわれるために、戦争そのものがもはや美しくなくなるということである。そしてこの戦争を「すばらしい」とみなす者は、実際にアメリカ人以外にはいないのである。

仮面を外せ

だがもっとも重要なことは、ここにはない。重要なこと、本質的なこととは、仮面が外れたことである。どれほど札つきの楽観主義者も、どれほど矯正不可能な理想主義者も、もはや顔をヴェールで覆うことも、聞こえないふりをすることもできない。ハバナやマニラに対して曲射砲をはじめて使う新造のUS装甲艦の砲撃は、北米連邦は本質的に平和な性質をもっているという幻想でみずからを欺いていた人々をはっと目覚めさせた。アメリカ民主主義のために像を建てた素朴な追従者と、それより明晰で、約一〇年前からフランス人に警告しようとしてきた人々のうちで、だれが間違っていて、だれが正しかったのか、いまやはっきりとわかるのである。

オクターヴ・ノエルは、当時、反米主義に転向したカトリック系の雑誌『ル・コレスポンダン』のなかで、この出来事から結論を引き出した最初のひとりである。一八九九年の一月から六月にかけて、ノエルはこの雑誌に一連の記事を発表するが、これらの記事はすぐさま一冊の本にまとめられ、彼はこの本に三月二五日の彼自身の解説記事の雄弁な題名を与える。『アメリカという脅威』である。隠喩の時代は過ぎ去り、この脅威はひじょうに現実的なものになった。合衆国があからさまな武力攻撃の段階に入っただけではない。ヨーロッパ人の不意をついたこの攻撃は、計画的だったのである。それればかりではない。この攻撃は天上に、すなわちアメリカの運命の巨大なローラー——世紀初頭に回りはじめたようなローラー——に書き込まれていた。「合衆国がスペインに対しておこなった容赦なき攻撃は、いかに唐突で、法的にも、正義の観点からも正当化するのがいかに困難であろうとも、予想外の出来事ではなかった。それはよく練られた計画から生じたのであって、一八一〇年に大西洋の向こう側の共和国によって開始された政策の新たなエピソードの一つにすぎない。[29]」これはすでに一五年前のフレデリック・ガイヤルデの主張であった。今回はそれに砲弾の重しが付けられたのである。つまり、スペインとの戦争はアメリカ合衆国の地政学的財産のなかに書き込まれていた。だがそれでもなおこの戦争が決定的な段階を示していることに変わりはない。北米の野心がグローバル化する段階である。モンロー主義が当然のこととして、たんなる防衛上の主義のようには見えなくなってから、もちろん久しい。しかし攻撃的なドグマに転換したとしても、この主義が相変わらず関係していたのは、他の大陸ではなく〈新世界〉だけであった。確かに、「この表現がヨーロッパ以外の世界の部分を対象にしたことは一度もなかった[30]」が、問題なのはアメリカからヨーロッパを撤退させることであって、世界の果てまでヨーロッパを挑発しに行くことではなかった。したがって、いまや世界的規模の干渉主義に向かって新たな一歩――キューバでは小さな一歩、マニラでは大股の一歩――が踏み出されたのである。今日では、とノエルは書いている。「ヤンキーは、アメリカの昔の大統領の主義に、大統領自身がおそらく予想もしていなかった広がりをすすんで与えようとしている[31]。」ヤンキーはフィリピン人の血のなかに主義の新解釈、「より広範で、自分たちの熱望により一致した」新解釈を刻みつけたのである。この新解釈は――とノエルはつけ加えている――一つのスローガンに要約できる。「アメリカ人のための世界[32]」である。

スペインとの戦争は二つの顔をもった戦争である。キューバの段階ではまだ過去を向いていた。ノエルによれば、合衆国が「復讐を延期して」、「準備の足りない獲物で我慢した」のは[33]、ラテン・アメリカに対する外交的支配の試みで失敗したためである（一八九〇年四月一九日に成果なく解散した汎米会議の際に）。たやすく籠絡されないラテン・アメリカの国々が、星条旗に加わることを拒否したのであるから、だれに何を頼むでもなく、自分でキューバの地に星条旗を立てに行くだろう。キューバのいわゆる「改良主義者」の遠隔操作による反乱は、他の方法によってつづけられた汎米外交である。というのも、この「反乱は、トラストや、あれらニューヨークの砂糖とタバコの投機家クラブ、フロリダの葉巻工場で起こった[34]」のだから。要するに、キューバは残念賞だったのである。それでも、このちっぽけな賞はすばらしい。「メキシコ湾と将来の大洋繋合運河の鍵[35]」だからである。この賞は博愛主義的な包装紙できれいに包装され、こっそりとポケットに入れられる。「最終幕で政府が介入した。そして［……］一八六一年にひじょうな大成功をおさめた博愛劇をやり直した。[36]」一歩一歩世界の征服に向かって前進するには、奴隷制を廃止するか、抑圧されたキューバ人の解放を要求する以上のことはない。「博愛」はヤンキーにとって自分たちの破廉恥な権力への意志の上に投じられたノアの外套としていつも立ってきたのである……。

さて、キューバの余勢をかってフィリピン諸島である。ここにモンローの新しい顔がある。みずからが狭すぎると判断した大陸の枠を越えようとする野心をもつアメリカの顔である。フィリピン諸島もまた一つの鍵である。「合衆国を魅了するあの極東との貿易の鍵[37]」である。かくして、合衆国が一八九〇年の汎米主義〔合衆国の指導下に南北アメリカ諸国間の政治的・経済的紐帯を促進しようとする主張〕への失望の際には外そうとしなかった仮面が、いま引き裂かれる。ワシントンはもはやみずからのグローバル化の野心を隠さない。アメリカ人はもはや自分たちの目標を隠そうとしない。「彼らは［彼らの］自然的ではあるが拡大しすぎている国境の彼方に広がっていこうとする。」そしてそのことをもはや秘密にしようとしないのは、彼らにはヨーロッパと直接に対決する準備ができているからである。このヨーロッパは「その経済発展、資本の力、技術の集積、植民地拡大のせいで、この沖積土でできた国〔アメリカ〕に自分の計画を邪魔する敵とみなされている[38]」。モンロー以降のアメリカは、「旧大陸に対してもっとも苦い胆汁[39]」を分泌している。この胆嚢が張り裂けたのである。対決は避けられない。「地球上のあらゆる地点で、間もなく合衆国はヨーロッパと対決するよう定められている。[40]」

オクターヴ・ノエルは、この帝国主義的攻撃性の経済的根源を示すことを決して忘れない。みずからがエコノミストであるノエル（第一次世界大戦前夜には、商業高等研究学校 École des Hautes Études commercial の教授になっているだろう）が忘れずに強調していることは、もしアメリカが攻撃をするとすれば、それはアメリカが「自分の国で息がつまっている」からであり、「絶え間ない拡大」に生の欲求を感じているからだということである。保護貿易主義は、ここでもまた、アメリカの否定しえぬ征服への意志の第一原因である。というのも、保護貿易主義のせいでアメリカ人は、「自分たちの宝の山の上で空腹のあまり死にそうになるか、それともみずからの影響力や貿易上の支配の範囲を際限なく、是が非でも拡大するか」しなければならなくなるからである。この場合、これは循環論法であって、ここでは市場の必要と征服の必然が宿命的に結ばれ合っているのである。「そこから生まれたのは」とノエルはつけ加える、「まず、典型的なヤンキーの福音であるモンロー主義について最近おこなわれている再生と解釈の試みである[41]」。つぎに現在のヤンキーの政策を特徴づけている征服の精神と販路の追求である」。いまやそこから生まれるのは、二つの世界の不可避的な衝突だろう。「生存競争、経済的覇権を求める闘いは、欧米間で未曾有の激しさと荒々しさを帯びることになるだろう[42]。」

アメリカの問題にひじょうに注目している『ル・コレスポンダン』紙は、八月に「アメリカ人のための世界[43]」というタイトルの記事を掲載する。この表現は大当たりする。この記事を書いたエドモン・ジョアネは、アメリカにかんするルポルタージュのベテランである。一八八九年にマム社から『フロリダのフランス人』というタイトルでつまらない旅行記を出版したが、その最良の一節はおそらくラビッシュの有名な台詞である。「まるで『カニョット[44]』〔ラビッシュおよびドゥラクール作の五幕の軽喜劇〕のブルジョワたちが嘆いているように、何て旅だ！　やれやれ、何て旅なのだ！」一〇年後、語調は変わり、フロリダの「ジョナネットヴィル」の設立者の反感にみちた逸話は、合衆国に対する全面的な非難に変わっている。政治的な腐敗——ロビイストが「買収する人と買収される人のあいだの仲介[45]」をすることで生計を立てている——、産業界に対するトラストの専横（産業界は完全に「トラスト化[46]」している）、金持ちのエゴイズム、カトリシズムとその

「いっそう美しき慈善」(47)に対するプロテスタンティズムの劣等性──〔ジョアネの〕『百万長者の世界をめぐって』が提供しているのは、カトリック的で保守的な反米主義のほぼ完全な装備一式である。一八八九年にはまだ潜在的であったその辛辣さが、キューバ事件でどっとあふれ出す機会を見出したのである。ばかばかしい逸話を語るフロリダの散歩者は、アメリカというバビロンと「完全なる金権都市」への徹底批判者へと一変した。ジョアネによれば、この「完全なる金権都市」がこの自称民主主義を牛耳っているのである。一八八九年から一八九八年のあいだのこの語調の先鋭化は顕著であり、反米的言説の急速な高まりをあらわしている。

両世界の戦争

つまり、スペインに対する戦争は二重の意味で決定的である。一方で、フランスにおける合衆国のイマージュは、帝国主義というテーマをめぐって組み立て直される。他方で、それと同じ動きのなかで、かなりの数のフランス人の意識のなかで、ヨーロッパは連動して脅かされる実体として、また同時にヨーロッパが自己分裂を押しとどめるならば、「アメリカという脅威」に抵抗することができる唯一の勢力としてにわかに存在しはじめるのである。

まず、帝国主義である。一八九八年の軍事行動は、フランスで共和派によって推進された合衆国の平和なイマージュに決定的に終止符を打った。この伝説を忠実に保持していた人々にとって、イマージュの否定は痛烈である。ポール・ド・ルージエのように、アメリカ軍の数的劣勢を強調することで、このイマージュを信じていた人々にとっても、そうだった。(48)「合衆国は絶対的に戦争を免れているわけではない」と、一八九二年にこの社会博物館の調査員は書いた。彼には合衆国が嫌々参戦せざるを得ない戦争しか想像することができなかったのである。六年後にアメリカとの戦争をもはや避けられないのは、ヨーロッパのほうである。ジャーナリストのジュール・ユレは一九〇四年に、アメリカ軍の予算では決してなく、兵力にしか興味をもたなかったこの専門家の原稿を喜んで訂正する。というのも、「軍隊をもたない国、あるいは少なくとも軍隊が五万人にしかならない国にしては、アメリカは一、五億フランにものぼる軍事予算をもっている！　フランスの軍事予算よりも高い」とユレは明言しているが、正確さよりも感情の高ぶりのほうがまさっている(49)。

だから、どんなことでも、どこを戦場にしてでも起こりうる。というのも、大西洋と太平洋で同時におこなわれるこの戦争は、その前の一〇年間の観察者の安らかな確信をも否定することになるからである。彼らの確信によれば、合衆国の領土拡張主義の欲望は、みずからの大陸で十分なはけ口を見出し、ヨーロッパとの直接的な衝突は避けることができるのである。もっとも悲観的な人々は、ラテン・アメリカで拡大しつつある合衆国の役割に嫉妬する英国との軋轢の可能性を予見していた。だがだれも、古いヨーロッパの一つの国に対する断固とした正面攻撃も、両半球への戦争の拡大も想像していなかった。

一八六五年の勝者の軍事帝国主義は、これまでは潜在的な欲望だとして提示されてきたが、明白な現実となった。このことによって、「ヤンキー」としてのアメリカの顔はフランス人の目には変化する。新しいアメリカ人がやって来た。平和な *fermer*〔農民〕とお人よしの小商人のあとを引き継いだのは、工業時代の軍人、すなわち町に火を放つ放火犯と民間人を虐殺する者たちである。侵略者ヤンキーに文学的復讐として投げつける怒り狂ったテクストのなかで、ロチは石油に浸された砲弾をアメリカ人によって発明された汚い戦争の象徴にする。それればかりではない。「宣戦布告前の拘束、予告なしの爆撃、町に火を放っために石油を浸した布に包まれた砲弾[50]」もである。つまり、虐殺者の戦争である。（それでも彼はフィリピン諸島の血なまぐさい「平定」の前に書いているのである。）ペテン師の戦争。というのも、キューバへの侵略はメイン号に対する何から何まででっち上げの襲撃を口実にしたからである。最後に、はったり屋の戦争。というのも、ヨーロッパに投げつけられたこの挑戦は、ヨーロッパの抵抗への意志と能力のテストだからである。ヨーロッパがそのことを理解するように！　とロチは叫ぶ。そこから教訓を引き出し、剣を鞘におさめたままにしないように！　ヨーロッパの諸国民が協力して共通の敵に襲いかかるように！

この神聖同盟をロチが夢見るのは、マドリードのドイツ大使館で、「カイザー・ヴィルヘルム〔ヴィルヘルム二世〕によって描かれた」寓意画を前にしてである。この絵では、ワルキューレ〔北欧神話の最高神オーディンに仕える武装した乙女たち〕の出で立ちをした女性たちが、ヨーロッパのさまざまな国民を象徴している。「開いた翼をもつ精霊が一群の女性戦士たちに対して、大洋の向こうの〈新‐世界〉の方向に指し示していたのが、電線で筋を引かれ工場の煙で黒ずんだ西空であったならば」とロチは解説している。「おそらく寓意はいっそう直接的な教訓を伴って、もっと正確になっていただろう。[51]」驚くべき絵画プログラム！　おそらくピエール・ロチは、ワルキューレ化したヨーロッパによって率いられる反米的な大十字軍を夢見る最初のフランス人である。

ロチはその憤激の展開によって特異であるが、心が動かされるのは彼だけではない。一致した証言のなかでは、ヴァレリーとシュアレスの証言がもっとも際立っている。一方はその簡潔な明瞭さによって、もう一方はロチを穏健な人と思わせるほどの激しさによってである。この二人については、ヨーロッパの庇護を受けた反米主義を扱う章でふたたび採り上げることになる。というのも、これらのテクストが日の目を見るのは、両大戦のあいだでしかないからである。ヴァレリーのテクストは、一八九五年の日清戦争と結びつけられた米西戦争を基本的なトラウマとして記述している。ヴァレリーはこの二つの戦争を、その直接的な結果によってではなく、ヨーロッパ世界の取り返しのつかない動揺の前兆として決定的だと判断する。この回顧的で憂鬱な瞑想は、奇妙な厳粛さをもって、ロチがこの時代に投げつけた怒りと悲嘆の叫びの延長上にある。「予見しなかった方向をとって私たちを襲う衝撃は」とヴァレリーは書いている、「突然、未知なものとしての私たちの肉体の存在にかんする新しい感覚を私たちに与える。〔……〕なぜか知らないが、かなり短時日のあいだに相次いで起こった中国に対する日本の軍事行動と、スペインに対する合衆国の軍事行動は、その当時、私に特別な印象を与えた。それは大して重大視するにあたらぬ兵力が参加しただけのごく局限された紛争にすぎなかった〔……〕。とはいうものの私は、この別々の事件を偶発事や局限された現象としてではなく、徴候あるいは前提として、内在的重要性や外見上の有効限度をはるかに超えた意義をもつ意味深い事実として、強く感じたのである」(52)。ヴァレリーにとって、ヨーロッパは神話上の誘拐〔フェニキアの王アゲノルの娘エウロペは雄牛に身を変えたゼウスに連れ去られた。ヨーロッパの名はこのエウロペに由来する〕からではなく、同じく象徴をいっぱいにはらんだ陵辱から生まれるのである。その子供や弟子による〈古いヨーロッパ〉への陵辱——とりわけ恩知らずのアメリカによる陵辱である。というのも、一八九五年の戦争は「ヨーロッパふうに改造され、装備されたアジア国民［日本］の最初の実力行為」として、当然、ヨーロッパを不安におとしいれたとしても、一八九八年の戦争は「ヨーロッパから抽き出され、いわば発展した国民［合衆国］のヨーロッパ国民に対する最初の実力行為」として、ヨーロッパを憤慨させ、傷つけたはずであった。

ロチは無為に沈潜しながら、アメリカという敵に対するヨーロッパの騎馬遠征を夢見ていた。ヴァレリーは、人が自分の傷ついた体を発見するように、ヨーロッパを発見する。「私たちは、私たちがいかなるものであるか、そのすべてを知っていたわけではないのだ。そしてこの荒々しい感覚そのものが私たちを、二次的結果によって、私たちの生きた領域の思いがけぬ大きさと形とに敏感にする場合がある。極東におけるこの間接の襲撃、それとこのアンティル列島における直接の襲撃は、そこで、かような事件によって傷つけられ、不安を催させられうる何ものかの存在を、私に漠然と覚知させたのである。私は、当時まで自分が内部に抱いていたとは知らずにいたヨーロッパという一種の潜在的な観念に影響を及ぼすようなもろもろの情勢に対して、自分が〝敏感にされている〟のを見出した。[53]」一九一四年から一九一八年の破綻の一つ前の世代においては、敗北した――スペインが実際にキューバ事件で敗北したように敗北した――ヨーロッパの出生証明書とはまさしくこのようなものだったのかもしれない。ヨーロッパ、すなわち恐怖の娘？　ヨーロッパ、すなわち母殺しのアメリカの意図せざる創造物？

フランス人対ヤンキー――連載小説

まったく異なった公衆のために仕事をしているある作家は、一八九八年のショックに反応するのにも、アメリカという敵に対する神聖同盟をヨーロッパに呼びかけるのにも、四半世紀を待つことはない。小説家ギュスターヴ・ル・ルージュである。メイン号の爆破とキューバへの侵攻のわずか数か月後に、ル・ルージュは一般大衆に向けて、奇想天外な反米的物語(サガ)の第一巻を世に送り出した。この『億万長者の陰謀』はセンセーションを巻き起こした連載小説で、ヨーロッパを服従させようというヤンキーの陰謀に対する一握りのフランス人の英雄的で孤独な闘いを称賛している。

一八九九年から一九〇〇年まで八回の配本がおこなわれた『億万長者の陰謀』は、その先駆性や先鋭性、さらにはもっぱら大衆層に読まれたことによって、反米的な語りの歴史において一時代を画している。四スー（各巻の値段である）のこの小説は、ギュスターヴ・ル・ルージュの処女作である。彼はこの作品にギュスターヴ・ギトンと連署している。「ミーハーのジュール・ヴェルヌ」というあだ名をつけられることになる彼は、最初の小手調べで大成功をおさめる。三二歳にして彼は、ウージェーヌ・シューふうの善悪二元論的な大衆メロドラマと、ヴェルヌふうの技術的な空想科学物語との統合をおこなう。だがフランスのフィクションにおいて『億万長者の陰謀』が空前の大成功を博するのは、とりわけ主題の選択のせいである。キューバ事件から生じた怒りと不安を抜け目なくとらえることによって、ル・ルージュはプロット全体をアメリカの脅威をめぐって展開させる。日和見主義であると同時に戦闘的なル・ルージュは、ヤンキーという敵に対抗するために公衆を動員するが、その公衆は、一八九九年の合衆国、その情け容赦ない宇宙、および帝国主義的熱狂が、大西洋をはさんだ両世界の戦争というごく現実的な脅威をもたらすものと心底、信じ込んでいるのである。このとどめようのない戦争は最終的には回避され、陰謀は失敗するだろう。だがハッピーエンドの結末まで、何百ページものあいだ、良心の呵責よりもドルで身を固めた北米は、ヨーロッパを全滅させるために、その機械力と精神的なエネルギーの全体を緊張させていたのである。

ドラマの粗筋は、つぎのような一節のなかで読者に定期的に呼び覚まさせられるが、これらの息づまる（そして金になる）段落は尊重されるだろう。

「ヨーロッパの真向かいで、一つの文明が、急激に、化け物のように立ち上がった。一世紀で合衆国は不可能を実現し、物質的な活動の絶頂に到達した。

私たちにとって、真の脅威はそこにある。その日までは、アメリカ人はすばらしい実業家であることに満足していた。だがそれだけでは彼らにはもはや足りない。

アメリカ人が経済問題のなかで動き回り、悪戦苦闘していることは、私たちも感じている。彼らは貿易関税を私たちに強制しようとしている。そこにいたり着くために、あらゆる手段を駆使するだろう。すでにアメリカの軍備は増強され、改善されている。［……］
この巨大な紛争から何が生じるだろうか。恐怖に身を震わせることなく、あらゆる者を巻き込む戦争がどうなるかを検討することはできるだろうか。」

このように、技師で古典学者であるオリヴィエ・コロナルは、「アメリカという脅威、ラテン人種の真の危険(54)」について思いをめぐらせている。あらゆる、いわゆる空想科学小説と同じく、『億万長者の陰謀』は、直接の現在で味つけした過去を再構成することによって、単純な未来を作り上げている。この小説の主人公の不安は新聞小説という悲劇的叙情詩(スタンス)のなかで吐露されているが、この主人公は実際にはオクターヴ・ノエルのような人と異なったことは、ほとんど述べていない。ル・ルージュの物語は、付随的な発想は風変わりであるが（ヤンキーは私たちのアイディアを盗むために大勢の催眠術師を意のままに駆使するのである）、その意図においても、また主役たちに長々と、かつもったいぶって語らせる話題においても、突飛なものは何もない。この物語が休みなくくり返す警告は、一八九〇年代のカッサンドラの警告である。すなわち、「大西洋の向こう側の脅威は現実となった(55)」である。

したがって、『億万長者の陰謀』は二重の意味で曲がり角というにあたいする。その成功は反米主義の大衆化を告げているが、その一方で、ジャンル特有の常同症的(ステレオティピック)なくり返しのせいで、この連載小説は二〇世紀への転回点で受け入れられる、あるいは受け入れ可能な反米的表現法の記号論的宝庫になっている。

だがル・ルージュに名指しされた敵は、アメリカ人ではない。ヤンキーである。この用語は終始一貫して各ページで、あるいはほとんど各ページで使われている。フランス人の敵について語るためにフランス人の登場人物たちによって、語り手が自分の人類学的 - 政治的な意見を読者に打ち明けるときには語り手によって、だが同時にヤンキー自身によってである。かくして億万長者のボルティンは自分自身の政府について「ヤンキーの政府[56]」について語るように語っている。この固有名詞の操作は、アメリカという敵を悪魔化しようとする試みの中心に位置している。否定的な烙印を押されたこの名称を、合衆国の住民を指示する「普通の」呼称として押しつけることで、ギュスターヴ・ル・ルージュはロマンティックで、叙事詩的で、友愛にあふれたアメリカというページをめくる。避難地や冒険の土地であったあのアメリカは、もはや思い出でしかなくなる。そこに住んでいた友好的な国民は、もう時代遅れの神話でしかない。寄り添った両国――フランスと合衆国――の代わりに、この連載小説では対峙し合う両大陸――ヨーロッパと「ヤンキーの国」――が浮き彫りにされる。両大陸、とりわけ両人種である。ヨーロッパ人とヤンキーのあいだでは、「大西洋の両岸で相対している両人種のあいだでは」、「違いは」とル・ルージュは強調している、「とても大きい[57]」。あまりにも大きいので、英国人自身もそれに比べれば、ほとんどヨーロッパ人として通用するだろう……。

つまり、ヤンキーという名称の終始一貫した使用は、地歩を固めつつある用法のたんなる記録ではない。ル・ルージュは、その執拗さによって、新しいアメリカ像を産み出すが、このアメリカ像では不変の特徴をもつ人種のために、みずからの歴史をもつ国民がぼやけている。物語にアメリカの民衆がまったく登場しないことは（主人公たちが出会う唯一の大衆的で、好ましい登場人物は、結局はアメリカ人女性でないことが判明する）、論理的にその名の省略に呼応している。アメリカ人の代わりにヤンキーを使うことは、固有名詞による中傷をはるかに超えてなされる操作である。合衆国（ル・ルージュはこれを分離戦争の時代のように連邦と呼んでいる）は、いまやアメリカという空間を「占領する」支配的な「人種」によって定義される。好戦的な億万長者、ヨーロッパを壊滅させる手段をもっているこれら「何人かの野心的なヤンキー」による極悪な会合は、実際には、この荒々しく執念深い人種の中核的小グループであり、凝縮であり、激化にほかならないのである。

つまり、アメリカ国民はもはやいない。だがアメリカの土地もない。ル・ルージュの主人公たちが歩き回っている国は、ひじょうに抽象的である。ル・ルージュは一度もアメリカに足を踏み入れたことがないせいで、もちろんアメリカを描写するのに苦労する。だが実際には、呼び起こす記憶の乏しさは、かえって彼のもくろみに役立っている。「ヤンキーの国」は、「アメリカ」、この消滅した大陸のネガにすぎない以上、色あせたまま、取り柄のないままでなければならない。「アメリカ」の風景と住民は今日、児童書のなかに追いやられている。大草原（プレーリー）小説の危険にみちた色とりどりの地理学のあとを引き継ぐのは、歪められた自然と没収された空間の哀れな類型表現（トポロジー）の研究である。

若き技師オリヴィエ・コロナルとその忠実な召使いレオン（ベルヴィルの）が、億万長者の自動操縦の大艦隊、「鋼鉄の化け物」の恐ろしい軍団が建造されている謎の秘密基地を探しに乗り出すときに、彼らの目に飛び込んでくる光景が、これである。期待外れの不快な光景である。「列車は全速力で、まっすぐに進んでいく。若きフランス人は、自分の子供時代を魅了した冒険小説、フェニモア・クーパーやギュスターヴ・エマールを思い出しては、ほほえみを浮かべる……。『長い騎兵銃』、『レザーストッキング』、『ハヤブサの眼』、そして大草原のあのすばらしい主人公たちはみな、どこにいるのか［……］」。[58]「ヤンキーの国」では、これらの小説の登場人物にはもう居場所がない。一八九九年の合衆国は、「文明の恩恵を享受させるという口実の下に」、インディアンを虐殺したり囲い込んだりしたのと同じように、冒険家たちを追い出してしまった。オリヴィエとレオンが横断した、夢の圧延機であり規格化の工場である、もうアメリカではないアメリカは、権利の剥奪と引き換えに命を助けてもらった犠牲者までも堕落させた。

「無益な反抗によって大量虐殺された赤色人種の最後の代表者たちは、ヨーロッパふうの服装をして、商売をやっている。」ヤンキーの国は白紙状態(タブラ・ラサ)だが、ユートピアが生まれるような白紙状態にはない。画一化された砂漠である。荒廃させられたその風景においては、「アルミニウム製の家が、木の枝で作られた掘っ立て小屋に取って代わる」。荒廃をもたらす定めない人間性がインディアンに取って代わった。これらの「失業者」は「武器を手に、すべてを略奪し、すべてに火を放ちながら合衆国を駆けめぐる。まるで、この前の鉄道ストライキの際に起こったように[59]」。ひと言でいえば人災であるこの文明は、「強者の法を理論にまで昇格させ」たのであって、「戦いで敗れる人々をほとんど配慮しない[60]」のである。

　というのも、アメリカがヨーロッパを「属国」にすべくとてつもない侵略計画を構想することができたとすれば、それはアメリカ自体が暴力と不正の地だからである。「〈新世界〉による〈旧世界〉の従属化」は、いまや「ここ数か月の問題、おそらくは数日の問題である」と、ル・ルージュの読者は不安を抱きながら知るだろう。億万長者の眼には、侵略はたんなる輸出戦略である。問題なのは、すでに合衆国において支配的である近代的隷属をヨーロッパにまで拡大することである。永久にすべての市場の支配を我が手におさめることである。ニューヨーク市の名士(フォー・ハンドレッド)による独裁を全世界に行き渡らせることである。テディ・ローズヴェルトと«*strenuous life*»〔精力的な生活〕の崇拝者が信じ込ませようとするように、精気にみちた国の燃え上がる責務なのだろうか。エネルギーに満ちあふれたアメリカの高まる興奮なのだろうか。そんなことはまったくない、とル・ルージュは答える。金権政治的な老人支配という陰鬱な独裁政治を世界に輸出することである。「だが、だれがアメリカとともに大勝利をおさめるのだろうか。全資本を握っている四〇〇人の億万長者である！　年代記が称賛するカエサルたちや王たちよりも大きな権力をもつ億万長者たちが、世界を分け合っている。金が普遍宗教になり、二〇階建ての工場がその聖堂になる。鉄塔や巨大な橋がその尊敬される記念碑になるようにである。(61)」

この「博愛を誇りとしない文明」を支配しているヤンキーのピラミッドの頂上にいるのは、もちろん億万長者である。だが彼らの手先もそうである。その筆頭が、機械による陰謀に欠かせない世話役で、ジンゴ＝パークの「有名なハッチソン」と呼ばれる「世界中で有名な電気技師(62)」である。一八九九年のフランスの読者は、この陰鬱な人物のなかにムンゴ・パークのトマス・エジソンを認めることにほとんど苦労しない。その一〇年前のエジソンのフランス訪問は、あらゆる新聞の一面を飾った。だがパリ中のサロンが奪い合いをしたこの蓄音機と白熱電球の発明家は、ここでは見下げはてた奴、「無口で、四六時中不機嫌な顔をした小男(63)」と化している。発明の才があるというよりも悪賢く、自分自身のアイディアと同じく、他人のアイディアも抜け目なく利用し、缶詰王ウィリアム・ボルチンによって連盟を結成した資本主義者たちの好戦的計画に盲目的に協力しようとしているのである。

機械化され序列化された世界であり、情け容赦ない世界であるこの薄情なアメリカを支配しているのは、ずうずうしい資本家と感情なき技師という悪魔のようなペアである。「高潔な思想を欠いた学者、人間味を欠いた実業家というヤンキーのおぞましい典型(64)」をもっとも正確に定義するのも、まさにこの一組の人々なのである。その一組を描写することは、彼ら全員を知ることであり、この種(しゅ)全体を暴くことである。「やっと今日になって」と、卑劣なやり方で敵ヤンキーの手に落ちてしまった勇ましいオリヴィエは考える、「私はそのすべてのニュアンスにいたるまで、それを完全に理解している……」。

「ミーハー」のための善悪二元論？　おそらくそうである。しかし『フィガロ』紙の偉大なリポーターであるジュール・ユレも別なふうに考えているわけではない。ユレが、フランスの学者、あの「栄光を唯一の報酬とする使徒たち」に対して、アメリカに特有のあの「逆現象」を対立させるときである。すなわち、「学者は自分が金持ちになるという条件でしか同類を治すことに同意しない」のである。「行き過ぎたエゴイズム、度を越した実利感覚」というヤンキーの主特徴が、「いかなる気高い潜在能力、いかなる義務と人間的連帯の感情をも台無しにする」[65]。そもそも、「アメリカで活用されたり、改良されたりしている発明品はすべて、古いヨーロッパで発明されたのである」[66]。*Corruptio optimi pessima*〔最良たるものの腐敗は最悪なり〕、とフランスの人文主義の諸学の擁護者たちはくり返している。腐敗の最たるものとは、人間性をその中心部で、その偉人たちのヒューマニズムにいたるまで腐敗させる腐敗である。良心のない学問と良心の呵責をもたぬ学者が、このアメリカに卑劣さを刻印している。そこでは貪欲さが、どんなにすばらしい使命をも傷つけてしまうのである。利益の追求以外の追求がいっさいない。かつて競争心が支配していたところに、今あるのは強盗行為である。特許の「恥知らずな略奪」と著作権の窃盗が、「〝学者〟が悪徳商人以上に羞恥心をもっているわけではない」[67]この国では、論理的に国家的な産業と化す。『フィガロ』紙の特派員によってざっと描かれたこの描写は、連載小説家の大絵巻のほぼ原本どおりのコピーである。そこに欠けているのは、ギュスターヴ・ル・ルージュが、カルティエ・ラタンの屋根裏部屋の戦略基地から私たちの学問的なアイディアを吸い取っていると想像していた「大勢の催眠術師」だけである。

ヨーロッパへの憎しみによって

ギュスターヴ・ル・ルージュにとっては、厳密にいえば、もはやアメリカは存在しない。存在するのは、国民がどこにいるのかわからず、実権のない合法的な権力機関のあるヤンキーという国である。そこではすべてが、この国を実際に統治している秘密結社のなかに吸収され、この秘密結社に要約される。この裏

の *leadership*〔リーダーシップ〕は、おそらく利害の論理に従っている。だがこの *leadership* はまた、加重情状として、ヨーロッパ人への純然たる憎しみによって奮い立っているのである。

陰謀のブレーンである無口なハッチソンは、ヨーロッパに対する持続的な抑制しがたい怒りに苛まれている。「技師のハッチソンには［……］実際のところ一つの目的しかなかった。その目的に自分のすべての行動も、貧弱で、虚弱な肉体に宿っている信じられないエネルギーも注ぎ込んでいた。他のだれにもまして、彼はヨーロッパ人とその習俗、思想を憎んでいた。［……］喜びのあまり体を震わせながら彼が考えていたのは、海の向こう側の野蛮な人種の全滅であった。彼らの社会的原則と商業的無能さに、彼はいつも腹を立てさせられたのである。[68]」すぐにカッとするボルチンのほうは、屠殺場の皇帝やその熱い長広舌も落ち着かせることはできない。彼には怒りのはけ口が必要である。美術のギャラリーである。ボルチンは「ヨーロッパの巨匠の傑作に杖であちこち穴をあけながら[69]」その広い部屋をいくつも大股で歩き回っている。ヨーロッパの芸術的優位を前にしたアメリカの恨みと、その怒りにみちた無力のぎょっとさせる演出である。そしてこの演出は、モーパッサンの有名な中編小説『フィフィ嬢』（一八八二年）の公然たる剽窃であるだけに、ますます意味深いように思われる。この小説で文明破壊者（ヴァンダル）の役割を演じているのは、サディスティックで柔弱なプロイセンの占領軍将校であった。彼の日常の楽しみは、みずからが軍事的に占領するノルマンディーの城内の芸術品のまんなかで火薬を爆発させることであった。[70]

プロイセンとのこの奇妙なアナロジーには、クロニエ・ド・ヴァリニの作品で、ブレインとビスマルクの対比という形ですでに出会っている。だがここではアナロジーは別な意味を帯びる。すべてはあたかも、結局、ギュスターヴ・ル・ルージュという平和主義者にとっては、敵はもはやライン川の反対側にはいないかのように、また西方に突然あらわれた大きな脅威は一八七〇年に私たちを征服した者たちの罪を免除しつつあるかのようにおこなわれる。かくしてギュスターヴ・ル・ルージュは、大西洋の向こう側の敵とその汚い戦争に対抗するためにワルキューレたちに救援を呼びかけるロチ大尉の側に立つことになる。この点で、彼はまたエドモン・ドゥモランとつながることになるが、一八九七年に出版されたドゥモランの成功したエッセイ『アングロ－サクソンの優越は何によるのか』は、当時、すべての人々の念頭にある。『億万長者の陰謀』では、このエッセイで主張されているさまざまな命題を議論するのは、オリヴィエ・コロナルの助言者である賢者ゴルベール氏の役目である。彼はアングロ－サクソンがあらゆる分野で絶対的な優越性を維持しているという公準を承認しない（「彼らの知性は実利的現実の境界を乗り越えないし、乗り越えることもできないだろう」）[71]。だがゴルベール氏は、ヤンキーよりも結局ははるかに怖くないドイツ人の悪魔化にこだわって、だれが敵であるかを間違えたりしないようにという配慮をドゥモランと共有している。

反米的感情の高まりの、副次的ではあるが、一時的なものではない結果。すなわち、ドイツはより敵対的でなく見えるようになり、また間違いなく、これまでよりも身近なものと見えるようになるのである。防衛のための同盟という考えによって、ドイツは、往々にして極端にまで——ヴィルヘルム二世の指揮の下に反米的同盟が検討されるほどまでに！[72]——推し進められる「ヨーロッパ的」論理の名の下で国家間の協調のなかに復帰させせられる。かなりはっきりしているように見えるのは、何人かの人々にとって（そのなかにはロチも含まれる）、反米主義はドイツに賛成して「文明」を選択することを正当化するのに役立っているということである。（のちほどプルーストがシャルリュスのような人物をどのように演出しているかを見ることにするが、この人物のなかでは、抑えがたいドイツびいきが、抑え切れないアメリカ嫌いと結びついている。）ル・ルージュは一九〇〇年に、「好戦的な姿をしたドイツ皇帝」を『億万長者の陰謀』の大団円に招待するだけで満足している――このことはすでにそれほど不都合なことではなかった。というのも、大団円はもちろんハッピーだからである。大金によって支えられる多大な憎しみを前にして、私たちの誠実な学者はひどく頼りなげに見えた。だが彼らは勝利をおさめるだろう。そして彼らとともに人間性もまた、それぞれが劣らずに不思議な力をもつ二つの武器のおかげで勝利するだろう。愛と「心的蓄電池」である。前者は心を（アメリカ人の心さえも）変化させる。後者は大規模に温厚さを生み出す。ハッチソンの実の息子であるテッドは、フランス人女性に魅了され、また私たちの美術館に通いすぎたために堕落して、父親の恥ずべき大義を裏切ることになる。それと対をなすようにして、ボルチンの冷酷な娘で傲慢なオーロラは、最後にはオリヴィエ・コロナルの魅力とロワール川沿いで生活することの甘美さに屈するのである……。好意にまったく心を動かされない民衆に対して適切に差し向けられた「心的蓄電池」については、この民衆を子羊のようにおとなしくする。「住民全体に丸ごと影響を与え、これを変化させるためには、何キロも離れたところで、そのうちのいくつかのねらいを都市に向けるだけで十分だった。党派間の闘争、積年の憎しみ、階級（カースト）と個人のあいだの敵対関係は、すぐさま消え去るのだった。[73]」もしヤンキーがこのような機械、そもそもツァーもヴィルヘルム二世も称賛している機械に抵抗できるのであれば、ヤンキーは実際のところあまりにも薄情だということになるだろう！　だから世界中の学者が集まる、平和という名の城でおこなわれる感動的な平和パレードののちに、すべては喜びのなかで終わることができる。その一方で、すっかり変貌したボルチンは、最後にはパリを散歩することが好きになるのである。今回はヨーロッパは救われた。それでもやはり、最後の瞬間まで、この「思いがけない大団円」まで、つまり攻撃的な人々の奇跡的な心的薫蒸消毒にいたるまで、ヨーロッパはヤンキーという巨人（ゴリアテ）に直面してびくびくしていたことに変わりはない。

つまり、アメリカの脅威を無力化するためには、科学の魔術と大量の近代的驚異が必要だったのである。しかしル・ルージュの連載小説における真に驚嘆すべきものとは、人間——ヨーロッパ人——である。そして真の心的蓄電池とは、分裂した旧大陸を和解させる連邦国家である。科学的な寓話の背後で、イデオロギー的な方針ははっきりしており、ロチの幻想やヴァレリーの黙想にひじょうに近い。それは一筆で要約される。すなわち、統一欧州 Europe unie である——合衆国 États-Unis に対抗するための連合である。これはヨーロッパ合衆国というユゴーの古くからの夢である、と、この連載小説家は思い出させる。だがこの夢を、ル・ルージュは反米的な夢として大胆に再解釈することを引き受ける。もし「大詩人」がこのヨーロッパ合衆国をあんなに望んでいたとすれば、「それはアメリカ合衆国の侵略の潮にこれを対抗させるためではなかったろうか［……］」[74]。この方向転換が無邪気なものではないことは、ル・ルージュもよく知っている。ユゴーの論理は対抗意識の論理であって、この論理においては、連邦制で平和なアメリカ連邦は、君主制で遅れているヨーロッパに道を示してくれていたのである。今日では、もはや対抗意識の問題はなく、あるのは反撃と自衛である。合衆国がヨーロッパの統一に何らかの役割を演じなければならないとすれば、それは合衆国が吹き込む正当な恐怖によってである。「アメリカの脅威に対抗するために」と、「降霊熱」に取りつかれたオリヴィエ・コロナルは疑問を発している、「ヨーロッパに一つの巨大な共和国が形成されないなどと、だれが知るだろう。この共和国は、何世紀も前からのいさかいによっていまだに分裂している旧大陸のすべての大国を一つにまとめるのである。結局、それは理にかなったことであろう」。

のちほど再度、これを採り上げなければならないが、ル・ルージュはこのヨーロッパの論理を発明したわけではない。しかし、いずれにせよ、彼はおそらくこの形式の下でヨーロッパの論理を普及させた最初の人物である。

＊

したがって、一八九八年の「触媒作用」をきわめて重要なものにしているのは、弾劾することにおいて驚くほど一致団結したフランス人が見せた、激しく、往々にして暴力的な、生の反応だけではない。[75]それは、この触媒作用が世代全体に刻印する痕跡である。その証人がヴァレリーである。またアンドレ・シュアレスである。シュアレスは「ヨーロッパ主義」にかんするエッセイのアイディアを一八九八年に構想するが、この主義が日の目を見るのは一九二六年になってでしかない。のちに見るように、二人の語調は大きく異なっている。ヴァレリーの苦悩礼賛の瞑想は、シュアレスの外国人嫌いによる激しい怒りからは、はるかに遠い。だがアメリカに食らわされた同じ「一撃」に対するこれらの反応の類似性には――不安の反応であれ、怒りのそれであれ――瞠目せざるを得ない。それまでばらばらの声で発せられていた警告に華々しい確証をもたらすことで、この「小規模な紛争」は、アメリカを前にしたフランス人の予想の地平を一変させた。いまやいかなる極端な暴力行為も、現実のものとして、そこに含まれうるようになるのである。

キューバ、この自国の海岸を延長したような部分に足を踏み入れることによって、合衆国はヨーロッパ人にとって半分、大西洋を跨いだように見える。そしてフィリピン諸島を侵略することによって、自分たちが世界中のどんなところにでも押しかけられることをヨーロッパ人に通告したように見える。この帝国主義が特定の型におさまらないからといって――みずからが侵害した領土を併合することへのためらい、および統治することへの嫌悪によって――、この帝国主義がより安心できるものになるとはかぎらない。合衆国はもろもろの植民地大国のように、だがそれら大国のクラブに入ることなしに、行動することを望んでいるように見える。未来における他の緊張の予見可能な源泉である。合衆国は自分の手を汚すことなく強奪することを望んでいる——やらずぶったくりのピューリタン的で偽善的な異本だ、とフランス人は考える。領土拡張主義における合衆国の *self-restraint*〔自制〕は、外交官を安心させはするが、世論においては、ハバナの爆撃やフィリピン群島の汚い戦争によって引き起こされたイマージュの損壊を埋め合わせることはない。徐々に、一九〇三年以降、騒動は鎮まり、興奮が冷めていく。だがアメリカの相貌はそのことによって一変させられた。アメリカはヤンキーの面（つら）をして世紀のしきいを跨ぐのである。

5　ヤンキーとアングロ－サクソン

クリストファー・コロンブスが発見した大陸の大半は、もうじき五世紀になろうとする昔から、そこを征服した人種が手中にしている。

オクターヴ・ノエル、『アメリカという脅威』（一八九九年）

ジョナサンはジョン・ブルの本従兄弟（ジェルマン）であるが、そう思われうるほどドイツ人（ジェルマン）的ではない。

マックス・オーレルおよびジャック・エイリン、『ジョナサンとその大陸』（一九〇〇年）

こうして新しいアメリカ人がやって来た。乱暴で、視野が狭く、教養も無私な好奇心もない。冷たい目をし、手がはやく、残忍な歯をしている。その貪欲さはあけすけで、強欲さにはためらいがない――そもそも、ためらいはアメリカ人の宗教によって禁じられているのである。これが一九〇〇年のフランス人がひどくおびえる憂慮すべき個人である。もっとも、これは個人ではない。ギュスターヴ・ル・ルージュが書いているように、まさしく典型（ティップ）である。すなわち、オリヴィエ・コロナルの地下道の暗い闇のなかで彼の幻覚から生じた「我慢ならないヤンキーという類型（ティップ）」である。この類型学は新しく、一八六〇年代、七〇年代まで優位であった類型学とは根本的に異なっている。当時、アメリカ人はまだ、簡潔で矛盾にみちたシルエットにすぎなかった。つまり、もっと俗悪な英国人のようなもの、あるいは「鞭をもった怪しげな金持ち外国人」(1)である。だが時代はもはや、*pub*〔パブ〕やパンパ〔南米の大草原〕から出てきた風変わりで滑稽な人物の時代ではない。小切手帳を取り出す豚の商人や、六連発銃を撃つテキサスの威張り屋の時代ではないのである。こうした人物像が相変わらずフランスの舞台を横切っているとすれば、それは演劇が「役柄」の永続性に結びついているからであり、公衆になじみのある類型を変えるとしても、しぶしぶでしかないからである。

新しいアメリカ人はこの古くさいカリカチュアとはもはや、ドルとドルに抱く愛情しか共通点をもたない。『億万長者の陰謀』、すなわちポスト－一八九八年のステレオタイプのこのすばらしい記録室が、まさしくこの急激な変化を例証している。一九〇〇年のヤンキーとは？　「高潔な思想を欠いた学者」。「人間味を欠いた実業家」。収益性の獲得に還元され、「実利的現実の境界を乗り越え」ることができない知性。何かに取り掛かる年齢を過ぎて、「自殺ないし狂気」へと崩壊していく病的に多忙な人。さらには？　傲慢なナショナリスト。その極端な盲目的愛国心は、奇妙な言葉でしか言い表わし得ない。つまり破格の語だけれども、フランス人にはなじみ深くなった語、《jingoïsme》〔好戦的愛国主義〕(2)である。飽くなき狩猟採集民であり、疲れを知らぬ領土拡張主義者である。要するに、帝国主義者である。（見かけに反して、これもまたフランス語化（フラングレ）した英語表現である。これもまた向こうで作り出された単語である(3)。それまでフランスでは、帝国主義者 *impérialiste* は「帝政の信奉者」を意味していた。）そしてこの帝国主義者は、純真な宗教心をまとい、「神に授けられた使命」という白い亜麻を着て、前進していくのである。

ヤンキーは内実を獲得した。もはや操り人形ではない。ヤンキーは明瞭さを手に入れた。かつてのぼんやりした人物像（プロフィール）と好対照をなす堅固な諸特徴について語ることもできるだろう。ヤンキーは英国人の紋切り型から解放された。もうヤンキーを英国人と取り違えることはできない。だが同時に、英国人が一九世紀の最初の三分の一の年代にヤンキーについて流布させた紋切り型からもヤンキーは解放された。ベル・エポック〔一九〇〇年前後のパリに象徴される古き良き時代〕のフランスにおけるヤンキーは、もはやファニー・トロロープやバジル・ホールに起源をもたない、*sui generis*〔独特な〕反米主義の台頭を反映するフランス独自の構築物である。そしてまるでこの断絶を際立たせるためであるかのように、フランス人は英語使用者の知らないヤンキーの語源をでっち上げさえする。

この解放の重要性を認識するためには、語とイマージュの糸をさかのぼらなければならない。

ヤンキー Yankee とヤンキー Yankie

ヤンキー *Yankee* という語の出現は、独立戦争と同時代である。もっともらしい語源学によれば、これは英国兵士が敵である反乱軍の *colonists*〔植民地開拓者〕を指し示すために使った異名らしい。ヤンキー *Yankee* は、オランダ語で「ちびのヤン」という意味のヤンケ *Yanke* に由来するというのである。つまり、この愛称は英国軍人のあいだで外国人嫌いの冷やかしとして出現した。Insurgents〔反徒〕が外国出身者であることを思い出させて、反乱の真の性格について信用を失墜させようとするのである。この〈植民地〉の住民は、この軽蔑的な言葉の言葉じりをとらえ、また革命的な熱狂のさなかに頻繁に生じる意味論的な強がりのプロセスに従って、自分たちのためにこの言葉を採用した。以上が大部分の歴史家と『オックスフォード英語辞典』によって採用された語源をめぐるシナリオである。

アメリカ独立後、英国でこの語は北東部のアメリカ人を指し示すために、軽蔑的な経歴をつづける。ファニー・トロロープは『アメリカ人の家庭のマナー』において、ヤンキーを地理学的居住地によって定義すると同時に、民族的な観点で記述されたハビトゥス〔行為によって獲得された習慣〕によっても定義している。というのも、一方でヤンキーは、まったく単純にニューイングランドの住人だからである。トロロープ夫人は《the New England or yankee country》〔ニューイングランドあるいはヤンキーの国〕と呼んでいる。つまり、夫人にとっては「ヤンキーの国」があり、その範囲はハドソン川の東側に位置する六州（コネチカット、ロードアイランド、マサチューセッツ、バーモント、ニューハンプシャー、メイン）にかぎられている。だが他方で、ヤンキーはその雑多で複雑な民族的‐心理学的な「性質」によっても特徴づけられる。ヤンキーを地図の上に置いてみることが容易であるのと同程度に、ヤンキーというものを定義するのは難しい、と夫人は説明している。できることは、せいぜい三重のアナロジーを通じて、ヤンキーに共通した集団的個性をはっきりさせることである。実際、ヤンキーは「その抜け目のなさ、用心深さ、悪賢さ、執拗さによって、スコットランド人に似ている」。オランダ人に似ているのは、その清潔さと質素さによってである。そして「アブラハムの息子〔ユダヤ人〕に似ているのは、金儲けが好きな点である。これに四番目の特徴がつけ加えられるが、この特徴によって「ヤンキーはヤンキー自身にしか似ていない[4]」。すなわち、自分自身の人格を形成するすべてのものに対する、あけっぴろげで、大げさな称賛である。この戯画化された肖像画は、ヨーロッパ中に流布することになる。そもそも、この肖像画は当事者自身の同意を得ているのではないだろうか。というのも——とトロロープ夫人は明言している——、ヤンキーが「陰険で、裏工作に通じ、エゴイストで嘘つき」であることについては、その同国人全員が同意しているだけでなく、彼ら自身が「そのことを、うぬぼれた笑みを浮かべつつ認めている」[5]からである！

『アメリカ人の家庭のマナー』の成功によってもたらされたこの英国ふうヤンキーは、長期にわたってフランス人の表象を形成することになる。その影響がフィラレート・シャールの『一九世紀のアングロ－サクソン系アメリカ人の文学と習俗の研究』（一八五一年）のように、アメリカにひじょうに好意的な著作にまで及んでいるのは驚くべきことである。その時代には合衆国の無条件の崇拝者とみなされていたシャールであるが、みずからが「北部のヤンキーYankie」と呼んだ者について、あまりぱっとしない心理的、道徳的な肖像画を描いている。「アメリカの未来」と題されたエピローグのなかで、このヤンキーYankieは「投機家の鋭敏さ、冷静な沈黙、陰険な好奇心、冷酷な厚かましさ、恐るべき慧眼を併せもつ旧植民者の完全な典型（ティップ）」[6]として紹介されている。その序文ではトクヴィルとミシェル・シュヴァリエの権威に喜んで服している同じフィラレート・シャールが、ニュー－イングランドの人間「類型（ティップ）」に言及するときには、トロロープの紋切り型を平然とくり返すのである。

だが問題になっているのは、本当にニュー－イングランドとその住民なのだろうか。シャールの表明の仕方――「北部のヤンキーYankie」――は、あいまいである。謎めいた南部のヤンキーの存在には必然的に言及することなく（シャールはこれについてはまったく口をつぐんでいる）、この表現はヤンキーの領土を、もはや歴史的なニュー－イングランドと接していない「北部」にまで拡大している。このヤンキーの控えめな領土解体は、厄介な矛盾を克服することを可能にする。シャールは実際、ニュー－イングランドのピューリタンを称賛することにおいて、アクセントの位置は変化しているけれども、トクヴィルを範とする稀有なフランス人のひとりである。トクヴィルはピューリタニズムのなかにアメリカの民主主義の光源を見ていた。[7] シャールにとって、ピューリタンの「自律性」とは、とりわけ「エネルギー」のあらわれである。トクヴィルによれば、ピューリタニズムには民主主義と共和制がすでに萌芽として含まれていた。シャールのピューリタニズムは、権力と栄光を含んでいる。ピューリタンは、と彼は書いている、「アメリカの砂漠の上に、巨大帝国の卵を置いた」[8]。そしてシャールは、ピューリタンの起源にある「道徳的な力［……］」、誠実さ、信仰、根気、勇気」を、「私たちの道徳的な弱さ、行動力のなさに」[9] 絶えず対比させる。だとすれば、英国の反米主義が「ヤンキー」《Yankie》を閉じ込めていたニューイングランドから「ヤンキー」という類型を切り離す以外に、ピューリタンに対する熱狂的な擁護と、その直接の後継者であるヤンキーの中傷をどのようにして両立させることができるだろうか。こうしてフィラレート・シャールは、間もなくフランスにおけるその語法を特徴づけることになるヤンキーという概念の拡大を、自分の知らぬ間だとはいえ準備しているのである。

というのも、シャールの著作は一九世紀中葉に発表されたけれども、二つの意味論的時代の転換期にも位置づけられるからである。実際、一九世紀前半を通じて、ヤンキー *Yankee* という語がフランス語で使用されることはまれであり、散発的で、その用法ははっきりしない。驚くべきことに、ファニー・トロロープのヨーロッパでの成功と同時代である一八三五年と一八四〇年の二巻の『デモクラシー』にこの語が登場しないのである。もっとも、トロロープの成功がトクヴィルにとってひどくうさんくさいものに映じたことは、「アメリカ人のマナーについての若干の考察」という章の辛辣な語調から明らかである。子爵はそこで、「同じ図が［自分たちにも］ぴったりと当てはまる」ことに気づかずに、「アメリカ人のマナーを大いに揶揄した」中流階級出身の英国人の「情け容赦ない中傷者たち」[10] を嘲弄している。トロロープ夫人がアメリカ人にお説教をすることは、天に向かって唾を吐くようなものだ……。いずれにせよ、トクヴィルにとって、妥当性が疑わしい専門用語を採用することは論外である。トクヴィルにとって存在するのは「アングロ‐サクソン系アメリカ人」だけだからである。

実際、この時代にフランスでヤンキーとは、指示対象が漠然とし、暗示的意味（コノテーション）が一定しない、十分なコントロールがなされていない呼び名である。軽蔑的な用法はすでにはっきりと定着しているが、中立的な用法や、さらには賛美的な使い方さえ排除しない。この意味論的な柔軟さを例証するには、一つの逸話と一つの引用だけで十分だろう。

この逸話の主人公はボードレールであり、ヤンキーという侮辱的な言葉が落ちである。この詩人のエドガー・アラン・ポーに対する情熱はよく知られている。一八五〇年代初頭、この「不仕合わせな熱狂者」にかんする情報をかき集めようと無駄な努力をしているとき、ボードレールは情報通だと想定しているひとりのアメリカ人がパリに到着したことを知る。アスリノーに伴われてそのホテルに駆けつける――のちにこの場面について物語るのは、このアスリノーである。うんざりだ！　ボードレールがこの無愛想な人物（ボードレールは長靴の試着しているときに邪魔をするのである）から引き出すのは、『ユリイカ』の作者に対するいくつかの不愉快な不平だけである。ボードレールは気が動転して、つぎのような言葉を発しながらドアをばたんと閉める。「これはヤンキー以外の何者でもない！」[11] 明らかに、ボードレールが投げつけた呪いが対象にしているのは、トロロープ夫人によって記述されたニュー‐イングランドのずる賢い金儲け主義者ではなく、アメリカ大陸全体の俗物、大西洋の向こう側のがさつ者、生まれながらの芸術の敵である。このヤンキーはきわめてフランス的なヤンキーである。

反例は一八五三年にさかのぼる。問題なのは、ヤンキスム *yankisme* という実詞のフランス語において知られている最初の使用である――のちには、これにヤンキスム *yankeesme* という語が取って代わることになる。辞書編纂者の根気強さによって、この語の生起は『ルイ＝フィリップ治世下のフランスの人間と習俗』と題された本のなかに突き止められた。ところで、この使用はまったく軽蔑的な意味を欠いており、完全に肯定的な文脈のなかに入り込んでいる。「サークルやカフェという習慣は」と、このエッセイに読むことができる、「五〇年ほど前から私たちの習俗に導入されつつある個人主義と調和している。しかもこのカトリックの国民［フランス国民］の慣習における若干のヤンキスムは、国家の精神をも事業をも益することになるだろう」[12]。フランス語で印刷された最初の一節において、ヤンキスムは非難として振り回されるのではなく、見習うべきモデルとして提示されているのである。

一九〇〇年、こうしたことはすべて終わっている。まったく異なった刻印を押された複数の用法のこの共存は、過ぎ去った時代に属している。指示対象について完全な一致があるということではない。個人的解釈の自由は、まだかなり大きい。（たとえば、ランソンのヤンキーは「まだ洗練されていない億万長者であり、金を得るための闘争のなかにあって、生きる目的としてもはや金しか見ていないビジネス‐マンである」[13]。）だが肯定的な用法にはただの可能性さえ残されていない。実際には、軽蔑語に向かっての容赦なき変化は、すでに一八六〇年代にはじまっている。分離戦争はおもに三つの結果を生んだ。それまでは地理学的に浮動していた（ニューイングランドから合衆国の「北部」を経由して北米全体まで）ヤンキーは、いまや「南部連合派」との対比で「北軍派」と同一視される。それと同時に南部連合派の戦争プロパガンダは、この語に決定的に否定的な意味を割り当てる。リンカーンのアメリカが『ヤンキー・ドゥードゥル』〔アメリカ独立戦争時の愛国歌〕を歌っているときに、ヨーロッパでは北部に敵対する者たちだけがヤンキーという語を使っているのである。（北部支持者は「連邦」《d'Union》、「連邦主義者」《les Unionistes》、「北部連盟派」《Fédéraux》といっている。）敵対的な言説に独占されたこの語は、論争以外のあらゆる流通から決定的に排除される。最後に、内戦によって強いられた変化の最終段階。すなわち、北部の勝利はフランスでこの語の意味に新たな展開を引き起こすのである。ヤンキー（連邦主義者）がこの国全体の支配者になったのである以上、（白人の）アメリカ全体はいまや《yankee country》〔ヤンキーの国〕とみなされるようになる。これが確認されうるのは、一八八〇年における早咲きの反米的作品においてである。すなわち、ヤンキーという語は、中傷的な意図を含んで、北米全体を意味するようになるのである。以前の多義性が一つにまとまり、安定する。ヤンキーはインディアンと黒人を除く *Homo Americanus Nordicus*〔北米人〕の総称的軽蔑語と化したのである。

つまり、一九世紀中葉と世紀末のあいだに、ヤンキーはフランス語における用法において、定義、拡張、共示（コノテーション）を変化させたのである。その派生語についても同様である。一八五三年の新語を使うエッセイスト〔『ルイ＝フィリップ治世下のフランスの人間と習俗』の著者、H・カスティーユ〕においてはヤンキスム *yankisme* は肯定的に使用されていたが、その用法はいまや旧式と化している。この語がヤンキスム *yankeesme* という書記法で再出現するときには（たとえば、一八九九年のオクターヴ・ノエルにおいて）、ひどく軽蔑的な用法にしかもはや向かない――「ヤンキスムの利己主義的残忍さ[14]」式の用法である。意味論的な賽は投げられた。いまやこの語の中立的な用法はもはや見当たらないし、肯定的な用法はさらに見当たらない。否定的な言語使用域の内部で、「トロロープ的」用法はもはや過去の遺物でしかない[15]。英国ふうヤンキーは、フランスでは晩年を迎えている。そもそも、ヤンキーは英国それ自体でも大当たりした時期を終えている。英国では大西洋の向こう側のあか抜けしない従兄弟に対する文化的皮肉の代わりに、アングロ－サクソンの統一への訴えが発せられている。

こうして、あとになって、だが断固として、フランスの反米主義はヤンキーを自分のものとし、英国の役割が完全に変わってしまっている仏米関係という舞台装置のなかでヤンキーを主役にするために、ヤンキーを自分用に作り直したのである。

語源的操作

こうした横取りのもっとも興味深いあらわれは、ヤンキーの「フランスふう」語源の地位向上である。すでに述べたように、完全に証明されたものではないにせよ、すでに確立された伝統によれば、ヤンキーという語の創出には、反乱軍に立ち向かった英国兵士が一役買っていた。だがこの語の起源について、それとはまったく異なる説明がフランスで流布し、一九世紀末にはとうとう支配的にまでなる。この説明によれば、ヤンキーは*English*〔英国人〕という語のインディアンによる変形である。一八七七年、エミール・リトレはみずからの権威をもってこれを支持する。「英国人が、俗に、いわば誹謗を込めて、北米の合衆国住民を指示する際の異名。これはアメリカ・インディアンの発音によって変形させられた英国人、*english*という語である。」リトレの最初の文は、アメリカの従兄弟たちに対する英国人の定着した（そして永続化された）「誹謗」の関係を淡々と記述している。だが二番目の文では、ごく実証主義的な簡潔さでもって、まさしくどんでん返しがおこなわれている。ヤンキーと名づけたのは英国人ではない、とリトレは語っている。英国人自身がインディアンによってヤンキー扱いされているのである。リトレは自分の主張の証拠としての出典をまったく明らかにしていないが、この主張は英語圏の伝統とは反対のことを述べ、この異名の問題で英国人から洗礼の権威をすべて奪っている。すなわち、英国人は自分が主導権を握ったと自負できるどころか、英国人自身が、アメリカ人に対して盲目的に使用しているこの誹謗的呼び名の最初の対象になったのである。

それでは、リトレはどこでその語源を探し出し、この語源が英語圏で一般的な仮説と一致していないことに言及さえせずに、なぜフランスの公衆に有無を言わせず押しつけるのだろうか。リトレ自身は黙しているけれども、彼の典拠は確認できるし、その典拠は彼のやり口の意味も明らかにしてくれる。リトレが語源の問題に決着をつけたのは、すでに言及したフィラレート・シャールの一八五一年の『一九世紀のアングロ－サクソン系アメリカ人の文学と習俗の研究』においてである。彼はこれを採用し、正しいものとして流布させるのである。実際、シャールは「ヤンキー」にかんする短い類型学的記述のあとに、つぎの奇妙な意味論的注解を付している。「ヤンキーという語は、今日、北部の農業と商業にたずさわる住民に異名として適用されているが、マサチューセッツ州の先住民の不完全な発音で変形された *English*（英国人）という語、すなわち *Yenghis*、*Yanghis*、*Yankeis* 以外の何ものでもない。」シャールはつけ加えた。「われわれは、英米のいかなる著作も述べていないこの奇妙な語源を、この地域のもっとも学識の深い人物のひとりから手に入れている。[16]」英米のいかなる著作も述べていない――それもそのはずである……。このひどくあいまいな説明――シャール自身もその典拠を突き止めていないのであるから――は、にもかかわらずとても貴重である。この情報が未発表であることを強調することによって、シャールはフランスにおけるこの語源的伝統の発明者とまではいわずとも、いずれにしても先駆者を自称するのである。そのアメリカでの「典拠」がいかなるものであれ、シャールはリトレがつかんでいる連鎖のまさしく起源にいる。その結果、この語源の「フランス語化」で争点となっているものが、よりはっきり見えてくる。「英国人がヤンキーをばかにするとき」と実際、シャールはつけ加えた、「彼らは自分自身をばかにしているのである[17]」。これは英国の「情け容赦ない中傷者」を批判するトクヴィルの言い回しと表現そのものである。すなわち、「彼らは自分自身を嘲弄していることに気づいていないのである……[18]」。こうしたことはすべて、いわば私たちのあまりに尊大な隣人に対し、ささいな屈辱的な戒めを与えるためなのだろうか。もちろん違う。そうではなく、英国人とヤンキーの共謀、シャム双生児のような連帯、アングロ＝サクソンという同一性——つまり、ヤンキーの英語の語源が否定しようとし、「フランスふうの」語源が想起させたがっている当のもの——という、それよりずっと重大な問いを提起するためである。そしてまさに一八五一年のシャールの『研究』の、まさしくヤンキーという語の起源について再検討している「アメリカの未来」という章のなかで、世紀末全体に取りつくアングロ＝サクソンという亡霊が、フランスにおける初期の出現の一つを果たしていることは驚くべきことではないだろう。すでに述べたように、シャールはトクヴィルに対する敬意にもかかわらず、民主主義の原理を合衆国にかんする分析の焦点には少しもしていない。もっと正確にいえば、民主主義原理の発展性はその原理を実施している国民の生命力にかかっていると絶えず主張しているのである——アメリカ的モデルが「私たちの無感動な世界の老いさらばえた子供たち」[19]にとって何らかの意義をもちうることを疑うほどまでに。「アメリカの未来」を、彼は結局、人種の過去のなかに刻み込まれていると見ている。彼らは自分たちの父祖に似つかわしく、手にハンマーと斧をもち、自分たちの営為をつづけつつ、未来のために森林のなかに巨大な空き地を切り開いているのである。[20]」後ろ（フアニー・トロロープのヤンキーのほう）を見るのをやめるときに、シャールはアングロ＝サクソンの問題——一九世紀末におけるフランスの言説のなかで支配的になる問題——と不可分の新しいヤンキー像が出現するのを目の当たりにするのである。

数十年にわたる紆余曲折ののちに、ヤンキーという指示語の聖別式が、一九世紀の最後の二五年間に、リトレによるその採用とギュスターヴ・ル・ルージュのような小説家たちによる大衆化のあいだにおこなわれる。この語はアメリカという敵のすたれることなき異名として二〇世紀のあいだずっと君臨しつづける。Hulans〔ゲルマン野郎〕、Boches〔ドイツ野郎〕、Rosbifs〔英国野郎〕は、ずっと以前から罵言博物館のなかに追放されているが、ヤンキーは私たちのなかで依然として論争的な経歴をつづけている。しかし決して定着することなく、細々と生き長らえているその派生語、ヤンキスム *yankisme* と *yankeesme* については、同じことはいえないだろう。[21]響きがよくないことや正書法上のためらいをはじめとして、この失敗の説明は一つならずある。だがより本質的な理由を推し量ることも可能である。すなわち、*yankisme* と *yankeesme* はあまりに抽象的で、あまりに主知主義的だということである。これらの語は、その形式そのものによって、教義、道徳、社会計画を暗黙のうちに指示している(のちに、フランス語版アメリカニスムが試みるのと同じである)。これらの語がヤンキーという形象に比べて不安定であるのは、まさしくこの点においてである。二〇世紀の転換点において、フランス反米主義におけるヤンキーは、イデオロギー的‐政治的な形象ではなく、民族的‐社会的な形象である。フランス語から落ちこぼれたこれらイスム *-isme* 付きの語には、まさしくヤンキーを成功させたものが欠けていた。想像から生み出されたものがもつ肌の色である。

ヴィリエ・ド・リラダンの『未来のイヴ』が思い出される。この奇妙な小説では、トマス・エジソンは女性の人造人間を創造するデミウルゴスと化しているが、この人造人間アンドレイドは、エウォールド卿のところで、期待外れの現実の恋人の代わりをすべく定められていた。この機械仕掛けの驚異に生命を授けることとは、肉体——発明家の誇りであるこの驚くべき人工的な肉体、この「肝心かなめの〈表皮〉[22]」——を授けることであった。ヤンキーもまたフランス社会という想像世界のなかで受肉するには、人工的な肉体を必要とした。この意味論的骸骨に命を吹き込まなければならなかった。この半‐歴史的、半‐「科学的な」人工的肉体は、アングロ‐サクソン神話という形の人種的言説によってもたらされたのである。

出会いは決定的である。二〇世紀の初頭に、新しい反米的レトリックが、マネキンに厚みと粘性を与える言説と結びつく。人種の言説である。もっと正確にいえば、それはあとになってから再加工されたフランス流のアングロ‐サクソン主義であって、このアングロ‐サクソン主義が一八九八年以後の反米的熱狂の高まりと組み合わせられて、ヤンキーに実体を与えるのである。かくしてヤンキーには、模糊とした時代にさかのぼる歴史と、起源にあるゲルマン気質に支配された「本性」が授けられるのである。ヤンキーというこの「嫌な奴（ティップ）」は、国家間のメロドラマから出てきたばかりの物語における、新人、若き役者とみなされる。だがヤンキーには枝があって、その上、背後にはまるまる一本の系統樹さえある。シャールやギュスターヴ・ル・ルージュが声を合わせていっているように、この「類型（ティップ）」はこうして正真正銘の容貌を手に入れるのである。

アングロ‐サクソン——オリジナル版

はじめにアングル族とサクソン族ありき——そしておそらく、後世にとってはより不運な、ほかのいくつかの民族がいた。これらゲルマン民族（アングル族はシュレスヴィヒ〔ドイツ北端、デンマーク国境付近の地域〕の一部に住んでいたらしい）は、言い伝えによれば、八世紀に大ブリテン島に呼び寄せられ、傭兵として軍務に就いていたが、その後、ケルト人の諸王を打ち破って諸王国を我が物とした。ノルマン人征服の際には、さまざまなサクソン族の諸王国、加えてアングル族の王国（現在のイースト・アングリア〔イングランド東部地方。アングリアはイングランドのラテン語名〕）が、近代の英国のほぼ全域を覆っていた。だが一〇六六年に、サクソン族の最後の君主ハロルドがヘイスティングズで敗北を喫し、殺された。こうして地位を追われたアングロ‐サクソンは、伝説のなかに入っていくのである。

実際、アングロ - サクソンは、しばらくのあいだ〈歴史〉の煉獄で待たなければならない。アングロ - サクソンの伝説が眠りから目を覚ますのは一六世紀、宗教戦争の必要からである。一五三〇年には、ローマとの断絶を正当化し、ヘンリー八世の離教を支持するために、サクソン教会が引き合いに出される。マシュー・パーカー大主教の指導下で、アングロ - サクソンの過去の研究と解釈が、一貫して英国王権に論拠をもたらすことを目的として体系化される。一五六三年には、ジョン・フォックスの『法と記念碑』*Acts and Monmments* のような本のなかで、宗教的学識と過去の再構築が、英国国民の特質を明確化するための論争に加わる。この特質を読み解く鍵が、英国国民の祖先であるアングロ - サクソンのなかに求められるのである。二番目の重要な段階は一七世紀初頭に開始する。論争は今回は、法的かつ政治的なものである。ノルマン人侵略者によって確立された圧制に反対して称揚されるのがサクソン族の諸制度である。ここでは起源への回帰は、タキトゥスがその『ゲルマニア』のなかで記述しているような、「ゲルマン人の」根本的自由の活力をよみがえらせることと同義である。タキトゥスの『ゲルマニア』は、ルネサンスの英国（フェルステーヘンとキャムデンによる）からトマス・ジェファーソンによる啓蒙主義時代のアメリカにいたるまで、すべてのアングロ - サクソン主義者にとって不可欠な源なのである。

この戦闘的な歴史記述そのものの内部では、一六八八年の名誉革命によって実現された自由の復活におおよそ満足しているホイッグ党の思想家と、より急進的なホイッグ党員、《Real Whigs》〔真のホイッグ党員〕のあいだに亀裂が走っている。この急進的なホイッグ党員は、サクソン族の英国（ノルマン人以前の英国）の純粋さは新たな革命的努力によって、これから再発見されなければならないと考えるのである。この亀裂は、この再創設の物語のアメリカへの *translatio*〔移植〕によって、そのあますところなき重要性を獲得する。この「大きな物語」には、英国の地で、ウォルター・スコットやラドヤード・キップリングにいたるまで、我が道を歩んでもらうことにしよう。そして私たちは、大西洋の向こう側にこの物語を輸出した人々のあとを追うことにしよう。おわかりのように、革命世代のアメリカ人が受け継ぐのは、すでにしかるべく調整された歴史記述における神話である。アメリカ人は一般にこれを急進的な版、すなわち「真のホイッグ党員」の版で採用する。レジナルド・ホースマンが詳細に明らかにしたのは、いかなる特別な水路（さまざまな法律の手引きや〈英国史〉）を通じて、アングロ＝サクソンの物語が一八世紀後半のアメリカ人の思想を潤すことになったのかということである。一七六〇年から一七七〇年にいたる植民地の政治文学全体がその深い影響を受けている。ジェファーソンのケースは、アングロ＝サクソンに対するアメリカ人の熱狂の突出した例の一つにすぎない。モンティセロ〔ヴァージニア州にあるジェファーソンの屋敷・墓所〕の主人は、死ぬまで一心に古サクソン語の研究に取り組んだ。それは彼曰く《hobby》〔趣味〕であるが、公民として重要な知識でもあって、ジェファーソンは、自分が設立したヴァージニア大学で、古サクソン語が教授される日を夢見ていたのだ。一生にわたり、彼は必要欠くべからざるタキトゥス――《first writer in the world, with no exceptions》〔紛れもなく世界でもっとも重要な作家〕――を、必要欠くべからざるモンテスキューと結びつけて読み、くり返し読んだ。彼が思いをめぐらせたのは、モールズワースやキャサリン・マコーリーであった。またフランス人では、彼がとりわけ高く評価していた『英国史』（ハーグ、一七二七年―一七三八年）の作者であるポール・ド・ラパン＝トワラ、ケルト人にかんする専門家ペルーティエ、および『デンマーク史』の著者のポール・アンリ・マレであった。周知のように、ジェファーソンはアングロ＝サクソン神話への共感と、合衆国のなかで神話を復活させようとするみずからの試みをとても遠くまで追求した。解放されたアメリカを、農地からなるいくつもの小共和国を併置させたものだとする彼の考え方は、サクソン族の国土編成から想を得たものであり、その効力を復活させようとするものだった。ジェファーソンにとって、新しいアメリカ国民が、その祖先であるアングロ－サクソンの庇護の下に、はっきりと位置づけられるべきことは自明のことであった。合衆国の国璽の表面に、八世紀に英国へ上陸したサクソン族の指導者ヘンギストとホルサを刻印しようとする彼の提案は、これに由来する。（裏面は雲と火柱にみちびかれて砂漠を行くイスラエルの子孫たちに割り当てられていた。）

つまり、アングロ－サクソンの神話研究は、ジェファーソンにおいては、宗教論争の場合や、多くの「真のホイッグ党員」においてさえそうであったように、もはや論争の材料の宝庫であるだけではない。起源への回帰という積極的政策を生み出す絶対的な幻想と化すのである。「八世紀より以前に存在し、人間の精神によって構想された、これまでもっとも賢明で、もっとも完璧なわれわれの先祖の幸福な体制に」と一七七六年八月にジェファーソンは書いている、「ただちにもどったほうがよくないだろうか」[23]。未来への退行的建設という驚くべき計画。フランスではマブリだけがこの計画に近づきうるだろうが、こうした計画は、ケルト語への回帰を強く勧めるある種の革命支持者の孤立したペンによるもの以外は、フランス革命そのもののあいだでも他に類例がない……。したがって、アメリカの革命的言説のこうした懐古主義的側面が、当時、フランスの観察者の目から隠れていたことは、それほど驚くべきことではないのである。

しかも、ジェファーソンの存命中に、インド－ヨーロッパ語研究の影響の下に——レジナルド・ホースマンは、この影響をアメリカにとって決定的なものだと考える——、議論は位置を変化させはじめた。インド－ヨーロッパ語研究は一八世紀末以前にすでにはじまっている。『アジア研究』*Asiatic Researches* の創設者であるウィリアム・ジョーンズ卿が、サンスクリット語研究の基礎を築く講演をおこなうのは一七八六年である。アングロ‐サクソン神話はいまや、はるかにずっと広いパースペクティヴで採り上げられるようになる。すなわち、言語的・人種的なアーリア的特性というパースペクティヴである。三世紀にわたる辛苦の学殖の果てに確立された優位をサクソン族のために保持するのに腐心している英国が、伝説（サガ）のこの拡大を敬遠するように見えるのに対し、合衆国はアーリアをめぐる直観を「科学的」に活用することに熱狂的に取り組むのである。ごくはやくに、トマス・パーシーのような英国人先駆者の例に倣って、合衆国ではアングロ‐サクソン神話研究とインド‐ヨーロッパ語研究とが収斂する。この収斂によって、一方の自分を科学的だとする主張と、他方の、アングロ‐サクソン人種の内在的な優越性を主張する途方もないイデオロギー的内容がない交ぜになった資料体（コーパス）全体がはぐくまれる。骨相学はフランスよりもずっとはやい一八四〇年以前に、科学的名声と社会的承認の面で絶頂に達している。「一八一五年までは、アングロ‐サクソンという語は、アメリカ国民について人種的な性格をもつ定義を与えるために使用されたことはなかった」[24]が、一八四〇年代からは、この語は人種主義的言説、比較研究にかんする言説、ヒエラルキーを生み出す言説を助長する。すでに見たように、一八四五年に登場した「明白な運命」という誇張的言辞（レトリック）との合流は、アングロ‐サクソン神話を領土拡張主義の言説の柱石としてしっかりと据えることになったのである。

フランス版アングロ‐サクソン

根強い伝説――フランス人がアングロ‐サクソンという表現を乱用する際の執拗に馴れなれしい態度から、おそらくは生まれたと思われる根強い伝説――に反して、[25]アングロ‐サクソンを発明したのはフランス人ではない。ゲルマン的起源を探求するこの神話研究は、フランス人の関心からはるかに遠い宗教的で政治的な争点との関連で、英国で形成され、合衆国で変容した。長いあいだ、ひじょうに長いあいだ、アングロ-サクソンはフランス人にとって、たんに……ヨーロッパの一地域の、はるかなる歴史上の主人公であるアングル族とサクソン族にすぎなかった。

一八世紀初頭にフランス語で出版されたポール・ド・ラパン=トワラの『英国史』に、ジェファーソンがいかに敬意を払っていたかについては、すでに述べたとおりである。フランス人は実際、サクソン族の模糊とした入植の時代も含めて、英国史に興味を抱くのに、ウォルター・スコットもオーギュスタン・ティエリーも待たなかった。**アングロ-サクソン** *anglo-saxon* という形容詞は、すでに一六世紀末には文壇でもちいられている。啓蒙主義の時代には、英国史の枠組みのなかで、あるいは飛躍的発展をとげているケルト史の枠組みのなかで、サクソン族とアングル族を扱う著作が増加するのが見られる。彼らはまだ往々にして「アングル-サクソン」《Angles-Saxons》[26]と呼ばれることもあるが、この連結形態は大半の著者によってすでに放棄されている。これらの著者は、ヴォルテール[27]のように、実詞化された表現を採用している。「昔のアングロ-サクソン」《les anciens Anglo-Saxons》である。

しかしながら、フランス語に導入されたこれらアングロ-サクソンを、英仏海峡の向こうで二世紀にわたる論争によって形成されたアングロ-サクソンと混同しないようにしよう。この二つは同じ機能ももたなければ、同じステイタスももたない。それはフランスがさまざまな原始状態（プリミティヴィスム）の魅力に無感覚だからではない。誘惑は「四つ足で歩くこと」をもっともしたがらない〈啓蒙主義の哲学者〉たちをさえ容赦しなかった。モンテスキュー、それにヴォルテールでさえ、それに身をまかせた。モンテスキューは、英国の自由はゲルマニアの森のなかで誕生したとすることによって、ヴォルテールは、スキタイ人（間もなくアーリア人の伝説（サガ）と結びつけられる別の「北欧人」[28]を〈自由〉の英雄として、またアメリカ人の精神的先祖として描写することによってである。また、それはフランスが、宗教改革以来、ヨーロッパで猛威をふるった正当性をめぐる歴史記述論争から免除されていたからでもない。国王大権、基本的自由、封建制または議会制における簒奪をめぐって、闘争は他国と同様、フランスでも激しかった。だがそれはフランク族、ローマ人、ケルト人を介してのことであった。

というのも、それぞれにはそれぞれの原始状態があり、この点については、フランスはすでにこれを有しているからである。フランス人には、あますところなく見出された祖先であるゲルマン人がいる。ブーランヴィリエ〔一六五八―一七二二。フランスの歴史家。フランスの貴族階級がフランク族の末裔だとの説を展開〕とマブリ〔一七〇五―八五。フランスの哲学者・歴史学者。農地法の改革を唱えた〕のフランク族である。フランク族をどんなシナリオに結びつけようと、どんな味つけ（貴族的、または民主的な味つけ）をしてフランク族を食事に供しようと、フランク族には歴史記述の諸要求を満足させるだけの力がある。だから、フランク族の「信奉者」はアングロ‐サクソンを必要としない。ケルト学者はもっと歓迎態勢にあるが、それはアングロ‐サクソンが集団に溶け込むという条件においてである。マレ〔一七四九―一八〇〇。スイスの政治評論家。英国の憲法典の賛美者〕やペルーティエ〔一六九四―一七五七。歴史家・プロテスタントの牧師。ヨーロッパ諸民族はケルト族の末裔であるとの説を展開〕のような人にとって、アングロ‐サクソンは他と同様の「北欧人」である。彼らは大ケルト民族に属するが、そのなかで異彩を放っているわけではない。英国ではノルマン人に対抗するのはもちろんこと、ケルト人にも対抗して、差異、優越性、さらには神の選択のしるしとして、アングロ‐サクソンの神話研究が好んで振りかざされるのに対し、フランスの歴史記述がアングロ‐サクソンを無視するのをやめるのは、アングロ‐サクソンをケルト人固有の諸特質という大洋のなかで薄めるときだけである。これが啓蒙の世紀の終わりにアングロ‐サクソンの物語に直面したときのそれぞれの立場である。これらの立場は、見かけに反して、ロマン主義による再解釈によってくつがえることはない。「北欧」の流行は、フランスではすでに帝政期から強いが、たんにオシアンを範としているだけではない。この流行によって、スカンジナヴィア人、ブルトン人、サモエード人〔シベリア北極海沿岸地方に住むモンゴル系種族〕が、漠然とした混合主義（サンクレティスム）のなかで隣り合わせるのである。だがこれらの朦朧とした叙事詩は、模範や保証を提供するのには適していない。〈大国〉はその必要を感じていないし、たとえ〈大国〉がこれらおぼろげな諸時代に関心を向けなければならなかったとしても、帝政フランスはシャルルマーニュの像のほうに好んで思いを凝らしているのである。(29)

そういうわけで、アングロ－サクソンが力と威厳を取りもどすには、オーギュスタン・ティエリーを待たなければならない。とはいえ、ティエリーが物語る歴史は『ノルマン人による英国征服史』である以上、それは敗者の役割においてである。オーギュスタン・ティエリーの散文の華々しい成功、およびこの本が版数を重ねたこと（一八二五年、一八二六年、一八三八年）は、謎めいたサクソン族を一般公衆になじみのあるものにした。第三版の付録として一八三九年に特別に製版された学術的で洒落たカラー版地図帳（アトラス）には、ベデカー〔ドイツ人カール・ベデカーが出版した地域別の旅行ガイドブック〕を思わせる「サクソン族のアングラ－ランド Angla-Land または英国地図」さえ掲載されていた。すなわち、アングロ－サクソンは断固として回り道をして見るだけの価値があったのであり、いまやフランス人は、まるでロワール川の城めぐりの準備をすることでもあったかのように、人を寄せつけない七王国〔六－九世紀にアングロ－サクソンが英国に打ち立てた小王国〕を空想のなかでさまよい歩くことができたのである。

つまり、オーギュスタン・ティエリーは歴史上のアングロ－サクソンにとって、すばらしい文学的エージェントだったということになるだろう。だが彼の企てが、周りの *völkisch*〔民族主義的〕な民族化に似たスタイルでもって、文字どおり「地図の上に」アングロ－サクソンを置き直しているとしても、この企ては、アングロ゠サクソン研究を民族のヒエラルキー化の実験室へと徐々に変化させる傾向をもつ英国あるいはアメリカの試みを受け入れることはほとんどない。ティエリーは〈未開人〉にかんする年代記作家ではあるが、〈未開人〉の追従者に与（くみ）することはない。彼は青春時代にウォルター・スコットを読むことに熱中した。そして彼自身が認めるところによれば、『アイヴァンホー』が大好きだった。だがその後、歴史家となった彼は、サクソン族の伝説（サガ）に接ぎ木されることになった政治的・社会的神話から距離を保ったままである。いまや英米のアングロ゠サクソン物語の核心をなしている優越性の神話を読者に伝えるどころか、彼が依拠しようとするのは、前の世代の英国の専門家のうちで、おそらくもっとも「国家主義的」でない者、もっとも「民族主義的」でない者、すなわちシャロン・ターナーである。一七九九年から一八〇五年のあいだに出版された『アングロ゠サクソンの歴史』で、ターナーは英国の諸制度においてサクソン的な自由への情熱に淵源するすべてのものをはっきりと強調している。だが彼が信じているのは、人類の人種的同質性であって、ピンカートンのような人種主義的なアングロ゠サクソン主義者を批判している。一八三八年版の序文で、オーギュスタン・ティエリーが名を挙げているただひとりの作家がターナーであることは重要であるが、それと同じく重要なのは、ターナーが概略を示している征服する者と征服される者をめぐる逆説的な理論である。この理論によれば、「侵略者」はみな、平原に居を構えると、自分が征服した国々それ自体において農奴になるのである。「もっとも古い人種」、敗北を喫した人種、すなわち少人数で山に逃げ込んだ先住民の人種が、「貧しいままだが、独立を維持(30)」した唯一の人々である。サクソン族であろうがなかろうが、征服者についても同様である。オーギュスタン・ティエリーは『アイヴァンホー』に感動したが、無駄だった。彼の歴史的主人公、すなわち、人を寄せつけない高地に向かって押し返された最初の無名の居住者は、羽根飾りをつけたアングロ゠サクソン的性格の体現者というよりも、モンテスキューの〈穴居人〉に似ているのである。

つまりフランス人は多大な時間をかけて、英仏海峡の向こう側と大西洋の向こう側でアングロ－サクソンが演じているイデオロギー的役割に気づき、また人種的伝説（サガ）へと書き直されたルーツの歴史が英国と合衆国を接近させたことに不安を覚えるのにも多大な時間をかけたということになるだろう。すでにおわかりのように、一八五一年にフィラレート・シャールは、合衆国に住みついている「何百万人ものアングロ－サクソン」について語っている。だがこの表現は英語においては、一八三〇年代初頭以降、英米人を基準にして使われるのに対して、シャールはその二〇年後になっても、この表現を相変わらず系譜学的・原始主義的見地から使用している。シャールが北米人をアングロ－サクソンとして提示するのは、キリスト教徒とチュートン人〔ゲルマン人の異名〕からの二重の遺産を強調するためである。[31] つまり、英国にも英国人にも、まったく言及されていないのである。シャールは一種の系譜学的短絡でもって、チュートン的かつキリスト教的起源に、つまりゲルマニアのおぼろげな時代と広大な森に、直接にさかのぼっている。アングロ－サクソン *anglo-saxon* という英国的連接を省略することで、次世代に取りつくことになる米英の共謀という恐ろしい問題をうまく回避しているのである。

アングロ－サクソン主義が合衆国で獲得した新しい価値を認めることに対するフランスの反感において、否認が占める部分とはどれくらいだろうか。大きい。自覚のあとにつづく反応の激しさから判断すればである。だが、それが防衛機制に由来するにせよしないにせよ、自説への盲目的信頼は否定できない。一八七七年にリトレは、英米人をいっしょに指示するための「アングロ－サクソン」という表現の用法をまだ新語法として紹介している。かくしてリトレは、フランス語圏での使用と英語圏での使用に、著しい時間的なずれ——四〇年以上——を確証している。[32] リトレの辞書の「アングロ－サクソン」の項目は、もちろん歴史的定義からはじまっている。「それはアングル族とサクソン族の混合に属している。これらゲルマン民族はローマ帝国の崩壊に際して、ブリタニア島〔アングロ‐サクソンが侵入する以前のグレート・ブリテン島の名称〕を占領した。」つぎに「アングロ‐サクソン語」の説明に移行する。この言語がノルマンディー方言と混ざって英語を生み出したのである。最後にリトレは、この用語がこうむったばかりの意味の拡張と移動を指摘する。「英国人と合衆国のアメリカ人が属している人種について語りながら、一般(オン)に人はしばしば、彼らはアングロ‐サクソンだという。」これは、漠然とした、おそらくは間違った最近の用法を用心深く記録することなのであって、この細心綿密な辞書編纂者はかならずしも承認することなく（「一般に人は……という」）、この最近の用法に注意をうながしているのである。しかしそれはまた、この表現が歴史記述の領域から人種人類学の領域に移行したことをこの上なくはっきりと（「……人種について語りながら」）説明することである。二〇年後の一九世紀の黄昏時には、「アングロ‐サクソン」という語を前にして、アングル族とサクソン族を思い浮かべるフランス人はもはやひとりもいないだろう……。

　一九世紀の最後の四半世紀に、アングロ‐サクソンという語と「モチーフ」をめぐって、無頓着から情熱へ、無関心から興奮へと、人はどのようにして移行するのだろうか。この神話研究全体は三世紀のあいだ十分に無害だとみなされていたのに、それに即刻対抗するために軍隊を動員しなければならないほど恐ろしいものに突如、変化させるのは何なのだろうか。

　答えは簡単である。フランス人は、一七世紀と一八世紀の論争をイングランドの英国人にのみ関係すると判断したがゆえに（「アングロ‐サクソン主義者」のなかでもっとも論争的な人々は、スコットランド人、ウェールズ人、アイルランド人をけなすだけで満足していた）、上の空で見守っていてもよかったのである。フランス人は一九世紀初頭には、アメリカにおける新しい展開をほぼ完全に知らないでいることができた。起源神話を人種的な観点から利用することもまた、「国内」問題、とりわけ合衆国の地に非アングロ－サクソン系アメリカ人住民が存在することによって提起される問題に属しているように見えたのである。突然、すべてがひっくり返るのは、実際、フランス人が一八七〇年から一八八〇年のあいだに、つぎのことに気づくときである。すなわち、アングロ－サクソン神話が、性格というよりもむしろ機能を変化させたこと、すなわち「人種化」したあとにグローバル化したことである。さらに、この神話が合衆国国内における民族集団の分割とヒエラルキー化をもはやたんに保証するだけでなく、英国人とアメリカ人のカップルが明らかに主役を務めるような、世界的規模での役割の再分配プログラムを提示していることである。アングロ－サクソンの神話研究は、英国と合衆国において、固有の明確な内政的備忘録に栄養を補給しているかぎりは、厄介なことは何もなかった。フランス人の目にすべてが変わって見えるのは、この神話研究が英米間の橋渡し（トレ・デュニオン）として、また英米の共通語としてあらわれるときである。また、このようなことは明日には、この両大国とドイツとのあいだにあってもいいのではないだろうか。ドイツは「アングロ－サクソンの」両国に対して「チュートン的」親和性を際立たせることに利益を見出すことができるかもしれないのである。見通しはきわめて憂慮すべきものである。そして一八七〇年の敗北につづくフランスの外交的孤立のなかで容易に理解できることは、アングロ－サクソンが風変わりで田舎臭い野蛮人であることをやめ、血縁、慣習、言語による共同体という恐るべき脅威となるということである。フランスはこの共同体から排除され、その後、その犠牲者となるのである。

　フランス人の妄想症（パラノイア）？　とにかく、フランス人の妄想症はあまり探そうとしなくても、「アングロ－サクソン」自身においておこなわれる言説のなかに滋養に富んだ食事を見出すことができる。というのも、考古学者と歴史家の温厚なアングロ－サクソンのあとにやって来たのは、政治家と詩人のはるかに陰険なアングロ‐サクソンだからである。

たとえば、少し前までまだ革命フランスの熱狂的な賛美者だったカーライルのような人が、いまやサクソン族の有機的統一の旗手となっていること、カーライルが英国の過去からフランス的要素をすべて取り除こうとして、ノルマン人を「フランス語を学んだサクソン族」だと主張していること、彼が八九年の普遍主義を擁護するのと同じ熱意をもって、《All Saxondom》〔全サクソン主義〕を説いていること、英国人としての誇りさえ捨て、この多国籍な人種の未来の首都であるボストンあるいはニューヨークへの「サクソン族の」権力移転を受け入れていること――実際、これではフランス人は不安にならざるを得ない。相対して、大西洋の向こう側では、ヤンキーであるラルフ・ウォルドー・エマーソンが英国の偉大さを歌いはじめるということ（『英国の特性』*English Traits* のなかで）、彼がゲルマニアの森の共通の祖先とおぼしき者たちの名において英国の偉大さを歌っていること、ゲルマニアの偉大さとラテンの卑劣さを対立させていること、ためらわずにアングロ‐サクソンに「地球の支配権」を授けていること――アングロ‐サクソンは「善と悪についての厳しい感覚」によって十分にこの支配権にあたいしたらしい――、要するに、近代アメリカのもっともすぐれた思想家が、「チュートン族」に対して、またその「ラテン人種と対照をなす心の一体感の国家的形態〔*national singleness of heart*〕」[33]に対して喜びの歌を捧げることができるということ、これにフランス人はおびえることができるし、おびえるべきなのである。

いかなるアングロ‐サクソンの優越？

同時代人の耳にもっともよく響く警告は、間違いなくエドモン・ドゥモランが一八九七年のエッセイ

『アングロ - サクソンの優越は何によるのか』のなかで投じているものである。疑問形にもかかわらず、タイトルは有無を言わせない。この優越は既定のものとして与えられているのである。フランス人に残されているのは、その原因を解明するというわずかな慰めだけである。その根本的な主張は周知のことだが、念のためにくり返すことにしよう。より興味深いのは、この本と論証の中心部における、アングロ - サクソンの一体性を主張しようとする意志（このエマーソンふうの「美徳」の一体性が、この著作の主張そのものを形成している）と、その構成要素を解体しようとする絶えざる運動（英国と合衆国は明らかに区別される。ドイツは無条件に遠ざけられる。ドゥモランの書物は二重の意味で重要である。フランス世論に対する電気ショックの効果によって（出版社は一八九七年の一年だけで初版と再版のために一万五〇〇〇の印刷部数を予告している）、また著者の眼差しを分散させる奇妙なやぶにらみによって——まるでアングロ - サクソンという実体を固定することは、結局は容易ではないかのように——である。

ドゥモランは論争しているのではない。覇権の原動力について、できることなら合理的に説明しようとしているのである。もっとも、この覇権を告発するためというよりも、フランス人がそれを範とするように提案するためである。この実践的な実証主義への配慮によって、ドゥモランは不安をあおるようなものは何もないレトリックを手に入れる。（だが同時代人をもっとも不安にしたのが、まさしくこの客観性の語調である。）ところで、これを少し近くから見てみると、その議論の進め方は奇妙である。すでに述べたように、すべてはアングロ - サクソンは一つの均質なまとまりであるという深い確信にもとづいている。だが、このまとまりはただちに、ドゥモランのペンの下でぼろぼろと崩れていくのである。

このまとまりは、その土台を失うことからはじまる。すなわち、系統全体の起源であり、あらゆる美徳の源泉であるゲルマン人という祖先である。これらのチュートン人という祖先は、みずからの名を冠した冒険から無条件に排除されるのである。実際、ドゥモランがまずおこなっているのは、近代ドイツを枠外に置き、問題外にすることである。ドイツ人は恐れられている、と彼は記している。なぜなら、ドイツ人は「大隊を率いて、最新の武器をもって」やって来るからである。だが恐れるべき者、「真の脅威」となる人間とは、英仏海峡の向こう側、あるいは大西洋の向こう側のアングロ－サクソンである。この大胆不敵な個人主義者は、「群れを作らずに、犂をもってやって来る」(34)。このル・プレとアンリ・ド・トゥールヴィルの弟子のシナリオにおいては、「社会の力は世界中のあらゆる軍隊よりも一〇〇倍も強い」。そして、表向きの敵（ドイツ）の背後に本当の危険（アングロ－サクソン）を見分ける洞察力をもたなければならない。「大いなる脅威、大いなる危険、大いなる敵対者は、われわれが信じているように、ライン川の対岸にいるのではない。軍国主義と社会主義が、われわれからこんな敵を厄介払いする役割を担ってくれる。時間はそうかからないだろう。大いなる脅威、大いなる危険、大いなる敵対者は、英仏海峡の対岸、大西洋の対岸にいるのである。」一八九七年に発せられたこの警告は、翌年には予言的な様相を帯びる。たとえその著者が、キューバ危機などまるで想像せずに、軍事的帝国主義の観点からではなく「唯一現実的である社会的優位(35)」という観点からアングロ－サクソンの「脅威」を分析しているとしてもである。

　つまり、ゲルマンという構成要素は、「アングロ－サクソン」の新しい像からは削除されているのである。時宜にかなっているという理由からではなく、ドゥモランの思想では、彼が「人種の社会形成」と呼んでいるものに根本的な相違があるからである。というのも、「ドイツ人種の社会形成が根本的に共同体的であるのと同程度に、アングロ－サクソン人種の社会形成は根本的に自主独立主義的（パルティキュラリスト）(36)」だからである。はっきりいえば、ドイツ人は集団的で、潜在的に集産主義的であるのに対し、アングロ－サクソンの根本的特徴は個人的なエネルギーなのである。こうした民族的気質の不一致にかんする決定的証拠の一つが、社会主義に対する双方の態度である。ドイツ人が社会主義への傾向をもつのと同じくらい、アメリカ人は社会主義に対して頑固である。マルクスの努力（彼はアメリカに国際労働者同盟(インターナショナル)の本部を移転したが、「期待は裏切られた」）や名高い *missi dominici*〔王の巡察使〕の派遣にもかかわらずである。「合衆国の英国人を社会主義に転向させようとするために、何人ものドイツ人扇動者(アジテーター)が送り込まれた。とりわけリープクネヒト氏、そしてカール・マルクスの娘のひとり、エーヴリング氏と結婚した娘である。だがすべては無駄に終わった。[37]」このようにして、合衆国における社会主義の失敗、より正確にいえば、社会主義に対するアメリカのアングロ－サクソンの抑えがたい食欲不振は、ドゥモランにおいて、一方の英国人とアメリカ人、他方のドイツ人のあいだの根本的な差異をあらわす決定的証拠になっているのである。

ドイツ、退場。だが変化はそこでとどまらず、再度、焦点を合わせようという動きが続行される。今回は、英国から〈新世界〉へという動きである。ただちにドゥモランは「英国人とその弟ヤンキー[38]」の血族関係を原則として仮定した。だがエッセイが進むにつれて、問題なのが英米の危険性を示す例を提示することであるときには、彼は徐々に英国人からヤンキーへと移行していく。この点で序文は重要である。「アングロ－サクソンは、北米でわれわれの地位を奪った」と、お定まりのことをドゥモランは確認している。ところが、つぎのページでは、アングロ－サクソンの諸社会は「若い社会」となっているのである――この形容語句は、のちに認められるように、ヴィクトリア女王の英国にはしっくりこない。控えめに、そしておそらくは無意識に、この序文と同様、展開部でも、ドゥモランは英国の貨車をアメリカの機関車から切り離す。「この若い社会は」と、ドゥモランは合衆国に焦点を合わせることに対して無意志的な同意を示す文章のなかでつけ加えている、「すでにわれわれのことをある種の軽蔑を込めて〈旧世界〉と呼んでいる」[39]。同書の第二部と第三部は、この傾向を確証している。英国とその〈自治領〉は、そこでは視界から完全に外れているわけではない。しかしこの社会観察者の感嘆と不安の入り混じった眼差しが注がれているのは、まさしく合衆国である。「合衆国は今日、機械の進歩の先頭に立っているのと同様に、社会的進歩の先頭に立っている」[40]からである。「世界支配において、ローマ帝国のあとを引き継ごうと望んでいるように見える人種」[41]の脈が打っているのは、もはや英国ではなく、アメリカにおいてである。「断固として男性的な環境」[42]によって活気づけられ増幅させられたアングロ－サクソンの「自主独立主義的」な特質がまさしく凱歌を上げるのも、アメリカにおいてである。

ヒット作の二重に逆説的な運命。すなわち、軍事的暴力という幻想に「社会的力」という現実を対立させた『アングロ－サクソンの優越は何によるのか』が、一八九八年以降、合衆国による「軍国主義の完全な放棄」[43]をもうまったく信じなくなったすべての人々を後押しするのである。実際はその主要命題である英米人の同等性についていえば、それはすでに著者のペンの下でぼろぼろと崩れているだけに、ますます読者によって支持されなくなるだろう。ドゥモランが欲していたのは、アングロ－サクソンの「拡張していくこの驚異的な力の秘密」[44]を明かすことであり、彼ら共通の成功の鍵をフランス人に差し出すことであった。だがこの「普遍的な」鍵〔自在スパナ〕は、使われる前に錆びてしまった。というのも、すでにフランス人の表象において、合衆国は英国モデルから「離脱して」いるからである。そして、フランスの旅行家によってアメリカについてもたらされるある種の型にはまった表現には、依然として「フランス人の英国嫌いの長い伝統」の刻印が押されているとしても、この一九世紀末になっても合衆国は彼らの目には「英国の拡大」[45]でしかないと主張することは不可能である。すでに見たように、はやくも第二帝政期には、アングロ－サクソン的特性に対する警戒を通じて、穏やかな古い国である英国と、粗野で予測不能な大国である合衆国のあいだに、ひじょうにはっきりした差異が確立されていた。旅行記とともに増加していった否定的な文化のイマージュは、コントラストを際立たせたにすぎない。英仏協商も手伝って、「大西洋の向こうのアングロ‐サクソン」はやがて、エドモン・ドゥモランがつぎのような記述をして吹き込もうとしていた正常な恐怖を、我が身の上だけに集中させるだろう。すなわち、「この熱烈な進取の精神、この苦境を乗り切る能力である。私たちはこれを金と引き換えに手に入れるのだし、私たちがひじょうに苦労して、けちけち節約する金のすべては、これを押し殺すだけである」[46]。年金生活者的でマルサス主義的なフランス——「私たちは物乞いのような生活をしている。私たちの子供たちに何もさせないために、組織的な不妊症を実行している」——を前にして、ドゥモランはアングロ‐サクソン「人種」を一つのまとまりとして提示しても無駄である。ドゥモランがフランス人を脅かす際に、そのネタにした怪物は、まさしく双頭である——そしていまや恐怖をもたらすのは、ヤンキーの頭なのである。

そしてヤンキーがアングロ‐サクソンを産んだ……

そういうわけで、一九〇〇年のフランス反米主義者は、自分たちなりのやり方で、カーライルのプログラムに従ったように見える。すなわち、彼ら自身もまた、アングロ‐サクソン的性格の所在地とでも呼べそうなもの、その強度——および、つまり危険性——の拠点をアメリカに移転させるのである。だがこの移転のイマージュは、ここでは逆向きの動きをもつ現実を覆い隠してしまう。というのも、フランスにおけるアングロ‐サクソン像が形成されたのは、アメリカの危険性の自覚から、そしてこの「恩知らずの」アメリカが私たちのほかの敵と共謀することの危険性の自覚からだからである。フランス版アングロ‐サクソンにおいて、このアングロ‐サクソン像が系統関係をあらわしているのは、もはや外見でしかない。この像が前提としている人種的連続性によって、英国人やアングロ‐サクソン系アメリカ人は、彼らの祖先の断固たる美徳を横取りすることが可能になった。だがフランスの言説では、アングロ‐サクソンの血統はいまや逆さまに機能することになる。すなわち、この系統は出発点からではなく、到達点から確立されるのである。（ドゥモランのように、それだけいっそう完全にドイツ人抜きで済ますことができる。）

　連載小説的な神話研究に遅れてやって来たフランス人は、大半の逸話をつかまえ損なっただけではない。彼らは自分たちのために映画をあべこべに上映したのである。フランス人がアングロ‐サクソンを再発見するのは、ヤンキーからである。新（ネオ）‐野蛮人であるヤンキーの顔つきに、フランス人は恐ろしい遺伝の特徴を読み取る。フランス人は、近代の狩猟採集民に対して自分からレトリックの上で昔の傭兵の金ぴか衣装をまとわせておきながら、その狩猟採集民を前にして取り乱すのである。フランス人が、自分の傷を引っかくように先祖代々の連帯や危険な血族関係を思って、恐怖を募らせつつひどく恐れているのは、ヤンキーの実際的な力である。フランス人のテクストを見て、近代のアングロ‐サクソンの背後に、申し分ない未開人であるサクソン族の古風なシルエットがくっきり出現するのを待っていても無駄だろう。フランス人に取りついている〈野蛮人〉とは、未来の〈野蛮人〉であって、過去のそれではない。それは、あまりにも強い顎とあまりにも物質的な貪欲さ、征服欲とそれを満たそうとする粗暴さを併せもつ、ヤンキーという野蛮人である。フランスにおける合衆国のアングロ‐サクソンの解釈とは、人種の特性の名において発せられる言説であって、この言説はアメリカの歴史性をヨーロッパの伝説と一体化させることによって、アメリカの歴史性を隠蔽することを可能にする。だがこの解釈では、ゲルマン的特質、あるいは英国的特質は、いまや地球的規模の脅威の中枢として受け取られる「ヤンキーの国」をめぐる申し立てや幻想を正当化するためにしか引き合いに出されることはない。まれな場合には――一九一九年のモーラス――、アングロ-サクソンの像は組み立て直され、フランスに対抗すべく団結した「民族的大国」の恐るべき集団を再編成することになる。だがここではモーラスは例外である。一九世紀末には、合衆国への *translatio imperii*〔権力の移動〕はフランス人の想像世界（イマジネール）においては既定の事実である。そしてそれとともに、恐怖の移転も。フランスのアングロ-サクソンは、この移転の所産である。人はいうこともできるだろう、幽霊と。

したがって、ギュスターヴ・ル・ルージュのように、「アングロ-サクソン」を倦むことなく非難することと、アメリカ人のみを槍玉に挙げることを、同時に、そして矛盾なくおこなうことができる。（英国人のトム・パンチという登場人物は、ヤンキーに対する闘争でフランス人の盟友となり、英国国王は「いい奴」になっている。ヴィルヘルムと同様、彼はヨーロッパの勝利を祝う最後の祝賀行事に参加するのである。）それぞれの大陸に住みついて冷ややかなままにしているヨーロッパ人とアメリカ人の敵対的対面については、「大西洋の海岸で差し向かいになった両人種」と書くことさえできる。これは一見したところ、ぼんやりとして、ばかげた文章である。というのも、「人種」という観点からは、境界線となるべきは英仏海峡であって、大西洋ではないからである。だがこの奇妙さは、ヤンキーの方向性によって不可避的にもたらされる「アングロ-サクソン的」図式の枠組みにおいては、理解可能だし、首尾一貫さえしている。ギュスターヴ・ル・ルージュがここで暗黙のうちに告白しているように、アングロ-サクソン人種は、アメリカ人というただ一つの像、「ヤンキーという不愉快極まりない類型」のなかに解消され、同時にそこで強化されるのである。

6　人種のポートレート

世界の果てにあっても、私はアメリカ人という類型（ティップ）を識別することができるだろう。

ジュール・ユレ、『アメリカにて』（一九〇四年）

アイデンティティを欠いている代わりに、アメリカ人の歯並びはすばらしい。
ジャン・ボードリヤール、『アメリカ』（一九八六年）

つまり、ヤンキーの大ざっぱなシルエットは、アングロ－サクソン像と交差することで、自身に欠けていた粘性を受け取ったのである。ある顔立ちを（そしてのちに見るように、ある種の人相をさえ）備えたアメリカ人は、一八六〇年代まではこれがみずからの運命であったが、いくつかの鍵――順応主義、俗物根性、田舎気質――に還元される性急な表意文字であることをやめた。ほかの特徴、すなわち貪欲、乱暴、盲目的愛国心、権力欲が、以前の特徴を消し去ることなく、その上に重ねられた。これらの新しい特徴は、たんにいっそう非難されたり、さらに不安をかき立てたりするだけではない。それらは別の論理から生じる。それまでアメリカ人のものとされていた欠点、すなわち無礼な態度とか金儲け主義は、一時的な社会状態——がさつな習俗と未発達な欲望をもつ、洗練されない国の状態——の結果、だが改善可能な結果とみなすこともできた。ヤンキーにおいて、いまや記述され告発されるのは、先天的欠陥と遺伝的欠点である。「ヤンキーという人種」という連辞（サンタグム）が、いまや「共通のドクサ〔ある時代、ある社会の成員が自明なことと受け入れている意見〕の一部」[1]をなすのである。

これは〈西〉では新しいことである。〈西〉で敵対的な人種が立ち上がる。それが話題になる。くり返し語られる。どうやら若干はそう考えられているらしい。本質的に異質の人種。根本的に敵対的。二重の意味で恐ろしい。というのも、この西洋の果ての *hostis nouus*〔新しい敵〕は、もっとも近代的な脅威を具現していると同時に、先祖伝来の憎しみの長い系譜を想像上、永続化させているからである。つまり、ヤンキー像は、近代の攻撃性（物質主義的、産業的、機械的）の輪郭に沿って素描されるが、はるか昔に起源をもつ人種的敵対関係というパターンにもとづいて素描されるのである。新しい敵対者、つまり計算高い資本家、さらには〈近代性〉という「鼻持ちならない神」の冷酷な信者が、何世紀にもわたる敵意の過去を背負って、ひそかに前進してくるのである。

この状況は皮肉を含んでいる。フランス人がヤンキーにアングロ-サクソン製のオペラグラスを固定するのは、移民の大波が北米の人口構成を一変させはじめるまさにそのときなのである。滑稽な場面そのもの。すなわち、ヤンキーのポートレートを撮ろうとして、カメラマンが黒い覆いの下で神経質に体を動かしているときに、そのカメラレンズからは見えないまま、ある群衆が丸ごとその場面に侵入しくるのである。この雑多な要素からなる集団、地球の四隅からやって来たこれら無数の顔が、実際に視野に入ってくるのには、さらに数年が必要である。だがそのとき、彼らの侵入はフランス人の強迫観念を鎮めるどころか、不安を増大させるだろう。すでにヤンキーが吹き込んでいた憎しみにみちた不信感に、さまざまな民族の混合体、人間の寄せ集めを前にして、不安を伴ったある種の嫌悪感が積み重なる。「コスモポリタンな沖積土」が「アメリカ人種」の「コリント式ブロンズ」の上に幾層にも幾層にも押し寄せてくること、「あらゆる人種の沈殿物」がヤンキーのブロンズと合金を作ろうとしてやって来ること――これがフランス反米主義者にもたらすのは安らぎではまったくなく、むしろ彼らの敵意を倍加することになるのである。

アメリカ人種のコリント式ブロンズ、コスモポリタンな沖積土、あらゆる人種の沈殿物。一九〇〇年前後にこうした定型表現を考え出し、書き記し、発表する人々とは、無名の人種主義的誹謗文書の作成者ではなく、フランス・インテリゲンチャに属する何人かの同輩公〔貴族院議員の権利を与えられた公爵〕である。すなわち、ごく輝かしいポール・ブールジェ、きわめて真面目なオクターヴ・ノエル、とても尊敬されたエミール・ブートミー[2]――〈心理学〉、〈経済学〉、〈政治学〉――である。一九一四年以前の反米主義は、すでにエリートと知識人の問題だった。だがこの反米主義は後世のそれと興味深い対照をなしている。この反米的言説が安定化する決定的な段階において前哨に立っているのは「文学者」ではない。私たちが第一線に見出す人々は大半が経済学者、社会学者、政治学者であるが、集団的思考様式が存在することを疑わないブールジェ流の小説家‐心理学者も忘れてはならない。これらは新しい大胆な専門分野を標榜する男たち（ごくまれには女たち）である。全員が――それからはほど遠い――学者や専門家の経歴をもっているわけではない。だが彼らは、古代の文化ではなく近代の知を引き合いに出すことによって、気分を害した学識者の懐古趣味的な固有語によってではなく、勝ち誇る新しい社会科学の語彙を使うことによって、アメリカという敵に対してペンを執るのである。その後――一九二〇年代以降――、大作家、ヒューマニスト、唯心論者、詩人、イデオローグの時代がやって来る。さしあたって、彼らはまだ自分たちが「アメリカという脅威」に関係しているとも、それに脅かされているとも感じていないかのように、すべてが進行している。

ところで、きわめて多様な方法論的（そしてイデオロギー的）な領域に由来するこれらの言説は、驚くべき均質性を示している。フランス反米主義が、この上昇期に、ただ一つの声で語っているといえばいいすぎだろう。だが、しばしば同じ語調で発せられる同じ論法が、各テクストでくり返されるのを目の当たりにするのは驚くべきことである。さまざまな変奏と装飾音の背後で、一つの通奏低音が聞こえてくる。人種という苛立たしいモチーフである。「民族誌学的」と呼ぶことのできる共有された確信が、みずから科学的であると主張するこれらの言説を活気づけ、似通ったものにしている。そしてこの共有された確信によって、これらの言説は、ユレのような偉大なリポーターからル・ルージュのような連載小説家にいたる非‐専門家の発言と同一平面に置かれるのである。全員が自分たちの対象を民族化しようとする同じ傾向と同じ情熱を示している。シオドア・ローズヴェルトの人格やトラストという現象を説明する場合であれ、ストライキの激しさやアメリカの若い娘が享受している驚くべき自由を説明する場合であれ、最終決定権が「生まれつきの素質」と人種の特質に帰着しないことは、ひじょうにまれである。「国民性」にかんする当たり障りのない考察から、ひどく乱暴な遺伝学的陳述にいたるまで、アメリカとアメリカ人にかんする記述は、遺伝的特性、獲得形質、先祖伝来の道徳的・心理的特徴に過剰なほど依存している。アメリカにかんする新奇な記述は、歴史分析を二次的な位置へと格下げする「人種の絵画」の色使い全体を提供している。歴史家アンドレ・シーグフリードの『今日の合衆国』（一九二七年）の序章が証明しているように、この歴史の「腐敗」（あるいは歴史家たちのこの妥協）は、第一次世界大戦という難局を生き延びることになる。この未来の「古典的作品」の冒頭で途方もない人種的（そして人種主義的）な見せ場が際立っていることは、フランスにおいてアメリカという「モザイク」の民族的解明に対して認められた優先権を示唆している。

合議にもとづいた戦闘的な努力？　一九世紀半ば以降、フランスおよび他国で発展してきた人種理論に対するこれら反米主義者全員の賛同？　まさか、そうではない。ベル・エポックの反米主義者たちは、あらゆる分野のイデオロギーを出自としている。彼らの人種主義はごくありきたりのものである。そのなかのだれひとりとして、ゴビノーやチェンバレンの支持者を自称してはいない。何人かはダーウィンを引用したりするが、ヴァシエ・ド・ラプージュはだれも引用しない。ヤンキーを前にした彼らの不安、あるいは怒りが変化を見せるのは、人種主義の理論家のせいではなく、人種をめぐる漠たるドクサのせいである。おそらくは、ルナンの作品がそのもっとも有効な媒介物であった。

　というのも、ルナンに見出されるのは文明記述の諸問題と人種の定義であるが、この諸問題と定義は十分にあいまいであるがゆえに、当時、完全に姿を消していたトクヴィル流の歴史的・社会的・文化主義的なアプローチと、ひたすら人種的な諸理論のあいだの第三の道を提供することが可能となるからである。宗教史、文献学、一種の文化哲学の交差点に身を据えたルナンは、歴史的次元、民族的要因、文化的階層化（このなかでは言語が決定的な地位を占めている）を組み合わせる人種概念を四方八方に流布させる。ルナンが人種について提示する定義は、矛盾だらけである[3]。だが文化主義的理論の枠組みにおいても、生理学的基礎をもつ民族誌学的構築においても、これを採用することが容易になるのは、まさしくその不確定性のゆえである。結局、ルナンのインパクトは、逆説的なインパクトである。モーリス・オランデールが書いているように、「その文化人類学的なパースペクティヴにおいて、ルナンが読者にうながしているのは、〝歴史が諸人種の主要な根拠である〟ことを認めることである。しかしルナンの歴史的ヴィジョンは、ここでは完全に静的である」[4]。人種を「人類史のあらゆる事件を解く秘訣」とし、「過去の大がかりな解釈」[5]とすることで、ルナンは歴史を人種的民族誌学の三本槍の槍門の下をくぐらせる〔人種的民族誌学に屈服させる〕が、その一方で、神に選ばれた人種はこの決定論を免れると主張している——その高レベルの文明によって、みずからの偉大さを生み出した遺伝的特性を乗り越えた人種である。これらの「人種」（ヨーロッパの諸国民以外の何ものでもない）においては、文明化のプロセスは「人類学的」部分を無視しうるほどまで薄めてしまっている。ヨーロッパの諸国民の場合には、「言語、法律、習俗は、血統よりもはるかに人種を形成する要素となっている[6]」。この変化によって、ヨーロッパにおいては（だがヨーロッパにおいてだけである）人種は、もはやプログラムされた生成の前提ではなく、反対にさまざまな力の複合的な働きの産物である。人種という語の意味は、ヨーロッパ／非‐ヨーロッパの対立に従って分割された二段変速のエピステモロジーの要求のために二分される。というのも、ヨーロッパの境界を越えるとすぐに、人種はふたたび血統への関心を取りもどすからである。ふたたび民族誌学的な大きな欠陥が、諸民族の肩にのしかかる。帰属があらためて遺伝と混同される。能力が顔つき（ファシエス）や風貌で評価されるのである。

「そんな権利などない」と、ルナンはヨーロッパ人に対して、とりわけフランス人の従兄弟であるゲルマン人に対して語っている、「世界中をめぐって人々の頭に触り、つぎに〝おまえはわれわれと同じ血筋だ。おまえはわれわれのものだ！〟といって、意のままに従わせる権利など[7]」。汎ゲルマン主義についても同様である。アングロ‐サクソン主義についても同じなのだろうか。だがルナンは、同じヨーロッパ人が田んぼやサバンナを通って、みずからの優越性を主張しに行くのを妨げることはまったくない。むしろ、これを推奨している。これこそがヨーロッパ人の使命なのである。つまり、一方にはヨーロッパ諸国民、すなわち「各メンバーが不可侵の特権をもった大元老院の同輩[8]」がいる。彼らは自分たちのあいだではいかなる人種的優先権も不当で不合理だと感じるに違いない。他方には、生来の能力の決定論に服した人種がいる。彼らは労苦を約束されており、ヨーロッパ人がおなさりになる指揮の下で道具扱いされる。この壮大な主導図式が、第三共和国の植民地イデオロギーの形成だけでなく、非‐ヨーロッパを前にして欠くことのできないヨーロッパの連帯という思想の推進に一役買うのである。

少し前に北米を人類の発展の構想から排除したヘーゲルのように、ルナンは「合衆国」という欄を空っぽのままに放置し、こうした責務の世界的分配における合衆国の役割の問題を未解決のままに残している。そこでは北米は「ああでもなければ、こうでもない」ということによってしか定義できない。「ヨーロッパの元老院」のメンバーでもなければ、ヨーロッパの「杖」と「剣」に服従してもいないのである。明白な事実に反して、合衆国が「歴史」や「文明」をもっていることを否定する反米的言説の昔からの強情さが、ここでそのあますところなき意味を獲得する。北米にいかなる歴史性をも拒否することで、また「合衆国は文明を経由することなく、未開状態（ソヴァジュリー）から野蛮（バルバリー）へと直接に進行した唯一の国である」とくり返すことで、アメリカに特有の人間的経験の乏しさ、あるいは文化的な貧しさがよりいっそう強調されている――実際、ロワール川の城はポトマック河畔にはないからである。つまり、アメリカとヨーロッパ諸国との根本的差異が確認されるのである。この歴史と文明の欠如という名において、北米は一九世紀末の植民地ヨーロッパの二元的宇宙に象徴的に組み込まれ得ない第三世界として暗黙のうちに位置づけられるのである。

そこに頭蓋の寸法を測りに行く権利などあるだろうか。いずれにしても、人々は遠慮なくアメリカのポートレートを撮っている――ルナンが奨励したような「人種のポートレート」である。ヤンキーについての民族的‐常同症（ステレオティピー）は、フランスでは新聞小説家をも外交官をも容赦してくれない。

ローズヴェルト氏とミス・ベティ

一九〇〇年五月。ギュスターヴ・ル・ルージュの読者が『億万長者の陰謀』のハッピーエンドをじっくり味わっているときに、駐米フランス大使ジュール・カンボンは、別の連続ドラマを注意深く見守っている。シオドア・ローズヴェルトに付き添われたマッキンリーの大統領選挙戦である。外交文書という、今日では危機に瀕している芸術は、当時は繁栄を極めており、君主や国家元首のポートレートにおいて頂点に達する。この肉体的・心理的・道徳的・政治的なポートレートを自分の大臣のために描写するのは、この大使自身の功績である（周知のように〔アメリカとスペインを調停する〕能力を欠いていたことは除いて）。個人の特徴を記したこれらの機密文書は、貴重な資料である。これらの機密文書は、今日、そこに描かれている人々のみならず、それらを交換していた人々についても教えてくれるからである。

そういうわけで、この五月八日、カンボンは、秋の選挙の共和党副大統領候補者であり、マッキンリーの死に際にして第二六代合衆国大統領となるシオドア・ローズヴェルトを素描するために、そのもっとも美しいペンを執る。「ローズヴェルト氏は」とカンボンは書いている、「ひじょうに野心的かつ聡明であり、軍事的な帝国主義政策の徹底的な信奉者である。氏は文書によっても行動によっても、この政策を支持してきた。氏はこの若きアングロ‐サクソン人種のまさしく代表であって、R・キップリング氏はこの人種を代表する詩人、シーリー氏はその歴史的黒幕である」(9)。

四年後にその任期を終えるときに、フランス人がリンカーン以来、興味を抱く最初の大統領であるこの同じシオドア・ローズヴェルトは、その専属翻訳家アルベール・サヴィーヌの署名で発表されるきわめて聖人化された伝記の対象となる。この本のタイトルは『知られざるローズヴェルト』であり、これもまたこの偉人のポートレートからはじまっている――カンボンのそれにごく近いと同時に、きわめて異なったポートレートである。「セオドア・ローズヴェルトの落ち着いた気質と揺るぎない物腰はオランダに由来する。鋭敏さはスコットランドに、彼のうちにある戦闘的な部分と寛容な部分はアイルランドに、快活さ、想像力、大胆さはフランスに、それぞれ由来する。ほかならぬこのような混血こそが、男性的かつ独創的で、誠実でバランスのとれた人物を生み出したのである。[10]」

両者のコントラストは当惑させる。二人の肖像画家は明らかに同一流派に属しているが、まるで同じモデルを描いたのではないかのようである。二人は同じパレットを使い、同じ色合い――人種と起源のそれ――で描いている。しかし彼らが粉末にしたのは同じ染料ではない。アングロ - サクソン的な典型が、寄せ集めのヨーロッパ人に取って代わられたのである。カンボンのローズヴェルトは、「若きアングロ - サクソン人種」の原型であった。サヴィーヌのローズヴェルトは、古きヨーロッパの文化的な合いの子、混血であり、すばらしい合成製品であって、フランスの市場にとって理想的な雑種である。幸いにもオランダ的である。すこぶるスコットランド的、アイルランド的である。彼は血筋と歴史によって近いのである。そして彼がフランス的であることは、もちろん、なおさら結構なことである。だが配合の申し分のなさは、とりわけ欠落している要素で判然とする。このフランス用のローズヴェルトには、一滴の英国の血も流れていないのだ！　「アングロ」という欄が空っぽのままに残されることによって、「アングロ - サクソン」というラベルが貼られる危険を回避しているのである。

ローズヴェルトを多国籍 - ヨーロッパ人とすることで、サヴィーヌはヤンキーの脅威を払いのけようと試みる。世界を知ろうともせず理解してくれようともせずに、世界を征服しようとしているこの村の妄想症患者の脅威をである。大統領がルーツとしてのヨーロッパを独占することは、（フランスにおける）そのイマージュにとって、よいことであり、必要なことでもある。だがこれらのルーツは無害でなければならず、起源は好ましくなければならない。すなわち、いかなる英国性（アングリシテ）の痕跡も、もちろんゲルマン性の痕跡もあってはならないのである。というのも、ローズヴェルトのメッセージをフランスにもたらしたこの伝達者は、二つのことをよく理解していたからである。第一は、自分のローズヴェルトのポートレートでは、人種にかんする言説は避けられないということ。第二は、フランス人に好感をもたれるためには（そして実際にそうなる）、このローズヴェルトはアングロであっても、サクソンでもあってもならないということ。つまり、彼は、カンボンにおいてローズヴェルトを典型的な「アングロ‐サクソン」としていたのと同じあれらの美点の樹液を、さまざまな友好的な切り株から取り出さなければならないのである。だからこそ、誠実なサヴィーヌは、人種のパリンプセスト〔もとの文字を消し、その上に新たに文字を書いた羊皮紙の写本〕上に不純分子を排除した伝説を書き写そうと努力するのである。ローズヴェルトの美徳について、サヴィーヌが提供しているのは、一種の改良された血統である。

　ベル・エポックの初頭において、民族的な前歴を棚上げにすることは、おそらく不可能である。すべての技量がこの血統の声に語らせることに注がれているからである。カンボンはそうした仕方で未来の大統領のポートレートに取り掛からなければ、良心的な情報提供者とはいえないだろう。ローズヴェルトを愛される人物にしたいと考えるサヴィーヌが、アングロ‐サクソンという障害を取り除くことからはじめなければ、ひどく不手際であるだろう。カンボン、サヴィーヌ、ル・ルージュは、それぞれ自分の「ジャンル」で同じ物語コードに従っている。なぜなら、彼らは説明原理としての人種にかんして同じ信念を、大臣からお針子にいたるまでの読者と共有しているからである。

民族描写のこうした解釈学的ステイタスは、この外交官と伝記作家において明瞭である。新聞小説家においては、このステイタスは物語そのものによって「証明される」。「億万長者の陰謀」は、ヤンキーのなかにある抑えがたい民族的な支配欲から生じる。小説のテーマそのものをなすヤンキーとヨーロッパ人の拭い去れない対立は、人種的な起源をもっている。だが人種は内的な因果律として、今回は筋の展開のレベルにおいて物語にも絡んでくる。というのも、人種はこれこれの予期せぬ同盟関係や、主人公が恵まれるこれこれの神の救いを「説明する」からである。人種が紛争を引き起こすとしても、決定的瞬間に悪人を屈服させ、義人に幸いをもたらすのも、また人種なのである。

恐ろしい父親の息子であるネッド・ハッチソンが、〈善〉の陣営に与(くみ)することになるなどと、どうして信じることができるだろうか。確かに、リュシエンヌ・ゴルベールの美しい目のためである。だがこの目は、彼の母親で、いまは亡きハッチソン夫人がカナダ人でなかったら、気づくことすらできただろうか。フランス系カナダ人。いうまでもない。(だが、これで決まったのだ。)したがって、大義に対するネッドの賛同もまた民族的な賛同である。利益という鉄則に対抗するには、人間性という行動基準は、血縁の道に引き継がれなければ無力である。民族性という法則のもうひとりの特別な証人。すなわちミス・ベティ、私たちが出会うことを許された唯一のただの──億万長者でもなければ、億万長者の娘でもない──「アメリカ人」である。アメリカの都市の弱肉強食(ジャングル)の世界のなかで道に迷った(ベルヴィル出身の)レオン・グピが彼女に出会うとき、彼は自分の重大な秘密を打ち明けるべきかどうか一瞬ためらう。一瞬だけである。「小さな麦藁帽子の下で、ミス・ベティは穏やかな顔をしていたが、その顔は知的で決然とした眼差しによって輝いていた。英国人は一般的にそうであるが、その唇は薄くも取り澄ましてもいなかった。」それも当然である。というのも、英国人である彼女は、幸いにも、まったく英国的ではないからである。

アメリカ的でもない。そうではなく、まさしくアイルランド的なのである。「君はアメリカ人的ではないね！」とベルヴィルの住人は叫んだ。「ああ、もちろん、僕はうれしいよ。正直に言えば、ヤンキーと僕とは馬が合ったことなど一度もないからね。これらハムを食う奴らは、僕にはみな手足の曲がる醜い操り人形のように見えるんだ。[11]」これはベティも共有している感情である。「まあ！　私もあの人たちは嫌いよ、云々。」この反米的な粋な会話の場面は、おそらくフランス小説ではじめての場面である。

　反米主義の記念碑としてしばしば（いささか性急に）記述される『夜の果ての旅』のなかで、ひとりの女性が、バルダミュを救い、愛するために、大都市の地獄のなかにも出現する。人間性はこの女性によって唐突に回復させられるが、この贖罪の女性を、この点で進歩主義的な先駆者よりも人種主義的でないセリーヌは、ノルマンディー人やピカルディー人、あるいはルイジアナ人にする必要性を感じなかった。ギュスターヴ・ル・ルージュのほうは、急いで役割の民族的分配を明確にする。アメリカ全土をめぐり歩いて出会った唯一無二の肯定的な人物であるこの若きミス・ベティを、彼はただちに非アメリカ化するが、それはサヴィーヌがローズヴェルトに対しておこなったのと同様である。ミス・ベティはレオンにとって敵地のまっただ中で思いがけない理解者になりうるが——彼女は結末ではレオン・グピ夫人となる——、それはフランス人男性とアイルランド人女性を必然的に結びつける貴重な「人種的親和性」のおかげである。信頼感は始原に発し、暗黙の了解は、この弓形をした、ケルト人のようにふっくらとした口に刻み込まれている。ふっくらした唇は嘘がつけないのである。ベティの唇は、沈黙のなかで、つぎに言葉でもって、二重にみずからの好ましい起源を暴露するが、それは純朴なレオンを大いに喜ばせる。「ねえ、ミス・ベティ」と、このベルヴィルの住人は言明した、「僕たちはきっとまた会えると思うんだ。アイルランド人は、北部のフランス人みたいだよ[12]」。（ヨーロッパの）すべての国の非‐アングロよ、同盟を結ぼう！　レオンは普遍的なもの――フランス人のもう一つの情熱の対象――に夢中になっているが、〈敵〉をよりよく排除すべく、「優秀な」人種の定義を大きく開く準備を整えている。すなわち、「アメリカ人以外は、だれもが同じ人種に属しているのだ」。

レオン・グピによって人種の仲間からのけ者にされたこの人種は、いったい何に似ているのだろうか。それを知るために、人類学的収蔵庫のドアを押してみよう。アメリカ人という「人種のポートレート」のギャラリーを散歩してみよう。「ヤンキーという不愉快極まりない類型」が、作品から作品へ、旅行誌から風俗小説へと、どのように変化するかを見てみることにしよう。

アメリカ人女性、すなわちヤンキーの未来

この類型を探すべきは、一般的な意見では、まず最初にアメリカ人女性においてである。というのも、女性は男性という *partner*〔パートナー〕よりも、その人種の神髄を表現し、かつ実現しているからである。一八九三年の『合衆国における女性』の著者シャルル・クロニエ・ド・ヴァリニは、ゴンクール兄弟の思い出がルナンの無意志的記憶と混ざり合っているような表現で、この女性の優位性を表現した最初の人物のように見える。合衆国でも他国でも、「女性はある時期に必然的に、人種と環境の決定的な表現、すぐれた類型としてあらわれなければならなかった。今日でもそうである」[13]。アメリカ人女性は、アメリカ人の未来（すでに現在となっている）である。この命題は、ただちに一派を形成することになる。数年後には、自明の理として人口に膾炙する。かくして、ベル・エポックのフランス人観察者が、心をほとんど動かされない男性のヤンキーを尻目に、アメリカ人女性に抱く圧倒的な関心の高さが科学的に正当化される。

「ヨーロッパでは、［アメリカ人男性が］依然としてほとんど人気がないのと同じくらい、アメリカ人女性は人気がある」(14)ことをクロニエ・ド・ヴァリニはすすんで認めている。このようにして流行の気まぐれとエピステモロジーの要請とを調和させるのである……。

事実、ガイヤルデの作品では目立たず、マンダ＝グランセの作品には登場しないアメリカ人女性は、一世代も経たないあいだにフランス人による記述と分析の前面に躍り出ることになった。おそらくフェミニズム運動や「婦人政権論」が、それにいくらかは、少なくとも間接的には、関係しているだろう。だがそれを断言することは困難である。戦闘的な文学以外では、一九一四年以前のフランス語のテクストの大半が、この主題を棚上げにしているからである。一般的にアメリカの状況に注意を払っている『ル・コレスポンダン』紙は、ぞんざいな調子で「女性支配を確立する運動」に言及し、この運動は合衆国に「そのもっとも重要な戦略基地」をもっており、「そこで首脳部が討議をおこない、男性の横暴に対する攻撃隊が組織されている」(15)ことを確認している。だが全体的には、フランスのジャーナリズムは、皮肉のあらわれとしてであれ、このことにはほとんど言及していない。アメリカを扱っている書物の大半は、このことにまったくスペースを割いていない。クロニエ・ド・ヴァリニの一〇年後にユルバン・ゴイエがくり返すように、おそらくは男性のコラム担当者の関心や熱意の欠如に対してつけ加えられるのは、女性こそが「大共和国の真の君主」であるという揺るぎない確信である(16)。

北米は女性が支配する体制である。この主張は、フランスではすでに一八九〇年代からドグマないし公準の価値をもっている。したがって、アメリカ人女性の優位性は二重である。すなわち、「類型」としての優位性に、女性が異性に対して獲得した絶対的権威が論理的に対応しているのである。魅惑、恐怖、非難のあいだで、同じ月並みな表現(トポス)・主題が倦むことなくくり返される。すなわち、アメリカ人女性は、自分の *home*〔ホーム〕を支配するように、国を統治している。アメリカ人男性は、女性の使用人であり、その上、奴隷である。ヤンキーの夫は、自宅では主人ではない。ひどく虐待されなければ、それだけで仕合わせなのだ！　少し前にフレデリック・ガイヤルデが「共和国の公爵夫人」と呼んだ女性は、折り畳み式床几(タブレ)から王座に身を移した。そして君主というよりもむしろ暴君として、この王座を占めているのである。

フランス人がアメリカ人女性には絶対的権力があるといい、このことでその夫たちの評判を落すことになったとしても、当のアメリカ人女性は笑ったりしない。もはや嘲笑的な冗談の時代でも風変わりなおふざけの時代でもない。この裏返しの世界は、この世界を探検する者たちを魅了することはない。彼らは安心しようとして、フランス人女性はこうした支配を欲しないとくり返す。というのも、（一）フランス人女性は支配を好まないからである、（二）すでに支配しているからである――フランスふうに、それを誇示することなく。だがここに感じられるのは、核心はそこにはないということ、彼らが恐れているのは手本の感染だということである。シャルル・クロニエ・ド・ヴァリニが「婦人」（テクストでは英語）をアメリカの輸出品でもっとも有害なものとして紹介するとき、この冗談の下に透けて見えるのは不安である。というのも、婦人によってぐらつかされる恐れがあるのは、私たちの経済的均衡だけでなく、男女関係の洗練されたフランス的調和だからである。『合衆国における女性』の著者は、「自分たちもまた〈新世界〉を征服したことでは満足しない婦人は、旧世界をアメリカ化する道を順調に歩んでいる」[17]ことを確信している。さらに努力をすれば、この生まれながらの女支配者は、フランスに人権に代わって、戯れの恋の権利を強いるだろう。というのも、「戯れの恋をする特権は、合衆国においてはフランスにおける一七八九年の不朽の原理と同じくらい神聖不可侵で永久不変である」[18]からである。

クロニエ・ド・ヴァリニだけが、アメリカ人女性の権力と、フランスにまでその権力を及ぼそうとするその性向に不安に感じているわけではない。一九〇四年、『フィガロ』紙のために合衆国をくまなく歩き回るジュール・ユレは、フローラ・トンプソン夫人の手紙を引用しているが、そのなかで、このニューヨークの上流社会の傑出した女性 *socialite*〔社交界の名士〕は、女性ヌードに対するパリジャンの嘆かわしい嗜好を厳しく非難した。チャンスがあるあいだは利用すればいい、と夫人は威嚇的につけ加えた。というのも、「合衆国がフランスを侵略し、改革する好機を見出す」日が近づいているからである。この少々強権的な冗談は、ふだんはもっと冷静なジュール・ユレのなかに、辛辣な深刻さを含んだ反論を引き起こす。「フローラ・トンプソン夫人はフランスの植民地化を望んでいる――そして、おそらくはヨーロッパについても。夫人はそこで、不用意にも、帝国主義的アメリカ人のなかでもっとも札つきの者の下心をさらけ出している。彼らは〈旧世界〉を工業の過剰生産のはけ口にするばかりか、バカンスの滞在地にもしようと夢見ているのである！　問題なのは、ヨーロッパが黙っているかどうかである。[19]」どう考えても、否(ノン)である。このことについては、フランス人は冗談に耳を貸さない。『フィガロ』紙の特派員が、ニューヨーク社交界の常連女をヤンキスムのワルキューレ〔北欧神話で最高神オーディンに仕える武装した乙女たち〕に変身させることができるということは、ベル・エポックのフランス人の想像世界(イマジネール)のなかで、アメリカ人女性が占めている位置を雄弁に物語っている。

持参金付きの娘を探し回る男を除けば、フランス人観察者がアメリカ人女性に示す強い関心は、厳密に解釈学的なものである。アメリカ人女性は、一つの謎――アメリカ的なものの謎そのもの――として誘惑する。アメリカ女性のエロチックなステイタスが少しずつ明確になるのは、のちの両大戦間のことである。さしあたって、たとえ美しくても、ほとんど魅惑することがない。その若くて、傍若無人な態度は既成道徳をくつがえし、狼狽させる。結婚すると、そのきまじめな態度が失望させる。だがアメリカ人女性は、適切に提起された問題のように注意を引きつける。その方程式を解くことは、この「ヤンキーの国」の内奥に入り込むようなものだろう。アメリカ人男性が提供するのは、この国の初歩的なあり方でしかない。いっそう強く、同時にいっそう神秘的な女性のなかに、その人種の美徳と悪徳が集中している。自立性、エネルギー、エゴイズム、支配欲である。アメリカ人女性はアメリカを解く鍵のすべてを握っている。だがこの女性からそれらの鍵を手に入れられるイアソン〔金羊毛を求めてアルゴ船でコルキスに渡り、王女メディアの助力で目的を達する〕、テセウス〔アテナイの英雄で、ミノタウロスを退治する等、数々の冒険でもってアテナイを隆盛にみちびいた〕、要するにラテン人は、まだ生まれていない。

女性の色っぽさそのものが、合衆国では意味を変化させる。それは男性にとって幸福の約束では少しもない。そうではなく重大な誤解の源である。というのも、と情け容赦のないユルバン・ゴイエは記している。「フランスでは、女性が色っぽいのは男性のためであり、アメリカでは自分自身のためである」[20]からである。事実、アメリカ人女性は、冷淡で、近寄りがたく、触れることもできない。心を動かすことは不可能であり、誘惑するなど考えられない。アングロ-サクソンの女性という「つれない要塞」を前にしたラテン人のフラストレーションを記述するために、同じジュール・ユレはユーモアと距離を（つかの間）取りもどす。「アメリカ人女性、およびその冷淡さ、かくも明らかな抑制、偏狭な現実主義、あらゆる行動に対する熟慮された打算を前にして、ラテン人は憤慨する〔……〕。しかも混乱させるべき想像力や、感銘を与えるべき好奇心をもたないのだ！」かわいそうなラテン人、かわいそうなジュール・ユレ。最後の毒舌が痛ましい。「あなたは仮面を剝がされた詐欺師のひそかな恨みをもって勝負を放棄するのだ。[21]」典型中の典型であり、ヤンキー女性の最高位に立つ東海岸のアメリカ人女性は、雪のスフィンクスである。「金縁の眼鏡をかけた、壮年の、典型的な東部のアメリカ人女性がいる。私が何度も会ったので、とくによく覚えている。唇が薄く、凍えるような眼差しをし、物に動じない様子をしている。[22]」このニュー＝イングランドのゴルゴン〔ギリシア神話でステンノ、エウリュアレ、メドゥーサの三姉妹。髪は蛇で、目には人を石と化す力がある〕のなかに、フランス人の古典的な悪夢を認めたらしい。すなわち、「唇が薄く」、取り澄ました英国人女性が、アメリカ的＝ピューリタン的に悪化した状態である。反（アンチ）＝ミス・ベティ……。

フランス人によって記述されたこれらベル・エポックのアメリカ人女性は、アメリカそのもののように堂々としているとともに、ローズヴェルト大統領の外交政策と同じようにかたくなであるように見える。だから魅力はたちまち苛立ちへ、つぎには憤激へと変化する。「仮面を剝がされた詐欺師」に、失望した調査員が加わる。アメリカ人女性は一方が言い寄っても他方が期待しても、それに応えようとしないからである。つまり、結局のところ、自分に貸し与えられる力と釣り合った敵意をかき立てるのである。追い払われたドン・ファンたちは、不平家のモラリストに口をそろえて賛同する。そして神経を逆なでされたこれらすべてのフランス人は、アメリカ人女性をまさしくその人種の典型的な権化としていた美徳そのものを、アメリカ人女性の弱点とみなすのである。その特徴は、ひっくり返されると、二重に否定的なものにさえなる。というのも、アメリカ人女性は女性でありヤンキーであるがゆえに、一度目は男としての、二度目はフランス人としての観察者を脅かすからである。そのエネルギーはがさつさとなる。その自立心はエゴイズムと過剰な独立心になり、その実践的知性は下品な物質主義と打算的精神になる。

そういうわけで、アメリカ人女性の滑稽化されたポートレートは、一八九〇年から一九二〇年にかけておびただしく生み出される。クロニエ・ド・ヴァリニのような何人かは、この主題をまるまる一冊の本にまとめるほど重要な主題、あるいは「発展性のある」主題だと判断する。『合衆国における女性』が出版されるのと同じ一八九三年に、彼はエミール・バルビエという人物のうちにライバルを見出す。バルビエは当時、『ドルの国への旅』という本を出版する。そこではアメリカ人女性の扱いは情け容赦ない。バルビエは男の飼い慣らし（ドメスティカシオン）という同じ文句をくり返している。女性は自分の思うままに生活を送り、夫を意のままに操っている。家庭的な資質も結婚への熱意も欠いたこれら妻が行使する許しがたい横暴にバルビエは憤慨する。「――では女性は？――私たちはつぎのように答えようとしていた。女性は無知で、うぬぼれが強く、会話を交わすことができず、私たちの心を凍らすほど冷淡で［……］、押し黙っており、気難しく、しとやかぶっている――用心深く、謙虚になろう。そしてつぎのように訂正しよう――ように見える［……］。女性たちは家庭的な資質をもっているだろうか。そんなことは、なおさらない。アメリカ人女性は怠惰の化身である。自分のドレスを繕ったり、夫の半ズボンのボタンをつけ直したりする気さえない(23)。」バルビエは長々と同じ調子で「控えめな」批判をつづけるが、この主題を論じ尽くすことができず、翌年、姉妹編の『アメリカにおけるシテール島』で再度、論じることになる。

　バルビエによって記述された積年の怠け女は、エネルギッシュで男まさりのヤンキー女という支配的な神話と食い違っていると反論することもできるだろう。だがそうではない。このだらしなさは戦略的なものであり、この無為安逸は根が深い。この専業主婦は居留守を使い、座り込みストライキをおこなっている。この女性にエネルギーは不足していない。たんにそれを夫のために使うことを拒否しているだけである。家庭内での「怠惰」は、みずからの絶対的権威のさらなる主張である。亭主を尻に敷いているときには、半ズボンを繕ってくれたりはしない。エミール・バルビエはアメリカ人男性の苦しみと、その男性が犠牲となっている不正を理解させるために、奇妙な表現を使っている。アメリカ人女性がかくのごとくなので、と彼はいう、「アメリカ人男性はその本妻と、フランス人男性がその情婦と送るのと同じような生活を送っている(24)」――この状況がバルビエのうちに色欲という考えをまったく呼び覚まさないことは明らかである。彼の比較は、不品行にかかわるのではなく、構造にかかわる問題である。バルビエがいいたいのは、男性はよく整頓された室内によって得られる最低限の快適さを見返りとして享受することもなく、妻を「扶養すること」を強制され、二重に損をしている、ということだけである。どう考えても不幸な国である。この国では、飼い慣らされたドラゴンがフランスの娼婦の特権を横取りしているのである！

アメリカにおける、女性による男性の、あるいはむしろ妻による夫の恥知らずな搾取は、フランス人にもてはやされるテーマである。どれほど親米家であっても、これに抵抗できない。その証拠がアンドレ・タルデューである。のちに両大戦間のフランス反米主義者の嫌われ者となるタルデューは、一九〇八年、アメリカ人夫婦にかんして自分に「きわめて貴重な情報を提供してくれる」一冊の「魅力的な本」を褒めちぎっている。詳しい調査ののち、これらの情報はつぎの根本的な方程式に要約される。すなわち、「夫が働き、妻が浪費する」(25)。タルデューのあとでは、アンドレ・モーロワがその証拠である。一九三〇年代の転換期において、フランス人の旅行家でおそらくもっとも好意的であるが、忠義を尽くす夫とその「小切手帳に対する空想的理想主義（ドン・キショティスム）」(26)をめぐる紋切り型の表現をふたたび採り上げている。ジョルジュ・デュアメルのような人は、これにつけ加えるべき何をもっているだろうか。彼はアメリカ人の夫がいかなる奴隷状態に拘束されているかを簡潔に想起させることで満足している。この *good provider*〔甲斐性ある主人〕は、請求書の支払いをすることだけが夫としての役割であり、妻が運転する自動車の後部座席で、「深い沈黙」を守って、「死刑囚のようにタバコを吸っている」(27)のである……。いかにも、確かに――アンドレ・モーロワをもてなしてくれた大西洋の向こう側の女性のひとりが告白するように――「アメリカ人の既婚女性は羊毛にくるまれたような生活をしている」(28)。夫の背から刈られた羊毛〔丸裸にされた夫の意〕、とフランス人たちは解説する。

一八九二年には、ポール・ド・ルージエが同じ結論に達していた。アメリカ人の夫は、と社会博物館の調査員は指摘した、「いつも若干は自分の妻の客である。支配しているのは妻である」[29]。合衆国では、夫はよけいな何ものかである。自宅にいても行きずりのようなものである。それはつまり、夫はいなくても済むということでもある。経済学者としての教育を受けたヴァリニは、この教育から数字に対する嗜好を保持しているが、一八九三年、読者に衝撃を与えるのにうってつけの数字を知らせることを忘れない。三二万八七一六――「二〇年間の」離婚数である[30]……。多大な悪弊は、アメリカでは、不当に女性に与えられる特権から夫婦の崩壊にまでいたっている。役割の逆転は家族の分裂の下地を作り、最終的には社会の大混乱を引き起こすだろう。

というのも、こうした逆転がアメリカ人夫婦においてとりわけ顕著であるとしても、問題の多い別の形象が証明しているように、混乱はもちろんもっと一般的だからである。若い娘である。

第一次世界大戦までは、アメリカの若い娘はフランスではそれほど評判が悪くない。「一二歳の小さな恋の戯れ」は嘆かわしいとされるが、それは道徳よりも詩の名においてである。というのも、「ラテン文学の古くからの隠喩が語っているような〝愛の甘美なときめき〟、〝顔を赤らめる恥じらい〟、〝官能の動揺〟はいったいどうなってしまうのか[31]」。不品行がまれであることは確認せざるを得ない。若い娘たちは途方もない自由を享受しているとしても、それを乱用しているようには見えない。あるいは、この信じられない分別は、少年たちのあの疑わしい功績のせいだと認めるべきなのだろうか。ジュール・ユレの推測では、この名高い恋の戯れ *flirt* とは、彼の同国人が脅かされていると信じているような近代の悪魔的な発明品ではなく、「粗野な人々、残余のものにショックしか受けない人々の生活では許される〝何でもいいけど、これは駄目〟といった田舎ふうで大衆的な馴れなれしさの」アメリカ的な転換であり「その追憶[32]」

である。恋の戯れとは結局、堕落への性向などではまったくなく、self-control〔自己‐コントロール〕の学校といったところだろう……。過度に純潔ではなくとも、少なくとも上品ぶっていると、アメリカの若者を非難してもいいかもしれない。ユルバン・ゴイエのような人は、「〝嫌悪感を引き起こし、病気を蔓延させる〟キスを禁じるために Anti-Kissing-League〔反‐キス‐同盟〕を設立した[33]」エバンストンの男子学生と女子学生をからかっている。

教育者を別にすれば、一九一四年以前のこれらのフランス人が関心を抱くのは、アメリカの girl よりもはるかに既婚女性である。社交界にデビューする娘たち、エドモン・ジョアネが言及したあれらきわめて高級な「バラのつぼみ」は、国際性豊かであると同時に閉鎖的で非現実的な世界に属している。残るは、フランス人がいつも同じ驚きをもって出会うすべての娘たちである。驚くべきこととは、通りや職場でのそのような出会いが道徳にかなっており、月並みですらあることである。さらに驚くべきこととは、これらの出会いの性的な中立性である。かくしてポール・ド・ルージエは、あきれるほどの真剣さをもって「西部の若い娘たち」とその純真さについて自問している。バーやレストランのウエートレスは、「独自の性」（すでに第三の性？）を形成するように彼には思われる。つまり、「困惑させられもせず、色っぽくもなく、優美でも不器用でもなく、フランスで知られている何ものにも対応していない」性である。少女でも、ママでも、売春婦でもない「彼女たちは、おそらく徳は高くはないが、だれもが誠実な外見を保持している[34]」。実際、これではちんぷんかんぷんである。この「ラテン人」は途方に暮れてしまう。

いずれにしても、慎重を期し、この「独自の性」からは離れていたほうがよい。というのも、アメリカ人の若い娘は思いがけぬ興奮をしっかりと制御できるように見える一方で、孤独な人に対する絞首刑にあたいするような悪戯や他の策略の専門家ともみなされるからである。ヴィクトリヤン・サルドゥは『サムおじさん』のなかで、夫を「捕まえる」ためにヤンキー娘がやりかねないあさましい小細工を採り上げていた。舞踏会の手帳に書かれた熱情的な愛の告白である。純朴な恋する男は、これで万事休すである。ポール・ド・ルージエが読者に警告しているように、法は女性の味方である。「誘惑を取り締まる法律は、貞淑だとみなされた女性をきわめて効率的に保護しているがゆえに、このような女性はアメリカに迷い込んだ艶福家が避けるべき危険である。[35]」そもそも、恋愛経験のない男、あるいは軽率な男は、策略の罠や法の厳格さから逃れても、あからさまな力に屈するだけである。ポール・ド・ルージエは「西部の若いフランス人」の打ち明け話を個人的に聞いている。この若者は「喉にピストルを押しつけられて、彼を罠に誘い込んだセントールイスの少女と結婚するよう[36]」強要されたのである。半世紀後にサルトルは『フィガロ』紙の読者に伝えて、「ニューヨークの college〔大学〕には、若い娘が」——拳銃に訴えることなしに——「ボーイフレンドにプロポーズしてもらうために、どのようにふるまわなければならないかを教える授業がある[37]」と述べるだろう。

だが *girl* は窮地を巧みに切り抜ける。この *college girl* を発見するのは、二〇世紀初頭、諸キャンパスの呼びかけに応える最初のフランスの大学教員たちである。ソルボンヌをコロンビアやハーバードと連携させた早期の協定の一環として招聘されたランソンは、明らかに自分の女子学生たちの魅力に無関心ではいられなかった。そのおかげで私たちは、謹厳なランソンが果敢にも「アメリカの *girl*」と呼ぶ女子学生の驚くべきポートレートを手にすることができる。だが——悪しき思いを抱く者に災いあれ！——ランソンの関心が向かうのは、類型としての *girl* である。そして当然ながら、民族の「類型」としての *girl* である。というのも、ランソンの好意的な目には、《*girl*》だけが説得力をもってアメリカ人種を体現し、*melting pot*〔るつぼ〕によって損なわれた類型を維持しているからである。「あらゆる人種、あらゆる人間類型」を一つに集めているように見える社会のなかで——現在は一九一〇年である——、若い娘だけが「アメリカ人の類型」という比類なき理想に呼応している。「アメリカ人の類型というべきタイプを定義することは」とランソンは驚いている、「不可能である。しかしながら時折、すらりとして、筋骨たくましく、整った顔立ちをして、端正な横顔で、ブロンドか栗色の髪の毛、澄んだ青い眼、にこやかで屈託がなく決然とした眼差しをし、しなやかで自信にみちたしぐさで、英国的な堅苦しさはまったくなく、力と気品が混じり合い、自由で豊かで楽しい生活の発露であるような若い娘がいる——これこそが、私にはまさしく"*girl*"というアメリカ的類型と見えるのである」[38]。ギュスターヴ・ランソンは、ヤンキーの若い肉体のブラゾン〔女体の美しさを賛美した一六世紀の平韻定型詩〕を作成するために民族誌学的調査を根拠としているが、彼が自分の魅力的な女子生徒たちに捧げたこの昂揚した一節は、「人種のポートレート」の相当大きな方向転換である。

だがランソンの感動は、共有されるにはほど遠い。幸運にも！　である。というのも、運悪く「悪魔のようにかわいい」としても、一、二年後にパリを征服するために放たれる、まさにこの同じ*girl*よりも恐ろしいものはないからである。若者向けの多作な作家であるゼナイード・フルーリオ嬢が『邪魔者』と題された小説で描いているのは、高級住宅街の一家族全体のドラマである。その一家の平穏な生活は、「悪魔のように愛らしく、サバンナに財産をもち、実態の不明な宗教を信じ、ひどく金のかかる趣味をもち、狂人のようにふるまう二〇歳のアメリカ人女性」[39]と父親との再婚計画によって、突然、脅かされる。ときにはドリュモンの『ユダヤ人のフランス』について会話が展開し、ときには馬のつなぎ方のさまざまの様式の長所の比較が話題となったりするこの従僕付きの家族では、アラベラ・ブラント嬢との結婚計画は国家反逆罪に等しい。だが終わりよければすべてよしである。というのも、父親が再婚を望むのは、周囲の人々が予想していたアメリカ人女性では少しもなく、聖母マリアのような横顔の完璧なフランス人女性だからである。つまり、ニューイングランドのキャンパスの緑の楽園でランソンが抱く愛は、孤独な愛である。しかもつかの間の愛でもある。まさしくこれら人里離れたところにも、現代は荒廃をもたらすだろう。

一〇年後の一九二〇年代に、髪が短く、無分別な考えに取りつかれた——フランス人の好みでは、無分別が少し行き過ぎている——フィッツジェラルド的な自由奔放な *flappers*〔お転婆〕の時代がはじまる。アメリカの若い娘の自由すぎる態度は、この時期、非難と批判にふたたび火をつける。すなわち、相変わらず「完璧な類型」を体現してはいるけれども、横暴で、エゴイストで、傲慢なアメリカ娘としてである。そしてアメリカ娘は、いまや欲望をそそり、これ見よがしの性的自由を臆面もなく行使しているだけに、ますます有害なのである。(40)

〔ヘンリー・〕ジェームズの小説とランソンの思い出の魅力的な *girl* は、エゴイストの若い挑発的な女と金持ちの世慣れたあばずれに道を譲った。『われわれのなかのアメリカ人』という一九二八年の小説は、いかなる薄汚い水が橋の下を流れたかを示している。のちほどこの寓意的な物語にもどることにするが、この物語ではノルマンディーのわずかな土地が、アメリカの大金持ちであるナタニエル・バードコールに植民地化されるのである。彼の娘で、快活なダイアナについて、ひと言だけ語っておこう。彼女は四半世紀のあいだをおいて、ギュスターヴ・ル・ルージュのオーロラ・ボルチンと興味深い対照をなしている——オーロラ・ボルチンもまた億万長者の娘で、横柄で少し興奮気味だが、実際には高貴な心をもち、パパの敵とコルネーユふうの恋愛をすることができる。「モスリンのように不安定な」一九二八年のアメリカ人女性ダイアナも同じ鋳型から生じている。すなわち、小説における反米的常同症(ステレオティピー)という巨大な鋳型である。だが時代は移り変わり、語調は硬化した。ダイアナはフランス人の語り手の心をとらえ、身体的に服従させるが、だからといって彼女は他のあまりぱっとしない恋愛関係にも事欠かない。甘やかされた子供という金持ちの跡取り娘のポートレートは、調子外れなカリカチュアに変わる。ダイアナのわがままは、つぎの奇妙な場面のように、ことごとくが他者を服従させ、自己を誇示するための訓練である。すなわち、ある日、馬上で「鞍から降りずにおしっこをした」ことを話して自分の連れにショックを与えたことに有頂天になって、彼女は田野の四方八方に聞こえるように、「くり返し、叫び、わめくのである――私、おしっこするわ。私、おしっこするわ。**私、おしっこするわ……**」。

「アメリカ娘は、これらの自然のささいな事柄について語ったり実践したりするのに、どうして気づまりを感じたりするだろうか。」サディスティックな扱いを受けた語り手の、このさも優しそうな口調で語られた手厳しい解説では、人の目は欺けない。うわべの「文化的」正当化の下に、相容れない二つの人種のあいだの絶対的敵対、対峙、あるいはむしろ仮借なき取っ組み合いが露見している。他の強烈な場面では、一種の臨床的簡潔さをもって、なおいっそうはっきりとこの人類学的な裂け目が明らかになっている。ある月並みな酒宴の場面が――祝宴の催し方を知らないアメリカ人は、酔っ払ってしまうのであるが――、突然、わいせつで甲高い短いシーンで消し去られる。「ミス・ダイアナは立ち上がる。短いスカートとペチコートを自分の顔のほうへめくり上げる。白い下ばきで黒人そっくりのステップを踏む。[船乗り用の]下ばきは皺になったり緩んだりする。密生した体毛、艶のない腹部、性器が見える。目の保養にはなるが、喜びはない。(41)」これはアメリカ人女性の女らしさがもつ闇の中枢への奇妙なダイブである――この闇の中枢では、白人ダイアナの生気のない肉体を生き生きとさせる「黒人のステップ」の痕跡、幻想にとって不可欠な痕跡さえ事欠かない。人種主義とは他者の肉体への憎しみであって、この憎しみはその肉体の国家的帰属に起因するということでないとしたら、いったい何であろうか。ラウール・ガンにおいては、しきいは明らかに越えられているのである。

結末は、語り手がはまり込むサディスティックで臆面のない雰囲気に一致している。語り手は、男根崇拝を強く象徴するかのごとく、ライバルによって鼻孔に切り傷をつけられてひどく傷ついた上に、嫌気がさしたアメリカ人女性に見捨てられる。「こんな男の子はうんざりだわ！」かくして、アメリカ化したフランス人が、みずからの名誉と鼻をなくすという取るに足りない物語（サガ）が終わる。かくして、この狂気の年代に、アメリカ人女性という女性蔑視のカリカチュアが最高潮に達する。アメリカ人女性のなかには、破滅的好色というスパイスの効いた、欠陥だらけの種と俗悪さに満ちあふれた文化が集約されているのである。ミス・ダイアナ、すなわち *ultima Pandora*〔最後のパンドラ〕……。

このおびただしい否定的な紋切り型はもちろん、男女間の役割と特権の新しい望ましからざる分配によって不安にかられる男性の反応のあらわれである。もっとも、これらの記述は、怒りを含んだ記述であれ、すでに忍従したものであれ、女性の条件の「改善」に対する同意と相容れないわけではない。ジュール・ユレは「この［男女関係の新しい］状態から女性の全体的な地位向上が生じる」[42]ことをしぶしぶ認めざるを得ない。証言する人はいっそうまれだが、マリ・デュガールのようなフランス人女性は、アメリカにおける女性支配の伝説に異議を申し立てる。アメリカにおける女性の条件のすぐれた点を、ヨーロッパの状況と比較しつつ、検討を重ね、詳細に分析する。だが多くの場合、どっちつかずの結論に逢着する。これらの「すぐれた点」が、とマリ・デュガールは最後に自問する。アメリカ一般の勤勉かつ打算的な生活というこの「原始的で、劣った生活形態」と結びついた欠陥の埋め合わせになっているということは確かなのだろうか[43]。しかしその結果、あまりに情報に通じているためにアメリカにおける女性支配というフランス的伝説にだまされることのない、この教養豊かな女性観察者の懐疑を含んだ明敏さは、フランス人男性によって素描された見るも哀れな空想的な描写と結びつく。すなわち、フランス人男性はアメリカを、男性、夫、ラテン民族に対して冷酷だと考えている。マリ・デュガールのほうは、女性に滞在を勧められるほど十分にすぐれた点をアメリカに見出すことに確信をもてないのである。

アメリカの歯

アメリカ人女性には一瞬も気が抜けない。抵抗するのは得策ではない。だからといって屈するのも得策ではない。アメリカ人の夫たちは参っている。愛人については、法律で禁じられている。両大戦間に、詩人で小説家であるリュック・デュルタンは、純真で働き者のカリフォルニアの若者の退廃を物語る。この若者は、男性に幻滅した通りすがりの女性に魅惑され、捨てられる。一夜の色恋沙汰にどぎまぎした彼には、結婚以外にゴールを想像できない。週末が終わり、その若い女がいなくなって、いよいよ途方に暮れた昨日の *successful young man*〔出世する若者〕は、無気力な漂流物のごとく、映画館のなかにみずからの不条理な運命を閉じ込めるのであるが、その映画館では、事前の計画も欲望もないままに、見知らぬ、しかも醜い女性の膝に手を置いてしまう。スキャンダル、リンチの開始、訴訟、刑務所、そして極貧への転落。最後の場面では、この神に見放された男が農業開拓地でトロッコ押しになっている姿をかいま見ることができる。だが *politically correct*〔政治的に妥当な〕ことという悪事に霊感を得たと思われるこのプロットは、ミス・ダイアナの無分別の物語と同様、一九二〇年代にさかのぼる。「サンフランシスコでの犯罪」というその題名は、故意にあいまいになっている。だがこの作品全体が読者に下すようにうながしている結論とは、真の犯罪とは常軌を逸した人にとって致命的な、人目を忍んだ愛撫ではなく、アメリカの性的秩序のせいで君臨している恐怖政治のことだということである。[44]

つまり、アメリカの男性は苦境にある。このことがフランスで知られるのは一九世紀末からである。*home*〔ホーム〕はアメリカ人男性にとって緊張の場であって、彼は忍従という苦難に耐えるのである。幸運なことに、彼はそこではほとんど求められていず、また彼を長々と仕事に引き止めるさまざまな用事が、苦しみを短縮してくれる。もっとも、男性にはまったく罪はないのだろうか。一九世紀末に何人ものフランス人旅行者が示唆しているところでは、男性は自分の不幸にあたいするのである。あるいは、少なくともさまざまな弱点によって、家庭における妻の圧制を不滅にしている現状に対して、責任の一端をになっている。ある者は、女性に対する欲望の少なさを槍玉に挙げるところまでいたっている。「アメリカ人男性はよき夫か」の質問に対して、ジュール・ユレはつぎのような軽妙な比喩を使って答えている。「ある男がいう。私は読書好きだ、と。で、彼は一年に二、三冊読む。そこにまことの愛着を信じることができるだろうか。否。だが本人はそう思っているのであり、真剣なのである。[45]」

こうした状況は、それを記述するフランス人のうちに大きな同情をも、何らかの共感をも引き起こさない。というのも、まさにこの同じ男、つまり従順で控えめな夫であり、自宅では結婚を正当化できるあらゆる性的そして／あるいは食事上の満足を奪われた家庭の奴隷であるこの男は、家のしきいを越えれば、ふたたび恐ろしい狩猟採集民、すなわち *vir americanus horribilis*〔恐ろしきアメリカ人男性〕になるからである。オムパレ〔ヘラクレスが奴隷として仕えたリュディアの女王〕にひれふして言いなりになる男性には、つねに警戒しなければならない。夫婦生活では支配されるヤンキーは、私生活でほとんど使われることのないエネルギーを外部世界に向けて爆発させることができるだけに、ますます恐ろしいヘラクレスである。家庭では控えめで、臆病で、目立たないのに、いったん外に出ると、一目でそれとわかる猛獣になるのである。

「世界の果てにあっても、私はアメリカ人という類型を識別することができるだろう。(46)」この賢明な人相学者は、『億万長者の陰謀』の登場人物ではない。これは一九〇四年にアメリカを歩き回る、まさしく実在のジュール・ユレである。では、いかなる身体的なしるし、いかなる傷痕に、このリポーターは「アメリカ人という類型」を識別するのだろうか。ただたんに、その顎である。

『フィガロ』紙の特派員が、突然、そのことに気づいたのは、鉄道、あるいはむしろプルマン寝台車においてである。この強いられた快適さのおかげで、生(なま)のままの類型をとらえることができ、眠りから覚めたヤンキーの本性を、あますところなく明瞭に理解することができた。このことは知っておかなければならない。すなわち、頭蓋(とうがい)学がそのもっともすぐれた結果をもたらすのは、早朝の寝台車の廊下だということである。そのとき、半ばうとうとした男性のヤンキーが「ごつごつした頭部に刻み込まれた、率直で、頑強な意志」をフランス人の警戒心に対して露呈させるのである。ジュール・ユレの人相学的なひらめきが、この月並みな鉄道の目覚めの場面を人種の公現(エピファニー)に変貌させる。「無情な目、顎先、強固な顎骨のなかに、その人種の本質的な姿、その特徴が凝縮されていた。」アメリカ人の顔つきが、みずからの秘密を、飾らずに、むき出しの状態でさらけ出すのは、そのときである。そのあとでは遅すぎる。身繕いによって印象のとげとげしさがぼけてしまう。そもそも、アメリカ人が何度も体を洗うのは、衛生学的な動機からではなく、たんに隠蔽のためではないかと疑うことさえできる。「体を洗う冷たい水が［……］あまりに際立ったこれらの国家的エネルギーの特徴をただちに消し去るのだった。だが朝の光景は一日中残った。以来、私はその顎先と下顎の特徴に取りつかれたままだ。(47)」

つまり恐るべき顎、すなわち「本物のアメリカン・ステーキ」、「脊椎動物が口で咀嚼できるとは決して思われないもっとも強靭なもの(48)」に唯一立ち向かうことができる顎である。同時に、並外れて不安を醸す顎。ル・ルージュのような生まれながらの連載小説家は、この象徴性を活用するチャンスを見逃さない。ここでもまた場面はプルマン寝台車のなかで展開するが、この場面は絶滅させられた北米の大草原地帯（プレーリー）のインディアンへの言及からじかにつづいている。「その義勇軍のかつての大佐が若いイギリス娘を見捨てたのは、どんなアメリカの食卓でも定番のメーンディッシュであるジャガイモ付きローストビーフに猛烈に立ち向かうことしかもはや考えていないからである。」だがローストビーフは、大佐とその隣人であるボットマンド夫人の恐ろしい歯に長時間抵抗できないだろう。その口は「まるで落下槌（ドロップハンマー）の運動で生命を吹き込まれたブルターニュ地方の巨石（メンヒル）の列である」[49]！　このようにむさぼり食っているあいだも、ヤンキーは禁欲的なフランス人を前にして、自慢話をやめない。一口食べるごとに、ヤンキーは「世界の支配者になる」という揺るぎない意志をわめき散らすのである……。堂々としているのであれグロテスクであれ、これらの顎は、いずれにしてもアメリカ人の激しい食欲に似て、並外れている。それは人種の *hubris*〔傲慢さ〕をさらけ出している。顎はその中枢であり機関である。そもそもヤンキーはそのことを知っていて、絶えざる訓練によってその活力を維持しようと気づかっている。つぎつぎにひらめいて、ジュール・ユレはまた、*chewing-gum*〔チューイン－ガム〕という謎、どんな旅行者も不思議がる説明不可能なこの国家的情熱を解決することに成功する。このことについて、ポール・ド・ルージエは自論をもっていた。噛みタバコをやめたアメリカ人が、代用として砂糖入りガムを噛むことにしたというものである。彼はここに健康管理の努力を見ていたが、この健康管理の努力は、彼が他方でアメリカ人女性の不妊症の原因を「気候の影響と噛みタバコの噛みすぎ」[50]であるとみなしているだけに、ますます称賛すべきものである。だがこの文明的努力の美的難点に目をつぶっているわけではない。というのも、「どんなかわいい娘もこの歪みには逆らえない」[51]からである。これとはまったく違うのがユレの解釈であって、この解釈にはすばらしき将来が約束されている。アメリカ人がチューイン－ガムを噛んでいるのは——とユレは主張している——「顎を鍛えるため」である。「動かずには」いられないアメリカ人は、「じっとしていなければならない公衆の場所では」[52]顎を動かそうと思いついたのである。つまりチューイン－ガムによって、アメリカ人の二つの欲動が同時に満たされる。すなわち、無為への憎しみ、およびみずからの破壊的能力を改善しようとする絶え間ない配慮である。

小さな神話が生まれた。五〇年後でもまだこの神話は魔力のようなものを維持しており、一九五三年のある揶揄的な本は、文字どおりの意味と暗示的な意味との中間的な形態で、この神話をふたたび採り上げている。情熱にあふれた一種のフランス系ヒューロン族〔アメリカインディアンの一種族〕のようなフランス人である旅行家のジェロームは、シカゴで白いファイアンス陶器のようなすばらしい *skyscraper*〔摩天楼〕、チクレット・ビルディングに見とれる。「チェルベック〔彼のアメリカ人ガイド〕」が私に教えてくれたのは、このビルディングは、アメリカ人が顎骨を丈夫にすることによってみずからの意志を鍛えるために噛んでいる、この一種の香り付きガムに捧げられているということであった。〝ご存知のように、顎は〟とチェルベックは私にいった。〝断固とした決意の場所なのです。歯を噛みしめながら、人は最善を望むのです。ガムは私たちが他国民に対して獲得した優越性と大いに関係があるのです[53]。〟」

歯並びによって証明されるアメリカ・アングロ－サクソンの優越性。これこそエドモン・ドゥモランが一八九七年には思いもしなかったことである！　彼が予感していたのは、この優越性は歯のほうにその精神的中枢があるということであった——英国人がいかなる国民よりも上手に噛みしめるすべを知っていたこれらの歯のほうにである。つまり、このすぐれて英国的な長所——根気強さ——、これをドゥモランはアメリカの従兄弟にまで押し広げていた。だがヤンキーは根気強いだけでなく貪欲でもある。英国人のようにしがみつくことを知っている（とくに大地に、*settler*〔開拓移民〕、*squatter*〔不法定住者〕の形でもって）。だがヤンキーは自分が望むものを手に入れようとする人間でもある。むさぼり食うための予備課程として、すぐに咀嚼・嚥下する態勢にいつもいる。これがヤンキー、力強い食欲の秘密の武器である *chewing-gum* によってオーバートレーニングをした顎骨をもつヤンキーである。ボードレールの〈倦怠（アンニュイ）〉のごとく、この顎のアメリカは世界を呑み込むことができるだろう。だがそれはあくびによってではなくて、力強く嚙みつくことによってである。

咀嚼している真っ最中にとらえられても、一休みしている際にとらえられても、アメリカ人の顎はデッサンと風刺画のなかで、いずれにしてもアメリカ人を意味することをやめない。また好ましいポートレートにおいてさえ、根本的な獰猛さや傲慢さを想起させることをやめない。もちろんデュアメルは、「ニューヨークやシカゴの通りでみなさんを突き飛ばす人々」を「獲物を追いかける野獣の顎」(54)で飾り立てることを忘れない。きわめて論理的に、アメリカ大統領――そこにはウィルソンやフランクリン・デラノ・ローズヴェルトのように、ほとんど虚勢を張らない大統領も含まれる――は、さまざまなフランス人観察者によって、その「人種」と任務の二重の象徴として、突き出した顎を慣習的に与えられている。すでに見たように、モーロワはプリンストンの木陰で故ウィルソン大統領の「たくましい顎」を探し求めていた。もっと興味深いのは、一九四五年三月一〇日、フランクリン・デラノ・ローズヴェルト大統領が戦争情報局のフランス人招待客たちとおこなった会談のあとで、ジャン＝ポール・サルトルが大統領について描くポートレートである。すなわち、「顎がもつ少々残忍な激しさと奇妙にも混ざり合った、オープンであけっぴろげな何か」(55)である。だがもっとも陰険で皮肉にみちているのは、おそらくコクトーである。アメリカ人に歯並びを変えるように説き勧めておきながら、彼らにはそんなことはできないと思っているのである。「精神は頑丈な歯をもっている」と、この詩人は一九四九年の『アメリカ人への手紙』のなかで思い起こさせる。「この頑丈な歯でもって物を嚙み砕け。(56)」

チクレット・ビルディングの華やかさを前にして呆然としたフランス人に対してうやうやしく提示された「チェルベック理論」とは、それを生み出した人種的イデオロギーよりもあとに、二〇世紀初頭以降においても生き長らえているような、フランスふう「人種のポートレート」の滑稽なパロディでないとすれば、いったい何なのだろうか。フランスの風刺物語の豊かな資料集のなかでは、これは強調されてしかるべきまれな事象である。すなわち、『ジェロームのアメリカ旅行』の作者は、アメリカそのものをめぐってユーモアを発揮しながら、アメリカ人にかんする私たち自身の紋切り型と、この常同症（ステレオティピー）のメカニズムそのものを皮肉っているのである。

乱闘から超然として

いまや、世紀初頭の「ヤンキーの具象化」がどのようなものであったかがよりよくわかる。反米的言説が、アングロ‐サクソン神話を不法占拠したのちに、なぜドゥモランが提示している解釈から離れていかなければならなかったのかもよくわかる。ドゥモランの逆説とは、民族的な旗印を掲げて、本質的に文化主義的な命題を提示したことである。ドゥモランは肉体には興味がない。彼にとってアングロ‐サクソン性とは獲得される精神的な事象だからである。アングロ‐サクソン性は習得できるからである。反対に、反米的言説にとって、ヤンキーの肉体は根本的な差異（英国人との比較を含む）の場として存在する。「私はどこででもそれを識別するだろう」とジュール・ユレは主張する。しぐさによってでも、服装によってでも、言語によってでもない。まさしく口によってである。「──それはまさしくアメリカの口だ！」と、三〇年後にラウール・ガンの小説の登場人物が、夜に難破した身元不明のヨットの遭難者たちを前にして叫ぶ。[57] 肉体によって特定可能だとするこの確信は、フランスの反米的言説の起源そのものに、肉体をめぐるわかりにくい政治が存在することを露呈している。

前章では、ドゥモランの分析がいかなる斜視の影響を受けているかについて述べた。なおいっそう強調しなければならないのは、この分析がいかにつかの間の安定に閉じこもっているかということである。主たる脅威についていえば、歴史的な不安定さである。というのも、英国はフランスの同盟国になろうとしているばかりでなく、経済のほとんどあらゆる面で合衆国に追い越されつつあるからである。英国という豹は、長い牙をもつ新しいアメリカと比較すれば、温厚な動物になるのである。とりわけ認識論的(エピステモロジック)な不安定さである。というのも、生得的なものに根を下ろしている証明が、教育的な観点で終わっているからである。「自分の息子たちが Far-West〔極西部地方〕のたんなるインディアンのように打ちのめされることを望まないのであれば」とドゥモランは忠告している、「息子たちをゆだねるべきはドイツ的レジームではなくアングロ‐サクソン的レジームである」[58]。インディアンとの比較は、アングロ‐サクソンというテーマに潜むアメリカへの強迫観念をふたたび露呈させているが、それればかりでなく、フランスの若者に与えるべきアングロ‐サクソン的教育を指示するために、レジーム〔体制、制度、食餌療法等を意味する〕という隠喩に訴えていることは、人種的枠組みのなかに閉じこもって身動きできなくなっている思想の困惑を強調することにしかならない。「生存競争」に合わせて「人間を養成」[59] しなければならない、と、なおもドゥモランは主張する。「生か死かの問題である……」[60]。だがアングロ‐サクソンになるすべを学ぶのだろうか。いかなる「食餌療法(レジーム)」が、たとえ肉食中心であろうと、私たちを工業・銀行・取引の猛獣に変えるというのだろうか。あるいはより単純に、フットボール選手に変えるのだろうか。この教育的ユートピアに対して反米主義者が対立させるのは、肉体の不透明性のなかに刻み込まれた本性の不一致である。反米主義者の記述においてスポーツに与えられている重要性は、そこに由来している。

この関心は新しい。おそらくは教育への「体育」の導入と、教育における団体スポーツの奨励にかんしてフランスで開始される論争に刺激されている。だがデュアメルのような作者が、アメリカで見たことを論拠にして、「世界のすべての若者をだまし、魅惑するスポーツというこのコメディ[61]」に対して論戦を挑むためには、一九二〇年から一九三〇年の年代を待たなければならない。アメリカの競技場の奇妙な慣例を覚え書帳に書き留める最初の旅行家たちは、このような目的でおこなうわけではない。彼らはフランスにはまだ免疫があると信じている。彼らはフランスにおける教育施設の未来のために、アメリカ式のスポーツに、たとえ議論の余地があろうとも何らかのモデルを見るどころか、不可解なまでに根本的に奇妙な、本質的にアメリカ的な現象として言及しているのである。これらのゲームでは、彼らにはすべてが——ルールからはじまって——不可解に見える。試合の記述が一九世紀末の旅行記では不可欠の部分になるとしても、この記述はフランス人読者にほとんど何も情報を与えてくれない。すべての作家が例外なく認めているのは、自分が記述している「勝負」について何もわからないということである。*base-ball* は彼らにはまったく理解できない。ポール・ド・ルージエは、これに「英国の *cricket*〔クリケット〕との何らかの関係[62]」を見ている。ジュール・ユレはこれが「ボールゲーム」であると主張できる。そのあとで、彼の努力は突然、終わる。「このゲームはひじょうに複雑で、私が理解できたのは、つぎのことだけである。すなわち、二チームと一つのとても堅いボールがあって、このボールは両手で扱う長いスティックで空中に放り投げられるということである[63]。」だから、彼らの意図は説明することにはない。デュアメルが（今回は「フットボール」について）みずからの立派な無能力を誇示するのには、偽らざる満足感すらただよっている。「このボールゲームは世界中で有名なようだが、私は知らない。[64]」

こうした言及の真の目的は、これらのゲームを伝えることではなく、ヤンキーの肉体と群集を、そのもっとも野蛮な集団的なあらわれのなかで提示することである。ベースボールよりもフットボールにはるかに眼差しが注がれているとすれば、それがまさしく「人種の伝統」に本質的に備わっている暴力を例証しているからである。デュアメルが『未来生活情景』の一章全体をフットボールに割くよりも前に、すでにそれは大きな話題になっているのである。フランス人旅行家がベースボールよりもフットボールの奥義を突き止めているからではなく、それが待ち望まれていた事実をいっそう露骨に明らかにしてくれるからである。「これはほとんど残忍な気晴らしであり」と、一八九五年、ポール・ブールジェは書いている、「恐ろしいゲームである」。文明の標識であると同時に人種の特徴でもあるフットボールは、「それだけでアングロ－サクソン世界とラテン世界を隔てる差異を測るには十分だろう[65]」。フランス人は種の障壁を乗り越えることなしに、フットボールに参加することはできないだろう。ジュール・ユレはさらに言い募る。フットボールを学べばそれを実践できるどころか、私たちはみずからの本質を根本的に放棄しなければ、たんなる観客になることさえできないというのである。ハーバード大学対エール大学の試合中にユレの心を捕らえるどこから見てもすばらしい若者のように、《Kill him》〔「あいつをぶっ殺せ」〕、《Break his neck》〔「あいつの首をへし折れ」〕と叫ぶことは、私たちにはできない。「一九歳から二〇歳の褐色で、髭のないきちんとした若い男だった。ひそめた眉のあいだで、目がぎらぎらと輝いていた。歯を食いしばって、顎骨をさらに前に突き出していた[66]。」いや、どう考えても、私たちは同じような顎をもっていないし、同じように興奮することもできない。いくら金を積まれようが、そんなことは望みもしないだろう。これこそ私たちがフットボールをしない理由である。私たちが「むら気のある書生、筋肉を使いたがらない、怠惰な、臆病な人間」だからではない、と、先駆者の記述をたくみにまとめる一章で、デュアメルがのちに強調する。そうではなく、アメリカン・フットボールが「スポーツのコメディ」を、また「乱暴で危険なものと化す」「気晴らしというよりもむしろ襲撃に似た」これらの「競技」のもつ人間的ペテンを、その絶頂へといたらしめるからである。

フットボールが露呈するもの？　狩猟採集民に特有のハビトゥス〔社会化を通して無意識に獲得される知覚、発想、行為などを規定する構造〕。（チームとは、とデュアメルがのちに語る。「獲物をねらう」「猟犬の群れ」である。）フットボールが脅かしているもの？　文明以外の何ものでもない。デュアメルはここでもまたすでに先達者が示した判断をもう一度、タイプしている。「このような乱闘の熱狂を生み出すゲームは、文明によいはずがない。[67]」

この意味で、アメリカン・フットボールに言及する際の怖がった様子は、旅行家、さらには旅行していない者が、倦むことなく、くり返し筆にするシカゴの屠殺場よりも無害だというわけではない。そこに凝縮されているのは、さまざまな文化的な抵抗である。すなわち、ゲームそのものの荒々しさ、公衆の群居本能、大衆のヒステリー――ユルバン・ゴイエが典型的にアメリカ的であるとしているこの「激しい熱狂[68]」――、*supporters*〔サポーター〕という小集団形成、叫び・音楽・ダンスに見られる知性の欠乏、*cheerleader*〔チアリーダー〕というレスビアン化した *college girl* がおこなう見世物の道徳的下劣さに対する抵抗である。「メガホンを握りしめ、スカートを風になびかせながら、彼女は叫び、暴れ回り、まるで地中海の港の売春婦のように、扇情的なベリーダンスを熱狂的に踊る。[69]」この儀式化された「乱闘」のあきれた光景は、これらの乱闘が上流社会の学生のあいだで展開されるだけに、反米的宣伝パンフレットのなかでますます重要性をもってくる。フランス人観察者の驚きは、社会的な不作法さの感情によって大幅に倍加される。敵への憎悪を叫ぶのは「きちんとした」若者であり、売春婦のように腰を振る*cheerleader*〔チアリーダー〕は「その国全体のもっとも名誉ある名前の一つを公然と見せびらかしているのである」。このような荒々しさと野蛮さの大饗宴が、文化と知のメッカを舞台にしているということは、アメリカ式「レッスン」にかかわるいっさいの概念への信頼を最終的に失墜させることになる。「ヨーロッパがアメリカの教育家から何か学ぶべきことがあると、私はア・プリオリには思わない」[70]と、ジュール・ユレはハーバード大学対エール大学の試合における有無を言わせぬ奇妙さや野蛮さを記述しているのと同じページでもらしている。

顎骨という徴候のあとは、フットボールによる証明なのだろうか？　諾(ウィ)である。というのも、フランス人の心をとらえるこのフットボールは、スポーツをはるかに超えるものであり、巨大顎突出症が一つの予後であるように、一つの範列だからである。ジュール・ユレが日常的行動における「言語道断な暴力」(たとえば路面電車に押し入るニューヨーカーのやり方)という見解を提示しようとするときには、当然ながらこのイマージュに訴えかける。「それはフットボールのように手荒で、あっという間である」[71]……。つまり、本義においてアングロ゠サクソンの学校に入学しないという実際的な理由をすべて超えて、転義においても入学する〔模倣する〕ことを断念させるつぎのような理由がある。すなわち、彼らは私たちとは別の肉体をもっていて、同じ生地でできていないのである。ジュール・ユレが語っているのは、これらの大学で施される教育ではなく――彼はそれにあまり興味がないように見える――、彼が両国民の「本性」のあいだに着目する明らかな不一致である。まだ競技場での一日から立ち直れずにボストンの図書館に避難していると、ユレは「まったく思いがけない感覚」を体験する。「動かないアメリカ人という感覚」である。そして、「彼らが本当にアメリカ人かどうか訊いてみたくなる」[72]。

したがって、学習が不可能であるということは、宿命であると同時に拒絶でもある。これら二つのテーマは、たとえばよく訓練された行動が示す何らかの特徴にかんして、旅行家の物語のなかで絶えず交差し合っている。これらの特徴はラテン人（あるいはガリア人）気質とは相容れないものとして、そして自分の「個性」に誇りをもつ自由な精神には受け入れがたいものとして交互に提示されるのである。アメリカ人の途方もない「意志」は教えられるものではない。そもそも、それは精神の諸機能の一つというよりも本能である。それはアメリカのアングロ－サクソンの特徴として、すでに一八五一年にフィラレート・シャールを驚かせていた、あの横柄な（アンペリユーズ）（そして間もなく帝国的（アンペリアル）になる）じっとしていられない性分である。すなわち、「絶えず前進」、《go-aheadisme》（「進取の気性」）[73]である。それはテディ・ローズヴェルトの「燃えるような生命」、*strenuous life*（精力的な人生）である。この生命が血管のなかに滔滔とあふれ出す。アメリカ開拓史、すなわち初期の住民たちの生存条件とは、すでに彼らをそこへとみちびいた素質を増大させること以外の何ものでもなかった。ひどい目にあおうがあうまいが――この決まり文句はほとんど満場一致である。そこにこの容赦なき荒々しい意志が発するリフレインがつけ加えられれば、ヤンキーを作り上げるすべてのものを所有することでもある。「飽くなき投機欲、競争相手への憎悪、貿易による世界制覇への野望[74]」、「術策と裏切行為[75]」等々。アメリカ人化されたフランス人とは、とっぴな思いつきでなければ、怪物だろう。何人かの旅行家は極度の恐怖にとらわれる。すでに三ページ前からアメリカにいるジュール・ユレは、パニックに襲われる。「この国の吸収力はひじょうに強いので、私はアメリカ人になりつつあるのではないだろうか[76]。」英語の基礎知識をまったくもたずにやって来たユルバン・ゴイエは、自分が英語で夢を見ていることにふと気づくが、五か月後には「アメリカ化された」ことがわかる[77]。つかの間の恐怖――ゴイエとユレは以前のようにフランス人にもどるだろう――、これが際立たせているのは、現実の危険よりも本性の喪失に対する本能的恐怖である。

ヤンキスムは、クレマンソーによるフランス革命のように、一塊である。そのまま受け入れるかあきらめるかのどちらかである。「受け入れること」は——仮にそれが可能だとして——、パリの家に帰ることをひじょうに喜んでいるフランス人旅行家全員が先を競ってくり返しているように、生活の喜びを放棄するだけではないだろう。すでにオリヴィエ・コロナルは、つぎのように自問していた。抵抗するためには、彼らのようにならなければならないのだろうか。「金をたくさん、そして素早く稼ぐ」すべを学ばなければならないのだろうか。それを「人生の唯一の目的に」すべきなのだろうか。つまり、「ヤンキー、すなわち気高い思想をもたない学者、人間性をもたない実業家という憎むべき類型」[78]と闘うためには、私たち自身のなかでそれを体現しなければならないのだろうか。それは一つの本質を裏切り、放棄することである。本性を喪失したフランス人になることである。このことについて、サルトルは一九四五年の論文の一つで「オウィディウスの変身」[79]として不快感をあらわにしながら長々と記述している。「アメリカがすでに半ばまで所有し」ており、またサルトルをして深く考え込ませる——「どんな強い力が、この解体と統合を確実かつ迅速に実現するために介入してきたかに私は興味があった」——このぞっとするような突然変異体（ミュータント）は、一九〇〇年の反米主義者にとっては、まだすぐに退けられる幻想にすぎない。だれもが顎が突き出ているわけではないし、だれもがフットボールをしたがっているわけでもない。だれもがヤンキーになれるわけではない。

＊

だがほかのやり方は——決定的に試合に加わらないことを除いて？　ヤンキーは私たちにボールや陣地

の選択を任せるような人間ではない。ましてや最初にキックをさせてくれるはずもない。準備を整えよう、足腰を鍛えよう、目をあけたままにしよう。これこそ、「観察者」とエッセイストがくどくどとくり返していることである。試合は間もなくはじまる。ポスターは一八六〇年代以降、様変わりした。もはやアングロ‐サクソン対ラテン人ではない。ヤンキー対ヨーロッパ人である。おそらくアンリ・ド・ボーモンは、かなり明瞭な形でこのことを予言した最初の人となった。「われわれの世代が目撃したのは、トップになるためにヨーロッパの国々が自分たちのあいだで専心していた闘争、いまだに専心している闘争にほかならない。われわれのつぎの世代が目撃することになるのは、地球上の支配を確保するためにおこなわれるヨーロッパと合衆国間の闘争である。(80)」一八八八年であった。時代が近づきつつあるのである。

試合は確かに何回戦もおこなわれるだろう。経済的な殴り合いがはじめられる。世界の分割については、熱い握手と対決とのあいだでためらいがある。sleeping-car〔寝台車〕におけるジュール・ユレのように、一年後、一日後に、フランスが力強い顎を前にして目覚めるかどうかなど、どうして知りうるだろうか。

実際にこのような目覚めが訪れるのは、世界大戦直後でしかない。この目覚めにどのような言葉の暴力が伴っているかについては、のちほど見ることにしよう。また一九二四年のパリ・オリンピックのときに突発する奇妙な事件が証明しているように、往々にして身体的な暴力が伴っている。北米人はこのオリンピックで目覚ましい成果を上げる。まだターザンという甘美な名前には返事をしないワイズミューラーという人物が、一〇〇メートル（五九秒）と四〇〇メートルのタイトルを手に入れる。これは問題はない。だがラグビー――私たちにとってのフットボール――の試合の決勝戦がおこなわれる。当時、フランスは、ヨーロッパ・ラグビー界に君臨している。だれもが驚いたことに、フランスが対戦するのは、決勝戦まで這い上がってきた合衆国チームなのである。当時のスポーツ欄担当者によれば、いくらか相手をなめてかかり、ジュール・ユレの警告を忘れていたフランス人選手は、一八対三で完膚なきまでに敗北する。近代オリンピックの短い歴史において前例のない珍しい暴動の場面がはじまるのは、そのときである。怒り狂ったパリの公衆が競技場に押しかけ、ヤンキーをひどい目に遭わせる。怒った群衆に通りまで追いかけられた勝利チームがリンチされないように、市警察は警棒を振り回して何度も襲いかからなければならない。アメリカ式スポーツを公然と非難するデュアメルがきわめて正確に語るように、「競技が純粋なゲームという気品ある特徴を失うやいなや、それは勝利目当てや国家的憎悪によって損なわれるのだ」……。

7 「敵の血が流れる人々」

合衆国の地でたがいに出会う約束をする赤色、黄色、白色、黒色といったあらゆる肌の色合いの混乱は、いったいいかなるバベルの塔に由来するのか。

ノアイユ公爵、『書簡集』（一八七七年）

近づいてみると、すべてのフランス人の本質的均質性とは、いかなる違いがあることか！

アンドレ・シーグフリード、『今日のアメリカ』（一九二七年）

つまり、予想外の成り行きの皮肉である。すでに述べたように、ヤンキーのアメリカという「敵対的人種」との対立というフランス的幻想がくり広げられるのは、大量移民が人口構成を根本的に変化させる、まさにそのときなのである。

一八九〇年代初頭までフランスの観察者に無視され、言及されず、あるいは規模的に過小評価された移民の大量流入は、その圧倒的多数はアングロでも、サクソンでも、プロテスタントでもないが、新しいアメリカの現実の重要な側面としてついには重きをなすにいたる。この点について、一八九五年に出版されたブールジェの『海の彼方』は、先駆的なテクストの一つである。そこには参考資料は見当たらないし、いわんや数字などはない。ブールジェの眼差しがフランスではまだほとんど論評されていない現象に向かうことになったのは、人種およびその紛争に対する彼の関心によってである。フランスで「新しい移民」と呼ばれるものは、それ以降、急速に、分析と論評の中心的位置を占めることになる。一九二七年、『今日の合衆国』――少なくとも二世代にわたる参考文献――の初版で、アンドレ・シーグフリードは、異民族の移民による「アングロ‐サクソン的」アメリカの国民性の変容（デナチュラシオン）をすぐれてアメリカ的な問題とみなしている。

フランスにおいて、純粋にアングロ‐サクソン的で、本質的にヤンキーのアメリカをターゲットにしたばかりの反米的言説は、どのようにしてこの新しい所与を採り入れるのだろうか。みごとに（ブリオ）である。しかも、そこに新しい霊感の源さえも見出すのである。

だが二つの命題を両立させることは、ア・プリオリには難しいように見えた。ヤンキーによるアメリカ大陸の（そして間もなく世界の？）絶対的支配という命題と、多様な人種の移民に圧倒されるアメリカという命題である。「クリストファー・コロンブスが発見した大陸の大半は、もうじき五世紀になろうとする昔から、そこを征服した人種が手中にしている」(1)と一八九九年に結論を下すオクターヴ・ノエルと、「外部の思想に動かされる外部人種の労働者の大群衆」の流入を一八九五年には予告し(2)、合衆国を荒廃させる並外れた「民族的対決」、人種間の内戦を予言するポール・ブールジェを、どのようにしたら両立させることができるのだろうか。現実的な困難というよりも見かけの困難である。敵意の言説は判別的ではなく、累積的である。それは負荷を増大させるために、矛盾律を一時停止するのである。上述のように、アメリカ式「人種間戦争」の先駆的予言者であったブールジェはまた、この論理的には相容れない発話が論争上は両立するという最初の例を示している。『海の彼方』は、あるときは「行き過ぎた移民」によってサバイバル戦争へと追いやられるアングロ－サクソン的アメリカを記述し、またあるときは外国人の殺到によっても損なわれない「アメリカ人種」という「あのコリントのブロンズ」[3]を、あますところなき力強さでもって復元しているのである。

ブールジェの乱暴なシナリオを信奉する者はほとんどいない。とんでもない、どう考えてみても、「人種間戦争」は起こらないだろう。いずれにしても、「外国人のアメリカ」が「アメリカ人のアメリカ」に組織的な戦闘を挑むという分離戦争の *remake*〔リメイク〕のような形では起こらないだろう[4]。その代わりに、だれもがブールジェの累積的レトリックを採用することになる。そして彼のあとを追って、抵抗の反米主義（乱暴で、威圧的なヤンキーに対抗して）と嫌悪の反米主義（「新しい移民」とそれがかかっている「壊疽[5]」）を結びつけるテクストが増加するのが見られるのである。

人種主義的と多人種的——二重に間違っているアメリカ

このモンタージュには「人種主義的に反人種主義的な」と記述できるレトリックが伴っている。そのレトリックは、ヤンキーのせいで排斥の憂き目にあっているとされるのと同じ集団に対する、それ自体人種主義的な言説のなかで、合衆国を法的かつ文化的に人種主義的国家であると告発することにある。この図式では、合衆国は犯罪と欠陥を累積する。支配集団のＷＡＳＰ〔アングロ－サクソン系白人新教徒〕が実行している人種主義に対して罪のある合衆国は、民族のカオス、諸国民の溜まり場として、同時に人種的に疑わしいからである。

アメリカ人は二重に悪い手本となる。道徳的規範の次元では、もろもろの民族集団全体（インディアン、黒人、さらにはそれとは別のやり方で、アジア人やイタリア人、アイルランド人）を人間という枠組みから排除することによって、現実の次元では、自国が多民族のバベルの塔と化すがままに放置しておくことによってである。そしてフランス人の分析を読むと明らかなのは、民族的混交という現実を前にして感じられる不快感は、平等主義的な原理が踏みにじられるのを前にして感じられる不快感よりも明らかにまさっているということである。二〇世紀初頭において、もっとも「進歩的な」思想をもつフランス人旅行家のひとりであるユルバン・ゴイエの証言は、この点で重要である。アメリカの黒人を前にして、この国際主義者兼戦闘的な平和主義者の「理論的信念」が揺らぐのである。「これは理論的信念が現実と接触するとき、フランス革命の息子であるヨーロッパ人がもっとも動揺を感じる問題点の一つである。」現実という鉄壺が、理想という土壺をたちまち粉砕してしまったのである。そしてゴイエはすべての信念を呑み込んで、心のうちを打ち明ける。「黒人は一般に盗みがうまく、嘘つきで、怠惰だ。またそれ以上に堕落している。黒人は白人女性への思いに取りつかれているが、そのことによってしばしば黒人はこの上なく卑劣な罪を犯してしまう。(6)」ゴイエが「フランス革命の息子」でなければ、何をいうのだろうか。公正を期すためにつけ加えておこう。自由主義的で教養のある彼の多くの同時代人において当たり前になっている人種主義は、表現への配慮など気にもかけないのである。

合衆国における「人種問題」をめぐる言説は、多くの旅行者を搭乗させることのできる二段式ロケットである。全員が同じ目的地を目指しているわけではないが、おそらく途中までは全員が反米的である。二〇世紀の最初の数十年間、こうした言説はフランス世論のおたがいにあたうかぎり遠く離れた諸領域で発することができる（そして合意することができる）。二〇世紀の最初の三〇年間には、ほとんどすべての作家がさまざまな程度の異なる率直さとさまざまな創意工夫でもって、この鉱脈を惜しげもなく活用する。合衆国の極めつきの専門家（ブートミからシーグフリードまで）は、徹底的に鉱脈を探査する。デュアメルはそこからいくつかの見せ場を取り出す。ヴィシー政権の時代には、開発はさらに盛んにおこなわれる。すなわち、このあいまいな心象は、当初は、人権への執着と「統一（コエジオン）」への固定観念のあいだで分かたれた「フランス革命の息子」たるフランス人の矛盾を反映していたが、対独協力主義のジャーナリズムが、人種主義的であると同時に「うさんくさい外国人」である北米について休みなく描く漫画化した肖像のなかで、その戯画としての頂点に到達するのである。

一九〇〇年頃にこうしたレトリックが確立される際には、旅行家と観察者はプロパガンダ・エージェントではない。彼らは自分たちの気分に語らせているのであり、これらの気分そのものが彼らの偏見を、ときには原理原則を反映しているのである。これらの反米的著作には、大々的に組織されたキャンペーンの痕跡はない。敵意は誠実さのあらわれである。「不誠実さ」とは沈黙、とりわけ、フランスの植民地化と植民地被支配者の地位をめぐってなされる騒々しい沈黙にある。だがこの対比はだれの脳裡にも、それもずっと以前から存在している。(7) しかし対比はまさしくここでとどまらなければならない。「その話はやめよう！」これがアメリカにおける人種問題にかんするこれらの分析の説明文（キャプション）となりうる。これらの分析の背後には、思いがけないことなのか意図的に黙しているのかは別として、フランスの「植民地問題」が絶えず見え隠れしている。だが彼らはそのことについて語ったのである――アメリカの再建期を激しく非難しながら。解放された黒人に対して不快感をあらわにしながら。かつての奴隷の奴隷になった南部の白人という紋切り型をくり返しながら。とりわけ、解放された黒人の選挙権に憤慨し、逆上さえしながら、である。アメリカの人種問題、および *melting-pot*〔るつぼ〕から想定される危機について語るフランスの解説者は、行間では明らかに自分自身の懸念について語っている。すなわち、多民族帝国の管理、国家共同体による「異民族的」諸要素の同化についてである。

　この隠れた懸念から明らかになるのは、フランス人による分析のもう一つの特徴である。すなわち、当時のアメリカにおいて、それぞれのステイタスによって明確に区別されているように見えるさまざまな人間集団を、これらの分析が接近させているという事実である。「新しい移民」は根本的に異質なものとして認識されるがゆえに、問題としては、インディアンと黒人という歴史的な二つの「少数民族」と同じページで、ほぼ同一レベルで扱われる。その際、もっとも土着的なアメリカ人と、この上なく「外来の（エキゾチック）」新参者は、「同化できない者」さらには「野蛮な者」というテーマでもって同じ眼差しのもとにまとめられる。この同類扱いは、世紀の転換期の旅行者がごく普通におこなっている。たとえば、南部で「急に繁殖する」黒人に対してきわめて人種主義的であるエドモン・ジョアネという人物は(8)、最近の移民で構成される北部の労働者集団を、「野蛮な遊牧民」、すなわちアッチラ〔フン族の王〕流の潜在的な「神の懲罰」として言及している(9)。マリ・デュガールは、一九〇〇年頃（キルカ）の多くの同国人男性と同じように、アメリカ黒人が消え去る運命にあるかどうかを自問しながらも(10)、アジア人にかんしてこの上なく人種主義的な観察をおこなっている。彼女はサンフランシスコを気に入っているが、「ただ一つの光景がこの好ましい街を台無しにしていて、不意に未完成なFar West〔極西部地方〕という感覚を与えてしまう。それは中国人の姿であり、彼らはポートランドにおけるよりも数が多く、貪欲である［……］。彼らはそこでネズミのように急に繁殖して四万人もいる。鋭い歯、細い尻尾〔原文のまま！〕、さらには地下で生活する習性にいたるまで、ネズミのような強欲な様子をしている(11)」。これよりもずっと学問ぶり、節度をわきまえた調子で、アンドレ・シーグフリードは『今日の合衆国』を「アメリカ国民の形成」と「同化の危機」という二つの短い章ではじめているが、実際にはそれらは一つの章でしかない。すなわち、黒人からユダヤ人まで、一八八〇年以降の移民の「民族的混乱」全体を通じて、シーグフリードにとって問題なのは、不可能な同化という地図を作成し、現代合衆国の「おそらくは手の施しようのない均質性の欠如」によってもたらされる漠とした戦慄をフランスの公衆に伝えることなのである。[12]

ところで、特別居留地に閉じ込められたインディアン、また多くの場合、投票も妨害され、法的隔離が実施されていないところですら白人の生活の周辺にとどめ置かれ、組合に入ることさえ長いあいだ望まれなかった黒人――これらインディアンと黒人が、移民たちと、たとえこの移民たちがこの上なく「質が悪い」としても、多くのものを共有しているということ、このことは合衆国においてさえ当然のことではなかった。おそらく、一八五〇年のノウ・ナッシング党員〔アメリカ生まれでない者が公職に就くことを妨害した〕から一九二〇年代に再結成されたクー・クラックス・クランにいたる、外国人嫌いの極端な過激派の場合を除いてである。結局、フランス人読者が意識的・無意識的に採用するのは、アングロ－サクソン的でプロテスタント的な抵抗集団の観点なのであって、これらの集団は、黒人、ユダヤ人、カトリック、および *un-American*〔反米的〕なすべての要素に敵対的なのである。[13] 南部連合派の問題に対する「理解」という長き伝統は、この観点の採用と間違いなく無関係ではない。

フランス人の心象において、この新しい手札によって大損するのはインディアンと黒人である。一九世紀の最後の二〇年間には、彼らの存在はフランスの物語では目立たなくなっていた。エリス島〔アッパー・ニューヨーク湾にある小島。入国管理局があった〕の雑多な群衆が論争の場に侵入してくる際、その場にあらためて引きずり出される彼らは、見間違えるほどに様変わりしている。

陰気なインディアンと「堕落した」黒人

一八六〇年代まで、アメリカのインディアンと黒人は、フランスでは現実離れした（ロマネスク）オーラ、あるいは人道的な心づかいで包まれていた。一八四〇年代には連邦のインディアン政策に対する憤りは高まっていた。押しつけられ、ほとんど遵守されることのない「条約」は、「どんな立場の世論」からも野蛮だとして、厳しく非難されていた(14)。黒人問題も同じく同情を呼び起こした。一八三四年にフランスで設立された奴隷廃止協会の後押しによって、アメリカ黒人奴隷が置かれた境遇に抗議するために、この時期、キャンペーンが組織される。自由な黒人を公然と非難する人種的偏見に対しても懸念が示されはじめる。こうした自覚によって、ギュスターヴ・ド・ボーモンの小説『マリ、あるいは合衆国の奴隷制』（一八三五年）がヒットする。フランスの植民地で奴隷制が存続しているせいで、一八四八年まで「特殊な制度」への若干の支持者が生み出されるとしても、またアメリカの大義に対する愛着によって、ある種の自由主義者が正当化しがたいことまで正当化し、奴隷制支持の現状（スタテュ・コ）を弁護するまでにいたるとしても、すでに見たように、フランスの世論は分離戦争〔南北戦争〕の前も、そのあいだも、大きく奴隷制廃止論に傾いているのである。

再建期から第一次世界大戦にいたる時期は、反対に後退期である。インディアンと黒人は、フランスの論争や物語において、ごくわずかの場所しか占めていないのである。彼らの立場はもはやあまり関心を呼び覚まさない。それを明かす証拠。「リトル・ビッグ・ホーン〔一七八六年六月二五日、この川の付近でアメリカ陸軍第七騎兵隊二六四人がインディアン連合軍の攻撃で全滅した〕」やウーンデッド・ニー〔一八九〇年一二月二九日、この地で二〇〇人近いスー族が連邦政府軍によって虐殺された〕のようなインディアン史上の大事件は、フランスのジャーナリズムでは小さな反響しか呼び起こさ」なかった。フランスのジャーナリズムでは、これらの事件は「ごく間接的なものに変化させられる[15]」のである。とりわけ語調が変化した。文学的には、インディアンはもはや流行遅れになっている。フランスの政治評論家はインディアンの絶滅を盛んに予告した。彼らはおそらく絶滅を既定の事実とみなしているのである。「インディアンはもはや無視しうる人数にすぎない[16]」と新聞小説家のル・ルージュは書いている、「アメリカ文明はインディアンを邪魔者だとみなしていた」。一九〇四年と一九〇五年にジュール・ユレは、浩瀚な二巻本の数行しかインディアンに割いていないが、その数を二〇万と見積もっている。一九世紀初頭のロマン主義的なインディアンと二〇世紀末の反体制文化（カウンター・カルチャー）における政治的-象徴的なインディアンとのあいだで、記号の砂漠の長い横断がはじまるのである。旅行家の物語は、簡潔さを無味乾燥にまで押し進め、それ自体、手なずけられたプレーリーに住む、亡霊のように *desdichado*〔哀れな人間〕という寓意的なシルエットにインディアンを還元している。この抽象化と引き換えに、インディアンは墓碑銘の形で若干の甘言を依然として受け取ることができる。そもそもインディアンにとっては、この憂鬱な薄明かりのなかにとどまっているほうがよい。生身のものとしてあらわれるときには、記述は容赦がない。一八九三年、ソーヴァンは生身のインディアンよりもシャトレの模造の仲間のほうを好むと述べている。「アメリカ・インディアンはシャトレの夢幻劇のなかで観るほうが、どれほど味わいを増すことか！……奴らは獣のようで、粗野であり、男女とも貧相に見える。」インディアンに対する究極の侮辱。すなわち、かくまで非難されたあとで、「人種」であることさえも拒否されるのである——「人種ではない」とソーヴァンは評価する、「人類の劣化[17]」である。デ・パウのあばら屋への回帰である……。ユルバン・ゴイエは一九〇三年、断固として語っている。「彼らは醜く、おとなしく卑屈な様子をしている。自分たちの父祖が自由に暮らしていた大地で、奴隷制を受け入れている。彼らは関心を抱くのにはまったくあたいしない[18]。」『フィガロ』紙の特派員であるジュール・ユレの手厳しさも、これとほとんど変わらない。ユレはインディアンの住民の追放にも強制移住にも賛成しない。だが彼自身がインディアンに割いているごくわずかな文章は、かなりぞんざいである。「ヨーロッパにおいて私たちはみずからに問うている。いったいアメリカ人は先住民であるインディアンに対して何をしているのか。実際のところ、大したことはしていない。西部の砂漠のほうへと毎年、少しずつ追いやっている。インディアンに与えられるこれらの土地は、ますます悪くなっている。これらの土地がその位置から何らかの値打ちを獲得するとすぐに、インディアンは土地を手放すように強制される。」このような事態によっても、ユレは特別な同情は感じない。彼もまたシャトレの端役を、より陽気な者として懐かしんでいるように見える。「彼らは怒り出すまでは、陽気ではない。」インディアンはみずからの土地で（「みずからの土地」とまだいえるとすればであるが）、「カウ－ボーイのコディ〔興行師バッファロー・ビルの本名〕に連れてこられてパリにいたときと同じような居心地の悪さとよそ者のような様子」[19]を見せている。

解放後の黒人も同じくらい落ちぶれている。自由になった黒人は、ヨーロッパ人の感受性にとって、ずっと「興味深く」ないことが判明する。それでは、黒人はみずからの自由をどうするのか。最高で、何もない。最悪の場合、この自由をかつての主人に対して濫用する。フランス人旅行者の作品に見られるのは、アメリカ再建期と、白人種の敗者が服している抑圧とに対する憤激の叫びである。すでに一八七五年には、ルイ・シモナンが『アメリカを横断して』のなかで、黒人の怠惰に対する南部の偏見と、黒人種が絶滅しないかぎり合衆国が瀕するであろう無秩序のリスクについては、これを自分の見解としている[20]。この黒人種の絶滅については、フレデリック・ガイヤルデもまた一八八三年に、よけいな配慮などせずに検討した。一八八九年には、北部の過ちのせいで南部が「混沌とした世界」になったというフランスの型（ステレオタイプ）にはまった判断が確立され、ジョアネはそこから一種の洒落を引き出すことができる。「ジャクソンヴィルには、黒人がむやみに多い。彼らが押しつぶされたら、その上を歩けるだろう。だが反対に、何と多くの白人が彼らに押しつぶされていることか！」[21] すでに見たように、ゴイエはみずからの「信念」をもってしても、黒人のポートレートをクー・クラックス・クランの文学にふさわしい強姦者として仕立てざるを得ない。ジュール・ユレは慎重な抵抗を試みる。すなわち、隔離に彼は「少し失望する」。「わずかのあいだ、私はルイジアナに寄りつかない。」彼は黒人の埋葬を感動的に想起している。そして「〈新世界〉の情け容赦ない文明のなかに移住したクレオパトラたち」が「らい病患者のように」閉じ込められていることには断固として怒りを表明している。[22] だがこの怒りの高まりについて、弁解がましいことを述べている。彼は人種隔離主義者を「理解すること」を望み、調査すると約束している。そして最後に対話形式で「黒人問題の状況」に割いている章では、南部の白人の論法に好意的な判断を示している。

これらの反応は、一つに収斂している点で示唆に富んでいる。同時期にフランスで頻出する黒人の市民権に敵対的な態度表明によって補強されるがゆえに、ますます示唆に富んでいる。ここで問題なのは、旅の印象でもなければ気持ちの揺れでもない。偉大な大学人や知識人を経た学問的な判断である。リンカーンの後継者の政策を断罪し、黒人が市民権を手に入れることに苦情をいうために、フランスでもっとも権威ある人々の声が発せられる。たとえば、ルロワ＝ボーリューのような輝かしい経済学者の声であり、政治学学校の創設者であるエミール・ブートミの声である。全員が結論する、「多くの点についてさまざまな意見があるけれども、共和主義者は黒人を市民とすることで誤りを犯した」[23] と。

この満場一致はやりきれない。その理由が表明されると、なおいっそうやりきれなくなる。ルロワ＝ボーリューが語っているのは、「人類学の最低段階に置かれ、四〇〇年の奴隷制によって道徳的に荒廃した人種」[24] についてである。ブートミは黒人の投票を妨げるために州ごとに実施されている措置にただちに賛意を表したが、自分の『アメリカ国民の政治心理学提要』に以上相違なく署名し（ペルシスト・エ・シーニュ）、連邦最高裁判所が南部諸州に *literacy test*〔読み書き能力テスト〕から〔選挙・被選挙資格に必要な〕納税額まで、黒人の投票を妨害する策を増やしたことを喜んでいる。さらに数年が経つ。アンドレ・シーグフリードは、「黒人集団」は民族的に「同化され得ない」と宣言したあとで、つぎのような教訓話を提供できるだろう。「みなさんはウェルズの『ドクター・モローの島』を読んだだろうか。学者によって半‐人間に変えられた動物たちの幻想的な物語である。これらの動物は人間と同じ権利を要求するが、最後には残らず殺されてしまう。これこそまさしく黒人問題である。[25]」

一八六〇年代まではフランスに多くの友人や弁護人がいたアメリカの黒人とインディアンは、いまや見放されている。それでは、彼らに対する「蛮行」によってしばしば指弾されてきたアングロ‐アメリカは、一九世紀を脱する際には免責されているということなのだろうか。まったくそうではない。一方の黒人とインディアンに対する誹謗は、他方のアングロ‐アメリカに対する告発をくいとめることにはならない。「アングロ‐サクソン系」アメリカのかつての犠牲者について同情することは、ますます少なくなっている（そしてしばしば、もはやまったくなくなっている）。彼らの醜さ、悪癖、悪徳については、にべもなく記述される。だがだからといって、彼らを道具として利用することが放棄されたのではない。ほとんどぱっとしないこれらの証人は、ヤンキーの不正をやり込めるために、いまだに法廷に喚問されている。ゴイエがしかるべく述べているように、彼らは感情的にも知的にも（フランスで彼らにかんしてもたらされる情報は、極端に乏しくなる）もはや「興味を喚起」しない——だがまだ役立つことができる。

アメリカの根の喪失（デラシヌマン）

インディアンと黒人という国内ののけ者（パリア）は、一九〇〇年以降フランスの観察者を魅了する光景に、いきなり取り込まれることになった。シーグフリードが書いているように、「コスモポリタンな」移民流入の「洪水」である。インディアンと黒人自身まで「外国人」として扱われることによって、この「外国人の侵入」（これもシーグフリードである）のなかでいっしょくたにされるのである。アメリカの土地でのこの「外国人」の存在は、不均質性という危機的状況をさらに悪化させる。アメリカの黒人が市民権を獲得した一五年後の一八八五年に、エミール・ブートミは彼らを《*outlaws*》〔無法者〕と定義した。そして一九〇二年にも同じ過ちをくり返す。「かつて、〔黒人は〕国家の二次的な構成員とみなすことができた。彼らの主人による監督が、ともかくも黒人と白人種のあいだの絆だったのである。」（みごとなともかくもである……。）「黒人が一八六〇年に〔原文のまま〕法律的に市民となったのは、社会的に外国人の条件に落ちぶれるためでしかなかった[26]。」このブートミの分析は、インディアンにかんするジュール・ユレの幻想を、黒人についてくり返している。黒人もインディアンもまったく「外国人」のように見えるからである。これら古いアメリカ人にとって（というのも、のちにアンドレ・シーグフリードが念を押しているように、黒人でさえ「古いアメリカ人」だからである）、時が到来したのではないだろうか——舞台を下りる時が？　インディアンの絶滅後は、どうして黒人が絶滅しないことがあるだろうか。フレデリック・ガイヤルデからマリ・デュガールまで、このことは真剣に検討されている。アンドレ・シーグフリードは、『ドクター・モローの島』から引用した教訓話によって、この仮説を不朽のものにする——それが「幻想的な」様式であろうともである。だがおそらく問題なのは、ただたんにシャトレの夢幻劇の場合のように、舞台を片づけて、つぎの場面に備えることである……。

とても期待を抱かせる場面、一大スペクタクルとなるエピソード。そこには、無数の端役、おあつらえ向きの「ちぐはぐな」集団、ひどく「コスモポリタンな」集団がいる。宮廷バレエであれば、〈異国人〉(エキゾチック)の登場と呼んでいたものである(異国人という語は、シーグフリードの筆の下で序章だけで四回くり返される)。不安定をもたらす大きな圧力がやって来るのは異国人からであって、異物と化した昔の少数派からではない。*melting-pot*〔るつぼ〕を破裂させるのは彼らである。「神の懲罰」よ、アメリカの懲罰よ、ようこそ! フランス人解説者はこれらの新しい移民を称賛しているのではない。まったく逆である。彼らを記述するのにふさわしい過度に厳しい表現をもちあわせていないのである。ジョアネは彼らを「野蛮人」として扱っていた。とくにアジアからの移民に注目していたヴァリニは、カリフォルニアにおける白人種の敗北を「確実」であると予告していた。[27] 同じく中国人に注目していたノアイユが予言していたのは、「すでにアイルランドやゲルマンの血と混じり合っているアングロ-サクソンの純血は、この下等人種の雑居生活のなかで破滅するだろう」[28]ということである。オクターヴ・ノエルは、一八八九年、アメリカ国民のなかに「コスモポリタンな堆積土としての民族」しかもはや見ていなかった。だがこういってよければ、これらすべては若干、上っ面なままであった。

いまやいっそう真剣であり、いっそう熟慮されている。「政治心理学」の草分けで、政治学学校 Sciences Po の創設者であるエミール・ブートミがいる。彼が落ち着いて、博識をもって説明しようとしているのは、「[合衆国へ]やって来た各世代の人々が、道徳的にも、知的にも、前の世代よりも劣っている」[29]ということは、おおよそ正確であるということである。彼がこの悪化の歴史を物語るのに耳を傾けてみよう。「［ピルグリム〔一六二〇年、メイフラワー号でニューイングランドに渡った一〇二名の清教徒の一団〕］以後の派遣団は、それ以前よりも低い衝動に従っていたように見える。彼らがいっそう多様な要素から形成されていたことをつけ加えていただきたい。」したがって、災厄はかなり遠くからやって来る。そして「多様性」は昔から脅威となっている。「だが力強さと意志、冒険精神と儲けへの嗜好が、きわめて毅然とした、きわめて人目を引く、彼らの共通の容貌を依然として形成していた。」おそらくならず者だが、得体の知れない者たちではない！　反対に、明確に類型化されている。そのとき不可避的に生物学的隠喩が登場する。「一九世紀中頃まで、ヨーロッパが〈新世界〉に譲り渡すのは、依然として、接ぎ木によって根づく可能性のある活力にあふれた健康な組織である。その後、とりわけ一八六〇年以降、ヨーロッパが〈新世界〉に投げ出すのは、多少とも侮辱され、壊死状態にまで陥った細胞である。」壊死している。新しい移民が、であろうか。もちろんそうである。というのも、文盲で、背徳的であり、熟れすぎた果物が好きだからである。「政治心理学」は精密科学である。だから、ブートミの論証を全部、引用しなければならない。「新しい移民はいっさいの技術的知識を欠いており――七六パーセントがたんなる未熟練労働者である――、文盲で――マサチューセッツでは、教育を受けていない一二万二〇〇〇人のなかで一〇万八〇〇〇人が外国人であり、彼らのせいで無学の比率は北東部の諸州で一〇年ごとに増大している――、背徳的で――マサチューセッツでは、人口の二七・一パーセントを形成する外国人が、四六パーセントの被告人を供給している――、生活習慣が悪化している――とりわけポーランド人とイタリア人は、不潔なあばら家にすし詰めになって暮らしており、パンの皮と熟れすぎた果物と気のぬけたビールを飲食している。(30)」

　つまり、「活力と信仰」のアメリカは「あらゆる人種の汚辱にみちた」アメリカに道を譲るのである。(31)ブートミの「政治心理学」は、人種人類学の教えを忘れてはいない。そのヤンキーは完全に北欧的な混合物である――あるいはむしろ混合物だった。「フィヨルドから分散していくノルウェー人またはデンマーク人、エストニア人と格闘するチュートン騎士団、ハンザ同盟とその交易所。これら三つの類型の何かがヤンキーのうちにふたたび見出される。[32]」この切り株に、「亡命者のキリスト教」が接ぎ木された。[33] かくして、「ヤンキーがある程度までアメリカを作ったのであり、宗教と教会がヤンキーを作ったのである」[34]。ところで、いまやブートミが看破していること、彼がフランス人に証明しようとしていること、それは人種が薄められ、宗教さえもが歪められて、これらすべてが解体しつつあるということである。というのも、アメリカが「断固としてキリスト教国」にとどまったとしても、「結局、キリスト教からは、一種の残り滓、半分搾って水を切った搾り滓、いまだに刺激がきつく、活力を与えるけれども、こくもなければ、芳香もない搾り滓しか残っていない[35]」からである。

根を張ったアメリカは消え去る。根を張ったアメリカは、滓の層の下に姿を消す。「ヨーロッパ社会によって捨て去られた滓[36]」である。もう少しあとのある注は、新しい移民である「これら人間植物の根の乏しさ[37]」に言及している。エミール・ブートミの筆の下で、ごく古い箴言の驚くべき象徴的な回帰がなされる。アメリカのあまりにも信用のおけない住民を「根をもたずに」生長する樹木に比較するカトリック女王イザベル〔コロンブスがアメリカ大陸を発見したときのカスティリャおよびスペイン女王〕の箴言である。[38] 先住民という「根の喪失者（デラシネ）」が消滅していく一方で、不意にやって来るのが、「軽やかにさまよい歩く」、はるかに近代的で、コスモポリタンで、無国籍的な、別の根の喪失者（デラシネ）である、とブートミは書いている――そしてブートミにおいては、これはニーチェ的賛辞ではない。アンドレ・シーグフリードが一九二七年にこのことを思い出すのは、アメリカの「死活問題」を「伝統とコスモポリタニズム」のあいだの対決だと要約するときである。また、彼が差し迫った根の喪失を避けるべく、この国に「再建のナショナリズム」を望むときである。すなわち、「すでにこの国には何名ものドリュモンがいる。今後はバレスのような人物を生み出すことが望ましいだろう[39]」。そのほうがずっとアメリカは私たちにとって身近になり、文学的にはコレット・ボードシュ〔フランス競馬界を代表する名馬〕であふれることになるだろう！　それはもちろん、敬虔な願いであると同時に、目の錯覚である。「近づいてみると、フランス人全体の本質的均質性といかなる違いがあることか！」

melting-pot という「酷使されたるつぼ」

ブールジェ、ブートミ、シーグフリード。一八九五年から一九二七年にかけて、フランスにおける合衆国とその新しい移民の表象は、同じ知的経過に付随して生じる。したがって、この経過は同じ関心事に強いられている。これらのフランス人が情熱を注ぐ問題とは、異民族的要素の国家共同体への「同化」の問題である。

ポール・ブールジェは、あきれるほどの率直さで、アメリカにかんする自分の調査が予断にもとづいていると認めている。この調査によって、彼の「人種間の和解不可能な敵対関係という「……」ヴィジョン」――彼が荷物に入れて「もって来た」ヴィジョン――を検証することが可能となった[40]。ブールジェが滞在の第一週目から大胆にもかいま見ている「きわめて一般的な仮説[41]」は、人種間闘争に認められたこの優位性に直接に結びついている。新しい移民――この「二度目の文明の高まり」――のアメリカは、この小説家兼心理学者によってすでに承認され確立された法則をごていねいにも例証してくれる。「階級間闘争はみかけでしかない。実際には民族間の決闘がおこなわれているのである。」要するに、世紀の転換点において、合衆国の一触即発の状況は、「敵の血が流れる人々どうしの闘争という問題にあらためて[42]」還元しなければならないのである。そこから人種的に敵対する二つのアメリカが対決する東-西戦争という破局的なシナリオが生まれる。「過剰な移民がアメリカに実際に二つのアメリカを生み出した日には、これら二つの世界間の紛争は、英国とアイルランド、ドイツとフランス、中国と日本の紛争と同じくらい不可避的なものとなるだろう。[43]」合衆国が定期的に *Civil War*〔内戦。南北戦争の意味でも使われる〕を再演するのを鑑賞することは、確かにいつも変わらぬフランスの夢なのである……。

内戦、さらには内戦を超えた戦争という、ブールジェが提示した極端な仮説には、ほとんど支持者はいない。だが彼の主要命題はそこにはない。主要命題は同化の停止だからである。「この三〇年来」――とブールジェは主張する――「アメリカ化」はもはや機能していない。[44] 二〇世紀の最初の三分の一のあいだずっとフランス人観察者の心をとらえているのは、現実のものであれ想像上のものであれ、この機能不全である。アメリカ化。この語はもちろん、ここではもはやボードレールが付与した意味をもっていない。問題なのは、古いヨーロッパ、とりわけフランスに対する合衆国の伝染性の影響ではない。問題なのは、新参者を吸収する容量である。問題なのは *melting-pot* とその効果である。このしつこく悩ませる問題に対して――「同化」というきわめてフランス語的な語彙を一貫して使用することによってでしかないとしても、この問題を投影できる広がりを把握することは容易である――、この時期、合衆国にかんするフランス人の分析を方向づける二人の歴史家と政治学者が、相異なるが、結局は相補的な二つの答えを提示するだろう。

まずブートミである。すでに見たように、彼は「ラテン-スラブ人の」新しい移民については重視していない。ブートミにとって、つぎつぎに押し寄せる移民の波の劣等性については一点の疑いもない。だが彼はブールジェが検討した「アメリカ化」の機能停止という診断にはいたらない。機械は壊れていない。

だがこの機械はあまりに卑しくなった材料を混交させるので、結局のところ、おそらくは壊れたほうがいい。ブートミにとって問題なのは、「るつぼ」ではなく、そこから生じるものである。どうにかこうにか混合がおこなわれている。だがアメリカが退廃するのは、混合がおこなわれるからである。移民はすべて、結局のところ、「驚くほど短い期間に、感情、態度、習慣において、アメリカ人になる。だがアメリカ化は、全体としては、ますます単純で、際立った性格をあらわす。なぜなら、彼らはますます貧しくなり矮小化し、ますます調和を欠き不健全と化すからである」[45]。ブートミは *melting-pot* を機能させているが、それはアメリカ的性格をこのるつぼのなかで不明瞭にするためである。

今度はアンドレ・シーグフリードである。彼とともに、私たちは第一次世界大戦を飛び越えて、両大戦間という反米主義の黄金時代に踏み込むことになる。だがこのように飛び越えることは正当化される。なぜなら第一に、のちに見るように、アメリカの否定的表象がすでに獲得している厚みのなかでは、戦争はほんのささいな切り傷だからである。つぎに、シーグフリードはここでは、社会博物館におけるアメリカ調査の伝統の継承者だからであり（彼の本は一九二七年に「社会博物館叢書」としてアルマン・コラン社によって出版される）、また政治学自由学校の教授として、同じくブートミの教育を引き継いでいるからである。一九五〇年までアメリカ研究にとって必須の座右の書である『今日の合衆国』についていは、あとでもう一度採り上げることにする。しかしシーグフリードが「同化の危機」に割いているページは、一九〇〇年以来、アメリカの民族的バルカン化〔細分化〕を予告している不安をあおるような文学の延長記号（フェルマータ）として、むしろここで扱うべきだろう。

シーグフリードは、現在のでこぼこを強調するために、歴史的照明とともに斜めの光を最大限、利用しながら、合衆国について今日的意義（一九二五年）のあるイマージュを伝えている。この点で社会博物館の調査の伝統に忠実なシーグフリードは、この国を一つの問題として提示し、取り扱っている。あるいはむしろ、深刻さにでこぼこのある三位一体の問題として取り扱っている。実際、はやくも序文の二番目の文で、シーグフリードは同時代の合衆国の検討によってもたらされる、関心の大きな三つの極を明確に述べている。すなわち、同時代の合衆国が実現した「驚異的な物質的進歩」。合衆国が重要な位置を占める世界の新しい均衡。だが何よりもまず、第一位に、「こっそりと人種を変化させる移民の平和的な侵入」[46]である。そういうわけで、第一部全体が明快な問題提起――「アングロ‐サクソンとプロテスタントは生き残るのだろうか」――に従って、「アメリカ国民の倫理的・宗教的危機」に割かれる。私たちは「国家の性格」の流行のまっただ中にいるのである。だがシーグフリードによれば、国家の性格は民族性に緊密に依存している。彼の考察を潤しているのは、相変わらず「血」なのである。第一部の最初の文そのものがその何よりの証拠である。「異国の血によってひそかに進行する征服を前にして古いアメリカの構成員が見せる不安げな反応は、社会的見地からすれば、終戦直後の合衆国の根本的な雰囲気である。」[47]

シーグフリードの場合、解説すべきは一つ一つの文章である。それぞれの言い回し、それぞれの隠喩である。というのも、この歴史家は名文家だからである。彼は「名文を書く」。往々にして書きすぎる。きわめて教育的な姿勢と意図をもった彼の書物が、両大戦間の反米主義に強いインパクトを与えたとすれば――これに匹敵するのは、デュアメルの『未来生活情景』やリュック・デュルタンの物語でしかない――、第一に、そこで展開されるみごとなエクリチュールによってであり、表現のセンス、的を射たイマージュによってである。事実と数字を提示する際に、ひじょうに明快で、口述のようにのびのびとしたシーグフリードは、生まれつき躍動的な教育感覚をもちあわせている。つまり、この教授のなかにはポール・ブールジェに手綱をとられたポール・モランがいるのである。「人種のポートレート」は楽々と彼の筆から流れ出してきて、それぞれのポートレートが華麗な見せ場として扱われている。シーグフリードがアメリカの民族的モザイクについて、かなり手の込んだ物語手法によって素描している絵の全体を引用しなければならないだろう。読者は「るつぼに投げ込まれた無数の人種の深い精神を共感をもって感じ取るために」、この上なく多様な祖先を思い描くようにうながされる。もちろん不可能な使命である。というのも、アメリカ的混合は「遺伝的可能性」をはるかに超えるからである。「国家の性格」の科学的妥当性のみならず、どこに帰属するかをもって認識の条件とする憂慮すべきエピステモロジーを是認する気の利いた方法である。

この途方もない系統樹――そのばかげた枝分かれによって、アメリカ的混合という考え方がもたらされるとみなされているが、この途方もない系統樹は「英国非国教会のプロテスタント」とともにはじまり、最終的には白人種の限界で、「有色人種の乳母」とカリフォルニアの国境警備地帯のアジア人の側で、また――文明化された世界とそれ以外の世界との巧妙に計算されたまんなかで――この奇妙な「ユダヤ人の魂とオリエントに開かれた窓」とともに消えていく。「みなさんにはロンドンかフランクフルトにユダヤ人のおじさんがいないだろうか。その方とはあちらで再会できるだろう。ひょっとしたら私は、こっちのほうが好きなのかもしれない。すなわち、アルザスのユダヤ人やブレスラウ〔ポーランドの都市ヴロツワフのドイツ語名〕のユダ野郎（ユーパン）、レンベルク〔ウクライナの都市〕、あるいはサロニキの〝ユダ公（ユートル）〟、さらに――いささかも誇張しているわけではない――ヤギの目をして、予言者の髭を生やしたアジアのヘブライ人のほうが。[48]」シーグフリードによれば、歴史とはバベルの塔の詩学である。一五行以上にもわたって、アメリカの出入国管理局が目録に記載した全民族が列挙されている。アフリカ人からウェールズ人、さらには「西インド諸島出身者」である。混乱の印象を増大させるために、シーグフリードは英語表記のアルファベット順を維持した

（*Africans*〔アフリカ人〕云々から*Welsh*〔ウェールズ人〕、*West Indies*〔西インド諸島出身者〕まで）。この四四の国民と民族のリストには、数の表示もパーセンテージの表示もまったくなされていず、情報として興味を抱かせるものはまったく含まれていない。めまいを起こさせることしか目的としていないのである。人口統計学的データが、固有名詞の呪文へと転じる。統計がセリーヌ的エトセトラとして吐き出される。これこそがこの操作の目的、すなわちゴールを見えないようにするということである。「統計ではすべてを列挙することができないため、〝他の民族〟という語をさらにつけ加えざるを得ない。(49)」

ブートミからシーグフリードまで、民族の万華鏡はぐるぐる回転し、人種にかんするレトリックは重たくなったが、失敗の確認もまた深刻化した。前任者〔ブートミ〕と同様、シーグフリードも最近の移民の質の悪さを強調する。「アメリカ人の観点からすれば、新しい移民はかつてほどの価値がない(50)」と書き留めている。巧妙な多義構文である。それは彼がアメリカ人の観点をくり返すだけでとどめていることを意味するのだろうか——では、いったいどんなアメリカ人の観点か。それとも、彼、シーグフリードが、こうした判断を下すために、高邁にも、いっそうアメリカに利するような高い視点に立っていることを意味するのだろうか。しかし結局は、どうでもよい。というのも、これらの小細工を超えて、もっぱら「ヨーロッパ南東部の平均以下の*standard of living*〔生活水準〕と比較して、表向き高く見える給与水準」にのみ引きつけられた、怠け者のこれらの移民——「精彩を欠いた雑多な平民(プレブス)(51)」——にかんする記述を引き受けているのは、まさしく彼、シーグフリードだからである。（このユーモアには、何と侮辱が込められていることか！）

根本的には、いわゆる「同化」が瀕している危機にかんしてシーグフリードがおこなう離れ業とは、ブートミによって提示された答えと、彼自身が提示する逆の答えとを重ね合わせていることである。というのも、シーグフリードは「アメリカ化」の失敗を主張するが、いかがわしい要素の過剰注入によって、水準が全体的に下がったという考えも同じく保持するからである。命題一（ブートミ式）――「かつての文明のもっとも美しい花々を情け容赦なく押しつぶす同化というロードローラーによっては、あくまでも大量生産のタイプにまとめられる幼稚な存在しかほとんど生き残れない。その存在は何世紀も時を重ね、年老いた姿でたどり着いていたのだが、アメリカはこの存在を、若く、ほとんど子供じみたものに変えるのである。[52]」命題二――「ほとんど古典的なものになっていた〝るつぼ〟という表現は、一般に受け入れられた見解に対応していた。すなわち、*melting-pot* の力によって、新大陸は無数の移民を多少ともすみやかに、だが完璧に同化するということを、だれもが確信していた［……］。当時は遺伝よりも環境のほうを信じることが流行していたのである。一九一〇年頃、スラブ－ラテンの大波で、るつぼの力に対する疑いがはっきりしだしたが、直接的かつ決定的であったのが、戦争によって生み出された印象である。突然の啓示のように、国家の統一性の欠如が自覚的なアメリカ人に対して明らかとなったのである。[53]」これらの「自覚的なアメリカ人」は、アンドレ・シーグフリードという名のフランス人にひじょうによく似ている。彼は一九一四年八月四日、ニューヨーク――「すばらしい民族的コスモポリタニズム[54]」を備えた町――のさまざまな共同体の明らかに相矛盾する反応を当惑しながら観察する。そして「一般に人々（オン）」が送っている快適な生活にもかかわらず、自覚的なアメリカ人に成り代わってつぎのような結論を下すのは、まさしくアンドレ・シーグフリードである。「大勢の外国人は、アメリカ化したと自慢げに信じられていたが、そうではなかった。」そしてつぎのような辛辣な言葉を発するのも、やはりシーグフリードである。「このような市民たち――この語にどれほどの嘲弄が込められているか！――でもって、合衆国はモザイクになり、もはや一つの国家ではなくなる恐れがあった。[55]」アンドレ・シーグフリードが、もっともらしい擬人法を使って、都合のよい「自覚的なアメリカ人」に対して、これほど典型的にフランス的なヴィジョンを投影しているのは面白い。このヴィジョンには、多民族性と多文化共存という怪物(ヒュドラ)を前にしたジャコバン主義的・単一文化的フランスのかたくなな精神が、四分の三世紀先行して苦もなく認められるのである。アンドレ・シーグフリード、または「フランス・イデオロギー」[56]……。

この腹話術全体は、私たちに何を語りかけようとしているのだろうか。合衆国は「磁石の山の近くを航行したために、鉄釘がすべて外れてしまう『千一夜物語』の船」のようなものだということである。アメリカでいわれているように、これは *wishful thinking*〔希望的観測〕である。すなわち、連邦の分裂という夢を、合衆国の小共同体への解体というほとんど公然の希望が引き継いだのである。

アメリカの民族的将来についてフランスで練り上げられた二つのシナリオを同時に採り上げることによって、アンドレ・シーグフリードは反米的言説に大いに貢献した。というのも、二つのうちの一つだからである。あるいは、数的に膨大な集団が、みずからの言語、宗教、慣習等をもって上陸し、みずからのアイデンティティを維持する。彼らもまた「同化されないブロック」となり、国家としてのアメリカは万事休すとなるだろう。（あとでふたたび採り上げるが、シーグフリードは、すでにユダヤ人がこのケースだと見ている。）あるいは、それまで均質であった──黒人の排除とインディアンの排斥によって──この同じアメリカが、この何百万もの外国人をどうにかこうにか吸収し、統合し、同化するにいたる。そしてそのとき、外的であると同時に「下等の」要素のこの大量吸収が、結果として不可避的にアメリカ的性格を漸進的に無力化させることになる。要するに、アメリカが分裂を回避できるのは、みずからのアイデンティティを犠牲にするからでしかない。いずれの場合にも、合衆国は敗北し、さらには失われていくのだ。

*

ブールジェを復権させるべきだろうか。「アメリカ人のアメリカ」と「外国人のアメリカ」が大陸で決闘するという彼の「ヴィジョン」は、あまりに単純である。そもそも、ニューポート〔ロードアイランド州の港湾都市〕で大半の時間を過ごしたブールジェが、どうしたらもっとよくできたかはよくわからない。「明らかにニューポートは、慣れていない観察者に災いをもたらす場所である」と、真面目な顔をして皮肉をいうマーク・トウェインは記している。(57) だがアメリカを描いていないとしても、ブールジェは、いまや反米的言説を活気づけているあいまいな善悪二元論をみごとに反映している。すなわち、ヤンキーのアメリカと「外来」で「同化できない」異民族のアメリカとの対決を組織化するのである。絶えず強調されるこの異民族のアメリカの欠陥と劣等性とが「関心を喚起する」ようになるのは、それらがヤンキーという「コリントのブロンズ」にもたらしうる破壊的効果によってである。「新しい移民」も、先住民というのけ者(パリア)――新しい移民はこれといっしょにされる――も、アメリカにおける人種間戦争の可能性を予測しているフランス人観察者には、熱狂も、さらには同情さえも引き起こさない。いや、ブールジェだけが仮借ない戦闘を夢見ているのではない。新しい蛮族の「来襲」、「侵入」を記述するために、戦争にかかわる隠喩がおびただしくもちいられている。ある者たちは、*Civil War*〔南北戦争〕のあいだのように、新たな奴隷戦争の勃発をふたたび夢想しはじめる。この戦争がアメリカ帝国にもたらすのは巨大な廃墟だけであり、記念碑は破壊され、墓場は冒瀆されるだろう。「時代は新世界の墓場のほうに好意的なのだろうか。神の懲罰である蛮族の集団が、ある日、アメリカの山々を下り、鉱山から出現し、発電所の堤防を決壊させつつ、復讐心の奔流となって、百万の圧政の記念碑と暴君自身の遺骸に向かって突進しないかどうか、どうして知ろうか。(58)」極端であり、はっきり述べられることのめったにないシナリオである。ここでこれを明言しているのはエドモン・ジョアネである。だがこのシナリオには、反米的言説によって「もう一つのアメリカ」に授けられた復讐の使命というきわめて流布した幻想がはっきりとあらわれている。すなわち、バビロンを破壊する、あるいはそれが駄目なら、バベルの塔を崩壊させる、である。

8 トラストの帝国
——社会主義か封建制か

有害なアメリカというイメージを形成するために、世紀の転換期に適合する言説の寄木細工のなかに、決して小さくはない一つのピースを置くことが残されている。「資本主義」というピースである。そして、これまでの章でほとんど使われていない語を導入することもまた残されている。社会主義という語である。

合衆国を大成功をおさめた資本主義と同一視することは、今日ではまったく自明のこととなっている。だがこの同一視は、アメリカの表象の歴史においては、かなり遅くなってからおこなわれたということを想起しなければならない。一九世紀のほぼ全体にわたって、合衆国は小土地所有者が支配する本質的に農業国とみなされている[1]。ワシントン－キンキナトゥス〔古代ローマの軍人。独裁官に任じられて敵を撃破。帰還してのち職務を返上して自分の農場にもどった〕の娘に似つかわしいこの田舎者アメリカを体現しているのは、大農園主よりも *farmer*〔農民〕である。大実業家よりも小商人である。さまざまな否定的な決まり文句が、ずれを生じさせつつ同じ足取りで闊歩している。スタンダールは、アメリカを広大な郡と想像する。一八四〇年あるいは一八五〇年のフランス人の信用できない鼻には、アメリカは牛糞と小売店のにおいがするのである。しかし世紀が進むにつれて、小売店はますます大きくなっていく。シンシナティの養豚業者は、みずから〈缶詰王〉に上席権を譲る前に、クレーヴクール〔フランス生まれのアメリカの作家・農学者。『アメリカの農夫からの手紙』などがある〕ふうの *farmer* を押しのける。世紀末に、アメリカは「ドルの帝王」の国になった。それは「金権都市」、「百万長者の世界」(2)である。小商人的な貪欲さは、*libido dominandi*〔支配のリビドー〕として花開いた。すなわち、カエサル〔＝セザール〕がヤンキー的ビロトーの下から出現したのである。

一九世紀の最後の年代に決定的なしきいが越えられる。それまで問題となっていたのは、生まれながらの金儲け主義、攻撃的な貪欲さ、過度の保護貿易主義だった。フランス人の強迫観念は《tariff》〔関税〕であった。アメリカ経済をできるかぎり繁栄させるために、ヒマラヤの高さまで関税障壁が引き上げられていたのである。フランスと合衆国を何度もくり返して外交的危機の瀬戸際まで追いやったのは、これ、この《tariff》だった。このままでは北部の工業化の犠牲になってしまうと南部を激昂させ、分離戦争〔南北戦争〕へと追いつめたのも、《tariff》だった。ヨーロッパ式の「報復」の障壁に守られていない南米やアジアの新しい市場の征服に、今度はアメリカを向かわせたのも、《tariff》であった。二〇世紀の前夜、《tariff》はフランス人の懸念から消え去ってはいない。しかしそれは〈トラスト〉に主役の座を奪われるのである。

今度こそは（おそらくはじめて）アメリカの出来事と、そのフランスへの反響のあいだに、ほとんどずれがない。トラストはただちに耳目を引きつける。注目を集め、頻繁に採り上げられる。トラストはその偉大さによって、ヤンキーの貪欲さという古くからの紋切り型を消し去っていく。アメリカはフランス人の想像世界（イマジネール）において、農耕民の正方形の牧草地、小売店主の楽園、さらにはトロロープ夫人にひじょうな高値で卵を売りつける七歳のけちん坊の王国ではまったくなくなる。小米国人（ジョナサン）は大きくなった。もう *pennies*〔ペニー〕で数えることも、ちびちびとためたドルで計算することさえもない。大きさの単位は百万である。パパからもらったばかりのボンボンをパパに二〇セントで転売しようとする子供はいつでもいるが、[3] 子供の強欲をあらわすこれらの逸話は、いまやこの「百万長者の世界」のなかで精彩を失ってしまう。そもそも、トラストはたんなる尺度の変化ではない。それは深く急激な変化であり、利益を得るための「一般的な手段」からの逸脱である。エドモン・ジョアネが強調しているように、「一般的な手段を使っては、百万に百万は積み重ねられない。シャベルで少しずつすくっていても間に合わない」。それには何らかの新しいものが必要であり、「その道具とはトラストである」[4]。おそらく、ヤンキーの「人種的特質」が、ヤンキーがトラストを発明したことと無関係ではない。おそらく、その桁外れにはやい発展は、以前はより下品なけち臭さとなってあらわれていたその同じ「物質主義的」強欲に多くを負っている。だがその構造と壮大さによって、この新しい社会組織は既存の資本主義やその伝統的な機能には還元できない。というのも、一八九三年にバルビエが書いたように、トラストとはたんなる「道具」ではないからである。それは「システム」である。このような確信が急速に広まるが、この確信は、*trust-system*〔トラスト－システム〕という表現が、形容抜きのトラストよりも適切だとして一般に採用されたことのうちに反映されている。

というのも、多くの観察者の目には、問題となっているのは経済的次元での量的飛躍であるよりも、むしろ社会的次元での質的飛躍だからである。システムという語は、フランス語の意味論的領域では、中立の語ではまったくない。この世紀末に、この語が指示しているのは政治と実業のあいだの共謀関係全体である。イマージュの混交は、フランスで「大企業」による「小企業」の搾取を永続させる政治的－経済的「システム」と、小企業の吸収や子会社化によってマクロ的搾取を制度化しているように見えるこのアメリカ的 trust-system とのあいだでは容易である。だがこの混交が何であれ、*trust-system* という表現に対するフランス人解説者の熱狂がはっきりと示しているのは、不安を呼び起こすのは、実体としてのトラスト以上に、「トラスト化」《trustification》（当時のもう一つの新造語）だということである。いや、どう考えても、トラストはたんなる金融的・工業的な道具ではない。工作機械ですらない。これは新しい社会的領域である。質的跳躍は未知への跳躍でもある。重大な人間的な影響をもたらす全面的に新しい金融的・工業的構造は、不可避的に全国家的規模で機能する。この構造はその触手をすでに残余の世界にまで伸ばしている。これは一つの革命であり、世界的規模の革命である。すでに一九〇〇年には、フランス人のアメリカはトラストの帝国と化している。周縁はいたるところにあり、中心はどこにもない。グローバリゼーションがはじまったのである。

いつでも使える語彙によってこの根本的な新しさを言い表わすのは、容易なことではない。経済学者のピエール・ルロワ＝ボーリューは、トラストを定義することの難しさを認めている。彼自身はトラストを、「ある特定の産業［……］あるいは少なくともその大部分を独占的に手に入れることになった企業集合体」とみなしている。彼の好みの翻訳は「産業合同[5]」である。この自由主義者にとっては、これは防衛的定義である。問題なのは、一般的な感情に反して、「すべてのトラストが独占を目指しているわけではないし、ましてや独占に成功しているわけではない」ということを主張することだからである。というのも、トラストは独占の道具である――これこそがフランスで隅々にまで普及した認識だからである。ポール・ド・ルージエは、それを「私的独占[6]」と簡潔に記述する。だが同年、エドモン・ジョアネはトラストに「大企業によって独占された同系列のあらゆる中規模企業の金融連合[7]」を見ている。オクターヴ・ノエルも同じ方向にある。すなわち、「トラスト、つまり独占組合[8]」。これら翻訳と注釈は、長い持続のなかにトラストを置き直している。これらは結びつくことによって、アンシャン・レジーム〔旧体制〕に対する不満の声における独占する人－飢えさせる人を思い出させ、かくしてこの語の順化を容易にする。アメリカの「トラスト組織者」は、この昔日の独占者から来る神話的な遺伝的欠陥と、近代の投機家、すなわち金融界のオオヤマネコ〔強欲な男〕の、やはり憎むべき血統をただちに兼ね備えるのである。当時、フランスで広まっているトラストのイマージュは、まさしくつぎの二分法を反映している。すなわち、トラストは何人かの「大物」（ロックフェラー、モーガン、カーネギーなど）の特徴の下で強固に具現化されると同時に、その変幻自在な匿名性によって不安を引き起こすのである。

トラストは、別の次元では、二分された解釈の対象にもなる。工業的なのか、それとも金融的なのかという、その性格の問題がただちに提起されるからである。トラストは生産する。だがその生産という使命は、もろもろの記述のなかで、獲得物と分配管理に認められた重要性の背後に隠れて、しばしばぼやけてしまう。マルクス主義者と自由主義者は、この点で一致している。すなわち、トラストが生産部門全体を組織し支配するのは、生産そのものとは毫も関係のない一握りの経済的山師に対して最大の利益をもたらすためだということである。かくして、スタンダード石油の創立者であるジョン・ロックフェラーとその出資者は、「一リットルの石油さえ自分では一度も採掘したことはなかったし、石油というものを知ったのも、それをランプで燃やしたからでしかなかった」[9]。サン＝シモン主義の伝統の重みのせいで、多くの経済学者はこの独占金融支配と、「トラスト組織者」に対する生産者の従属とは、社会的寄生の新しい形態ではないかと疑っている。規範的なマルクス主義的研究、つまりポール・ラファルグの研究もまた、トラストのなかに新しい工業組織よりも、工業を管理する途方もない金融機械を見る傾向にある。「trust-system は、これまで農業と工業を支配していた商取引を、みずからの規律の下に服従させる」[10]とラファルグは書いている。したがってトラストは、生産関係史において新しい段階が踏み出されたことを示している。trust-system は、資本主義の最終段階に対応する超‐商取引である。古いシステムよりも強力で、高度に複雑化したこのシステムは、「生産から金を巻き上げる術」として古いシステムに取って代わる定めを担っている。ラファルグはこのことを強調している。「トラスト化」の先駆者である「ロックフェラー一味」は、生産の道具を発明したわけでもなければ、改良したわけでもない。ただ「すぐれた商取引の手腕を発揮した」だけであった。[11]

トラストを社会関係の全面的変動という観点で表現するこれらの解釈から、トラストは二〇世紀全体を通じて、北米をあらわす否定的な隠喩の第一位に踊り出る決定的な勢いを受け取る。かくして、一八九〇年代終わりに、フランスにおいてもっとも普及するアメリカ像、そのもっとも重要な隠喩が誕生する。トラストという語は一世紀以上にもわたって、アメリカ資本主義のみならず、アメリカ的なものとしての資本主義のイマージュを固定することになる。「スタンダード石油は、キリスト教徒の神様よりも現実性をもって遍在する」と、トラストの第一子について記述しながらポール・ラファルグは書いている。遍在、そして全能。このトラストの神的属性は、ますます不安を誘うアメリカの属性そのものとなるだろう。

ポール・ラファルグは一九〇三年に『アメリカのトラスト』を書く。[12] だがこのカール・マルクスの娘婿は、何人もの経済学者、社会学者、ジャーナリスト――マルクス主義的なところは何もない彼らに、先を越されてしまった。この現象に対する関心はあまねく広まっている。そしてきわめて急速でもある。ロックフェラーのスタンダード石油会社が設立されるのは一八八〇年代初頭である。この会社ははやくも一八九四年には、H・D・ロイドという人物のうちに、その最初のアメリカ人歴史家（そして批評家）を見出している。[13] フランスにおいては、*trust-system* をめぐる論争は、その四年後にはすでに熾烈である。何といおうと決定的なこの一八九八年に、ポール・ド・ルージエは「社会博物館叢書」に『合衆国における独占企業（トラスト）』という規範たるべき記述を上梓する。他方、エドモン・ジョアネは『コレスポンダン』紙の自分の記事を『百万長者の世界をめぐって』にまとめている。その後、一年と経たないうちに、やはり『コレスポンダン』紙で、オクターヴ・ノエルはトラストについてふたたび論じている。トラストとは「アメリカという脅威」の攻撃兵器であって、保護貿易主義がその防衛兵器である。[14]（対照的に、そのほんの少し前の一八八九年と一八九一年にそれぞれ出版されたクロニエ・ド・ヴァリニの書物、『合衆国における巨万の富』と『合衆国――歴史的概要』は、まだ trust-system には触れていない。）したがって、ラファルグが論争に加わるときには、トラストへの関心は高まっており、一九〇三年のゴイエによっても、一九〇四年のユレによっても、もはや定義される必要がないほど読者にはなじみ深い新しい対象になっているのである。[15]

trust-system がヨーロッパにとって経済的脅威であることは、フランス人観察者全員が意識している。だがとりわけこれらの観察者を引きつけるのは、trust-system の発展によって提起される理論的問題である。この問題とは、フランスから見れば、卵がひよこを含んでいるように、トラストが胚芽として含んでいる集産主義の問題である。というのも、アメリカのトラストの出現によって、マルクス主義の理論家も自由主義の経済学者も思いもよらなかった観点で、生産手段の共有の問題が必然的に再提起されることになるからである。

自由主義者のジレンマは、以下のようにまとめられる。すなわち、競争から生まれたトラストは、最終的にあらゆる競争の廃棄へといたる恐れはないだろうか。統合と、この統合が前提とする協調は、神聖な自由主義的な教義と長期間、両立しうるだろうか。もっとも単純な答えは、trust-system の存在を否定するのではなく、その歴史的重要性を否定することにある。すなわち、未来の資本主義の逃れられない姿であるどころか、トラストは偶発事であり成長への強い欲求であって、過熱した経済の一時的な異常にすぎないのである。かくして、ピエール・ルロワ＝ボーリューが一九〇四年に説明するところによれば、「重要な器官であるどころか、それらの大半はむしろ、私たちの目には、アメリカ産業の進歩における一時的な異常突起物にすぎないように見える」[16]。そもそも、トラストはすでに弱さの徴候を示し、「トラスト狂の大げさな表現」のせいで、「いたるところでぐらつき、将棋倒しになっている」[17]。だから、自由主義者の目には、企業集中と合理化（効率性、低価格、高収入を保証するもの）、およびトラストに付随する過剰投資の投機的操作を区別しなければならない。この区分はもちろんマルクス主義者によって否定されている。それでもなおトラストは自由主義陣営にある種の不快感を引き起こす。自由主義陣営では、道徳的非難（トラストは健全な競争を歪め、「不誠実」である）から政治的懸念（トラストは隠れた集産主義であり、潜在的な社会主義である）まで、反発がつぎつぎと表明される。

はじめてフィールドワークを通じてトラストを分析したポール・ド・ルージエにおいても、当惑ははっきりと感じられる。この反集産主義的な改革者に対して、トラストは厄介な問題を提起する。「進歩が」と彼は序文で書いている、「不可避的に独占に通じているとすれば、集産主義理論に屈服しなければならない［……］」。確かにアメリカの〈トラスト〉は私的な独占であって、集産主義によって夢見られていた全体的独占のような公的な独占ではない。だが集団がみずからに対立するものとして、各産業にただひとりの資本家しかもはや見出せないときには、集団がその資本家に取って代わることは容易だろう」[18]。これは完全にゴイエのような絶対自由主義者の意見である。ゴイエにとって、「［アメリカの］公衆は、ジュールダン氏〔モリエールの『町人貴族』の主人公〕が散文を作ったように、それと知らずに社会主義を作っている」。そこから、「トラストによって独占された財産を国有化しても、もはやごくわずかの所有者にしか損害を与えないだろう。集産主義への道は、フランスよりも合衆国のほうではるかに開かれている」[19]という結論に達する。

ポール・ド・ルージエはそれほど拙速には陥らなかった。序文で認めたように思われることを結論でもふたたび採り上げているのである。トラストに集産主義の未来が形づくられるのを見た三〇〇ページ後には、ルージエはそこに「偶発事」や「症例」[20]を見ようとし、もし、たまたまそうではないとしても、その責任はトラストそのものにあるのではなくて、トラストを可能にしたアメリカ経済の潜在的な社会主義化にあるとつけ加えている。「〈トラスト〉が社会主義の到来を準備しているとすれば、それは、社会主義が国家による過剰な介入という形で〈トラスト〉の誕生を可能にするからである。」[21]ポール・ド・ルージエにとって、虫はすでに果物のなかにいた。アメリカはトラスト化される前に、ひそかに社会主義化されていたのである（超保護貿易主義政策と「私益と公益の混同」[22]によって）。その後、かなり類似したアプローチが、ベルトラン・ド・ジュヴネルのうちに見出されるだろう。

　このアメリカの社会状況のもっとも真摯な観察者のひとりにおけるこれらの紆余曲折によって、分析的な眼差しに対するトラストの抵抗がいかなるものかを推し量ることができる。同時に、トラストをめぐる論争は、フランスでは何よりもまず集産主義をめぐる論争であることがわかる。社会主義者は本領を発揮できると思うかもしれない。だがまったくそうではない。社会主義者はこの企業集中の分析についても、とりわけこの分析から引き出さなければならない政治的教訓についても、おたがいに意見が一致することがない。彼らの目から見ると、「トラスト化」から生まれた新しい経済組織は、合衆国における資本主義発展のこの特別な段階で成立するような階級間の力関係とは無関係に、絶対的なものとして記述されるわけにはいかない。ところが、この点で評価が大きく分かれるのである。*trust-system* に注がれる眼差しは、あらかじめ方向づけられている。アメリカの状況の全体的評価、およびそれに関係する戦略的選択と不可分だからである。アメリカは第三共和政（一八七三年―一九四〇年）初期においては共和主義者間の不和の種だった。ここではアメリカは、革命的社会主義者と改良主義者（レフォルミスト）間の不和の種と化す。そしてこの闘争の両項がフランス左翼の反米主義に永続的な刻印を残すことになる。

アメリカ、社会主義の旗印それとも十字架？

ドゥモランが北米人の社会主義に対する欲求の減退をぞんざいな調子で要約したことを覚えておられるだろう。監視人と家族を与えても、つまりリープクネヒトとエリノア・エーヴリング゠マルクスを派遣しても、どうすることもできなかった。「アメリカの英国人を転向させる」(23)手段はなかった。アメリカの社会主義とはドイツ的な接ぎ枝なのであって、「アングロ」の政治的台木に拒絶されたのであった。これはドゥモランにとって、何の変哲もない自明の理——そして、ゲルマン人種の「共同体的」本性とアングロ゠サクソンの個人主義とのあいだの根本的な差異にかんする彼の理論について与えられた確証であった。この失敗の確認は、一八九〇年代には広く共有される。そこには多くの社会主義の理論家や活動家による確認も含まれている。だが彼らにとって、この確認をいい加減に受け取ったり、民族誌学的説明に甘んじることは論外である。

一九世紀末には、いずれにしても、もう疑いようがない。すなわち、まさしく社会主義における「アメリカ問題」が存在するのである。実を言えば、災いをもっと遠くから呼び寄せて、最初に、社会主義的、あるいは共産主義的、いわゆる「ユートピア的」な共同体の定着の試みが、何度も失敗したことを想起することからはじめることもできるだろう。というのも、社会主義思想とアメリカの現実との対決は、処女地と呼ばれる場所に自分たちの夢をくりつけにやって来た風変わりな移民の到来とともにはじまるからである。あんなに多くの「模範的な」共同体の避難地であり、カベやフーリエの弟子たちの隠れ家である合衆国は、人々を快く迎え入れながら、彼らが担っている思想には無関心だった。一九世紀全体を通じて、これらの小集団はつぎつぎとやって来ては、分散し、衰えていく。これらの共同体は、形成されるや、灼熱の太陽に溶けて、カリフォルニアやテキサスのどこまでもつづく地平線に消えていくようである。アメリカの社会と文学についての多くの本の作者であるTh・バンツォン（ペンネームはテレーズ・ブラン）が一八九八年に『アメリカの物と人々』を出版するとき、その第一章は「アメリカの共産主義」にかんするものである――だがそれはシェーカー教徒という「アメリカに存在する唯一真実の共産主義者たち」(24)の共産主義である！　おそらくジョークだが、それによって作者は反駁の的になることはなかった。

こうした共同体の社会主義が展開したのは、一八六〇年代からである。接ぎ木が根づかなかったことに、科学的社会主義の創始者たちを驚かせるものは何もない。彼らが当時、アメリカに対して視線を向けているのは、もはや理想的な方式で実験するのにうってつけの空間と自由を見出すためではなく、資本主義という機構の発展と労働者団体の進歩を注意深く見守るためだからである。「ユートピア的な」先人をとかく軽蔑したがる彼らの社会主義もまた、自分なりの幻滅を味わうだろう。合衆国に対して、社会主義運動一般、とりわけマルクス主義集団は、大いなる希望と大いなる失望が混じり合った不幸な関係をつねにもちつづけ、ついには不満たらたらのあきらめに落ち着くことになる。ここでは、フランスにおける左翼と極左の反米主義に対するその衝撃を測るために、この波乱の歴史にざっと触れるだけにしよう。二重に厄介な作業である。一九一四年以前のフランス社会主義は、驚くべき多様性を示しているが、アメリカという舞台にほとんど注意を向けることもなければ、大西洋を越えた社会主義の「可能性」にあまり敏感でもない。合衆国に対するマルクス主義の立場――創設者とその直接の後継者の立場を筆頭にして――についていえば、これらの立場は、労働運動の不安定な加速と混沌とした影響とからなる、喧騒と怒りにみちた社会史に属しているがゆえに、揺れ動いている。つまり、定義するのが難しいこれらの立場は、同じく解釈するのも難しいのである。というのも、教義上の論争やインターナショナル〔国際労働者同盟〕内部の内輪もめとほとんどつねに結びついているからである。

一八六一年から二〇世紀初頭までのいくつもの歴史的局面において、合衆国はマルクス、エンゲルス、さらには彼らの後継者の目には、著しく重要性を帯びたものとして映ずる。しかし彼らが合衆国について提示する像に焦点を合わせるのには、かなり苦労する。あまりに騒々しい子供であるアメリカが、社会主義の家族写真を何としてでも失敗させようとしているかのように、アメリカはいつも「ぶれている」といえるだろう。実際には合衆国がすでにあまりにもはやく進んでいるために、理論ではとらえられないのだろうか。それとも、この揺れてぼやけた写真は、カメラマンのせいなのだろうか。歴史家のローレンス・ムーアは興味深い指摘をしている。「ヨーロッパのマルクス主義者は、まるでアメリカ社会が絶え間なく深い変化の瀬戸際にあるかのように、アメリカ社会を分析するのをやめなかった〔……〕。彼らの記述を通じて描かれるアメリカは一つの抽象であって、資本主義がさらに数年、発展したのちに、この社会がなるべきもののモデルなのである。[25]」マルクスとエンゲルスの合衆国が、のちのレーニンとトロツキー（四名のなかでもっとも親米的）の合衆国もそうであるが、政治的、社会的、経済的にきわめてしっかり定義された、安定した実体としてあらわれることが決してないとすれば、それは絶えず未来を展望する眼差しが合衆国に適用されているからである。熱狂から落胆まで、合衆国をめぐるマルクス主義の物語は、たんにでこぼこのある分析であるだけではない。そこでは未来の詳細な検討は、つねに現在の解剖よりも上席を占めている。合衆国は史的唯物論の信奉者を占い師に変える力をもっている。不可避であると同時に差し迫った変動を倦むことなく予告するのである。彼らが描いているのは、ありのままの合衆国ではなく、明日のあるべき姿である。かくして、ヨーロッパのマルクス主義は、決して、今この瞬間ではなく、つぎの瞬間のアメリカの有様を提示している。一八八〇年に書こうが一九〇〇年に書こうが、攻撃的な観察者が興味を示すのは、さらに五年先あるいは一〇年先に変化しているアメリカである——たとえ決まって期限を先延ばしにしなければならないとしてもである。

アメリカを若く、形が定まらず、安定性の欠如した世界だとする古い修辞学的図式は、ここで新たな変化をこうむる。だがパースペクティヴは根本的に変化した。逆転すらした。というのも、アメリカのイマージュを混乱させるのは、もはやアメリカの発展の不十分さではないからである。すなわち、アメリカの特徴が固定されるのを妨げ、絶えず予測するようにいざなうのは、資本主義のすさまじい発展のテンポなのである。幼児であるアメリカの形の定まらない顔は、レースで皮膚の突っ張ったあれらレーサーの頭部のように、スピードによって歪んだ集団的未来の仮面と化した。間もなく未来派の芸術家が描くのが、これである。ヘーゲルが世界の発展のプランのなかにアメリカを導入することは蛇足だと判断した時代は、それほど昔のことではないが、忘却された。分離戦争〔南北戦争〕はマルクスとエンゲルスによって情熱的に見守られることによって、合衆国を世界史の弁証法のなかに再導入させた。そして、ここで、一八六五年から一八九〇年までの目のくらむような加速度的な物質的プロセスによって、合衆国が歴史の生成の前哨へと押し出されるのである。世紀の転換期になると、アメリカの産業上の優位を各部門ごとに証明する数字が下落しはじめる。しかし社会主義者の目には、合衆国が英国を経済的に「凌駕すること」は、終末論的な意味をもっている。物質的な力の計算は、必然的に別の期日算定に帰着する。つまり、資本主義というドラマの最終幕で各国に割り当てられる役割の評価である。というのも、この世紀末の社会主義者にとって、資本主義の時代は余命いくばくもないからである。五年数えられるか、長くてもせいぜい一〇年である。何十年にも上ることはめったにない。

ところで、とどめの一撃はどこからやって来るのだろうか——システムの自己破壊力が、もっとも完全な（そして乱暴な）自由によってたけり狂った国からでないとすれば。「産業的にもっとも発展した国が、産業規模でそれに追随する国々に対して、それらの国自身の未来のイマージュを明らかにする。」このマルクスの格言を、ポール・ラファルグは一九〇三年のトラストにかんする自著の銘句（エピグラフ）にする。合衆国が資本主義の階梯の頂点に這い上がったとすれば、ただちにそこに私たちの未来を読み取るべきではないだろうか。決して反米的ではないが、反米主義をはぐくむことになるテーマが幅をきかせる。未来の実験室としてのアメリカ、ヨーロッパの運命を実験するためのるつぼとしてのアメリカというテーマである。マルクス、エンゲルス、そして彼らの弟子たちにおいて、このテーマは破局的であり（というのも、生産性の急激な上昇は、取り返しのつかないエントロピーを生み出すからである）、黙示録的である（というのも、アメリカは資本主義システムに対して、そのシステム自体の真実を暴露するからである）。経済の地球規模の大変動というパースペクティヴをもつ、刺激的でダイナミックなこのテーマは、のちに見るように、労働者階級とその指導者層で同じ熱狂を引き起こすことはない。

マルクス、エンゲルス、リンカーン。同じ戦闘——それとも同じではない？

ハリー・タートルダヴは、歴史－フィクション（サイエンス－フィクションのような言い方をすれば）のアメリカの小説家であり、北米の潜在的な過去に一連の反－小説（アンチ－ロマン）（反－物質というように）を捧げた。(26)

このひじょうに特殊なアメリカ史の出発点には、「本当らしい」仮説がある。すなわち、分離戦争は勝者も敗者もなく終わるというものである。起こったのは、国の分割と、北部におけるいくつかの州に限定される一つの連邦の創設である。この歴史家兼小説家は、リンカーン（もちろん彼は暗殺されなかった）の過激化と、*Sozialdemokratie*〔社会民主主義〕への彼の賛同を想像することで、この状況にぴりっとした味をつけている。リンカーンの指導下で、北米は世界で最初の社会主義共和国になるのである。

　このシナリオの第一部はナポレオン三世を大いに満足させただろう。カール・マルクスには、その第二部が気に入ったことだろう。ハリー・タートルダヴのこの過激化したリンカーンは、結局、マルクスとエンゲルスが戦時中ずっと夢見ていたリーダーである。紛争によって「革命過程の実践にゆだねられた」北米は、彼らが一八六一年から一八六五年〔分離戦争の期間〕にかけて、この願いがかなえられることはあまり期待せずに、絶えず願いつづけたアメリカである。

　マルクス主義者が世紀の転換期において合衆国と維持する複雑な関係を明らかにするには、確かに分離戦争と、北部に賛成するマルクスとエンゲルスのジャーナリスティックな政治参加にまでさかのぼらなければならない。このことをもっと前の章で、つまりこの戦争に割かれた章で採り上げることが有益だったとは思えない。というのも、だいたいはドイツ語で『ディー・プレッセ』紙に、英語では『ニューヨーク・デイリー・トリビューン』紙に掲載された彼らの記事は、フランス国内の論争に影響を与えなかったからである。彼らの記事がその後、アメリカにかんする無視できない参考文献という地位を手に入れるのは、それらがマルクス主義的「政治文書」の資料集（コーパス）に加えられることによってである。それでもなお、これは緊急性に強いられた介入であって、真偽を確かめることが難しい情報に左右され、二人の友人の揺れ動く気持ち――とりわけ、しばしば北部に対して苛立ちを示し、戦争の成り行きに落胆するエンゲルスの気持ち――に服している。これらの記事や、同じ時期にマルクスとエンゲルスが交わした往復書簡を再読すると、予想されたものよりも複雑で論争を醸す可能性のある、連邦との関係が浮かび上がってくるのに驚かざるを得ない。

これらの記事の大枠は同じである。それは「プロの海賊」である南部の「四〇〇万人の白人のごろつきども」[27]に対抗する北部への支持である。一度としてマルクスもエンゲルスも、彼らの公式文書で、この選択を取り消すことはない。戦争の大義や争点について、のちにエピゴーネンたちがよそおうことになる「現実主義的」態度を採り入れるどころではなく、またこの恐ろしい紛争のなかに物質的利害の衝突しか見ないわけではないマルクスは、奴隷制の問題が中心的な重要性を有していることを絶えず力説する。しかもマルクスは、ブルジョワの（そして南部寄りの）ジャーナリズムを批判することに自分の最初のもっとも重要な記事の一つを割いているが、これらのジャーナリズムは、奴隷制の問題の重要性を否定し、保護貿易主義の北部と自由貿易主義の南部とのあいだの利害の衝突にすべてを還元しようとしているのである。のちにマルクス主義の定本（ウルガタ）によってしばしばまとめられるこれらの論拠を、英国のジャーナリズムのなかで盛んに指摘し、これを「彼らの論法」、つまり南部の論法、敵の論法として告発するのは、マルクス自身である。[28]マルクスがこれらを一掃するのは、戦術的な理由――奴隷廃止論に傾いた読者の精神に乗じること――からではなく、大きなヴィジョン、歴史的確信の名の下にである。すなわち、「進歩主義的な」ものは何も奴隷制の旗印の下では機能できないということである。北部については、好きなことをいうことができるし、リンカーンの行動を偏狭で狭量であるということもできる。だが、「そんなことでは、その歴史的本質は妨げられない」[29]。奴隷制の廃止は彼にとって大問題であり、たんに搾取関係の浄化や近代化ではない。奴隷の問題は、一八六一年一二月の別の記事の冒頭でこれをくり返しているように、「内戦〔南北戦争〕全体の底流に流れる問題(30)である。英国でもフランスでも奴隷制の問題はたんなる口実にすぎないとくり返す敵陣営の「現実主義者」に対して、マルクスは確認の上、署名する。たとえ奴隷制が戦争の「目標」でなかったとしても、奴隷解放の問題はまさしくこの紛争の重大な争点となった。この問題はまた二重の意味で重大な争点となった。すなわち、アメリカでの奴隷制廃止がもつことになる歴史的意味によってであり、また、より直接的には、奴隷解放の決定の過度の延期は、紛争の様相と北部の民主主義の本性とを同時に変化させることが可能なあれら「革命的」措置の一つとなるからである。というのも、一八六一年末にマルクスとエンゲルスが共同執筆で強調したように、奴隷制は「敵の最大の弱点」であると同時に「悪の根源」だからである(31)。ここにマルクスを当時の敵対者や多くの彼の後継者から隔てるものすべてを見ることができる。すなわち、歴史に対する冷笑的(シニスム)な態度の拒否、および歴史の *ultima ratio*〔究極の理〕としての商品の物神化の拒否である。人類、労働者階級は、北部の勝利から恩恵を得る。北部の資本主義が南北分離主義者に足並みをそろえさせることで恩恵にあずかる以上にである。だから気をつけなければいけないのは、ブルジョワのジャーナリズムに同調することであり、奴隷解放の問題を付随的で、二次的で、連邦の戦闘行為とは無関係だとさえみなそうとすることによって、その安易な冷笑的態度を引き継ぐことである。

ヤンキー、とりわけリンカーンに向けるべき、いっそう合法的な非難には事欠かないからである。マルクスとエンゲルスによる戦争にかんする解釈の二番目の特徴は、北軍派に対する判断の厳しさである。この厳しさはとりわけ書簡で一目瞭然であるが、出版物でも顔を覗かせている。たとえば、マルクスが『ディー・プレッセ』紙で、ニューヨークの奴隷廃止論者たちのリーダーであるウェンデル・フィリップスがリンカーンの優柔不断に反対しておこなったひどく激しい演説を引用するときである(32)。というのも、マルクスとエンゲルスは、フランスの親－連邦主義者に倣って、失望の段階を経ているからである。この失望の段階は、とりわけエンゲルスにおいては、自分たちが支持する陣営に壊滅的な打撃を与える判断によって表現される。戦略に熱中しているエンゲルスは、軍事行動をきわめて厳しく分析している。（一八六二年三月には、「アナコンダ」と名づけられた鎮圧計画〔北軍総司令官スコット少将によって立てられた南部を東西に分断しようとする計画。海岸線を封鎖し、ミシシッピ川を制圧しようとした〕に対抗して、アメリカ国家連合を二つに分断することを目的としたテネシーからサバンナまでの大貫通路の建設を推奨している――この計画は一八六四年についにグラントによって採用される。[33]）ところで、軍事的には、軍の指導者も一般民衆も含めて、連邦にエンゲルスは落胆する。将軍たちは裏切り者でないとしても、役立たずである。臆病な議会はつまらない措置をとるが、「誠実なリンカーンはこれを勝手に改変して何も残らないようにする」。北部の住民もそれ以上ではない。「最強で最良の軍隊を全滅させ、実際にはワシントンを危険にさらした敗北の圧力による、破裂した膀胱のようなこの気力の欠如、この壊滅、さらには国民全体に見られるあらゆる柔軟性のこの完全な欠如――これらすべてが私に明らかにしてくれるのは、もはや万事休すだということだ。[34]」この描写は一八六二年夏にさかのぼる。エンゲルスは一八六二年秋にはさらにこの描写を暗くしている。「ヤンキーがわめき立てているにもかかわらず、人々がこの混乱全体のなかに生死にかかわる問題を見ている兆しはまだわずかなりともない。[35]」マルクスはいさめるが、エンゲルスは自分の考えを曲げようとしない。「かくも巨大な問題のなかで、みずからの人口の四分の一が打ちのめされ、そして一八か月間の戦争ののちに、将軍は全員愚か者で、文官は全員ペテン師で裏切り者であることに、たんに気づいただけの、そういう国民に――私はそう白状せざるを得ない――私は熱狂することなどできない。[36]」一八六二年一一月の選挙では、民主党員が若干の勝利をおさめ、エンゲルスの疑いを確証する。「奴らが平和条約を結ぶことができるのは、大統領がつねに南部の人間であり、議会がつねに北部と南部で同数の議員を擁するという条件で、南部が連邦に復帰する場合である。平和がこうした条件でしか成立しないとすれば、彼らはすぐにジェファーソン・デイヴィス［アメリカ国家連合大統領］を合衆国大統領と宣言し、*border states*〔境界諸州。南北戦争中、奴隷制度を採用しつつ北部支持にまわった州〕をすべて犠牲にすることさえできる。だがそのときには、アメリカとはおさらばだ(37)！」その一年半前、エンゲルスはヤンキーの指導者をとくに非難していた。いまや彼の反感はあらゆるものに及んでいる。「もはやヤンキーをどう考えたらいいかわからない。同時に自分自身の存在もかかっている歴史の大いなるジレンマにさらされた国民が、一八か月の戦いののち、いっせいに反動的になりうるということは、いくらか私の理解を超えている(38)。」一八六三年にも同じ判断がなされる。「ヤンキーの国では、状況が悪化している」とエンゲルスは書いている、「精神的弛緩の前兆が日々増加し、勝利する可能性の欠如が日々増大している」。そして嫌みたっぷりにつけ加えている。「平和が現実的に不可能となったことは、幸運である。さもなければ、彼らは全能のドルのためにもう一度、生きることができるようにと、ずっと前から平和条約を結んでいただろう(39)。」これはもはや「批評的支援」ではなく、皮肉による支援である！　エンゲルスはヤンキーに対する苛立ちから南部連合を褒めそやすことさえある。「三〇〇〇年間、オーストリアの支配下で過ごしてきた」ように見える北部住民の「憔悴」に対して、エンゲルスは「立派に戦っている(40)」南部連合派の能力を対立させることをためらわない。彼はその一か月後にも同じ過ちをくり返している。「少なくとも自分が何を望んでいるかを知っている南部の人々は、北部の無気力な体制と比較したときには、英雄のように見える(41)。」

いまやマルクスがオフサイドの笛を吹き、「白人のごろつきども」の好戦的な性質は、彼らを歴史上の英雄にするには不十分であることをエンゲルスに思い起こさせるときである。だがマルクスがエンゲルスの反‐ヤンキー的気質をきわめて大幅に共有していないのであれば、エンゲルスのこの反‐ヤンキー的気質におそらくそれほど苛立つことはないだろう。マルクス自身も、戦争を通じてずっと北部とリンカーンに対する厳しい批判に身をまかせている。この批判は、マルクスの言い方では「よき陣営」との必然的な連帯によって和らげられているけれども、エンゲルス以上でないとしても、彼と同じくらい過激である。というのも、文通相手のエンゲルスを激昂させる軍事的敗北の起源には――とマルクスは強調する――、戦争を「革命的な」方法で遂行することができない北部の政治的無能さがあるからである。一八六二年夏の敗北から「教訓」を引き出さなければならない、とマルクスはエンゲルスに答えている。そしてこの教訓とは、「この種の戦争は革命的な仕方でおこなわれなければならないのに、これまでヤンキーは憲法に従っておこなおうとしてきた[42]」ということである。暗殺される直前までマルクスがはっきりと反感を感じていたリンカーンに、この無能力は凝縮されている。「リンカーンの行為はすべて」と、彼は一八六二年一〇月にエンゲルスに書いている、「代訴人が反対当事者の代訴人に突きつける狭量で複雑な条件に似ている[43]」。これらの手厳しい指摘は、書簡の内輪話にとどまらない。マルクスは二か月前にはこれを公にした。その際、「リンカーンが弁護士としての法律遵守主義のきちょうめんさと、内戦に固有の必要事を組み合わせることを学ぶには、数年はかかるだろう[44]」とウェンデル・フィリップスが宣言した激烈な演説を公表している。マルクスの同意は全面的である。マルクスは奴隷廃止論のリーダーとして、リンカーンと「調停者および立憲主義者としての彼の精神の法文尊重主義的なきちょうめんさ[45]」をできるかぎり厳しく判定している。結局、マルクスはリンカーンを大して信用することはない。だがマルクスはかなりはやい段階で「ブレヒト的」論法――「英雄を必要とする国に災いあれ!」というブレヒト――を見出すことになるが、おかげでエイブラハム・リンカーンの弱点を甘受できるようになる。リンカーンは凡庸な人物であり、フィリップスがいったように《a first-rate second-rate man》〔一流の二流男〕である[46]。だが結局のところ、そんなことはどうでもいい。「これまでに〈新世界〉が獲得した最大の勝利とは、先進レベルの政治・社会組織が与えられると、善意に駆られた普通の人々が、旧世界では英雄に任せられていた務めを果たすことができることを証明したことである。」[47] リンカーンがマルクスにとって英雄になるのは、その死によってでしかない。一八六五年、マルクスがインターナショナルの名前で作成した演説文は、まるでひそかな *mea culpa*〔自分の過ちの告白〕のように響く一節を含んでいる。「この偉大で勇敢な男は、たいへん慎み深いので、世界が彼の偉大さに気づいたのは、彼が殉教者として倒れたあとでしかなかった」[48]……。その後継者であるアンドリュー・ジャクソンについては、彼は暗殺されたリンカーンが免れる日和見主義と妥協の嫌疑をただちにかけられる。「六か月も経たないうちに」とエンゲルスはマルクスに書いている、「分離戦争のかつてのごろつきどもは、全員ワシントン議会で席を占めている」[49]。

この苦々しい連帯のシーンは、奇妙な根源的なシーンである。マルクス主義の伝統は、このシーンから、とりわけ北部に対する批判と黙説法〔いいかけている途中で黙り込むことで効果を高める方法〕を記憶にとどめることになる[50]。実際、マルクス主義的解釈は、これらのテクストを二つの主要な方向へと引っ張っていく。第一の方向は、マルクスが奴隷解放そのものの歴史的・政治的意味に認めた重要性を犠牲にして、戦争の勃発における経済的理由の優位を肯定することである。プロセスの物質主義的傾向を強調することで、マルクスの後継者たちは、北米の連邦がもっていたかもしれないわずかな歴史的「功績」をも奪ってしまう。第二の方向は、ブルジョワ民主主義の告発である。そのありとあらゆる欠陥や怠慢を例証するのが北部である。そしてこの第二の点については、マルクス主義者は、公表された記事の字面に対してではないにせよ、少なくともその記事に着想を与え、書簡によって明らかにされる精神に対しては忠実であるだろう。「もちろん私は、他の人々と同様、ヤンキーの運動形態のなかに嫌悪を催させるものがあることを知っている」とマルクスは、北部の「たるんだ」人民に怒りをあらわにするエンゲルスに答えている。「しかし」とマルクスは教育的配慮をもってつけ加えている、「このことはブルジョワ民主主義の本性によって説明できるように私には思われます[51]」。というのも、結局、そこには、連帯の下にいつでも透けて見える両義性を解く鍵があるからである。マルクスとエンゲルスの戦争目的はまったく同じ、南部の寡頭政治の打倒と北部のブルジョワ民主主義の暴露である。全文引用する価値のある「弁証法的な」長文で、エンゲルスはこれをつぎのように要約している。「ブルジョワ共和制が今後もはやそれ自体として推奨されるのではなく、社会革命に向かっての手段および過渡期としてのみ推奨されうるためには、アメリカでひどい評判が立つことが一方でよいことであるとしても、人口の数からしてその半分しかない不愉快な寡頭政治が、重く、大きく、制御不能に陥った民主主義と同じくらいの強さを示したことは、腹立たしいことである[52]」優先順位そのものに疑問を投げかける奇妙な修辞的なバランスである。この意味で定本(ウルガタ)は正しい。すなわち、相対立する二つのアメリカのいずれもが、これら創設者の共感を得ていない。この共感は、潜在的な、あるいは架空のアメリカにあてがわれているのである。

資本主義を顕現させる中枢

内戦が終わり、再統合した合衆国だが、依然として社会主義者の関心からは外れていない。合衆国はそこに、マルクスとエンゲルスが二〇年前に割り当てていた位置をふたたび見出す。資本主義を「顕現させる中枢」という位置である。というのも、台頭してきた合衆国の経済力に対するマルクスとエンゲルスの関心は、一八四〇年代にさかのぼるからである。この時期からすでに、エンゲルスは英国と旧植民地との力関係が短期間で急変することを予告している。アメリカとの競争が英国という巨大産業国を動揺させる日は近い、とエンゲルスは一八四五年に予想する。[53] 分離戦争は待ち望まれていた確証をもたらす。南部の田園的な古い経済構造を破壊することによって、分離戦争は、やがてラファルグが創設者の主張の延長線上で強調するように、農業そのものさえ巻き込んで産業の集中を加速させるのである。[54]

この加速は、革命の大義にとっては二重に有益である。というのも、それはヨーロッパ経済を停滞させ、アメリカへ渡ろうという移民たちの欲望を窒息させるからである。アメリカが社会的なはけ口であったり、とりわけ土地経済の自由空間によってヨーロッパのプロレタリアートが移住へと誘惑されるようなときは、もう完全に終わるだろう、とマルクスとエンゲルスは考える。アメリカが提供するものが少なくなればなるほど、また産業上の搾取がヨーロッパにおけるそれに似れば似るほど（ますますひどく?）、ヨーロッパのプロレタリアートのもっとも積極的なメンバーが出発の呪縛に屈する危険性は減少するのである。というのも、社会主義者はこの期に及んでも昔の啓蒙主義の警戒心をもちつづけているからであり、マルクスはプロレタリアートの名において、コルネリウス・デ・パウがプロイセン王の名においてそうであったのと同じくらい移民に敵対的だからである。一八世紀の博物学者は、移住すれば退化すると脅していた。マルクスとエンゲルスは、移民が国を捨てることを嘆き、その馴致を危惧する。合衆国に移住したプロレタリアートは、デ・パウの犬のように吠えるのをやめるのではないだろうか。これはヨーロッパが活動家を失うということであって、かならずしも〈新世界〉が活動家を獲得したということではない。かくしてマルクス、ついでエンゲルスは、大半が二人が移住を公然と非難したドイツ人で構成されているアメリカ社会党を引き立ててやらなければならないという奇妙な状況に置かれる。

この移住のマルクス主義的否定は――これはフランスでは亡命に対する文化的反感の根強い伝統に組み

込まれることになるが――、社会主義が合衆国と結んだ不幸な関係の根本的な所与である。ここには明らかに逆説的なものがある。というのも、ほとんどの場合、政治的、経済的、宗教的、あるいは民族的なひどい圧力の下でなされる選択――そのような選択をする男たち、女たちを非難することは、きわめて「お説教屋的(モラリスト)」だからである。このような人たち全員にとって、移住とは生き残りへの跳躍である。水面に浮上するために、不幸の底に食らわせる一蹴りである。だがマルクスやエンゲルス、さらには蒸気機関の勝利と同時代を生きるほかの社会主義理論家を引きつけるのは、こうした圧力ではない。資本主義社会とは、彼らにとって、爆発するまで火を強くしなければならない高速回転の機関車である。だから移民は二重に過ちを犯している。すなわち、客観的には、ヨーロッパにおける圧力を弱め、主観的には、世界にはまだどこかに呼吸できる空気があるという考えを流布させる。野や山があると信じ込ませるのである。ヨーロッパ社会主義は、移住という個人的な逃げ道を主義として断罪する。決着を遅らせるからである。ヨーロッパの社会主義は、よりひそかに、だがなおいっそう激しく、アメリカという名の吸引通風を嫌うのである。

あらゆる同時代人のなかで、自分たちの群れを定住させようという「社会主義の指導者」の強迫的な気づかいをもっとも生々しく記述したのは、ニーチェである。ここで「不可能な階級(55)」という題名の『曙光』の断片を丸ごと引用しなければならないだろう。この論争的な昂揚した調子の驚くべきページで、ニーチェが自分の〈新世界〉交響曲と対立させているのは、「社会主義のネズミ捕りたち」と彼らの「笛の音」という決まり文句(リトルネッロ)である。彼らにとってのみ――とニーチェは強調している――、プロレタリアートにアメリカへの冒険、つまり「ヨーロッパという蜜蜂の巣の大きな巣分け」と「大規模な流浪」を思いとどまらせることが得策なのである。自分たちの群れが溶解することを恐れたこれら指導者たちのまことしやかな警告に対して、ニーチェは流浪するプロレタリアートの活喩法（プロゾポペ）〔不在者、事物等に話させる技法〕を対立させている。「むしろ移民しよう。世界の未開で無傷の地域の主人となり、また何よりもまず自分自身の主人となるように努めよう。まだ何らかの奴隷制度の徴候が私に対してあらわとなるかぎり……。」「辛辣で、悪意にみち、陰謀家のようになるのをやめさえすれば！」、すべてが、死さえもよい。プロレタリアートは、社会主義指導者の陰謀によって、古いヨーロッパの息苦しい闘技場に閉じ込められるよりは、広い場所の空気を好むべきである。自分自身とヨーロッパを合わせて救うべきである。「ヨーロッパがその住民の四分の一を軽くすればよい！　ヨーロッパもその住民も、それによって心が軽くなるだろう！」

この冒瀆的な願望をニーチェは一八八一年に表明している。ニーチェにとって〈大いなる約束〉――安楽さの約束ではない――であるアメリカとは、同時期のマルクス主義文学全体がポーのカラスのように、もう遅すぎる、アメリカはいまや飽和状態だ、ヨーロッパと同じくらい息苦しい、もう二度と「チャンス」の地とはならないだろう、と、くり返すことによって、戦闘的精神から一掃しようと努めるアメリカなのである。

アメリカ社会主義の「驚くべきジグザグ」

だがマルクスとエンゲルスの目には、いずれにせよ数年間は、アメリカという約束は存在した。集団的な約束、および闘争から生まれた革命の約束である。Gilded Age〔金ピカ時代。分離戦争後の好況時代〕とGreat Upheaval〔大動乱〕のアメリカは、経済的躍進のアメリカ――マルクスが一八七九年に、英国は成長のテンポで追い越されたと主張することを可能にするアメリカ――であるだけではない[56]。それはまた反乱の様相を呈する大規模ストライキと、ヘイマーケット・スクエアの凄惨な事件ののちに下された死刑判決（一八八六年五月四日）によって象徴される激しい弾圧の国でもある。一八八三年に死没する前に、マルクスにはこの過激化への歩みをかいま見るだけの時間が残されていた。この歩みはすでに政治的成果を得ているように見える。United Labor Party〔合同労働党〕所属で、独立派で「社会派の」候補者としてニューヨーク市長に立候補したヘンリー・ジョージの選挙戦は、思いがけない成功をおさめる。この作家は尊敬すべき二位という成績で終わる（三位はシオドア・ローズヴェルトである）。この名誉ある敗北はエンゲルスを熱狂させる。エンゲルスはそのあまり、『進歩と貧困』の作者〔ヘンリー・ジョージ〕が、エンゲルス自身が頻繁にけなしていた改革派のブルジョワのひとりにすぎないことをほとんど忘れているらしい[57]。「ついに彼の地で歴史は動く」と、翌年にアメリカ旅行を決心する前の一八八七年、エンゲルスは喜びをあらわにしている[58]。

幸福は長くはつづかない。だが分離戦争の終結とこの一八八〇年代――この時期、Labor〔労働者階級〕が、トラストが経済に対してふるう支配力といわば同じエネルギーをもつ自律的な力として出現する――のあいだに、合衆国の相場は社会主義株の株式相場で猛烈に上昇する。アメリカはそれまで、世界の労働運動という賭博において間接的な切り札でしかなかった。ヨーロッパの過剰生産に対して植民地後も販路となったり、〈旧世界〉の過剰労働力に安全弁を提供したりすることをやめることによって、合衆国が「実質的に」おこなっていたのは、自分がそれまで生き残るように手助けしてきた制度の基盤をくつがえすことであった。ところで、保護貿易主義の強固な障壁に保護されて構築された生産装置が効率性を高めることによって、合衆国は今後、*ipso facto*〔必然的結果として〕弱体化するヨーロッパ資本主義と競合関係に入るだけでなく、猛烈な企業集中のせいで、アメリカそのもののなかで革命が意識されだすのである。一八七〇年代から一八八〇年代の転換期において、社会主義思想家は、もはや合衆国を補助的な役割に押し込めることはない。アメリカにおける政治的前進によってかき立てられた希望によって、彼らは社会主義者が権力を奪取することが可能であるだけなく、ひょっとするとヨーロッパよりも近いと考えるようになるのである。そもそも、生産力が最高度に発達した国が同時に、生産手段の社会化がもっとも容易に実現可能な国でもあることは、論理的で、正統的な考えではないだろうか。トラストが嫌悪されることは歴史の策略であって、共有に向かっての近道なのではないだろうか。要するに、アメリカは革命へのレースで、英国（そこでは社会主義運動は足を引きずっている）を、そしてドイツ（そこでは *Sozialdemocratie*〔社会民主主義〕が選挙で勝利しても、体制の権威を動揺させることはできないように見える）さえをもゴールの手前で追い抜くのではないだろうか。

ただつぎのような事実がある。すなわち、マルクス主義者たちが分析によって既知の共通の図式に還元しようと努めているこのまったく予測不能の地では、決まったコースを通るものは何一つないということである。上下は驚くべきスピードで入れ替わる。実際にどちらの方向に風が吹くかをいえる理論家は、相当の知恵者である。この運動の極端な不安定さ、それにかんする知識のこの不確実さは、すでに Great Upheaval の直後からありありとしていた。Socialist Labor Party〔社会主義労働党〕は一八七八年に躍進したのち、一八七九年からの数年間は落ち込んでおり、勢いを回復したのは一八八五年頃である。(59) エンゲルス自身は、アメリカにおける幸福感の絶頂で、大西洋の向こう側における社会主義の予測のつかない軽さを直観していた。アメリカがふたたび揺れ動くのを見て喜んでいるその同じ手紙で、エンゲルスは、アメリカはいかなる場合にも «the classic straight line»〔古典的な直線〕――ヨーロッパの発展の路線――をたどることはなく、「驚くべきジグザグ」でもって進んでいくとつけ加えた。(60) だがアメリカの運動が進展する（とりわけ後退する）のは、電光石火のジグザグというよりも、ますます当惑させるようなギザギザによってである。社会主義者もまた、自分たちが忌み嫌う共和派の民主主義者と同様に、だが理由はまったく異なるが、アメリカに失望する人々となるのである。

彼らが失望する人々であるのは、まず第一に、一八八〇年代を席巻した暴力的な社会主義運動の衰退によってである。そのつぎに、あまりにゆっくりとした発展、さらには選挙での労働党候補者の不振によってである。一八九二年から一八九八年にかけて、デ・レオンのSocialist Labor Partyは二万票から八万票に推移した。伸びは目覚ましい。だが数字的には得票数はまだあまりにも少ない。カリスマ的な（だがほとんどマルクス主義的ではない）ユージン・デブスの指導下で、Socialist Party of America〔アメリカ社会党〕は一九〇四年に四〇万票を獲得し、一九一二年にはその二倍以上にもなる。すばらしい得票数だが、それでも投票数の六パーセントにすぎない。エンゲルスのアメリカ旅行の約二〇年後、アメリカの社会主義者は議会にひとりの議員しかいず、統治しているのは一九一〇年に獲得したミルウォーキー一都市だけである。これらのあまりに取るに足りない成功以上に、アメリカ人活動家の戦闘的態度の弱腰が、ヨーロッパの観察者の懐疑的態度を惹起する。これは質的な弱さなのだ。すなわち、アメリカの労働者階級が教養的にあまり武装していないと主張することは、婉曲な物言いである。そしてエンゲルスのように、そこに「抽象化」にあまり向かないアメリカ文化の結果を見ることによって提供されるのは、ほかと比べればましな気休めである。それはまた、とりわけ量的な弱さである。というのも、党員の数は極端に少ないいまだからである（一九〇四年一月で二万五〇〇〇人）。そもそも、一九一二年の選挙でのピーク以後に開始するのが、地獄への下降である。そして世界大戦中、多くの場合、平和主義的というより親ドイツ的とみなされる党の中立的態度が、この下降を加速させる。「それでもひじょうに華々しくはじまった進出は、いまにも頓挫しようとしている」とマリ＝フランス・トワネは書いた。長いあいだヨーロッパ社会主義に影響を与えることになる挫折のシンプルな要約である。(61)

フランス人社会主義者の不確かな眼差し

これらすべての失望の総括であり、ヨーロッパ側からのあらゆる問いかけの総和であるヴェルナー・ゾンバルトの本は、一九〇六年、つぎのような問いを投げかける。*Warum gibt es in dem Vereinigten Staaten keinen Sozialismus?* いったい全体、どうして合衆国に社会主義は存在しないのか。テュービンゲンの社会学者は、正統派マルクス主義者のあいだで長いあいだ受けが悪いだろう。だが彼はこの時期はまだマルクスの経済思想の有能な普及者のひとりである。彼の本はヨーロッパにすでに潜在的にあった論争を認めさせる。いかなる国も、いかなる社会主義の思潮もそれを免れないだろう。というのも、アメリカのケースを通じて疑問を呈されているのは、資本主義の発展と社会主義の到来のあいだの「不可避的な」相関関係という公準だからである。

ゾンバルトの著作の衝撃は、彼の分析の独創性によるものでも、厳密さによるものでもない。題名によって明確に述べられ、長々と展開される欠如の確認は、かなり奇妙なことに、アメリカにおける社会主義が万難を排して到来することを告げる予言で終わっている。だがゾンバルトの著作がひじょうに長いあいだ影響力をもつことになったのは、おそらくはこのあいまいさそのものによっている。ありのままのアメリカの社会主義は息絶えだえの状態にあるとすることによって、ゾンバルトは、大西洋の向こう側の吸枝〔木の根元から出る芽や枝〕によってこんなにもはやく乗り越えられるのを見て、いささか自尊心を傷つけられているヨーロッパの社会主義者の心をなごませる。アメリカの労働者に提供される生活条件をよりすぐれたものとして記述することで、彼の地の労働者の社会主義に対する奇妙な無関心に一つの説明（マルクス主義者からは猛烈な異議を唱えられたが、「可能派」〔現実的な改革を主張した旧フランス社会党内の一派〕はこれに関心をもつ）をもたらしている。だがこの高い給料が支払われる労働者を、ゾンバルトは同時に、世界でもっともひどく搾取される労働者として記述している。搾られて捨てられるレモンである。このことによって、反抗の未来に向かってドアは大きく開かれるのである。

いかにも、どう考えても、あいまいさは配当金をもたらす。（一）アメリカというこの「将来性のある土地」には、社会主義とは根本的に無関係の労働者階級がいる。だが、（二）この状況が急変するのに必要なのは、ただ一世代だけである、と同時に主張することによって、ゾンバルトはおそらくだれも満足させないが、すべての人々の関心を引く。彼の回答は活動家を失望させたり、苛立たせたりする。いずれにせよ、膿瘍がつぶれたことは明らかである。エンゲルスの約束以来、この上ない自信家の心をもえぐっていた問いが、いまや大声で発せられるのである。この意味で、この本は啓示的な価値をもつ。この本が引き起こす反駁においてさえ、アメリカ社会主義への幻滅が明らかになる。この幻滅は、一九〇五年以降のヨーロッパで、合衆国にかんする新しい論考や学位論文が公表されないことによって示される。[62] ロシアにおける一九〇五年の革命〔ペテルブルクでの血の日曜日事件に端を発する第一次ロシア革命〕、ヨーロッパにおける戦争への緊張と脅威が、アメリカへの関心をそらすことに一役買っていることも間違いない。だが裏切られた希望以外にも、アメリカという難題を前にしてうんざりしていたことは明らかである。

Warum?〔なぜか〕ゾンバルトの問いは、彼の答えよりも明確に表現されていた。彼の「可能主義」を誹謗する者たちは、必然的にそのことを強調した。不当でないわけではない。というのも、いったいだれが

アメリカの謎を解明したと豪語できただろうか。エンゲルス自身は、死期にいたってそれを断念したように見える。これがゾルゲ宛のあの手紙で示唆されていることである。その手紙でエンゲルスは窮余の一策として、もっとも使い古された紋切り型に逃げ込む。つぎのような逆説的な形式で書き直された、〈新世界〉の「若さ」という紋切り型である。すなわち、「アメリカはもっとも若いが、同時にもっとも古い。彼の地には流行遅れの家具様式に加えて、独自に発明された家具様式もある［……］。そして同様に、ヨーロッパがお払い箱にしたすべての古い知的がらくたも、まだある。ここで時代遅れになったものはすべて、アメリカで一、二世代まだ生き延びることができる」[63]。この弁証法的なたとえ話によって、アメリカは前衛から後衛に移行した。イデオロギー的には、アメリカはヨーロッパ民主主義者の古くさい学校にまだ通っていた。実を言えば、エンゲルスの思想ももうさほど若くはなかった。周知のように、ヴォルネーはすでに、「古いヨーロッパから来た住民の集まりを初々しくて汚れなき人々と呼ぶ作家たちの荒唐無稽な誤謬……」[64]をからかっていた。これは一八〇三年のことだった。少なくとも、知的ながらくたが長生きすることは、厳密にアメリカ的な現象ではないことの証拠である。血気にはやる活動家を抑えるために弁証法的にふたたび引っ張り出された、ほぼ一〇〇年前からのくり言をまた聞くことは、政治的混乱のまっただ中にいる老エンゲルスのアメリカの友人たちにとっては、惨めな慰めである。

フランスは、社会主義の影響を受けているヨーロッパのリーダーたちの大半を動かすある論争から逃れることはできない。リーダーたちとは、リープクネヒト、ベーベル、エーヴリング、ハインドマンである。マルクスとエンゲルス自身はいうまでもない。ゾンバルトからH・G・ウェルズまでのシンパも忘れてはならない。そもそも、その各側面（アメリカ人労働者の「福利」から、例の資本主義と革命的な力の同時的発展まで）が教義に対して重大な影響を及ぼす論争から、いったいどうしたら無縁なままでいられるだろうか。だが「アメリカ問題」がドイツと英国の党を動揺させる仕方と、フランス社会主義が対応する仕方のあいだには、多くの差異がある――フランス社会主義の対応の結果として、使命としては国際主義的だが、伝統的にガリア中心主義のフランス極左に特有の「アメリカという想像の産物（イマジネール）」が形成される。

何よりもまず、これらの差異は、この問題でフランス社会主義がとっている二重の距離によって説明される。すなわち、正統派マルクス主義に対してこの運動の大部分がとっている距離。この運動は、正統派、独立派、プルードン主義者、「可能派」、むろんそれに無政府主義者の声を混ぜ合わせることによって、この論争に特殊な彩りを与えている。だがこれはとりわけなじみの薄い国に対する距離、フランスの「姉妹」組織である割には、やはり何よりもまずドイツ *Sozialdemocratie*〔社会民主主義〕の吸枝であるアメリカの党に対する距離である。そもそも、この認識はフランス人特有のものではない。それは現状に対応しているのである。ドイツ人移民とドイツ出身のアメリカ人が、長いあいだアメリカ社会主義の幹部および党員の大半を提供することになる。*Socialist Labor Party* は、本義と転義において、まさしくドイツ語で語っている。というのも、その出版物は大部分がこの言語で書かれているからである――フリードリヒ・エンゲルスはこれで大損害をこうむる。彼は「闘争の伝統」にいくらか染まりすぎたこれら亡命者に対して不信感をもち、彼らが悦に入っているように見える尊大なる孤立に激昂している。[65] 国際主義のためにやむを得ず、エンゲルスがかつての同国人を平然とセクト主義的なオールドミス扱いをしているのに対し、フランスの同志はこの主題について上品な控えめな態度を保持している。いずれにせよフランスの同志は、少々英語なまりのドイツ語で議論する、しばしば独断的なこれらの社会主義者とほとんど共通性をもたない。というのも、*Socialist Labor Party* は *Sozialdemocratie* と密接な、まるで親子のような関係を維持しているとしても、同時に、社会主義の母国がしばしば拒んでいる影響力をアメリカに及ぼすことに仕合わせを感じている英国の社会主義者とも絶えざる強力な関係を保っているからである。

つまり、ドイツ人と英国人は、言語、文化、好戦的伝統という共通の理由から、アメリカの運動とほぼ独占的な関係をもっている。そしてまた、端的に、男性（あるいは女性）の往来についてもそうである。すでに一八七二年に、マルクスが抑圧やライバルたちの異端的な野心から安全な場所にインターナショナル〔国際労働者同盟〕を設置することに決めたとき、彼が本部を移したのはニューヨークだった――布教すべき土地というよりも一種の「アングロ-サクソンの」監視付き狩猟地として。このあらゆる点であいまいな移植から、第一インターナショナルは立ち直るべくもなかった。四年後の一八七六年には、フィラデルフィアで弔花も花輪もなく葬り去られるのである。だがこの瀕死のインターナショナルが移転する際のいくらか陰鬱な混乱においてさえも、マルクスおよびその仲間たちとアメリカとの親密な関係が明らかになる。そもそも、第一インターナショナルの清算によって交流が弱められるどころか、英国およびドイツの同志たちの訪問はつぎの一〇年間で増加するのである。

明らかに、フランスの社会主義者と、合衆国およびそこで組織される社会運動とが維持している関係は、それよりもずっと狭い。この関係があらわしているのは、アメリカの状況に対する限定されていると同時に断続的な関心である。フランスの社会主義者は、*American Socialist Labor Party*〔アメリカ社会主義労働党〕に対して、いかなる特別な役割も果たしていない。彼らは助言者(メントール)でもなければ特別な対話者でもない。彼らの情報はほとんどつねに間接的であって、他のヨーロッパ社会主義者を情報源としたり、社会博物館を取り巻く大部分の専門家のように、非マルクス主義的で、さらには反社会主義的なフランス人旅行者の多少とも批判的な解釈からくみ取られている。

社会博物館は、フレデリック・ル・プレとその「社会経済学」の知的遺産を保持している。社会経済学は、「政治経済学とは反対に、事実の観察という帰納的方法論にもとづいている」[66]。一八八〇年から一九〇〇年の年代に、社会博物館は合衆国にかんする経験的研究の大部分を再編成したり連合したりする。ポール・ド・ルージエが Trade-Unions〔労働組合〕の英国を訪問したのち、アメリカを一周したのは、国際的使命というその野心的なプログラムの一環としてである。US Department of Labor〔合衆国労働省〕や American Institute of Social Service〔アメリカ社会奉仕協会〕と、持続的な接触がおこなわれる。一九〇六年に Institute for Government Research〔政府調査研究所〕所長に任命されるアメリカ労働省の専門家ウィリアム・ウィロビーは、一八九六年にフランスの社会博物館はまさしく《international bureau of labor》〔国際労働局〕だと語ることができる[67]。これにつけ加えられるのは、社会博物館と、エミール・ブートミによって一八七一年に創設された政治学自由学校とのつながりであり、ジュール・シーグフリード（『今日のアメリカ』を書いた歴史家の父親）とか、さらには自由主義の経済学者ルロワ＝ボーリューといった大物とのつながりである。社会博物館が合衆国よりも英国に興味をもっているとしても、社会博物館がこの世紀の転換期におけるアメリカ社会の調査および考察のもっとも活発な中心であることに変わりはない。これら「経済学者」はマルクス主義者から絶えず非難されており、そもそも一八九五年にはとても激しい反社会主義キャンペーンを開始するのであるが、これらの「経済学者」の側からのごく活発な関心は、彼らの関心の対象となっている国を疑わしいものにすることしかできない。そして社会主義者が合衆国にかんする情報をくむことができるのは、もちろんこの不純な情報源からでない。

アメリカにはまた仲介者が欠如している。フランス出身の大勢のプロレタリアートは、まったく集団的な「通信員」の役割を果たすことができない。万国博覧会にかぎられた労働運動活動家の旅は、周辺的な現象にとどまる。指導者たち自身は、資金とか暇な時間という同じ問題が課されることはないが、もはや大西洋を渡ろうという気にならない。実際、旅をして、アメリカの活動家と出会い、シカゴやミルウォーキーの集会で話をするのは、フランス人指導者ではない。それはヴィルヘルムとカールの二人のリープクネヒトである。ジョレスではなく、エンゲルスであり、のちにはトロツキーである。また英国の党の創設者たちである。たとえば、一八七一年から一八八〇年のあいだに合衆国を何度も訪ねるH・M・ハインドマンである。それはマルクスの二人のフランス人女婿であるポール・ラファルグとジャン・ロンゲではない――二人とも合衆国について書いているけれども。それは三番目の娘婿で、エリノア・マルクスの夫である派手なエドワード・エーヴリングである。そもそも、彼のアメリカ旅行のぜいたくな経費明細書は、返済を頼まれたSLP〔社会主義労働党〕の同志と英国の社会主義者のあいだに深刻な緊張を引き起こすことになった……。カウツキーに近いフランスの「可能派」はアメリカ問題にもっとも興味があるよう見えるが、だからといって自分たちの説が妥当かどうかを確かめに急いでアメリカに行く姿は見られない。そして将来の〔英国の〕労働党の首相ラムジー・マクドナルドもまたアメリカ滞在の慣例に身をまかせるのに対し、アレクサンドル・ミルランにはピッツバーグの製綱所やニューヨークの*slums*〔スラム街〕を訪問することが必要不可欠だとは思われない。社会問題に関心をもつ作家たちの場合も同様である。〈新世界〉行きの船に乗るのはゾラではない。それは『タイムマシーン』と『世界戦争』の著者H・G・ウェルズである。彼は階級闘争を観察するためにアメリカへ行き、『アメリカの未来――現実の探求』（一九〇六年）とともに帰ってくるのである。

おそらくこの間、全体を通じて、フランスが合衆国に急派したのは、二人の著名な作家だけである。アンリ・ド・レニエとポール・ブールジェである。社会問題は彼らの得手ではない。アンリ・ド・レニエの大旅行は、シカゴの屠殺場を訪問している最中に気絶したことがハイライトである。ジュール・ユレが慣例に従って訪問するとき、彼は「ある場所を見せられるが、そこではアンリ・ド・レニエ氏、すなわちメランコリックな純愛、ヒヤシンス色のドレスを来た王女たち、バッカスの杖、シュロの枝、一角獣を描く繊細な詩人が気を失ったのであった(68)」。一角獣から *corned beef*〔コンビーフ〕まで、衝撃がものすごかったことはもっともである。ひじょうに若く、まだ文学的に萎黄病〔貧血症の一種〕にかかっていないポール・ブールジェは、かならずしも社会観察者としての適性もまた備えていない。彼は『コスモポリス』でかなりの成功を博したばかりだが、飛び抜けておしゃれなイタリアを舞台にしたこの風俗小説は、もはや完全な大陸巡遊旅行（グラン・トゥール）〔昔の上流子弟の教育の一環としておこなわれた〕ではないが、まだ *jet-set*〔ジェットーセット。遊びで旅行すること〕ではない。東海岸の社交界でもてはやされ、金持ちのガードナー夫人に誘拐されたブールジェは、ニューポートから「アメリカの魂」を観察する。彼は八か月の滞在で――アメリカへのフランス人旅行者にとっては相当な長さである――、何度かおこなわれたニューヨークのボワリー街の側にある粗野な *slumming*〔スラム街の見学〕のため以外には、この世の仕合わせ者たち」からほとんど離れることがないだろう。マーク・トウェインだけが彼を揶揄したのではない。彼は「ニューーポート New-Port〔原文のまま〕の〝名士（フォア・ハンドレッド）〟にしか会っていない」とユルバン・ゴイエ――二〇世紀初頭、労働者層に関心をもってアメリカ一周をする稀有なフランス人訪問者のひとり――は皮肉っている。「アカデミックなたかり屋、あるいは欲得ずくのモラリスト(69)」、これこそがアメリカにおけるインテリ・フランスの密使たちの姿である、と同じゴイエは揶揄している。

だがゴイエ、大西洋をはさんで交流するこの稀少鳥は、例外であって、いかなる規則をも確証することはない。というのも、『半月手帖（カイエ・ド・ラ・キャンゼーヌ）』に『スパルタカス』という題名の戯曲を発表し、一九〇三年にはアメリカ研究と同時に社会主義的左派を激しく批判しているこの男を、どこに位置づけるべきなのだろうか。

ゴイエは、ヴァルデック＝ルソーという「偉大な修道士と偉大なユダヤ人に貢献する」(70)人物、およびジョレス、すなわち「南仏がずっと前から首都に解き放っていた、もっとも饒舌で、もっとも無定見で、もっとも恥知らずのペテン師」(71)をとくにこき下ろしている。平和主義者で国際主義者であって、反教権主義者であり、「家庭内の横暴」に反対しているけれども、社会主義とドレフュス再審要求運動に失望したゴイエは、とりわけアメリカの組合を前にして両面感情をもち、「資本のトラストと労働のトラスト」(72)のどちらの肩ももたずに、この組合を「フランスの小物政治家のクラブよりも、資本主義体制に対してはるかに深刻な脅威をもたらすもの」(73)として記述している。その後、一九一九年から一九三九年にかけてゴイエはエアフルト〔ドイツ中部、チューリンゲン州の州都〕に本部を置く「世界奉仕報告」に執筆するが、それは対独協力主義に陥り、とくに『さらし台で』で激しい反ユダヤ主義の記事に署名する以前のことである。すでに一九〇三年には、どんなレッテルをも拒否するこの分類不可能な自由思想家（リベルタン）は、政治的に無礼な言動ではしばしばポール・ブールジェをしのいでいる。たとえば、「警棒に労働組合のステッカーを貼ることを要求する」(74)シカゴの組合仲間を嘲弄するときである！　「コレージュ・ド・フランスの教授の給料」をもらっているアメリカの「太って、いい身なりをし、身ぎれいで、休養十分の労働者」(75)を、あいまいな皮肉を込めて見つめるポピュリストのゴイエと、「労働者」(76)（彼があまりつき合ったことのない種族）から生じるのでなければ、アメリカが贖罪のために変化することを想像できない〈上級階級〉の心理学者であるブールジェとのあいだでは、イデオロギー的なやり取りは、しばしば社会的な位置取りを無視しておこなわれる。いずれにしても、フランスの社会主義運動が合衆国で起こっていることについて明確な概念を得るのは、このような情報提供者によってではない。

つまり、多くの遮蔽物が、フランスの社会主義者に対してアメリカを覆い隠しているのである。そしてこれらの遮蔽物のなかで好位置にあるのが、アメリカの社会主義と組合運動である。フランスの社会主義者は、それらの道に入り込むことができない。「組合所属の労働者が製作した警棒（クラブ）でもって叩かれることしか[77]」望まない組合活動家に対するゴイエの皮肉な毒舌は、たんなる嫌みを超えている。この毒舌があらわしているのは、〈労働組合〉――取るに足りないとみなされる諸要求のために動かされる途方もない道具である〈労働組合〉――の不可解さを前にして、フランス労働界で大きく共有されている無理解である。というのも、同じゴイエは、「アメリカの〈労働組合〉の強固な組織、規律、可能性[78]」について正当に評価していないわけでは決してないからである。すでに見たように、アメリカの〈労働組合〉をフランスのプロレタリアートの政治化した組織よりもすぐれていると主張することに底意地の悪い喜びさえ感じている。だがこの確信をフランスの戦闘的な社会主義者に共有させるのには苦労するだろう。とくに万国博覧会を利用してアメリカを旅行する労働者の代表からもたらされる報告書から判断すると、パースペクティヴの対立は全面的である。要求がこんなにも革命的でないのであれば、また、少なくともこれらの要求が「社会問題」をその全体において提起していないのであれば、そのような組織力が何の役に立つのか。「小心な目的に役立てられたすばらしい組織という文字どおりの逆説に、このように直面した〔……〕労働者の代表[79]」は、このように考え、その後もなおも考えつづける。大西洋の向こう側の組合は、結局は、あたかも宿命のように、同業組合主義者なのか。〈改革者〉なのか。潜在的には革命家なのか。同時にそのすべてなのか。そんなことはよくわからない。あるいは、むしろはっきりさせることは避けられている。ゴイエが、警棒（バトン）の出所がどこかを真面目に採り上げるあれらの *Union-men*〔組合員〕と道で擦れ違うまさにそのとき、American Federation of Labor〔アメリカ労働総同盟〕の全国会議は、「労苦に対する十分な報酬を労働界に保証するために経済力・政治力を樹立する[80]」ようにアメリカ人組合活動家に勧める社会主義者が提出した動議をぎりぎりのところで却下する。そしてＡＦＬ〔アメリカ労働総同盟 American Federation of Labor〕のきわめて反社会主義的なボスであるサミュエル・ゴンパーズが莫大な給料をもらっていることで（一年に二万五〇〇〇ドル。雇い主と同額である！）フランスで悪口を叩かれるが、それでも一九〇九年にＣＧＴ〔労働総同盟 Confédération Générale du Travail〕の事務所で、その地位によってあらゆる名誉を受けつつ、発言するように依頼されるのである。

これらの対比、あるいは矛盾が、フランス人活動家を狼狽させる。これらの「エキゾチックな」特徴のすべてが、もっとも穏やかなもの（雇い主と同様の身なりをしている労働者）からもっとも野蛮なもの（ピンカートン社との銃撃戦でやられただけやり返すストライキ参加者）まで、どれもこれもが文化的・社会的な謎であって、好戦的なジャーナリズムはこれを解明することに努める一方、大衆的なジャーナリズムはそこに連載小説やメロドラマの想を得ている。骨の折れる、成功することのめったにない責務である。フランスのコードと目印に従って置き換えることがもっとも難しいのは、アメリカ人の生活のさまざまな側面のなかでも、おそらく労働の関係と争議の側面である。それほど旅行家の物語は矛盾しているように、あるいはまったく本当らしくないように見える。意見がすべてごちゃまぜになって、途方に暮れたこれらの証言者たちが、自分たちのとはひどく異なった「労働界」を前にして、混乱に陥っている様子を見て取ることができる。『フィガロ』紙の特派員ジュール・ユレは、この国について語ることは相当に苦労すると記している。『アメリカにて』の執筆はひどくきつかった、と彼は告白している。というのも、彼の地では「定型表現のメカニズムが機能しない」(81) からである。ブルジョワ旅行家と労働活動家の観察者は、ここで同じ困難に直面している。狼狽させる真実の国によくいらっしゃいました！　彼らには多くのことが語られ、何の包み隠しもない。数字と現状がさらけ出される。人々が紹介される。彼らの好奇心を阻害するものは何もなく、問題提起に答えが控えられるようなこともない。それでもなお、この大きく開かれた本は、理解不可能である。ユルバン・ゴイエはブールジェが *rich and famous*〔金持ちと有名人〕としか交際しなかったと揶揄しているが、ゴイエ自身、不変性でもって安らぎを与えてくれるこれらの金持ちを前にして、ある種の知的な安堵を感じている。すなわち、「しかしながら、変わらないものがある。それは〝名士(フォア・ハンドレッド)〟の一団や Society〔社交界〕を構成する億万長者たちの突飛さと愚かさである。[82]」金持ちたちはわかりやすい。それと逆なのが、「太って、いい身なりをして」、しかも「清潔にしている」これらの奇妙な労働者である。彼らはおそらく私たちの兄弟であろうが、私たちと同類でないことは間違いない。

　情報不足、解釈の困難さ、関心の急激な燃え上がり――とりわけヘイマーケットの訴訟のときに――のあとにやって来るのは、無関心同然の状態への急速な再転落である。一九一四年以前のフランス社会主義が合衆国とのあいだに維持しているのは、よそよそしいと同時に断続的な関係である。政治的文化の解釈を容易にすることができるフランス出身の移民プロレタリアートを経由した直接的関係がないことは、この関係からあらゆる人間的次元、あらゆる現実的な親しみを奪う。フランスの労働者やその代表者がフランス系アメリカ人と出会っても、何が何やらわからないとすれば、それはまず何よりも彼らのうちに自分たちの姿を認めることができないからである。フランスの労働者とその代表者も全員一致で移住に反対している。[83] アメリカは〈豊饒の地(コカーニュ)〉だとする神話に対する彼らの根深い不信感、そしてすでにこの時期から「アメリカという国の吸収力」[84]によって不可避的に粉砕されると思われている自分たちの国家的アイデンティティへの執着は、あらゆる活動家的な訴えよりも確実に、彼らからアメリカへの出発の誘惑を遠ざけることになる。活動家の分析によってはあまりに具体性を欠き、またあまりに異様であるために完全には本当らしくは見えない勤勉なアメリカは、フランスの社会運動の想像世界(イマジネール)のなかでは「固まらない」。労働者の関心に深い刻印を残すいくつかの特徴は、相矛盾して、めんくらわせる。ストライキとその鎮圧のいずれもの極端な暴力と、アメリカの労働者が手に入れているとされる快適な生活とをいかにして両立させることができるだろうか。完全に民主主義的とみなされている政治体制のなかで、労働界を代表する政党がまったく出現しないということをどう説明したらいいのか。五〇か国からの賃労働者がアメリカに殺到することは、労働者陣営の統一にダメージを与えるのではないか。どれもこれもが答えのない問いだが、これに現実の動向が別の問いをつけ加える。すなわち、平和主義的で反植民地主義的だとして記述されていた合衆国は、スペイン王政をキューバから追放したことは我慢できるとしても、帝国と販路を追求するヨーロッパ人とまさしく同じことをするためでないとすれば、フィリピンにいったい何をしに行くのだろうか。

初期のフランス社会主義の三つの反米主義

そういうわけで、フランス社会主義陣営には、三つの様式の反米主義がある。もっとも古典的な様式が由来するのは、他の領域では「経済学者」が有害であるのと同様、イデオロギーの次元で有害なこれらの「共和主義者」と「民主主義者」全員と戦い、彼らの化けの皮を剝がさなければならないという差し迫った必要性からである。アメリカは彼らのうちの何人かにとってつねにモデルとして役立ってきた。その筆頭に、もっとも尊敬すべき人、一八八五年に国葬によって埋葬された人、すなわちヴィクトル・ユゴーがいる。ユゴーはジョン・ブラウン、リンカーン、アメリカの組合運動の賛美者である。これらの「共和主義的民主主義者」の理想主義的言説は、第二帝政下のフランスで、アメリカに準拠してはぐくまれた——形式的な民主主義だけで、労働者の熱望に応えられるという思想を正しいものとして広める危険を冒してである。すでに見たように、内戦〔南北戦争〕の最中、マルクスとエンゲルスはみずからが支持している体制そのものの欠陥を一瞬たりとも忘れなかった。この偽りのモデルの欺瞞性を告発することは、マルクス主義の遺産を託された人たちの目には、重大な関心事でありつづける。というのも、*Sister Republic*〔姉妹共和国〕というイマージュがフランスでは数十年でひどく破損したとしても、前の世代、すなわち国民を瞞着するブルジョワ共和主義者の世代と、ますます増加していく改良主義的転向者の一団のあいだに見られる一致とバトンの移譲には、何の危険もないわけではないからである。とりわけ、このイマージュがジョレスのような大衆的な雄弁家のなかに具現されるときには、潜在的に恐ろしい共謀となる。ヒューマニズムの理想で集産主義の計画をくつがえすジョレス。ミルランが「ブルジョワ」政府に参加することを非難しないジョレス。最後に、アメリカの制度を称賛し損ねることがめったにないジョレスである。「科学的」マルクス主義者の巻き返しは、不可避的に、アメリカという偽りのモデルに対する告発、たえずくり返されるこの告発を経由する。

つぎに運動に内在する教義論争と結びついた「セクト主義的な」様式がある。そこでは合衆国は論争に決着をつける口実である。というのも、革命的社会主義は、ここではさみ撃ちにあっているからである。右にも左にも気をつけなければならない。すなわち、警戒すべきは、みずからの主張に有利になるように、合衆国の社会的進歩を口実にする改革派であり、また無政府主義への誘惑にかられる革命的組合運動である。これにはアメリカの社会的暴力が論拠と殉教者をもたらす。

まず改革派。一八九九年にその『進化論的社会主義』が公表されるベルンシュタインにつづいて、ごくはやい段階でヨーロッパの「修正主義者」はアメリカの事例をよりどころにする。彼らはまず最初にそこから理論的優位を引き出す。というのも、合衆国における社会主義の取るに足りない進歩は、資本主義とそれを打倒すべく定められた力とは並行的に発展するというマルクス主義の説を裏づけているようには見えないからである。アメリカの資本主義経済の過剰な力がそれと同等の力をもつ組織的な労働運動を出現させることなど、とてもできそうもない以上、アメリカの事例は正統性の要である「克服できない矛盾」という説を疑うことを正当化する。この疑いが投じられると、「修正主義者」は部分的で一時的な前進を提案できる。そのモデルは、この場合もまたアメリカである。アメリカの〈労働組合〉がしているように、瀕死の資本主義が大きく振り出しにもどってしまうのを待たずに、今後は段階的に勝利を勝ち取っていけば――と「可能派」は示唆している――、そんなに大きな災いはあるだろうか。とりわけ、これらの「一時的な」勝利がブルジョワの饗宴のたんなる残り物ではなく、たとえば一日八時間労働と呼ばれるときには？「可能派」と「ブルース主義者」[85]〔フランス社会主義労働者連盟〕は、このインターナショナルの最重要の要求はすでに一部のアメリカ産業で満たされていると指摘することができる立場にいる。合衆国に対する隠れなき賛美者であるギュスターヴ・ルアネのような何人かは、イデオロギー的逸脱をさらに遠くまで進め、社会主義は物質的に豊かな背景でしか、またプロレタリアをして歴史的使命にあたいする人間に変化させる知的・道徳的進歩のあとでしか生まれ得ないと示唆している。そこまで遠く行くことはないが、ますます増加していく活動家は、産業がトラストへと集中することによってうながされる社会主義への平和的移行について考えはじめる。ウージェーヌ・フルニエールのような修正主義者は、『小共和国』のなかでトラストを称賛するところまで行く。すなわち、トラストはよりよい給料を保証することによって労働者への抑圧を弱め、競争を組織に置き換えることによって、生産を調整することに一役買い、このようにして労働者を産業危機の好不況の波から守るのである。「トラストは」とフルニエールは結論づけている、「この途方もない力の動因だった。それを呪ったところで、何の役にも立たない。そもそも、社会主義者はこれらの巨大共同企業を意地悪な目で見るというひどい誤りを犯しており、さらにこれらの企業を粉砕することを目的とする法案に賛成するという、なおいっそうひどい誤りを犯していると私は考えている」[86]。同様のことは反トラスト関係の法律についてもいえる――この反トラスト法がいずれにせよ、フランスではあらゆる系統の社会主義者、ならびに自由主義者を同じ不信のなかで和解させるのである。

高い生産性と高い賃金というアメリカ的モデルは、プロレタリアートの道を誤らせる大きな危険をはらんでいる。だから、労働者が幸福であるアメリカ、いわゆる社会的前進のアメリカの神話性を剝ぎ取らなければならない。ラファルグの『トラストのアメリカ』が書れるのは、ベルンシュタインのうちなる「ブルジョワジーの予言者」を告発し、資本主義的企業集中がもつ、労働者にとって*primo*〔第一に〕不可避的で、*secundo*〔第二に〕有害な特徴をあらためて明確に示すことによって、改良主義的社会主義の潮がみちてくることを阻止するためである。というのも、問題となっているのは、マルクスの経済学的分析の信憑性だけでなく、階級闘争の戦略的中心性だからである。そういうわけで、アメリカの社会的征服に対するいっさいの現実的関心を相対化し、最小限に抑え、最終的に否定しようという試みがなされるだろう。ヨーロッパの労働者が獲得するためにあらゆる犠牲を払うことを余儀なくされ、合衆国では授与される同じ八時間労働は、彼らヨーロッパの労働者には突然、取るに足りず、ほとんどくだらないものに見えてくる。彼の地で適用された八時間労働は、資本主義的搾取を削減することはまったくなかった。というのも、とラファルグは想起させる。「資本主義文明では、労働者の利益へと転じるものは何もないからである。最初は労働者に恩恵をもたらしていた改革さえも。[87]」そこからまた、ヘイマーケットやその他「資本主義の犯罪」に由来する出来事を前にした憤慨と「安堵[88]」という両義的な反応が生じる。心の動揺は深いが、そこには資本主義国家であり警察国家であるアメリカが本性をあらわすのを見る苦々しい満足感が入り混じっている。

だが正統教義は左側、つまり無政府主義にも警戒しなければならない。無政府主義は、労働運動の内部で、なかんずくCGT〔労働総同盟〕において、社会主義のライバルである。ヘイマーケット事件の影響のなかでは、有罪宣告を受けた無政府主義活動家と、彼らを通じて無政府主義勢力一般とが享受する連帯の高まりを過小評価することはできない。フランスのいかなる極左集団も、司法による殺人と見える評決に抗議するためにアピールすることを怠らなかった。そして同じ演壇で、ゲード、ヴァイヤン、ロシュフォール、ルイーズ・ミシェルが被告人たちとの連帯を主張するのが見られた。この出来事によって、合衆国における無政府主義の動きの力強い発展に対して注意が喚起される。この急成長に対して、フランスにおける「直接行動（アクション・ディレクト）」の信奉者は無関心ではいられない。彼らのなかでももっとも有名なのは、『ペナール爺さん』の発行者であるエミール・プジェである。一八八六年から、プジェはアメリカでの出来事から、またロンドン会議以降、推奨されている「事実によるプロパガンダ」という方法から霊感を得る。一九〇〇年にCGT〔労働総同盟〕の機関誌『人民の声』の編集者となったプジェは、アメリカの闘争に霊感を得た理論的・戦術的ヴィジョンを、いまや組合運動全体に流通させることが可能となる。八時間労働に向けての国民的行動を、一九〇六年五月一日にはじまるゼネストの形で決行しようという一九〇四年のブールジュ会議で下された決定は、シカゴのInternational Worker Association〔国際労働者協会〕の戦略を直接に根拠としている。プジェが「手本にする」[89]ように訴えているアメリカという「模範」に対する無政府主義的組合活動家の熱狂は、戦闘的態度のアメリカ的形態に対するマルクス主義者の不信感をさらに強固にする一方で、一九〇六年の「アメリカ流」ゼネストの痛烈な失敗が、長いあいだフランスの組合活動家に、大西洋の向こう側に霊感をくみに行くことに嫌悪感を抱かせることになる。

フランスにおいて社会主義者であり反米主義者である三番目の様式は、理論的論議や戦略的な位置取りの枠組みを大きく逸脱している。それは労働者の様式であって、社会運動の思想家たちのものではない。すでに述べたように、科学的社会主義の理論家にとって、一九〇〇年のアメリカは待ち望まれている〈この世の終わり〉の震央であり、資本主義の「最終段階」の国である。というのも、「trust-system〔トラストーシステム〕」は、人間と出来事とに［trust-system の］〝破局的な〟終わりへの準備をさせようとしている」からである。ここでよき知らせを告げているポール・ラファルグは、「破局的な」という形容詞を引用符でくくっている。歴史の皮肉を強調するためだろうか。それとも、おそらくは給与生活の消滅にかかわりはあるけれども、より直接的には、それに先行するはずの頻発する破局的大惨事に関心のある読者の感受性に配慮するためなのだろうか。というのも、この第三の社会主義的な反米主義は、二重の反応を反映しているからである。すなわち、労働界で受け入れられたアメリカの印象（流血を伴うスト、残忍な抑圧、ヘイマーケットのような不公平極まる訴訟、雇用を破壊し、雇用の質を低下させる機械化）への反応、だが同時に、アメリカの不穏な約束に対する社会運動の指導者が抱く理論的熱狂に対する反応でもある。この反米主義は、一八八〇年代にマルクスとエンゲルスがおこなった分析を完璧に理解した労働者の反米主義である。彼らは合衆国からもどってきた代表団の話に耳を傾け、その指摘を記憶にとどめた。ピンカートン氏〔アメリカの私立探偵。リンカーン暗殺の陰謀を未然に防いだ。またストライキ破りをし、暴力事件を挑発した〕の軍隊にかんする『イリュストラシオン』紙のルポルタージュを見、おそらくはギュスターヴ・ル・ルージュの反‐ヤンキーの連載小説で気晴らしをしたり、ジャック・ロンドンと彼の地で呼ばれる同志の初期の訳本を夜ごとに読んだりもしただろう。これらの労働者、これらの職人、これらの組合活動家は、アメリカ的状況から何よりもまず、社会的危機のなかで猛威をふるう蛮行を見逃さない。アメリカの驚異的な発展がヨーロッパの資本主義経済を不安定化させるというマルクス主義の見解に賛同するが、そこから正確に同じ結論を導き出すことはない。というのも、明らかに〈この世の終わり（アポカリプス）〉は喜ばしいことではないからである。アメリカ式競争というロードローラーは、ヨーロッパの企業家を破産に追い込むことによって、革命の場を整地するだろう、と彼らは告げられる。彼らはこのことを手放しで喜ぶことはないけれども、予想どおりになってほしいと願う。ヨーロッパ資本主義は、いまやすでにリングのコーナーに追い詰められ、崩壊寸前であると告げられる。彼らはそうなると信じようとするが、この資本主義の崩壊によって、どのような代償、どのような損害、どのような破壊が、彼ら自身の生活にもたらされるかも知りたいと思う。アメリカが私たちに強いるこの未来への大いなる跳躍は、もちろん即座に大失業と給与の大幅な減少をもたらすとつけ加えられる。そこで彼らはしまいには、それが本当に大喜びすべきことであるかどうかを自問し、会合や会議で大声で問いただす。彼らであればだれも、自由貿易に好意的なインターナショナル〔国際労働者同盟〕の決定に反対して、若干の保護貿易主義でもって自分たちの主人や雇用が救われることに反対はしないだろう。彼らは雇用者と同様、ヨーロッパ人に対して大半の市場の門戸を閉ざすアメリカの関税に憤慨する。そして大西洋の向こう側にいる何人かの同志の生活水準を喜ぼうとする気はあるとしても、ただしその犠牲にはならないという条件においてである。これらの反米主義者たちは、結局、全員が労働者であるけれども、フランスにおいて（そもそもドイツや英国でも同様であるが）、ジャン・ロンゲがふたたび発している表現に従えば「社会的な大実験室」としてのアメリカという見解に[91]——自分たちがその遠方におけるモルモットになることを免れさえすれば——同意することにやぶさかではない。マルクス主義者において、必然性への熱狂的な称賛の花綱飾りの下で、アメリカをして資本主義の制作者（デミウルゴス）・職人たちそのものに甚大な被害を及ぼすゴーレム〔カバラの呪文で生命を与えられる泥人形〕にする傾向をもつ理論的分析の背後で、労働者と活動家の表象を支配し、〔この理論的分析よりも〕はるかに甚大な影響を与えるもの、それはアメリカというモロク〔旧約聖書に登場するセム族の神。子供を焼き殺す残忍な犠牲式で祀られた〕からはよきものは何も生じないという漠たる確信である。このアメリカというモロクは、ありったけの船でもってヨーロッパのプロレタリアートを吸収したあとで、ヨーロッパ経済もろとも、まだ見逃されている人々を呑み込もうと威嚇するのである。「資本主義がアメリカで吹っ飛ぶならば、ヨーロッパでも吹っ飛ぶだろう」と一九〇三年にラファルグは予告していた。この予言は、もしこれに「あらゆる社会階層にわたって何百万にものぼる犠牲者[92]」についての言及が伴っていなかったならば、彼が語りかけているフランスのプロレタリアートをさらに喜ばせていただろうと思われる。

このトラストの惨憺たるフィナーレは、社会主義メシアニズムの中心に位置している。その調子（トーン）は年々高まっていくが、それはあたかも「システム」の暴力的終焉という福音がアメリカの組合活動や政治活動の戦線から届けられた陰鬱な報告書の埋め合わせをしようとしているかのようである。ラファルグは、この〈この世の終わり（アポカリプス）〉は笑い事で済まないだけでなく、組織化された自覚的な革命的勢力がこの機会をつかまなければ、プロレタリアートにとってほとんど益するものがないことを完璧に理解している。『アメリカのトラスト』の最後から二ページ目で、ラファルグは勉強のできない生徒によい点数を与えるように、「〈新世界〉の同志たち」に遅ればせながらの賛辞を巧みに織り込んでいる。この配慮は称賛にあたいする。だが彼の«trust-system»の記述が残す全能の印象とは、あまりバランスがとれていない。資本主義者たちが、とラファルグは結論部で書いている、「信じるところによれば、資本に恵まれ、国家的・国際的基盤の上に強固に組織されたトラストは、経済的大動乱に抵抗し、みずからの周囲に積み上げられた廃墟の上に、なおいっそう巨大になってそびえ立つことになるだろう[93]」。ラファルグの小品を閉じたあとで、いったいどんな読者が彼ら資本主義者の観点に与(くみ)しないだろうか。

集産主義と封建制

北米は世紀の転換点で、社会主義という方程式のいらいらさせる変数(エックス)になったが、そこでトラストは第二の未知数を表現している。しかし専門的分析だけでなく集団的な想像世界(イマジネール)においてもトラストが獲得した重要性は、アメリカの社会形態を前にした混乱を反映している。アメリカの社会形態は社会主義者だけに関係しているのではないのだ。trust-system が放つ魅力は、二重の強迫観念に比例している。アメリカの列強への上昇と「社会問題」の悪化という強迫観念である。トラストはこれらの不安にいかなる答えも与えない。不安を固定するのである。その結果が、想像世界(イマジネール)と語彙への迅速かつ持続的な定着である。左から右まで、trust-system の全能が信じられている。これはたんなる経済的な道具とはまったく違うものだとみなされている。人がそこに見るのは、一般にアメリカの社会制度の新しい礎石である。trust-system というこの経済と金融の食人鬼は、社会関係全体をむさぼり食い、今後ともそうするだろう。その賃金鉄則が政治的駆け引きに取って代わる。trust-system はそれだけで力と法、すなわちあらゆる豊かさと権威の源泉となるだろう。

この成功は何よりもまず記号論的なものである。記述が正確であったり、分析が妥当であったりすることは、どうでもよい。反対に、成功は両義性を受け入れることができるかどうかで決まる。トラストは、みずからがかき立てる情熱によって、だが同時に、とりわけ解説者たちに相矛盾する想像世界(イマジネール)を自由に展開させる能力によって、「神話的な」すぐれた媒介者である。そういうわけで、トラストはアメリカに典型的な病気であると同時に――「すべてのアメリカ産業はトラスト化している」とジョアネは書いている[94]――、普遍化する傾向をもつ構造として提示される――「トラストは地球全体に広がっていく」とラファルグは書いている。[95]フランス人が記述しているトラストは、さらに驚くべき仕方で絶対的な新しさという特徴とこの上なく徹底した擬古主義（アルカイスム）という特徴を組み合わせる。はるかに遠い過去という特徴の下で、未来を「予示している」。アメリカのトラストは世界の未来であるが、この未来は人類を中世へと連れもどすのである。

近代性（「アメリカ化」、グローバル化、諸構造の個性の喪失、生産に対する「新しい商取引」の支配）に対する懸念と、人類が産業革命以前の乱暴な幼年期へと退化するという幻想を一致させることは、おそらく、フランスにおいて trust-system にかんして蓄積された文献のもっとも奇妙で、もっとも戸惑わせる側面だろう。というのも、これは強調しなければならないことだが、中世は一九〇〇年頃には、かならずしも肯定的な基準ではないからである。封建制の隠喩がこれらのテクストのいたるところに見られることには、ひどく驚かされる。trust-system という近代性の典型が、人類を暗黒時代へと連れもどす。循環的思考の無意識的回帰によってであるかのように、資本主義の発展の最終段階は、この上なく遠い過去をにわかに出現させる。そのとき「トラストのシステム」は、本質的に経済的、社会的な記述のためのカテゴリーであることをやめ、君主制のシステム、帝国のシステム、そしてまさしく封建制のシステムというモデル（一九世紀に練り上げられた）に倣って、暗黙のうちに歴史記述のカテゴリーとなる。この副次的な想像の産物（イマジネール）では、未来への跳躍は「過去へ向かって前に進め！」である。シャールがヤンキーの特徴とみなした《*go-a-headism*》〔進取の気性〕［原文のまま］は、私たちを背後へとせき立てる。ロックフェラーのアメリカとは封建的な夜の電化されたレプリカであり、野蛮な時代の工業化されたリメークである。相反するものの驚くべき凝縮によって、アメリカの現在は私たちの未来であると同時に過去となる。不可避的であるのと同じだけ情け容赦のない未来である。私たちヨーロッパ人がすでに経験しているだけに、ますます恐ろしい未来である。悪夢の構造。すなわち、夢想家はそれをすでに経験しているという確信があるだけに、その差し迫った破局によってますます恐怖に駆られるのである。

この「野蛮な」、「中世的な」、または「封建的な」想像の産物(イマジネール)は、トラストにかんするフランスの言説の合流点である。それは一八八〇年代の大テーマと関係がないわけではない。「アメリカの貴族政治」というテーマである。いずれの場合においても、問題になっているのはアメリカの民主主義の近代性を欺瞞として告発することである。かくして、ポール・ド・ルージエは、民主主義国家アメリカという見解を流布させたかどでトクヴィルを糾弾しつつ、「南部のかつての貴族(シュヴァルリ)がますます平凡なものにはまり込んでいくように見える」としても、別の貴族、カーネギー家 des Carneggie〔原文のまま〕やモーガン家といった貴族がそのあとを引き継いだとつけ加える。たんに「アメリカ共和国は〔……〕絶対的に平等な人間の集合でないばかりでなく、ある観点からすると、人々は他の国以上に不平等ですらある」。というのも、アメリカでは強者の力を押しとどめるものが何もないからである(96)。トラストの支配がこの状況を裏づけ、さらに悪化させる。中世的な比喩が徐々にアンシャン・レジーム〔旧体制〕との類比に取って代わっていく。アメリカ的平等という神話と対比させられるのは、もはや隠された貴族階級の存在だけではなく、貧者と弱者が隷属状態に置かれているという明白な事実である。利益という鉄則が人種という鉄則に積み重なる「がゆえに」、とブールジェは書いている、「ときとして、この民主主義は貴族政治のような印象を与える。私はあやうく封建制というところだった(97)」。

まったくよけいな注意――この世紀末において、封建的なアメリカという逆説は、ドクサ〔ある時代、ある社会の成員が自明なことして受け入れている意見〕と化している。エドモン・ジョアネはもう一つ別の例を提供してくれる。ポール・ド・ルージエの場合と同様、アメリカのえせ民主主義に対する前の世代の懐疑的態度との連続性が強調されているが（ジョアネはここでマンダ゠グランセ男爵を参照している）[98]、新しさは、民主主義が骨抜きにされたことを例証する役目を負った中世的な比喩にある。「名声と財産を手に入れた貴族階級は、アメリカの民主制の支配者になった。そして合衆国の政治は、実際には特権階級の私的利益を守る公的な統治機関になったと誇張なしに語ることができる。[99]」ジョアネは特権と横領の世界を記述するために一〇〇ページほどを割いているが、そこでは〈名士（フォア・ハンドレッド）〉の「考案者」であるウォード・マックス・アリスター[100]が、維持費が一年あたり一〇〇〇ドルと見積もられるニューヨークの *Society*〔社交界〕の花咲く乙女たちと親しく接している。[101]読者はジョアネによって五番街の長老派教会を思わせる「百万長者の教会」の周りを長いあいだ連れ回される。だが彼が記述しているのは、時間のなかの旅である。「高貴な家柄の貴族、あるいは最新の服をきちんと着こなした威厳のある父親や貴公子が、黄金時代の王女たちをエスコートしている。[102]」平和的な支配である。「富める者」はこの世の支配者でもある。「民主的国家は、封建体制のあらゆる統治手段でもって武装した貴族政治の支配下に置かれているのではないだろうか。[103]」連邦政府は？　保護下にある。チュニジアの「総督政府」のように、連邦政府は「征服者の保護体制下で、幸福に、満足して暮らしている[104]」。アメリカの制度は？「政治的保護領制[105]」である。そしてこれらの保護者、これら内部からの征服者、これら新しい領主がトラストの支配者であることは、もちろんである。「中世はこれら全身黄金で飾られたアメリカの領主ほど、身分が高く、権力のある諸侯を知らなかった。アメリカの領主は、鉄道が縦横に走る平原を駆けめぐり、つづいて銀行と大企業という城塞に引きこもる。そこではトラストという抑圧機械が組み合わせられるが、これらの機械のなかでは、独立事業者の競争はすべて押しつぶされ、あらゆる商業的自由が一掃され、必需品はすべて値上げされる。[106]」フランス語版では、おわかりのように、*robber-baron*〔追いはぎ貴族、悪徳資本家〕とは、大（鉄）道の略奪者ではないし、みずからの野蛮な力に酔った*outlaw*〔アウトロー〕でもない。従属国における征服者である。征服者が法律を作り、政治家に給料を支払い、政府を「保護する」。教会に寄付し、自分の娘たちを五番街の同輩や仲間と結婚させる。トラストが世界の未来であるならば、このすばらしい領主たちは地球を独占してしまったのである。それこそが「民主的国家が服するきわめて近代的な封建制度による貴族政治体制[107]」である。

ジョアネのような保守主義者からポール・ド・ルージエのような社会博物館の調査員まで、中世的な比喩はあまりにも執拗にくり返されるがゆえに、これを安易な修辞学的表現だとして過小評価するわけにはいかない。trust-sytem の「物質主義的」分析を回避するためのイデオロギー的な逃げ道をそこに見ようとすることについては、こうした大胆な仮説を立てる前に、最後にもう一度、ラファルグとその一九〇三年の『アメリカのトラスト』にもどったほうがよいだろう。そこに見出される中世は、もはや隠喩や類推としての中世ではなく、trust-sytem が根づいている語源学的、歴史的な台座としての中世である。合衆国をめぐるアイヴァンホー様式のこれらすべての描写のなかでもっとも驚くべきものは、「経済学者」でも反集産主義者でもなく、このマルクスの女婿のうちに見出される。『アメリカのトラスト』は、いっそう厳格であろうとしたために、ますます戸惑わせる彩色挿絵になっている。ラファルグは逸話も風俗的な場面も構築しようとしない。彼の描写はまったく教育的なものである。〈会社〉、その資本、その利益が、そこでは整然とした欄に整理されているのである。彼の「トラスト研究」は、その戦闘的な嫌な仕事という側面を果敢にも受け入れている。「大実業家」であり「トラスト組織者」である億万長者は、ラファルグの物語に飾り気もなく登場する。（ロックフェラーについておそらく私たちが知りうることは、「彼の胃がひどく悪化していて、乳製品しか食べられない」[108]ということだけである。）だがラファルグは、モーガン家やロックフェラー家に対しては拒否する小説的表現（ロマネスク）をトラストそのものには拒否しない。作品のちょうどまんなかで、突然中断し、彼がページごとにくり返していた不可思議な単音節語で立ち止まる。その語を手に取り、ひっくり返し、その語に語らせる。トラストという語に新語らしいところはまったくないということを――とラファルグは述べている――これ以上長く等閑に付すことは不可能である。まったく反対に、これは一種の古語法、原始的な記号表現（シニフィアン）、「未開な時代の語」である。そしてどんな〈未開人〉でもよいわけではない。「*Trust* は古スカンジナヴィア語であり、グリムはそれを保護、監督を意味する *tröst* あるいは *traust* の派生語と見ている。」アングル族の登場。「*Tröst* はニーベルンゲンでは保護者の代わりにいわれている。」サクソン人の登場。「頭（かしら）の *truste* のなかにある、頭の *antrustion* であるという表現は、頭の保護下に置かれているということであった。メロヴィング王朝の歴代の王の *truste* のなかにあった自由な人間と農奴は、いかなる侮辱に対してもより大きな *wergeld*（賠償）を受け取る権利があった。」無償の学識、教育家の衒学的態度だろうか。違う。血統の立て直しであり、トラストになされる訴訟における情報の補足である。見かけはどうであれ、私たちはデトロイトもピッツバーグも離れていない。新しい領主の家族のアルバムをめくっているのである。「フランス語では廃語になったが、英語ではよく使われているこの語は、その野蛮な意味を保持していた。」ラファルグは、*trust* に対する *trustee*〔受託者〕の語源的優先権を回復させるために、この機会を利用している。「trust-sytem の父であるスタンダード石油の重役たちは *trustees*、つまり株主から信用される人間であった。産業組合を意味するための *trust* という語の使用は、おそらくここに由来する。[109]」トラストの前に *trustees* がいた。剰余価値の敷石の下に、バルト海の海岸がある。産業の装飾の背後に、アングロ‐サクソンの原始的光景がある。『資本論』の読者の表面を削り取れば、オーギュスタン・ティエリーの読者がいる。ヘンギストとホルサ〔五世紀半ば、英国に最初に定住したアングロ－サクソン族の指導者兄弟〕とニーベルンゲンの人々のあいだに、伝説と渾然一体化して理解される経済があり、神話研究の二輪戦車と結びついた科学的マルクス主義がある。この驚くべき展開は、たんなる文献学的逸脱ではない。それは、このトラスト論が、なぜ中世の同業組合組織にかんする論述からはじまっているのかを理解させてくれる。それは、ラファルグが包み隠さずに書いているように、「trust-sytem」はその進んだ段階では――だが「すべてのトラストが、たとえこの上なくみごとに組織され補強されていたとしても」とラファルグはつけ加えている、「この発展の stage〔段階〕〔原文のまま〕にたどり着くどころではなかったが〔……〕、家父長的な封建時代に観察される前資本主義的生産の主導原理を活用している」[110]ということである。それならば、「未開時代に由来する語で、その諸組織をあらわす」こと以上に正しくて、適切なことはあるだろうか。

こうしてラファルグは、アメリカの社会階層全体に少しずつ広げられる中世という格子を通じて、トラストを解読するという同一の努力において、保守主義者ジョアネと一致する。「アメリカの将軍は」とジョアネは書いた。「原義において公爵以外の何者でもない。合衆国の州知事は市民、行政、軍事、司法に対して、かつての公爵と同じ権力をもっている。アメリカの鉄道王は、男爵と同一視することができる」[111]。だがブルジョワ「経済学者」であろうが、ラファルグのようなマルクス主義者であろうが、中世という隠喩を文字どおりに受け取る人々は、経済学者としては信用されなかった。落ち着いた生真面目さでくるまれたラファルグは、マンハッタンの「地位が高くて、権力のある領主」を描くジョアネやギュスターヴ・ル・ルージュの英雄的で幻想的な作品に大急ぎで追いついていく。ギュスターヴ・ル・ルージュが『億万長者の陰謀』で描いている恐るべきウィリアム・ボルチンは、「ヨーロッパの国家元首」のように――あるいは、より単純に、新しい中世の真の男爵のように――、毛皮専門猟師が見捨てた草原をプライベートの列車に乗って全速力で駆け抜けるのである。

＊

トラストにかんするフランスの小説とは、逆向きで物語られた『アーサー王宮廷のアメリカ人』である。マーク・トウェインは自分のヤンキーをキャメロットに移動させた。「トラスト化」に同じように魅了されたマルクス主義者と自由主義者は、一九〇〇年の合衆国を中世に移し替えるのである。(112)前世代の理想主義者によって無邪気に合衆国に結びつけられた民主主義的な比喩だけでなく、アメリカの地での進歩という考えも、もはや完全に終わってしまった。この国は後ずさりすることでしか近代的であることはできない。未来への常軌を逸した突進の果てに、中世の惨禍を再発見する。一九世紀末のフランス社会主義は、自分自身の分裂に結びついた複雑な諸問題を通じて、みずからに敵対する者たちの反米的な懸念をあらゆる方面で確証した。世紀の転換期には合衆国をめぐる否定的な比喩においては一致しているが、フランス社会主義は、アメリカの衆愚政治や無礼な態度にいらいらしている多くの保守主義者よりも、はるかに先を行っている。闘争のなかに「経済学」と「その権威主義的なレトリック」という重りを投げ入れるフランス社会主義は、アメリカ人の自由を欺瞞として、またその政治システムを trust-sytem に占有された真の権力が腐敗して発現したものとして告発することによって、最初の懐疑家の聖像破壊行為を完成させた。その話に従えば、分離戦争後の Gilded Age〔金ぴか時代〕のアメリカは、社会主義よりも多くの野蛮を生み出した。ユゴーにとって大切な大共和国については、民主主義の理想を世界中に普及させることを熱望するどころか、それが考えているのはただ一つのことである。すなわち、「トラストの帝国」によって再確立された封建制をヨーロッパに強制することである。

第II部　聖職者の偏見

1 もう一つのマジノ線

「私たちは守勢に回りつつある……」

エマニュエル・ムーニエ、『エスプリ』（一九三三年）

一九一七年。「アメリカ人のフランスへの到着。アメリカ合衆国の国歌と軍隊」。これはエピナル版画〔通俗的な伝説や歴史を題材としてエピナルで作られた色刷り版画〕である。紛れもないエピナル版画。有名なペルラン工房から出されている。サミー〔第一次世界大戦時にフランスにやって来たアメリカ兵の愛称〕が上陸し、「ホライゾン・ブルー」の軍服を着たフランス兵がこれを歓迎している。写実主義的な背景はまったくない。演出はきわめて象徴的な性格をもっている。大西洋の彼方の同盟国国民に捧げられたもう一つの版画は、一見したところ、いっそうドキュメンタリー的な性格を帯びている。「アメリカの救護所の周りで」である。この版画には、衛生班の服装と機材一式が描かれている。だがその「教育的な」装飾図案にもまた、さまざまな意図が込められている。問題なのは明らかに、フランスの戦場にアメリカ兵よりも先にやって来た、これらボランティアの担架兵と看護婦の英雄的行為を褒め称えることである。

この時期について、フランスで長いあいだ維持された社会通念は、この二つのエピナル版画に似ている。

これら社会通念とエピナル版画とを信じるならば、第一次世界大戦は、フランス人とアメリカ人のあいだに友愛の時代を再開させ、一二五年来、くすぶっていた炎を一気にかき立てたのであった。だが神話的な型染め版画のきれいな色彩を拭い去ると、絵はかなり異なって見える。この巻き返しがつかの間であったばかりではない。戦友がおたがいにこれほど不満を募らせて戦場をあとにしたことは、めったになかったのである。最初のサミーが到着して二、三年もすると、フランスと合衆国とはふたたび距離をとっており、この第二の蜜月という挿話に終止符を打っている。

アメリカが参戦したことによって、エピナル版画の扉がアメリカ人に対して開かれたとは、少なくともいえるだろう。エピナル版画においては、アメリカはそれまでは存在するかしないかの貧しさしか与えられていなかったのである。大半が一九世紀後半である約一万五〇〇〇点の版画制作全体のうち五〇から六〇点のみが、〈新世界〉と（しばしばあるかなきかの）かかわりをもっているにすぎない(1)。驚くべきわずかな数字であるが、これをさらに削減しなければならない。これにはラテン・アメリカの情景と、付随的に合衆国に触れられたにすぎない――「パリで正午のときの地球上のさまざまな時刻」のようなタイプの――版画すべてが含まれているのであるから。そうすると、一二点以下になる。版画の少なさに劣らず意味深長なのは、扱われている主題の選択である。アメリカ大陸の発見、〈未開人〉、インディアン、親指トム将軍〔アメリカの興業師バーナムの見世物である矮人。一八四四－四五にヨーロッパ巡業〕、「〈赤肌〉〔アメリカ・インディアン〕における道化師」。起源にまつわる伝説と興味をかき立てる挿話のあいだにあって、時事ニュースや最近の歴史は、きわめて数少ないデッサンのなかに何とかかんとか道を切り開いているにすぎない。一八九一年の西保護区における「最後の〈赤肌〉」の反乱、「ニューヨークにおける自由（リベルテ）の女神像」（組み立て模型）、さらに、もっと意外なことに、エリアス・ハウによるミシンの発明である。愛すべき子供たちをアメリカ化したとペルランを非難することは、どうしてもできない。

エピナル版画工場という神話的指標にとって、一九一七年の合衆国の参戦から霊感を得たこれら二つの版画は、数十年にわたる無関心のあとで、一つの転機を、さらには一つの革命を画するのだろうか。そうとは思えない。ペルラン社はみずからの愛国的な契約条件を実行している。戦争の当初から、ペルラン社はフランスの同盟国をどれ一つとして忘れてはいない。モンテネグロ人よりもアメリカ人を冷遇することは難しい。一九一六年から一九一八年にかけて隆盛を極める合衆国を褒めそやすもろもろの細々した作品に倣って、「古くからの友情」という紋切り型を、注文どおりにほどほどに称揚しているこれら二つの版画は、世論の動きを立証しているという以上に、戦争宣伝に属している。色が乾くや否や、フランス人の子供たちに提供される同盟の象徴は、実際に……エピナル版画と化しているだろう。

熱情から恨みへ

第一次世界大戦における合衆国の援軍は、英国外務省によってもフランス外交団によっても、熱烈に望まれ、模索されていた。一九一七年秋、ついに実現されると、歓呼でもって迎えられる。

対ドイツの参戦は、四月六日、アメリカ連邦議会によって採決された。五月以降、当局は一〇〇〇万人にのぼる大量の動員可能な者から五〇〇万人の新兵を急いで抽出する。パーシングは間もなく形ばかりの第一師団とともに上陸することができる。一九一七年末には、二〇万ものアメリカ兵がフランスの国土におり、さらに毎月、一〇万の兵が到着する。一九一八年一月、最初は既存の部隊に組み入れられたサミーは、厳密にアメリカ式の部隊に再編成される。七月、フォッシュが反攻に転ずる際、サミーは独力で一三五キロの前線を受け持つ。スタントン大佐のうまい表現、「ラ・ファイエット閣下、ここに私たちが参上いたしました！」、不慣れをカバーするこの若きアメリカの活力みなぎる勇気、ロシアの離脱とカポレットにおけるイタリアの瓦解といった決定的瞬間に、このようにしてよき天秤皿に投じられた分銅。すべてはこぞって一九一七年という年を仏米関係にとって恵みの一時期のみならず、持続的な歩み寄りの第一年目たらしめるように見えた。

ところが、それより一八か月後、仏米関係はめったに到達することのないほどの冷ややかな関係にふたたび陥った。他方、ジャーナリズムでは、あらゆる信条がごっちゃになって、合衆国と合衆国大統領に対する攻撃が募っていく。極度の熱気で迎えられたウィルソンのアメリカは、不満をかこち、うんざりして帰国する。背後に残るのは恨みである。この恨みは、つづく一〇年間にますます激化していくだろう。一九一七年―一九一八年の友情は、期待された再建の礎になるどころか風前の灯火である。体験されるとすぐに過ぎ去った幸福な時は、ふたたびよそよそしくとげとげしいものとなった関係のなかの、むなしい挿話の観を呈する。記憶そのものも、フランス中に広まった幻滅感、さらにはだまされたという感情によって台無しにされ、これに対して、大西洋のもう一方の側で応えるのが、アメリカ社会にうまくとけ込めない若き *veterans*〔退役軍人〕の欲求不満である。彼らの大いなる幻滅は、スコット・フィッツジェラルドによって体現される文学的世代に対して、とくに好みのテーマを提供するだろう。

ピクピュス墓地〔パリ一二区にある〕のラ・ファイエットの墓を前にしたスタントンの呼びかけは、実にみごとな表現である。(2) しかしながら、歴史的な比較対照は、彼の願いを超えたところで実現されなければならなかった。というのも、独立戦争のあいだの Insurgents〔反徒〕に対するフランスの支援が、一〇年も経たぬうちに両国間に失望と敵意が根を下ろす妨げにはならなかったのと同様に、しかもなおいっそうすみやかに、最初のサミーの通過に対してフランス人が示した感動的な喝采は、尊大だともエゴイスティックだとも判断されるアメリカに対する口笛と歯ぎしりへと変化することになるからである。アルゴンヌとサン＝ミエル〔いずれも第一次世界大戦の戦場〕の *boys*〔アメリカ兵〕のために編まれた冠がしおれる間もあらばこそ、フランスには非難と糾弾があふれ出す。塹壕での友愛につづくのは、ただちに大西洋をはさんでの聾者たちの対話であり、この聾者たちの対話はつぎの戦争まで——さらにそれを超えて——つづいていくだろう。

逆説。つまり、フランスで反米的言説が激化し、とりわけこれが固定するのは、力を合わせて勝利した戦争の翌日なのである。「純金がどのようにして卑しい鉛に変化したのか。」まさしく、戦闘という鉛と銀行という金、負債（現実のものであれ象徴的なものであれ）の重量と表象の重さが混じり合う不幸な錬金術によってである。この否定的な変質の中心部には、最初は褒めちぎられ、つぎに嫌われたひとりの男がいる。理解しがたき合衆国大統領、手に負えないウィルソン氏。彼は〈平和〉を訴える講演ゆえに、一九一八年末のパリでは「人類の救済者として受け入れられ」た。（こう書いているのはフロイトである。フロイトはウィルソンを嫌っているのだから、彼のいうことは信頼にあたいする。[3]）ウィルソンは前もって彼を否認してしまったアメリカと対決するために、満座の敵意のなかを〈光の都〉〔パリ〕から去っていくだろう。このアメリカは一九一八年一一月、アメリカ連邦議会上下両院を彼の敵対者たる共和党に引き渡したのである。

一九一九年、誤解から挫折、および疎遠から否認へと通じる溝が、ふたたびうがたれた。社会主義的左翼は、ふたたび平和主義者になったか、「東方に」、すなわちソヴィエトの祖国に「出現した大いなる光」に眩惑されたかして、世界的規模の衝突にふたたび火をつけようとするウィルソンの意志を告発する。時代に先んじた *containment*〔封じ込め〕のために〈赤軍〉に対する干渉を推奨するからである。しかも、左翼的世論が合衆国に対して示す無関心あるいは敵意は、一八八〇年以来、社会主義陣営と組合活動家のあいだに定着している何から何まで否定的な想像世界(イマジネール)のうちに深く根を下ろしている。そこに混じっているのが、労働者に対して情け容赦ない大地という合衆国の認識と、アメリカ社会主義運動の敗北によって醸された幻滅である。*Great Upheaval*〔大動乱〕の際の警察と雇用者側の暴力に強く揺さぶられたこの国の民主主義のイマージュは、フランス人活動家の精神のなかで、ますますぼろぼろになっていく。しばしば不可解な諸制度の機能の仕方とひどく謎めいた「仲間たち」を前にして残るのは、抑圧と正義の否認という明白な事実である。一九二〇年にはじまるサッコとヴァンゼッティ事件〔一九二七年までつづいた殺人犯裁判。イタリア人アナーキスト、N・サッコとB・ヴァンゼッティがその無政府主義的思想ゆえに有罪を宣告され、死刑に処せられた〕は、ヘイマーケット・スクエアの絞首刑〔一八八六年五月四日、シカゴのヘイマーケットで起こった警察と労働者の衝突事件。八七年にアナーキスト指導者八名が確たる証拠もないまま絞首刑に処せられた〕を忘れた人々の記憶をよみがえらせることになる。

極右では、一九一九年、当時は強力だったモーラスの声が、アメリカの「素朴な大統領」を激しく非難し、その失敗の総決算をする。「確かなことは、ウィルソン氏が自己の思想が旧〈世界〉で全面的な失墜をこうむったことを理解せずには、そこを去ることができなかったということである。[4]」これはアクション・フランセーズ〔ドレフュス事件を契機に生まれた王党派的民族主義運動〕を超えて、ナショナリスト的右翼もすすんで賛成する総括的見解である。世論は一般に、戦勝国の欲望を和らげようとするウィルソンの努力、私たちの利益を損なうと判断された努力に苛立ちを覚える。アメリカの内政にはほとんど興味のないフランス人は、ウィルソンが倦むことなく提唱した国際連盟 Société des Nations に、合衆国が――つまり、共和党となったアメリカ連邦議会が――加入することを拒否したことに唖然とする。フランス人は一九一九年七月にアメリカ上院によってなされた、ヴェルサイユ条約に対する敵対的な迎え方に眉をひそめる。フランス人は、アメリカ連邦議会がこの同じ条約を一九一九年一一月と一九二〇年三月に、くり返し拒否したことに憤慨する。もっとも重要なこと――条約によって創設された国境を合衆国が保証すること――を拒否されたことに深く傷ついて、フランスはもう一度、アメリカにそっぽを向く。アメリカは、一九二〇年に華々しく選出されたハーディング、およびホワイトハウスにおけるその後継者であるカルヴィン・クーリッジの孤立主義的「アメリカ主義」を圧倒的多数で承認することによって、そのお返しをする。

非難のあとにつづくのは、意図の勘ぐりである。不信感は、さかのぼって、戦争のあいだのアメリカ連合軍の動機と行動に向けられる。共同で書かれた「栄光のページ」はめくられたばかりなのに、フランス人によって書き直されはじめるのである。

最後に参加してみなと同じ報酬を受ける者

一九一四年以降のウィルソンの態度がふるいにかけられ、疑いの目でもって再検討される。ウィルソンは何年ものあいだ、自国をこの「権利としての戦争」の外部に置くために万策を講じなかっただろうか。だがこの戦争では、フランスと英国の民主主義が、軍国主義的な帝国体制によって包囲される恐れがあった。彼はドイツの侵略と戦争犯罪――これには一九一五年五月七日のルシタニア号〔イギリスの豪華客船〕への魚雷攻撃も含まれている――に対して最大限の優柔不断さをもって対処しなかっただろうか。アメリカの世論がとうとう、それまでよりもずっと遠くまで進もうと準備していると思われたときに、彼はドイツに対する漠たる否認で満足したのである。彼はどっちつかずの表現でもって再選されなかっただろうか。一方で「アメリカを戦争の外部に置く」ことを約束し、他方では「私たちは人類の利益にかなう平和を守るために、私たちの力を惜しみなく費やす準備ができている」（オマハでの演説）などと主張する。自国が参戦する前日においてもなお、彼は「勝利なき平和」などという許しがたい目標を掲げていなかっただろうか――ヨーロッパのパートナーをなだめるために、彼はこれを「正義の平和」に変えなければならないだろう。要するに、ウィルソンの無為無策を過度に確信したドイツ人自身が、大型商船の魚雷攻撃を再開したりメキシコに圧力をかけてヤンキーを背後から攻撃させたり、挑発を容認しがたいところまで押し進めなかったならば、アメリカは参戦していただろうか。いまや人々は疑いの目で見、このことを声高に言い募るのである。

そもそもアメリカは、ヨーロッパの運命の支配者を気取るために、一足遅れて参戦しなかっただろうか。肩と肩を寄せ合って戦ったこの数か月は美しい思い出である。だが、これを数年ということができるのであれば、この美しい思い出もいっそう納得のいくものになるだろう。最後に参加してみなと同じ報酬を受ける者〔マタイ福音書〕であるアメリカ人は、侵略され色を失うほど搾り取られたフランスと同じ犠牲を誇ることもできなければ、同じ苦しみを誇ることもできない。「あなた方の干渉は〔……〕あなた方には慈悲深いものだった。というのも、それによってあなた方は、私たちのように一三六万四〇〇〇名が殺される代わりに、五万六〇〇〇名の命を奪われたにすぎないのだから。[5]」遅れて到着し、さらには遅れて戦いに参加したアメリカ人に対して、一九三〇年になってこのような悪態をつくのは、無責任な扇動家でもなければ、不和の種をまくつまらぬ人間でもない。元総理大臣であり元陸軍大臣、クレマンソーその人である。この失われた時〔無駄にした時間〕とは、フランスにとっては流された血のことであった。「我らが兵士たちがひっきりなしに掃射されるのを見ることとは、大きな憐憫の情をかき立てた。他方、アメリカ人の膨大な部隊は、彼らのすぐれた司令部の下で、大砲が届く距離にいても何もしなかった。[6]」フォッシュとの一種の死後論争によって〔フォッシュは一九二九年没〕、フランス人は、まさに戦争がおこなわれているあいだに、これらの援軍の使用法をめぐって二人の男をひそかに対立させた論争の詳細について知ることができる――クレマンソーが望んだ使用法は、すみやかで大規模なものだった。

辛辣な言葉、広く共有される認識。大西洋の彼方の同盟国に幻滅したフランス人は、もはや彼らが遅く到着したことしか覚えていない。プルーストは、言説の天才的な昆虫学者として、『見出された時』のなかで、つぎのような言説をピンで留めている。このページは二〇年代初頭に書かれ、当時の幻滅を反映している。しかしプルーストはこの対話を戦時中に位置づけることによって、遅くやって来た同盟国であるアメリカについてシャルリュス男爵がおこなった底意地の悪い発言の挑発的効果を高めている。「アメリカ人の悪口は言いたくありませんがね」と彼はつづけた。「どうやらあれは限りなく寛大な人たちらしいな。この戦争にはオーケストラの指揮者もおらず、めいめい勝手に他人よりずっと遅れてダンスに加わったのだし、アメリカ人がはじめたのは、われわれがほとんど終わったときでした。だから四年間の戦争で血気にはやるわれわれの心は鎮められたけれど、彼らはその熱意をまだもちあわせているのかもしれない。[7]」プルーストはみごとな鋭さといくつもの刃をもったイロニーでもって、男爵のうわべだけの愛国心をもってしても、「自分の観点をあまりに吐露する」ことに対する恐れをもってしても抑えることができない反米主義の強さを書き留めている。一九一八年というコンテクスト（虚構の）――この時点では、それはまだタブーだった――のなかで抜け目のないシャルリュスのような人物によって表明された、アメリカ人は遅れて「ダンスに加わった」という不満は、いまやあらゆる人の唇の上で発せられる。

同様に、アメリカの干渉という現実の重みは、それまで軍事機密によって覆われていた同盟国間の対立が公衆に知られるにつれて、下方修正の対象となる。クレマンソーの書物『勝利の偉大と悲惨』が、この言いたい放題の頂点である。それはフォッシュの死後攻撃に対する嫌みな返答である。フォッシュの『回想録』によって、アメリカという援軍の使用法にかんして、フォッシュを首相に対立させた戦争のなかの小戦争が白日の下にさらされたばかりだったのである。フォッシュが得な役割――「忍耐強い」リーダーという役割――を演じ、怒りっぽいパーシングの機嫌をとってフランス‐アメリカ間の重大な危機を回避したという功績を我が物とするのに対し、クレマンソーは言い出したら絶対に取り消さない。「アメリカの大兵力の編成の遅さ［アメリカ人をただちにフランスとイギリスの師団に組み込んだのと比較して］のせいで、私たちは多大な血を流した。[8]」それもこれも、「この偉大な民主主義国の生来の傲慢さのせいで、この民主主義国は一丸となって、至高の勝利のために、最後の戦場へと赴いたのだ[9]」からである。クレマンソーはシャルリュスとほとんど同じことを述べている。「限りなく寛大な人たち」とみなされたアメリカ人は、実際には、自分たちの軍隊を出し惜しみ、苦しんでいる同盟軍を急いで助けることよりも、戦争の *dei ex machina*〔機械仕掛けの神々。悲劇的事態に思いがけない解決をもたらす人物や出来事。ギリシア悲劇に由来〕のように見えることのほうに気をつかっていた。私たちは間違いなくエピナル版画から遠いところにいるのである。

結局、ウィルソンを通じて教訓の提供者を任じる国としては、大戦は短すぎたのである。「五二か月の戦争。うち三二か月はこの助言好きの国の場合は中立状態で過ぎ、一二か月は軍事的棄権の状態で過ぎ去った。[10]」この冷ややかな要約は一九二七年に書かれている。この要約は合衆国に対してもっとも理解あるフランスの政治家の署名付きである。戦時中、ワシントンにおける高等弁務官であったアンドレ・タルデューである。そしてこの同じアンドレ・タルデューが、「友情」の神話にもとづいて政治をおこなうという「根本的なミス」を排除するために、やはり一九二七年、仏米関係についてつぎのような手厳しい決算書を作成するのである。「共感によって結びついたこの二つの国は、協力しても、その直後に絶交しないことは決してなかった。そして他のすべての場合において、接触の不在のみが両者のあいだの不和の不在を説明する。さらに私はつけ加えたい」とタルデューはつづける。「政治的協力がおこなわれたこの短い期間――一四〇年のうちの一〇年以下――は感情の法則ではなく、利害の法則に従っていた。利害が枯渇すると、感情だけでは協力を維持するのに足りなかった。[11]」

こうしたタイプのアメリカびいきがいるのであるから、アメリカ嫌いには挽くべき穀物はほとんど残されていない〔アメリカ嫌いがすべきことはほとんど何もない〕。

ウッドロー・ウィルソンを糾弾する

「ああ！　プリンストンの木陰から消え去ろうとしないあの力強い顎」と、一九三三年に出版された本でモーロワが叫ぶ。[12]このぶしつけな顎はウッドロー・ウィルソンの顎である。アメリカ合衆国大統領になった元プリンストン大学総長は、没してすでに一〇年近く経っている（一九二四年）。だが今なおウィルソンに取りつかれているフランス人はモーロワだけではない。

終戦直後の反米の巻き返しの中心にあるのは、ウッドロー・ウィルソンというフランス人にとって不可解な人物像である。もてはやされ、ついで嫌われたこの説教好きの大統領は、反米主義の個人攻撃の犠牲になるアメリカ最初の公人である。彼をめぐる世論の急速で極端な変化は、合衆国離れの反映である。それはアメリカの勇敢で愛らしき兵士たちに対する熱狂のあとに、何の前置きもなくいきなりやって来る。理解しがたきアメリカの象徴そのものと化したウィルソンは、死後においてすら、嫌悪と非難を呼び覚ましつづけるだろう。彼の影はプリンストンの木立につきまとっているばかりではない。三〇年代のフランス反米主義のすべての権威ある作家（クラシック）にもつきまとっている。三大統領あとになっても、アロンとダンデューの『アメリカという癌』が相変わらず「この鼈甲のメガネをかけたアッチラ」を非難するさまは、さながらヨーロッパの疫病神を非難するかのごとくである。[13] モーロワについていえば、彼を招いたプリンストンの人々は、「ウィルソン問題」を解明しようとする彼の願いがきわめて強いことを見て取り、彼の好奇心を満足させるために *pro*〔賛成〕と *contra*〔反対〕の二度のディナーをつづけて開かざるを得なかった![14] ウィルソンの謎は、多くのフランス人には、神秘的で粗野な、宗教的で実用主義的な、過度にきちょうめんで、ひどく自信満々なアメリカそれ自体という謎である。この不可解な大統領のうちでは、とクレマンソーは書いている。「アメリカ人にとっては驚くほどのことではないが、経験主義と理想主義が結合[15]」していた。しかしこの結合にフランス人はあっけにとられるのである。

だが一九一九年、講和会議に意気揚々とやって来た合衆国大統領は、まだ不可解なウィルソン氏ではない。彼はただ戦勝者たちの外交の荷車の車輪に何とかして棒を突っ込もうとしている邪魔な盟友であるにすぎない。フランスの諸要求を抑えるための彼の努力は、彼が到着したときにはもっていた大量の信用貸付を、数週間にして蕩尽してしまう。「ウィルソンはイエス‐キリストのような話し方をし、ロイド・ジョージのようなふるまい方をする。」この気の利いた言葉は講和会議の廊下という廊下を駆けめぐる。[16] 国際連盟 Ligue des Nations というみずからの理想に打ち込んでいるウィルソンは、実践的なレベルでは、実際には、本来の意味でも比喩的な意味でも絶えず譲歩している。彼は英国がドイツの植民地を奪い、中東を好き勝手に再編するのを見過ごしている。ドイツ語圏に属するアルト・アーディジェ〔イタリア北東部の自治州〕をイタリアに授与するが、これは彼自身が表明した少数民族の権利と矛盾している。フランス人には、ドイツによる賠償支払いのスケジュールを無制限にするというフランス人にとってひじょうに気がかりな原則を認めた。「保証」として〔連合国軍による〕ラインラントの占領を決心しさえするだろう。結局のところ、彼が自分の同国人に受け入れさせようとむなしい努力を重ねるのは、彼が発表した一九一八年一月の「一四カ条」の精神とは裏腹の条約の文面なのである。批准を弁護するためにアメリカにおいて企てる遊説のあいだに、ウィルソンは病に倒れる。かろうじてワシントンに帰還するが、左半身不随のせいで、残りの任期はホワイト－ハウスにしばりつけられる。

最近、ある——プリンストン大学の——歴史家が示唆したように、《A light that failed completely》〔完全に消えた光〕なのだろうか。[17] いずれにしても、挫折した印象を与えるのは、今日から見るからではない。ウィルソンはヴェルサイユ条約にみずからの刻印を残すことに成功しなかった。クレマンソーが「神秘的な信徒経信(クレド)[18]」と呼んだ国際連盟にあまりにも取りつかれていたのである。彼自身の国は条約もSDN〔国際連盟〕も認めなかった。パリ講和会議に際して、彼の仲裁の意志は戦勝国の反感を買う。アメリカ連邦議会に批准させようとする彼の最後の悲愴な闘いのせいで、共感というお返しをまったく得なかったわけではないとしてもである。アメリカの怠慢は相変わらず非難されつづけるが、この非難は共和党員〔一九二〇年から一九三二年まで権力の座にあった〕に対してではなく、〔民主党員である〕ウィルソンに対してなされるのである。クレマンソーは一九三〇年になって、ウィルソンとその「一四カ条」について書くことができた。「すばらしくもこうした責任が受け入れられるならば、無遠慮な単独講和においても、その責任を免れうるのだろうか」——まるで、ウィルソンが退陣する前に、連邦両院の結託によって採決されたこの単独講和に最後の拒否権を突きつけなかったかのようである。クレマンソーはおそらくここではフランス人として、また国家の延長線上にある特定の理念の名においてものを考えている。だが同時にウッドロー・ウィルソンは、合衆国の同義語または提喩と化している。墓のなかにいたるまで、フランス人は、彼がおこなったこと、彼がおこなわなかったこと、さらには彼に反対しておこなわれたことの理由を彼に問うのである。

アメリカがウィルソンに同一化したことによって、アメリカの相貌が劇的に変化する。というのも、きわめてはやくから、ウィルソンは虚言症患者、神経症患者、ひょっとすると狂人呼ばわりされるからである。彼の「ケース」を通じて、病気だとして扱われるのはアメリカそれ自体であるが、一八世紀におけるように身体的欠陥という形ではもはやなく、精神病という近代的な領域における病気である。反教権主義的であるクレマンソーは講和会議において、キリスト的な野心をもつこの奇妙な国家元首を揶揄するだけで満足していた。国家主義的右翼は、モーラスを筆頭として、診断をいっそうひどいものにし、とりわけこの診断をアメリカ精神全体に適用する。宗教的神経症、さらには神秘的妄想との非難が、以来、反米的表象という共同資本につけ加えられる。この非難はたちまちびっくりするような満場一致の対象になる。その目覚ましい証拠はおそらく、ジークムント・フロイトとアメリカ人外交官ウィリアム・バリットの連署になるウィルソンの驚くべき「心理学的肖像」である[19]。『トマス・ウッドロー・ウィルソン大統領。心理学的肖像』は、めんくらわせるような解釈であるが、それはこの企ての論争的で大胆な性格のせいばかりではなく、このオーストリア－アメリカ的な分析的なモノグラフと、フランスにおけるまったく別な政治的、論争的なコンテクストで提示されたウィルソンの病理学的な「人物像」のあいだに成り立つ反響のメカニズムのせいでもある。このようにして、『心理学的肖像』のなかに、資料提供者として引用されているクレマンソーの明白な形跡のみならず（「彼は人間たちを改心させるために地上にやって来た第二のイエス－キリストを気取っている[20]」）、いっそう奇妙なことだが、一九一九年以降、神経症患者ウィルソンというテーマを喧伝した者――シャルル・モーラス――の暗黙の痕跡が見出されるとしても、何ら驚くべきことではない。

つまり、驚くべき書物、何よりも敵意によって驚くべき書物である。フロイトは自分の個人名を署した序文で、あからさまな「反感」を誇示している。「宗教的な幻想をかくも文字どおりに解釈し、全能の神と緊密な個人的関係を維持していると確信している人間は、凡人の面倒を見るようには作られていないと思わざるを得ない。[21]」最後の判決についていえば、確定判決である。「彼の欠点の性質が彼を権力へとみちびいたが、彼の性質の欠点が最終的に、彼をしてこの世でもっとも偉大な人間のひとりではなく、ひとりの失敗者にしたのである。[22]」しかし、この理由ある敵意――フロイトは両大戦間にヨーロッパが地獄へと下降した責任はウィルソンにあると判断している――を超えて、『心理学的肖像』の共著者は、ウッドロー・ウィルソンの個人的な病理学はアメリカ文化そのものの病的な宇宙をかいま見せているという確信を、フランスの反米主義者と共有している。〈ウィルソンという狂気〉はアメリカ的でしかあり得ない。合衆国とは、ウィルソンを説明する「病原性環境」なのである。

この二重の確認事項については、フロイト *cum*〔および〕バリットの、後期に書かれ死後に刊行されたテクスト（二人が決定版について合意したのは、一九三八年になってからにすぎない）と、一九二〇年に出版されたモーラスのエッセイ『ウィルソン大統領の三つの面』は完全に一致している。国境、歳月、そして両者の思想を分かつ深淵を超えて、オーストリア人精神分析家の情け容赦ない審判は、フランスのナショナリストによって素描された診断を裏づけ、さらには悪化させる。彼らのウィルソンが似ていることは否定し得ない。一方における偉大な偏執狂患者、他方の「未熟な独裁君主」、そしていずれにおいてもヴィルヘルム二世と比較されるウィルソンは、潜在的な精神病患者である。フロイトは単刀直入に述べている。「彼が日常的に神に従っていなかったならば、おそらく偏執狂へと逃避し、〝迫害妄想狂〟にかかっていただろう。そして、ホワイト－ハウスの主人になる代わりに精神病院の在居者となっていたかもしれない。」それどころか、ウィルソンが精神病院に入らずに済んだのは、アメリカに生まれるという幸運に恵まれたがためでしかなかった。「彼が父親に対する受動性に立ち向かうことなく全生涯を生きることを可能にした合理化という遮蔽物は、彼がヨーロッパで生活していたら、もっとはやく取り去られていただろう。彼は一九世紀に、ウィクリフ、カルヴァン、ウェスリーの理想に対する先祖伝来の愛によって現実から守られた国民のただ中に誕生するという幸運に恵まれたのだ[23]。」ウィルソンが精神病院で果てなかったのは、彼がすでにピューリタンのアメリカという狂人の住処に閉じ込められていたからである！ *America*、すなわち、どんな偏執狂患者でも大統領になれる国……。

　モーラスはそれほど遠くには行かなかった。だが一九一八年のウィルソンに特徴的な（モーラスの目には）憂慮すべき独我論と外的現実の否認に言及した。「休戦のあと」とモーラスは書いている、「人間の目、鼻孔、耳、その他すべての政治的感覚は、ウィルソン氏においては閉じてしまった。［……］彼は接近不可能な塔にある、彼だけが開く鍵をもっている謎めいた階段を、これを最後と登っていくように思われるのだ[24]」。フロイトは偏執狂を好む。モーラスが記述するのは一種の自閉症である。いずれにしても、宗教的単一狂気（モノマニー）としてのアメリカ大統領の「理想主義」というテーマが発せられた。いかにすれば「トランペットを吹く素朴な大統領」がみずからの神の摂理による使命を疑うだろうか。というのも、彼は「自分が勧告をおこなうたびごとに、ヨーロッパ的〈悪〉の主天使、座天使、その他の能天使が、深淵のなかで馬上騎馬試合をするのが見えると信じている[25]」のであるから。ピューリタンにして狂人。狂人というのは、ピューリタンだからである[26]。この見解はフランスではきわめて明晰にして判明であると見えるがゆえに、これをウィルソンへの適用だけに制限することは遺憾なことだったのだろう。実際、この見解はウィルソンの後継者にも移し替えられ、ウィルソンの死後も生き残るだろう。たとえば、一九三一年の誹謗文書が、ホワイト－ハウスに言及したあとで、ついでながらつけ加えるときである。「精神病院という申し分のない名前！」いかなる読者も、一見しただけで意味するところは明らかである。[27]

つまり、戦争直後のウィルソンへの一点集中は、講和会議における軋轢によって、さらには彼が妨げることができなかったアメリカ離脱によってかき立てられた怨恨をはるかに凌駕している。この一点集中は、新たな反米的な想像世界（イマジネール）を利する形で、「権力の陶酔」（モーラスが書いているように）のみならず、紛れもない宗教的妄想に苛まれる誇大妄想的アメリカという形象を形成することを可能にする。一八三五年に不作法にもフランスを脅したアンドリュー・ジャクソンと、一八七一年にフランスにロバの足蹴〔卑怯者が恐れる必要のなくなった相手に加える侮辱〕を加えたユリシーズ・グラントは、結局のところ、偏狭な軍人でしかなかった。テディ・ローズヴェルトはかならずしもヨーロッパに対して好意的でなかったし、われらがパナマ運河に対して思いやりがあったわけでもなかった。だが彼らは少なくとも自分の *big stick*〔ビッグ・スティック。威圧、勢力の誇示の意〕とモーセの杖とを混同することはなかった。常日頃、神と二層式住居で暮らしているおとなしいウッドロー・ウィルソンは、彼らよりもはるかにフランス人を苛立たせる。その「接近不可能な塔」にふたたび登ったアメリカが、フランス人を不安にするようなものである。アメリカはお説教でヨーロッパ人をうんざりさせたあとで、加入しているどの電話にも出ることをやめたのである。

アウタルキー的言説

この合衆国の「離脱」が、両大戦間におけるフランス人の怨恨の一般的枠組みを提供していることは明らかである。だが二〇年代末期の反米主義の高まりは、度重なる価格戦争やキューバ侵攻のような過去のケースにおいてそうであったように、合衆国のこれこれの陰謀に対する反応として起こるのではない。反米主義が激化するのは、予告されると同時に拒否される衰退を一般的な背景としているのであって、これこれのトラブルや一時的な衝突との関連によってではない。反米主義は、一九二七年のサッコとヴァンゼッティの処刑のような例外的な感情的な負荷を帯びた出来事に際して「ピーク」に達するとしても、それとしてあらわれるのに特別な事情をもはや必要としない。この瞬間から、反米主義は時事性から大幅に自律した言説の領域のようなものとなる。論争が猛烈な勢いで広がりはじめるのは一九二七年である。それはつまり、この論争はブリアン－ケロッグ条約〔パリ不戦条約。一九二八年〕が燦然と輝く時期に実現した〔フランスとアメリカの〕外交上の一致というエピソードと同時だということである。それはまた、反米主義の爆発は〈不況〉よりも前、とりわけ一九三一年のあとになって著しくなる、その〈不況〉のフランスへの波及よりも前だということである。動員がおこなわれるのは繁栄する強いアメリカに対してであって、危機にあるアメリカに対してではない。つまり、この反米的趨勢は、合衆国に責任があるとみなされる世界的な破産に対する反発としては説明することができない。非難はア・ポステリオリにしか生じない。そして、あらかじめ広く行き渡っている敵意の言説を支えることになるのである。

「事実」から表象への因果関係は、しばしば逆転するように思われる。一九二〇年から一九四〇年にかけて両国間には取り返しのつかない衝突は何もないし、深刻な係争問題さえない。戦争債の問題を除いてである。この問題が世論の反米主義を先鋭化させることは異論の余地がない。だが、のちに（次章で）見るように、この問題そのものが、反米感情の新しい力によって、解きほぐせないまでに紛糾したのである。一九三〇年に戦争債にかんする論争が頂点に達したことは、反－ウィルソン的酷評、および二〇年代の終わりに増加するアメリカの戯画化された肖像画と不可分である。反米的言説はいまや、現実にのしかかり、現実認識をねじ曲げる。両大戦間の間違ったやり方、危険をはらんだ不活発、大西洋をはさんだ機能不全の起源は、多くの場合、皮相な心象から生じた自動性である。幻想という重い負荷に損なわれていないような、いかなる論争も、軍事的、経済的、財政的な、いかなる交渉も存在しないのである。

つまり、新しい反米的言説の第一の特徴とは、そのアウタルキーである。反米的言説のアウタルキーとはここでは、ますます自己言及的になっていく論理のみならず、自給自足への傾向を指している。先行する三、四〇年のあいだに蓄積された修辞学的宝庫は、新しい世代の作家と論客によって著しく豊かなものとなり、いまや反米的「文化」として安定化する。この反米的文化はかぎられた社会階層によって生産されるが、その階層を超えて広く普及する。というのも、完全なコンセンサスが成り立っているからである。

コンセンサスは満場一致を意味しない。ある者たちはこの言説の締めつけに反抗する。一握りの知識人である。すなわち、アンドレ・モーロワ。彼はある種のカリカチュアをこっそりと訂正する。エリ・フォール。エリ・フォールはニューヨークの建築にかんする明快なページの著者であるが、これらのページはデュアメルの駄作やクローデルのもったいぶった話とは目覚ましいコントラストをなしている(28)。そのあいまいな『ニューヨーク』ゆえに、ポール・モラン自身。とりわけセリーヌ、『旅』のセリーヌ。私たちはその卓抜な二枚舌に、もっとあとで再会することになるだろう。ここに第二次世界大戦前夜のニュー・ディールへの若干の賛辞をつけ加えよう。そうすれば、ほとんどすべてを数え上げたことになるだろう。政治家の場合は、こういった種はなおいっそうまれで（絶滅の危機に）ある。アンドレ・タルデュー。アメリカの諸問題にかんする早期の直接的な知識のおかげで、彼はドクサに対して免疫になっている。社会学者アンドレ・フィリップ。彼はおそらく別種のコンタクトのせいで柔軟である（彼はアメリカ人女性と結婚した）。いずれもがアメリカ好きの世評を、囚人の足に付けた鉄の玉のように引きずるだろう。

反米的コンセンサスから離脱することは、ハイ・リスクである。フランスでは、公人の信用を失墜させようとして、その者をアメリカの友として描き出す場合には、このようなことは何もない。両大戦間にタルデューを犠牲にして試されたやり口は、解放後になると大々的に再使用されるだろう。タルデューは、だからといってアメリカの外交政策に媚びていたのではないが、「〈嘘つき〉に雇われた召使い」とか「われわれの独立の密売者」扱いされていた。[29] 一九四五年以後の共産主義のプロパガンダにおいては、自分の敵対者に対して、「外国の党」、「アメリカ党」、さらにはアメリカの「第五列〔スパイ〕」という不名誉なレッテル貼りが故意におこなわれるだろう。ジョルジュ・ソリアは一九四八年に、「庶民の良識によれば、祖国の政治・経済生活にかんしてアメリカの諸要求とまったく軌を一にするような姿勢を有するフランスの政治家を意味する表現として、いまや〝アメリカ党〟と呼ばれているもの」[30]を告発する。一九五〇年の共産党の小冊子『〈第五列〉がいるのはここだ!』は、ヤンキーのエージェント二三人の名を明かしている――そのうちもっとも有名な名とは、ロベール・シューマン、ギ・モレ、および……シャルル・ド・ゴール。[31] 三〇年後、社会党内の自分の派閥に対して「アメリカ寄りの左翼」のレッテルがピンでもって留められるときに、ミシェル・ロカールが身をもって知るように、矢は毒を塗られたままだろう。政治的な吹き矢であれ、やみくもに撃つ銃であれ、かなり不正確であるにしても、武器が恐ろしいものであることに変わりない。インテリゲンチャにおいても政治世界においても、それは途方もない追放機械である。この追放機械はみずからの力をコンセンサスから引き出すが、このコンセンサスは両大戦間に生まれるのではない。それははやくも一八九八年という年〔米西戦争の年〕に観察することができた。この年においてすでに、反米主義はフランス人を分裂させることがもっとも少ないものであった。何が新しいのかといえば、反米主義のメカニズムを発動させるためには、もはやキューバ戦争を必要としないということである。フランスの反米主義はいまや、自然発火するのである。

このアウタルキー的言説は、きわめてモノローグ的な言説でもある。二〇年代終わりの反米主義の猛烈な広がりが、アメリカ合衆国にかんする「論争の火ぶたを切る」とはいえない。フロベールであればいうであろうように、それは「[……]を激しく非難する」のである。ジョルジュ・デュアメルの『未来生活情景』をはじめとして、当時、出版される反米主義の権威ある作品はどれ一つとして、だれであれ敵対者に異議を唱えることもなければ、反駁することもない。現実のものであれ仮定されたものであれ、アメリカ好きが指弾されるときには、彼らの主張は注釈もなしに排除される。そして万が一にも、アロンとダンデューが『アメリカという癌』でおこなうように、論争家がだれかと対話するとしても、指定される敵対者自身は、反米の程度が少なすぎるとか、反米の観点が愚劣だと判断された反米主義者――この場合は、ジョルジュ・デュアメル――なのである！

アメリカにかんして分裂、フランス人が？　いかにも、そういえなくもない。だが分裂しているのはもっぱら、右翼の反米主義者、左翼の反米主義者、および、もっとも辛辣で「右翼をも左翼をも」推奨することのない非順応主義的な反米主義者のあいだにおいてである。ナショナリスト的、王党派的、ファッショ的な右翼から、さまざまな非‐順応主義者を通って革命的左翼にいたるまで、反米主義者は膨大な数にのぼる。以来、事態を掌握している知識人では、ほぼ全員にのぼる。

聖職者の動員

この新しい言説の時代の第二の特徴とは、実際、「知識人」がそこで演じる推進力としての役割である。

まるで反米主義の生産が一種の権限移転の対象となっているかのように、知識人は一九一八年の前と後ではもはや同じではない。

戦前の一八八〇年から一九一四年にいたる時期には、アメリカのイマージュと分析は、とりわけ旅物語とか専門的なモノグラフィを通じて伝えられた。虚構あるいはエッセイ類を通じて伝えられることは、ずっとまれであった。それに、発言者のなかに有名人はほとんどいない。ポール・ブールジェが、有名な唯一の名——コーパスは豊富であるけれども、実際に有名な唯一の名なのである。この関係は二〇年代に入ると逆転する。フランスにおけるアメリカのイマージュの一大供給源はいまや、作家、あるいは「哲学者兼作家」、しかもそのなかでもっとも有名な者となるだろう。モランからクローデルとデュアメルを通ってセリーヌにいたるまで、またサルトルとシモーヌ・ド・ボーヴォワールからジャン・ボードリヤールにいたるまで、いまや合衆国はインテリゲンチャ内部の新しいグループによって「カバーされる」。小説家、詩人、モラリスト、論戦家、エッセイスト、哲学者である。変化は著しく、不可逆的である。映画によるイマージュ、ついでテレビによるイマージュの到来は、もっぱらアメリカのこの虚構化の領域と視聴者の拡大に一役買うのである。

アメリカの心象を組織するのは、もはや（いずれにしても、もはや主として）経済学者、政治学者、心理学者、または原-社会学者（プロト-ソシオローグ）など、あらゆる研究分野の専門家なのではない。これらの専門家の観点が、一九世紀末のフランスの眼差しに強い影響を与えていたのである。全員が合衆国から目をそむけるということではない。調査旅行をする学問的な学術調査員も、もちろんまだいるだろう。教育学者と農学者は常時だが、ますます多くなるのは、人間関係と産業組織にかんする初期の専門家を伴った経済学者と衛生学者である。全員が未来にかんする「実験室」に問いかけつづけるだろう。だが彼らの業績のいくつか——

たとえば、労働の細分化にかんするジョルジュ・フリードマンの業績——が立派な後継者を約束されているとしても、さしあたって、これらの業績が合衆国の集団的イマージュを作り上げたり修正したりすることは、ほとんどない。新しい社会科学は、その対象を明確にし、その展開を制御することによって、信憑性が高まっていく分、影響力を失っていく。遅ればせながらアメリカを発見する歴史学だけが、アメリカの表象の生産に影響力を強めていく。社会博物館の学術調査の伝統、人種人類学の残滓、そしてブートミ流の政治学の記憶を一身に帯びているアンドレ・シーグフリードのような人が、避けて通れない参考対象になるのは、おそらく（他に幾多の理由があるとしても）彼が戦前の「学問的」言説と、いまや合衆国を独り占めしている文学的なエッセイ類のあいだの理想的な仲介者だからである。

しかしシーグフリード自身、あるいはベルナール・ファーユなどは、論点の補強としてしか入ってこない。勝ち誇った反米的言説は、もはやみずからのために保証を求めようとはしない。反米的言説が知の専門分野に、整然と考えようとする旅人に要求するのは、いまや確認だけである。「あなたはいかなる先入観をそこで確認しようとするのですか」とイポリット・テーヌは、英国に出発するある弟子に訊ねた。旅をする反米的な文学者は、それ以前のライブラリー全体とともに、その妥当性を確かめるべき《check-list》〔チェック－リスト〕を携えていかなければならない。モーロワが記しているように、だれも読み物に目を通さないわけにはいかない。いかなる眼差しも、いまやフレッシュさを要求することはできない。「すでに、私はもうわからない。〔……〕旅の思い出は読書によって損なわれる。この国を見たのは私なのだろうか。カイザーリングなのだろうか。それとも、シーグフリード？　それともロミエ？　それともリュック・デュルタン？[32]」この厄介なお荷物に対していっそう意識的な彼、モーロワのほうが、同時代人の大半の人たちよりも上手にこのお荷物を放り出すこともできるということを力説するための機知に富んだ方法……。一九一四年以前の反米主義はうずくような疑念の所産だった。それで、*Sister Republic*〔姉妹共和国〕が思っているようなものではまったくなければ？　それで、アメリカ合衆国が、フランスにおけるその共鳴者が想像していたよりも、友好的でなく、平和を望んでもいず、民主的でもなく、繁栄してもいず、社会主義的でもない、等々だとすれば？　このような時代は過ぎ去った。疑念は終わった。調査は終了した。つまり、いま立ち会っているのは、反米的知識人における文字どおりの「アウフヘーベン」である。文学者が大同団結して、主題に取り組むのである。すなわち、反米主義は素人が専門化する領域、脅かされている諸価値の擁護者を任じるインテリゲンチャの専有物と化したのである。

アメリカの表象のこれら新しい地図作製者たちは、その先駆者たちと区別して聖職者と呼ばれるだろう。ジュリアン・バンダの有名な本〔『聖職者の裏切り』、邦訳『知識人の裏切り』〕へのオマージュとしてというよりも、ニーチェとの関連、および彼らの仕事――〈集団的虚構〉の構築――の「聖職者的」性格との関連にもとづいてである。フランスの反米主義は、以来、聖職者の断固たる決意をなすのである。

彼らとともに、新しいコーパスが頭角をあらわす。三〇年代の半ばまで、波はエッセイ、小説、雑誌、演劇、風刺文書、ルポルタージュなど、すべてのジャンルに浸透する。言葉の暴力が流通し、『アメリカという癌』から「アメリカへの非難[33]」にいたるまでタイトルのなかで公然と示される。証言は辛辣になり、告発は正面切ったものとなる。ささいだが意味深長な事柄。すなわち、一九一四年以前には盛んにおこなわれていた旅物語が、もはや非難のための不可欠な跳躍台ではなくなるのである。アメリカ合衆国はいまや訪れられもせずに、思考され、判断されうるのである。デュアメルは相変わらず旅日記と土地のスケッチに忠実である。だから好評を博したとき、彼がつぎのように宣言するのを聞くことは、なおさら興味深い。「私が述べたことを述べるためにアメリカ合衆国に行く必要は私にはなかった。私はこの本の大半の章をパリを離れずに書くことができただろう。(34)」彼の若きライバル、アロンとダンデューは遠くから告発し、*in abstracto*〔抽象的な見地から〕論証する。この抽象化が論戦を損なうことはない。それは読者から風刺的な縁飾りや硫酸塩を含んだ挿話を奪うことになっても、過度に純化されたアメリカ性を、ためらいも後悔もなく全面的に捨て去ることを容易にするからである。

「材料」の蓄積は驚くべきスピードでおこなわれる。数年にして、フランス人のアメリカ関係のライブラリーは、あらゆるジャンルの数多くの重要な書物でいっぱいになる。そのかたわらで、雑誌の特集号と「特大ルポルタージュ」がどんどん増えていく。アンドレ・ショメは一九三〇年六月に『両世界評論』のために、数週間のあいだにアメリカについて出版された「一二冊を下らぬ書物」の調査目録を作成した。(35)ピークは実際には一九二七年から一九三二年にわたっている。そこには意味合いを異にする注目すべき書物がひしめいている。すなわち、アンドレ・シーグフリードの『今日の合衆国』(一九二七年)、リュシアン・ロミエの『どちらが支配者か、ヨーロッパかアメリカか』(一九二七年)、ポール・モランの『ニューヨーク』(一九二七年)および『世界チャンピオン』(一九三〇年)、ラウール・ガンの奇妙な寓話的小説『われらが国におけるアメリカ人』(一九二八年)、リュック・デュルタンの二巻の物語(『四一階』一九二七年と『ハリウッドは時代遅れ』一九二八年)——これに一冊の薄い詩集と多数の記事がつけ加わる——、デュアメルの『未来生活情景』(一九三〇年)、『レアクシオン』誌の特集号(一九三〇年)、アロンおよびダンデューの『アメリカという癌』(一九三一年)、ベルトラン・ド・ジュヴネルの『アメリカ資本主義の危機』(一九三三年)である。セリーヌの『夜の果ての旅』(一九三二年)はいわずもがなである。ますますふくらんでいくこのフランスの知的生産に、フランスでは——往々にして謎めいた理由でもって——USAにかんする権威者とみなされている著者たちの若干の翻訳を加えなければならないだろう。たとえば、尽きることなきカイザーリング（『アメリカの精神分析』一九三〇年）と不明瞭なウォルドー・フランク（『アメリカの新発見』一九三〇年）である。これらすべては表現と思想の膨大なストックである。数や、とりわけ独創性がこのように集中することは、その後、二度と起こらないだろう。一九五〇年代にもヴェトナム時代にも、論争的作品の生産は、「特定の事件に関連した」的をしぼったものであっても、両大戦間にアメリカについてなされた分光写真法を充実させることはほとんどない。

「一九三二年からは」と歴史家デーヴィット・ストラウスは記している、「一九二七年から一九三〇年にいたる期間に出現した六人の権威者の少なくともひとりを通さなければ、フランス人旅行者や解説者にとって、アメリカを考えることはほとんど不可能となった(36)」。これら六人の権威者とは彼の目には、シーグフリード、タルデュー、ロミエ、デュアメル、デュルタン、モランである。実を言えば、コルネリウス・デ・パウはすでに代理人に旅行をしてもらっていた。シャトーブリアンはデ・パウの風景を書き写していた。そして一九世紀の散策者は旅行鞄にぎっしり先駆者の書物を携行していた。いずれにしても、実際、わずか数年にして、フランスの反米主義は基準とすべき決定的なコーパスを手に入れたのである。二〇年代、三〇年代の知的なアメリカ嫌いは今日でもなお、フランス反米主義の超えられない地平をなしている。

「私たちは守勢に回りつつある……」

このアメリカ関係の新しいライブラリーはひどく敵対的である。好意的な声はそこではきわめてまれであるために、世論という奔流にきわめて意識的に逆行しようとする何人かの反主流派について、ルーベ・デル・ベールのように、これを「思潮」だとすることには大きな困難が伴う(37)。しかし新しさはここにはない。新しさは、敵意がくり広げられる新しい論理にある。

それまでは、アメリカ合衆国に対する敵意は、散漫で、分裂しており、特異な気分や局部的な不安に分散させられていた。その多様な動機はおたがいに交錯しはするが、組み合わせられることはなかった。それはくっきりと目に見える点在する星座ではあったが、構造化された銀河ではまだなかった。人種人類学からトラストの経済的分析にいたるまで、「政治心理学」から社会学または文化史にいたるまで、これら若い研究分野は〔アメリカという〕「脅威」の分析のために、競合するさまざまな枠組みを提供した。そして、多くの観察者はとうから反撃を呼びかけていたとしても、それは分散した呼びかけであり、一貫性よりも激昂に駆られての呼びかけであった。それらの分析図式の一つ一つは、一定の割合の公衆を魅了していたが、それらの図式はそうした公衆のために用意されていたからであった。マーケティングにおいてその後、大西洋の向こうからやって来た語でもって *cross-over*〔クロス‐オーバー〕と呼ばれるものがまだ欠けていたのである。すなわち、あるしきいを超えると、言説が、発売された製品のように、もはや特別なユーザー・グループだけに訴えるのではなく、だれにでも訴えるようになるということである。

さまざまな個別的な分野でおこなわれていた合衆国の告発を、孤立状態から抜け出させることによって、この操作をおこなうのは聖職者の役目である。問題を全体化することが、いまや個別的な非難にまさるのである。ウォルドー・フランクの表題を引用すれば、もろもろの「アメリカの新発見」は、アメリカをして、私たちがそうであるもの、あるいはそうであろうと欲しているものとは何から何まで対立した、閉じて完結したシステムとして記述するという共通点をもっている。反米的言説はそこでさらに大きな密度と衝撃力とを獲得するのである。

つまり、アメリカに対するあらゆる分野における攻勢？　いや、そうではなく、あらゆる分野における守勢である。これがまさしく三つ目の本質的な特徴であって、フランス反米主義の内容と色合いとを、深く、長きにわたって修正するのである。〈啓蒙主義時代〉の反米主義には同情が刻印されていた。一九世紀初頭には軽蔑、一八八〇年から一九〇〇年にいたる期間は、驚き、不安、とりわけ怒り。一九二〇年代に形をなす（そして二〇世紀を支配する）新しい反米主義とは、反射的であると同時にあきらめである言説、あらかじめ敗北し、すでに＝植民地化された者の言説である。アメリカに対する嫌悪は、そこでは激しい自己蔑視によってはぐくまれるのである。ラウール・ガンを思い出すことができる。彼は侵略者のわがままに隷従した語り手＝内通者をめぐって、小説『われらが国におけるアメリカ人』を構築している。一九二八年のこの寓話は新時代の雰囲気を伝えており、ここでは虚構は分析をはるかに凌駕している。一九三一年に出版されたアロンとダンデューの『アメリカという癌』も同じく、意味深長にも、金銭的かつ性的な恩恵をしつこく頼む人、新しきローマの男娼、近代の《graeculi》〔無能なギリシア人〕、すなわち「ヤンキーの銀行窓口と閨房の周りに殺到する、あらゆる職業、あらゆる性、あらゆる体毛の、従順至極な人々」[38]としてのフランス人の肖像でもって終わる。モーラスがニューヨークを、ディオン＝クリュソストモスが記述した「タウリカ・ケルソネス〔クリミア半島〕の近くに建てられた半ば野蛮な都市」に比較できたような時代はすでに遠い昔である（一八九五年）[39]。力の極は逆転した。反米的なイマージュにとって、本国はいまや大西洋の彼方にあるのであって、新しい退廃期のギリシア人である一九三〇年のフランス人は、帝国の埒外にあって勝利者の特別のはからいをこいねがうのである。服従、屈辱、同化、これがいまやフランス反米主義が倦むことなく告発する屈従のプログラムである。

　三〇年代の非順応主義的な激昂と、一九四五年以降の共産主義またはド・ゴール主義における人心を不安におとしいれようとする風潮のあいだにも、いかなる断絶もない。後者は同意された惨めさと裏切りをあらわすレトリックをふたたび駆使するだろう。ＰＣＦ〔フランス共産党〕の機関誌は飽くことなく、「北大西洋条約機構支持者」を「ミュンヘン協定支持者」、あるいはなおいっそう単純に新しい対独協力主義者として提示する。だが一九六四年のド・ゴール主義者エティアンブルにおいては、冷戦期の空疎な言葉の過剰はもはや弁解の余地がなくなっている。彼がレミントンやゼネラル・モーターズという「ヤンキーの奴隷商人」が「フランスを破滅させる」のに忙殺されていると記述し、フランスそれ自体をページからページへと絶え間なく、アメリカという支配者の「租界」、「自治領」、「取るに足りぬ植民地」(40)として描写し、アメリカによる占領とナチによる占領をたじろぎもせずに比較して——少なくとも「彼らの残忍な優秀賞受賞生徒リストを正しいフランス語で書く苦労をいとわなかった」(41)ナチに軍配を上げるという結論に達するときが、そうである。拷問を加えられた人々は、たとえ「[彼らの]名を発音するのが難しい」としても、エティアンブルがアメリカ占領軍の言語的残忍さに対立させているドイツ人の発音の正確さに好感を抱かなかったことは疑いない。『あなたはフラングレ〔英語からそのまま借用しフランス語化した表現〕をお話しになりますか？』は、ふたたび見出された繁栄のまっただ中のフランス、鎮静化した一九六四年のフランスで大成功をおさめる。だが彼の修辞上の暴力はスターリンの暴力的な集中宣伝の延長であり、戦前の非‐順応主義者の呪詛の調子をよみがえらせる。オマージュは自発的なのだろうか。いずれにしても、エティアンブルはアロンとダンデューが出発点にしたところを結論とした。すなわち、「アメリカという癌」である。これは彼のうちでは「ヤンキーという癌」(42)になっている。

聖職者の反米主義の精神は首尾一貫している。

＊

聖職者によって独占された、自衛のための告発というアウタルキー的言説。大戦から生じたフランスの新しい反米主義は、おおよそ、このように言い表わすことができる。一九一四年から一九一八年の破局とともに、アメリカの覇権は明白になり、否定できなくなっている。この覇権を可能にし、種々の不和によってこれを強化したのは、ヨーロッパ人自身である。フランスの反米主義は、少し前まではなおも血気盛んで、無礼で、いずれにせよ身軽に飛び回り、さらには喧嘩好きであったが、いまや不機嫌な拒否という戦線に立てこもっている。苦渋を培養し、好んでみずからの無力を見せびらかし、傷口のようにそれを引つかくのである。いまや、この上なく激しいレトリックの下で聞こえてくるのは、しばしば自己満足した老衰の嘆き節である。言葉の暴力は、みずからが目覚めさせると主張している抵抗のむなしさ、暗黙に承認されたものであれ表立って認められたものであれ、この抵抗のむなしさにまさに比例して増大する。敵は牙城に陣取っているか、少なくとも出入り口を監視している。もっとも反米的な人々はこれを明言する。デュアメルはその表題からして、大西洋の彼方の残忍な *way of life* を私たちの「未来生活」だとして提示している。おそらくは当時のもっとも暴力的な風刺文書であるアロンとダンデューの『アメリカという癌』は、同時にもっとも敗北主義的な文書である。それはアメリカという敵がすでに勝負に勝ったということ、世界がすでにアメリカのものであることを、これ以上ないほど容赦なく述べ立てているのである。敗北の苦渋がこれら攻撃的な散文に浸透している。少し前まではなおも、すなわち二度の憤りの一斉射撃のあいだでは、往々にしてエスプリをもって、エスプリをほとんどもたないアメリカを嘲笑していた。今日では、なおも冷笑してはいるが、セリーヌがマンハッタンを前にしたバルダミュとその仲間たちに貸し与えるのは、ばかげた冷笑である。「霧を通して、突然に見出したものが、あまりにも意外だったので、最初は信じられないほどだった、が、やがて間近に接近して、正面からそれを臨んだときには、ぼくたちは漕役人夫の身であることも忘れて、げらげら笑いだした……。」セリーヌ、すなわち九九法で検算したように反論の余地のない——ほかの人々よりも九倍も滑稽で意地悪な男。警察と糞便のアメリカをののしる。それもいいだろう！　だがアメリカにかんするフランスの泣き言もまた、大目玉を食らう。『夜の果ての旅』は〈旧世界〉の惨めさの勇壮かつ滑稽な詩作品である。コンビタ王女号の漕役人夫とともに、ヨーロッパを凌駕する光景の前で笑いだすのは、手のつけようのないヨーロッパ全体なのである。「だから、僕たちは腹を抱えて笑ったのだ。どう見たって滑稽なものだ。(43)」

ロチその他大勢はなおも敵船に乗り込むことを望んでいた。ヤンキーに襲いかかれ、全員上甲板に集合！　この華々しさはもはや時宜にかなわない。それよりは、全員隠れろ！　フランスを守れ、ヨーロッパを守れ、〈人間〉を守れ、〈エスプリ〉を守れ！　これがいまや反米主義のスローガンである。このスローガンにつけ加えなければならないのは、つぎの暗黙の命令である。〈同業組合〉を守れ、知識人（フランスの）を守れ、〈聖職者〉を守れ、である。反米的言説はみずからの戦線を選んだ。マジノ線（第二次世界大戦前に対ドイツのために構築された大規模な近代的要塞。仏伊国境からルクセンブルクまでつづいた）である。「私たちは守勢に回りつつある」と、一九三三年にムーニエは書く(44)。『エスプリ』誌の創設者にして、アメリカという偽りの文明、偽善的なブルジョワ化、「安楽の時代とともに生まれた人間」を四六時中非難している人々のひとりであるこの哲学者のこの言葉は、私たちの二度の戦後の聖職者の旗印に書き込まれうるだろう。

2　衰退に直面して
——ガリアの砦か、それともヨーロッパの緩衝地帯か？

リド、セビーリャ、リュ・ド・ラ・ペ、ボンド・ストリート、ラ・ロトンド
マネ、カルティエ、ドストエフスキー、ポムリ、ラリュ、ナポレオン、シャバネ、マル
セル・プルースト、
一九一七年以降
併合された、これらすべての連合国家のほうが
あなた方はお好きなのですか。
ウイ、ウイ。ヤー、イアー、イエップ、イエップ。

リュック・デュルタン、『USA一九二七年』（一九二八年）

つまり、守ること。アメリカによって脅かされているすべてのものを守ること。反抗すること。絶望しないこと——とりわけ、フランスに絶望しないこと。というのも、反米主義的な願いの大半が発せられるのは、フランスの名において、フランスに敬意を表してではないだろうか。二〇年代末より聖職者が動員

され、防御態勢をとるのは「フランスのため」ではないだろうか。

答えは期待されていたものほど単純ではない。

フランスの衰退への不満が、アメリカに対して蓄積されたさまざまな呪詛の背後につきまとっていることは間違いない。両大戦間に出された反米的エッセイのなかでもっとも辛辣なアロンとダンデューの『アメリカという癌』は、トニー・ジュットが指摘したように、[1] 同じ年に出版された彼らの『フランスの凋落』と対照的な二部作をなしている。しかしながら、彼らの風刺文書の最後の言葉は、フランスに向けられているのではない。ヨーロッパに対してである。すなわち、「ヨーロッパよ、目覚めよ！」そして、そこには偏狭なナショナリズムに対する揶揄がひしめいている。少なくともこの点で、〈新秩序〉の怒れる二人の若者は、自分たちが反米主義のジョゼフ・プリュドム〔アンリ・モニエが創造した人物。愚かで順応主義的でもったいぶったブルジョワの典型〕呼ばわりしている人物、すなわち時代遅れのデュアメルと軌を一にする。『未来生活情景』の末尾は——このきわめてフランス的な書物は、クルティウスとの論争ではじまっているが——、フランスではなくヨーロッパに訴えかける。デュアメルが献辞を捧げるのは、「ヨーロッパの人々」に対してであり、最後の希望を託すのは「われわれのヨーロッパ文明」に対してである。[2] 数年後、対独協力主義者がボルシェヴィズムおよび「金権政治の」アメリカに対する闘いを呼びかけるのは、相変わらずヨーロッパ——確かに、まったく別のヨーロッパであるが。すなわち、ゲルマニアの懐に結集した新（ネオ）-ヨーロッパ・グループというヨーロッパ——の名においてである。そして、モーリス・ドリュオンが英国から——彼がド・ゴールの支持を得るのは、この英国においてであるが——、勝利間近のアメリカ人に対し面と向かって、成功に目がくらんで、衰弱したフランスを軽蔑したりせぬように警戒を呼びかけることを決意するとき、彼もまた自分の呼びかけに『フランス人の手紙』ではなく、『ヨーロッパ人の手紙』という題を付けることを選ぶのである。

例はいくらでも増やすことができるだろう。すべての陣営からとった場合、それらの例は、フランスによる反撃の自然発生的な全ヨーロッパ化とでも呼べそうなものを指し示している。傷は、疑いもなくフランスの衰退である。だが推奨される治療薬は、この時期には、ほとんどつねにヨーロッパ規模のものである。モーラスとその後継者たちは例外をなしている。彼らが期待する発奮は国家レベルのものでしかないからである。今日、例外をなすのが、ナショナリズムのみを支えにして踏ん張っている、若干の盲目的愛国主義の反米主義者であるようにである。ヤン・ムーリエ＝ブータンの記述によれば、グローバリゼーションに反対して「砂漠で蹴爪をがりがり引っかいているガリアの雄鶏のコケコッコー」(3)のように雄叫びを上げている人々である。両者のあいだには、大したものはない。ド・ゴール主義でさえない。いずれにしても「政治形態としてのド・ゴール主義」ではない。政治形態としてのド・ゴール主義は、執拗な国家的次元のレトリックの襞々の背後で、ヨーロッパレベルの、あるいは（場合によっては）国際レベルのレジスタンスの論理を維持する能力をつねに所持していた。

この点で、フランスの反米主義は狂信的排外主義ではない。一九三〇年にも二〇〇二年にも、アメリカという脅威からフランスを擁護しようとする人々は、反撃するためにフランスだけを当てにしているわけではない。国際的な旗印の下で実施される軍事作戦におけるように、反米的言説は、そのテーマ体系とメカニズムにおいてきわめてフランス的であるが、ほとんどつねに上位の本質の名において展開される。それは〈人間〉であり、〈精神〉であるだろう――これについては、のちに再度、論じることになる。だがそれはまた、少なくともしばらくのあいだは、ヨーロッパである。

「現実主義者の人食い鬼」を前にした分裂状態のヨーロッパ

フランス反米主義の発展が国家の衰退という苦い認識に結びついていることに異論の余地はないように見える。だが衰退という見解が別の見解を隠している可能性があることに変わりない。フランス反米主義が花咲くのが見られた一九世紀末には、フランスに対する懸念よりもヨーロッパに対する懸念のほうが大きい。アメリカの「帝国的」野心は、一八八〇年から一八九〇年のあいだには、集団的脅威として認識されており、この脅威には〈旧世界〉の列強全体が立ち向かわなければならないのである。英国それ自体は「アングロ - サクソン」の親和性によって守られていると考えたがっているが、自分には穏やかな属国化に対して免疫があると信じるという間違いを犯している。これが少なくともフランスの解説者の大半の意見である。ある者は、自分の従兄弟にして仲間である者に最初にむさぼり食われるのは英国人だと予言さえしている。英国のケースを組み入れて考えるのであれ切り離して考えるのであれ、ベル・エポック〔一九〇〇年前後のパリに象徴される古き良き時代〕のフランス反米主義者は、ヨーロッパを丸抱えして心配している。彼らが懸念しているのは、大陸全体が権威と影響力を喪失することであって、この懸念は、数十年後にそうなるような、フランス固有の失墜に対する懸念よりもはるかに大きいのである。

反米的レジスタンスへの呼びかけにおけるヨーロッパの大きな位置づけは、アンリ・ド・ボーモンにおいてきわめて顕著である。彼は一八八八年、『エコノミスト新聞』に「合衆国の未来、および合衆国とヨーロッパの将来の闘いについて」と題する先駆的論文を発表する。ボーモンはきわめて一般的な確認事項から出発する。すなわち、経済の中心の東から西への絶えざる移動――*translatio imperii*〔最高権力の移転〕という古典的図式に従って――である。この覇権の漂流によって、「ビジネスの中心は［……］ニューヨークかワシントンに確立されることになる。そして、それが文明世界の首都となるだろう(4)」と予見することが可能になる。逆に、とボーモンはつけ加える、「ヨーロッパは合衆国の上昇運動とは正反対の運動を追っていくことしかできない。そして、今日、ヨーロッパ諸国が所有しているすべてのもの、すなわち地理的位置の有利さ、先祖伝来の素質、長い過去に根ざした生き方、蓄積された富、これらすべては最後の失墜のなかで消滅するだろう(5)」。ヨーロッパと北米は重りとバランス重りのメカニズムで結びつけられている。一方の低迷は、他方が上昇したことの機械的な結果となるだろう。この不幸なシーソーでは、ヨーロッパは破産し、引き裂かれるだけに、ますます無防備であるように見える。「おそらくはつかの間の覇権を獲得するために、財力と軍事力をもっておたがいに戦い合い、疲弊し破産してしまったがゆえに、この若き国民にとってなおいっそう容易な敵対者となる私たち大陸の諸国民(6)」にとって、将来は明るくない。英国自身ですら、とはいえフランスやドイツほど自滅的ではないけれども、アメリカの拡大に不安を覚えはじめる――それは当然である、とボーモンは考える。ボーモンは、アメリカ人は一等最初に他のアングロ－サクソンを攻撃するという自分の思想を補強するために、一つの種はまず最初に自分の身近な「変種」を攻撃するというダーウィンの主張を利用するのである(7)。

いずれにしても、ヨーロッパの運命は連帯責任として短期間に決せられるだろう。「合衆国は、ヨーロッパのいかなる国家よりも強大かつ富裕になったときには、またおそらくは共通の利益で結集したいかなる国籍の諸民族、いかなる連合下の諸民族よりも強大かつ富裕になったときには、ヨーロッパに対する態度を一変させるだろう。」合衆国の抑えられない拡張は、対決を迫る。「この［合衆］国は、普通に収容すべき人口を獲得したとき、宿命的にあふれ出すだろう。生活のための闘いと不可避的な競争とによって、外部へと広がっていかざるを得ないだろう。そのとき、アメリカ人は南北アメリカのみならず世界全体にわたって、いたるところにひしめくだろう。そして居を定めようとし、権利と特権を要求し、ひょっとすると旧世界諸国の盟主になるだろう。」ひしめくアメリカ人というテーマが投じられる。さらに一〇年が経過する。すると、このテーマはアジア人の「群居」というテーマに結びつけられるだろう。

つまり、「アメリカは〝世界を鞭打つ〟ことができるという有名な主張には未来の真実」が含まれているのである。ボーモンによる未来？　短期的にいえば、モンロー主義の攻撃的適用を覚悟しなければならない。「みずから自分を十分に強大だと感じるようになる日、合衆国はモンローMonroë［原文のまま］主義を厳密に適用し、アメリカ大陸および周辺諸島からヨーロッパ列強を排除しはじめることは間違いない。」その一〇年後、キューバ問題がこの予言を実現しはじめる。中期的には、闘いはヨーロッパに敵対的なものとなるだろう。「私たちの世代が立ち会ったのは、ヨーロッパ諸国が第一位を獲得するために過去に交えた、またいまなお交えている闘いだけである。私たちのあとを継ぐ世代は、ヨーロッパと合衆国とが地球上で優位を確保するために闘うのを目撃するだろう。」公然たる戦争か、潜在的な衝突か。ボーモンは意見を述べてはいない。結果だけが彼の興味を引く。そして結果は同じである。「ある日、ヨーロッパは目覚めて、世界の運命はもはやヨーロッパのものではないことを確認するだろう。」軍事的征服であれ、「平和的征服」、すなわち経済的かつ金銭的征服であれ、ヨーロッパの運命は、いますぐにエネルギッシュな跳躍でもおこなわれないかぎり閉ざされている。ボーモンにとって、アメリカという脅威に対してはヨーロッパ的規模の解決しかないことは明らかである。フランス単独では我慢するしかない。反撃は共同でなされなければならない。ボーモンはここで現実主義者たらんとしており、控えめな目標を定めている。フランスとドイツは軍備競争をやめる時機にはいたっていない。いかなるゴルベール教授も、プラスの振動によって諸民族を鎮静化させることができる「精神的蓄電池」をまだ発明していない。[8]「何をなすべきか。武装解除、不可能だ。だがせめてヨーロッパで関税戦争はやめさせること。[9]」連邦ヨーロッパは、この自衛のプログラムの地平線上にある。このヨーロッパは予測できない長期的展望のなかに位置づけられる。だが重要なのは、「アメリカという脅威」がはじめて、ヨーロッパの政治的団結のための最善の正当化であるとともに、もっとも強い発奮材料として提示されたということである。「共通の危険は団結の最善の動機の一つである。ひょっとすると、いつの日か、私たちは欧州連邦を設立せざるを得なくなるかもしれない。どうか手遅れになりませんように。」

つまり、アンリ・ド・ボーモンにおいては、欧州合衆国をめぐってある種のアイディアが明確な形をとっている。それも、もはやアメリカ合衆国への競争心やアメリカ合衆国のレプリカとしてではなく、アメリカ合衆国がもたらす脅威に対する答えであり反撃としてである。彼の声はいつまでも孤立したものではない。つづく二〇年のあいだに、合衆国の地球規模の野心を前にしたフランスの不安は、ますますヨーロッパ的な観点でもって表明されるだろう。ヤンキスムに対するこのヨーロッパ規模のレジスタンスに、もっとも熱烈な愛国者でさえ認める優先権は、実際にはそれほど逆説的ではない。それは全体的に反ヨーロッパ的なものとして認識されるアメリカの攻撃的性格そのものへの反動として生じる。確信は昔からのものである。この確信は一八二三年のモンロー宣言にその根をもっている。モンローの催告はアメリカのビジネスに干渉しかねないすべての強国に向けられていた。だが発言の一般性の背後で――だれもそれにだまされなかった――ねらい定められていたのは、まさしくヨーロッパであった。[10]アメリカの新しい覇権主義の設立憲章だとして満場一致でみなされたこの「主義」は、ヨーロッパ人のあいだに事実上の連帯を創造する。一九世紀末にこの有名な文書をめぐって論争が再燃する際、これが少なくともフランス人の確信するところなのである。いかなる観点からであったかは、すでに見たとおりである。「主義」は新しい「福音」の列に加わったばかりではない。防衛宣言から攻撃的な声明へと移行したのである。ボーモンは一八八八年、このことにしかるべく注意をうながしている――「アダムズとジェファーソンによって奨励された、かのモンロー主義を知らぬ人はいない」――彼は文書を読んだ人はだれでもその有害性に思いをいたさざるを得なかったことを、わざわざ強調するまでもないと感じているのである。

米西戦争につづく外交上の小康状態によっても、この確信はいささかも揺るがない。観察者のなかでもっとも反米色の薄い者たちでさえ、テディ・ローズヴェルトの「ビッグ・スティック理論」[11]にモンロー主義の延長と悪化を見ている。つぎは、ひとりの将来有望な若者――アンドレ・タルデュー――が一九〇八年に『USAにかんするノート』で披露している分析である。「ビスマルクがモンロー主義は〝国際的な不作法〟だということができたのは二五年前である。今日、不作法とは、その射程を見誤ることにある。そもそも忘れてならないのは、アメリカ合衆国が一〇年前から軍事力を備えているということ、そしてこの軍事力が合衆国の歴史に影響を及ぼすだろうということである。というのも、機能が器官を作り出すとすれば、器官は機能を発展させるからである。[12]」これはオクターヴ・ノエルの診断を確証することであった。オクターヴ・ノエルは一八九九年、フランス人に対して、「地球上のあらゆる地点で、合衆国は近々、ヨーロッパと衝突すべく定められている」と警告を発したのであった。さらに、「私たちは工業生産される恐るべき軍需品を見た。合衆国はこれらの軍需品を私たちに対して敵対させることができる」とノエルはつけ加えた。[13]一八九九年の潜在的な攻撃力は、一九〇八年には途方もない現実と化した。船舶や榴弾砲は錆つかせるために収集されるわけではないのだ。

ヤンキーはヨーロッパ、およびすべてヨーロッパ的なものを嫌う、と『億万長者の陰謀』の各エピソードでギュスターヴ・ル・ルージュはくり返した。彼らは嫌っているわけではない、とタルデューは訂正する。だが彼らがヨーロッパを愛さず、ひどく軽蔑していることを認めなければならない。彼がヨーロッパについて質問すると、アメリカの要人は答える。「ヨーロッパをめぐる私たちの政策は、率直にとおっしゃるのであれば、若干の侮蔑を帯びた無関心という政策なのです。」タルデューが解説する。「旧世界に対する大西洋の彼方の政治家の精神状態をこれ以上に正確に表現することは不可能である。[14]」公平に分配されたこの侮蔑、〈旧世界〉全体の上にぶらさげられたこの脅威は、フランス人の目には、一体化した反撃を呼びかける格好の理由となる。あるいは反撃を夢見る、あるいはそれを妨げる障害を嘆く格好の理由となる。「ご承知のように」とユレは一九〇四年に書いている、「アメリカは新旧大陸のあいだでそのうちに勃発すべき大規模な経済闘争の準備をしている、［……］だからアメリカは武装し、戦艦を建造し、なおも果てしなく建造している。というのも、ヤンキーは障害物にびくびくするような人間ではないからである。ヤンキーにとっても英国人にとっても、値打ちがあるのは力だけである。だから、かつて地上で見られたなかでもっともすさまじい果たし合いが目撃されるだろう。というのも、地球には限界があるからである……。横浜から海上で二週間、北京から二〇日というサンフランシスコの位置によって、合衆国のほうがヨーロッパよりもはるかに有利である。そして一方の太平洋と他方の大西洋が、安価な商品を満載した汽船と砲弾を詰め込んだ軍艦が縦横に行き交うアメリカの湖になったとき、この現実主義者の人食い鬼を前にして分裂状態のヨーロッパはどうなるのだろうか[15]」。

またもや、そしてつねにヨーロッパである……。当時のもっとも論争的でない書物の一冊にざっと描かれた、この地理-政治-通商上の図式は、同国人に共有された認識をあまりによく反映しているので、ジュール・ユレは自分の発言の平凡さについて、ほとんど謝罪の意さえ表している。一八八八年にアンリ・

いるのである。

ド・ボーモンによって擁護された挑発的な命題は、その一五年後、社会通念の辞書のなかにすでに入って

「分裂状態のヨーロッパ」を見ることについて遺憾の意を吐露しているこの『フィガロ』紙の特派員は、実際、彼の同時代人の反米主義に影を落としている自然発生的なヨーロッパ統合主義と呼応している。機が熟したのだ。英国は私たちと親密な同盟を結ぶ。知識人の多くはドイツとの係争の平和的な解決を期待する。フランスとドイツで、国際主義者であり平和主義者であるとみなされている社会主義者が選挙において目覚ましい躍進をとげたことは、これらの期待に重みを与える。反米的ヨーロッパ統合主義は、みずからの声をこの合唱に結びつける。ボーモンが示唆したように、またギュスターヴ・ル・ルージュの連載小説の汎ヨーロッパ的な結末が例証しているように、共通の敵をもつことはおそらく、ヨーロッパにとって致命的な敵対関係と手を切る方法なのである。ここでアメリカは我が意に反して大きな歴史的役割を果たしている。すなわち、引き立て役、したがって同時にヨーロッパ的アイデンティティの触媒の役割である。というのも、そうした噂がますます広まっているように、アメリカがヨーロッパの完全なアンチテーゼをなすのであれば、アメリカはヨーロッパ人に対してヨーロッパ人とは何かを教えるという、はかりしれない貢献をおこなうことができるからである。

この二〇世紀初頭において、強い顎をもつアメリカに備えて、フランスの防衛とヨーロッパの防衛を結びつけることは自明のことのように思われる。だれもヴィクトル・ユゴーの言葉を忘れてはいない。「フランス、それはヨーロッパである。」こうしたフランス人にとって、ヨーロッパとはフランスの娘である。またこのような人たちにとって、アメリカという「脅威」をめぐる国家レベルの意識をヨーロッパへの懸念へと格上げすることには何の困難もない。残っているのは、現実主義者ボーモンが言及した手に負えな

い事実である。すなわち、仏独間に存在する侮辱の応酬を忘却することは、依然としてはかない望みの類である。同時に、一九一八年までは、反米的ヨーロッパへの呼びかけは、文字どおりの集結への訴えというよりも、神の慈悲を請う呪文のままである。とりわけレトリックとして素描されたこのヨーロッパへの訴えが、いっそう具体的で決然とした戦闘的な形をなすためには、大戦という惨事が必要なのである。

Finis Europae〔ヨーロッパの終焉〕

「これ全体――ヨーロッパ――は、心神喪失または全身の軟化で終わるのではないだろうか。〝**ただいまより**〟――ちょうど……〈世界〉の終わりをお知らせします〔ラジオで時報を知らせる表現のもじり〕[16]。」ヴァレリーの『カイエ』のこのノートは、一九三九年にさかのぼる。「精神の危機」が出版された二〇年後である。だがヴァレリーにとって、周知のように、ヨーロッパの秒読みはずっとはやくからはじまっている。すなわち第一次世界大戦の大殺戮以前、ボーモンがヨーロッパという星が傾くのをすでに見ていた一九世紀末である。ひょっとすると間近に迫った、「古い国家が遅きに失したけれども、おたがいの敵対関係を捨て、もう価値をもたぬ主導権を奪い合うことをやめる」ときに言及しつつ、ボーモンは『エコノミスト新聞』に掲載された自分の記事を、きわめてヴァレリー的なラテン語の結句で結んでいる。抵抗しなければ、「われわれが子孫に遺贈するのは、つぎのようにつぶやく惨めな義務だけだろう。*Finis Europae* と[17]」。

ヴァレリーの作品全体にみなぎっているヨーロッパ終焉の強迫観念は、この厳しい叱責と同じ方向にある。この強迫観念は、悪しき天使――〈懐疑〉、〈衰退〉、〈没落〉――がつきまとった世紀末のメランコリックな腐植土にその根を張っている。廃墟と化した一九一九年のヨーロッパは、悲劇的な深刻さでもって、ある予感を確証するが、いまや罪責感と取り返しがつかないという感情がこの予感をさらに悪化させる。ヴァレリーは「精神の危機」のなかで、そこから教訓を導き出している。「われわれ、もろもろの文明なるものは、いまや、われわれもまた死を免れぬものであることを知っております。」あるいはむしろ、《We civilizations now know that we are mortal...》である。というのも、このかくも有名なテクストは――これは何かの象徴なのだろうか――まず最初に英語で出されたからである。[18]

この哀悼は世界中を経めぐるだろう。フランスそれ自体においても、この哀悼はこれから何年間も、この上なく多岐にわたる欠如や減退の確認の隅々にまで張りめぐらされるだろう。ヨーロッパにその消滅を予告したのは、ヴァレリーがはじめてでもなければ最後でもない。だが彼はこの思想に比類なき形式と権威を付与するのである。[19]両大戦間における反米的言説のすべてが、陰に陽にその痕跡を帯びている――そのさきがけが、アンドレ・シーグフリードによる規範的文献、『今日の合衆国』である。その結論は「ヨーロッパ文明とアメリカ文明」を対立させ、結局は、アメリカ文明を前にしてヨーロッパ文明が歴史から消滅すると予言している。ヴァレリーは影響力を行使するのに、何も反米的論争の闘技場まで降りていく必要はなかった。アメリカのいわゆる文明が私たちの文明よりもあとまで生き残るはずだという見通しほど、アメリカ人の文明に対する嫌悪を激化させたものはなかった。この意味で、三〇年代に増加するこの「にせ文明」に対する酷評は、その激しさの多くを、ヴァレリーによってもたらされた悪い知らせに負っているのである。

「精神の危機」の読者は、アメリカに眼差しを向けながらこのテクストについてあれこれ考えるが、一九一九年には、どれほどまで自分たちが正しいのかはまだ知らない。ヴァレリーが、どのようにしてこのテクストが生まれたのか、その秘密を明かすのは、すでに述べたように一九三一年になってからでしかない。ヨーロッパについての見通し、脆弱なヨーロッパについての見通しは、大戦によって残された廃墟を見て彼のうちに芽生えたのではない。そうではなく、一八九五年と一八九八年の戦争〔それぞれ日清戦争と米西戦争〕という「予見しなかった衝撃」からである。この時期以前は、とヴァレリーは書いている、「私はヨーロッパというものが本当に存在するとは一度も考えたことがなかった。この名称は、地理学的表現にすぎなかった」[20]。メッテルニヒの言葉、「イタリアは地理学的表現にすぎない」の奇妙なくり返しである。というのも、このオーストリアの首相がイタリアに国家としての実在性をいっさい否認しようとしたとしても、彼の意に反してイタリアは成立していたからである。ヴァレリーはおそらく同じように否定的な予言を否認することをヨーロッパに求めている。しかし彼は否定的予言をさらに積み重ねる。まるで、傷という形で彼に明らかになったヨーロッパを信じることができないかのようである。

　ヴァレリーのヨーロッパは、敗北しつつ――非‐ヨーロッパに敗北しつつ――誕生する。これら二つの限定された戦争は重大な前触れである。これらの暗黒のサインは、世界戦争の精神的にもっとも致死的な側面を告げている。すなわち、「交戦国の双方によって非‐ヨーロッパ人に対しておこなわれる、内戦の際に看取される外国への援助要請にも比すべき絶望的な援助要請」[21]である。取り返しのつかぬ過程、とデュアメルは同じ時期に「ヨーロッパ精神にかんする対話」という題で発表された講演で力説している。「一九一四年から一九一八年にいたる戦争はヨーロッパの権威をはなはだしく弱めた」と、彼は聴衆となった小学校の先生たちに説明する。というのも、「すべての植民地の協力者たち」は「恐ろしくもまばゆき半‐神」[22]（彼がいいたいのは「白人」のことである）とはだれのことなのか、もはやわからなくなっているからである。ヨーロッパは塹壕の泥のなかに何百万もの死者を置き去りにしたばかりではない。威信をも置き去りにした。ヨーロッパは塹壕の泥のなかで、植民地被支配者の精神に対する支配力を失ったのである。つまり、ヨーロッパ文明という「財宝」が脅かされている。そして、この財宝を守るためにアメリカの支援を当てにしている人々は、奇妙な思い違いをしている。「この大国の発展は、敵の脅威を軽減するどころか、それを募らせる。」アメリカが私たちに熱烈な好意を抱いているということが、まだ証明されていないからばかりではない。「工業中心の機械文明は、とりわけ北米において極端に発展することによって、新しい野蛮さに向かって歩みつつ［ある］[23]」からでもある。デュアメルは、両大戦間にあって、アメリカの「野蛮さ」と非白人種の「野蛮さ」が結託するというテーマが瞥見されるただひとりの著者ではない。このテーマは、その後、過激な形でアンドレ・シュアレスのうちにも見出されるからである。デュアメルは合衆国への旅の三年前、正確にヴァレリーの例に倣って、みずからの過ちに屈したヨーロッパ、一方では蒙をひらいた〈未開人〉によって、他方では「機械文明」の新しい〈野蛮人〉によって脅かされるヨーロッパなるものをすでに記述している。

ルナンが述べたように、ヨーロッパの「元老院」がいがみ合ったりすれば、元老院はヨーロッパを「外国人」に引き渡すことになる。ヨーロッパ列強はこれら〈西〉と〈東〉、そしてその他の外国人を一九一四年から一九一八年の戦場に「呼び寄せ」た。このようにしてヨーロッパ列強は、日本人とアメリカ人が世界史の饗宴に押しかけた一八九五年と一八九八年に、自分たちに対して通告された失墜に確認の署名をするのである。デュアメルが三〇年代に、ヨーロッパ文化を脅かす「無知蒙昧の徒」の文明を徹底的に攻撃することに精力をそそぐのに対して、ヴァレリーはつかの間の自覚から死産した果実である「ヨーロッパ」の全滅を予言することをもうやめようとしない。「精神の危機」という追悼のラメントは、この意味では、ずっと以前から「ただいまより」をいまかいまかと待ちながら『カイエ』に記された、連綿とつづく死亡広告の最初のものにすぎない。一九四五年の日付が書かれたつぎの一節にいたるまで、である。すなわち、「ヨーロッパはその経歴を終えた。世界地図を見よ。一九四五－一八一五＝一三〇」[24]。ナチズムの敗北を強調するための奇妙な方法である。ヴァレリーはヨーロッパの墓石に引き算を唯一の墓碑銘として刻むのである。

ジークフリート〔＝シーグフリード〕線〔フランスのマジノ線に対抗して独仏国境に沿って築かれたドイツの大要塞。ジークフリートとシーグフリードは同じ綴り〕、シュアレスという狂気

したがって、ヴァレリーは、一九一九年から一九四五年まで休みなくヨーロッパの弔鐘を鳴らしたということになる。しかしその読者の多くは、二〇年代には、この弔鐘を警鐘のように聞く。つまり、我が意に反して[25]、ヴァレリーは自分の威信のすべてでもって、年長者が退場するときに活動の場に登場してくるアメリカに対して士気を高めるのに一役買うのである。ヴァレリーにおいて透けて見えていたもの、すなわちこの新しい〈力〉がヨーロッパ人の廃された〈力〉に取って代わることは、一連のエッセイ──「精神の危機」を踏襲して書かれ、だが同時に降伏とみなされうる憂鬱なあきらめに対する反動として書かれた一連のエッセイ──の主導原理となる。このようにして、*Europa moribunda*〔瀕死のヨーロッパ〕に向けた彼の墓碑銘は、逆説的に反米的文学全体に対する銘句として役立つ。反米的文学はこの銘句の歴史的なペシミズムを引き受けるが、これを戦意を喪失させる権威ある判断だとは受け取らないのである。

一九二六年および一九二七年と一年をおいて出版された二つのテクストが、二つのヴァレリー的系譜の影響の例証となっている。最初のはアンドレ・シュアレスのかなり短いエッセイ、「ヨーロッパの視座──ヨーロッパの原則」である。二番目は、たちまち古典となったアンドレ・シーグフリードの著作『今

日の合衆国』である。一方は火種であり、他方は教育的な集大成であるこの二つの作品には、共通点はまったくないように見える——主題さえ異なっている。だがシュアレスのヨーロッパは反（アンチ）‐アメリカである。そしてシーグフリードの合衆国は、最初こそヨーロッパのモザイクとして提示されるが、分析の終わりで非（ノン）‐ヨーロッパとして定義される。シーグフリードとシュアレスは、いずれも「精神の危機」と対話しつつ、相反した仕方でアメリカにかんする教訓を引き出している。

ヴァレリーの影響を受けていることは、シーグフリードにおいてはきわめてはっきりしている。彼はその後（一九三五年に）、明らかにヴァレリー的な表題をもつ書物を書くだろう。『ヨーロッパの危機』である。一九二七年の『今日の合衆国』が何よりもまず人口統計学的、経済的、社会的データの要約のような印象を与えるとしても、シーグフリードは自分の本に「哲学的な」結論を付与することを忘れない。というのも、この著作は、両大陸間にある解決不可能な歴史的な敵対関係の確認で終わっているからである。この敵対関係は「文明」というカテゴリーを通じて思考されるが、このカテゴリーについては歴史家が哲学者と競合している。「ヨーロッパ文明とアメリカ文明」と題された最終章は、一九二七年の読者にいくつかの過酷な真実を突きつける。「このことを確認しなければならない。ヨーロッパの古い文明は大西洋を渡らなかった。[26]」この文はそれだけで小革命である。それまでは、アメリカに対する誹謗者たちは、アメリカがみずからを〈旧世界〉に結びつける慣習、制度、思考様式を漸進的かつ急速に捨て去ったことを確認（そして慨嘆）するだけで満足していた。ポール・ド・ルージエは、この漸進的離脱を解説し、その年譜を提示することにその『アメリカ的生活』の序文を捧げた。「約三世紀のあいだ」と、その際、彼は書いた、「アメリカはヨーロッパの属国のようなものとみなされていた」。独立戦争とは「いわば幻滅の第一段階であって、この幻滅はまだ終わりそうにない」。「今日」とルージエは結んだ（一八九二年）、「私たちは幻滅の第二段階に立ち会っている。アメリカは固有の経験を積んでいるばかりでなく、〈旧世界〉にとって恐るべきライバルと化すのである[27]。アンドレ・シーグフリードはこの別離の物語と決別する。アメリカ合衆国はヨーロッパ文明を捨て去りはしない。一度として受け取りはしなかったからである。それはヴァレリーのように（だがそれは一八九八年のヴァレリーなのだろうか、それとも一九三一年のヴァレリーなのだろうか）合衆国は「ヨーロッパから演繹された国」だという観念に依然として固執している人々の最後の幻想を一掃することである。これほど間違っていることはない、とシーグフリードは力説する。アメリカ国民はもやい綱を断ったのではない。彼らにはつなぎとめるものがないのだ。アメリカの国民は「まったく独創的な社会を創造しようとしている。この社会と私たちの社会との類似は、もう表面的なことでしかなくなりつつある」。そしてまさしくこの「創造」が、私たちが周辺化し、歴史から消え去ることを予測させるのである。「ひょっとすると、これは人類の新しい時代なのかもしれない。この新しい時代は、もはや人類の推進者でないヨーロッパを、いまや過去の遺物である理想とともに歴史へと追いやる。」というのも「ヨーロッパとアメリカはいまやそれぞれの価値体系において対立しがちである」からであり、戦争が「この対比を完成の域にみちびいた[28]」からである。繁栄のアメリカ（シーグフリードは一九二九年の Black Thursday〔暗黒の木曜日〕の二年前にあって、この繁栄を疑うことはない）は、「貧者の国」ヨーロッパに対立している。だが繁栄を目指す競争で水をあけられたこのヨーロッパは、アメリカが支払ったのと同じ「ほとんど悲劇的な」代償を支払うつもりはあるのだろうか。つまり、オートメーション・システムの祭壇に個人を生贄に捧げるつもりはあるのだろうか。シーグフリードが終わりに暗示しているように、ヨーロッパとアメリカのあいだで問題なのは「私たち西洋人の二つの継起する時代間の対立[29]」なのだとすれば、これは明らかにきわめて修辞的な問いである。

最後の言葉は思いがけないものだが、「ヨーロッパ文明」にとってまったく不安がないというものではない。すなわち、「議論は拡大していき、フォードとガンディーのあいだの対話となる」というものである。奇妙な結論であり、版画にはもってこいの主題である。「アメリカ的生産様式がアジア的生産様式と話し合う」のである。そこに見るべきはアレゴリーなのか歴史の一コマなのかを決定するのは読者である。ヨーロッパが押し黙って壁の花になっているのに対し、その頭越しに極東と極西とがもったいぶって協議していることほど、いずれにしても驚くべきことはないし、フランス人の不安な想像力にこれほど強く語りかけてくるものはない。

歴史家アンドレ・シーグフリードの衰退はしらけ切っている。エッセイストであり評論家であるアンドレ・シュアレスの衰退は辛辣である。そもそも、一九二八年に彼の反米的攻撃文書の主要部分を公表するのは、『ルヴュ・デ・ヴィヴァン〔生者の雑誌〕』である。死はまだ先のことだし、「ヨーロッパの原則」は活気がないことを除けば万全である。シュアレスのうちには奔放な予言者がいる。このペギーの側近であり、モーリス・ポトシエールとロマン・ロランの友人は、強い魂と歯に衣着せぬエクリチュールを愛している。バンダによって奇妙なことに「ビザンチンふう」とレッテルを貼られた彼の作品は、天啓とひらめきにみちている。シュアレスのやり方は荒っぽく、かつ断定的である。彼のテクストの暴力性によって、攻撃文書的な徹底した誇張の時代にあってさえ、彼は抜きん出ている。

ヨーロッパについて予言するアンドレ・シュアレスも、ヴァレリーと同様、地球全図に関心をよせる。「注意深く地図を眺める者はヨーロッパの歴史を発見する。アジアの半島であり、大洋に投じられた矢を思わせる土地であるヨーロッパとは、西十字星でないとすれば、いったい何か。」「精神の危機」の中心問題に思いをいたさないのは難しい。「ヨーロッパは、現実においてそうであるところのものに、すなわち、アジア大陸の小さな岬になってしまうのだろうか。(30)」新しいヨーロッパは、つねにこの岬、半島に還元されようとする。だがシュアレスは別の糸によってヴァレリーにつながっている。彼は同じ世紀末の子供であり、彼の強迫観念も同じ砲撃から生まれている。彼もまた一八九五年と一八九八年の、すなわち黄禍とヤンキーへの恐怖の精神的な息子である。彼のエッセイの暴力性は、論戦好きな彼の個性とか、彼がはやくから自分を傭兵隊長に仕立てたことにのみ起因するのではない（彼の『傭兵隊長の旅』は一九一〇年から刊行されはじめる）。それはまた積み重なった二つの時代、集積した二つの反米的な憤怒——世紀末と二〇年代のそれ——の集積の結果でもある。シュアレスが両大戦間に爆発させるのは、怒りの二乗である。構想は、彼の書簡とドゥーセ・コレクション〔高級婦人服デザイナーであるジャック・ドゥーセ（一八五三—一九二九）が死後、パリ大学に寄贈したコレクション〕所蔵の草案が証明しているように、(31)前世紀にさかのぼる。そして、源はまさしくヴァレリーの場合と同じである。相変わらず、またしても、キューバ「ショック」である。一九二八年のテクストは、一九二〇年代よりも一八九〇年代のものとしてのモンロー Munroë〔原文のまま〕主義への強迫観念を筆頭として、この遠い起源の痕跡を数多くとどめている。もっとも、シュアレスはこの強迫観念への言及を不干渉主義という新情勢に適応させようとしている。すなわち、「アメリカはモンローの原則をみずからの欲求のままに利用した。アメリカが要求するのは、ヨーロッパがいまやアメリカの問題にいっさい口をはさまないことである。そして、これらアメリカの問題についてみずからが唯一の審判者であろうとする。アメリカはいっさいの隣保同盟（アンフィクチオニア）〔古代ギリシアで神殿とその祭儀を守るために、いくつかの都市国家が相互に結んだ同盟〕を回避する。いっさいの権威、いっさいの国際裁判所を拒否する」。シュアレスはここからヨーロッパ人にとって唯一可能な行動方針を導き出す。逆襲による自衛である。ヤンキーに対する抵抗が「ヨーロッパの原則」の中心にある。実際には、この抵抗がヨーロッパの原則を規定しているのである。「〈旧世界〉に手を出すことをアメリカの政治と精神に禁じるという、ヨーロッパにとっての義務および必要性、ここにヨーロッパの原則の根拠と最初の用途がある。[32]」「モンローの原則」は反駁と報復とを呼び起こす。「私が〈ヨーロッパの原則〉を構築するのは、モンローの原則とその取り返しのつかない結末に反対するためである。」さらには、「つまり、アメリカがヨーロッパ、アフリカ、アジアの問題に、ほんのわずかでも関係することに正当にも反対するという逆の原則のときがやって来たのだ[33]」。「シュアレスの原則」は、このように規定されると、アメリカがヨーロッパに干渉することを禁じることに限定されない。アメリカの干渉が他の大陸、これら植民地的ヨーロッパの縄張りに対して行使されることを禁じるのである。スケールの大きなプログラムである。そして、ヴァレリーの瞑想が悲観的であるように見えるのと同じくらいに楽観的である……。

彼以前の者たち（ドゥモランは、ドイツはアングロ - サクソンよりも危険度が少ないと判断する）および彼以後の者たち（アロンとダンデューはドイツ人もまたアメリカ化の犠牲者であることを示した）と同様、シュアレスは標的を間違えないことをフランス人に要求する。敵は、外観はどうあれ、ドイツ人ではない。アメリカという「ドブネズミ」である。このネズミを、彼は憎しみのあまり息を切らせて追跡する。そのせいで彼の文構成法はしゃっくりをする。つぎの一九一一年のノートは、ブルターニュで数人のアメリカ人と出会ったあとで書かれたものだが、彼の蒸留器を沸騰させる奇妙な人種主義的錬金術をひどく露骨なやり方で明らかにする。「見下げ果てたヤンキーめ……。連中の鼻にかかったなまり、その笑いの音色にいたるまでが、連中が中国人といっしょに世界を横取りすることを宿命的なことにしているのだ……。中国人といっしょに、連中は灰色の人種、すり減った金（かね）の、薄のろの、肩書きの人種、積極的な人種を作るだろう［……］。名声、芸術作品、天才、神、これだけでたくさんだ。これら見下げ果てたヤンキーには何もわからない。連中はほとんど何もかも断罪する。［……］トルコ人、中国人、黒人は、私がかつて領地をもっているとして、私のところにどうぞお出ましくだされだ。だがヤンキーは立ち入りごめんだ。鞭打ち一発、ここを出て行け……。」[34]〈傭兵隊長〉は無遠慮にものをいう。ここでは反米主義と外国人嫌いが折り合っている。私たちはやがて「コスモポリス」の章〔第Ⅱ部第4章〕で、シュアレスひとりがこの二つを結びつけているのではないことを見るだろう。

「ヨーロッパの原則にかんする試論」は、フランス反米主義における二つの時代の重なり合いとして読むことができる。時代遅れの層にあるのは、「古典的精神」としてのヨーロッパ精神の定義（および「古典的精神の逆」としてのアメリカ精神の定義）、自分たちが「世界で第一の国民だという」アメリカ人の主張は「機械の分野ですらまったく根拠を［もたない］」と声高に叫ばれた確信、「西十字星」の中心に位置し、隣接する諸国はその周囲に整然と配置されているというフランスの運命に対する固い信念、要するに、前世紀の安寧にみちたさまざまな確信になおも刻印された神話、または文化的ドラマツルギーの全体である。しかしながらこれらの確信は、同じページで、精神の脆弱さ——物質的な力に対して善悪二元論的な闘争をおこなう際の精神の脆弱さ——という新しい感情によって異議を唱えられる。戦闘的姿勢を疑惑と衰弱がよぎるのである。調子が激していくのに反して、客観的情勢は暗くなっていく。反物質主義的な警戒、「世界を支配しつつある習俗」への拒否、ヨーロッパ人が「これを否定するときですら崇拝している」「精神の力」への執拗なアピール、アメリカの定義そのもの——「アメリカは機械である」——、これらすべては両大戦間に固有のものである。そしてシュアレスは、古くからの憤怒でもってアメリカを責め立てながら、同時に非‐順応主義の怨念のこもった攻撃文書の先駆者としての自己の態度をはっきり示すのである。

ヴァレリーからシュアレスとシーグフリードにいたるまで、構想と方法の違いを超えて、ヨーロッパの衰退と消滅という思想が、脅威としてのアメリカの侵入に系譜的に結びつけられている。根本的なシナリオはまさに同一である。ヨーロッパの正面に、ヨーロッパに対立して、新参者の国民が立ちはだかり、横柄にも〈歴史〉の扉を叩くのである。ヴァレリーは懲罰という観点から一八九五年と一八九八年におけるこれらの国民の二つの侵入を関連づける。シーグフリードは自分の考察を、アメリカとアジアのあいだではじまる文明の対話から排除されて沈黙を強いられ、途方に暮れたヨーロッパというアレゴリーで締めくくる。シュアレスは単刀直入に、彼らが回避している語を投げつける。ヨーロッパを脅かしているもの、それは〈野蛮人〉どうしの共謀である。「ヨーロッパの原則とは、ヨーロッパ的な精神、感情、秩序であらざるものから、つまり〈野蛮人〉から、アジアから、おそらくは黒人と黄色人種から、だが何よりもまずアメリカの北部から、ヨーロッパの良心と現実を守ることにある。」明々白々である。そして彼のあまりに遠慮深い同僚たちのためにつけ加える。「〈野蛮人〉が存在することを否定するのは、子供じみた動きである［……］。北米は多くの人にとって〈野蛮さ〉そのものの対蹠地のように見える。だが北米は〈野蛮人〉の希望であり、彼らのモデルなのである。[35]」これはまた、アロンとダンデューの意見をほとんどそのままくり返したものであるだろう。

シュアレスは極端なヨーロッパ人、孤独な作家、文学の義勇兵である。彼の激昂した反米的レトリックは、ますます彼を孤立させる。しかし彼の反米主義の激した語調の下に、ヴァレリーやシーグフリードがもっと洗練された仕方で述べているヨーロッパの消滅という同じ固定観念を見分けることは、難しいことではない。しかもあとで見るように、ヨーロッパの死への哀悼（デプロラシオン）、すなわち両大戦間のこのくり返しあらわれる表現・主題（ライトモチーフ）が、〈野蛮人〉——黒人、黄色人種、ヤンキーを憎しみのなかで結びつけることを可能にする便利な概念——に対する激しい非難として激化していくのは、シュアレスひとりではない。ヒューマニストであるデュアメルが、「標準的で教養あるおとなの西洋人は、マトマタ〔アルジェリアの山地〕の穴居人の家にいるほうが、シカゴのある種の通りにいるときよりも戸惑うことは少ない(36)」と書くとき、彼は呪いの人シュアレスと違ったことを述べているわけではない。彼はただいっそう狡猾な仕方で述べているだけなのである。

汎‐ヨーロッパ対全‐アメリカ

二〇年代のヨーロッパには、文明防衛構想として、もっと冷静で、いっそう建設的であろうとする他の擁護者も存在する。彼らの論理は〈傭兵隊長〉のそれとさほど変わらない。だが彼らは罵倒よりも、連合、交渉、提案のほうを好む。ヨーロッパの物質的・精神的危機に応えようとするヨーロッパのこれらの試みは、攻撃的反米主義を標榜しない。だがこれらの試みはまた、欧州合衆国を強く提唱することによって、アメリカの覇権という亡霊を払いのけようともしている。

これらの試みのなかでもっとも重要なのは、その野心によってもそれが呼び起こしたみごとな協力によっても、クーデンホーフ＝カレルギーのPan-Europa〔汎‐ヨーロッパ〕である。実用主義的であるとともに理想主義的なこのPan-Europaは、アメリカの挑戦に対してヨーロッパ連邦制度でもって応えようという考えをふたたび打ち出すのである。一八八八年にアンリ・ド・ボーモンが提起していた問いが、ヨーロッパの大殺戮の直後に、傷ついたヨーロッパの瓦礫を前にして公然と再提起される。しかも、いっそう多くの外交的手腕と才覚とをもって再提起される。しかも「現実主義者の人食い」を前にして、フランスの救済が理想主義者たちのヨーロッパを経由しておこなわれるのだとすれば？　連邦制度の構想はヨーロッパにおいては少しも新しい考えではない。だが最近の災厄によって、これに新しい息吹がもたらされる。支持者たちはすぐにでも結集し行動しようとする。リヒャルト・フォン・クーデンホーフ＝カレルギーが彼らにその機会を与えるだろう。

チェコ国民にしてコスモポリタンな〔母親は日本人女性青山みつ〕伯爵であるクーデンホーフ＝カレルギーは、一九二三年に「Pan-Europa 宣言」を発表する。彼はそこで「ポーランドからポルトガルにいたるまで、すべてのヨーロッパ諸国の政治的・経済的な同盟」を強く提唱する。これは三段階からなる連邦構想である。仲裁と保証、関税・通貨同盟、超国家的議会（これが国家体制の代わりになることはないだろう）である。クーデンホーフ＝カレルギーは、汎ヨーロッパ構想にいとも簡単に結びつけられるホメロスから、和解し結集したヨーロッパを予言するヴィクトル・ユゴーまでの広がりをもつ「夢想家の系譜に」含まれる。[37] だが彼の夢は論理構成がしっかりしており、構想は大きな反響を得る。

彼のプランではURSSはヨーロッパの外部に取り残される。その政治体制によってこの仮想共同体から排除されるように彼には思われるのである。彼はまた英国を同盟に入れるのか入れないのか判然としないところに置き去りにする。[38] あまりに「帝国的」だと〈宣言〉は示唆している。だが戦列のなかにあって、あまりにアングロ‐サクソン的でアメリカ合衆国に近い、と読むこともできる。一九二四年のヨーロッパにおいて、〈宣言〉は保守層の共感を集める。明らかに反共産主義的であるように見えるからである。だがそれはまた、どちらかといえば左翼と同一視されるような平和主義者の関心を引き、魅惑する。たとえば、フランスでは、アリスティード・ブリアンとエドゥアール・エリオ、あるいはワイマールのドイツでは、若きコンラッド・アデナウアーである。知的な物言いをすれば、この構想は反ナショナリズム的であると同時に反‐国際主義的であろうとする。それは反米的なのだろうか。〈宣言〉の本文はいっさいの正面攻撃を控えている。それはアメリカ連邦をモデルにしようとする古いユゴー的テーマを我が物としているようにさえ見える。すなわち、「汎ヨーロッパ的努力の到達点とは、アメリカ合衆国をモデルとして、欧州合衆国を設立することであるだろう」である。壊れた希望の鎖を結び直すクーデンホーフ＝カレルギーは、ユゴーが普仏戦争の直後にオートヴィル－ハウス〔ユゴーの亡命地ガーンジー島におけるユゴーの家〕からルガーノ平和会議に宛てて出した予言をみずから引き受けるのである。「私たちはヨーロッパ合衆国をもつだろう。これはアメリカ合衆国が新世界の最後を飾るように〈旧世界〉の末尾を飾るのである。[39]」だがユゴー的理想がふたたび日の目を見るのは、曲解によってである。〈宣言〉がアメリカに言及する際に、いかにあいまいさを積み重ねようと、そのプランがアメリカ合衆国に反対して、少なくともアメリカの覇権に反対していることは明らかである。子細に検討すれば、そもそもクーデンホーフ＝カレルギーが求めている「統一ヨーロッパ」が比較されるのは、アメリカ合衆国に対してではない。彼が比較するのは〈汎－ヨーロッパ〉と〈汎－アメリカ〉――一八八〇年代以降、ワシントンの歴代の政府が樹立しようと努力している、大陸全体に広がるあの〈汎－アメリカ〉――である。アメリカ合衆国は、この進行中の観念的形成物のなかでは、連邦のイニシアティヴをとるべき「第一の強国」にほかならない。同様に、ヨーロッパの第一の強国であるフランスは、「統合のプロセスにおいてイニシアティヴをとる」ことができるだろう。このことによって、この構想は、おそらくは対抗意識というコンテクスト、だがとりわけ大陸と大陸との競争というコンテクストの内部にきわめて明確に位置づけられるのである。

この比較では暗黙であったメッセージが明瞭なものになるのは、この連盟からヨーロッパ人が見出す「利益」を〈宣言〉が列挙するときである。これらの利益の五番目で最後のものとは、「アメリカと英国の産業との競争、その後は極東とロシアの産業との競争を支えることが可能だということ」である。構想の反米的側面がなおいっそう明らかになるのは、クーデンホーフ＝カレルギーがヨーロッパ統合が失敗した場合の不幸な結末を分析するときである。「現在のヨーロッパ政治をつづけていくことは」と彼は書いている、一方では「ヨーロッパ問題へのヨーロッパ外の列強の政治－軍事的な度重なる介入」に、他方では「アングロ－サクソンの産業との競争を支えることの不可能性、破産、経済的隷属」へと不可避的に到達するだろう。「ヨーロッパ外の」軍事的干渉、経済－財政的隷属状態――このようにして古いヨーロッパを隷属化するかもしれないし隷属化することができるただ一つの国と聞いて、ある名前を思い出すには、偉大な聖職者である必要はない。

クーデンホーフ＝カレルギーはなおいっそう明晰であるすべを心得ている。それ自体、十分に雄弁な〈宣言〉の本文に、フランス人の使用に供するために一種の遺言変更証書を追加するのである。一九二四年六月の「フランスの国会議員への公開書簡」である。これが期待しているのはURSSとアングロ－サクソン系アメリカ人に対する二つの拒否である。三つの列強が――と彼は力説する――、ヨーロッパとその主権に対して直接的な脅威としてのしかかっている。ソ連、大英帝国、アメリカ合衆国である。構想をこのように説明することは、フランスの政治家層とジャーナリズムに対する効果的な *lobbying*〔ロビー活動〕のようなものである。アメリカの圧力に対してヨーロッパが反撃しようという思想は、政治的な肥沃土にめぐり合う。ワシントン海軍軍縮会議〔一九二一年一一月―一九二二年二月。戦艦と航空母艦の保有トン数を英と米五、日三、仏と伊一・七五の比率に定めた〕が人々の精神を苛立たせた上に、戦争のあいだに負った借金の請求がこれらの精神を加熱させるのである。もっとも高度な政治的レベルで、一つの力学が動き出す。エドゥアール・エリオが議会を前にして欧州合衆国の考えに同意することを宣言するのである。二〇年代の終わりにいたるまで、「反米主義とヨーロッパ統合の動きとが並行して発展する」(40)ところに立ち会うことができる。

クーデンホーフ＝カレルギーのヨーロッパ的活動に参加したフランスの知識人のほうが、政治家以上に、彼らの個性そのものを通じて企図のきわめて反米的な要素を明らかにしている。この運動に永続的な構造を付与すべき一九二六年の汎ヨーロッパ会議のための準備が加速する一方で、賛同は数多くなり、大きな意味をもちはじめる。危機に見舞われ、独裁者たちに腐敗させられるヨーロッパが大崩壊するのに押し流される前に、Pan-Europa 運動にはフランス人インテリゲンチャのなかに活発な関心と莫大な支持を喚起するだけの時間が残されている。ウィーン会議に参加することを承知する人たちのなかで、第一に注目されるのはポール・ヴァレリーである。だがポール・クローデル、ジョルジュ・デュアメル、ジュール・ロマン、リュック・デュルタンもいる。途方もなく雄弁なリストである。このリストは実際上、同じ一九二五年から一九三一年のあいだに、アメリカのことを気にかけたり、アメリカに不安を覚えたりしているフランスの作家・思想家のリストと重ね合わすことができるからである。ポール・ヴァレリーというヨーロッパの衰退をめぐる思想的指導者の指揮の下に、ウィーン会議へのフランス代表団は、ヨーロッパ狂の者たちというよりもUSAの強迫観念に取りつかれた人々を結集しているのである。

おそらくクローデルは簡単に反米主義と決めつけるわけにいかないが、もっとあとで、彼がフランス大使をしているこの国の慣例と風習について、とても外交官とは思えない観点で批評するのを見ることができるだろう。つぎに『交換』がある。これはボストンで書かれた彼の処女戯曲の大作で、その反米的なテーマ体系は同時代人を驚かせたのであったが、同時代人は満場一致で、「どんなものにもそれなりの価値がある」と考える人であるトマ・ポロック・ナジョワールという登場人物をヤンキーの原型とみなしたのである。[41] デュルタン、ロミエ、デュアメルについては、彼らは三人とも一九二六年から一九三〇年にかけて反米的文献への第一級の貢献者である。ジュール・ロマンだけが例外をなしている。彼もまたアメリカ合衆国に興味を示すが、同業者たちよりも好意的な眼差しをそそぐ。この国において庶民が手を携えて暮らしているさまは、往々にして彼が理想とする一体主義(ユナニミスム)に近いように彼には思われるのである。(42) もちろん、ここには偶然もなければ思いがけないめぐり合わせもない。これらの作家は〈宣言〉をていねいに、その行間をさえも読んだのである。彼らがクーデンホーフ゠カレルギーの構想に示す関心は、彼らがアメリカ合衆国に向ける、一般に疑惑にみち敵意にみちた注目と不可分である。彼ら自身、自分たちの汎ヨーロッパ的な戦闘的態度と反米的十字軍とをあからさまに結びつけている。デュアメルは『未来生活情景』にヨーロッパ文明の永続性にかんするクルティウスとの対話の形式をとった序文を掲げている。そして彼の書物と彼がおこなった現代の地獄への下降が終了するのも、やはりヨーロッパをめぐって、「その計画の終わりに」いたっていないヨーロッパをめぐってである。(43) 汎ヨーロッパという原理への同意は、エッセイスト、デュルタンにおいてなおいっそう直接的に露見しているが(『USAについての若干の覚え書』において)、小説家デュルタンにおいてもそうである。小説家デュルタンの物語は「ヨーロッパの人間」をアメリカの居心地の悪さという試練に直面させるのである。(44)

数年のあいだ、とりわけアメリカ化への拒絶を予告することによって一つになった作家・詩人の小軍団が、このヨーロッパ防衛戦線のために活動した。「共通する危険は団結の最良の動機の一つである」と、アンリ・ド・ボーモンは力説した。それはおそらく恐怖に対し過度に積極的な効力を認めることであった。それは、恐怖が不信、怨恨――そしてほかの恐怖――を黙らせるほど十分に強く、十分に共有されていることを前提としていた。クーデンホーフ゠カレルギー伯爵が先祖はオデュッセウスだとしていた〈宣言〉のヨーロッパ人は、その一〇年に及ぶ試練をギリシアの英雄のように成功をもって渡り切ることはできないだろう。一つのテクストから生まれた運動は頂点に達し、もう一つ別のテクストでもって消え去る。その遺言書とは、アレクシス・レジェによって作成され（サン゠ジョン・ペルスの名で詩に直された）、一九三〇年九月、それ自体、断末魔に陥った国際連盟を前にしてアリスティード・ブリアンによって朗読された覚え書である。好意的な外交につながれるためにやって来たが、いたるところから漏水していることの〈汎‐ヨーロッパ〉という大型ボートは、ＳＤＮ〔国際連盟〕とともに沈没する。生き残るのは、この大型ボートに詰め込まれていた反米主義だけである。この反米主義はみごとな文学的成功の材料をデュアメルに提供する。

ヨーロッパ連邦制度は、これらの知識人には、フランスの消滅とアメリカのヨーロッパ支配に対する最善の戦略のように思われたのである。政治的な総括はあまり輝かしいものではない。そして〈汎‐ヨーロッパ〉の揺りかごを覗き込むためにやって来た作家たちは、結局のところ、ヤング案〔第二次ドイツ賠償支払い案。一九二九年八月から翌年一月のハーグ会議で、アメリカのヤングを委員長とする賠償調査会は、総額を三五八億マルク、支払期限を一九八八年までと定めた〕の難産に手を貸しただけであった――この「アメリカの私生児(45)」に対して、新しい反米主義の世代が怒り狂うのである。

「ヨーロッパよ、目覚めよ！」

というのも、汎ヨーロッパ構想に結集した有名作家、および少しは名の知られた作家は、実際、反米主義の前哨において、いっそう急進的なグループによって急速に取って代わられるからである。これらの運動、サークル、小集団は、いくつかの価値観において一致する。反資本主義、反共産主義、反議会主義、「革命精神」である。彼らのテクストに遍在する反米主義を忘れるわけにはいかない。というのも、ここでは反米主義は合流点、固定点をなしているからである。アメリカ合衆国は同時に、資本主義の模範的な形態、ソヴィエト流の大量集産主義体制、選挙による民主主義のカリカチュア、そして――あとで、もっと詳しく検討するが――反‐革命の国そのものであるがゆえに、アメリカ合衆国を告発するために費やされた時間は失われた時なのではない。「三〇年代の精神」を体現している若き知識人にとってアメリカは絶対的な引き立て役である。フランスにおいて、また聖職者においてかくも共有されているこの極端な嫌悪に、若き知識人は自分たちなりのトーンを与えるべく努めるだろう。彼らが最初に強い関心を示すのは、年長者と自分たちの差異を誇示し、断絶を公言することである。彼らは年長者に何の世話にもなろうとせず、反米主義の諸形態さえ引き継ごうとしない。だから、彼らは現実のアメリカ、おそらくそれ以上に「想像上のアメリカ」と闘おうとするだけではない。彼らはその上、彼らだけがアメリカの脅威の真の本性を理解していることを証明しなければならない。

したがって三〇年代の「若い雑誌」は、『エスプリ』であれ『レアクシオン』であれ『新秩序』であれ、とりわけ豊富な選択の幅をもつ反米的信条表明を提示している。この時期のもっとも暴力的な書物であるアロンとダンデューの『アメリカという癌』は、エマニュエル・ムーニエの言葉をもってすれば「非順応主義的」として指示される領域に属している。人格主義的と革命的とを自称する〈新秩序〉運動の推進者であるアロンとダンデューは、途方もなく激しい反米主義と、これに劣らず強烈な願いとしてのヨーロッパ――しかしブリアンによって具現される連邦主義的な方向づけにも合議による政治にも激しく敵対するヨーロッパ――とを結びつける。ナショナリズム的な言説に敵対するアロンとダンデューは、フランスの名において、とくにデュアメル氏――この反米主義におけるこの「ジョゼフ・プリュドム」(46)――のフランスの名において語ることをみずからに禁じている。自分たちの「ヤンキー精神に対する攻撃文書は」と彼らは力説している、「この語の通常の意味において、つまり国家的な意味において反米的なのではない(47)」。

彼らが言及しているヨーロッパについては、「国際主義的な抽象概念」のヨーロッパとは似ても似つかない。「若い雑誌」はここでは、ただ一つの声でもって語っている。『新秩序』も『レアクシオン』と同様、「〝〈汎ヨーロッパ〉をくり返して悦に入っている〟者たちに対して嘲弄以外のもの(48)」を表明しない。アロンとダンデューはヨーロッパをまた作り直すべきだと強く主張する。しかもアメリカに対抗するだけでなく、現代の腐敗の最初の芽を宿している「悪しき」ヨーロッパにも対抗して作り直すべきだとするのである。

つまり、彼らの宣伝パンフレットには二重の引き金がある。分析の最初の段階では、事態は単純である。ヨーロッパはヨーロッパ外からの攻撃の犠牲者である。「ヨーロッパを蝕みはじめる悪の源あるいは悪の開花が見られるのは、ヨーロッパの外部である。(49)」ヨーロッパに対する陰謀は過去にあったし、いまもなお存在する。アロンとダンデューは、第一次世界大戦という狂気をヨーロッパ人としての自分たちの罪深き責任だとする彼らの年長者の苦行を一文でもって一掃する。後悔と改悛の表明はもうたくさんだ。「現代世界の癌は戦争の死体の山からとても遠いところで生じた。(50)」彼らは新たに破綻の年代学を作成し直す。ヨーロッパにとって致命的な日付？　ばか正直な人が考えているように、一四年四月ではない。それは、そこでオーストリア皇子が暗殺されたことが破局を引き起こしたとはとても考えられない「サラエヴォでも」、ヴェルサイユ条約を生み出した、つまりよいものは何一つ産み出さなかった「ルトンド〔第一次世界大戦の休戦協定が結ばれたコンピエーニュの森に近い駅の名〕でも」ない。鍵となる時はまったく別である。私たちの不幸のカレンダーはアメリカ製である。それは「一九一三年、すなわちアメリカの銀行の組織化がおこなわれた宿命的な日付である。以来、私たちを苦しめている覇権はそこから派生した。アメリカという癌の起源である」。（彼らがあれほど一線を画したがっているデュアメルが、驚くほど似通った衝突の年代学を示唆していたことに注目しよう。

「二〇世紀史における重大な時とは、一九一四年八月でもなければ、一九一八年一一月でもない。そうではない、私のいうことをよくお聞き願いたい。それはアメリカの国内市場だけではアメリカにとって十分でなくなった時である。そのとき、獣は後ろ脚で立ち上がったのである……。[51]」）だがアロンとダンデューはアメリカの有罪を倍加する「別の致命的な日付」をも提案しなければならない。「一九二九年である。この年、ヤング案のおかげで、アメリカの組織が大陸に到達した。そして癌がヨーロッパで増殖したのである。」一九一三年、一九二九年。将来、小さな小学生が記憶しなければならないのは、これらの年である。〈大戦〉は？ たんなる掃討作戦である。「これら二つの年のあいだには、練兵場の地ならしをするための戦争がある。[52]」〈兵隊さん〉が死んだのは、フランスのためでもなければ「武器商人」のためでもない。兵隊さんは、実際は、Federal Reserve System〔連邦準備制度。一九一三年、連邦準備法によって設けられたアメリカ独特の中央銀行制度〕のために死んだのである。[53]そしてこのみごとな一撃――アメリカ人はいつでもこれをくり返す準備を整えている。アメリカ人は「渇きのための梨のように〔最後の手段として〕」ヨーロッパを残しておく（一九三二年には）。つまり、すべてがふたたびはじめられようとしており、すでにアメリカは「人間どうしが向かい合っておこなう戦争といういっそう破壊的な危険はヨーロッパ人に任せて、平和裡に関税と手形割引の戦争の準備を進めている[54]」。

したがってアロンとダンデューの最初のヨーロッパは、犠牲にされ、だまされ、疲弊しきったヨーロッパ、アメリカの罠に引っかかり、アメリカのまやかしに盲目になり、アメリカの銀行家に組織的に金銭を巻き上げられるヨーロッパである。だが、この無垢で、盲目で、ごまかされるヨーロッパは、二番目のヨーロッパを隠している。このヨーロッパが、ひそかに、遠く、悪の知的起源に位置しているのである。もちろん、ヨーロッパが一四年―一八年の殺戮を開始したのではない。ヨーロッパはアメリカの銀行家が嘲笑しながら見守るなかを罠に一目散に飛び込んだのである。だがこのことについて、ヨーロッパに罪はないとしても、それでも責任はあることは認めなければならない。アメリカとその癌に対する責任である。そこから「悪の源または開花が見出される」アメリカという奇妙な文がやって来る。論争に筋を通らなくさせるこの訂正はなぜなのだろう。なぜなら、アメリカは伝染の、真の、最初の源ではないからである。なぜなら、何一つ発明しない、伝染病をさえ発明しないこの大陸は、破滅をもたらす芽をヨーロッパから受け取ったからである。なぜなら、実際には「アメリカという癌」は、ヨーロッパの間違った合理主義的な考えがアメリカで怪物じみた増殖を見せたものだからである。「ヤンキー精神とは実際、ヨーロッパがかつて犯したこの上なく嘆かわしい間違い、合理主義という間違いを、膨大な規模で、連続的に推し進めたもの以外の何ものでもない。[55]」アメリカとはヨーロッパを罰しにやって来たヨーロッパの罪、ヨーロッパの「昼夜を問わぬ絶え間ない悪夢」、ヨーロッパの退化した危険な子孫である。

アロンとダンデューの独創性はここにある。すなわち、最終局面において、ヨーロッパを非難の対象としたことである。彼らはこのヨーロッパを合理主義的、デカルト的、あるいはヘーゲル的と無差別に呼んでいるが、〈旧世界〉のこれらのいかがわしい産物を、アメリカへの旅は改良することはなかった。これらの観念に生じたのは、ビュフォンが動物について主張したことである。すなわち、移住がそれらを決定的に変質させたのである。アメリカ合衆国を通して、〈新秩序〉の思想家たちが闘っているのはヨーロッパの表象である。ヨーロッパは合理主義という間違いを出産した。しかしヨーロッパ的理性のアメリカ化は怪物を生み出した。「現代の野蛮さ、それはアメリカ的形式における理性である。[56]」つまり、アメリカに対する闘いは *at home* で、すなわちヨーロッパで、ヨーロッパに賛成すると同時に反対して開始されるのである。「アメリカかぶれは病である」とアロンとダンデューはなおも主張する——ヨーロッパはこの回帰した癌の転移に屈する前には、長いあいだ健康なままこの病気の保菌者であった。

「ヨーロッパよ、目覚めよ！」とアロンとダンデューは『アメリカという癌』の最後のページで、この表現の裏にあるものの重さを物ともせずに言い放つ。[57] 人格主義的な基準に明らかに結ばれている〈新秩序〉は、無分別なのか挑発なのかどっちつかずの態度を募らせていく。〈新秩序〉にとって、イタリア、ついでドイツの「実験」への追従者と混同されることは本意ではない。だが雑誌は華々しき「ヒトラーへの手紙」を発表し、ロベール・アロンはムッソリーニのイタリアを賛美する。[58]「新（ネオ）」とともに、航路標識がちゃんと設置されていない沿岸と沿岸とのあいだに、出版による懸橋や個人的な横断が数多くなる。知的なレベルでは、橋渡しをするものに事欠かない。たとえば、革命的神秘主義、自由主義的な民主主義に対する絶対的軽蔑、資本主義の拒否である。これにつけ加えられるのが――以上のことを要約するとこうなるのでなければ――、ふたたび誕生すべき新しきヨーロッパの名において発せられる激烈な反米主義である。そして、この新しきヨーロッパは、デュアメルがその擁護者であろうとする、諸世紀と文化にあふれたヨーロッパとは明確に区別される。おそらく彼らの言説は、あらゆる領域に及ぶ腐敗、とくにアメリカの腐敗に反対してヨーロッパの再生を推奨する「ネオ」の言説よりも若干は手が込んでいる。しかしながら、論理は本質的には異なっていない。『アメリカという癌』は、「アメリカ的形式における理性」への批判、「精神的なものの錯誤」としてのアメリカの定義、カント主義とヘーゲル主義に敵対するという責務によって、上流ではモーラス的極右に、下流ではファッショ運動の非合理主義へと結びつく。歴史の証明にとって本質的な点、すなわち第一次世界大戦が突発したことの隠された責任はアメリカ財政にあるということが、第二次世界大戦の前にも最中にも、倦まずたゆまずくり返し指摘されるだろう。補足的な滑りによって（これはモーラスには刻印されたが、『アメリカという癌』はこれを避けている）、やがて非難されることになるのはアメリカのユダヤ銀行であるが、それはユダヤ銀行が大戦を助長したからばかりでなく、ユダヤ人の利益との関連でのみ大戦の毎月の大殺戮を操作したからである。[59]

ダンデュー（一九三三年没）もアロン（一九四〇年の敗北のあと北アフリカに渡る）も、〈対独協力〉の凶暴な反米主義に陥る「ネオ」と同一視することはできない。いずれにしても、彼らがアメリカ「資本主義というプレシオサウルス〔ジュラ紀の首長竜〕」に対抗するために助けを求めるヨーロッパは、結局のところ、ブリアンよりもドリオのほうにいっそう近いように思われる。そして、そのヨーロッパはヴァレリーのヨーロッパよりも、ヤンキーの「野蛮さ」に吐き気を催おしたもうひとりの人であるドリュ・ラ・ロシェルのヨーロッパのほうに似ているのである。『アメリカという癌』の二人の著者が発するあざけりの言葉は、パパの世代の反米主義とその「無害な乱ちき騒ぎ」を告発できるほど十分には強くない。フランスにおけるアメリカ批判は、あまりに長いあいだ「聖職者と耽美主義者の問題」[60]であった。いまこそ革命的活動家が松明を取りもどすべき時である。そもそもフランスのインテリゲンチャは堕落しているがゆえに、そのアメリカ批判は知らず知らずに「本質的にアメリカ的」[61]である。急進化を示すこうしたレトリックの全体、反米主義と反共産主義を結びつける政治的な直接行動主義へのこうしたすべての呼びかけは、容易に、「新しきヨーロッパ」の建設者たちを糾合せよという激励として理解された。この危険をアロンとダンデューは一九三一年にははっきり予感していたように思われる。さもなければ、彼らはなぜ、まるで自分自身に恐れをなしたかのように、結論を下すときになってにわかに後ずさりしたりするのだろうか。彼らはなぜ、いや、自分たちは断固、「聖戦」を呼びかけたりはしないと主張することによって、自分たちの船を撃沈したりするのだろうか。彼らはなぜ、今度は自分たちがジョゼフ・プリュドム扱いされる危険を冒してまで、最後に、謎めいた言葉で、読者に対して打ち明けたりするのだろうか。「人はアメリカに賛成することよりも反対することによって、なおいっそうすみやかにアメリカ化する」と。

つまり、反米的言説におけるヨーロッパへのかかわりは、一九二〇年代の終わりから第二次世界大戦までのあいだに、継起する異なった三つの形の下で頂点に達する。すなわち、ヨーロッパを脅かす二つの〈大帝国〉に対抗してヨーロッパの伝統的価値観を中心にして経済的・文化的に統合しようという汎ヨーロッパ構想、非‐順応主義者によって結びつけられた合理主義的アメリカとアメリカ化されたヨーロッパの告発、最後に、ドイツ軍占領時代における、ボルシェヴィスムとの同盟と「金権体制」に反対するドイツ覇権下の「新しきヨーロッパ」の擁護、である。

フランス解放とともに果てしない砂漠の横断がはじまる。もう二度と反米的十字軍とヨーロッパ支持の十字軍が重なり合うことはないだろう。ドイツ占領軍と〈対独協力〉が何度もくり返した「新しきヨーロッパ」というスローガンは、この語には影を、思想には疑わしさを投げかけた。冷戦という共産主義的プロパガンダは、詳しくは次章で検討するが、仏‐独接近の揺籃期にあるヨーロッパにこの影をきわめて効果的に押し広げた。この時期にその建設がはじまる現実の経済的・政治的なヨーロッパは、ますます反米的な象徴的備給に与しがたくなっている。というのも、このヨーロッパはその敵対者、とりわけ共産主義的敵対者によって、合衆国の創造物、さらには合衆国の手先として日常的に告発されているからである。以前の状況が完全に逆転したことと歴史のこの上なき皮肉とによって、アメリカという人食い鬼に対抗するために、アンリ・ド・ボーモン以来、鉦や太鼓でもって求められてきたこのヨーロッパは、アメリカを代母及びよい妖精として洗礼盤上にもたらされる。この方向転換以降、反米的言説とヨーロッパ支持の言説は、別々の道をたどる。ジャン＝バティスト・デュロゼルが一九六〇年代の反米主義を一つ一つ数え上げようとするとき、自分の外科用メスの下に、ヨーロッパ統合主義による反米主義を見出すことはない。今日でも事態はそれ以上ではない。〈新右翼〉の言説のなかに生き残っているこの種の反米主義は、むしろ見込みのない状態にある。一九八一年以後、欧州連合を、アメリカの覇権に対する城壁として、あるいはより外交的には「対等に話す」ことを可能とする、ついに達せられた臨界質量として提示するために、左翼によって誇示されたレトリック上の努力については、反米的強硬派でもあるその反ヨーロッパ的強硬派の目には、とりわけ実り豊かだったとは思われない。[62] 博物館入りした〈新右翼〉のコード化されたノスタルジーも、親 - ヨーロッパのコミュニケーションの戦略家における表面上穏やかな反米主義も、歴史によって引き裂かれたものを結びつけることはできないように思われる。

3 負債から従属へ
――ペリション・コンプレックス

金貸しは債務者から決して好かれない。あれこれ理屈をいったって仕方ない。これは事実である。

J＝L・シャスタネ、『シャイロックおじさん、あるいは世界征服を目指すアメリカ帝国主義』(一九二七年)

オスカー・ワイルドは、アメリカ人の聴衆に好んでつぎのようなことをいった。「私たちは共通語によって切り離されています。」二〇世紀に共同で遂行した戦争は、フランス人とアメリカ人に同じ結果をもたらさなかったのだろうか。「私たちがアングロ－サクソンと同盟を結んでいた三〇年間で二度の戦争によって、私たちの隷属状態は急速に進んでいる[1]」とエティアンブルは一九六四年に言い放つ。そしてこのフラングレ〔フランス語化した英語〕に対する徹底批判者にとって、こうした隷属状態はたんなる隠喩でもなければ、言語の問題だけでもない。もっと子細に検討すると、明らかに致命的なのは、むしろ戦後のほうである。ところで、フランスにおいて二〇世紀とは、一連の戦後にほかならなかった。第一の戦後は、私たちには

「両大戦間」として知られている。第二の戦後はすぐに冷戦になる。第三の戦後は、戦争そのものとしては名称を与えられていないが（「秩序維持活動」という言い方をするほうが好まれる）、これを植民地戦後と呼ぶことにしよう。仏米関係という奇妙な舞台装置のなかで、これらの戦後は戦時中よりも際立った役割を果たしている。それらは一様に、そしてくり返し、重大な緊張の時期である。共通の闘争が絆を生み出す以上に、これらの時期は傷跡を残すのである。

だがこれら三つの戦後は、おたがいにまったく似ていない。一九一七年の合衆国は、貴重な同盟国だが、遅れてやって来て、ごくわずかしか協力しなかったことで非難される。一九四〇年、世界最大の軍事力を誇っていたフランスは、服従のきわみへとおとしめられる。フランス解放（リベラシオン）は不名誉に終止符を打つのであって、衰退にけりをつけるのではない。フランス人は「救済される」国になったという屈辱を痛感する。このことについてモーリヤックは一九五一年に、つぎのように告白している。「フランスは四年間で、みずからの運命を自由に決める大国から、救済される国へとランクを落とした。それが事実である以上、この言葉を前にしてどうしてあとに引けようか[2]。」しかしこの言葉は、一八四八年にレーモン・アロンによって書かれた「乞食の境遇」と同様、人を傷つける。債務者から乞食になることとは、「衰微」への道をさらに一歩降りることである。この言葉を受け入れることは、新たな象徴的なしきいを跨ぐことであり、負債をしぶしぶ認める状態から、従属を立腹しながら確認する状態へと移行することである。寛容すぎる慈善家〔合衆国〕に対して、ただちに怨恨が表面化する。それは二重の否認の形をとる。意図の否認。すなわち、彼らがしたことは、私たちのためにしたわけではない。事実それ自体の否認。すなわち、彼らはそんなに私たちを援助したわけではない。インドシナとアルジェリアにおけるフランスの戦争の場合には、さらに違っている。というのも、これらの戦争は合衆国の協力でもってではなく、合衆国による批判の砲火の下でおこなわれるからである。その際、敵意をあおり立てるのは、悪意ある自粛であり、外交的妨害の疑念、そしてとりわけアメリカが「火中の栗を拾い出す」〔自分が危険を冒したのに他人が利益を横取りするという意味〕という懸念である。

つまり、ある意味で、時期が変ればすべてが変化するのである。まずは、フランスのステイタスそのものと、フランスが自分自身について抱くイマージュからはじめよう。一九一四年から一九一八年にかけての大量殺戮は、衰退がはじまっているという考えを多くの人々の心に忍び込ませる。この考えは勝利の陶酔によって覆い隠されはするが、これを押しとどめることはできない。「ヨーロッパの終焉」というテーマは、現実的な感情というよりも思弁的性質を伴った歴史的仮説として、一九世紀末には浮上していた。このテーマは地歩を占めていき、ヴァレリーが劇的に明言することで、ひどく不安な調子を帯びる。一九四〇年の「奇妙な敗戦」とともに、この取りとめのない不安は共同の悲嘆に変化する。すでに一九三〇年代の挫折と後退によって、疑念の種がまかれていた。敗走、ドイツ軍の占領、ヴィシー政権の設立は、衰退の徴候をまったく受け入れない人々の目も開かせる。

この混乱した舞台の上で、仏米対決の主役たちも変化する。両大戦間に反合衆国の急先鋒をなすのは、右翼と極右である。そしてウィルソン像に最初の打撃を加えるのは、モーラスである。一九四五年以降、アメリカ「占領軍」とマーシャル氏の毒入りの贈り物に対抗すべく戦闘の最前線に立つのは、フランス共産党である。そして一九六〇年代に、痛みを伴う非植民地化と結びついた新しい反米的怨恨を自分の都合のいいように取り込むことができるのは、ド・ゴール主義である。したがって、反米的抵抗の「中心」は著しく移動するのである。しかしこの中心は、そのつど、きわめて多様で、おたがいに遠く隔たった諸力に磁気を帯びさせる。アクション・フランセーズを嫌う多くのフランス人が、モーラスに賛意を表する。モーラスが、ウィルソンを罵倒し、アメリカについて左右両陣営でくり返し採り上げられる病的な肖像画を描くからである。フランス解放時に共産党に投票する四分の一を超えるフランス人に対して、反米的テーマをめぐって、別陣営からやって来たおびただしい数の集団が合流する。キリスト教左派、「中立主義」、だがまた、おそらく、とくにド・ゴール主義のＲＰＦ〔フランス人民連合〕である。一九六〇年代には流れが逆転し、左翼と極左の多くの有権者は、将軍の「反対米協調主義的」とみなされる演説のなかに、あますところなく自分の姿を見出す。すなわち、一九六六年には、「左翼の大立て者たち」は、彼の外交政策に賛意を表するアピールに署名さえする。このアピールでは、ＮＡＴＯ〔北大西洋条約機構〕の軍事組織からの撤退に対する彼らの賛意がとくに強調されているのである。(3)

つまり、ほとんどすべてが移動する。だが同時に、ほとんどすべてがくり返される。一座が入れ替わり、役者が次々と交代する。だが同じせりふがよみがえる。同じからかい、同じ足払い、同じ悪口が、ひじょうにしっかりとした筋書きと、ひじょうに安定したシナリオに従ってよみがえってくる。存続しているのは、結局は、負債、その耐えられない重圧、その不可能な返済をめぐって堅固に築き上げられた仮証券である。というのも、ラ・ファイエット以降、仏米の会計報告では金と血とが解きほぐせないまでに混ぜ合わせられているからである。

「忌まわしい」負債——原初の場面

これらの負債のなかでもっとも明白で、歴史家がもっとも研究の対象にするのは、むろん第一次世界大戦中にフランスが合衆国に負った負債であり、その後、返済を渋っている負債である。この負債が両大戦間における仏米双方の不満の中心にある。この負債が両国関係を台無しにし、他のいかなる要因にもまして、アメリカにおけるフランスのイマージュの悪化とともに、アメリカ人に対するフランス人の苛立ちに一役買うのである。呪縛が解けたというだけでは足りない。友愛の神話そのものが踏みにじられる。そしてクレマンソーはつぎのように苦々しい皮肉たっぷりの言葉で書くことができる。「スタントン大佐が戦闘のために到着し、ピクピュス墓地に駆けつけ、〃ラ・ファイエット閣下、ここに私たちが参上いたしました！〃とよく響く言葉で叫んだとき、太陽で光ったのは、彼が抜きはらった剣である——支払明細書ではない(4)。」

アンドレ・タルデューはこの対立が絶頂に達する以前に、その心理的メカニズムについてひじょうに鋭い記述をおこなっている。戦時中に承諾された貸付を返済するようにというアメリカの要請は——とタルデューは一九二七年に説明している——、事前に予想されたことであり、不可避のことであった。フランス世論がかつての同盟国に対してかくも激しく反発したとすれば、それはアメリカの要請が七年間のフラストレーションに突然、はっきりとした形を与えたからである。タルデューはその網羅的なリストを作成している。「フランスはそこで長い失望の連続をまとめて思い出す。すなわち、一九一九年にフランスとその同盟国がアメリカの主張に対して同意して払った犠牲の無益さ、上院による同盟条約の拒絶、戦友との事前の調整の努力もないままにドイツと結ばれた単独講和条約、フランスの海軍および植民地に対してまことに過酷なワシントン会議〔一九二一年一一月—二二年二月〕、その負担を拒絶しているのに条約の財政的利益にはあずかろうという要求、負債に対する情け容赦ない支払い請求——その債権に対する補償は一九二〇年のアメリカの撤退によって致命的な打撃を受けた——、私たちの支払能力にかんする誤った解釈、ドイツ人債務者には認められている譲渡補償が、フランス人債務者に対しては拒否されていること、である(5)。」怒りは心頭に発し、あふれんばかりであった。

結局、タルデューが記述しているのは、過備給 *surinvestissement* である。この鬱屈した怒りの背後に――と彼は語っている――、期待外れの戦後に対する不満がそっくりそのままある。だがさらに先に進み、もっと過去にさかのぼらなければならない。負債の問題は、もっと古い歴史に刻み込まれている。この問題はそれ以前のある危機の記憶によってすでに損なわれて開始する。この問題は一九世紀のまっただ中で起こった仏米間の対立の場面の反復であり、すでに一八八〇年代にアメリカに失望した者の宣伝パンフレットをはぐくんでいたアメリカ人の「恩知らず」という古い問題を、赤裸々に提起し直しているのである。

原初の場面は一八三四年から一八三五年にかけて展開する。今日ではすっかり忘却されているが、技術的に仏米を戦争の瀬戸際まで追い込むのであるから、これまたささいな事件ではない。二重の意味で逆説的なこの危機は、アメリカに精通し、その強力な味方であった国王ルイ゠フィリップの治世に明らかになる。そしてこの危機は、いささかピークを過ぎたいさかいをめぐって突発する。ピークを過ぎたというのも、この危機は帝政期に、つまりもはやだれも重要視しない時期にさかのぼるからである。[6] 実際、第一帝政以降、合衆国はミラノ勅令〔ナポレオン一世が布告した大陸封鎖令〕（一八〇七年一二月一七日）の適用によって商船団が受けた損失に対して賠償金を要求している。一八一〇年の別の勅令でさらに強化されたこの勅令の表現に従えば、封鎖と逆封鎖の一環として英国人から要求された統制に同意していたアメリカ船舶は、無国籍船とみなされ、その結果、フランス海軍にとってはおいしい獲物に見えたはずであった。このようにして、アメリカ人船主は、一八〇七年から一八一二年にかけて五五八隻の船を没収されたらしい。四〇〇〇万フラン。これがそれ以後、アメリカ政府によって、被害者側の名において恒常的に要求される金額である。フランス当局は王政復古期全体を通じて、この数字に異議を唱え、自分たちからもさまざまな要求をもち出して、交渉を長引かせることに成功した。[7] 一八二九年、アンドリュー・ジャクソン大統領は、最終的に包括的交渉の原則を受け入れた。一八三〇年の七月革命は、アメリカびいきの君主を権力の座に就かせることによって、支払いを加速させることしかできなかった。

つまり、新たに就任した当局者が招集したフランスの委員会は、とうとう債権の正当性を認めるが、それを約一〇〇〇万に制限する。価格交渉が再開され、リーヴズ大使が受け入れた二五〇〇万という数字に定まる。事件は決着したかに見える。条約が一八三一年七月四日に調印され、一八三二年二月にはアメリカ合衆国上院で承認される。フランス議会での承認をもはや待つばかりである。会期から会期へと先送りになっているからである。ところが、三か月後の一八三四年三月二八日に賠償条約が可決必至の状態で議会に提出されるとき、すべての調子が狂う。ボワシー・ダングラが論争の口火を切り、アメリカの忘恩について長々と演説するのである。『ナショナル』、とはいえ合衆国に好意的なこの機関誌も、合衆国の「ごく最近の債務さえ忘れる過度の忘れやすさ」(8)――認めなければならないが、これが半世紀前に！ルイ一六世が提供した援助をあらわすための奇妙な婉曲表現なのである――について語っている。一方でラマルチーヌも、感傷的な失望を歌っている。「最近の歴史を読んで、アメリカが我が国に示した好意と感謝の少なさに私はずっとひどく驚いていた。(9)」批准されない場合には、アメリカは報復するかもしれないという、非公式の『ジュルナル・デ・デバ』誌によって下手に広められた噂は、反対意見を硬化させただけである。条約は最終的に八票差で却下される。

合衆国との衝突は不可避である。同年一二月、ジャクソン大統領は、フランス議会がこの投票を撤回しないかぎり、この衝突は合衆国内におけるフランスの財産で支払ってもらうと発表する。フランスでの動揺は激しい。大使をパリに呼びもどさざるを得ない。それから、制御不能となった危機に終止符を打つ努力をしなければならない。立法府の任期中もっとも活発で、もっとも長時間にわたる論争の一つである第二回国会討論は、一八三五年四月九日から四月一八日にかけておこなわれた。今回は、政府は一致団結して困難に対処した。二五〇〇万が可決され、支払われる。この額はただちに、アメリカの腹黒さを羅列したおぞましい一覧表において、一七九四年の英米条約といっしょにされる。フランスの政治世界に存在する大西洋の向こう側の共和国に対する何人かの友人においては、傷は深い。ラマルチーヌは、七年経っても悲嘆に暮れたままである。「私は［アメリカに対する］二五〇〇万の支払いに賛成投票した。それが私には不愉快とはいえ、正しいと思えたからである。だがそれと同時に私はアメリカに対する興味の喪失にも賛成投票したのである。[10]」ルネ・レモンが強調しているように、ラマルチーヌばかりではない。「一八三五年以降、ある種の共感の熱気や自発的発露、あふれんばかりの高まりはもはや見出せない。友愛に取って代わるのは、喧嘩腰とはいわなくても無関心である。フランス国民のうちに昔日の友愛を復活させるのには、一九一七年を、つまりアメリカが私たちの側に介入するのを待たなければならないだろう。[11]」にもかかわらず、つかの間の仲直りであって、すぐに新しい負債の問題によって台無しとなる。ルネ・レモンはまた、一八三四年から一八三五年における反米キャンペーンの不変の、いわば唯一のテーマをきわめて適切に強調している。忘恩である。この外交的危機に照らしてみると、合衆国は、友愛、あるいは公正とはまったく異なる動機で動いているように見える。「利益」と『ル・コンスティテュショネル』紙は書いている、「これこそが」合衆国の「政府および市民の行動の真の動機である」[12]。議会での条約反対派の発言もジャーナリズムの討論も、結局のところ法にかなったアメリカの要求が、アメリカに対して感情的な手形をいまだに振り出すことができると信じている世論と、いかなる点でぶつかるのかを明らかにしてくれる。「実際にフランス人がこの問題のなかでアメリカ人をもっとも許せないと思っている事柄、それはフランス人にとって忘恩とみなされる事柄である。[13]」

一九二〇年代を通じてふくれ上がり、一九三二年に頂点に達する戦時負債という問題は、一八三五年の最初の場面のくり返しである。だが大規模に、いっそう複雑に、もっと公的に——要するに、より悪化した形で——くり返すのである。ルイ＝フィリップの治世と同様に、国会議員とジャーナリストは、アメリカ人が口実にする「最低限の権利」に対して、一種の歴史的で感情的な債務を対立させるだろう。彼らに対する今日の債権者が、おそらくかつてはヨークタウンに対して負っていた債務〔一七八一年、ラ・ファイエットはワシントンを助けてヨークタウンの戦いで英軍を破り、戦局を決定づけた〕をである。そして一世紀前のラマルチーヌと同様、インテリゲンチャは一般の人と意見を同じくして、合衆国に「興味の喪失」の票を投じるだろう。

「世界の債権者」アメリカ

つまり戦時負債の問題は、係争の過去をもっている。この問題はまた怨恨を激化させる直接の文脈に組み込まれている。一九一四年から一九一八年にかけての戦争がもたらした主たる大変動の一つであり、フランス人にとってもっとも苦々しい体験の一つは、アメリカが「世界の債権者」へと変貌したことである。アンドレ・シーグフリードは、この運命の突然の変化に『今日の合衆国』の一章全体を割く。「大きな新事実が幅をきかせている。一九一四年にはヨーロッパの債務者だったアメリカ人が、ヨーロッパの債権者になったのだ。」[14] この確認事項は、苦い思いとともに、ときには不信を抱きながら、一九二〇年代を通じて際限なく反芻される。一九一四年以前には、「アメリカは貸し手ではなく、借り手の国だった」とレーモン・ルクリは一九三三年の『貧しきアメリカ』のなかで思い出させる。この事実はすでにほとんど忘却されていた。それほど変化は急激であった。アメリカは戦争から「幸運なギャンブラー」として頭角をあらわす、と、のちにモランはいうだろう。[15]「戦争は、これに参加する前も、これに参加しているあいだも、そこから撤退したのちも、アメリカに有益であった。」ヤンキーの友人であるタルデューがそう述べるのは一九二七年である。「というのも、ヨーロッパが失ったものをアメリカが獲得したからである」とタルデューはつけ加える。「戦争によって、アメリカはみずからの力を倍以上にして、新帝国の土台を築いた。戦争によって、すでに平和な幸福な時代から褒めそやされてきたアメリカの繁栄は、みずからの進歩をヨーロッパの悲惨と対立させた。[16]」*Cui prodest ?*〔だれが利益を得たのだろうか。〕アメリカでないとすれば、戦争はだれにとって得だったのか。もっとも穏健な人たちが「約束ばかりしている借り手から、おじさんは［一九一八年以降］返済要求ばかりしている債権者に変わっていた[17]」と書くだけで満足しているときに、もっとも辛辣な人たちは、幸福な勝者をヨーロッパの殺人者として告発する。「運命の日」とは、と『アメリカという癌』のすでに引用したページでアロンとダンデューは主張する。Federal Reserve System〔連邦準備制度〕の指導下で、一九一三年に「アメリカの銀行が組織化された」その日である。世界大戦がその後すぐに勃発し、金の移動が加速されたのである[18]……。

合衆国は第一次世界大戦の主要な受益者であるだけでなく、この戦争の真の首謀者であるという陰謀説を、すべての反米主義者がそれほど遠くまで押し進めるわけではない。だが大西洋の向こう側にいる一時的な同盟者の利益のためだけに、フランスの富が失われたというテーマは、だれもがくり返し採り上げる。タルデューは（一九二七年に）それを語り、（一九三四年に）またくり返す。すなわち、「世界の金の半分はアメリカ人の金庫に詰め込まれることになった[19]」、「アメリカ人は地上の金を自国に吸いよせた[20]」。この現象の広がりとその結果の重大さを前にして、アンドレ・シーグフリードはたちまち統計学の厳格な客観性を放棄して、このみごとな富の独占が彼に抱かせる懸念を語る。「旧大陸に対して、ニューヨークの金貸しは、むき出しの容赦ない関係にある。すなわち、自分の金に目を光らせる債権者であり、貧民を助けはしたが、自分が前払いした分は回収しようとする金持ちという関係である。この前払いは、一種の慈善であると同時に、言葉の厳密な意味で貸付である。危険とは、当時からすでに、すべてがアメリカに許されているということである。[21]」かくして、二重の不運によって、略奪されたフランスと「辱められたヨーロッパ」は、その上、見え見えのアメリカの蛮行にも慣れなければならない。アメリカにおいては、とシーグフリードはつけ加えている、「差し押さえ執行官としての関心事が［……］はっきりしてきているのである[22]」。

これですべてだろうか。いや違う。というのも、未払いゆえに地球を没収する勢いのこの新しい執行官は、同時に各国に金を貸している高利貸しでもあるからである。投機家のヤンキーにとって、世界の金全部を金庫にかき集めるだけでは十分ではなかった。すぐさま、「ヨーロッパのひどくいかがわしい借り手に[23]」法外な貸付をしたり、大急ぎで融資をしたりすることによって、大金を増やそうと考えたのである。ここでヤンキーが無実をよそおうことはできない。「これ以上の過ちを犯すことは不可能である。これ以上よいカードで、これ以上ひどい、むちゃくちゃな賭けをすることは不可能である。」アメリカの「計算における尺度の欠如」と「決定における人間性の欠如」に対する非難文書を作成するのも、タルデューである[24]。アロンとダンデューは、どうやら自信がないらしい経済的議論には深入りせずに、アメリカに対する修辞学的競売の値をつり上げる。アメリカは「投機が体に染み込んでおり」、「金に対する信用貸しの勝利、へそくりに対する横線小切手の勝利[25]」を体現しているのである。皮肉の極み、怒りの至高の理由。すなわち、灼熱の戦場にまさしく捨てなければならなかった金の返還を私たちに手厳しく催促するこの同じアメリカが、一〇年前から旧敵の頭上に、あるいはまったく無関係な人々、しかも支払いを渋る人々の頭上に（計算ずくで）恵み（マナ）を撒きつづけてきたということである。状況次第で二重の尺度を使い分けるのだろうか。これはすでにモーラスが一九一九年から展開している説である。

修正主義者モーラス

モーラスが一九二〇年にヌーヴェル・リブレリー・ナシオナルから出版する『ウィルソン大統領の三つの側面――中立性、干渉、休戦』は、大統領とアメリカ人の精神異常を対象にした臨床的ポートレートの最初の素描というだけではない。それはまたナショナリズムの指導者にとって、時間の連鎖を結び直し、フランスにおいてアメリカに対する不満の記憶をよみがえらせる手段でもある。世界戦争の当初からの合衆国に対する自分のさまざまな態度表明をまとめつつモーラスが提示しているのは、資料的価値のあるテクストのたんなる寄せ集めではない。彼が提案しているのは、不安を醸す「以前」と期待外れの「以後」という二重の光に照らして、一九一七年から一九一八年までの短い一体主義的（ユナニミスト）エピソードを再解釈することである。干渉を推進する好意的なウィルソンは、一九一四年の尊大なウィルソンと一九一九年の自閉症のウィルソンにはさまれている。どれが本物なのか。フランス人がでっち上げ、熱中した、つかの間のウィルソンではないことは間違いない。フランス人の誤謬は理解可能である。モーラスもその誤謬を共有した。だがいまこそこの誤謬を晴らすべきときである。というのも、ウィルソン大統領が危険人物となったからである。いやむしろ、ウィルソンはずっと危険人物だったのである。

そういうわけで、教育上、共同の幻想を一掃するために、モーラスは時代を引き返して、戦争の流れをさかのぼる。そして、交戦国のあいだで公平な立場をとった一九一四年八月一八日の演説によって親－

〈同盟国〉運動を「凍りつかせ」、一九一六年には「勝者も敗者もない」[26]という弁護不可能なスローガンを掲げるウィルソンを描いてみせる。明晰な精神の持ち主（モーラス自身のことと理解しよう）は、ウィルソンを「すでに憂慮すべき人物である」（この「すでに」という語を称賛しよう）と判断していた。というのも、一九一四年のこの公平な態度と、一九一六年のこの平静な態度は、ドイツに対する偏りと、将来の同盟国に対する熱意の欠如を露呈していたからである。共同化していた戦闘に対する熱狂が、ウィルソン的アメリカの根本的な特徴を忘却させるべきではなかったのだ——これらの特徴をモーラス自身はさまざまな記事のなかで強調していたが、これらの記事をふたたびフランス人の目の前に置くのである。

これらの特徴の一番目は、哲学的な錯誤である。ウィルソンのアメリカは、不良教師によって道を踏み外した『デラシネ』の高校生のように、カント的である。モーラスによって明確に発せられた「ウィルソン的カント主義[27]」というテーマは、ドイツ起源のこの「共和主義的」哲学を悪魔化しようとするバレス的伝統全体を指し示している。その反響は、アクション・フランセーズから距離をおいた人々を含め、非－順応者にも見出される。

二番目の特徴は国家的傲慢である。モーラスにとって、これはひそかに *mea culpa*〔自己の過失〕を認める機会である。「私たちはウッドロー・ウィルソン氏をアメリカのナショナリストと呼んでいた。だが私たちは、大統領のナショナリズムが、その武器によって救われた友好国民、しかもこの友好国民が存在しなければ、彼の国そのものが侵略される、そのような友好国民にとって、低下と衰弱をあらわす表現と混同されうることを認めたのでは決してなかった。[28]」（モーラスが上記で何をいわんとしているかを知ることは難しい。だがこの修辞学的な均衡が目指しているのが、奉仕の象徴的バランスを回復させることであることは明白である。）ナショナリズムどうしは相互に疑念を起こさせるということ、このことにモーラスは突然、気づくように思われる。アメリカの傲慢さは、「私たちを犠牲にした大したカエサル」であるウィルソンという人物そのものに具現された。だがこの傲慢さはウィルソンという個人を超えている。「ドルと大砲によって、自分たちの意見に少しでも敵対的な発言は押しつぶすことができる[29]」アメリカ人は、宗教的神経症によって彼らの大統領のなかで強められてきた同じ「権力のめくるめく陶酔」に、集団でとらえられたのである。衰退という「哲学的」でヴァレリー的なテーマは、服従と依存という突然、具体化したテーマにここではっきりと道を譲るのである。少なくともこの点で、モーラスは先駆者である。

　三番目の特徴は、おそらくモーラス自身から見てもっとも重要なものである。それはアメリカ人、とくにウィルソン個人の親ゲルマン主義のことであるが、これをモーラスはウィルソンとユダヤ財界との関係と不可分だとして記述しているのである。すでにまえがきで表明され、エピローグでくり返されている、このアメリカ−ドイツ−ユダヤの共謀に対する告発は、明らかにモーラスが読者に伝えようとしているもっとも重要な忠告である。みずからの権力を世界に押しつけようとする大統領は、自分自身が「自分の精神に影響をもたらす強力な財界人のこれこれの要素[30]」の支配下にあるのである。常習に近い依存である。「どれほど精力的な意志によってであれ、どれほど強力な理性をもってしても、大統領はみずからのゲルマンに対する偏愛を断ち切ることもできなければ、みずからの主人であり盟友であるアメリカのドイツ系ユダヤ人を私たちの財政的な運命と連携させることもできなかった。[31]」かくして、ウィルソンというアメリカのナショナリズム的傲慢さは、結局は他の野心にとってトロイの木馬の役目を果たすことになる。すなわち、「生産し、保存し、文明化を推進する国民に対して、投機と革命をもっぱらとする人種が世界的な支配を広げていくこと[32]」である。アメリカの権力の稲妻が落ちてくるのは、カピトリウムの丘〔ローマ七丘の一つ。ユピテル、ユノー、ミネルバを祭った神殿がある〕からでもなければ、ホワイト−ハウスからでさえない。稲妻は「このウィルソンというシナイ山の決定」[33]次第である。ここにおいて、モーラスのテクストのなかで、またウィルソンという人物をめぐって、反米主義と反ユダヤ主義のあいだに新しい関係が築かれる。のちに見るように、この関係は両大戦間に急速に発展することになるのである。

一九二〇年におけるこのモーラスの発言は、したがって自己正当化の枠組みを大幅に踏み越える。自己正当化の枠組み内であれば、このナショナリストの思想家は、一九一七年の親米的錯乱の〔いじましい〕告白と、終始一貫した反ウィルソン的警戒への〔執拗な〕呼びかけとを巧みに組み合わせていただろう。問題となっているのは、これよりもずっと重大な、不滅の友情というラ・ファイエット的神話の破綻を宣言すること、侮辱と悪意の記憶を再発見すること、戦前の反米主義を再活性化させること、フランス人の精神から、兄弟愛にみち、救援に駆けつけたアメリカという考えをすべて消滅させること、要するに、かつての債務を思い出させることによって、最近の負債の痕跡をすべて消し去ることである。

そういうわけで、モーラスは歴史をふたたび歩き回り、自分自身のテクストを再度、採り上げ、自分がものした必然的な不信の年代記をフランス人の目の前に置き直すのである。モーラスがよみがえらせるページのなかで、もっとも驚くべきページの一つは、おそらく一九一七年四月七日の記事である。このなかでモーラスは、前日に〔合衆国の〕議会によって可決された合衆国の参戦について解説している。モーラスは、いまかいまかと待たれていたこの重大な出来事について、すでにこの時期に俎上に載せているが、それは新しい時代のはじまりとしてではなく、情愛など無用な強権政治の途切れることのない連続としてである。この場面の中心にモーラスが置いているのは、この厳粛な決定に伴う祈りを唱える役割をになった議会の盲目の司祭である。スペインに宣戦布告する際に、同じように祭式を執行したのも——とモーラスは強調する——同じ司祭である。この「一八九八年の戦争。これがヨーロッパを侵略するアメリカの権勢の第一歩を画したのである」。そしてモーラスは話をつづける。「これは防御戦ではなかった。違う。美しい島々を〝解放する〟ことが目的だった。一方の島々はキューバのようにひじょうに近く、アメリカの生活にとって有益で便利であり、他方の島々はフィリピン諸島のように遠いが、連邦の帝国拡張にとってきわめて重要であるとみなされている。[34]」一八九八年の「ヨーロッパ」に対する宣戦布告を思い起こさせるなんて、アメリカという新しい同盟国に対する何と奇妙な歓迎方法だろうか！

一九二〇年にモーラスがこのページを再発表することによって同じ過ちをくり返すのは、すでに歴史となっていた反米主義の一時的に途切れていた糸をもう一度しっかりと結び直すためである。一九一九年の幻滅を一九一四年と一九一六年の「憂慮すべき」前兆に結びつけ、勝利の祝宴のまっただ中に一八九八年の「ヨーロッパの」屈辱を呼び起こすことで、モーラスは「半‐未開の」アメリカの永続的有害性という考えを強化しているのである。二つの時代の反米主義の渡し守であるモーラスは、非‐文明的アメリカに対する「文化的」批判という資産を右翼のナショナリストに伝える。しかしまた仏米間の冷めた恋、および反ウィルソンの明確化の証人であり立役者であるモーラスはまた、右翼の反米主義を新しい道へと向かわせる。すなわち、アングロ‐サクソン的親和性のモデルにモーラスがさらにつけ加えるのは、ユダヤ‐ゲルマン‐アメリカの共謀という重大な結果をもたらすパラダイムである。

戦債と「血の税金」

アメリカによる条約の批准拒否と国際連盟への加盟拒否の衝撃ののちに、外交上の消耗戦がはじまる。フランスの公衆はこの消耗戦を異例の関心とともに見守るが、高まる苛立ちは抑えられない。というのも、この消耗戦はデリケートな問題点にかかわっているからである。すなわち、フランスという大国の立場、フランスの「勝者の権利」、およびフランスの国際的な「行動の自由」である。一九一九年二月三日の会議の際に「議場のまっただ中で〝私たちの行動の自由の若干の放棄〟を要求できると信じている」他国の大統領に対するモーラスの憤りは、モーラス一派をはるかに超えて反響を呼ぶ[35]。新たな懸念で増幅されて、かつての不信感が再浮上するのである。

実際、「アングロ－サクソンの」共謀から不安がよみがえる。すでに講和会議のときから、アメリカは植民地と財政の補償について、英国に極端に好意的なはからいをしようとしなかっただろうか。フランスにとって大きな痛手となる世界の海軍力の分割をワシントン会議（一九二一年―一九二二年）で強引に押し進めるために、英米は共謀しなかっただろうか。「人種の親和性」による説明がふたたび力を盛り返し、その有効性については、シャルル・モーラスとアンドレ・シーグフリードのあいだで一点の相違もない。「だれひとり吐露しないが、多くの人が考えていること、あるいはたんにほとんど無意識に感じていることをあえていうとすれば」と、アンドレ・シーグフリードは一九二七年に書いている。その場合は、アメリカが英国から「白人種のリーダー」を同意の上で引き継ぎつつある（英国が現実主義者（レアリスト）だからである）ということを認める勇気をもたなければならないだろう。それでもやはり「最終的に理解」しなければならないのは――とシーグフリードは強調している――、アメリカ帝国主義は一九世紀末にいわれたような領土的・政治的な「強欲の形式をとらない」ということ、アメリカ帝国主義は「大英帝国の分割」をまったく目指していないということ、また *Dominions*〔英国自治領〕の熱狂的な賛同と英国人の打算的同意でもって、アメリカ帝国主義は「新しい星座」の中心、「政治関係が背景に追いやられ、民族的、経済的、社会的なつながりが支配的となる[36]」新しい星座の中心に戦わずしてなりつつあるということである。人種的であると同時に地理‐経済的なこの世界再編は、フランスにとって憂慮すべき事態である。「人種の親和性」がドイツにも、ま、た、有利に働くと見る人々にとって、見通しはさらに暗澹たるものである。というのも、合法的に罰せられたドイツ人に対して合衆国が示す奇妙な心づかいをどうしたら説明できるだろうか。モーラスの答えは準備万端である。「民族的な力など。つまり、人種的な団結、金銭的なコンソーシアム。[37]」これが謎の答えであり、ウィルソンの親独政策を解く鍵である。多くのフランス人は、瑕疵なきナショナリズムの確信を共有することなしに、ドイツの「戦争扇動者」に対するアメリカの「寛容」に憤慨するのである。

つまり、負債の危機とは、たんなる金銭問題ではない。問題となっている金額の大きさは、明らかに不和の激しさと無縁ではないが、ほかの要因がこの不和を解きほぐせないものにするのに一役買っている。法的な観点からすると、対立は二種類に分かれる。フランス人は合衆国に対する負債を、貿易上の負債と、一九一七年四月六日（合衆国の参戦の日付）以後に負った負債とを区別しようとする。フランス人は後者を「政治的」な負債とみなしている。アメリカ人はこの区別を認めることを拒絶する。二番目の対立の原因。すなわち、フランス人は自分たちの債務の返済を、戦争被害に対する「補償」という名目でドイツによっておこなわれる債務の支払いに結びつけようとするのである。アメリカ人はここでもまた二つの操作を切り離そうとする。相互に無関係だと判断するからである。テーブルの一方では、会計の話がなされている。他方のフランスの側では、アメリカの援助が必要であると同時に正当化されるという確信にのっとって、復興のためのフランスの財政的条件をいかに保証するかを心配している。「〝支払うのはドイツだ！〟という有名なスローガンは、終戦時におけるフランス政府の根本的な経済政策を記述したものではない」とウィリアム・R・ケイラーは書いている、「フランス政府の経済政策はむしろ、〝支払うのはアメリカだ！〟という文句のほうによりよく描き出されている」[38]。だがアメリカはこの件を容認しない。「連合国間の経済的連帯」という考えを受け入れさせようとするフランスの試みは、講和会議で断固とした拒絶に逢着する。さらに悪いことに、米国議会は、復興資金を調達するためにアメリカ財務省が信用を供与するという、ウィルソンに支持された計画を却下する。アメリカは、フランスに対して「貸金」――マーシャル・プランの前身――を拒否する。これと比較して、ドイツは大事にされているように見える。ドイツに対して、アメリカの大銀行は気前がいい。ドイツが弁済能力がないといってきたときでさえも、合衆国は同情し、外交的援助をする。

ドイツによる賠償をめぐっておこなわれる相次ぐ交渉と再修正について詳細に語ろうとすれば、長くなってしまうだろう。マルクの下落から支払い不能まで、フランスが期待した金額はあら皮のように徐々に減っていき、最後にはなくなる。ドイツはいんちきをしているという疑いをかけられる。だがドイツがいんちきをすることを許可したり、被害者であるフランスが罰するのを阻止したりする人々のほうが、さらに恨まれる。この負債問題が生み出すのは、権利を剝奪されたという強烈な感情であるが、それはフランスがだまされたと感じたからだけでなく、プロセスを掌握できないからでもある。というのも、当初、賠償委員会を主宰することになっていたのは、フランスだったからである。ところが、一九二〇年、ポワンカレがこの委員会を辞任した。その同じポワンカレは、一九二二年にこの問題に復帰するが、財政危機に責め立てられて、クーリッジ大統領とカーゾン卿によって構想された英米による計画、いわゆるドーズ計画を受け入れる。一九二三年末、賠償委員会は、ドーズ委員会と、ドイツ復興を検討することになるパーカー委員会を利する形で役目を終える。まだ修復不可能なものなど何もない。しかし賠償と負債という二重の決済において、いまやアメリカの銀行家と政治家が果たしている役割の優位は、ほとんど不可避的に対立をはらんでいる。どちらも同じくらいフランスに不利であり、いずれも効果を期待できないこの相次ぐ計画は、フランス世論には容易に「アメリカの私生児」[39]扱いされることになる。

一九二七年は表向き小休止である。戦争を「法の外に」置くブリアン‐ケロッグ協定が、外交的歩み寄りのプランのように見える。一九二六年にポワンカレが署名した負債の長期公債化にかんするメロン‐ベランジェ協定は、もっと有利な再交渉を期待して棚上げにされたが、一九二九年にポワンカレが信任問題を提起した議会によって最終的に批准される。同年、返済スケジュールをふたたび作り上げるために専門家委員会が指名され、アメリカ人銀行家オーウェン・ヤングが議長を務める。この委員会はまた、幅広い調整力を備えた国際決済銀行の創設を押し進めようとするが、ヨーロッパ金融に対する合衆国の完全支配の道具だとして、フランスではすぐさま非難されるだろう。

ポール・レーノーは一九三〇年三月二八日にヤング計画をフランス下院へ提出する。アンドレ・タルデューが演説するのは二九日である。四月五日、二人はそろって上院にいる。負債の問題は専門的議論から、激しい感情的な負荷のかかった公的論争となった。ジャーナリズムはこの問題でもちきりとなる。文学も同様である。速筆の小説家ポール・モランは、この同じ一九三〇年に『世界チャンピオン』のなかで、文化どうしの衝突と化したこの金融闘争を書き写している[40]。アメリカの「手厳しさ」を告発し、国際決済銀行を特別なターゲットとする記事やエッセイが増加する。BRI（国際決済銀行）は、とくにその途方もない財政力に不安を感じているガストン・ベルジュリとジョルジュ・ボネによって、議会での論争の当初から槍玉に挙げられる。アンドレ・タルデューは上院で皮肉ろうとする。「彼らには〝金権の壁〟が要塞に変化するように見えたのです（あちらこちらから苦笑）。彼らには国際決済銀行は、政府と市民に対する資本主義支配の何かよくわからない武器になろうとしているように見えたのです[41]。」タルデューは、反論が唱えられるとすれば、一九二四年の左翼政権の挫折の原因であったこの「金権の壁」に取りつかれた偏執狂的左翼からのみだと信じるふりをしようとするが、無駄である。実際には、負債の返済とＢＲＩの「独裁」に対して向けられる敵意は、左翼でも右翼でも同じくらい強い。

最終幕は一九三一年から演じられる。危機によって、フーヴァー大統領は一年間の支払猶予令を定めざるを得ない。これによってフランスに対するドイツの賠償の支払いと同時に、合衆国に対するフランスの負債の支払いも中断される。ドイツの状況を前にして、一九三二年七月のローザンヌ会議で賠償は打ち切りにされる。おそらくドイツが支払ったのは、一一〇億金フラン〔金の量を基準として示す尺度。一フランは金三二二・五ミリグラム〕、つまり一九二一年三月のロンドン会議で定められた金額の一〇分の一以下である。アンドレ・タルデューは一九三四年にこの差し引き勘定をまとめているが、これによって多くのフランス人の目にはフランスが旧同盟国の犠牲者となり、旧敵にだまされたように映るのである。タルデューから見ると、ドイツが一九一九年から一九三二年のあいだに支払ったのは、条約が定めた金額の六パーセント、戦争およびその戦争がもたらした被害の積算額の二パーセントでしかないことになる。タルデューはつけ加えて、ヤング計画はドイツの締めつけどころか、ドイツの住民一人あたり一年で三〇マルクの支出にしかならなかったと述べている。ここに明記されているのは、「ドイツ人の同意の上でアングロ‐サクソン」(42)によってフランスに対してもたらされた財政的な損害である。アンドレ・タルデューの筆になるこの最後の短い文は、おそらく数字よりも――あるいはアクション・フランセーズの大げさな演説よりも――ずっと爆発力があるだろう……。

フーヴァーの支払猶予令が満期になれば、パリ（ドイツからはもはや何も受け取ることがない）は、アメリカ人に対する返済を再開しなければならない。エドゥアール・エリオはこれに賛成している。彼は国際的信用を損なうこと、そして外交的に孤立することはフランスにとって危険であると説明する。彼はまた、議論の的になっている借款は、約六〇〇〇万のアメリカ人によって同意されたものだ、だからフランスの支払い停止は、アメリカの指導者に対してだけでなく、おそらくは一般の人に対しても壊滅的な影響をもたらすだろう、ということを思い出させる。無駄である。議会は一八七票対四〇二票によってこれをくつがえす。一九三二年一二月一五日、フランスは一方的に支払い中止を宣言する。合衆国では全新聞がこの契約違反を攻撃する。*France defaults.*〔フランス債務不履行。〕一九三三年初頭にローズヴェルトがホワイト－ハウスに入ったことで、フランス人は自分たちの言い分が理解してもらえるものと一時期、期待する。一九三三年二月二〇日には、フランス大使ポール・クローデルが新大統領と会談し、四月にエリオがリーダーシップをとるハイ・レベルの任務をになった訪問を準備する――この任務はエリオが大西洋を横断しているあいだに、合衆国が金本位制を放棄することによっても容易なものにはならない。このような努力だけでは、負債というゴルディオスの結び目〔ゴルディオン神殿に奉納された戦車のながえが、結び目がわからないように杭に縛られていたという伝説。これを解く者はアジアの王になるという伝承があったが、アレクサンドロス大王がこれを一刀両断した〕を解くのに十分ではない。フランスの財布の紐を緩めるのにも十分ではない。一九三四年六月一日、米国議会へのローズヴェルトの教書が、アメリカの不可侵の立場をより明確に表明し直している。すなわち、負債と賠償は何の関係もないということである。この三〇年代の残りについては、フランスの失望にアメリカの憤慨が対応している。米国議会は毎年、フランスに対して債務を返済させようとするが、無駄である。フランスは相変わらず返済しようとせず、返済できる力もますますなくなっていくのである。

サムおじさん、それともシャイロックおじさん？

負債の性質にかんする解釈の相違を超え、フランスの返済とドイツによる賠償金支払いとの関係にかんする不一致を超え、また法文化の深い差異さえも超えて、フランス人の反応のなかでもっとも目を引くのは、この問題の強い「主観化」であり、危機を感情的、または象徴的な観点で解釈している点である。フランスは一丸となる。「はじめて」と歴史家のドナルド・ロイ・アレンは書いている、「フランス世論はひとりの人間として反応する――傷ついた自尊心、良心の憤り、さらには自分には理があるという確信がないまぜになった感情をもって」。[43] 反米主義がフランスの分裂にこのような魔法のような効果をもたらすことは、たとえはじめてではないとしても、実際、この一体感は衝撃的である。ただちに、政治の責任者と論説記者は法的なグラウンド（彼ら自身が認めるところによれば、ここでは地面はそれほど固くない）を捨て、この抗争に政治的な、あるいはさらに「道徳的な」パースペクティヴを押しつけようと試みた。いうまでもなく、この道徳はアメリカ人の道徳ではない。アメリカ人は、フランスによる正規の貿易債務違反をまったくの背信行為とみなすからである。

フランスの防御線は、タルデュー自身が主張するもう一つの論理に訴えかける。すなわち、アメリカ人が認めようが認めまいが、ヤング計画はいわゆる「貿易上の」負債と、ドイツが支払うべき賠償というきわめて政治的な問題のあいだに、異論の余地のない関係を確立したということである。フランスではだれひとりとして、返還支持者でさえも、この問題についてアメリカ的なヴィジョンを受け入れることはない。レーモン・ルクリは、不払いによる政治的な代償は金銭的な請求書よりも痛手になると考えているが、それでもアメリカのやり口には確信をもって反駁する。ルクリが仏米間の衝突に見ているのは、正義をめぐる二つの思想の対立である。「法的には合衆国が正しいのかもしれない。政治的、道徳的には、合衆国はヨーロッパの債務者につぎのことを認めさせることは決してないだろう。すなわち、合衆国の債権は、戦債――このことがこの債権に通常の債権とはまったく異なった性格を付与する――であることに加えて、フーヴァーの介入がヨーロッパの債務者にドイツに対する彼らの債権を見直すことを強いたのと同じ割合でもって、見直されるべきではない、ということである。[44]」これはひと言でいえば、フランス人交渉者の不可侵の立場（この負債は「特別」である）を想起させることであり、フランスの純粋に「貿易上の」負債の場合には介入する必要がないと主張するその同じアメリカの行政機関の圧力で、ドイツ人が優遇されていることを告発することである。

基本方針の次元では、一九二六年の国会討論の際にフランスのジャーナリズムと世論で圧倒的な多数を占めた拒否の態度は、アメリカ側の専門性と法律万能主義を拒絶し、別の審級に訴える。政治的責任、公正、戦友の仲である。戦術的な次元で問題になるのは、アメリカ人の悪意を論証することである。アメリカ人はヨーロッパの金融上の裏取引にはどこにでも顔を出すが、自分たちの指導下で進められている包括的交渉からフランスの負債を除外しようとする。「賠償問題が彼らに関係ないのであれば」と、同じレーモン・ルクリはアメリカ人について述べている、「彼らはこの問題にかかわり合わないだけでいいのだ[45]」。ドーズ委員会やヤング計画、とりわけフーヴァーの支払猶予令を通じて、このプロセスに口出しすることはかかわり合いになることを意味していた。しかも国家としてかかわり合いになることを。フランスの論争家は抜け目なく、アメリカ人が純粋に専門的であることを望んでいた手続きを、このようにしてふたたび政治的なものとする。偽善との非難は、過去には「ピューリタン的」行動ときわめてしばしば結びつけられていたが、ここで最高潮に達する。アメリカ人が派遣した観察者や専門家、政治家を通じて、実質上、ヨーロッパに介入しつづけるとすれば、アメリカ人が説き勧める《*non entanglement policy*》〔かかわり合いにならないという政策〕を一秒たりとも信じることはできない、と『ルヴュ・ユニヴェルセル』の寄稿者で、「アメリカ人の魂」にかんする本の著者であるレジス・ミショーが強調している[46]。そして不誠実だという非難が冷笑的な態度だという非難に変わるのは、アメリカのジャーナリズムがわれらが債権者に対してフランスはフランスの運命にゆだねるべきだと忠告するときである。他方で、アメリカの銀行家と実業家はフランスを植民地化し、フランスに殺到しているのである。そもそも、アメリカの会社は戦時中および終戦直後に莫大な利益を上げたのであって、このことによって自分たちの側におびただしい義務を生じさせたと喧伝されている。アメリカ財務省が発表した数字にもとづいて、『パリ評論』は、同盟国に対してなされた「投資」は「相殺される以上の利益を[47]」もたらしたと結論づけた。*Bis repetita*〔これはくり返しいうにあたいする〕……。フランス人だけが説得力があるとみなしているこの論理構成の方向は、それより一世紀前に、ナポレオンが押収したものの補償を拒否するために採用された論理構成の方向の正確なくり返しである。すなわち、アメリカの艤装業者は――とフランスは主張していたのである――大陸封鎖のあいだに莫大な利益を得ていたので、若干の不運な押収に不平をいったりするのは筋違いなのであった……。

「アングロ-サクソンの共謀」の復活、親和性や利害によるドイツへの厚遇〔軽率な投資を保護するために〕、フランスの主権を脅かす超国家的な決定機関であるＢＲＩ〔国際決済銀行〕の創設――ワシントンの姿勢においては、これらすべてが一致して私たちを害することへと向かっている。フランスにおいて左翼でも右翼でも分析されたワシントンの姿勢とはこのようなものである。とりわけ右翼である。一九三二年、アメリカの要求に対して街頭デモを組織するのは、カムロ・デュ・ロワ〔『アクション・フランセーズ』を売っていた王党派の行動隊〕と炎－の－十字架（クロワ－ド－フー）〔右翼の在郷軍人会〕である。この危機のあいだ中、新聞全体を挙げて合衆国に対してもっとも敵対的な方針をとりつづけるのは、『アクション・フランセーズ』である。もっとも辛辣なのは、右翼の新聞と雑誌である。「国際教会」とセリーヌふうに再命名されるBRIを激しく糾弾するのは、アロンとダンデューの『アメリカという癌』である(48)。だが推進力がどちらかといえば右翼から生じるとしても、時事問題に取材した反米的な著作はいかなるイデオロギー的スペクトルからも生じ、驚くべき題名を付けようとする同じ配慮を共有している。J＝L・シャスタネの『シャイロックおじさん』（一九二七年）、オクターヴ・オンベールの『アメリカ帝国主義』（一九二九年）、カドミ＝コーエンの『忌まわしきアメリカ』（一九三〇年）、シャルル・ポマレの『ヨーロッパを征服しつつあるアメリカ』（一九三一年）である。最初と最後の作品は、左翼の議席を占める国会議員の作品である。二番目は一九一五年における最初の戦債の交渉委員が書いた作品、三番目はアンドレ・シーグフリードをもアリスティード・ブリアンをも等しく称賛するエッセイストの作品だが、彼はパリ－ベルリン－モスクワの基軸を未来の欧州合衆国の脊椎として推奨している。最初の三作品はひどく反米的である。四番目の作品はより中立的であって、アメリカの覇権にかんする経済的、財政的な問題を数字でもって明らかにしている。

『シャイロックおじさん』が飛びぬけているのは、ありふれた反米主義的な内容からよりも、その題名からである。ルイ・シャスタネはもともと戦闘的な組合活動家で、その後、政界に進出した。一九二四年には「左翼連合」名簿からイゼール県選出の国会議員になったが、一九二八年にはトゥール＝デュ＝パンから再選される。その『シャイロックおじさん』は合衆国の金融政策を検討し、大した独創性は感じられないが、アメリカは負債を手段としてヨーロッパを従属させようとしているという主張を展開している。関心が払われているのはアメリカ人よりも、債務者に対して優位に立つ可能性のほうである。「［アメリカを」それ以上に魅惑するのは、こうした問題を通じてフランス人に行使できる絶え間ない脅しである。[49]」同じ一九二七年、だれも論争書とは形容しようとはしなかったシーグフリードの『今日の合衆国』が、同様に激しい表現で、同じ確認をしていた。「［アメリカは］何にも、だれにも気をつかう必要がない。自分の気に入れば、独断で行動することができる。すなわち、人々と政府を締めつけ、自分自身が選んだ条件でそれらを救済し、管理し、最終的には――アメリカが何よりも好んだことであるが――精神的優位の高みからそれらを評価し、みずからの教訓を押しつけることである。[50]」シャスタネは同調する。「世界を征服することなくして、世界を支配することはできない。［アメリカ］にとって、他者に金を貸すことは、他者を支配する手段である。そしてアメリカは全世界に金を貸したのである。[51]」つまり、同書に特別な性格を与えているのは、シャスタネの主張ではなく、彼がアメリカのイマージュに加えている歪んだ不均衡である。「US！　まずこの二文字は uncle Sam〔サムおじさん〕のイニシャルである。そう、サムおじさん、この善良で寛大な人。だがおじさんは他界してしまった。」そのあとを引き継いだのは、シャイロックおじさんである。シャイロックは別なタイプであり、そのただ一つの戒律とは、「多くの国に高利で金貸しをせよ。そうすれば、それらの国を支配できるだろう[52]」である。いまや世界の「陰で糸を引いている」のは、シャイロックである。「最初に語るのは彼である。」そのうち痛い目にあうのも彼である。というのも、「アメリカはいたるところで貸付をやたらに振りまくことによって、同時に憎しみをばらまくことにしか成功しなかった。おそらく、アメリカが収穫するのは、憎しみでできた利息である」。懲罰をめぐる最後の比喩として、シャスタネは別な神話をもちいている。アマゾンの捕虜となったキュロスについて言及しているのだが、アマゾンの女王は、グラス一杯の溶けた金を死ぬまで飲みつづけるようキュロスに強いるのである。だが真の道筋は、一八四五年の『ユダヤ人、時代の王』の著者トゥスネルの名を強調することによって、すでに第一ページから明確に指し示されていた。

一九二〇年代末の多くのフランス人にとって、と歴史家のデーヴィッド・ストラウスは記している、「サムおじさんはシャイロックおじさんになった」のである。というのも、この異名の成功は疑う余地がなく[53]、さまざまな理由で示唆的だからである。西洋の伝統においてもっとも有名な高利貸し（シェークスピアの『ベニスの商人』の登場人物である高利貸しのシャイロック）に言及することのなかに凝縮されているのは、返済をめぐる論争によってフランスの世論によみがえらせられた不満、すなわち世界中の富の詐取、およびヨーロッパ全体にとってリスクの大きな投機的再投資である。だがこの「世界の債権者」アメリカから地球規模の高利貸しアメリカへの変化は、反米主義と反ユダヤ主義を結びつける新しいアメリカの表象が一九二〇年代から急速に普及することによって容易になる。ここでは強調するだけにしておきたいが――次章でふたたび論じよう――、シャイロックというテーマの出現と、合衆国におけるユダヤ人の「影響」という思想の（とりわけシーグフリードによる）大衆化は、完全に同時に起こっているのである。このテーマは『今日の合衆国』の一九二七年版でもくり返される。「自発的であろうがなかろうが自分たちだけで固まって」いるユダヤ人は、とシーグフリードは説明する、「かたくなに異質な立場でありつづける」。アメリカという「るつぼの底で、溶け合っていないがゆえに、彼らを区別することができる」。「アメリカ化」に対するこの抵抗によって、ユダヤ人はアメリカ社会のなかで着実に独特な重みを増している[54]。したがって、ユダヤ人は「他と離れて」いるが、すでに（何人かについては）頂点に立っており、「合衆国の精神的、財政的な大きな力[55]」の一つになっている。シャイロックおじさんは、財政的な権力がユダヤ人とヤンキーのあいだで共有されている（あるいは争われている）この新しい双頭のアメリカを時宜を得て具現することになる。彼らは「血のなかに投機を宿している」と、アロンとダンデューは一九三一年に私たちに思い出させる。

ところで、戦債という危機をめぐる反米的言説のこの新しい挿話が組織されるのは、まさしく血の記号学をめぐってである。血、あるいはむしろ複数の血をめぐってである。

第一に「民族的な」方程式がある。この方程式は本質的にアングロ‐サクソンとラテン民族間の対立にもとづいているが、一四年‐以前から複雑化している。この対立が消え去るのではない。緊張と「親和性」をあらわす図表がさらに豊かになるのである。アングロ‐サクソン性が含んでいる起源神話にもかかわらず、思い出していただけるだろうが、一四年‐以前の反米的言説は、アメリカ人の「それほど本従兄弟（ジェルマン）ではない」従兄弟であるドイツ人を、アメリカ人と切り離していたのであった(56)。ところが、これらの遠い従兄弟どうしが、突然、近づけられ、一つにまとめられるのである。だがそれは、もはやアングロ‐サクソンの起源によってではなく、ユダヤ人の大共同体の存在によってである。これらのユダヤ人共同体を大西洋をはさんで結びつけるのは、シーグフリードが「おぼろげな人種の共通性(57)」と呼んでいるものについては語らぬまでも、慣習と利害である。

だが一九二〇年代の反米的論争の中心には、もう一つの血の戦争が存在する。それは、撒き散らされ、浪費された血、演説家や論説記者がくり返しているような、惜しみなく流された血、かつてはInsurgents〈反徒〉のために提供されたが、今回はフランスの地で、しかも万人の〈権利〉のために流された血をめぐる枝葉末節にこだわった論争である。ところが、この血について、今日、フランス人はその価値を認めさせ、その値段を決めようとしている。フランス人が望んでいるのは、この血を負債論争の勘定に入れることである。

つまり、シャイロックという寓意（アレゴリー）は、高利貸しのアメリカをはっきりと指しているだけでなく、「ユダヤ化した」アメリカをも暗黙のうちに指し示している。この寓意はすでに「一ポンドの肉」を返済したフランスに対する暗示でもある。フランスはみずからの血でもって、すでにあまりに多くを支払ったがゆえに、もはやだれもフランスに貢ぎ物を要求することはできないのである。「シャイロックおじさん」の神話的な成功は、ルイ・マランが一九二五年一月に議会で獲得した政治的勝利のきわめて正確な反復である。アメリカへの負債返済に反対するマランの論証は、フランスが同意した人的犠牲など知らないと言い張っておこなわれる要求の不公平さにもとづいている。「世界中で」とマランは強調している、「だれも忘れてはいない、あるのは金にかんする貸方と借方の勘定書だけでないことを。人間生活を対象とし、考慮に入れられるべきあらゆる種類の苦しみと損失を対象とする勘定書が存在することを［……］」。マランは忘れずに（たとえ逆言法によってであれ）思い出させる。すなわち、「合衆国が参戦したのはあとになってでしかなかった。合衆国が最後に参戦して、同じ報酬にあずかっているなどといっているのではない」のである。合衆国の貸与金とは、端的にアメリカの戦争への努力がとった形式である。提供すべき人間を（まだ）もたなかったので、フランスが兵役に就いている［血の税金を支払っている］あいだに、アメリカは資金を提供した。だから、アメリカ人がこれについて何を考えようと、バランスはとれていて、勘定書の精算はすでに済んでいる。フランスの一〇分の一税は、以後のアメリカの支出よりもはるかに重くなった。債務者は、そうだといわれている人々、あるいはそうだと信じさせたがっている人々なのではない。(58)

あらゆる議会内グループにおいてマランの演説が多大な成功をおさめたことは、傍聴報告書と、演説原稿を印刷してフランスの全市町村に掲示させるという決定によって立証されている。だがヤンキーの貪欲に対抗しようとするフランスのコンセンサスに、その日、奇妙な印が押される。というのも、まさしくアメリカというシャイロックに対する告発者自身でなければ、この場合、だれが傷ついた肉の重さをはかり、流された血の量をはかるだろうか。フランスがマランという代議士の声を通してでなければ、シーグフリードがいうように、いったいだれがヨーロッパの「執行吏」に対して、「領収済」の記載付きのみずからの死者の報告書を提示するだろうか。神話の奇妙で無意識的な逆転によって〔『ベニスの商人』では、シャイロックは借金を人肉でもって支払うよう要求する〕、アメリカがフランス人に対していっそう平凡に現金（げんなま）で要求している負債を、人肉でもって支払うと言い張り、あるいはむしろすでに支払ったと断言するのは、フランス人のほうである。このようにして、これら借金返済の修辞学的シナリオは、一般化した間違いの雰囲気に浸っている。その証拠が、『鎖でつながれたアヒル（カナール・アンシェネ）』誌でサッコとヴァンゼッティの処刑に異を唱えているピエール・シズの有名な論説である。すなわち、不満のカタログのどまんなかで、シズは「その戦死した兵士でもって貨幣を鋳造している」[59]このアメリカを告発するのである。この非難は、いっそう正確には負債の減免のために人的損失を現金化しようとするフランスの執拗な努力を記述しているのであって、これはその非難のアメリカ人への奇妙な投影である——まさしくアメリカ人は、戦死した兵士が少なかったことで非難されているのである。

この点で、もっとも透徹した目をもっているのは、おそらくジョルジュ・デュアメルであった。ほとんど言及されることはないが、『未来生活情景』の奇妙な一章は「保険社会」[60]としてのアメリカを対象にしている。この社会では、すべての血は払いもどされる可能性があり、事故の犠牲者への補償は事故を避けるために必要な措置よりも安いのである。だが語り手が冷厳なミスター・ストーンとともに率いているこの保険社会の道徳性、あるいは反道徳性にかんするどっちつかずの議論の背後に、血の代償をめぐる仏米論争への暗示があることは明白である。「連邦全体で採用されるスプリング付きベッド台を七八種類から四種類に」減らすことで財をなしたミスター・ストーンは、非物質的な価値観をもったプロクルステス〔ギリシア神話に出てくる追いはぎ〕でもある。「何を計算に入れたいのか」と、ベッド台の種類を減らした男はデュアメルに訊ねる。「本来的に測定不可能で、だれの得にもならないのに計算を狂わせる恐れのある感情的要素なのだろうか。」このことは、戦争の請求書のなかに死者の数も入れようというフランスの要求に対するアメリカの回答のくり返しである。アメリカ人の目から見れば、これらの感情的要素は「勘定台から取り除かれる」べきである、とシーグフリードは解説する。「連合国の戦債の決済時期が来たときには、出資金の精算に無用な文書を勘定台から取り除くように、戦場で共同でなしとげた大きな成果に対する言及は冷たく取り除かれた。[61]」情け容赦ないが、はたして不当だろうか。逆に、フランス人が何百万人もの死者についての *pretium doloris*〔補償金〕を要求するのは正しいことなのだろうか。マラン代議士が自分自身で「不確定要素[62]」と呼んでいたものに対する「補償」などありうるのだろうか。また、とりわけ「補償」すべきことなのだろうか。デュアメルはこれについてはあいまいなままである。人間のドル〔痛覚強度の単位〕に対する金銭的補償を認めながらも、とデュアメルは主張している、「私は知っている〔……〕、私がある種の道徳的価値の商業化を受け入れることを、〔……〕私がそれらの道徳的価値を軽視し、おとしめることを。私がそれらに商業的価値を付与させるというまさにその理由で、生、死、苦しみ、喜びは、その人間的価値を部分的に失うということを[63]」。だが私は保険に入る、とデュアメルはつけ加える。そしてフランスではだれでもがしているように、私は「これらの評価のいくつかをラテン語〔pretium doloris のこと。苦痛の専門的評価のことで、七段階に区分される〕でもって覆い隠す」。

だから、アメリカ批判のいかなる小さな機会をもまったく逃さない『未来生活情景』の作者は、戦債についてはは雄弁かつ完全な沈黙を守る。少なくともデュアメルが理解したのは、「道徳的」領域が法的領域よりもよいわけではないということである。

マーシャル・プランとMilitary Police〔憲兵隊〕

一つの債務から別の債務への移行？　一九二〇年にフランス人が夢見ていて獲得できなかったもの。つまり、アメリカ財務省による戦後復興に向けた信用貸しのことであるが、これを一九四八年にフランス人はマーシャル・プランという名の下で、「おねだり」したのではなく――たとえこの動詞がジャーナリズムに頻繁に登場するとしても――受け取ることになる。一三億ドル以上の天の恵みが、一九四八年三月三一日から一九四九年四月一日までの期間に、アメリカによる貸付の分配の役割をになったヨーロッパ経済協力機構〔OEEC。OECDの前身〕によって、フランスに給付される。このプランは一九五二年まで毎年更新可能である。読者に向けて、『フランス＝ソワール』紙は伝えている。「三〇〇〇億！」これはフランである。「各フランス人男女に対して年間、約七二〇〇フランの年金。[64]」年金？　この語は不用意である……。マーシャル・プランの目的とは何か、と、さらに『フランス＝ソワール』紙は問いを投げかける。「酸素ボンベ〔救急措置〕」である。フランスはたんなる戦争からの病み上がりというだけではない。経済的にいえば、フランスはヨーロッパの大病人になった。レーモン・アロンは、一九四八年夏の一連の記事において、このことを長々と根気強く強調している。「すべてのヨーロッパ諸国で、国際収支の加減がもっとも悪いのは、フランスである。[65]」そしてアロンもまた救急隊員の隠喩をもちいる。「酸素ボンベやカンフル油の注射には、賛成者もいなければ、反対者もいない。[66]」アロンはそうではないことをよく知っている。マーシャル・プランには支持者がおり、そこに救済を見たり、さしあたりフランスの蘇生法を見たりしている。このプランには、組織化された強固な敵対者もいる。敵対者はこれを致命的な麻薬とみなしている。だからこの巨大な贈り物が公表されると、もう一度、負債のドラマツルギーが再燃することになる。一九三〇年の反米主義者は負債の返済を拒否していたが、一九四八年の反米主義者は受け取ることを拒否する。だが、のちに見るように、相変わらず、支払われた、あるいは支払うべき血の代価の名においてである。

この闘争の第一線にいるのは、共産主義者である。その大臣たちは一九四七年には政府から追放された。その一方で、URSSはモロトフが先導した最初の交渉以降、ヨーロッパ救済計画への参加は拒否した。突然、自由となったPCF〔フランス共産党〕は、フランスにおけるアメリカの影響力と「アメリカ党」の政治屋たちに立ち向かうべく、あらゆる力を結集する。これは長く激しいキャンペーンのはじまりである。そこではマーシャル・プランは、フランスの経済的隷属のトロイの木馬として、またとりわけ対URSS全面戦争に向けた作戦の第一幕として提示される。したがって、アメリカの援助は二つの視点から攻撃される。一つには、買収された何人かの政治屋だけに利益となるように結ばれた損な取引として――これは経済的（そして文化的）従属へとまっすぐ通じている――、第二には戦争に向かっての避けられない悪循環としてである。ドルはフランスをNATOへと引きつけ、フランスの領土を軍事目的で活用し、将来のアメリカによる戦争に向けてフランス人の兵士を徴募するための餌として役立つのである。おそらくこのキャンペーンがマーシャル・プランの受け入れと実施を妨げることはない。だがこのキャンペーンは、真向かいの陣営からレーモン・アロンが認めているように、その規模によって「このプランの支持者を威嚇すること」に成功する。それに加えて、フランス反米主義に新しい次元を加えることにも成功する。左翼と民衆の次元である。

アメリカ国務省の研究によって、反米的攻撃の成功を推算することができる。マーシャル・プランの批準の一年後に、非共産主義者のなかで、わずか三分の一のフランス人しかこのプランへの賛成を公言していない。[67] いわば望外の提供に対して(もちろん、たとえこの提供に下心があるとしても)、どうして世論の相当な部分が反対しえたのだろうか。この答えの最初の要素は、共産主義者の同意を得たプロパガンダの莫大な努力に求められるべきである。これらのキャンペーンの大半は共産主義者が原動力になっているのである。だがこのキャンペーン自体が成功したのは、広範かつ多様な大衆に関係しうる、かつての反米的テーマ体系を巧妙に復活させたおかげである。

論法はすでに一九四八年には固められている。この論法についてはは、フレデリック・ジョリオ゠キュリーの序文付きで、五月に出版されたジョルジュ・ソリアの書物『フランスはアメリカの植民地になるのか』のなかに、確固たる論述が見出される。そのもっとも重要な目標とは、アメリカ人側からの「贈与」、あるいは「気前のよいふるまい」という神話を破壊することである。利他主義者としてはほとんど知られていないアメリカ人が、はるか遠くの貧窮にあえぐ約一五か国の救済のためだけに生活を切り詰める覚悟をしているなどということを、どうしたらフランス人に信じさせることができようか。それは当然、マーシャル・プランには、新しい市場をはじめとして、合衆国に利益をもたらすものがたくさんあるということである。アメリカ人は投資をしているのである。アメリカ人はフランス人に「贈る」ものを高利でもって取り返すつもりでいる。でもどうやって? いつものようにである。つまり人肉で、砲弾の餌食となる人肉によってである。ソリアがいうように、これらすべては同時に「単純であり、巧妙である」。

シナリオを要約しよう。マーシャル・プランが誕生したのは、フランス共産党の大臣たちがお払い箱になったまさにそのときに形をなしたある陰謀からである。だがその第一幕が演じられたのは、一九四六年三月のワシントンである。そのとき、グーアン内閣の特派大使レオン・ブルム゠バーンズ協定の締結交渉に行った。この協定の第一部は、フランスの戦債の破棄を明記していた。だからアメリカ人に感謝しなければならないのか。もちろん、違う！　フランスの廃墟を前にしたたんなる「計算」である、とソリアは解説する。「知的で、self-protection〔自己防衛的〕な措置[68]」である。いんちきでもある。アメリカ人はこれを利用して運搬不能な余剰生産物を処分したのである。役にも立たないリバティ船〔第二次世界大戦中にアメリカが大量に建造した約一万トンの貨物船〕を買うよう私たちに強要することによってである……。だがもっとも悪いものは、協定の第二部に含まれている。そこではフランスの産業にとって欠かすことのできない保護貿易主義を放棄することが強要されているのである。つまり、まさしく「主権国家の一部の[69]」放棄である。レオン・ブルムが推奨し、みずから望んだこの自発的放棄は、裏切りへと通じる屈服である。アメリカ党は、「完全にミュンヘン協定支持者の精神をもつ主張」との関連で行動する。経済から政治－軍事的なものへと移行することができるのは、そのときである。

　というのも、国家経済を敵に引き渡すことは、アメリカの意向への完全な従属における一段階にすぎないからである。マーシャル・プランはフランスの経済的植民地化を準備するだけではない。軍事的依存をも用意する。外交的に見ると、第一段階は勝者と敗者を同じレベルに置くことにある。すなわち、ドイツの「賠償」がおこなわれないだけでなく、ドイツが非ナチ化されないまま復興の手助けがおこなわれることになるのである。これはＵＲＳＳと対立することをもくろんで、アメリカの好戦論者が優先したことである。そしてヨーロッパ防衛共同体〔ＣＥＤ〕とＮＡＴＯにまっすぐに通じていること、それがＯＥＥＣ〔ヨーロッパ経済協力機構〕の（へたに）隠された一面なのである。「これらはすべてひどいにおいがした。よく知られたにおい、ミュンヘンのにおいだ！」ソリアはジャーナリストの資格でフランスの交渉委員と会見した。「一九三八年のミュンヘン協定支持者がヒトラーの要求に譲歩することを受け入れたように、これらの人々はフランスの経済的植民地化を企てていた。下心は同じであった。[70]」つまり、ヒトラーとトルーマンのあいだには、たんに恐喝の仕方の変化があるだけである。「餓死させるぞという恐喝（戦争を仕掛けるぞという恐喝の代わりに）。」だがある補足的な権謀術数（マキアヴェリスム）によって、この餓死させるぞという恐喝はフランスをつぎの戦争へと引きずり込むことになる。相変わらず一ポンドの肉――今回は食糧の配給と交換である……。

　たんなる共産主義の闘士やシンパよりもはるかに広範な公衆にかかわるこれら反米的キャンペーンのレトリックにおいては、実際、マーシャル・プラン反対闘争は「平和の防衛」と切り離すことはできない。ソリアが書いているように、「マーシャル・プランはトルーマン・ドクトリンと同様、やはり結局は戦争計画である［……］[71]」。絶えず連打されるミュンヘン協定との類比は、十全の意味で解されなければならない。歴史が別の仮面をかぶって再開される。メカニズムは同じであり、ある種の当事者は決して変化しないだろう。すなわち、「アングロ－サクソンの資本家」である。一年後の一九四九年にはさらに音調（トーン）が上がった。平和と自由の闘士（「大前線」協会）によって公表された「トルーマン大統領への手紙」のなかで、シャルル・ティヨンは「アメリカの支配者たちのすべての意志を引き受けた」「〈祖国〉の新しい墓掘り人たち」を激しく非難する。しかしまた、いっそう独創的なやり方で、ティヨンはためらわずに、戦前、恥ずべきことにドイツに有利に取り計らったとして極右が合衆国に浴びせていた非難を、そのまままくり返すことにためらいを見せない。このことは、ティヨンの一九四九年版では、結局は、ナチズムに融資したということになる。フランスは、「ヒトラーの侵略は、アングロ－サクソン資本の大量流入のおかげでドイツの産業が再建されたことによって準備されたことを忘れていない[72]」。「トルーマン、すなわちヒトラーの真の後継者。」この表現に、間もなくだれも驚かなくなるだろう。ジョルジュ・コニヨのような共産党指導者は、一九五一年の共産党幹部を前にした講演の際、ホメロス的形容辞と同じく機械的にこの表現をくり返す(73)。エスカレートは言葉の上だけではない。肉体的でもある。議会では小競り合いは珍しくないし、港では港湾労働者がアメリカ軍基地向け物資を足止めにする。平和運動は率先して華々しい活動を頻繁におこない、ストックホルム・アピールの調印キャンペーンの成功に一役買う。こうして一五〇〇万のフランス人男女が核兵器禁止を要求するのである（URSSは当時まだ核兵器を所有していない）。ジョルジュ・コニヨと同様、「イデオロギーという武器(74)」の重要性を確信している共産主義者は、*made in USA* のヨーロッパを告発するために莫大な努力を傾注するのである。

　これらのキャンペーンは甚大な影響を残す。それまでは極右と一部のかぎられた知的サークルにおいて、ずっと大きな特徴となっていた反米的な辛辣さを、左翼と新しい社会階層にも定着させるのである。モーリス・トレーズは、『人民の息子』のなかでモンロー主義からトルーマン・ドクトリンまでの合衆国の変遷に注釈を加え、「トルーマンの新しい標語とは、〝アメリカ人のものになった世界〟である」と結ぶとき、この発言自体には衝撃的なものは何もない。すでに一八九〇年代から聞き覚えがある。新しいのは、この発言が庶民の集会で、大勢の人々を前にして発せられたということ、もはや外交的あるいは政治学的サークルでのみ発せられたのではないということである。冷戦なればやむを得ざることなり。すなわち、大衆の政治的反米主義が、何千ものパンフレットや公共の会合を通じて自分の進むべき道を見出すのである。合衆国における自由な労働組合活動を賛美したり、労働者の生活水準を自慢したりするためにアメリカの公共機関が配布した挿絵入りパンフレットに対して、共産主義者は膨大な数のテクストと文書——厳密に政治的なパンフレットから、*way of life* の欺瞞性を打破する記事や〈共産主義青年連盟（ジュネス・コミュニスト）〉が得意とする時事的な唄にまでいたるテクストと文書——でもって応える。文学それ自体も動員され、アンドレ・スティルは新たな占領軍に対する港湾労働者のレジスタンスを賛美する小説『最初の衝突』で、一九五二年にスターリン賞を受ける。何人かの政治的親米主義者を除き（もっとも彼らは多くの場合、文化的には反米主義者のままである）[75]、知識人のなかでは反米主義はかつてないほど活発である。反米主義は世論のなかでも増大するが、この世論は戦前の聖職者の長広舌のせいでかなり無関心になっており、（世論調査を信じるならば）アメリカの「文化的脅威」など相変わらずほとんど気にかけていない。一九五三年には、調査されたフランス人のわずか四パーセントだけがアメリカを文化的危険と見ている。[76]『リーダーズ・ダイジェスト』誌は、戦略爆撃機ほどフランス人をおびえさせはしない。だれがこんなことに驚くだろうか。

そういうわけで、マーシャルの時代には、負債の下で激怒するフランスの反米主義が日増しに高まったように見える。フランスの状況によって求められる服従を説き勧める人々と、押しつけがましい贈与者を誹謗する人々のあいだで、間もなく選択がおこなわれる。債権者のアメリカは執行吏のアメリカを予告している、と両大戦間の反米主義者はくり返していた。贈与者のアメリカは私たちの運命に命令を下すだろう、と戦後の反米主義者は警戒する。ドアを叩きに来るのは、執行官よりも悪いMPである。「どうして驚くことがあろうか」と一九四八年にポズネルは書いている、「マーシャル・プラン Marshall Plan がアメリカの Military Police〔憲兵〕と同じイニシャルであることに[77]」。

無　罪！

一九五〇年代における反米主義の猛烈な活性化のなかで、その中核的小グループが専心するのは「URSSの防衛」である。だがこの成功は本質的に「平和防衛」というスローガンに起因している。このスローガンの成功は、合衆国を戦争の扇動者として悪魔化することに成功したことと関連している。共産党のプロパガンダは、アメリカの「好戦主義」に対して、戦前の平和主義の合意の成り立った伝統的な諸テーマを効果的に混ぜ合わせているが、これらの主題はアメリカだけが保持している恐ろしい武器の存在によって劇的に誇張されている。原子爆弾である。〈爆弾〉は、途方もない想念（イマジネール）と結びついた新しい論拠を提供する。〈爆弾〉はその巨大な破壊力によって、不評を買っていた「全面的な平和主義」の立場をふたたび正当化することを可能にする。同時に、それを唯一保持している国を信用できないものにする。たんにその国がおこなうかもしれない悪用、すでにおこなった悪用のためだけでなく――のちに見るように、エマニュエル・ムーニエは広島に対する罪状によってアメリカの攻撃性を説明している――、その国が原子爆弾を保持しているという、ただそれだけの事実によってでもある。「核を保有する」社会はもはや他と同じ社会ではない。「核を保有する」〈国家〉は民主的価値観を具現していると主張することはできない。このような地盤の上で、共産主義者はジョルジュ・ベルナノスのような思いがけない同盟者と結びつき、さらには乗り越えられる。ベルナノスは一九五三年につぎのように書いている。「核を保有する民主主義だって。笑わせるな！　どうして原子爆弾が、各有権者に投票用紙と同時に手渡されないのか。(78)」

核戦争の危険がもたらすのは、論拠だけではない。同盟者をも手に入れさせる。知識階級のなかに反米主義を普及させ、これを正当化するために、「中立主義者」は往々にしてみずからの意に反して、共産主義的かつ平和主義的なプロパガンダそのもの以上のことをする。中立主義者たち――『ル・モンド』紙は彼らの合流点になる（だが彼らは『エスプリ』誌や『現代（レ・タン・モデルヌ）』誌、『義勇兵』誌、あるいは『フランス－オプセルヴァトゥール』誌でも大きな存在感を放っている）――が全員、反米主義者であるわけではない。とんでもない。モーリス・デュヴェルジェは『ル・モンド』のなかで、はっきりと述べている。「ソヴィエト化されたヨーロッパと大西洋帝国のあいだでは、二番目の解決策のほうがどう考えても好ましい。というのも、最初のケースでは奴隷状態は確実であるが、その一方で、後者においては戦争はたんなる可能性と化するからである[79]。」大半の中立主義者が反‐大西洋主義者であるのは、プラグマティズムによってである。二つの敵対者のうちでより強い者、つまりアメリカに反抗すれば――と彼らは考える――、世界戦争を遠ざける、より多くの幸運に恵まれるからである。こうした中立主義は、もとにもどすために曲げ返された棒のような、バランスの教義として好んで構想される。これが『ル・モンド』紙の編集長であるユベール・ブーヴ＝メリの論法である。いずれにせよ、各種論争の論理と紋切り型の力が、多くの場合、人間とはいわぬまでも、言説を逸脱させることに変わりはない。「ジルソン事件」がその例である。

一九五〇年の冬季、『ヌーヴェル・クリティック』誌はこの上なくスターリン主義的な段階の真っ盛りである。毎号、裏切り者とうわべだけの友が告発される。ブールデ、カスー、ムーニエ、だれもそれを免れない。プレヴェールでさえもそうである。ジダーノフ主義的批判の長きにわたる訓練対象となるのである。したがって穏やかな時代ではない。それだけに、ある署名のない記事の端々で、「エティエンヌ・ジルソン氏」が称賛されるのが見られるのは、ますます驚くべきことである。エティエンヌ・ジルソン氏が完璧に称賛すべき人物だということではない。だが結局は、ジルソン氏は、スターリンに対する「明晰な愛」を公言する『ヌーヴェル・クリティック』誌のあれらの寄稿者と同じ世界に属しているわけではない。マリタンのように新‐トマス主義の哲学者であり、ソルボンヌ、ついでコレージュ・ド・フランスの教授となったジルソン氏は、確かに反‐ヴィシー主義者だった。しかし、〈ヨーロッパ運動〉（一九四八年にハーグで設立され、「合衆国のスパイのリーダーであるアラン・ダレス[80]」によって創設されたとしてコニヨに告発された）に近いＭＲＰ〔人民共和運動〕のこのシンパは、やはり許容可能な「旅の道連れ」になるにはほど遠い人物である。ではエティエンヌ・ジルソンの特別な功績とは何だろうか。どうやらこれは一九四六年六月一二日付『ル・モンド』紙の記事で、ブルム－バーンズ協定によって力ずくで大量導入されたアメリカ映画の貧弱さを告発したことである。「私たち自身の国民が、こうした麻薬を実際上、無制限に服用するのは」とジルソンは書いた、「見ていて気持ちのいいものではない」。『ヌーヴェル・クリティック』誌は、「エティエンヌ・ジルソン氏のような〝反米主義〟の疑いがほとんどない人物」が、フランスの流通機構に大量に投入されたハリウッド映画という「痴呆化の強力な手段」を誠実にも告発していることを喜んでいる。(81) 共産党とその知識人たちがアメリカ映画の侵入に不安を感じているのは、まったく疑いがない。だがこのジルソンがアメリカ映画について抱いているこのお粗末な意見は、『ヌーヴェル・クリティック』誌の共感を得る唯一の理由でもなければ、おそらくはもっとも重要な理由でもない。

というのも一九四八年、エティエンヌ・ジルソンはブーヴ＝メリの好意によって開設された『ル・モンド』紙のコラムで「でも＝でもない」――ワシントンでもモスクワでもない――の弁護人となったからである。そして北大西洋条約に反対して、ますます辛辣な時評を積み重ねたのである。ジルソンは月々、何をいっているのか。アメリカ人は将来の戦争における「前衛の最先端」としてフランス人を当てにしてはいけない。フランスはすでに与えた。「今度は合衆国の番である。」北大西洋条約は不当な条約であり、アメリカ側にいかなる形式の義務も設定せずに、安価な歩兵隊を手に入れさせる。合衆国が気にかけているのは一つのこと、「歩兵」を手に入れることだけである。というのも「得がたいものとなっている」からである。合衆国はいつものように金ならたっぷり出す用意ができている。歩兵を「ドルで買う」用意ができている。そしてこのドルを使って、「もう一度フランス人の血」を買うことができる。(82) ここまでレトリックがエスカレートするにいたって、オフサイドのホイッスルが吹かれる。抗議の声がわき上がる。ユベール・ブーヴ＝メリは苦境に立たせられる。一九四九年秋にきわめて反米主義的な別の一連の記事――今回はピエール・エマニュエルの記事(83)――が発表されることによって、圧力はさらに強くなる。ジルソン自身は一九五〇年九月に『ル・モンド』紙に寄稿することをやめる。間もなくコレージュ・ド・フランスを辞職し、トロントに向かう。

　ジルソンによって乗り越えられた目に見えない一線は、政治的であるとともに象徴的である。競売にかけられ、アメリカ人に安値で売られた血は、中立主義の壺からあふれ出した。だが迫害されたジルソンに対する『ヌーヴェル・クリティック』誌の熱狂が部分的に戦略的なものであるとしても、この哲学者が公然と認めている文化的反米主義をまさに超えて、言説の親和性には根深いものがある。ジルソンはシャイロックおじさんを復活させるだけでは満足しない。勇ましくも、フランス人を罪悪感から解放するという作業そのものに取り掛かるのである。「一般に人々（オン）」が望んでいるのは「私たちが有罪であることを私たちに対して証明すること」である、とジルソンは書いている。だが私たちは有罪ではない。言い訳しなくてもよい。だれに対しても。とくにアメリカ人に対しては。「私たちは一九一四年から一九一八年の戦争の重荷をになったが、この戦争の勝利の栄冠を勝ち取ったのは合衆国である。」そしてまた、「実際上、私たちは唯一ポーランドとのみ、新たな世界大戦の重荷をになったのである」。犯人を探すなら、大西洋の向こう側に行ったほうがいいだろう。たとえばつぎのように自問したほうがいいだろう、「フーヴァー計画と、ルール地方での私たちの行動に対する不支持は、ナチズムの誕生を推進したか、しなかったか」と。戦前、多くのナショナリストに共有されたこの分析は、フランス解放時には戦前の誤りに対する一致した説明となる。非難されるべきはフランスだと――とくにヴィシーでは――あまりにもいわれた。むしろ説教を垂れる者たちに目を向けるべきだ。こうしてジルソンによる両大戦間の再解釈は、二大犯罪者――不実なフランス・ブルジョワジーとアメリカという大敵――を特別扱いするスターリン主義的な書き直しとうまが合うのである。シャルル・ティヨンは、すでに引用した「トルーマン大統領に対する公開状」のなかで、歴史的に明白なことだとして同じ非難をぶつけている、「戦後復興のためのドーズとヤングの計画は、シャハトとゲーリングの戦争計画よりも先にあった」[84]。エマニュエル・ムーニエは非難されるべき者の逆転について奇妙な独自の解釈を提示しており、ヴィシーをアメリカの夢として描き出し、一九四九年の合衆国はこの夢を蒸し返そうとしているのだと疑念を呈している。「レーヒー氏〔ヴィシー政権下の合衆国大使〕の夢、つまりアメリカ人に祝福され、庇護されるヴィシーは、私たちをヴィシーから解放してくれた人々によって制度化されるのだろうか。」[85] つまり、*made in USA* のヒトラー、ナチス・ドイツに取って代わったアメリカという、PCによって鍛えられたテーマは、フランスを現実的で、とりわけ象徴的な新しいくびきから「解放」しようとしている幅広い反米的知識人によって、いっそう「巧妙な」さまざまな形式でくり返されるのである。アメリカに対する非難――この非難はベルナノスにおいては、「機械文明」はニュルンベルクで裁かれるべきだと提案するところまで行き着く[86]――は、負債を帳消しにするすばらしい道具なのである。アメリカ人自身が創造した怪物を打倒するのに（ほんの少しだけ）一役買ったことでアメリカ人が感謝されることは、やはりないだろう……。

論証と分析の手前で、これら種々雑多な反米主義者をもっともよく結びつけているのは、結局のところ、差出人に対する負債の返送である。そしてもっとも合意の得られた二つのスローガン、請願書よりもはるかにくだけた表現で書かれた二つのスローガンとは、「あなた方には何の借りもない」と「同意しないぞ」である。私たちのなかにあなた方の歩兵になる奴はいない、とジルソンは書いている。砲兵だって同じだ、とムーニエはつけ加える。「アメリカは、いってみれば、一九世紀の英国である。アメリカは北大西洋同盟を軍事的な分業とみなしている。フランスは大西洋軍の歩兵隊と砲兵隊になるようにと、とくに要請されている。」[87]『ジングル・ベル』の節(ふし)で〈共産主義青年連盟〉がうたう歌が知られはじめる。

トルーマン大統領が
シューマン爺さんにいう。
「わしの条約に署名しなされ。
ヒトラーの烙印が押されているから。」
ソ連に対して
人民の国々に対して
アメリカのために
戦争を仕掛けるために。

この答えはリフレーンである。

だが国民はいった。「無理だ、どうしたって駄目だ!
ソ連と、戦争なんてしないよ。
億万長者の歩兵なんてまっぴらだ。
最後に打ちのめされるのは欲の皮のつっぱった奴らだ[88]」

「北大西洋条約は私たちに信頼できる保障を何ももたらさないし、攻撃された場合でもアメリカの利益が不可避的にかかわっていないようであれば、アメリカをいかなる配備にもつかせたりしない」と、さらにはジルソンを引用しつつ、ムーニエは一九四九年に要約している。[89] アメリカにはいかなる義務もない。フランスにはいかなる恩恵もない。というのも、ヤンキーが買おうとするのは兵士ですらなく、砲弾の餌食だからである。フランス人が北大西洋条約に加盟するのは、原爆被災者になるためでしかないだろう。「近代戦争」？ それは「戦争目的の、戦争による気化である」[90]。物理的に根絶されるか、少なくとも政治的に無効化される。自由のための戦争などはない。包括的戦争ののちには、もう自由はないからである。――これこそが合衆国と条約を結んだフランスの運命である。そもそもヨーロッパの抹殺は、彼らが立てた計画の不可欠な一部ではないだろうか。ベルナノスはそう考えている。「私たちはつぎの事実をいよいよ明晰に理解している。すなわち、まず最初にヨーロッパを抹殺してしまわないかぎり、この大衆文明という反‐文明が全世界を隷属させることに向かって、みずから進展していくことは不可能だということである。[91]」

つまり、ティヨンからジルソンまで、そしてトレーズからムーニエまで、相手に嫌疑をかけることでみずからの罪悪感に逆らい、贈与でもって負債を帳消しにするひじょうに幅広い知的戦線である。だが漠然としていることから力を得ている反米的コンセンサスを評価するためには、この戦線をさらに拡大しなければならない。両大戦間の書き直しから、結局はアメリカ問題となるヴィシー政権の拒絶を経由して、《Better Red than Dead》〔〈死〉よりも〈赤〉のほうがましだ〕式の新‐敗北主義にいたる坂道で、他のだれよりもはるかに遠く進んだ人がいる。マルセル・エーメである。しかも当時をもっともよく語るテクストは、『ル・モンド』紙にも、『ヌーヴェル・クリティック』誌にも、『エスプリ』誌にもない。それはこの作家が一九五一年に『ガゼット・デ・レットル』紙に提出する驚くべき粗筋（シノプシス）（または虚実こもごもの小説）なのかもしれない——これは一月一五日に『ガゼット・デ・レットル』に発表され、一八日に『コンバ』紙に再録される。

『ガゼット・デ・レットル』の編集長ロラン・デュメが作家たちに要求していたのは、彼らが書きたいと思っているけれども、決して書くことのない小説を物語ることだった。マルセル・エーメは「保安官（シェリフ）の娘」を送る。物語は「一九五二年か五三年」に展開する。「少し前に私たちの政府が、政府の運営にとって若干は都合がよいことを理由に、自由にしてよいとUSAに売り払ったフランスの国土」で、核戦争が起こる。フランス人が数千万人単位で被爆するとき、フランスの「正統政府」はミズーリ州の小さな町に閉じ込められる。政府は「モクMoqueとシューマンChoumaneの両氏」に率いられている——ジュール・モクJules Mochとロベール・シューマンRobert Schumanを念頭においている〔いずれもナチに対するレジスタンス活動家〕。アメリカの最後の攻撃ののち、「フランスはえぐられ、引き裂かれ、壊滅させられる。そして攻撃の二日目に、アメリカの新聞は誇らしげに発表する。パリは破壊された、と」。だれもがそのことを喜ぶ。そのつづきは *in extenso*〔全文を〕引用する価値がある。「一週間の攻撃のあげく、フランス人の一〇分の九が死んだのであるから、アメリカ人は自分たちの戦争にもはや目標がないことに気づく。平和条約が締結される。正統政府のメンバーはフランスに帰ると、種々の政党を再建し、一〇万人を銃殺し、さらに二〇万人、つまり全部で人口のまるまる一〇分の一を投獄し、新しいワイン・スキャンダルを引き起こす。嫌悪感をあらわにした国連は、フランスを世界地図から削除すると宣言する。女性の国民はお手伝いさんの見つからないUSAに移されることになるが、男性については、キン……を切り取られるだろう。そもそも風前の灯し火なのだ。」では、こうした一連の事件において保安官の娘は？　さて、娘は、ミズーリ州のあの小さな町で、フランスの「登録所の正統な大臣」の息子と恋に落ちていた。子供を妊娠した娘は、かなり渋る保安官の同意をもぎ取る。若いフランス人男性ネネスは「手をつけた娘と結婚する」ためにもどってくるが、「自分が国連の決議の影響をこうむり、いまや性生活を奪われていることは口に出さないように気をつける。この小説は去勢コンプレックスのひじょうにすぐれた研究で終わる」[92]。

　このシノプシスのシノプシス？（全員が腐っている）政治屋がフランスを（全員がピューリタンの）アメリカ人に売却した。アメリカ人はそのフランスで心おきなくフランス人の皆殺し（ジェノサイド）を計画する（ほかの者たちがロンドンにいたことがあったように、ミズーリ州にいる者を除いて）。私たちの「真の支配者」（フランスふうの名をもっている。彼らはこれを必要としていた）は、ほとんど平然とこれを注視している。彼らはフランス解放（粛清にすぎない）にあたって、すぐさま闇取引きを再開する。

「保安官の娘」は、同じこの一九五一年にレーモン・アロンが下した診断をみごとに裏づけている。すなわち、フランス人は世界の状況を、アメリカ人がロシア人に売った個人的な喧嘩として「考えたがっている」が、この状況においては「ヨーロッパ人はもはや被保護者ではなく、犠牲者なのである」[93]。こうして被爆したり去勢されたりし、従順な女から引き離されたフランス人男性は——アメリカという同盟国に根こそぎにされて——地表から消えていくことになる。その数年前、ティエリ・モルニエはサルトルの『恭しき娼婦』が発表されたときに、自分の「耐えがたい気まずさ」を語っていた。「ホールに合衆国の兵士がいたならば、私はその兵士を見る勇気はなかっただろう[94]。」サルトルよりも幸福だったマルセル・エーメは、そのヴィシー政権支持の反米的な物語によって、どうやらだれからも顰蹙を買わなかった——『コンバ』紙からさえも。『コンバ』紙はこの物語を出版したのである。

租界地区で

つまり、合衆国に対するいっさいの負債を否定することは、一九四五年以降、反米主義にとって根本的な身振りとなった。マーシャル・プランがフランスの物質的な生き残りを保障する時代にあって、おそらく象徴的に生き残ることが問題なのである。

「奴らはわれわれのドルを奪い取って、われわれに唾を吐きかける」とロジェ・ヴァイヤンは仮想のアメリカ人将校にいわせている。まさしくこのことによって適切に要約されているのは、一九四四年、ド・ゴールが「自分自身によって解放された」パリについてその進むべき道を示しながら語ったときにはじまるフランスの心理的復興への努力である。負債を認めないとますます言い募る知識人たちは、チョコレートは受け取るが、アメリカ人には何も――ナチズムからの解放さえも――負っていないと早々と決定する国民と完全に一致している。一九四四年、設立されたばかりのIFOP〔フランス世論研究所〕によって提出された問い――「どの国がドイツの敗北にもっとも貢献したか」――に対して、多くのフランス人がURSSと答え（六一パーセント）、アメリカは解答の二九パーセントを獲得したにすぎない[95]。この見方はおそらく、フランス占領期のもっとも暗い時代に、ロシア戦線でおこなわれた戦いの重要性に結びついている。だがこの見方は、時代とともに含みをもたせられたり訂正されたりするどころか、そのままま維持され、ますます強化されるだろう。それはPCF〔フランス共産党〕という影響力の大きなプロパガンダ装置によるのみならず、手柄はすべてURSSのものだとして「ナチズムに対する勝利」の伝説を飾り立てる多くの非共産主義的知識人のせいでもある。

一九五五年、『ネクラソフ』を発表し、PCFにもっとも接近したこの年に、サルトルはみずからがメンバーだったフランス－URSS協会に集まった聴衆を前にしてプレイエル・ホール〔ピアノ製造会社のプレイエル社のホールか〕で演説をおこなっている。そこでサルトルは、この歴史的定説（ウルガタ）のとりわけ力強い解釈を聴衆に提示する。ソ連がすべて、あるいはほとんどすべてのことをなしただけではない。合衆国がヨーロッパに介入したのは、無理やり強制されたからにすぎない。「フランス人の運命が決したのは、ノルマンディーでもベルギーでもない」とサルトルは言明する、「URSSのボルガ川のほとりで決したのである。ノルマンディー上陸を可能にしたのは、スターリングラードである。スターリングラードによって必然となったということさえできるだろう。英米人が最終的な勝利に協力しようとしたとしても、攻撃への参加は否応なしに、やむを得ずだったのである」。（すでにクレマンソーはパーシングに対して、彼が一九一八年の最後の *big push*〔大規模な攻撃〕のために力を温存したとして非難していた……。）「こうしてロシア司令部がくり返し要求したが、暗澹たる時期には手に入れられなかったものが、スターリングラードののちにはすぐに決定された。勝つとわかったほうに味方するのは、今回がはじめてではない。」そしてサルトルは、おそらくそこまでは期待していなかった聴衆に対して、「数世紀来の私たちの敵であるドイツ人」を、「ロシア人の未来、フランス人の未来、〈宇宙〉の未来を救うために自分たちの血を流した」ロシア国民と対立させる。ロシア国民に対しては、と、この哲学者は結論する、「唯一の態度のみが可能である。感謝と友好である」[96]。

URSSに対する負債を公言することは、それだけ他の負債——「忌まわしい負債」——を軽くすることである。一〇年後になっても、エティアンブルは相変わらず、ソ連人が「私たちの首都とフランス全体を解放する際に」になった「はるか彼方の、意図的ではないが、決定的な」貢献について言及する。公然たる反スターリン主義者のエティアンブルは、ロシア人でなくアメリカ人がパリに入城するのを見たことに対する慚愧の念を、どんなスターリン主義者よりも遠くまで推し進める。「天才的戦略家スターリンの政治の犠牲者である何百万人ものロシア、トルクメニスタン、ウズベキスタンの軍人と民間人とが、ナチの軍隊を攻撃しながら死ぬことがなかったならば、アメリカ人は決してヨーロッパに上陸しなかっただろう。」こうしてロシア人は不当にも「ベルリンとウィーンのすぐそばまでしか来られなかった」のである。ロシア人は、解放者であると同時に占領者でもあったが、エティアンブルからの厚遇に浴した。というのも、「戦勝で疲れ切っていたロシア人は、適当な言葉を添えて、缶ミルクも気の利いた商品もばらまくことができなかった」からである。ロシア人といっしょであれば、少なくとも、あらゆる略奪を正当化するこのような負債は存在しないのであるから、フランスとフランス語はいずれにも共通する「植民地化」を免れていただろう。

合衆国に対峙するフランスの状況を記述するのに一九五〇年代に支配的となった植民地の隠喩は、示唆的である。従属における最終段階が乗り越えられたのである。この隠喩は両大戦間のテクストにも（想像世界(イマジネール)にも）ないわけではなかった。だがそれ以上に侵略とか征服という、いっそう激しいけれども、いっそう屈辱的でない隠喩のほうが好まれていた。だが相変わらず、問題なのは明らかに誇張法であった。アメリカというアッチラに言及したアロンやダンデューをだれひとり真に受けなかったし、「平凡な土地の人間である私たちは、征服されてしまうのだろうか(97)」と、だれにともなく問いただしたデュアメルについてもそうだった。多くのことが、確かに変化した。外国の軍隊の存在、住民とＧＩ〔米軍兵士〕との往々にして緊張した共存、豊富な物資──「飛び地」に行き渡っており、いつまでもつづく配給と際立った対照をなしている──、これらすべてが植民地の観点からの再解釈に容易に結びついていく。共産主義の論争家は同じことになることを恐れずに、奴隷制支持のアメリカにつきものの人種主義的イマージュと、

「ナチの相続人」たるアメリカという政治的主題とをためらうことなく交差させる。ド・ゴール、ジョルジュ・ビドー、ジュール・モクについて語りながら、『ヌーヴェル・クリティック』誌はつぎのように書いている。「彼らの野心とは、ドルの絶対君主である現代の奴隷制支持者の徒刑囚になることである。彼らの理想とは、トルーマン‐アチソンによって再検討され、修正を加えられた異本としての〝ヨーロッパ新秩序〟の〝監督囚人（カポ）〟になることである。(98)」何も消え去ったりしない。こうして、新しく生み出されるのは堅固な言語習慣である。しかし植民地という隠喩の成功は、冷戦という修辞学的母体を、広がりと持続において大きくはみ出している。ジョルジュ・ソリアの著書『フランスはアメリカの植民地になるのだろうか』が、その実例である。植民地の隠喩は、極左から〈新右翼〉まで、きわめて多岐にわたる言説のなかに持続的に根づいている。合衆国について書かれた作品の題名にいたるまで公然と示されている――たとえば、ジャック・チボーの『植民地化したフランス』（一九八〇年）である。この隠喩は反米主義者自身にとって必然である。ジャン＝ジャック・セルヴァン＝シュレベールは、一九六七年の『アメリカの挑戦』のなかで、いまや合衆国に付与される「新‐植民地主義」という非難を平然と、含みをもたせることもなくくり返している。(99)

　侵略というかつての想像（イマジネール）の産物に比較して、「植民地化」が示唆しているのは、いっそう内面的な強制であり、いっそう完全な操作、いっそう同意された従属である。これを反抗へのアピールと解することができるが――植民地は解放される運命にある以上である――、実際のところ植民地というイマージュを利用・乱用する反米的言説は、むしろあきらめ切った怨恨で際立っている。合衆国に対する一種マゾヒスティックな闘志は、多くの場合「本物の」植民地被支配者や非白人社会一般に対する投影的自己同一化のなかで高まっていく。一九四七年にベルナノスは、アメリカの反‐文明によって戦前に侵害され汚された日本の運命のなかに、自己の姿を認めている。〔帝国主義的で、ファシストで、人種主義的な日本は、ベルナノスにとって、永遠不壊の日本に対して強要されたアングロ‐サクソン的な人工補綴(プロテーゼ)〔義眼、義歯、人工器官など〕にすぎない……。〕一九六一年にオーディベルティは、フランスをアヘン戦争時代の中国に暗黙のうちに比較しながら「租界地区」に言及している。

オーディベルティを読んでエティアンブルは狂喜する。「言葉が放たれた。この租界地区という語は、私たちを所定の地位に、つまりこの植民地あるいは半‐植民地の立場に置く。この立場は、いずれにしても言語的観点からすれば、私たちの立場である。(100)」この制約は形式だけのものである。というのも、エティアンブルは「言語的観点」についてひじょうに幅広い概念をもっているからである。『あなたはフラングレをお話しになりますか』は、クノー流の輝かしい文体練習、同時代人の言語学的な欠点に対する洗練された揶揄によって評判を得た。実際にはこれはアメリカに対する類まれなほど激烈な攻撃文書であり、そこでアメリカは、私たちの国語の死、私たちの文化の死、さらにはド・ゴール将軍の(「ひそやかな」)死——「というのも、OAS〔右翼の秘密軍事組織。アルジェリア独立に反対した〕は、ド・ゴールを追放することができなかったからである(101)」——を望んでいると、思いつくままに非難されているのである！　今日、再読すると、『あなたはフラングレをお話しになりますか』は、相変わらずその才気煥発さで際立っているが、その乱暴さによっても唖然とさせられる。エティアンブルはそこで、フランスは「衰退から従属へと」向かっていると絶えずくり返している。彼が政治学自由学校(シアンス・ポ)を非難するのは、「国の幹部たち」に「何よりも *the American way of life* と State Department〔国務省〕の政策」に仕えるように準備させるからである(102)。彼は新型のフランスのパスポートに怒りの声を上げる。二国語併用である以上、これは「植民地被支配者のパスポート」だ！　このような背信行為と引き換えに、「第四共和制は自分がこいねがうドルを受け取るのにあたいするようになった」[103]。このような語調は、その後、〈新右翼〉や他の極右の反米主義以外ではほとんど見られなくなる。エティアンブルにとって真の喜びは、私たちの現実的堕落、とりわけ仮定的堕落をさらけ出すことにある。明らかな異常興奮が、災厄にみちた彼の予言の弓を引き絞っている。そしてこの極度の興奮状態が明らかに告げているのは、英語が私たちの語彙だけでなく、フランスにおける「料理、ワイン、愛、自由思想のうちで残ったものすべて」を「堕落させ、ぶち壊す」ということである[104]。しかしこのあらゆる領域にわたる怨恨に、植民地支配者と植民地被支配者のあいだの立場の逆転に伴う不機嫌さが混ざり合っている。インドシナとアルジェリアが脱出したばかりの「地位」へとおとしめられたフランスを奇妙なほどの執拗さで描写する多くのページが、憎しみを含んだ苦悩礼賛によって活気づけられている。「北大西洋条約が私たちを植民地化するのに一役買うが、それはまさに私たちが〝非植民地化〟という激動に見舞われるときなのだ[105]。」エティアンブルは非植民地化を、まるで神話でもあるかのように引用符で囲んでいる。一方で、おそらくエティアンブルは、みずからがアメリカによる植民地化を絶対的現実とみなしていることを強調するために、植民地化するについては引用符で囲んでいない。

植民地問題をめぐって、反米的言説の編み目が、新しい幻想の結び目によって締め直される。歴史家ポール・ソーラムは、フランス知識人のあいだで、この時期、非植民地化はアメリカ人への権限の委譲にすぎないという考えがどれくらい広まっているかを明らかにした[106]。トニー・ジュドが正しく指摘しているように、その結果、「一九五六年以降、知識人のあいだで関心の中心が共産主義から非植民地化へと移動したことは、反 - 西洋的で反 - 米的な感情を放棄したことを少しも意味しなかった」[107]。合衆国によってやたらと振りまかれる譴責は、フランソワ・モーリヤックのような反植民地主義者には、悪意の極みのように見える。モーリヤックは、「私たちは皆殺しをたくらむこの偉大な国民からの忠告を受け入れざるを得ないかどうか」(108)を自問しているのである。半植民地的なお説教の提供者であり、かつ、おそらくは非植民地化の受益者である合衆国に対して抱くこの怨恨は、フランス人が——かつて勝者であるヤンキーの支配下で「奴隷」になった南部の主人のように——解放された植民地被支配者の代わりになるというマゾヒスティックな幻想のなかで激化する。

エティアンブルだけがこうしたシナリオを展開しているのではない。困惑させられるのは、ロジェ・ヴァイヤンのなかに、同じ図式と同じあいまいな興奮が見出されることである。フランス人が「アラブ野郎」‐（ドゥヴニール‐「ビコ」）になることを、この共産主義者の小説家が記述するときである。政治参加した反植民地主義の知識人であるヴァイヤンは、政治的プロパガンダと幻想の境目で書かれたこれらのページを、アメリカ軍はフランス人嫌いであるという仮説を記述するために人種主義的語彙でいっぱいにしている。フランス人の人種主義的想念（イマジネール）の醜さ全体をフランス人の顔に送り返す役目を負わされた「アメリカ人の将校たち」の発言だと、わざとらしく述べられているこのマゾヒスティックな発言にも、奇妙な喜びがある。「いわゆる北大西洋軍がフランスに宿営して以来、発展している新種の人種主義がある。この人種主義の対象はアラブ野郎（ビコ）でもユダ公（ユーパン）でもなく、〝Frenchy〟〔フレンチー〕である。Frenchy とは French〔フレンチ〕、つまりフランス人の軽蔑的指小辞である。女性にかんするときは、売春婦を意味する。」このひじょうに教育的配慮に富んだ記述ののち、ヴァイヤンは活喩法（プロゾポペ）〔死者、動植物等に言葉を話させる技法〕というほとんどジャーナリズムになじまない形式でもって、この「ルポルタージュ」を続行する。『ユマニテ・ディマンシュ』誌の読者のために、「アメリカ人の将校たちが語っていること」を書き写すのである。だがこの筆写は、つぎに見るようにきわめて自由であり、資料として真実味をもたせようという特別な配慮はない。「これら呪われた Frenchies は、われわれから物を盗む。［……］彼らはとても汚い。だから、彼らの家の大半には風呂がないのだ。［……］棍棒で脅す以外に彼らに対してなすべきことは何もない。Frenchies は永遠に Frenchies だろう」云々。つまり、フランスの植民地的言説のパロディ、容易にそうだと判別できるパロディである。それが理解できなかった人のために、ヴァイヤンは強調している。「このようにして、私たちはアメリカ人のアラブ野郎（ビコ）、ユダ公（ユーパン）、イタ公（マカ）、ポーランド野郎（ポラック）になりつつある。つまり、アメリカ人の黒人と、もはやアメリカ人の所有物であることを受け入れないシナ野郎（シヌトック）の中間物のようなものである。[109]」さらに、格言調にいえば、「人種主義とは、虐待者であったあとで、しばしば犠牲者となるという病気である。だれもがだれかのアラブ野郎（ビコ）なのである」。

合衆国の「植民地」であることをあからさまに誇示しようとするフランス人の熱狂は、悪魔払いであると同時に煙幕であるが、この格言に露呈している気がかりと無関係ではない。ヴァイヤンの別の記事によって、この解釈は裏づけられるだろう。この記事のなかで、ヴァイヤンはブライド・オシヌというアルジェリア人労働者の葬儀を詳述しているが、この労働者は一九五二年五月にリッジウェイ将軍のフランス訪問に反対する激しい街頭デモの最中に殺されたのであった。「フランス人にとって、もはや〝アラブ野郎（ビコ）〟はいない。これこそが、フランスの平和支持者側に立ち、リッジウェイに抗議してみんないっしょにデモをしているときに殺されたブライド・オシヌの死と、パリ地域の住民が彼に示した大々的な賛辞が意味していることである。これは平和と自由のための人民闘争において、極度に重要な出来事である。[110]」

ヴァイヤンによるこの「フランス人になる（ドゥヴニール・フランセ）」ことの途方もない代価を皮肉ることは容易である。だがおそらくは、二つの記事を比較対照することによって示唆される新しい言説形態を記録するほうがいい。というのも、ここで反米主義はフランスにおける植民地関係を、連帯という犠牲的な形象を通じて、想像力でもって解消するのに役立っているばかりではない。（そしてこの共有された死は、二〇世紀の最後の数十年における幻想の方針を予示している。すなわち、合衆国に対する第三世界の武力闘争との一体化である——この一体化もまた、その原理において犠牲的である。）よりひそかに、あるいはより内密に、このシーンは負債と従属の循環を閉じる悪魔払いのシーンだからである。というのも、「いわゆる北大西洋軍」でシャイロックおじさんに味方してではなく、フランスの街頭とナバール通りでシャイロックおじさんに反対して生命を投げ出すことは、おそらく勘定書を清算するための唯一の方法なのである。

ペリション氏の４ＣＶ（カトル・シュヴォ）

一九四八年のすてきな五月に、ルノー工場から出荷された「カフェオレ色の小型自動車」がニューヨークに姿をあらわす。これは凱旋ではないが、それでもなおそのような意味を含んでいる。それより五年前、ビヤンクールは連合国の爆撃にさらされていた。ドイツ人についていえば、彼らは不器用なフランス人はもっぱらスウェーデン蕪の耕作に身を捧げるべきだと決めていた。しかるに、フランスは４ＣＶ（四課税馬力自動車）を有しており、そしてまるでお兄さんに——お兄さんは一般にほとんど関心がないのだが——新しいおもちゃを見せるように、アメリカおじさんにその４ＣＶを見せようとしていたのだ。

経済的というよりも外交的なこの訪問は、『ル・モンド』紙において娯楽欄の対象となる。アメリカにおける最初の４ＣＶの販売を告げながら、ガブリエル・ドゥールはこの販売が「第二弾もつづく」ように祈る。すべてのフランス人が美しいアメリカ車を夢見ているときに、またフランス人があまりに貧乏でルノー公団の最新車を買うことができないときでさえも、このコラムニストは、「ヤンキー」はアメリカの高速道路を埋め尽くす「場所ふさぎでコストがかかり、がっかりするほど月並みなこれらの自動車すべてにうんざりしている」と好んで考えている。もう一つのルノーのうたい文句、すなわちマーシャル・プラン！　というのも、「ヨーロッパを援助しようという要求は、その上、アメリカ人に生活水準をある程度引き下げることを強いざるを得ないがゆえに、カフェオレ色の小型自動車は、より質素な生活に慣れるためにまさしく必要なものであるように思われる」からである。だが皮肉などどうでもいい。４ＣＶは真摯な称賛にあたいする――４ＣＶがそれ自体、真摯であるように。というのも、それはかつてのいくつかのルノー車のように、息切れしながら「高級車をよそおって」はいないからである、「この自動車は真摯であり、まったく嘘偽りなく自分をありのままに表現している」。自動車？　いや、イマージュである。「破産したが、勇気があり、誠実な小国というイマージュ、この小国が、ある種のすぐれた伝統を自分の力でできるかぎり保持しようと努力しているというイマージュ」である。これこそ「私たちの小型大使」である。私たちの職人的美徳とすぐれた物作りのセンスのつつましき象徴である。「そしてこの大使がエンパイアステート・ビルの足もとで、トリコロールで飾られて写真におさめられたならば、ラビシュの巧みな表現を思い出していただきたい。小さなメール・ド・グラス mer de Glace〔氷の海の意。モン・ブラン山塊にある長さ一四キロの氷河〕を前にした太ったペリションである。[III]」ペリション？

　ペリション氏は『ペリション氏の旅』〔ラビシュの戯曲〕のなかで、綴りを間違うという癖も含めて、フランス人の特徴の多くを体現している（「メール・ド・グラス *mère* de Glace〔氷の母親の意。母親 mère は海 mer の間違い〕には子供がいない、など」）。しかも氏は、自分の周囲を世界が回っており、謙遜など自分の柄ではないと考えがちである。このフヌイヤール〔フランスで最初のコマ割り漫画の主人公〕のなかにはタルタラン〔ほら吹き。ドーデの作中人物の名〕がいるのである。何だって！　『ル・モンド』のコラムニストは、４ＣＶはビュイック〔アメリカのＧＭ社製の高級車〕と同じくらい大きくなろうとする蛙――この4CVは蛙の形をしている――だと暗示しようとしているとでもいうのだろうか。その結末は、あまり明快な寓意（アレゴリー）を提供しているわけではないとは認めなければならない。しかし別の結末にペリション氏を滑り込ませるのでなければである。すなわち、この戯曲のプロットに新展開をもたらす結末である。

このプロットはもっとも単純な部類である。ペリション氏の娘には二人の恋人がいる。完璧なアルマンと、ずる賢いダニエルである。アルマンは、最愛の彼女の父親ペリション氏が転落しそうになっていたのを、クレバスの縁でつかまえるという幸運――と彼は信じる――に恵まれる。ところが、ペリション氏はこの難局から救われるやいなや、いまや彼の恩人と化したこの救い主に対してとげとげしい態度を隠すことができない。これを見ていた恋敵は、ペリション氏によって救われようとして、ただちに別のクレバスに落ちそうになる。この策略によって負債者となった恋敵は、いまやひじょうに愛される。それに対し、人助けの好きなアルマンは親切が仇となって *persona non grata*〔好ましからざる人物〕になる。『ペリション氏の旅』はいかさまにかんするたんなる作り話ではない。これは忘恩についての構造的寓話である。助けを求めている人を救いなさい。だが愛されるためには、救われるほうがよい。この『ペリション氏の旅』の大いなる教訓は、二〇世紀におけるフランス反米主義の教訓でもあり、また「ラ・ファイエット閣下、ここに私たちが参上いたしました……」という題名がおそらく無意識に立証しているように、4CVにかんする『ル・モンド』のコラムの真の教訓でもある。ガブリエル・ドゥールのコラムは、まさしく象徴の森である。

ド・ゴール主義（本物の、ド・ゴールのド・ゴール主義）の直観の一つであり、象徴的な国家再建に対するド・ゴール主義のもっとも貴重な貢献とは、おそらくペリション症候群をごくはやくから理解したことであった。この明敏さによって、ド・ゴール大統領のド・ゴール主義は、アメリカ人に対する象徴的反逆と、重大な危機（その一つがキューバのミサイル危機である）が起こるそのつど同盟国アメリカと結ばれる実際的連帯のあいだで、きわめて確実な針路を保つことができたのである。ジャン・ラクチュールは、ド・ゴールは反米主義者ではないと、つねに主張していた。[112] 一瞬たりともＮＡＴＯを脱退しようとは考えずに、フランスにおけるアメリカ軍基地を閉鎖しようというアイディアをもつためには、反‐北大西洋条約主義者である必要があったが、同時に、とりわけ、ひじょうに賢明な反‐反米主義者である必要があった。戦時中はずっと、めったに好意的なことはなく、無私なところのまったくない庇護者によって「援助された」自由フランスのリーダーは、よい教育を受けていた。取り巻きもである。たとえば、ハーレーフォード・マナー社、一九四三年一〇月一八日の日付をもつ『ヨーロッパ人の手紙』と題されたモーリス・ドリュオンの奇妙な小品が証明しているとおりである。

これらの手紙の一つは「あるアメリカ人将校」に宛てられているが、そこにはつぎのような教訓話が含まれている。「私たちは、ほとんどつぎのような状況にいます。私はあなたにいいます。〝ねえ、私の上に大きな瓦礫が落ちてきたんだ。その理由はたくさんあるけど、理由は理由だよ。この差し迫った貧困から救うと思って、五〇〇ドル貸してくれたまえ。当座はそれを贈り物と考えてくれたらありがたい。頑張って働くから。〟――ところが、あなたは答える。〝五〇〇ドルなんて、ご冗談でしょう。一万ドル差し上げます。それから、あなたの壁は緑色に塗られているから、私んところのペンキ屋を派遣することにするよ。青色にしてくれるだろう。それから、あなたはダブルの上着を身につけるようになるよ。私の洋服屋に行ってくれたまえ。本物の上着を仕立ててくれるから。〟それに対し、依頼人は、マーシャル・プランの五年前に、先駆的な回答をするのですが、この回答は従属について恨みを込めて表明される拒否のなかで、とりわけ断固たるものとなっています。〝結構だ、お願いだから！　五〇〇ドルだ。私の幸運を祈ってくれ。あなたの親切心を恨みたくはないんだよ〟。」[113]

4　メトロポリス、コスモポリス
——フランス的なものの擁護

私が生まれた国は、その土地、人々、活動を通じて、多様で、雑多で、さまざまに変化し、創意工夫に富んでいる……。

デュアメル、『未来生活情景』(一九三〇年)

アメリカは、はるか彼方で、白いビル群ゆえに崩壊し去らんことを。

アラゴン、『シュールレアリスム革命』(一九二五年)

二〇世紀にフランスは合衆国によって侵略された。この一文はいかなる歴史書をひもといても見つからないだろう。だが国民が一般に教科書の歴史よりも好む、もう一つ別の、直観的で、頑固な歴史がある。この集団意識をめぐる非公式の歴史のなかで、この侵略は明白な事実であり、フランスにとっては前世紀の大事件の一つである。

しかしながら一九〇〇年から二〇〇〇年のあいだに、フランス人がこの侵略について抱いた考えは、変化したのである。複雑になったのである。新聞小説家に動員されたスーパー戦艦も自動火器も、もはやない。外交官と政治学者が予告していた「不可避的衝突」は起こらなかった。一九一七年から一九一八年にかけての同盟関係は、対決をめぐる種々のシナリオをより信憑性のないものに変え、一九二〇年の孤立主義的な撤退は、最終的にこれらのシナリオから真実味をいっさい消し去った。もっとも、それが何になるだろう。アメリカの億万長者はもう片隅で陰謀を企てることはない。彼らは国際的な調整委員会の会長を務めている。まさしく、国家機密を保持し、貨幣という天の恵ナ[マ]みを好きなだけばらまく新時代のヤンキーの出番である。諸国民の負債と国家間の賠償の至高の調停者であるドーズとヤングの出番である。これら近代の半神たちは、タフト、ハーディング、クーリッジといった生気の欠けた大統領よりも、はるかによくアメリカを具現している。これら大金持ちの世界支配者は、あらゆる憎しみを買う。彼らはあらゆる夢、あらゆる悪夢のなかに入り込む――彼ら、あるいは彼らの替え玉が、である。つまり、死んでもなおヨーロッパの運命を決定するポール・モランの主人公オグデン・ウェブの出番である――この全権大使の死去が伏せられているあいだに、コミュニケを作成し、署名するのは彼の妻である。セリーヌがSDN〈国際連盟〉、すなわち〈無制限無責任株式会社〉のカリカチュアである「教会」のトップに置く国際公務員の出番である。国際公務員は権力であり栄光である。屈服させるのにもはや武器を必要とせず、征服するのにも大艦隊を必要としない。「ヤンキーはパリに上陸すれば」と一九三〇年に『レアクシオン』誌は書いている、「征服された国を見ることができる」(1)。だが戦わずして、大砲や榴弾砲とは別の武器によって征服された国を、である。新しいアメリカは飽食したボアのように平和である。その頭はワシントンでまどろんでいるが、その金融の輪はヨーロッパの各政府と各国民を情け容赦なく締めつけている。

この新しい力関係によって、フランスの反米主義者はアメリカという「脅威」の再解釈を余儀なくされる。軍事的脅威を叫びつづけるのは、ばかげているだろう。植民地化とは戦争ではない。それに、フランスが *dominion*〔自治領〕のランクに移行すればするほど、紛争の危険性は小さくなる。経済的には、恐怖の段階は乗り越えられた。すべては決まったのだ。私たちの金は大西洋の向こう側に飛んでいき、フランはぐらつき、財政は監視下に置かれ、経済は点滴を受けている。これが満足ではないにせよ、平和回復のもう一つの動機である。フランスには防衛すべき何が残っているのだろうか。

フランス的なものが残っている。もはや領土（テリトワール）ではなく、郷土（テロワール）のセンス。もはや力ではなく、知恵。もはや消え去った外貨ではなく、依然として高い価値観。もはや損なわれた活力ではなく、並ぶもののない生活様式。もはや一七九二年のように危険に陥った祖国ではなく、羨望される遺産であり、解体される修道院、輸出される城である。反米的言説にとって、これは革命、反米的言説の文化革命である。「守勢に」回ったフランスは、自分自身について極度に洗練された理念を防衛するのである。

聞こゆるや、われらが田野で〔『ラ・マルセイエーズ』の一節〕

反米主義のマジノ線に守られたフランスをめぐってある種の理念が存在する。だが偉大さに刻印され、気難しさにみちた、ド・ゴールが確信する理念ではない。そうではなく、より普及した、世俗的で、快楽主義的な理念である。この理念においては、フランスは同時に、テレームの僧院〔ラブレーが『ガルガンチュア』で描いた理想郷〕、桃源郷、エピクロスの園〔エピクロスがアテナイに開いた学校〕、世俗的なエデンの園のようなものとしてあらわれる――つまり、世界の羨望の的である。「穏やかである」がゆえに祝福された大地であるフランスの土地は、過剰を拒絶する人々を保護する。過酷でない自然に、残忍でない社会状態が対応している。すなわち、アメリカのぞっとするような自然、および「アングロ‐サクソンの」社会関係の恐るべき乱暴さとは完璧な対位法をなしている。「数世紀来」と、一八八九年、アメリカの国家財産を最初に分析した者のひとりが書いている、「アングロ‐サクソン人種は、もっとも大きな富ともっとも深刻な貧困とのコントラストを提供するというあまり羨ましくない特権を有している」(2)。反米主義者がアメリカの生来の不公正と対立させている理想のフランスは、逆に、相対的な平等（サンキュロットふう）と有機的な連帯（あらゆるポピュリスムの夢）の空間である。これは紛争によって分裂することのないフランスである。そこでは、社会的または民族的な諸集団のあいだで――アメリカのスラムやゲットーのように――接触が断ち切られることはない。そこでは、依然としてだれもが同じ言語を話し、パロールは流通し、結集させる。こうしたフランスは、おそらく二〇世紀のフランスをめぐる神話でもっとも大事にされた神話である。〈一体主義の信奉者（ユナニミスト）〉から〈ポピュリスト〉まで、ジオノからクノーまで、プレヴェールからペナックまで、小説は（だが映画も同様である）絶えずこのフランスを擁護し、例証することをやめなかった。一九二〇年代以降、聖職者たちがそれをめぐって動員される「フランスの理念」はむろん、アメリカの非‐文明に対して振りかざすのにもってこいの知的、精神的価値にはぐくまれた、政治的で文化的なさまざまな基準によって織り成されている。しかしこの理念はまた、いや何よりもまず、村や地区（カルティエ）、アトリエとブティック、家族の連帯と学校の仲間意識、労働と遊び、テーブルマナーと宗教や選挙の儀礼――要するに、*American way of life*〔アメリカ的な生き方〕と根本的に対立するフランスにおける生活全体――を理想化する一つの想像世界（イマジネール）全体によって織り上げられているのである。

　三〇年代の非‐順応主義者から五〇年代の共産主義者と七〇年代の左翼急進主義者にいたるまで、*American way of life* に対する同じ抗議の叫びである。一方に、かくも物質的な「理想」に腹を立てる者がいるかと思えば、他方には、その見かけ倒しの表現や、むなしい安楽の観念を巧みに吹き込む偽りの省略法に憤慨する者もいる。多くの場合、この二つの訴訟の予審は同時におこなわれる。すなわち、アメリカの下品な物質的豪奢の理想を非難すること、およびアメリカはこの理想に届きさえしていないことを確認することは、一石二鳥なのである。それ自体あまり感心できないさまざまな思い上がりの失敗は、フランス解放後の共産党のキャンペーンで反復される表現・主題（ライトモチーフ）の一つとなる。だがすでに一九三四年に、しかもマルクス主義から遠く離れて、ベルトラン・ド・ジュヴネルは「高給伝説」を激しく告発した。「アメリカの労働者の高給については語り尽くされた！　どんな夢のような金額が吹聴されたことか！　タキシードを着て、自動車を運転するこの労働者階級については描写され尽くした！　ついにはヨーロッパのブルジョワジーは、このレースを着たプロレタリアートの〝豪勢な暮らし〟を羨むにいたっていた！　これは伝説、プロパガンダ、誇大宣伝にすぎなかった。(3)」そもそも、アメリカ人が統計をごまかしたかどうかは重要ではない。真の「文化」と真の「文明」に直面して、みずからの「生活様式」を自慢するということだけでも、劣等性を認めていることの証拠ではないだろうか。

ところで、アメリカの風刺が、好んでヨーロッパに固有のすぐれた価値観の名の下におこなわれるとすれば、*French way of life*〔フランス的な生き方〕を防衛しようとする本能が反米的言説全体の基底に横たわっていることがただちに明らかになる。そこには、もっとも普遍主義的な言説（デュアメル流のヒューマニズム）も、もっとも革命的な言説（シュールレアリスムから非＝順応主義まで）も、もっとも国際主義的な言説（フランス国民の「伝統」に対する壮大な賛歌である冷戦下の共産主義）も含まれる。アメリカにおいては文明の軽蔑すべき代用物である「生活様式」は、フランスにおいては不思議なことに、数世紀来の「習俗」と調和した「生きる術」«art de vivre»として卓越した品位を取りもどす。彼らの *way of life* 対私たちの習俗――（場合によっては、共倒れになる）死闘である。（エティアンブルは、*mœurs*〔習俗〕というフランス語を抹消しようという陰謀さえ嗅ぎつける。これが«la manière française de vivre»〔フランス的な生活の仕方〕というありそうもない翻訳によって脅かされつつあるのだ。だがこの言い回しは、彼の空想以外のどこに存在したのだろうか……[4]。）フランス的なものと「フランス‐で‐生活すること」の擁護は、反米的抗議の通奏低音をなしている。そこでは美食法は羨望すべき位置を占めているが、決して他と相容れない位置ではない。ワイン賛美は頻繁になされるが、ワイン醸造学の観点からというよりも聖餐の観点からである。ワインとは聖体拝領であり文明なのである。食事中にワインを飲む習慣は、「望むと望まないにかかわらず、文明のしるし」であると、三〇年代のある作家は想起している[5]。同じくデュアメルにおいても、「三人の野郎が［……］牛肉の赤ワイン煮（ブッフ・ブルギニョン）をがつがつ食べ、身の上話を語り合い、笑い興じ、雷鳴だ！　ピッコロを吹きながら笑い興じている」、そのような「わが国の小さなビストロ」に対する礼賛は、それとは対照的に、歯科治療用の椅子を備えたニューヨークの寂しい食堂に対して投じられた激しい非難になっているだけではない。それは働き者でよく笑い、庶民的で友愛の情にあふれたフランスというミニ‐ユートピアなのである。

ラウール・ガンの小説『われらが国におけるアメリカ人』（一九二八年）については、すでに採り上げた〔第Ⅱ部第1章〕。危機に瀕したフランス的生活の特徴をまとめた衝撃的なアンソロジーとして、同書をふたたびひもとかなければならない。この奇妙な現実主義的な寓話は、ヤンキーに占領され、略奪され、汚されたフランスを俎上に載せた最初の物語であるが、これらは架空の戦争のせいではなく、完全な平和、まったくの平穏のなかでおこなわれるのである。一九二七年から一九三一年にかけての反米主義の大波のなかで、ラウール・ガンはつつましく輝いている。『われらが国におけるアメリカ人』以前に出版した四つの小説は、時代に深い影響を与えてはいない。『パラソルの詩』（一九二三年）についても同様である。だがラウール・ガンは、ここでこの慎み深さを独創的な構想に役立たせる。すなわち、アメリカ人をもはや彼らの国ではなく、「われらが国で」«chez nous»――この表現のもっとも田舎的な意味で――描くのである。フランスであって、超高級ホテルでも、マキシム〔パリの高級レストラン〕でもない。外交交渉中のサロンではない。パリの社交界でもない。ノルマンディーの田舎のまんなか、「サクラソウ」が咲いているあたりである。サクラソウは、語り手によってしばしば目撃者の役をさせられる野の花である。プルーストが『見出された時』〔『失われた時を求めて』第七篇〕にアメリカ人女性を登場させるとき、その女性の家系に貴族の資格がないことで数世紀来の貴族のヒエラルキーがひっくり返されるが、(6) ここでは外国の侵入によって混乱を呈するのは、もはやジョッキー・クラブの特権者名簿ではない。ケルクヴィルでくつがえされるのは、ごく小さな村のしきたり、礼儀作法、ささやかな娯楽、つまりこの村の存在そのものである。「われわれの穏やかで、きれいな村々で引き起こされた混乱(7)」の年代記としてはじめられたこのヤンキー味の〈田園劇〉は、少しずつ文化的ジェノサイドの物語となっていく。

『われらが国におけるアメリカ人』が私たちに語っているのは、同時に侵略、腐敗、変質である。スタントンの「ラ・ファイエット閣下、ここに私たちが参上いたしました！」の一〇年後、アメリカ人たちが遭難したヨットに乗ってもどってくる。アメリカ人は救われ、収容され、部屋とベッドを与えられる。アメリカ人のなかには大金持ちとその娘である身持ちの悪い娘ダイアナがいる。彼らの取り巻きはうさんくさい。遭難は嘘だった。厄介事がはじまる。このブルターニュの片隅に石油が出ると確信した大金持ちのナタニエル・バードコールは、腰を据え、城を購入し、土地を買い足して、農民の所有地を取り上げる。「ドルはすべてを奪う(8)」のである。彼はさまざまな国の悪党を雇う。この悪党たちは「少年を酷使したり、少女を暴行したりする」[9]。「クロアチア人、ルテニア人〔ウクライナ人の古称〕、スラヴォーニャ人〔ユーゴスラヴィア北部地方の民族〕、シュレジア人〔ポーランド南西部地方の人〕、モラヴィア人〔チェコ東中部の人〕、ポーランド人、そして何人かのハンガリー人が、風変わりな小集団となってナックヴィルに到着した[10]。」（まるでアンドレ・シーグフリードがアメリカの「新しい移民」を記述するのを読んでいるかのようである。）ドルは大量に流れ、堕落させ、死にいたらしめる。ある酒飲みの夫が妻を殺害するが、村の宿屋の主人であるその妻が、あのミス・ダイアナが夢中になった家具を売ることを拒否していたのである。その後、夫は首をつるが、それは後悔からではなく、この気まぐれなダイアナがもう彼の骨董品を欲しがらなくなるからである。父バードコールのほうは、大昔からずっとケルクヴィルを見守っているサン＝ジェルマン礼拝堂をむやみに欲しがっている。この礼拝堂は解体され、「アメリカへばら積みされて発送されたなら」、「彼が所有する城の一つの庭園に」建て直されるだろう。二〇万ドルの申し出を村長と司祭が拒否し、「少数派の共産主義者」が売却を推進することで、村は二分される。侵略のあとは対立である。「この災いをもたらすアメリカ人は、土地を荒らしたのち、破壊欲に従って、村（コミューン）に混乱を巻き起こすのだろうか[11]。」純然たる修辞学（レトリック）的な質問である。フランスの片隅のこの貧弱な地方は、物理的に荒廃しているとともに、すでに道徳的にも汚染されているのである。

語り手は一人称で語っている。アメリカ人はこの語り手を「ケルクヴィルの少年」と呼んでいる。彼は村の住人であるが、半ば根無し草（デラシネ）である。仕事の関係で時折パリジャンになるのである。アメリカ人の救助に駆けつけ、部屋も提供した。彼はミス・バードコールの愛人になる。村民と侵略者仲間のあいだの文化的仲介者である彼は、この金持ちのあらゆる闇取引と商取引に巻き込まれる。ヤンキーのお城生活と酒宴に参加する。このアメリカ人女性に対する肉欲によって、咎め立てしたり悲しんだりする隣人と友人の注視の下で、妥協から妥協へと流されていく。彼はそうした時代になる前の対独協力者（コラボ）の典型である。

「私はアメリカふうに髭を剃っている。鼈甲縁の眼鏡をかけている。少しずつカクテルの作り方を習得している。[12]」無駄である。彼が外国人の小型有蓋トラックに乗って出発することはないだろう。ボーリングしてもミネラルウォーターしか吹き出さなかったことに失望して、ふたたび船に乗り込む際に、ヤンキーたちは彼を成り行きのままに放置する。その間、このミス・ダイアナの哀れな愛人は、恋敵であるオーストリア人技師フォン・テルセンによって鼻を切り取られる。ミス・ダイアナは鼻を切断された人に無関心である……。

　ここで象徴的な価値をもつのは、語り手の切られた鼻だけではない。この奇妙な小品は、さまざまな象徴を当たり前のように積み重ねていく。オーストリアの職業軍人は「皇帝万歳！」と叫んで暇つぶしをしている。ヤンキーとオーストリアの職業軍人との同盟関係の象徴。戦時下のフランスにアメリカの石油を送るために一九一八年に設置されたパイプ－ラインについて、活動的な大金持ちによっておこなわれた回収の象徴。「いまや反対である。フランスの土地から取り出された石油は、アメリカの船舶に積み込まれるのである。」バードコールはこうして「より自然で、すぐれて論理的な状況を復元させた[13]」のである。ノルマンディーの田舎になだれを打って襲いかかる大量の物資というモノによるアメリカ化の象徴。すなわち、台所用具、家庭用品、*rocking-chairs*〔ロッキング－チェア〕、トウモロコシの缶詰、*chewing-gum* の箱、*jelly*〔ゼリー〕と *ice-cream* の小さな包み……。強姦者や変質者である外国人労働者の侵略という「沖積土のように蓄積する」移民の象徴。彼らは「自分たちのなじみ深い病気を純血の人種に伝染させ」、「私の健康な国が有している穏やかな喜びや田舎じみた幸せをすべてを蝕む[14]」のである。

　結局、三〇年の間をおいて、『われらが国におけるアメリカ人』は『億万長者の陰謀』の主題の完全なくり返しである。つまり、ヤンキーによるフランスの侵略である。だが冷酷で、辛辣な寓話としてくり返している。自分の従業員のひとりが逮捕されたことに腹を立てたバードコールが凄みを利かせ、怒鳴り散らすとき、現地人はすっかりおびえて、「アメリカの潜水艦が沖合でパトロールする」のが見えるように思い、その潜水艦に砲撃されないよう聖バルバラに懇願する。(15) より明晰で、より陰気な主人公‐語り手は知っている。すなわち、攻撃はすでにおこなわれたのである。一見、まったく平和なようだが、それだけにますます成功し、ますます惨憺たる結果をもたらした。石油が出ないので最終的に敵が立ち去ることは、ホットマネー〔国際間を投機的に大量移動する短期資本〕の運命である。だが済んだことはしょうがない。「そのジェントルマンの企てが損害をもたらした」と、リビドーの協力者(コラボ)は無惨にも認めている。アッチラたるアメリカは、アロンとダンデューがやがて語るように、みずからの背後に等しく損なわれたフランスの田舎と人間性とを残すのである。評判を落とした語り手については、彼がヤンキーから解放されたケルクヴィルでかつての幸福——「旧世界の平均的な幸福」(16)——を見出せるかどうかは疑わしい。

ラウール・ガンの物語は、ヤンキーによる「植民地化」の驚くべき演出である。フランスのアメリカ化とは、生活を野蛮にすることであり、土地と人種とを二つながら汚染することである。風景の破壊と身体の腐敗は、同時に描写されている。「風景は致命傷を負っている。油田はその爪で空のモスリンを引き裂き、糞でさまざまな色合いの河川の鏡を汚す。大気、樹木、鳥は、ごみ、燃焼、鉱物の悪臭で汚染される。ポーランドの鉱夫、イタリアの土木工、ロシアの専門家、中国の下級労働者(クーリー)は、その悪事とそれぞれ特有の不作法によって、その地域を打ちのめす。」産業のグローバリゼーションというウイルス性の感染は、自然と同様、文化をも容赦しない。「生きる喜び」は外国の侵略によって「ひどい悪臭と地獄の労役」に変わる。そして間もなくこの国には、もはや「[その]」アピ〔半面が深紅で半面が白いリンゴ〕のような顔に膿疱、血膿、染みしか!(17)」残らない。アーグ岬が踏み荒らされたことは、双頭のモロク〔カナンの地で崇拝された異教の神。子供が生贄にされた〕——〈メトロポリス〉のアメリカと〈コスモポリス〉のアメリカ——に支配されたフランスの変容の予言的な挿絵である。バードコール——鳥のさえずり——という田園ふうの名前は、さらにもう一つの罠、すなわち鳥笛である。これら大金持ちの父と娘、つまり金儲けと淫蕩とともに、フランスの田舎を侵略するのは大都市であり、その過酷さと醜さである。それがまた世界であり、世界の悲惨さである。大金持ちが通った跡には、堕落した外部者からなる不健康な *lumpen*〔ルンペン〕が押し寄せてきた。このような理由によってもまた、『われらが国におけるアメリカ人』は、アメリカと相対したフランス人の新しい強迫観念の見本となっている。

都市のジャングルのなかで

一八世紀中葉にアメリカで恐怖の念をかき立てていたのは、〈自然〉である。旅立とうとする者を思いとどまらせるために、ビュフォンとデ・パウがごく細部にいたるまで記述したのが、これである。一九二〇年代以降、アメリカという〈メトロポリス〉が吹き込む恐怖は、多くの点で、この啓蒙主義の言説の剽窃である。言説は〈自然〉から〈文化〉へ、致命的な *wilderness*〔荒野〕から致死性のメガロポリスへと移し替えられる。『未来生活情景』の挿絵画家ギー・ドリアンは、アメリカの都市がデュアメルに——および、ほとんどすべての同時代人に——吹き込む漠然とした嫌悪感をうまくとらえた。同書の巻頭を飾るのは二点の木版画である。一方は空まで積み重なったビルの無機的喧騒を描いている。もう一方は、エキゾチックな特徴の顔が数多く描かれているが、その背景には超高層ビルが熱帯の棕櫚の奇妙な開花から生まれたように見える。

非行、犯罪は、そう思われがちなように、この都会的な新しい呪いの中心にはない。ギャング行為というテーマは、三〇年代末まではかなり周辺的なものにとどまっている。(反対にフランス占領期の反米的出版物では、きわめて存在感のあるテーマである。)フランス反米主義者がアメリカの都市を不当に自分のものにするのは、暗黒街映画(フィルム・ノワール)よりまるまる一〇年前、そして犯罪と夜を類型表現とするその傑作――ジョン・ヒューストンの『アスファルト・ジャングル』(フランス語題『町が眠るとき』一九五〇年)――の四半世紀前である。確かに、フランスにおいて、フランス解放時に特有の道徳的反省という雰囲気のなかで、腐敗したアメリカ社会の徴候とみなされたギャング小説と映画に対して反対運動が起こるのには、一九五〇年代を待たなければならない。[18] さしあたって一九二〇年代には、デュルタンやデュアメルの筆の下、小説においてもルポルタージュにおいても、〈都市〉は保安上の大小の不安とはまったく無関係な恐怖を醸している。アメリカの都市にはならず者がいる――だれが驚くだろうか。ほかと同様、ここでも、悪徳からは定期的に金銭が巻き上げられている。おそらく他の場所よりも少しだけ多く、秩序の防衛者と違反者のあいだに、奇妙な同盟関係が結ばれている。だがこれらの一時の衝動にかられるごろつきは、いまだ古いヨーロッパの芳しいにおいがする。彼らが軽機関銃を使いすぎるというのは事実である。だがそれによって、楽しみのない都市にある種の活力、逆説的な人間性をもたらしている。エゴイスティックな打算の凍てついた海のなかで、少なくとも「無法者」には流れに逆らって泳ぐという美点がある。ギャング戦争のシカゴは些細な逸話にとどまっている。ほとんど存在論的な仕方で、アメリカ文明の非人間性を具現し、それを指し示しているのが、まさしく〈都市〉そのものなのである。

というのも、一八世紀以降、アメリカの自然には無害なものとみなされる時期があったからである。その瘴気は予想よりも致命的でないことが判明した。ヘビの毒は妥当なレベルであり、キャッサバは思われていたよりも消化されやすかった。だれもが驚いたことに、犬はまた吠えはじめたのである――クローデルの場合を除いて。[19] それでも形式上の不備、構造的なハンディキャップが残る。空間、度外れの空間、広すぎる地平が残る。「空虚な」あるいは「くぼんだ」大陸という概念は残る。三〇年代のフランス人作家は、この考えを自由に再活用する。この空虚のなかに、いまや諸都市が広がっている。都市はそのなかで――途方もなく――伸びていく。過酷な〈自然〉の過剰全体が、都会的な洗練された特徴をまったく示さない巨大建造物の増殖のなかに移し替えられたのである。そこで生活することは眩暈のようなものであるが、それは悪夢にさえなる。デュアメルが同一の文のなかでアメリカの「非人間的な都市」と「これらの都市がそびえ立った土地、決して節度へとうながすことのない土地」[20] とを結びつけるとき、かつての言説との鎖を無意識に結び直す。*hubris*〔傲慢〕へと運命づけられた大地にそびえ立つことができたのは、傲慢な都市だけである。非人間性とは、昨日は、腐敗し、悪に凝り固まった〈自然〉だった。それが今日では、同じく人間の不幸に執着する〈都市〉である。タコ足状に拡大する都市は、つる植物のように成長をつづける。毒になるのは、もはやキャッサバではなく、混ぜものをした肉や密売酒である。死を招くのはもはや沼地の湿気ではなく、工場の有毒な蒸気である。*wilderness* の絶望的な孤独のあとを引き継いだのは、都会の孤独感である。邪険な母親である〈自然〉のあとには、人殺しの〈都市〉がやって来るのである。

「ニューヨークは何と大きくなったんだ！」

アメリカの都市のイマージュは、一世紀でつぎつぎに三つの段階を通過した。一九世紀前半には、アメリカの都市はトロロープ夫人のシンシナティのように、さもしく、醜く、退屈である。それは低俗さそのもの、過度に洗練された地方、つまりヴェリエール＝シュール＝ハドソン〔「ハドソン川沿いのヴェリエール」の意。スタンダールの『赤と黒』の田舎町ヴェリエールへの暗示か〕である。このスタンダール的（そしてボードレール的）なヴィジョンは、一九世紀末頃には薄れる。このヴィジョンは、大工業コンビナート、巨大工場群、みすぼらしい労働者 *tenements*〔住宅〕のぞっとするような魅惑に取って代わられるのである。地平線は林立する工場の煙突でさえぎられる。工場の煙は *railroads*〔鉄道〕の煙と混ざり合う。都市は自分の吹き出物で見えなくなる。一九一二年にギュスターヴ・ランソンは、「広すぎる都市、たくさんの都市の集まり[21]」であるニューヨークについては、「形をなさず統一を欠いた都市、いまだに自分たちの美の様式を見出せないでいる近代都市」であるアメリカのすべての都市に対するのと同じ意見を述べることはできないと感じている。自分たちの美の様式を見出すことのはるか未来の日が来るまでは、異常繁殖する産業は都会の景観を蝕んでいく。都市の表情は、産業という甲状腺腫の背後に消える。この第二の段階は、典型的なアメリカからはもっとも遠い。のちに非難の矛先を向けられることになるビルディングの嘆かわしい画一性はすでに存在しているが、まだその規模はわずかである。「まるでスペースを失いたくないかのように、各階を低くしながら階を積み重ねていく。だからすべてが小さく、低く見える。単調に横に並べられ、積み重ねられた無数の窓は、蜜蜂の蜜巣とか巨大な配電盤の仕切りのようである。ファサードは、私たちの工業都市にある工場のファサードのように平板で、うんざりさせるものだ。[22]」結局、住宅が私たちの「中小規模（ファブリック）の工場」と似ている以外には、ヨーロッパとひどく違っているものは何もない。中心部は都会というマグマに埋没して見えなくなる。このマグマのなかでは、都市部と近郊というヨーロッパ的区別は意味をなさない。だがこの点でもまだ、アメリカの都市が、古いヨーロッパでその輪を広げはじめている工業都市圏と区別されるのは、拡大のリズムによってでしかない。このような果てもなく広がっていく大工業都市は、一八九三年にヴェラーレンが歌った

「タコ足状に拡大していく都市」へと向かう全体的変動のアメリカ版である。「燃えるようなタコと骨の山／そして荘厳な骨組み[23]」。世紀末の「タコ足状に拡大していく都市」は、アメリカの特徴としては貧弱すぎるために、反米主義的言説にとってもってこいの媒介者とはなり得ないが、引き立て役のイマージュに還元されるわけでもない。そこではボードレールの大都市のように、おぞましいものはかならずしも「魅惑と」化するのではないとしても、少なくともそれが引き起こす戦慄は、もっとも偏見をもたない旅行者に対して、興奮や歓喜さえももたらさないわけではない。

都市の第三の形象、これぞまさしくアメリカ的な形象だというものが、ヨーロッパの想像世界（イマジネール）にみずからを押しつけ、フランス反米主義が好む月並みな表現（トポス）・主題の一つになるには、第一次世界大戦の翌日を待たなければならない。この呪いの移動は、戦争が終わるとすぐに、まったく突然に起こる。二〇世紀初頭は、都市はそれ自体としてはまだ巨大ではない。一八九五年のニューヨークには、ポール・ブールジェにとって、ごく最近できたブルックリンの橋以外に特記事項はない。ブールジェは、この橋を「ピラネージが下絵を描いた建築の悪夢」として、ついでに言及している――ピラネージに対する親しみの欠如、あるいはいっそうありそうなことだがブルックリン橋に対する親しみの欠如をうかがわせる奇妙な比較である[24]。大都市はまだ恐怖をもたらすことはないが、悲しみはすでにもたらしている。これについてはランソンにおいて確認したばかりである。ジュール・ユレは一九〇四年に大都市を幼稚な堆積物のようなものとして記述している。「子供が作るようなドミノの塔の集合体」であって、そこでは「二〇階建ての建物［……］は珍しくない」。この都市は逃げ出したい気にさせる。「ここに住むのは悲しすぎる、と、たちまちあなたはひとりごち、田舎、穏やかなロワール川、のどかなセーヌ川のことを思うだろう[25]。」この悲しみが長々と記述に浸透していく。メグレ警視は、一九四七年にニューヨークで捜査しているときに、自分の遠い先人のアクセントと、その先人が感じたのと同じ河川へのノスタルジーを見出す。フレンチ・ラインの桟橋で船から降りるとすぐに、「吐き気を催させるほど醜悪な家が立ち並ぶきたない通りを」タクシーで移動しながら、マン＝シュール＝ロワールにある自分の庭を思い出して、胸が締めつけられそうになる。[26] ユレとシムノンのあいだに、一九三三年のモーロワのつぎの挿画を差し込むことができる。「――ずっと、と、このフランス人女性が私にいう。ずうっと私は好きでした。これらの巨大な家も、これらの美しい形をした駅も、この白人、黒人、黄色人種の群集も、この生長がはやい畑も、この熱狂も……。それから、ある日、私、思ったんです。〝ああ！　運河、ポプラ、平底船、緩やかさ。それらがなければ、私は死んでしまう……。〟だから私は帰ることにしたんです。[27]」これらすべてのテクストのなかで、反-〈メトロポリス〉とはパリではない。それはフランス全体、ロワール川沿い、またはセーヌ川沿いのフランスである。すなわち、真の田舎と正真正銘の都市（シテ）とのつぎはぎであって、そこでは都市の状態はいまだに田舎ふうであり、〈自然〉は都会性に満ちあふれている。

大戦直後にすべてが変わる。もちろん物事の規模がであるが、いっそう微妙には、観察者の眼差しでもある。この眼差しは大西洋の向こう側の大都市の途方もない発展と、荒廃したフランスの現実的かつ象徴的な壊滅とを比較するのである。この新たな認識は、一九三〇年に出版されたポール・モランの『世界チャンピオン』のなかで効果的に演出されている。一九〇九年から一九二九年までを舞台とする教養小説である『世界チャンピオン』は、フランス人の語り手（コロンビア大学における彼らの先生）の声を通じて、四人の若いアメリカ人の破滅的な運命を語っている。

第二のエピソードは一九一九年を舞台にしており、ニューヨークとの再会ではじまる。いまやニューヨークの *skyline*〔シルエット〕は、ヨーロッパの荒廃を背景にして浮かび上がる。「ニューヨークは何と大きくなったんだ！　私の目には、アルトワの平坦な風景や、戦線の崩壊した家屋、粉砕された樹木がまだ焼きついている。私は塹壕のなかでは腰を曲げて歩いたり、霊柩車の背後のように打ちひしがれて歩くのが習慣になった。突然、マンハッタンの突端が見える。それは運のいい賭け手の前に積み上げられた真珠光沢のチップの山のような摩天楼とともに、不意に海から姿をあらわす。[28]」モランには決まり文句の才能と象徴のセンスがある。幼稚なドミノのアメリカが終わると、ニューヨークはFederal Reserve〔連邦準備銀行〕が戦時中、ヨーロッパの金塊を積み重ねたように、建物の階を積み重ねた。実際、ヨーロッパ人はいまや、これまでにこうむった試練と自分の弱さの感情に打ちひしがれつつニューヨークに上陸するのである。アメリカは賭けをして勝った。「アメリカは賭け金をかっさらったのだ[29]」……。

　このこれ見よがしの繁栄によって、フランスの言説は硬化する。アメリカの大都市は、もはやたんなる野暮な装飾ではなくなる。大都市は――〈機械〉でもって、そして部分的には同じ理由で――、満場一致で非難されるこの「文明」に固有の非人間化の主役となる。人間の否定、その真の欲求とまっとうな喜びの拒否は、まず第一にそこに根を下ろしている。つまり、一直線の通りに、四角形のビルに、どれもがそっくりのこれらアパルトマンの「蜂の巣房」に根を下ろしている。人間の昆虫への突然変異は、メガロポリスの醜悪な蟻塚への移住とともにはじまる。「驚異的に発展」した「これら新しいタイプの都市」のなかに、アロンとダンデューは「恐ろしい徴候」を見ている。「私たちはそこに、物質的な形式でもって、いわば癌を直観的に理解するのである。[30]」

　いまや〈都市〉はアメリカそのものについてあてはまる。だから〈都市〉は、ほとんど視野の全体を占めている。合衆国の奥地の砂漠のどまんなかで、新しい旅行者が目の当たりにし、幻覚を見るような思いをし、語っているのは、いまなおつねに都市である。一時的に不可視である都市、都市の設計図、都市の前兆、都市の広告である。投機と宣伝によって空間に投影されたこれらの未来の亡霊としての都市を、途方に暮れた旅行者は、実際に建っている――だがどれくらいすたれずにいられるのだろうか――都市ともはや区別できなくなる。仮想の都市と現実の都市が、同じ貪欲な文明が伸ばすタコ足のように際限のない自分たちの吹き出物を混ぜ合わせる。〈都市〉はこの大陸の唯一無二の真実となった。すなわち、アメリカ的性格の凝縮であると同時に、アメリカという歴史的実験の目的論的な形象である。アメリカ大陸の最終的な征服とは、その完全な都市化以外の何ものでもない。数十年で、手つかずの、あるいは「自由に使える」巨大空間という紋切り型は、都市の大増殖による空間の飽和という決まり文句へと転化したのである。

都市化された砂漠と模造品（シミュラークル）としての都市

記者であるタンタン〔ベルギーの漫画家エルジェの『タンタンの冒険』シリーズの主人公〕がアメリカでこうむった災難をだれが知らないだろうか。プレーリー〔北米の大草原地帯〕の草の上で、自分の馬のそばで寝ていたタンタンは、無から出現した都市のどまんなかに夜のあいだに建設された豪華ホテルの *lobby*〔ロビー〕で夜明けに目覚める。つっけんどんなポリスマンが、ちゃんと横断歩道を渡るように厳しく命令する。そしてカウ‐ボーイの出で立ちを横目で見て、仮装は禁止されていると注意する[31]。銃剣で追い立てられてインディアンたちが遠ざかっていくときに、この新興都市はすでに *American way of life* のすべての欠陥をさらけ出している。傲慢、不平等、腐敗である。そしてこの無愛想なポリスマンは、シカゴの同僚のように、ギャングが通るときには恭しく制帽を脱ぐようにすぐになるのだと感じさせる。四枚の挿画で一九三六年にエルジェが描いているものは、文明による移行期もなしにおこなわれる未開から野蛮への直接的な移行である……。

タンタンより少し知られていないが、同じくらいフランス人から高く評価されているもうひとりのヨーロッパ人旅行者は、それより数年前に同種の体験をした。アメリカ人の精神（プシケ）の多作な分析家であるヘルマン・フォン・カイザーリング伯爵は、南カリフォルニアの砂漠のパームスプリングスに一時滞在したが、そこでひどく驚いたのは、二〇〇名の永住者に対して六三の不動産会社があったことである。都市を見渡せる丘で、彼は一種の予感にとらえられる。「そこから私が見たのは、この砂漠全体がすでに、通りの名前やその他もろもろでもって分割されていることだった。そのとき、つぎのことに気づいて私は恐ろしくなった。すなわち、このカリフォルニア砂漠全体が、おそらく間もなく巨大都市になるだろう deviendra［原文のまま］〔devenir「〜になる」の単純未来形。単純未来形は客観的事実としての未来を示す〕、この都市が果てしなく拡大をつづけるシカゴの街と間もなく接することとさえありうるだろう pourra［原文のまま］〔pouvoir「〜できる」の単純未来形〕ということだった。[32]」一つの大陸的〈メトロポリス〉としてまとめられ合体するデュアメルのもろもろの「非人間的な都市（シテ）」、これがアメリカ的悪夢の新しい形態である。

この悪夢を一九二〇年代末のリュック・デュルタン以上にうまく演出した者はいない。セリーヌよりも前に、そしてポール・モラン（『ニューヨーク』において）やデュアメルよりもうまく、デュルタンは現実と仮想とを問わず、アメリカ都市の偉大な寓意解釈者である。辛辣な観察者であり、才能豊かな物語作者でもあるデュルタンは、一九二七年に――〔デュアメルの〕『未来生活情景』の三年前であり、〔セリーヌの〕『夜の果ての旅』の五年前である――ガリマール社から三つの物語からなる『四一階』と題する小説集を出版する。一九二八年、より独創性に欠ける小説で、もう一度、成功の味をかみしめようと試みるだろう。『追い越されたハリウッド』である。デュルタンの記述の辛辣さ、その会話において米語の文章の統辞法やリズムをフランス語で真似ようとするときの腕のさえ、言語と国に対する現実的な親密さによって裏打ちされた痛烈な嫌味、これらすべてによって、デュルタンは並外れた反米主義者になっている。批評界は『四一階』を好意的に受け入れるが、このことはフランスのアメリカ認識において〈都市〉が獲得した重要性を反映している。というのも、デュルタンは、摩天楼の現象学的哲学者であると同時に、都市化された自然の記号学者でもあるからである。

　カイザーリングの場合と同様に、広大なアメリカ、もっと未開の西部、この上なく人気(ひとけ)のないカリフォルニアは、リュック・デュルタンの作品においては、もはや未来の狭い土地、果てしなくつづく宅地にすぎなくなる。しかしここにはいかなる錯覚もない。現実(レアリテ) *réalité*、本物の——そもそもその名が示しているように、*Realty*（「不動産」）である。「何マイルも何マイルもつづく孤独。少しの燃え草の跡があちらこちらにあるかなきかの、広大で不毛な大地。ところどころ、どこか街道の十字路で、またはどこか干上がった川(リオ)の近くで、白人の奇妙なキャラバン隊がキャンプしている。不動産業者のポスター［……］。この世でもっとも大事なことは**あなたがこれをもつ**ことです。これをもつこと。これが砂漠のなかで人間の胸から押し出される振動の最後のこだまである……(33)」。「これ」が文字どおり何でもなくてもかまわない。「途方もない広がりのなかで」任意に分割された、たんなる「恥知らずなほど狭い区画(34)」でしかなくても。「現実を売る商人」の新しいアメリカは、都市という非現実的な現実によって征服された国である。これがすでに一九二七年の中編小説のテーマだった。この小説では、二人のおどけた *hoboes*〔放浪者〕が、ロングヴュー〔米国ワシントン州の都市〕、すなわち「〈幻覚(ヴィジョン)〉が建てた実用的な〈都市(シテ)〉」であり、「唯一、一〇〇パーセント、アメリカの都市」を発見する。ロングヴューは、それを広告する掲示板のなかにしか存在しないということから、みずからの本質的な完璧さを引き出す。ドライバーにロングヴューであることを知らせる田舎ふうの凱旋門を越えると、「みごとにアスファルト舗装された見渡すかぎりまっすぐな道を除けば、この場所で目に見えるのはありふれた植物だけであった(35)」。住民のいうことを信じれば——というのも、そこには住人がいるからである！——、驚異のアメリカである。だがフランス人の不可知論にとっては、クエ療法〔自己暗示療法〕のアメリカ。「男は自信をもって茂みを指し示した。きちんと歩くことが何度かくり返されれば、折れた足も治るというこの国では、この未開の土地のここが建物が建つ場所だと指し示すだけで、その建物が存在することを保証するのに、おそらく十分である(36)。」ロングヴューが直線的に配置しているのは、「仮想の（ヴァーチャル）」通りにすぎない。それらの通りは、結局は「長く延びた歩道の縁石(37)」でしかなく、両脇にはいっさいの建物が建っていないのである——日めくりカレンダーが「翌日の日付」を示している、奇妙な、ごく暫定的に開業している一軒の魚屋を除いて。

だからといって、ロングヴューが存在することの妨げにはならない。「ポートランドにおいてまで」ロングヴューが話題になることの妨げにもならない。デュルタンもまた、アメリカでは現実の都市以上に、仮想の都市に似ているものはないと考えている。ある意味で、純粋な「幻覚（ヴィジョン）」と楽しい投機の段階にとどまっている都市よりも、急いで建てられ、すでに破壊を運命づけられた都市のほうに、より多くの未完成があるとさえいえる。デュルタンは『追い越されたハリウッド』のなかで「幻覚によって建てられる都市（シテ）」というテーマ体系をふたたび採り上げ、主人公に「サン・フェルナンドの渓谷にある未来の大都市（メトロポール）」を横断させている。「背後に何もない、屋根も、床も、そもそも人っ子ひとりいない、鉄とセメントのだまし絵（トロンプ・ルイユ）(38)。」ジェラードと命名された仮想の都市は、住民を必要としない。この賢明な自粛によって、この都市はこのタイプの一種の完璧さを実現している。ニューヨークやシカゴといった「現実の」大都市（メトロポール）と対立するどころか、この都市は人間排除の論理をさらに遠くまで押し進める。デュルタンの不可視の都市は、投機資本によるポチョムキンの都市である。すなわち、機械のようになった*drifter*〔放浪者〕の目に広告によって植えつけられる都市のホログラム、アメリカという巨大な空虚を想像で満たす数々の空虚な空(から)の貝殻である。

というのも、かつてデ・パウが展開した幻想は、依然として実り多いからである。アメリカ全体が、空虚、穴、*no man's land*〔無人地帯〕、地質学的な非‐場、すなわちコルネリウス・デ・パウが書いたように、「切り立った山脈」で囲まれた「広大な不毛な砂漠(39)」である。デ・パウのではなく、デュルタンの同時代人であるクローデルは、『ロワール＝エ＝シェール県での会話』の驚くべき一節で、純粋なエネルギー、非物質的な機械のようなものとしてアメリカを思い描いている。すなわち、「二つの〈極〉と大陸の両端のあいだにはさまれた発電機である。これは知覚可能になった汎用機械のチクタクである……」。だがこの発電機は空回りする。くぼんだ大陸の巨大な空虚のなかで回転するのである。「――空虚だ――そのとおりである。ニューヨークからフリスコ〔サン・フランシスコ〕まで上空を飛んだアメリカについて印象を訊ねたある仲間は、空虚だという。内陸はいろいろな湖とこの広大なミシシッピ川によって、くぼんでいる(40)。」

このくぼんだ大陸には、仮想の都市がふさわしい。そしてその「現実の」都市には、摩天楼――これら「断崖がスズメに利用されるように、外部の存在に利用される穴ぼこだらけの石灰岩」――のくり抜かれた骨組みがふさわしい。このように語るのは、クローデルの二人の饒舌家のなかで、より敵対的でないほうである。彼らはロワール川のほとりで故障した自動車のそばでアメリカを解説しているのである。

四一階――トーテムとあばら家

両大戦間のフランス知識人のなかには、摩天楼にかんする一まとまりの文献が存在する。象徴的価値として、摩天楼はいまやシカゴの屠殺場に取って代わっている。摩天楼を称賛する人は、まれである。ル・コルビュジエ[41]、エリ・フォール、ときとしてモラン、セリーヌの場合は衝動的である。摩天楼の誹謗者のほうは大勢いる。ごく最近の摩天楼、つまり *roaring twenties*〔ジャズと狂騒の一九二〇年代〕について語るためにエッセイストのルクリが書いているような「狂気の時代の」摩天楼は、「塔のように雲に向かってまっすぐに伸びている」。もちろん、バベルの塔である。「これらを建設した人々は、もちろん正気を失っていた。家々が際限なく伸びていき、雲のなかに消えていくことができると想像していたのである。」同じルクリがもう少し先でラジオ・シティ〔マンハッタンのロックフェラー・センターにある世界最大のミュージック・ホール〕の近くの新しい摩天楼について語っているが、「じっくり眺めるには醜く」、また均斉がとれていないので、「同時に身体的で精神的な、一種の不快感を催させる」「バベルの塔」としてこれを語っている。そしてつぎのような文をつけ加えているが、これにはほとんどすべての同時代人と同国人が自分の署名を添えることができるだろう。すなわち、「雲のなかに消えていき、細い臍の緒によってしか地上にくっついていないように見えるこの巨大な空中建築物の上階に住むことは、私としては不可能だろう[42]」。反共産主義的なナショナリストで反ヒトラー主義者のレーモン・ルクリは、合衆国に対してもっとも辛辣な人物の仲間ではない。一九三三年に出版された彼の本は、米‐仏の歩み寄りさえも擁護しているが、アメリカの都市は彼を嘆かせ、ビルディングはおびえさせるのである。

ルクリだけではない。もっと先で見るように、デュアメルは摩天楼の死を望む。しかしクローデルはこの摩天楼を造り直そうとして、なおいっそう強いアレルギーを露呈させている。というのも、この駐米フランス大使は摩天楼を救いたがっているからである。そして何よりもまず、摩天楼を摩天楼自体から救いたがっている。アメリカに輸出された「古典的装飾（ボ・ザール）」様式の大の称賛者であるクローデルは、ビルディングの直線をさえぎる「種々雑多な」量感（ヴォリューム）を付加することで、それらビルディングの密度を高めることを説き勧める。クローデルが夢見ているのは、摩天楼を「すべてくっつけ」て「摩天楼の束を作り」、目が「逆方向の落下でもって眩暈を催すほど加速されていく鉛直線によってではもはやなく、節度ある上昇によって、またはめ込み階段によって、空に引き寄せられる(43)」ようにすることである。要するに、摩天楼がもう少しカテドラルに似ようとするならば、クローデルは摩天楼を支持するだろうということである(44)。同様に、デュアメルがニューヨークで出会った（フランス人）彫刻家がアメリカの「豊かさ」に期待しているのは、この「豊かさ」が最終的に摩天楼を「開花させ」、「彫像、レリーフ、装飾として芽吹(45)」かせることである。少なくとも自分の飯の種は擁護しているのである。

フランス式の装飾法に適さない摩天楼は、いずれにしても寓意的解釈を免れることはないだろう。一九二〇年代から反米的言説は摩天楼を独占し、それを（こういってよければ）アメリカ性の絶対的形象に仕立て上げる。このことによって、私たちはふたたびデュルタンにみちびかれる。というのも、リュック・デュルタンは、みずからの物語のなかで都市の模造品（シミュラークル）というテーマを発明し、広く認めさせるとしても、同時に一世代の読者全体に対して、アメリカの都市の様相を固定させるからである。すなわち、ビルと「倉庫、工場、ドック」からなる魚の骨のような外形である。倉庫や工場、ドックは「立方体であれ角柱であれ、規則的に窓穴をうがたれた長方形と煙突の高い円柱でもって道路の直線を断ち切っている(46)」のである。デュルタンのほうは、摩天楼を回心させようとはしない。神秘的な踏み台にしようともしない。摩天楼の超越性なき堆積に冷めた眼差しを向けている。「結局は、平行線と垂直線の組み合わせである道路の上の長方形、長方形、長方形。これが上から見たときのアメリカの都市(シテ)の姿である。[47]」

「スミス・ビルディング」という題名の付いた中編小説は、特別な形式の入れ子構造を首尾よくなしとげている。頭のてっぺんから足のつま先までアメリカ的なヒーロー、あるいはアンチ‐ヒーローは、保険業が仕事であるが、シアトルの摩天楼の四一階に上った。「ニューヨーク以西に現存するもっとも高い建築物である。一二〇〇本の基礎支柱、高さ五〇〇フィート、一八マイルの電線と電話線、六万七七三六平方フィートのクリスタルガラスを日にさらしている二三一四個の窓」である。仕事上、来るはめになったこの都市を観察するために上ったのである。だがこの巨大なバルコニーから小説家の眼差しが注がれるのは、アメリカ的生活に対してである。そして保険業者ハワードがこの町の地図を把握し、今後のキャリア設計を立てようとしているときに、デュルタンは読者を象徴の森の前に置く。「保険業者には思いもよらない。征服者の部族である〈青ざめた顔(ヴィザージュ・パール)〉〔白人〕がアメリカの各都市に建設し、崇拝しているビルディング、そしてこの保険業者がその頂上から周囲の風景を眺めている摩天楼そのものが、その高さ全体にわたって巨大な〈会社〉(文明のこれらしかめ面をした神々!)を段状に重ねているさまは、かつてトンガ諸島の先住民が敬っていた魔法の柱にまったくそっくりなのである。[48]」長方形のファンタスマゴリア〔魔術幻灯〕であるビルディングは、こうして性急な所有欲からピューリタン的硬直にいたるまで、アメリカの秘密を一つ一つ明かしていく。「ほら、孫たちがきれいに〝重ねた〟んだよ。いたるところでピューリタン的な堅苦しい肩をそびやかせたこれらのビルディングが証明しているようにね——これらのビルディングには三世紀前に神に退屈させられたのと同じくらい、またもや完全に退屈させられる。[49]」デュルタンによる摩天楼の諸説混合（サンクレティスム）。すなわち、魔術的対象、盲目的崇拝の対象、超‐歴史的対象であり、アメリカの絶対的提喩法（シネクドック）〔部分で全体を、全体で部分をあらわす換喩法〕である。デュルタンは霊魂――アメリカの〈偉大なる霊魂〉――を呼び出すように〈都市〉を呼び出している。そしてこの招魂が、アメリカ人を含んだ同時代人に強い印象を与えたことは想像にかたくない。

摩天楼――虚偽から死体安置所へ

この招魂をふたたび採り上げ、これを増幅する人々のひとりが、野心的な『アメリカ的生活の哲学序説』の著者ウォルドー・フランクである。オリジナルは『ニュー・リパブリック』誌に掲載された。フランス語訳は、一九三〇年にグラッセ社からジャン・ゲーノが責任編集する叢書のなかで発表される。(50) ワルドー・フランクは――のちにアメリカ共産党に入党するが――、ハーバート・クローリーとウォルター・リップマンを引き合いに出す。ワルドー・フランクが主張するのは、「精神の貴族階級によって形成されいる民主国家の概念」(51)である。彼のアメリカ批判は、かなり不明瞭な極左主義を精神異常の分析と混ぜ合わせる。この分析が彼をむしろフランスの非‐順応主義者に近づけている。デュルタンの『四一階』を引用しながら、ワルドー・フランクは都市という月並みな表現・主題（トポス）を再燃させ、その政治的象徴性を過激なものにする。フランクにおいては、ビルディングは不安定のしるしであると同時に画一化の徴候である。摩天楼は、放り投げられて「一つまた一つと」山をなしていく「梱包された箱のように」積み重なっていく――「まるで私たちがヨーロッパから上陸したばかりのときのように」(52)。摩天楼は移民、その旅行鞄、その「無機質な」生活をさらけ出している。クローデルも同じことを述べている。最上の摩天楼は「外形をもちはじめているが、有機的な内的統一性はない[53]」。だがウォルドー・フランクは、カテドラルの無益な回帰を説いているのではない。摩天楼だけでアメリカの偶像崇拝には十分だからである。「〈力〉に仕えるアメリカの神々には神殿がある。その神殿とは、あるがままの私たちと、私たちが愛しているものとを完全に具体化したものである。その名は〈摩天楼〉である。私たちはひどく硬直した単純な建築物のなかで圧迫された群衆である。私たちの立場は平等主義で、私たちの目的は上昇することであり、私たちのダイナミズムは足し算によって進み、私たちの至上価値とは、私たち自身の大きさがもつ力である。」えせ‐民主主義の *hubris*〔傲慢〕の象徴である摩天楼は、ワルドー・フランクによれば、この民主主義の偽りの性格を同時にさらけ出している。「摩天楼は自分に固有の条件を超えようとするときに、偽善的になる［……］。摩天楼とはたんなる骨組みであり、そこで石材は充塡材の役割を果たしているにすぎない。にせ民主主義にふさわしいことだが、これらの石は一つひとつ取ってみれば、いかなる建築学上の重要性もない。」ワルドー・フランクが自国よりもフランスで多くの読者を得たことは納得がいく。彼自身の証言によれば、アメリカでは一九一九年の彼の処女作は華々しい失敗であった。

『アメリカ的生活の哲学序説』がフランス語で出版されたのと同じ年に、『未来生活情景』がアメリカ的生活の戯画化された肖像画の総仕上げをする。ドリアンの木版画が、このテクストをめぐって都会の圧迫感の重苦しい雰囲気を生み出している。口絵の代わりをしている最初の木版画についてはすでに言及した。この口絵には摩天楼がいっぱいに描かれているが、そのまったく装飾のない直立する長方形は下から上に向かって積み重なっている。地面は見えず、空はこれらセメントの巨像のあいだのいくつかの隙間にかぎられている。前景のより低い建物に巨大な時計が飾られている。《Time is money》〔時は金なり〕？ *Tempus irreparabile*〔時はくり返されない〕？　おそらく両方ともである。だが象徴的意味は、中央部に位置する別の奇妙な要素からもたらされる。ビルディングがもっとも密集しているところに、前腕は建物の背後で見えなくなっているとはいえ、〈自由の女神〉（リベルテ）像が掲げたトーチが見分けられる。そのトーチの上には、クレーンがある。摩天楼という首枷からミス・リバティを引っ張り出そうとしているのだろうか。そこではミス・リバティはもはや用をなさないからである。それともこれは、今度はみずからが分譲熱に呑み込まれ、*skyscrapers*〈超高層ビル〉の下に埋没したベドロー島というミス・リバティの避難所なのだろうか。いずれにしても〈自由の女神〉（リベルテ）〈=〈自由〉〉は、この息苦しい版画を前にした観客のように、息をつまらせている。

デュアメルのほうも摩天楼を素早く厄介払いしている。というのも、摩天楼それ自体がやっつけ仕事だからである。「それはどんどん生える。」しかし樹液と思想のゆっくりとした上昇によってではない。「それは一部の人たちのひらめきも、ほかの人々のゆっくりとした経験も待つことができない。あまりに多くの利害が相俟って、その完成がうながされる。」成熟もなければ、昂揚もない。摩天楼は（投機的な）急激な発熱であり、病的繁殖である。美の永続性の対蹠地にあって、「高層ビルは死すべきものの生を生きている。それは建築後、三〇年しかもたない。ひょっとするともっと短期間である。それを建てたのと同じ人々が、間もなくそれを解体し、つぎに代わりにほかのより大きな、より複雑な、より高価なものを建立するだろう」。こうしてこの「アメリカの神髄の唯一の表現手段である建築術」は、デュアメルには「その意図、その手段、その成果において腐敗している」[54]ように見える。それを作った建築家自身によって暴露される、〈新世界〉の芸術的無意味——これが摩天楼の美的教訓である。

だがこのようなページによって暴露されるのは、アメリカの〈都市〉を前にしてヒューマニスト・デュアメルをとらえる暴力的な死の欲動である。この摩天楼は「フランスの一郡庁所在地の人口」を収容している。つまり男たち、女たち、要するに人類？　それは定かではない。昆虫ないし突然変異体（ミュータント）ではある摩天楼の住民は、デュアメルにとって非人間性の塊であり、「それ全部」である。「そしてそれ全部が語り、食べ、働き、金を得、株取引をし、タバコを吸い、こっそりと酒を飲み、夢見、セックスをする。」この新しい人類は、摩天楼が実際には生きていないのと同じように、人間的ではない。高層ビルは非難されるべきである。不死性を目指す代わりに「死すべきものの生を生きている」。「それを突き動かしている思想には、流行と死のにおいがする。」そして思想だけでない。というのも、高層ビルそのものが、死のにおいがし、死を染み出させているからである。同書の最後のページで、デュアメルは再度、死をもたらす摩天楼の性質に立ちもどる。「私の足もとにある高層ビルは、鋼鉄、レンガ、コンクリートの音叉となって、その高さ全体にわたって震えている。尖塔の装飾に隠れて見えない煙突は、ここから八〇〇フィート下にある地下の機械装置からにじみ出る毒ガスを臨終の御香のようにはき出している。[55]」人間性を失った住民が、まったく無実であるはずがあるだろうか。「それ全部」は、この滅びゆく骨組みとともに滅びるかもしれない。デュアメルはそうは考えていない？　確かにそうは考えてはいないだろう。だが彼は書いている。「高層ビルは生きている！　夜になると、遺体安置所のように明かりがともる[56]」……。

よき高層ビル、すなわち死体安置所としての高層ビル。無意識はヒューマニストをも容赦しない。だが「[自分が]見ているものを愛せなかったという筆舌に尽くしがたい苦しさ」に身をゆだねたデュアメルの最後の願いが、アメリカがみずからに「欠けている」ものを最終的に受け入れることであるとき、なおも無意識について語ることができるだろうか。アメリカに欠けているもの、すなわち「おそらく大きな不幸、そして大きな試練[57]」である。

「はるか遠いユダヤ復興運動の入植地の簡素な建築物」

デュアメルがアメリカ人に望んだことは、彼らを「真に偉大な国民」に変える「恐ろしい出来事[58]」である。このたいへん友情にみちた願いは、一二年後に真珠湾でかなえられることになる。デュアメルはそのことを喜ばない。だがほかのフランス人はまさしく大喜びする。「英国もカルタゴも破壊されなければならない」は、占領下フランスのラジオ番組担当者ジャン・エロール＝パキのお気に入りの結句だった。だが一九四一年には、呪いは大西洋の向こう側の敵——新‐新カルタゴ——にも襲いかかる。デュアメルとは反対に、日本軍機による攻撃を称賛する対独協力者は、いかなる善意も鼻にかけたりしない。強国アメリカの屈辱に大喜びし、アメリカが崩壊する可能性に有頂天になるのである。風刺文作者アンリ・ヌヴエールにとっては、これはこの上ない驚きである。「戦闘が開始する。何てこった！……電光石火のはやさで、日本軍の飛行小隊は数日でアメリカ海軍のもっともすばらしい艦隊を海に沈めるにいたる。」これは「ワシントンの非妥協性と悪意」がまさに罰せられたということであり、アメリカが黙らせられたということである。「ワシントンの虚勢は、ニッポンの小柄な兵士の英雄的行為を前にして青ざめた。」というのも、「日本国民には大いなる長所があるからである。これは先祖代々の伝統、宗教、名誉、人種を敬う、腐敗せざる国民である[59]」。アメリカ人の欠陥の裏返しのポートレートである。

アメリカが戦争に参入することによって、反米主義がジャーナリストや挿絵画家において大っぴらになる。反米主義はそれまでワシントンとの関係を断たないように配慮するヴィシー体制によって、少なくとも南部地域で手綱を締められていたのである。風刺画家は心ゆくまで楽しむ。さらし台の上で、ローズヴエルトはチャーチルとスターリンといっしょになる。このトリオにおける彼の役割は、絶えずふくれ上がっていく。チャーチルが徐々に名声を失っていく一方で（「連合国のメトロ」のなかでは、彼には間もなくもはや補助椅子しかなくなり、彼の二人の手下はメトロの自動扉のほうに彼を突き飛ばす）[60]、ローズヴェルトの像は権力と悪意において上昇する。ひどい乱暴者という役割に固定され、蒙古人化されたスターリンに対して、対独協力主義のカリカチュアはローズヴェルトをますます危険なものとして提示する。陰険な牧師であるローズヴェルトが一九四一年、すぐに紅潮するチャーチルと瀕死のスターリン（現在はスターリングラード以前である）[61]との連合を称賛するときには、まだピューリタンの永遠の偽善を具現しているにすぎない。娼家の女主人ローズヴェルトが、傲慢なユダヤ人顧客に対して、ド・ゴールとジロー〔ド・ゴール将軍の協力者。フランス解放委員会の委員長〕とでどちらがいいかの選択を任せるとき[62]、この偽善性は、ひどく媚びへつらうような卑しさに場を譲る。さらにその後、ノルマンディー上陸から数日して、彼は『ラ・ジェルブ』誌に悪魔のような〈スーパーマン〉として再登場する。彼は仲介者を演じることをやめ、七枝燭台〔ユダヤ教の祭祀に用いる〕を振り上げ、松明のように動かしながら、フランスに襲いかかるのである[63]。牧師、やり手婆、「この世界の王」――この昇進に異論の余地はない。

この鉤爪をもち、角の生えたローズヴェルトの背後で、アメリカそのものがデッサンの領域に再登場する。悪魔のような大統領の（先の割れた）右足は、彼方の水平線の背後にある、はるか遠い大陸をまだ足場にしている。この大陸が無数のメガロポリスに覆われていることが、かすかに見分けられる。その一方で、すでに彼の攻撃的な腕は、とても目立つカテドラル――おそらく英米軍の爆撃が命中したルーアンのカテドラル――の周りに集まっているフランスの都市（シテ）の上に伸ばされている。活気あふれる都市は、ユダヤ的〈メトロポリス〉から出現した怪物によって全滅させられ、滅び去るだろう。挿絵画家マラはこのようにして、〈対独協力〉の反米的プロパガンダの小冊子が倦むことなくくり返し説明しているプログラムのスケッチをしている。すなわち、「英国のユダヤ人」との連帯は、フランスと「新しいヨーロッパ」に対するアメリカの攻撃性を解く鍵だということである。

このジャンルの原型であり、アンリ・ヌヴェールの署名をもつ『なぜアメリカは戦争をするのか』という題名が付いた分冊は、一見したところ、それほど複雑な著作のようには見えない。このかなり簡潔なできばえの二三ページは、若干の意味深いカットで飾られている。すなわち、黄金のつまったダビデの星〔ユダヤ教のシンボル〕のマークが付いた袋が、密輸した酒瓶のそばに置かれたブローニング式自動拳銃と向かい合っている。黒人の熱烈なダンスが、渋滞したニューヨークの交差点より手前に配置されている。最後の数ページでは、ユダヤ人とフリーメーソン〔一八世紀初頭、ロンドンで組織された国際的友愛団体。超人種的、超階級的、超国家的な平和人道主義を奉じる〕をあらわす象徴が提示されている（開かれたタルムード、七枝燭台、三角形と「眼」〔三角形も眼もフリーメーソンのシンボル〕）。その一方で、最後のスケッチは、日本を象徴するデザインに似ている朝日を背景にして、日本軍の飛行機に攻撃されるアメリカの巡洋艦を描いている。えせ‐教育的な雰囲気をもつこの小品は、日米間で勃発したばかりの「新しい戦争の真の原因を説明する」ことを目的にしている。その起源にあるのは、アメリカ政府に対する「ユダヤ人‐フリーメーソンの干渉主義者」の隠れた専制的支配であることを「知ってもきっとだれも驚かないだろう」[64]——これは著者のお気に入りの表現である。

『なぜアメリカは戦争をするのか』は実際に体験したことの証言として提示されるが、この著者の観察を「確証する目的だけのために」導入されたいくつかの引用がこの証言に釉薬をかけている。これは実際には大規模な剽窃である。この著者は自分が借用する表現法を、そもそも忠実に、歪めたりせずに、書き写したり盗作したりする。世界大戦を理解するためには、アメリカの「文化的、政治的、社会的」研究が必要である、と著者はただちに仰々しく主張する。この小冊子の貧弱さによって滑稽なものと化しているこの宣言は、それでもなお宣伝家の戦略を明確に表明している。すなわち、ユダヤ人‐フリーメーソンの陰謀に対する告発へと単純化された彼の攻撃文書は、ごく少数の攻撃的な活動家に向けられているにすぎないということである。ヌヴェールが信念をもった人たちのサークルを超えて興味を喚起することを期待することが可能になるのは、文化的な反米主義の豊かな内容に、陰謀という主張を絡み合わせることによってである。そこから、「過激主義的」な一テクストの大部分が、三〇年代の「通常の」反米的テクストのアンソロジーからなるというパラドックスが生じる。さらにまたそこから、反ユダヤ的で親‐ナチ的な小冊子の非現実的効果も生じる。この小冊子は読者を〈帝国(ライヒ)〉に賛同させるために、もっとも月並みなニューヨーク散歩へと誘い、その喧騒や渋滞、「手入れが行き届いていない」公園について語り、「ヨーロッパ、とくにウィーンやベルリンにあるような、とてもすばらしい」カフェがないことを強調している。[65] これは時間的なずれなのだろうか。むしろ腹話術である。

ヌヴェールの攻撃文書は、二つの声を混ぜ合わせている点で示唆的である。戦闘的反ユダヤ主義の声と通常の反米主義の声である。第一の声は、合衆国におけるユダヤ人の存在とフリーメーソンの影響力にかんする「歴史的説明」を引き受けている。したがって、「一七八九年から一九二二年〔原文のまま。実際には一九三二年〕まで、二九名の合衆国大統領のうちで二〇名がフリーメーソンであり[66]」、ローズヴェルトが権力に就いてから「さまざまな省庁の管理はもっぱらユダヤ人に託された[67]」ことを「知ってもだれも驚かない」だろう。第二の声は、フランスの公衆においてすでに人口に膾炙している「人類学的な」ものをふたたび採り上げている。すなわち、都市、人々、生活様式をめぐる記述である。数世紀来のユダヤ人とフリーメーソンの小細工は、こうして見慣れた文化的装飾の上にくっきりと浮かび上がっている。この文化的装飾は、この記述の部分が広く流布した以前のテクスト——何よりもまずデュアメルのテクスト——から借用されているだけに、ますます見慣れたものである。アメリカ嫌いのコラージュは、併行して進展する反ユダヤ主義の論拠の権威づけとなっている。もっとも、この権威づけにはそれに見合うお返しが条件として付いている。というのも、アメリカのユダヤ化は、その代わりにアメリカ独自の（そして不快感を起こす）特徴の大半を「説明する」からである。すなわち、「合衆国における今日の世代の特性」である金銭への執着心から、「ユダヤ人種（ステレオティピー）に固有の類黒色人種的性格（ネグロイド）[68]」を示すジャズにいたるまでである。この宣伝者の努力は、反米主義という常同症と反ユダヤ主義という常同症（ステレオティピー）のあいだに、近道をいろいろと増やすことにある。そしてこの一方の言説から他方の言説へのいっそうの近道は、明らかに〈都市〉、とりわけニューヨークを通過するが、その唯一の物理的側面がユダヤ人の陰謀を露呈している。すなわち、「これらの巨大な塊は、おたがいに狭い通りを締めつけながら、目もくらむほどの高さで立っている。[69]これらの集合体全体は、はるか遠いユダヤ復興運動（シオニスト）の入植地の簡素な建築物を、壮大な規模で呼び起こす」のである。

引用される、あるいは剽窃されるテクストについては、イデオロギー的に予想できるようなものではまったくない。アンリ・ヌヴェールに都市の景観や「人類学的な」描写を提供するのは、〈対独協力〉の伴侶であるセリーヌではない。ヒューマニスト・デュアメルの『未来生活情景』である。アメリカの社会的な機能不全を描写するために再利用されるのは、戦前の極右のジャーナリズムに掲載された記事でもなければ、非‐順応者の反資本主義的な告発文書でもない。二九年の世界恐慌の危機をめぐるエッセイであるレーモン・ルクリの『貧しいアメリカ』である。ナショナリストの政治評論家で、フォッシュとナポレオンの伝記作家であると同時に、ドス・パソスとヘミングウェイの賛美者でもある著者は、「この［アメリカの」偉大な国民に対して、激しく熱い共感[70]」の雰囲気のなかに作品を置いた。（ルクリの作品にも反ユダヤ主義的性格をもつ描写がいくつか見られるが、シーグフリードやデュアメルの描写よりもむしろ控えめである。）

両大戦間の「月並みな」材料をそのまま再利用していることは、示唆的である。対独協力者のパンフレットは、『未来生活情景』のような反米主義の古典を *ne varietur*〔変更せずに〕組み込むことで、それ以前の一〇年間の主要な新しさの一つを、むき出しの光で回顧的に照らし出す。反ユダヤ的言説と反米的言説の関連づけである。

実際、これらの言説の交差とその部分的な相互浸透は、両大戦間の特徴的な展開である。一九一四年までは、反米主義と反ユダヤ主義は通底していない。金（かね）-王、神-ドル、「万物-金権都市」というテーマは、二〇年代に一般化するような組み合わせを開始させることはない。これにはおそらく一つならざる理由がある。第一の理由は、アングロ-サクソンの民族支配と合衆国とのきわめて強い同一視である。第二の理由は、フランス人観察者が、自分たちで「新しい移民」と呼んでいるもの、すなわち中欧と東欧からやって来たこのきわめてユダヤ色の濃い「新しい移民」を記録するのが遅れたことに由来する。ニューヨークの港に到着したこれら膨大な移民に驚いた最初の人物のひとりが、フェリックス・クライン神父、「アメリカニズム」〔一九世紀後半にアメリカで起こったカトリック改革運動〕と名づけられた自由主義的なカトリック運動の船首像である。「イスラエルはこの群衆の半分を送り出した。この都市はすでに約八〇万人を収容している。そして彼らはそこで多くの場所を占めはじめている。[71]」だがクライン神父がこの一節を書くのは、かなりあとの一九一〇年である。そして彼自身は合衆国とテディ・ローズヴェルトの熱心な賛美者であるために、反米主義の代表者ではまったくない。第三の説明は、一九一四年以前の反米的テクストの論理そのものに求められなければならない。ヤンキーを悪魔扱いすることで、これらのテクストは、ユダヤ人のものとされているものにきわめて近い否定的な資質をヤンキーに付与した。すなわち、熾烈な金儲け、宗教的な強固な信念と両立する物質的利益に対する鋭い感覚である。この常同症（ステレオティピー）のなかで、ユダヤ人とヤンキーは競合し、ヤンキーのアングロ‐サクソン的頑固さは、ユダヤ人に活動領域をまったく残さない。これがドゥモランの論理であった。「ユダヤ人は［……］、適切な土壌でしか生長しない植物であって、［……］英国、スカンジナヴィア各国、合衆国、オーストラリアでは生長しない」——つまり、アングロ‐サクソンが支配しているところではどこでもである。[72] いっそう明白に、そして今回はアメリカ人だけを採り上げて、ヴァリニが同じ一八九〇年代に指摘しているのは、彼らの「富を獲得しようとするエネルギー」は「彼らの国ではユダヤ人が根を下ろすことができず、繁栄しようがなかったほど[73]」だということである。

こうしたことすべてが変化するのは二〇年代である。アメリカのユダヤ人が目に見えるようになったのである。そしてユダヤ人が犠牲になった差別政策についてついでに触れられるとしても、とくに前面に押し出されるのは、銀行、ジャーナリズム、映画を通じたユダヤ人の強烈な存在感と著しい「影響力」である。すでに引用したように、アンドレ・シーグフリードは一九二七年にアメリカのユダヤ人のさまざまな「類型」にページを割いている。「ロシアやポーランドのユダヤ人」[74]の突然の侵入によって都会の景色は一変した。「大都市の下町に消化吸収されない異質なブロックを形成する」のである。ユダヤ人の「アメリカ化」の不自然でまがい物的な性格を強調することで、シーグフリードはつぎの一〇年間に大きくふくれ上がる、ユダヤ人によるアメリカの占拠という言説にごく公式に道を開いた。「これは世界で最大のユダヤ人都市である」とシーグフリードは書いている、「そこには一五〇万人のユダヤ人が住んでいる」。（これはおそらく最大のカトリック都市であるともつけ加えている。）これは「巨大なユダヤ人都市である」

と一九三三年にルクリがくり返す。ユダヤ人は人口の三分一に達し、「経済的、知的観点からすれば、彼らの重要性と影響力は、数値割合よりもずっと大きい」[75]。

シーグフリードから、デュアメル自身――彼は金持ちクラブで「まだ美しいが、衰えた美しさであるユダヤ人女が、［……］自分の娘をよぼよぼの老人に売り渡そうとしている」[76]のを見たのである――を通過してルクリにいたるまで、三〇年代の通常の反米主義は、フランス占領下で花開く反米的反ユダヤ主義のすでに宝庫となっている。そしてもっとも当惑させる見せ場は、かならずしももっとも戦闘的なテクストに見つかるわけではない。たとえば、ニューヨークがまだ「西洋の都市」であることに疑問を呈している以下のページである。「*downtown*〔ダウンタウン〕の事務所のひけどき、下町が暗い眼差しとわし鼻の無数のタイピストに満たされるとき、また *east side*〔イースト・サイド〕の狭い通りが、急ぎ足の褐色のレヴァント人〔非トルコ系、非アラブ系の地中海東岸出身者〕や髭もじゃのヘブライ人の人波を吐き出すとき、まるで東洋のような印象であり、絶えず新たに入れ替わり、果てしない水の流れのように通り過ぎていくこれら群衆の流れは、アジアの主要都市の人波を想起させる。[77]」この記述はルクリのものでも、ポール・モランのものでも、さらにまた〈対独協力〉の攻撃文書の作家のものでもない。アンドレ・シーグフリードのものである。

もっとも尊敬すべき署名の下で両大戦間に収集された豊かな資料集を前にすると、〈対独協力〉の怠惰な剽窃家たちが誘惑に負けたということにも納得がいく。

開かれた都市ニューヨーク――サルトルの吐き気

「キスし合っている人々からおたがいを食い合っている人々に移行するのは難しい」と、ヴォルテールは『哲学辞典』の「人食い」の項目の冒頭で指摘している。アンリ・ヌヴェールからジャン＝ポール・サルトルに移行するのは難しい。年代記はアルファベット順のように飛躍した展開を見せる。というのも、解放されたフランスがアメリカを再発見するのは、サルトルを通じてだからである。

フランス占領の沼地を越えて、サルトルを反米的言説の渡し守と化さしめるような傾向はア・プリオリには何もなかった。だが解放時に、我慢ならないアメリカの都市という月並みな表現・主題をふたたび流布させるのはサルトルである。彼はこの紋切り型にきわめて新しく個人的な「実存的」活力を吹き込むだけに、ますますこの再開始は成功するのである。おそらく左翼反米主義の中心人物になる前に、サルトルは〈メトロポリス〉を前にしたフランスの不安について、インスピレーション豊かな *rewriter*〔改訂者〕となった。アメリカにかんするサルトルの論文が確かな技量で発表されるときには、世界戦争はまだ終わっていない。『シチュアシオンⅢ』に（部分的に）再録される前に、『フィガロ』紙と『コンバ』紙に大部分が寄稿されたこのアメリカ論は、かつての恐怖症に独自の吐き気の威信を付与することで、〈都市〉をめぐる反米的言説の連続性にとってつなぎ目の役割を果たすのである。

サルトルは、War Office Information〔戦時情報局〕が数人のフランス人ジャーナリストに送った招待によって合衆国に足を踏み入れる。一九四四年末である。問題なのはジャーナリストたちに大旅行をさせ、アメリカの戦争に向けた努力をその *in vivo*〔生体内で〕観察してもらうことである。サルトルにとって合衆国は未知の国であり、戦前は彼の心を占めることはほとんどなかった。ドイツ研究者でイタリアびいきのサルトルが、アメリカについてとくに知っているのは映画であるが、シモーヌ・ド・ボーヴォワールと同様、フランス映画よりもアメリカ映画のほうを好んでいる。そしてもちろん、フォークナーやドス・パソスのような数人の作家も好んでおり、彼らがフランスで読まれることになったのには、サルトルが一役買っている。だが彼はアメリカの古典的作家についても知っている。三年後のシモーヌ・ド・ボーヴォワールと同様、サルトルは戦前から伝えられた机上の学識をいっぱいに詰め込んで出発するのである。

「砂漠のなかの野営地」とか、大通りの「脊柱」の周りの「椎骨みたいに」街路が引かれている骸骨のような都市のごときアメリカの都市にかんするサルトルの記述には、カイザーリング的とはいわなくても、デュルタン的なものがある。[78]「成功への奉納物[79]」としての高層ビルの定義にも、デュルタン（あるいはウォルドー・フランク）的なものがある。《house》〔ハウス〕は私たちの「住居」《demeure》とは逆に、「ほんのささやかな口実で放棄される」単純な「骨組み」である以上、ここには長持ちしないように構想された建築物の計画的な不安定さがあるというサルトルの言及[80]には、デュアメル的なものがある。「想像してもみたまえ、セリーヌ的なものもある。だがそれはバルダミュの有名な記述に反論するためである。「想像してもみたまえ、そいつは、彼らの町は、立っていたのだ、完全にまっすぐに。ニューヨーク、これは、突っ立った町だ。[81]」そんなことはまったくない、とサルトルは答える。上陸するヨーロッパ人が感じるのは、「自分が一杯食わされたということである。摩天楼しか話題にならなかったし、ニューヨークやシカゴは、〝突っ立った町〟として聞かされていた。ところが、彼の第一印象は反対に、合衆国の都市の平均的な高さはフランスの都市よりも明らかに低い[82]」ということである。バルダミュは手厳しく拒絶されるが、その調子はまるでサルトルが一歩ごと、一ページごとに『夜の果ての旅』にぶつかって、少しうんざりしているかのように、ある種の苛立ちを露呈している。〈自然〉に侵略される〈大都市〉というサルトルの主要テーマさえも、すでにセリーヌのなかに姿をあらわしている。「最上階をはるかに越えて、その上にあるのは日の光とカモメと空の断片だけである。下の薄明かりのほうへ降りていくと、そこは森のように病的で、ひどく灰色がかっていた。この明かりは、くすんだ綿の大きな粗布のように通りを満たしていた。[83]」だがいくつかの文学的負債を消し去るには、ニューヨークを水平に置き直すだけでは十分ではない。一五年後にロラン・バルトは控えめにこの論争を仲裁する。立ってもいないし、ぺしゃんこになってもいないニューヨークは、バルトにはただたんに「座っている」、さらには「途方もない大都市に倣って、みごとに座っている」(84)ように映ずるのである……。

サルトルは、〈対独協力〉の剽窃者たちとはまったく逆のやり方で、アメリカに修正を加える。戦前のテクストでもって創作するのである。戦前のテクストのいくつかの特徴を維持しつつも、そこから月並みで型にはまった言説（スピード、騒音、人間性の欠如等）という不純物を取り除き、自分が何度も推敲を重ねたいくつかのテーマをめぐって、またはいくつかの強迫的な「哲学用語素（フィロゾフェーム）」とでも呼べそうなものをめぐって、それらのテクストを自分なりのやり方で再構成するのである。第一の特徴は不安定さである。アメリカの都市はデトロイト、ミネアポリス、ノックスヴィルのように「暫定的なものとして生まれた」のでないときでさえ、本質的にかりそめであり、脆い。「驚くべきは、これらの建物の軽さであり脆さである」とサルトルはテネシー州のフォンタナを前にして書いている。(85)確かに、フォンタナはTennessee Valley Authority〔テネシー川流域開発公社〕のために考えられたプレハブの都市である。だがサルトルはニューヨークについても別なふうには語っていない。ニューヨークでも旅行者は「使用されている資材の軽さに驚かされる(86)」のである。合衆国に石材はない。あるのは金属、コンクリート、レンガ、木材である。もっとも大きな都市の家もまた「粗悪物で」できており、「フォンタナの〝プレハブ・ハウス〟」に似ていて、住むためではなく、飛び立つために造られている。「いかなる植物の生長も許さないこの岩の砂漠［マンハッタン］では、レンガ、木材、または鉄筋コンクリートでできた何千もの住宅が建設されたが、それらはすべてまさに飛び立とうとしているかのように見える。(87)」これは驚くべきイマージュであり、これがこれらの記述の両義性を説明している。というのも、一方でこの軽さは自由の証だからである。都市は人間を引き止めはしない。人間はつねにいっそう遠くへと自由に「逃げていく」ことができる。だが都市はまた人間を保護することなく、世界のあらゆる脅威にさらしておく。

これらのページを支配する幻想とは、恐怖である。アメリカの都市が特別に危険だからではない――こうしたテーマは一九六〇年代までのフランスの旅行記にはほとんど存在しない。そうではなく、(ヨーロッパの)都市の太古からの役割を果たしていないからである。アメリカの都市は、人間にとって鎧、つまり人間が必要とする「貝殻」ではない。アメリカの都市は「開かれた〈都市〉」である、とサルトルは書いている。「世界に対して」、そして「未来に対して」。だが敵に無防備なままにゆだねられる都市についてそういわれるように、開かれた都市でもある。この敵とは、他の国以上にアメリカにおいては自然である。つまりサルトルの解釈は、歴史と神話のなかに書き込まれた分離でもって、先人がおこなったよりもさらに徹底的にアメリカの都市をヨーロッパの都市から分離するのである。「私たちヨーロッパ人のほうは、一九世紀にでっち上げたあの大都市神話の上に生きている。アメリカ人の神話とはヨーロッパ人の神話ではない。そしてアメリカの都市はヨーロッパの都市ではないし、同じ性質も機能ももっていない。」一九世紀に言及することは、ボードレールやベンヤミンを通じて想像できるような近代性(モデルニテ)をここでは含んでいない。この一九世紀は、現代の夜明けというよりもむしろひじょうに長い歴史の終わりだからである。サルトルが都市をめぐるヨーロッパの神話と不可分だと判断している「機能」の第一のもの(そしてアメリカの都市に根本的に欠けている機能)は、諸時代の奥底からやって来る。それが城壁である。「スペイン、イタリア、ドイツ、フランスには円形の都市がある。これらの都市はまず第一に城壁によってぐるりと囲まれているが、これらの城壁は敵の侵入から住民を守るだけでなく、自然が否応なく存在していることことを隠蔽することを目的としている。」ところで、合衆国において人間という敵が、脅威がなくなる距離まで撃退されるとしても、〈自然〉のほうはいたるところに存在する。「私が迷子になるのは都市のなかだろうか、それとも自然のなかだろうか。自然の暴力に対して、ニューヨークは防御物の役目を果たさない。これは戸外の都市である。雷雨になれば、とても広くて、雨天時に横切るのに時間がかかる通りを水浸しにする。暴風雨はレンガの住居を揺さぶり、摩天楼を揺り動かす。ラジオは宣戦布告のように、ものものしく暴風を告げる。」

「戸外の都市」というサルトルの表現は、一見トートロジーに見えるが、強い喚起力を蔵している。この表現は逆に、古代の胸牆（きょうしょう）〔城壁の上縁の凸凹〕のあるヨーロッパの回廊‐都市、柱廊‐都市、閉ざされた静かな都市を指し示している。サルトルによれば、アメリカの都市はこうしたことすべての反対である。アメリカの都市は、自然という「悪意にみちたあの巨大空間のなかに」無防備なまま住民を置き去りにする。[88]だからこの都市は、欠如によっても、過剰によっても非人間的である。増殖し、飽くことを知らない〈自然〉を前にした人々の不安を鎮めることなしに、無機質な膨張によってその人々を虐げている。「〈自然〉の敵意と残忍さがすべてこの都市には存在している。」「アパルトマンの奥まった部屋でも、私は漠とした、不可思議な、敵対する自然の襲撃を受ける。[89]」そのときアメリカの都市は、自由への前段階、すなわち、そこから各通りが大陸の果てまで開かれているような、あらゆる可能性の出発の標識であることをやめる。アメリカの都市はみずからが恐ろしい野営地であることを認めるが、そこではいつも危険に備えている人間が、昆虫とエレベーターに敢然と立ち向かっている。「昆虫がうじゃうじゃいるジャングルのまんなかで、キャンプしているような気がする。風がうなる。ドアの把手にさわったり、友人と握手したりするたびに、私は放電を受ける。台所には油虫がごそごそはい回っているし、エレベーターには吐き気がする。

朝から晩まで、焼けるようにたまらなく喉が渇く。」サルトルはこの巧みな文学的な交錯のなかで、過度に自然な世界の弊害と、過度に機械的な文明の弊害を融合させているのである。サルトルはこの交錯をつぎのような美しいイメージでまとめている。「平行する巨大なレールの上に野蛮な空。それこそがニューヨークである。都市の中心にいるということは、自然の中心にいるということである。[90]」

ニューヨークを愛することは、努力することであり、労働であって、きつい実習である。「私はそれを愛するすべを学んだ」、「私は慣れた」、「私は慣れなければならなかった」、「見方を知ったならば……」は、サルトルの記述を区切る表現である。「世界でもっとも粗野な都市」を愛するには、それだけで十分なのだろうか。それは疑わしい。というのも、「それをいくらか美化するために」、サルトルは戦前のフランス人ヒューマニストのように、廃墟の詩学と破壊の幻想に助けを求めなければならないからである。「都市を支配する大きな高層ビル」の時代は——と彼は書く——終わった。「摩天楼が生きていた」時代は終了した。「それらはすでにいくらか粗略に扱われてきている。近い将来、おそらく取り壊されるだろう。いずれにせよ、それらを建設するには、フランス人がもうもちあわせていない信仰が必要だった。」サルトルはそれで、あとになって、苦労して、眼差しを調整し、敗北を喫するがゆえに無益なこれらの建物で我慢する。「遠くにエンパイア・ステイツ〔原文のまま〕・ビルディング Empire States [*sic*] Building とかクライスラー・ビルがむなしく空にそびえ立っているのが見える。そして私が突然、思いついたのは、ニューヨークはいままさに〈歴史〉を手に入れようとしているということ、そしてすでにその廃墟をもっているということである。[91]」

要するに進歩があるのである。「アメリカの〈都市〉」にサルトルが見たものは、決定的に過去を奪われたアメリカの都市である。そこでは何も記念建造物にならなかった。「速やかに発展し、古びるために建設されたわけではなく、さらには破壊できない抵抗拠点を取り囲みながら、近代の軍隊のように前進するこれらの都市においては、過去はわが国のように記念建造物によってではなく、残り滓を通してあらわれる。(92)」シカゴでは、『シカゴ・トリビューン』紙の前の運河を跨ぐ「古い」橋であるミシガン・アヴェニュー橋や、高架線を走る地下鉄は、「工事予定を示す標識のようなもの」である。それらは「ただたんにそこにある。なぜなら、解体しなかったからである」。「植民地都市ニューヨーク」という論説の結末で、古い残り滓は新しい廃墟の尊厳を手に入れたのである。

管理人(コンシェルジュ)のいない都市、〈民衆〉のいない集合住宅地区(シテ)

これらすべてのテクストにおいて、消滅という同じ願望がくり返されていることには驚かされざるを得ない。デュアメルの摩天楼は、遺体安置所に向いていた。サルトルの自然主義的夢想は、より巧妙なシナリオをたどっている。アメリカの都市をポリープとかミミズなど、一種の下等生命体にしているのである。これを殺そうと思っても、なかなかできないだろう。「これらの都市の多くに見られるのは、ポリープ母質のような未発達の構造である。とくにロサンゼルスは、胴体を二〇分割しても死なない巨大ミミズに似ている。(93)」このようなミミズとしての都市のぶつ切りという幼稚な欲動は、もっとあとのページでは爆撃の記憶という、より成熟しているが、同程度に暴力的な形態をとる。「にわかに爆弾が三、四軒の住宅の上に落ちてきて、それらを粉微塵にし、いまやっとあと片づけをしたばかりのように見える。これは〝駐車場〟である。(94)」

このような火事や地ならしという夢想は、夢想の暴力性を正当化する幻想と不可分である。すなわち、これら非‐場所の人間的空虚という幻想である。とても住めないアメリカの都市には、本当は住民はいない。アメリカの都市の非人間性は、群衆に影響を与える。彼らはそこで生活することなしに押し合いへし合いし、「地下鉄の急行で一時間かけて、ねぐらに帰る――私はあえて家庭にとはいわない」[95]。シカゴでデュアメルは「[自分の]目の前に並べられた、これらばら色の形」を特別な種類の豚とあやうく間違えそうになる。屠殺場は遠くない。屠殺場は彼らを待ち構えている。「群衆」、「集団」、「地を這う大群」、「入り乱れた群れ」、「せかせかして、陰気で、同時に騒々しく物静かな群衆」、「労苦と欲求によってぼうっとなった惨めな人間たち」[96]――これが、フランスのヒューマニストがアメリカの都市のかくも人間味に欠けた集まりに貼りつけた穏やかな形容語句である。サルトルはこのようなありきたりの言葉をもちあわせない。だがもし都市がミミズだとすれば、そこにうごめいている人間をどう名づけたらいいのだろうか。

都市の一時性と大衆の群居性は、アメリカの都会という方程式の横座標と縦座標である。一方の無形性に対応しているのは、他方の非‐人間性である。家畜――デュアメルにおいては、subway〔地下鉄〕にがたがた揺れる一群の肉体は豚になる。セリーヌにおいては、バルダミュがホテルの部屋からちらっと見たアメリカ人のカップルたちは「とても飼い慣らされて、退屈することに慣れ切ったぶくぶくの家畜」[97]である。さらに多いのが、蜜蜂や蟻の群がり、さらにはシラミのひしめきである。すなわち、すべてが本能的な興奮に浮かされる、あらゆる種類の昆虫である。都市の非人間性と人々の人間性の欠如は、おたがいに呼びかけ合い、補強し合う。この最悪なるものの弁証法は、勤勉な昆虫がブンブン音を立てている摩天楼にも、通りにもあてはまる――通りとは実際には決して通りではなく、サルトルのいうように「幹線道路の一区間」である。アメリカの都市には終わりも境界もないために、そこでは通りは「国道」[98]である。そこでは自動車にひかれるかもしれない。それが唯一可能な出会いである。桁外れに大きいことに加えて通行人がいないことは、この通りをヨーロッパの通りとは根本的に異なる何ものかにしている。ヨーロッパで通りとは「幹線道路と屋根つきの〝公共の場〟のあいだの中間形態」だからである。ヨーロッパの通りは生きている、とサルトルは説明する。つまり、「一日に一〇〇回以上様相を変える」。というのも、「その通りを占める群衆は入れ替わるからである。ヨーロッパでは人間が通りの本質的構成要素[99]」なのである。

アメリカの通りはたんに喜びのない通りというだけではない。それは人間がいない通りである。このフランス的な神話を、バルトはベルナール・ビュッフェの絵画のうちに見出す。ビュッフェは一九五九年にダヴィッド&ガルニエ社からニューヨーク・シリーズを出品している。「ビュッフェのニューヨークは、多くの偏見を裏切ることはないだろう。それは高い、幾何学的な、石と化した都市、鉄格子をめぐらされた砂漠、平坦な空の下の緑色がかった抽象の地獄、人がぎっしり詰め込まれたために人間不在となった真の〈メトロポリス〉である。この新しいグルーズ〔一八世紀の画家〕に暗黙に含まれる教訓とは、どう考えてもマンハッタンにいるよりもベルヴィルにいるほうが仕合わせだということである。」「フランス人はみずからの住居のすばらしさを確信している」という自己満足のトリックであるビュッフェの偏見は、ビュッフェが「厄介払いすること」を望む都市に対する「攻撃」にほかならない。「通りから人気をなくすことで［……］彼はとどめの一撃を食らわせる」のである。だが「ニューヨークは、上を、空のほうを眺めてはならない。下を、人間と商品のほうを眺めなければならない」。バルトは造作もなく〈集合住宅地区〉を建て直す。「摩天楼はブロックの基礎を築き、ブロックは通りを創設し、通りは人間につながっている。ビュッフェのほうは逆方向の道を進む。すなわち、通りを空っぽにし、建物の正面に沿って上る。彼は逃げ出す。破壊し、容赦なく希薄化する。彼のニューヨークは反-都市である。[100]」この「反-都市」は、政治恐怖症のインテリゲンチャのものである。そしてバルトが考えるように、ビュッフェはニューヨークをへたに描いたとしても、この伝統を完璧に「表現した」のである。

だがとくにアメリカの〈メトロポリス〉で死ぬのは、〈集合住宅地区（シテ）〉の概念そのものである。セリーヌからサルトルまで、デュルタンからボードリヤールまで、この死はあらゆる調子で語られる。そこには管理人（コンシェルジュ）が見つからない無念さ——この無念さはセリーヌに見出されるよりもシモーヌ・ド・ボーヴォワールに見出されることのほうが意外である——も含まれている。「私は映画で管理人のいないこれらの家を何度も見た」[101]と一九四八年にシモーヌ・ド・ボーヴォワールは書いている——彼女自身はかならずしも自国の家と申し分のない関係を維持してきたわけではない。だが彼女は『夜の果ての旅』でも、それらを、つまり管理人のいないこれらの家を、おそらく読んだのである。管理人がいないことは、ローラを探しているバルダミュの手を焼かせる。「だがその家には管理人がいなかった。都市全体に管理人がいなかった。管理人がいない都市には、物語も味わいもない。胡椒も塩も入っていないスープや、野菜が煮くずれたラタトゥイユのように味気ない。管理人とは〈真実〉であり、「否定できない細部」である。憎しみの対象、つまり「生活に不可欠なスパイス」である。「味わいのある地獄」である。要するに、それは生活であり都市である。すなわち、その名にふさわしい都市であって、そこでは人生は生きるにあたいするのである。これらすべてが「ニューヨークには無残にも欠けている」[102]。心を奮い立たせる憎しみの反対は、凍りつかせる孤独である。これはラアフ・カルヴィン・ホテルでのバルダミュの孤独である。「アフリカでは確かに私はかなり野蛮な孤独のようなものを体験したが、このアメリカという蟻塚の孤独はさらに耐えがたい展開をもたらした。[103]」サルトルの言い方はこれとは違うが、一九四五年にヨーロッパの都市とアメリカの都市を対比するときには、同じことを語っている。ヨーロッパの都市はアメリカと異なり、自然に「一体主義的（ユナニミスト）」である。外部に閉ざされた（「城壁」）ヨーロッパの都市の内部は、「等しく円形の閉ざされた地区に分割されている。〔……〕通りはほかの通りにつながる。それぞれが行き止まりになっているこれらの通りは、都市の外部に通じているようには見えない。都市の内部でぐるぐる回っている。ジュール・ロマンに〝一体主義(ユナニミスム)〟の霊感を与えたのは、こういった通りである。これらの通りは一日の時間ごとに変化する集団的精神によって活気づけられている」[104]。フランスでは、通りはほかの通りにつながっている。アメリカでは、大陸の先端につながっている――あるいは、海や川につながっている。ウラジミール・ポズネルは、一九四八年に出版した（そしてサルトルに高い評価を受けた）きわめて反米的な『非合衆国』のなかで、World Trade Center〔世界貿易センター〕の「自殺」をめぐるボードリヤールの直観を先取りしている[105]。ＷＴＣがまだ建設されていないので、彼はウォール街を自殺させる。「墓地で生まれ、川に身を投じる通り！　その名と同じくらい短い通り。すなわち、ウォール街。」そしてこのヴィジョン――いまや私たちにとってなじみ深いヴィジョン――がつづく。「墓地は昔からある。そしてすべての場所が埋まっている。黒いトリニテ教会の周囲では、死者は恐慌の日のStock Exchange〔証券取引所〕のブローカーのように押し合いへし合いしている。その周りをぐるりと摩天楼が見張りをしている[106]。」

　都市が反米的宣伝パンフレットのなかでそうした地位を占めているとしても、それはたんに反(アンチ)－フランスの小宇宙とか「フランスの反(アンチ)－庭園」としてだけではない。それはまた、人々が群生する都市が、民衆の都市の否定であり障害だからでもある。たがいに無関心な雑居する集団は、理想的な礼儀作法の完全な引き立て役である。これらの不快な記述の根底にあるのは、この礼儀作法の神話である。たんにマナーやその心地よさだけが問題なのではない。問題なのは、ある種の共同生活、つまりフランス式のなごやかさと市民性でもある。というのも、〈メトロポリス〉では、民衆は管理人(コンシェルジュ)と同じくらい見出しづらいからである。あるいは、見出される民衆は、いかなる〈コスモポリス〉においても不安をもたらす類のもののみである。すなわち、「雑多な寄せ集め」、「沖積土」、部族、「ゲットー」である。フランス人の言説におけるアメリカの「ゲットー」への言及、また「ゲットー化」という隠喩は、第三千年紀〔西暦二〇〇〇年代〕の初頭において、四分の三世紀前からフランスの知識人のうちにごちゃまぜの大都会が催させる嫌悪感にみちた幻想を延長し、永続させる。(107) 一つの村のように考えられるパリの地区(カルティエ)とは反対に、アメリカの *neighbourhood*〔区域〕はつねに民族的、社会的、さらには宗教的な分裂の性質を帯びていると思わせる。地区(カルティエ)は排他的ではなく、「一体主義的」である。ヨーロッパの都市とは、結局のところ、さまざまな地区の〈連合体〉である。アメリカの *neighbourhood* のほうは閉じられた領域と考えられる。「ゲットー」がその論理的帰結である。かくして、メガロポリスが「中空都市」というその本性から抜け出しても、ばらばらな運命として分散することにしかならない。都市の地形図においてそれぞれ分離したブロックのなかに流し込まれた民族的不協和音は、手の施しようのない一時性のなかで凝固しているのである。

最後の摩天楼
建築家はその階を何層にも積み上げていった　けちんぼが金(かね)を積み上げるように
通りや渓谷(キャニオン)を闇が締めつける。
終着駅で圧縮された空っぽの路面電車。
サクソン人の赤ら顔、アイルランド人の耳、ラテン人の目、
ユダヤ人の鼻、
黒人の唇
中国人の肌、

ザンデ人、マジャール人、ボスニア人、ルーマニア人、リトアニア人、ナポリ人はいうまでもない
そしてその他、ゴビノー、ラプージュ、ヒューストン・チェンバレンによって手厳しい評価を
下されたほかの褐色の短頭人たち(108)

最後のぴりっときいた皮肉だけでは、このリュック・デュルタンの詩「ボクシングの試合」を、異常なほどのごちゃまぜという常同症化（ステレオティペ）したヴィジョンから解放するのにも、都市の無罪を証明するのにも十分ではない。この都市では各部族が集まるのはリングの周りだけであり、またデュアメルがいうように、「肘を突き合わせたこれらすべての民族（プップル）」がミシュレ式の〈民衆（プップル）〉を形成することも決してないだろう。フランス人はこの〈民衆（プップル）〉をいたるところで探すが、アメリカではどこにも見つからないのである。

アメリカの〈メトロポリス〉は人間であふれ返っていると同時に、人間性を欠落している。だがそこに究極的に欠けているものは、まさにその〈集合住宅地区（シテ）〉が本物であることを保証する集団的形象としての〈民衆（プップル）〉である。この欠如に、二〇世紀初頭以降、フランス人旅行客は驚き、嫌な思いをし、困惑する。おそらくポール・ブールジェは、『海の彼方』でこのことを確認した最初の人物である。「奇妙なことに、すべてが人民（プップル）によって、人民のために作られているこの国は、私たちが人民の魂に固有の特徴とみなすのに慣れている性格を何一つもっていない(109)。」農民と労働者は、私たちの農民と労働者とは似ても似つかない。さらに見当たらないのが、フランスの通りに独特の表情をもたらす男女、すなわち職人と商人――および管理人である。驚愕と悲嘆と憤怒のあいだで、フランスの物語が二〇世紀を通じて延々と語りつづけるのは、この謎とこのスキャンダルである。すなわち、アーケードと小公園はいうまでもなく、カフェ、

ビストロ、本物のレストラン、ペルメル遊戯〔一七世紀に流行したゴルフのような遊び〕場、散歩道がないということである。サルトルがいう「公共の場」のない都市——そんなものが、どうして可能なのだろうか。望郷に駆られた旅行者の悲しみにみちた悔しさとも受け取られかねないこの嘆きは、真剣に採り上げるにあたいする。この嘆きは、理解できない礼儀作法（シヴィリテ）を前にした深い不快感をあらわにしている。同時に、それが露呈させているのは、想像上の都会的エートス〔習俗を通して形成される気風や性格〕、理想的なごやかさ、そして何よりもまず〈民衆〉——差異はあってもまとまりがあり、変化に富んでいて「共同体的」ではない〈民衆〉——という調整的形象に対するフランス人インテリゲンチャの執着である。この〈民衆〉をだれもが懐かしみ、左翼も右翼も関係なく、アメリカに反対して引き合いに出す。ジュール・ユレやポール・ブールジェのようなもっとも保守的で、もっとも古くさい人物にとって欠けているのは、集団と同業組合の区別、仕事着に誇示される職業の多様性、ヒエラルキー化されているがゆえに可能となる交流の繊細さ、隔たりと親密さがかすかなニュアンスで表現される交流の繊細さである——そしてユレはこれらすべてを、自分がアメリカの通りで、またプルマン式車輌のなかでさえも感じる民主主義のめんくらわせるような粗雑さに対立させる。伝統主義者は、風変わりで職人的で同業組合主義的な民衆を懐かしむ。*farmer*〔農民〕のなかに、節約と慎重と定着の人であるフランスの農民の姿を認めることはできない。「進歩主義者」についていえば、彼らが〈メトロポリス〉の通りに、あの市民的‐組織的な単位——地区（カルティエ）——、すなわち直接民主主義の小宇宙、人間的規模の連帯空間、（まだ？）おたがいに黙殺し合ったり憎しみ合ったりするにはいたっていない社会集団間の交流のかなめとしてのあの小コミューンを探しても無駄である。この人たちが懐かしんでいるのは、ブールジェの「素朴で臆病な」民衆ではない。そうではなく、〈無政府状態〉、さらにはプロレタリア独裁までも実際の娯楽の一部にしてしまうような、寛大で、気前がよく、おどけた民衆である。すなわち、ポピュリスムの民衆であり、詩的レアリスムの民衆、クノー、カナパ、ペナックの民衆である。そしてすでに見たように、デュアメルの民衆である。「おまえたちはいずれ消えていくのだろうか、私たちの国の小さなビストロよ、品が悪く、蒸し暑く、煙が立ち込めている小ホールよ。そこでは三人の野郎どもが肩を寄せ合って、最低の鉄製小円卓の周りで牛肉の赤ワイン煮（ブッフ・ブルギニョン）をたらふく食べ、でたらめを語り、笑い興じる、まるで雷鳴だ！　笑い興じる、安ワインをひっかけながら。[110]」肩を寄せ合ってというのは、ばらばらになった「共同体」の競争的な肘を突き合わせてという表現の、幸福感を伴ったフランス語版である。

　流刑地の旅行鞄のように家々が積み重なった終わりのない都市を前にして、これらほとんどすべてのフランス人がふたたびバレス的になるとしても、諸民族が「愛し合わぬまま隣り合っている」無頭のメガロポリスは彼らフランス人を、サルトルが記したように「一体主義的な」夢へと駆り立てる。しかしそれはまた、より根本的には、あの〈友愛〉へと彼らを送り返す。アンドレ・マルローが示唆し、モナ・オズーフが証明したのは、この〈友愛〉が「フランス革命の意味をになっていた[111]」ということである。

*

　バベルであれバビロンであれ、カルタゴであれ〈金権都市〉であれ、ミミズであれ蟻塚であれ、フランスのインテリゲンチャがアメリカに抱いていた憎しみは、一九二〇年代からはアメリカの都市に集中した。これらすべての抜本的除去の夢と消滅への願いは、二〇〇一年九月一一日の「大喜び」のなかに、無傷のまま、震えつつ、活き活きとした状態で、ふたたび見出される。同年一一月三日付の『ル・モンド』で、ジャン・ボードリヤールは「この世界の超大国が破壊されるのを目にする途方もない大喜び」という言葉を発している。彼の大喜び？　そんなにばかじゃない！　私たちの大喜びである。「極言すれば、それをおこなったのは彼らだが、それを望んだのは私たちである。」だがボードリヤールはだれにこの大喜び測定器を当てたのだろうか。あるいは、彼は私たちを脅そうとしているのだろうか。「さあ、ほら、みなさんが大喜びしたことを認めなさい」――生徒たちに狂喜することを命じるゴンブロヴィッチ〔ポーランドの作家〕のあの先生のように。だがボードリヤールが、自分が豊かな長い伝統の継承者であることを自覚して、リュック・デュルタン――彼の砂漠のカリフォルニアは『アメリカ』〔ボードリヤールの作品〕の砂漠に似ている――に、また一九三〇年にアメリカを「模造（シミュラークル）」として理論化したウォルドー・フランクに賛辞を呈そうとしたと信じるほうが理にかなっている。そしてもちろんジョルジュ・デュアメルに。そのニューヨークをめぐる幻想は大喜び測定器の針を飛ばしただろう！　またボードリヤールはたんにつぎのようにいいたかったのだと考えるほうが理にかなっている。すなわち、私たち、ヘロストラトス〔エフェソスの人。自分の名を不朽にしようとアルテミス神殿に火を放ったが、死刑に処せられ、その名を口にする者も死刑に処せられた〕有限会社であるフランスの聖職者である。私たちは反米主義の松明を振りかざしはしないけれども、その炎を維持しているのである。そうだとすれば、「一八名のカミカゼ」とその「死という絶対兵器」に彼が魅了されたことが、他にいかなる反響を目覚めさせるかについては、いわずもがなのことだろう。

　リリアーヌ・カンデルは、フランスのジャーナリズムに二〇〇一年一〇月に発表された、いわゆる一一三人嘆願書（「この戦争は私たちの戦争ではない」）のなかで、まさしく出来事の完全な消滅を分析した。「結局、ニューヨークでは九月一一日には何も起こらなかったのである。」[12] その必然的な結果とは、犠牲者の隠蔽である。ボードリヤールにおいては、犠牲者は括弧に入れられている。「（このことは彼らの苦しみと死について予断を下すことにはまったくならない）」。みごとな墓碑銘であり、また一一三人宣言によるテロ行為に対する、へんてこりんな「はっきりした」断罪と同じくらい簡潔な墓碑銘である。タリバン体制に向けて開始された戦争は、「反復された、既視（デジャヴュ）のえせ－事件」であると、ボードリヤールは、反復された、既－読（デジャ－リュ）のえせ－分析の終わりに結論づけた。反米主義とは聖職者を死にいたらしめる政策でもある。

5 人間の擁護
――反米主義はヒューマニズムである

ハイデガーはいう、「世界は調子の狂った器械の地平に出現する」。そしてここでは器械は調子が狂わない。

シモーヌ・ド・ボーヴォワール、『アメリカその日その日』(一九四八年)

何よりもまず自分たちはエンジニアであると彼らは主張する。合衆国でエンジニアであることは、哲学者であるよりもはるかに尊敬を受け、信頼される。

ラウール・ド・ルーシ・ド・サル、『パリ批評』(一九三三年)

アンドレ・モーロワは、一九三一年にプリンストン大学の招聘をまさに受けようとして、「合衆国をめぐって暴力的ではっきりした思想を公言している旧友」にどのように叱責されたかを語っている。旧友は大西洋を一度も横断したことがないだけに、とモーロワはつけ加える。ますますその思想ははっきりしている。「ねえ君」と友人は言った、「そんなことをしては駄目だ! 生きて帰って来られないよ。君はアメリカがどういうところか知らないんだ。この国では喧騒がひどくて、ゆっくりしている暇などありませんぞ。騒音がずっとつづいて、眠ることはできないし、休むことさえできない。男は四〇歳になると働きすぎで死ぬし、女だって朝から家を出て、いたるところで喧騒に加わる。精神とか知性なんてそこでは何の価値もない。思想の自由は存在しない。人間には魂がない。話題になるのは金（かね）のことだけ。子供のときから精神的文明の甘美さを知っている君は、そこでバスルームやセントラルヒーティング、冷蔵庫の文明を見つけるだろうね……」[1]。それでも出発したアンドレ・モーロワは、プリンストンで「思いがけないアメリカ」[2]を発見することになる。栗鼠（りす）もコクトーの読者もたくさんいる。そして夜の静けさが深いために、ときどき眠りを妨げられるのである。

旧友のお説教は、反米的嫌悪感の味わい深い「小神話」である。しかもこのお説教は、恐るべきステレオタイプのなかでもっとも言い古されたものへの目配せで終わる。「ねえ、君はシカゴの屠殺場の記述を読んだことがあるかい。恐ろしい光景だよ、保証するよ、この世の終わりだよ……。」この長広舌には、政治的なものは何もない。ウィルソンとか、その不干渉主義に対する非難は何もない。戦債やフーヴァーの支払猶予令（モラトリアム）への言及もいっさいない。モーロワが完全に文明化したアメリカ滞在にかんする皮肉まじりの銘句としているこの反米主義的な断片は、実存的陵辱として記述されたアメリカ「文化」を全面的に標的にしている。旧友がののしるのは敵対的国家ではない。「精神的文明の甘美さを知った」ヨーロッパ人には苦しむ――身も心も――ことしかできない、とても生きていけない国家なのである。

モーロワが反米的言説を、不平不満のがらくたの山、ドクサ〔臆見〕の古着として記述することは正鵠を射ている。反米的言説がさまざまな記録簿を混ぜ合わせたり、物質的なものと精神的なものを混同し、バスルームの存在を論拠にして思想の自由の欠如を証明しようとしていると述べるときには、彼はさらに正鵠を射ている。このことは、「アメリカ精神」に対してヒューマニズムを動員しようとするフランスの知的言説の戦略そのものを皮肉ることである。それは人間（アメリカの騒音によって眠りを妨げられる）と〈人間〉（冷蔵庫の文明がより形而上学的な次元で損なうとみなされている）のあいだで維持されている混乱を追い出すことである。これは奇妙な暗黙の了解について控えめに注意をうながすことである。

「人間の擁護！」は、反米的な文化的戦線において、もっとも多くの人々が賛同する結集への呼び声の一つである。デュアメルからベルナノスまで、ムーニエからガローディまで、大義は合意されているように見える。すなわち、反米主義はヒューマニズムなのである。反米主義者が全員ヒューマニストを自称するわけではないが（極右は往々にしてそうはしない）、合衆国を罵倒することを忘れるヒューマニストはいない。三〇年代の非‐順応主義者から五〇年代のスターリン主義者まで、*American way of life* の誹謗者であり、踏みにじられた人間性の弁護人であることを自任しない人はひとりもいない。こうしてアメリカ文明――相矛盾した単語の結合――は、半世紀のあいだ、人間性の基礎を築く諸価値の絶対的否定として提示される。これは「〝文明〟が人間に強制した最悪の退廃である」と一九三三年にダニエル＝ロップスとドゥニ・ド・ルージュモンは書く[3]。ジョルジュ・ベルナノスは一九四七年にそれに輪をかける。「まだ文明の名で呼ばれている文明の一種――いかなる未開状態もこれほどのことをしなかったし、破壊の道をこれほど遠くまでは進まなかった――は、人間の所産を脅かすだけでない。人間そのものを脅かしている。」このおぞましい「文明」とは、と、このカトリックの論客は説明する、「機械文明である――だれの気分も害することなく、これを〝アングロ‐サクソン系アメリカ〟文明と呼ぶことができる」[4]。つぎのページで、ベルナノスはこの「投機と機械のとてつもない結合」を「チンギス＝ハンやタメルラン〔中央アジアの大征服者。一三七〇年、ティムール王朝をおこす〕の侵略」と比較する。やはり、だれの気分も害そうとはせずにである。

一方、共産主義のジャーナリズムは「偉大なるソヴィエト国民の社会主義ヒューマニズム」の名において「ウォール街の文化的な反ヒューマニズム」[5]を歯に衣を着せず強烈にたたいている。だがここで引用すべきは、冷戦下の共産主義の、あるいは共産党支持の文献全体である。それほど「アメリカ帝国主義のギャング一味による世界支配とは文明の終わりだ」[6]という確信が、そこでは連呼されているのである。アメリカ的なものでこの大きな怒りを免れるものは何もない。そして人道に対するヤンキーの長い犯罪リストにすべて目を通したとき、ロジェ・ヴァイヤンには、「Middle West〔中西部〕において、選挙の祝宴の終わりに酔っ払ったピューリタンが見た夢の産物」[7]であるジェーン・マンスフィールド〔マリリン・モンローに比較されるグラマー女優〕に復讐する時間がまだ残されている。この共産主義者の（そして自由思想家(リベルタン)の）小説家は、〈冷蔵庫〉に対しても無愛想で、アンドレ・モーロワの「旧友」と同じ軽蔑を抱いている。「一年に二か月を除くと──それも毎年というわけではない──、いつもとても涼しくて、日曜日の羊の腿肉の残りを月曜日、火曜日、あるいは水曜日まで保存するのに、窓に面して置かれた食料戸棚だけで十分なフランスのような国では」、おもにヤンキーの飲み物に氷を供給するためのこれ見よがしの冷蔵庫は、「象徴」、あるいはむしろ「まやかし」にすぎない。それによって人工的に喚起された欲望は、労働者の人間性の喪失を募らせる。[8]それほど、一般に人間は、個別には共産主義的人間は、「快適さという野蛮」[9]に警戒しなければならないのである。

つまり聖職者の反米主義は、無節操であるのと同程度に執拗さを伴ったヒューマニズムを気取っている。というのも、ジョルジュ・デュアメルやジョルジュ・ベルナノスによる人間から、ロジェ・ヴァイヤンやロジェ・ガローディによる人間までのあいだには、誤解はないだろうか。マリタン、ムーニエのような人格主義者における神が宿る人間は、世俗的ヒューマニズムの人間やその個人主義、不可知論を毛嫌いする。

一方、生まれ変わった新しい人間、現実の社会主義における「十全に人間」である人間は、先の二つの人間を懐古趣味の暗闇へと追い払う。さまざまなフランス反米主義がこぞって人間をよりどころにしたことによって、二つの問いが提起される。すなわち、いかにして、いかなる表象を通じて、いかなる論理への信念にもとづいて、アメリカは両大戦間に、大半のフランス・インテリゲンチャの目から見て、人間にとっての最悪の脅威を具現するにいたるのだろうか。他方で、いかにして、相矛盾し、対立し合いさえする人間性の表象の名においておこなわれるこれらの敵対的な言説が、あらゆる点でばらばらな聖職者たちによって唯一の声のごとく発せられるただ一つの非難として収斂し、溶け合うことができたのだろうか。

ロボットと人間

「歴史はおそらく反資本主義を一九三〇年代においてもっとも幸運な決まり文句として選ぶことだろう」と一九三六年にムーニエは書いた[10]。だがもう一つの決まり文句(そもそも隣接している)が、それを出し抜くかもしれない。反機械化である。とくに政治的スペクトルの両端において、またムーニエが構想している「若者の雑誌」において展開される反資本主義よりも、なおいっそうはっきりと、技術嫌いは当時、フランス人がもっとも広く共有している情熱である。インテリゲンチャ全体がその刻印を帯びている。技術嫌いであるデュアメル流の「ヒューマニスト」は、「魂に見捨てられたように見える群衆のために、魂のない機械によって作られた[11]」事物に呆然となる。技術嫌いとは、下劣な近代的幸福に対してゴルゴタの丘のキリストを振りかざすベルナノスのようなキリスト教徒、あるいは「石と木材だけでなく、鉄と電気でもできており、耳は付いているが、話を聞こうとしない偶像(電話[12])」に雷を落とすポール・クローデルのようなキリスト教徒である。技術嫌いとは、アクション・フランセーズの支持者であるが、新(ネオ)-モーラス主義の若者もそうである。この新-モーラス主義者の若者たちは、社会的拘束から自由であるにもかかわらず、アメリカで「奇跡」の代わりとなっている「機械の征服」に対する偶像崇拝を告発しようといきり立っている。(13) 科学技術嫌いとは、〈新秩序〉の非-順応主義者である。その先頭に立つのはアロンとダンデューである。彼らは一九三一年の扇動的な作品『アメリカという癌』を「技術への反対演説(14)」と定義する。技術嫌いとはまた、その一部に限定されるとはいえ、フリードマンのようなマルクス主義者である。「粉々になった労働」にかんする彼の分析は、よい機械（集産主義経済の性質を帯びている機械）と他のすべての機械とを区別している。最後に技術嫌いとは、フランスのハイデガー主義者である。彼らは戦後、機械化と機械化の「文明」を具現している国の両方に対する不信を哲学的に表明することに飽き飽きしたヒューマニストの跡を継ぐことになる。シモーヌ・ド・ボーヴォワールは、一九三九年一二月のある日を、とてもはっきりと記憶している。その日、サルトルはシストロン〔南仏、イタリア寄りのアルプ＝ド＝オート＝プロヴァンス県の町〕の石のベンチに腰掛けて、ハイデガーにとって、いかにして「世界は調子が狂った器械の地平に姿をあらわす(15)」のかを説明したのである。一〇年後、ボーヴォワールに強い衝撃を与えたこの表現は、『アメリカその日その日』のなかで使われる。「ハイデガーはいう。〝世界は調子の狂った器械の地平に出現する。〟そしてここでは器械は調子が狂わない(16)。」アメリカ人の「世界」についていえることは、人間についてもいえる。『ロボットに反対するフランス』によって三〇年代の反モダニズムを戦後にまで延長させるベルナノスから、シモーヌ・ド・ボーヴォワール、およびハイデガーのうちに反技術の新しいインスピレーションを見出すすべての人々へと、引き継ぎはなされているのである。

アメリカと機械化の同一視は、テーラーやフォードにさかのぼるものではない。それはボードレールにはじまる。つぎの予言的な文章は忘れられない。「機械が私たちをすっかりアメリカ化してしまい……。」ゴンクール兄弟の『日記』の注がそれに劣らず黙示録的な仕方で確証しているのは、一九世紀以降、フランス人文学者において、アメリカと技術と「すべての終わり」のあいだで成り立つ結合である。「ある友人がアメリカから到着し、私たちにある情報をもたらしてくれるが、それはとても信じられないようなことで、すべての終わりといえるようなものである。洗面台が壁に固定されているのである。」文明の終焉としての流れる水。ボードレールでさえそんなことは思いつかなかっただろう！　だがゴンクール兄弟の仰天よりもなおいっそう驚くべきことは、二〇世紀のどまんなかでコクトーがゴンクール兄弟に賛意を表していることである。「最初は、そのような指摘に笑ってしまう。つぎに考え込み、私たちの不幸のいくつかはそこに由来するのではないかと不安になりはじめる。[17]」

だが『火箭』の反近代的予言は、まず最初は不発だった。そして大部分のフランス人は、取り外しのできない洗面台を前にして激しい恐怖をコントロールすることができた。第一次世界大戦に先立つ半世紀は、機械に多くを期待している。労働時間の短縮や人的労力の軽減といった約束をなかなか守ろうとしないのは、機械のほうである。役に立つ財を増大させる機械の能力についていえば、これは戦車、機関銃、マスタードガス弾という形の恐るべき破壊性能によって、ヨーロッパではにわかにかすんでいく。一四年から一八年にかけて戦場での機械化の惨憺たる成果は、一九二〇年代の反機械化への方向転換を準備するのである。

近代の機械化のもっとも華々しい象徴である組み立て流れ作業は、最初、フランスでは興味をもって観察されるが、アメリカ化に対する「あらゆる批判の中心に、一九二七年になって突然、ふたたび浮上する[18]」。この指摘をしている歴史家は、つぎのような仮説を提示する。すなわち、最初の世界大戦の終わりには、同盟国アメリカに結びついた外交界（ジュール・ジュスラン、アンドレ・タルデュー）と、生産力を上げるアメリカ的方法に魅了された実業界（シャルル・セストル、エミール・シュレベール――『エコー』誌の経営者で、ジャン＝ジャック・セルヴァン＝シュレベールの父――、ヴィクトル・カンボン、ジャン・ゴンタール）とのあいだには密接な絡み合いがあった、というものである。こうして戦後、合衆国の外交政策がフランスにもたらした怒りは、アメリカの利益とあまりにも強く同一視されたサークルが推奨する産業革新にまで及んだ。[19] だが一九二〇年代のフランス人、とくに知識人が機械化に反対して団結するのに、このような事情は必要だったのだろうか。そうとは思えない。それほど、一九四九年にアメリカ人の招待主に向かってコクトーが相変わらず見せている傲慢さとうわべの謙虚さのない交ぜになったポーズは、彼ら二〇年代のフランス人にとってなじみが深いのである。「フランスの古い家畜小屋の人間である私、手でオブジェをこしらえ、それを脇にかかえて町までもっていく職人である私[20]……。」この自画像は、大西洋上の飛行機のなかで書かれ、技術的に粋に「パリ‐ニューヨーク（エール・フランス）、一九四九年一月一二日‐一三日」という日付が記された『アメリカ人への手紙』から引き出されているだけに、ますます味わい深い……。

両大戦間に支配的である反機械化の反応は、いたるところに広まっている不安――ドイツではフリッツ・ラングの『メトロポリス』（一九二六年）、合衆国でもチャップリンの『モダン・タイムス』（一九三六年）がこれを証明している――と同時に、同業者集団としての聖職者に特有の技術嫌いに関係している。この分野では、聖職者は苦労もせずに国家のノスタルジーを体現している。職人という自画像におけるコクトーの気取りは、ある「理想」を反映しているが、それはフランス全体の「理想」である。「フランス人ひとりひとりの理想とは」とシーグフリードは一九二七年に記している。依然として、「私たちの思考のなかで文明の概念そのものと結びついている［……］、流行遅れの生産様式としての職人仕事」[21]である。そして、「大量生産と相容れない」この理想は、急速に進むアメリカ化によって短期的には助かる見込みはない。

この機械化に対するフランスの訴訟において、『未来生活情景』は一般に広く賛同を集める総括的な論告文のように見える。だがそれはもっとも学識が深いわけでもなければ、論理構成がもっとも確固としているわけでもない。モーリス・ブランショは一九三二年にはすでに、その限界を皮肉を込めて指摘している。「機械独自の敵［デュアメル］は、機械に恐るべき特徴をすべて割り当てている。」ブランショの目には、「自分に少しは罪があると思っている機械装置、モーター、ボルトは一つもない」。だがあんなに多くの憎しみが、「この偶像に途方もない力を認めている」[22]。ブランショは終わりに、「人間がほとんど問題となっていない」アメリカに対する反駁書を書いたことで、この公然たるヒューマニストを非難している。そこでは機械化がほとんど問題となっていない、とつけ加えることもできるだろう。つまり、デュアメルは労働の新たな編成にほとんど興味を抱いていないのである。〈機械〉とは彼にとって抽象的な呪いの言葉である。そもそも、デュアメルが記述しているのは、消費する‐ための‐機械であって、生産する‐ための‐機械ではない。すなわち、〈自動車〉、〈エレベータ〉、〈映画〉――怠惰と隷属のトーテムである。規格化に対する彼の批判がとりわけ露呈させているのは、世界の質的な貧困化に脅かされた快楽主義者のフラストレーションである。この快楽主義者は、「五〇の異なったプラム」のために、そしてもちろん、フランスを作り上げた「一〇〇種類以上のチーズ」のために不安を感じているのである[23]。人それぞれに「鼻持ちならない神」がいる……。ロチは一九世紀末にはすでに、アメリカ人の神、すなわち石炭を吐き出し、石油を染み出させる〈機械〉を告発した。デュアメルはロチの例に倣って、どこにでも存在するようになり、アメリカではいたるところで喧噪と醜悪を押しつける機械を激しく非難する。ロチからデュアメルへと、嫌悪感は同じで、機械化の分析はほとんど進歩していない。視点が移動しただけである。デュアメルにとって興味があるのは、日常生活が無数の無益な機械装置によって侵略されていることを明らかにすることである。彼に新しさがあるとすれば、それは自分の意に反してであるが、「消費者」——町中で公序良俗に反する文明によって客引きにあった廉潔の士——の立場に滑り込んでいることである。

だが自分を取り巻くすべてのものに突きつける本能的であると同時に道徳的な拒絶は、デュアメルを最近の「システム」の改良に対して盲目にする。アンドレ・シーグフリードの読者であるデュアメルは、シーグフリードの教訓をほとんど理解しなかった。だがすでに一九二七年にシーグフリードが説明していたのは、合衆国で進行中の新しい産業革命は、機械の増加と改良にのみあるのでもなければ、主としてそこにあるのでもなく、新しい「生産哲学」にあるということである。この新しさがデュアメルから抜け落ちたのである。彼の機械に対する断罪は、同時期にジョルジュ・フリードマンが「アメリカからもどってきた知識人たちの感情的な呪い[24]」と呼んだものを超えていない。デュアメルの非難は根本的に道徳的であり、彼の道徳は努力という道徳である。「人間がつねに見出されるのは、努力、恐ろしく死ぬほどつらい努力が、他の何ものでもなく、人間を要求するところにおいてである[25]。」つねに汗、つねに苦労があり、血さえも流されなければならない、とデュアメルは憤慨する。機械化にはどうしてもできないことである。これと逆のことを主張する者たちはペテン師なのだ。たとえできるとしても、機械化はなおいっそう「非人間的に」なるだろう。というのも、努力は人間を測る物差しであり、人間性に損害を与えることなしにそれを廃止することはできないからである。「まるで努力が存在の尺度そのものではないかのように[26]！」デュアメルは、自分がその分だけ、みずからの主たる主張——機械の全能——を弱めていることに気づいているようには思われない。（他のところではこれと矛盾して、デュアメルがシーグフリードを非難しているのは、シーグフリードが機械化には限界があり、「イチゴ摘み機械については、さらに長いこと待たなければならない」と信じているからである。「イチゴ摘み機械？　アメリカ人をそんなことに向かわせてはいけない。そうしないと、何ということだ、彼らはイチゴ摘み機械を発明してしまうだろう！」[27]）優柔不断なカッサンドラ〔トロイの女予言者。トロイの滅亡を予言したが、だれも信じなかった〕であるデュアメルは自分が告げなければならないのは、機械に取って代わられた人間の終焉なのか、それとも人間の努力と同時に廃棄された人間性の喪失なのか、いったいどちらなのかがもはやときどきわからなくなるのである。

　デュアメルが労働者の「死ぬほどつらい」努力を礼賛するのを読むと、戸惑いを覚えずにはいられない。だが彼の懐古趣味、また彼の反機械の熱気を支える口やかましい痛苦主義は、彼の成功を台無しにするどころか、もっぱらその成功に一役買った。三〇年代の反米主義は好んで一種の侮辱されたラメント〔哀歌〕を気取っている。すなわち、彼らはどうして私たちにそんなことができるのだろうか――私たちと〈人間〉とに対して、というわけである。そもそも、人間の苦痛を擁護することのなかに露見する偽善的態度は、デュアメルに固有のものではない。人間を堕落させる快適さとあさましくも物質的な享楽のアメリカを前にして、デュアメルはキリスト教徒と共産主義者がそれぞれの立場で発する悔悛の言説の「ヒューマニズム」版を提示しているのである。「人間の不幸は宇宙の驚異」であると信じる人々と、光り輝く未来の道は「犠牲になった諸世代」でもって敷きつめられているとみなす人々、そしてへとへとになる仕事を「存在の尺度そのもの」と考える人のあいだの親近性は、当事者たちが考えているよりも深い。そしてアメリカが触媒となって、こうした厄介な共謀を出現させるのは、これがはじめてではない。デュアメルが際立っているとすれば、むしろ彼の並外れた深い確信によっている。機械がひどくつらい努力を軽減するといわれる、とデュアメルは不信の念をもって自問している。だが正確には、「何がつらい努力と呼ばれるのだろうか」。彼の答えは完全に用意されている。それは「もっとも重いつるはしよりも万年筆のほうを重い」と感じる「疲れ果てたジャーナリスト」の最後の努力である。さらに、「外套が炭車まるまる一台と同じくらい重いと感じる」目覚めの悪い当直医である。ジョルジュ・デュアメルが、文学者になる前は医師であったことを忘れてはならない。

デュアメル、コクトー。すなわち、英雄的な職人、頭脳労働の殉教者である。少なくともコクトーは、楽しげな反道徳主義でもってその小型装飾挿画（ヴィニェット）を簡潔に描いている。少し前まで作家の日常的な気苦労を軽減していた「魅力的な無数の労働力」をずうずうしくも懐かしむときである。「昔は、だれかが私たちに水と光と食物を運んできた。私たちには場所を変える必要がなかった。肘掛け椅子や本から離れない自由があったのである。[28]」コクトーの故意の「無作法」によって、私たちはつぎのことを正しく思い出すことになる。すなわち、フランス・インテリゲンチャの多くの反機械的な愚痴の背後にはまた、多くの場合、召使いの失われた楽園——移動可能な洗面台が下女の手であなたのところまで運ばれてくる黄金時代——に対するはっきりとしたノスタルジーもある、ということである。「人手がなくなった」とコクトーは認めている。「機械装置がそれに代わるのである。」私たちの聖職者によれば生活のアメリカ化によって脅かされている〈人間〉の形象に、正直なところ、奉公人と小間使いもプラスしなければならないだろう……。

「アメリカの生産哲学」

だがデュアメルは、ここでは森を隠す木である。というのも、まさしく一四年の前と後とで、〈技術〉

帝国としてのアメリカに対するフランスの言説が深く変容するからである。語彙そのものがこのことを証明している。一九二〇年代以後、機械に対する訴訟は、合衆国がその実験室であり原型(プロトタイプ)でもある技術－社会－文化的な複合体を対象とする、より幅の広い告発にもなっている。いまや語られるのは、「アメリカの方法」、「アメリカのシステム」、あるいはさらに（アンドレ・シーグフリードにおいては）「アメリカの生産哲学」[29]である。アメリカの機械はたんなる偶像であることをやめ、機械化は機械に対する崇拝だけであることをやめた。偶像崇拝は宗教と化したのである。社会宗教、さらには国家宗教でもある。いまや合衆国はフランスの観察者には、教義集、科学信仰、社会的実践を付与されたものとして見える。そしてこれらの教義、信仰、実践は、〈技術〉－〈資本主義〉という二重の極の周囲にその全体を形成しているのである。

というのも、一方でフランス人は、合衆国と資本主義は一体であるという確信を獲得するからである。この確信がいかに私たちには月並みなものと見えようとも、この同一視は新しい。人々が合衆国の革命による変容の可能性をもはや信じなくなる一九二〇年代になってはじめて、この同一視が認められるようになるからである。〈トラスト〉は社会主義に道を開くことはなかった。ヤンキーの資本主義はかつてないほど堅固であるように見える。それどころか、ジュヴネルが一九三三年に強調しているように、人類史において制度と社会のあいだの共生がこれほど完璧だったことはない。「資本主義制度とアメリカ社会以上に、制度が社会に本質的に結びついていたことはかつてなかった。そして必然的帰結として、いかなる社会もこれほど制度によって決定されたことは一度もなかった。[30]」システムの社会主義的転換について自問をくり返していた戦前に比べると、大きな変化である。アメリカの表象の未来にとっては決定的な変化である。

他方で、機械化は同時に、競争という至上命令によって強いられる物質的進歩としてのみ見られることはもはやなくなる。いまや機械化は、機械化の周囲に組織されるけれども機械化を凌駕する、社会という機械の歯車の一つとしてのみ出現する。この「システム」においては、すべてが結びついている。イデオロギー的・道徳的前提、生産技術、労働・衛生・生活の規律、人間関係、消費習慣――*American way of life* とはこの全体であり、このトートロジー的表現とは違うやり方で言い表わすことはできない。

アンドレ・シーグフリードが『今日の合衆国』で工業生産に割いた章は、広範な公衆のなかに、こうした新しい合衆国のヴィジョンを確立する。彼の描写は、簡潔な筆致で描かれているだけに、いっそう衝撃的である。ベルトラン・ド・ジュヴネルの『アメリカ資本主義の危機』の六年前に、それよりも辛辣な調子で、シーグフリードはグローバルな論理で締めつけられた社会の全体像を冷静に作成している。合衆国がこれ見よがしに富裕化したからといって、より根本的な現象を見逃してはならない。「生産の組織化」、「規格化」、広告による消費の操作、「従業員の体系的利用」（「テーラーリズム」〔科学的経営管理の理論と実践〕）、適性検査、統計的予測に対する絶えざる依存、メーカーの大企業と国家との協力（たとえば規格の統一のために）――これらすべては「奉仕」というイデオロギーに飾られている。これが、シーグフリードが説明している次元そのものにおいては、新しいアメリカの nexus〔絆〕である。そのような社会においては、産業、政治、社会のあいだにもはや断絶はない。個人と集団の区別については、アメリカ人がまだその存在を信じているとすれば、それは彼らが自分たち自身の社会的想念（イマジネール）にだまされているからである。「草原の馬のように自分が荒馬であるとみずから信じているアメリカ人〔……〕は、実際にはこの上なく御しやすい人間である」とシーグフリードは説明している。[31] アメリカ人は「驚くほど柔軟な気質」で、自分自身の「教育」、つまり自分の好みや内的ハビトゥス〔個人の知覚、発想、行動などを規定する構造〕に対する操作を、不平もいわずに喜んで受け入れる。性質と教養によって「おたがいに驚くほど似ている」この一億人のアメリカ人は、商品の大司祭——消費に仕える「科学者、経済学者、心理学者」——が欲するプロフィールへとさらに成形されるのである。

欲望の操作と個人の消費者への変容は、あらゆる解説の中心にある。人間工学の発展にほとんど注意を払わないデュアメルは、それでも広告の「暴動」には衝撃を受ける。彼はこれを自分の尊厳に対する毀損と感じるのである。これは「私たちの同意を無理強いしようとするこれら恥知らずの悪徳商人」が人間に対しておこなう絶えざる「侮辱」である。人間に対して。いかにも、そのとおりだ！　だが彼ら悪徳商人たちが破産させる人間、「貧しい人々」に対してだけではない。広告によって「下等動物のなかでもっとも鈍感」扱いされた人間に対してであり、うるさく責め立てられ、強奪されるが、とりわけ「定住する軟体動物」のランクへとおとしめられた人間に対してであり、アメリカによって日常的に損なわれながらも、「ウナムーノのいうように」「まさしく全人的人間である」[32] 人間に対してである。（すぐれて反実用主義者（アンチ・プラグマティスト）であると同時に、『人生の悲劇的感情』にも見られるように反合理主義者でもあるミゲル・デ・ウナムーノは、明らかに反米主義的ヒューマニズムの支持者である。）デュアメルとはまったく別の関心から、ベルトラン・ド・ジュヴネルもまた欲求の操作を決定的革新として論じている。彼はこの操作がアメリカ人の語彙さえ変化させたと指摘する。すなわち、「［産業界の］指導者は、これらの欲求を目覚めさせるために最大限の努力をした。この関心はきわめて終始一貫したものだったので、新語でもって言語を豊かにするほどであった。タバコ-の-習慣、映画-の-習慣、自動車-の-習慣、ラジオ-の-習慣、冷蔵庫-の-習慣である。近代製品に対して市場をますます拡大すべく、消費者に一連の習慣を丸ごと身につけさせようとしたのである」[33]。その数年前にデュアメルは、「消費者」《consommateur》という新語の前後に、まだ嫌みなギュメのピンセットを置いていた。ジュヴネルは、その必要を感じない。機械は意味論的な獲得物そのものに対して、みずからの激しいテンポを押しつけるのである。

二番目の不満の種、そして人格に対するもう一つの侵害、すなわち規格化。これについては何人ものフランス人作家が公衆の注目を引きつけた。[34] 事物の規格化は経済的合理性によって求められたが、あっという間にもっぱら人間の規格化へと通じることになる。「*standard*〔スタンダード、規格〕という画一的様式が支配する合衆国のような国では、抵抗はもはや個人的嗜好のなかにさえ隠れ家を見出せない」と、すでに一九二七年にリュシアン・ロミエは『支配者になるのはどちらか、ヨーロッパか、アメリカか』のなかで書いている。[35] フランソワ・ドリュジョンのような概して穏健な社会主義的観察者は、規格化による生活の「旅団編成」が、ソヴィエト的集産主義について想像されるものよりも、はるかに上回っていることを確認する。「私たちの多くにとって、体制順応主義、単調さ、旅団編成の祖国とは、集産主義を主張する祖国、すなわちソヴィエト社会主義共和国連邦以外ではあり得ない。〔……〕反対に、合衆国のように政治的に民主的な国は、多様性のもつ快適な側面をごく自然に提供してくれるはずである。これ以上の偽りはない！ 大規模食堂、規格に合った‐小売店、規格に合った‐食事、規格に合った‐冷凍肉、規格に合った‐バー、規格に合った‐バーテンダーは、URSSではなく合衆国で見られる。」そしてこのことからつぎの歴史的発展の法則が引き出される。「規格に合った‐生活は、資本主義の上位段階の副産物であって、社会主義の副産物ではまったくない。[36]」ドリュジョンにとって、アメリカのすべての小都市は「ことごとくが本店の支店のようなもの」に見える。「それらの都市は、アメリカの領土全体に繁殖している小売店チェーン、ウールワースの無数の支店と同じくらいがっかりさせる。[37]」人間はどうしたらこの画一化から逃れられるだろうか。この意味で、シーグフリードが暗示しているように、「アメリカの生産哲学」

はある種の実存「哲学」を不可避的に作り上げることになる。たとえば、シンクレア・ルイスはこれをつぎのように記述している。「アーカンソー州のボーイは、デラウェア州のボーイと同じ三つぞろいの既製服を得意げに身につけている。二人とも同じスポーツに特有の同じ隠語を話す。二人のうち一方が大学で学んでおり、もう一方が床屋であっても、二人を区別するものは何もない。二人は交換可能である。」『メイン・ストリート』のこの一節にシーグフリードが抱いた関心は、社会的な不明瞭さ――製品の規格化と同じ（否定的）次元に置かれた社会的な不明瞭さ――を拒否する、フランス的拒否の特徴から来ている。「わが国の女性にとって至上の贅沢とは」とデュアメルは憤慨する、「パリの町全体を探しても同じ型が見つからない帽子をかぶることである」(38)。だがアメリカ人の衣服の均質性を前にしてフランス人が感じる居心地の悪さは、個人的「区別」に対するこの愛着を超えている。それはまた職業と身分が何であるかを割り出せる外的特徴の消滅を前にした不快感をあらわしている。二〇世紀初頭、ブルジョワの身なりをしたアメリカ人労働者を前にしてユルバン・ゴイエが感じた苛立ちを、シーグフリードはルイスを介して永続させる。この分野でも、明確にしるしづけられた世界へのブルジョワ的ノスタルジーと、労働者のアイデンティティを保存しようというプロレタリアート的配慮とのあいだでは、半世紀にわたって一致は完全である。このプロレタリアート的配慮には衣服にかんする配慮も含まれている。のちにフランス解放時に共産主義者がおこなうように、*jeans*〔ジーンズ〕の侵略からコールテンを守るのである。フランス人は、保守主義者と進歩主義者が団結して、アメリカでは民主的平等の表明であり道具として生きられるこの外観の区別のなさを、その後、長いあいだ望ましからざるもの、さらには信用できないものとさえ判断する。

「アメリカ文明」が送りつけているように見える画一性の通達は、いずれにしても、「差異」――個人だけでなく、社会集団に対しても求められる「差異」――の反米主義を強くはぐくむ。「裏切る」ことを望まない人々と「混じり合う」ことを望まない人々が、アメリカ・モデルを拒絶することに賛成するのである。アンドレ・シーグフリードは偽りの改悛の情とともに、それを告白している。すなわち、フランス人は「交換可能」ではない。フランス人の重荷とはその個性である。「経済的観点では、この個性そのものがハンディキャップである。共通の型に流し込まれたほうがいいだろう。」だが経済、この *ultima ratio americana*〔アメリカの根本原理〕は、フランス人にみずからの法を押しつけるのだろうか。もちろんシーグフリードは、デュアメル、ジュヴネル、それに他のいかなる同時代人――経済学者を含めて――とも同様に、そうは考えない。フランス人という「この文明人」は、とシーグフリードはつけ加える、「〔ヨーロッパにおいては〕大量生産と文明とは正確には同じ意味をもたないと憂鬱な気分で考える」。だがこの憂鬱全体をもってしても、シーグフリードをして、レンズマメ料理、さらには *corned beef*〔コーンビーフ〕料理のために、自分の文明――すなわち文明そのもの――を捨てさせることはないだろう。

粉々になった人間対新しい人間

フランスで両大戦間に予審に付された機械化に対する一大訴訟においては、左翼、とりわけマルクス主義的左翼は、機械を救い主として擁護していると予想されたかもしれない。URSSではNEP〈新経済政策（ネップ）〉の時代〔一九二一年―一九二八年〕に、未来は容易にアメリカ的色彩を帯びる。〈扇動的宣伝（アジプロ）〉は、貼り紙を通じてつぎのような弁証法的総合を布告する、「ロシア革命の奔流をつかまえよう／アメリカの技術の効率をつけ加えよう／そして社会主義を構築しよう」。だがソヴィエト・ロシアは、よい意味でのライバル心からすぐに物質的な競争、とくにイデオロギー的競争へと移行する。アメリカの機械化のイメージは悪化する。機械化はいまや人間に無礼なものとして示される。その産物は軽薄か有害かであり、そこでは軍需産業が主役の座を占めている。スピードそれ自体が、未来派や構成主義の美術家にはひじょうに高く評価されたが、アメリカではその意味を変える。大衆を資本主義の「地獄の輪舞（ロンド）」にみちびいていくのである。危険極まりない自動車レース、へとへとになる耐久競技会、無声映画の常軌を逸した追跡劇は、産業の強行軍を反映し、つねにスピードを増していくテンポへとアメリカの大衆を「しつけていく」。

レーニン主義とフォード主義（フォードはＵＲＳＳを自動車によって文明化すべく、機械と技師を提供しようとする）のあいだの短い田園恋愛詩にほとんど影響を受けないフランス共産主義は、アメリカ資本主義を嫌うために外部からの援助を必要としない。だがブルジョワ知識人の「偽善的」反機械論に同調することは論外である。機械化のアメリカ様式を断罪しつつ機械化の無罪を証明すること、これがジョルジュ・フリードマンが一九三〇年代に出版を開始する著書、『ＵＲＳＳと資本主義国における機械化の問題』（一九三四年）と『進歩の危機——思想史の概要』（一九三六年）でたどる大筋である。

フリードマンの最初の関心は、「〝魂なき世界〟のエレミヤたち」、つまり「〈技術〉」を「形而上学的な普遍的な問題」と考えるすべての人々と一線を画すことである。これはデュアメルから、『エスプリ』や『新秩序』のような雑誌の「編集者たち」——この「編集者たち」はフリードマンの目には「フランスの国家‐社会主義理論を準備している」ように見える——を経てベルクソンにまでいたる。「〝〈機械〉〟に対して多くのイデオローグが投げつけた呪いの言葉は、たんに彼らの無力と混乱のしるしである」と、理論家たちよりもフォードのほうに興味を抱いているフリードマンは断じている。機械は形而上学的実体ではない。〈悪〉の化身でもない。「流れ作業はそれ自体、野蛮な生産様式ではない。」機械化の復権？ そんなに急がないで。ただ一つの国の機械化の復権である——「技術的進歩と呼ばれているもの」が「異なった意味」を獲得する国、機械が労働者に「害を及ぼさない」と強く「感じられる」唯一の国である。要するにURSSの機械化である。残余の世界については、フリードマンの著作においてかなり見慣れた姿をかいま見させてくれる。「日々改良される機械は、労働者を路頭に迷わせ、大衆が買い切れないほどの品物の過剰生産によって、経済システム全体を狂わせる。」「労働者の健康、往々にして生命をさえも損ないかねない。」機械はブルジョワジーそのものを動揺させる。ブルジョワジーは「みずからを押しつぶすおびただしい技術に囲まれて居たたまれない気持ちになっているのだ(39)」。合衆国発の世界的危機の衝撃をまともに受けたヨーロッパにおいて、フリードマンは釈迦に説法をくり返しているのである。

つまり、機械化は社会的現実から切り離された物自体として検討されてはならない。いまやソ連人がいっているように、機械化には解放する機械化（共同生産の枠組みで行使されるもの）と、略奪し破壊する機械化（資本主義と *cutthroat competition*〔過酷な競争〕の機械化）とがある。今日は混沌。明日は戦争とファシズム――これをフリードマンは、これらすべての技術に「かすかな希望」を吹き込むべきだとするベルクソンの期待に対するブルジョワ知識人の答えだとして、驚くべき簡潔な表現でもって示している(40)。

フリードマンが世界を二つに分けたこの善悪二元論的操作の最初の結果とは、資本主義世界を記述するために、みずから一線を画そうとしている右翼の反機械化の表現を無傷のまま保持するということである。堕落したアメリカの機械化については、フリードマンはみずからが告発する人々の語彙を平然ともちいている。彼は非‐順応主義者のように「盲目的合理化」について語り、デュアメルのように非社会主義的な技術‐社会の人間たちを記述している。この人間たちは「技術が自分たちの上に投影するすべてのものに対する強迫観念(41)」の餌食になっているのである。だがここでより直接的に私たちにかかわるもう一つの主たる結果とは、合衆国の「罪深さ」をさらに深めることである。ソ連の機械が無罪でありうるとすれば、非難すべきはアメリカであって、機械なのではない。保守主義者と非‐順応主義者が同じ嫌悪のなかで合衆国と機械化を同一視しているのに対し、フリードマンは史的唯物論の名の下でそれらを切り離し、生産手段の私的所有にしがみついているアメリカに対して非難のすべてを投げつけているのである。

こうした状況においては、かいま見られたフォードに対する称賛は弾劾に変化するしかない。フリードマンがこの人そのものを批判するのでもなければ、戦争を止めるようヨーロッパ人を説得するために一九一七年末に〈平和〉の船をチャーターしようと思い立った、この偏執的で牧歌的な *self-made man*〔叩き上げの人物〕の奇行を批判するのでもない。彼は長いあいだ合衆国の〈大統領職〉を熱心に追い求めていたが、ウォール街に反対して反ユダヤ的キャンペーンに身を投じたばかりである。こうしたことすべてが、無数の安価な自動車でアメリカを埋め尽くすことと併行しておこなわれるのである。フォードに対して、ジョルジュ・フリードマンはロベール・アロンやデュアメルの呪いの言葉をくり返すことはない。ここでもまたフリードマンは区別している。レアリストの企業家フォードとモラリストのフォードがいる、とフリードマンは説明する。エンジニアのフォードとイデオローグのフォードがいる。前者のフォードは大胆さと勘のよさを示した。後者のフォードは脆弱で、偏狭で、偏見にまみれた精神である。フォードが信じるのは、「高い給料、禁酒法、自動機械、鳥類、花類、〝自由〟、産業、短い労働時間、自動車、〈進歩〉である。彼が信じないのは、掛け売り、銀行家、貧困、老化、ワイン、国家、エゴイズム、慈善、ユダヤ人、過剰生産である」(42)。これがフリードマンによって再構築された「フォーディズムの信条(クレド)」である。おそらくひとりの人間のややこしい肖像画であるが、それ以上に、フォードがその典型的な代表である「文明」の肖像画である。このフォードの肖像画を通じて、フリードマンは見慣れた地図をふたたび作成している。それは素朴でありかつ悪賢く、進歩主義的でありかつ偽善的で、ピューリタン的でありかつ外国人嫌いのアメリカという地図である。もう少しあとで、モランに嘲笑され、シーグフリードに揶揄され、非‐順応主義者に攻撃された「〈奉仕〉」という偽善的イデオロギーを、今度はフリードマン自身が慈善事業家による「欲求」の操作という裸の現実の上に置かれたブドウの葉っぱとして公然と非難する。(43)

だが製造の偉大な組織者としてのもうひとりのフォードは、イデオローグであるソジー〔瓜二つの人。モリエールの喜劇に登場する下僕の名〕よりも本当に価値があるのだろうか。組み立てラインはおそらくそれ自体としては悪ではないが、フォードにおいては人間を疎外する構造のままである。人間はパンのみにて生きるのではないし、休暇のみにて生きるのでもない。人間は意味でもって生きる。その意味で、「粉々になった労働」は意味を提供しない。フリードマンは、人間尊重の機械化に潜在している効率性と恩恵を、組み立てラインの労働者が感じるフラストレーションの「体験」に明確に対立させている。労力の節約としてはよい動作の削減は、意識の領域の縮小と労働の合目的性の無知としてはよくない。専門化はたとえ効率的であったとしても、プロセス全体のヴィジョンをすべて奪われた「細分化された」労働者にとっては、みずからの価値をおとしめることになる。かくして、フリードマンはみずからが嘲笑した「ヒューマニスト的」言説のすぐそばにいる。フォードのドクトリンは、結局のところ「エンジニアのドクトリン」にすぎず、その限界をすべてもっている。同じ非難はテーラーリズムについてもあてはまる。それは、生産の枠組みのなかで結ばれ、分岐していくような社会的・人間的な関係の複雑さには適用できない、さまざまな方針の体系的な機械的実践である。科学主義の代用品であるテーラーリズムは、とフリードマンは説明する。フォード主義よりも役に立たない。人間についてテーラーリズムが前提とする概念にはイデオロギーがいっそう多く染み込んでいるからである。

フリードマンの分析は、それ自体としても、それが左翼の反米主義を新しい方向に向けるそのやり方においても重要である。フリードマンの分析がグラムシの分析と一致していることは、戦後、その反響をますます高めることになるだろう。[44] この分析は機械には無罪宣告をするが、アメリカ式の機械化に対してはそうではない。それは（よき機械の）進歩の概念は保持するが、アメリカがそこに見出したと主張する諸形式については拒絶する。フリードマンは、一方の実践的で現実主義的な革新と、他方の漠然としたイデオロギー、あるいははっきりと有害なイデオロギーとのあいだに区別を提示してはいない。彼が示しているのは「アメリカ・システム」の中心にある思想的なエアポケットである。エンジニアの独創とその貧弱な信条のあいだには、何もない。そしてこの空虚が指し示しているのは、人間の居場所である――人間はもう一度、アメリカによって巧みにやり過されるのである。フォードとその模倣者によって合衆国で誇示された人間への配慮は、まやかしでしかあり得ない。すなわち、ヒューマニズムの代用品であり、いかがわしいイデオロギー的商品である。かくして、まったく異なった道を通って、マルクス主義は右翼において人間の名の下で展開された非難のコーラスに合流する。というのも、フォード、テーラー、および彼らの「エンジニアのドクトリン」に対するフリードマンの判断は、反米的伝統――一方の人間的なもので無縁なものは何もないとするヨーロッパの「学者」に対して、他方の、ギュスターヴ・ル・ルージュによって戯画化されたエジソン＝ハッチソンのようなアメリカの技術者やエンジニアの狭量さを対立させる反米的伝統――の全体を延長し、これを増幅するからである。この根強い伝統を『アメリカという癌』のつぎの一節が示しているが、アロンとダンデューの定義によれば、アメリカ文明とは「技術者の文明であり、そこでは学者は他の人々と同様に道具、せいぜい工作機械にすぎない」。[45] おわかりのように、アメリカの機械に反対して、〈新秩序〉のイデオローグたちはマルクス主義の社会学者といずれにせよ一致することができるのである。

「テクノクラシー」と投票機

さしあたって、この新しい形態をどう名づければいいのだろうか。〈技術〉が社会的なもののあらゆる側面を統率するこのような仕組みを指し示すために、どんな語を選べばいいのだろうか、発明すればいいのだろうか。難しさは紛れもない現実である。この難しさが隠喩――すべてが病気にかんする隠喩――の増大を部分的に説明している。アロンとダンデューは癌という隠喩を使用し、濫用している。医者であるデュアメルは、感染とバクテリアを絶えず援用している。ベルナノスにかんしていえば、フランス解放後にすでに満杯になっている感染の場にやって来て、奇妙なことに糖尿病に白羽の矢を立てる。ベルナノスは、アメリカ文明は「反‐文明の名にもあたいしない、文明一般の病気である」と論じ（それはすでにアロンとダンデューの説であった）、以下のようにつづける。「それに文明の名を与えないことはばかげているだろう。医者は糖尿病の肝臓に肝臓の名を与えることを拒否しない。[46]」そして「それは私の過ちではない」と、アメリカと「機能障害」のあいだの鬱陶しい類比の終わりにベルナノスは結論を下している。いかにも、「この機械という糖尿病に文明という名前そのもの、つまりこの糖尿病が破壊しつつあるものの名そのものを与えると主張しても」、それは彼、ベルナノスの過ちではない。

この意味論的苦境から脱出するために一九三三年になされた試みには、その失敗それ自体によって教えられることが多い。[47] それはフランスの公衆にテ、ク、ノ、ク、ラ、シ、ーを紹介するラウール・ド・ルーシ・ド・サルの試みである。というのも、この新語は成功したとしても、それを「アメリカ・システム」に結びつけようとする発案者の努力は失敗したからである。当事者自身から借用し、フランス人がアメリカに対しておこなっている熱狂的な言説にとってはおとなしすぎるこの用語は、とりわけあまりにも窮屈であり、まさしくあまりにも「技術的（テクニック）」であるために、アメリカの悪〔＝病〕――フランスの注釈者たちがその上に大災厄を思わせる誇張法を積み重ねてきたアメリカの悪――のすべての側面を覆うことはできないように思われる。ルーシ・ド・サルのむなしい提案は、アメリカ「システム」のヴィジョンに衝突する。このヴィジョンはすでにあまりにも包括的で、このテクノクラシーという定義では窮屈を感じざるを得ないのである。『パリ誌』に発表された彼の論文、「合衆国に発する新しい運動、テクノクラシー」のもう一つの興味深い点とは、自由主義という文脈のなかで機械化のイデオロギーとして浮かび上がる「テクノクラシー」を前にして、政治的なものの優位の再確認に助けを求めているということである。

合衆国における外国人特派員の最古参であるルーシ・ド・サルが明確にしているのは、アメリカ人はテクノクラシーにはただ一つの定義しかないという考えにはまったく同意しないということである。彼自身は二つの系譜を提示している。一方は、エンジニア、ウィリアム・H・スミスによる技術のユートピアである。ルーシ・ド・サルはこのユートピアを「哲学と政治のシステムであり、それによれば国家の産業資源は共同体の利益のために技術者によって組織され、管理される」と定義している。他方は、数字化されたデータと経済統計の方法的収集である。これは一九二〇年以降、コロンビア大学で、もうひとりのエンジニア、ハワード・スコットの指揮下でおこなわれた。とくに時期と場所に応じて自由に使用できるエネルギーを対象にしたこの算定が明らかにしているのは、伝統的社会のエネルギー使用量と工業化した国のエネルギー使用量のあいだでは、三〇年間で途方もない開きがうがたれたということである。三〇万馬力のただ一基の近代的タービンが一日二四時間稼動すれば、「人力」が発揮できる力の九〇〇万倍に「匹敵する」。「〔……〕その結果、同じような四つのタービンだけで合衆国の労働人口全体に匹敵する力を生み出すのに十分である。」だがおそらく前世代を驚嘆させたエネルギーという富が及ぼす影響力の目覚ましい増大は、世界的な危機が最高規模に達する一九三三年には、熱狂ではなく不安の源となる。テクノクラートの数字が正確であると仮定しても、とルーシ・ド・サルは解説する。それらの社会的意味は破局的である。これらの予測は人間が決定的に無益であることを通告する。「つねに減少していくごく少数のエンジニアと一般工」を除いて、「もはや人間は必要とされないだろう」。リュック・デュルタンはすでに「スミス・ビルディング」のなかで「アメリカ・システム」におけるこの人員減少の挿画をもたらしていた。「数名のごくわずかな工員の監視下で——これがアメリカ・システムである——はがねの黒人奴隷である一群の機械が休まずに働いている。[48]」であるからして、とルーシ・ド・サルは言葉を継ぐ、「現在の一四〇〇万人の失業者が、翌年には二〇〇〇万人になるのを、どのようにすれば防ぐことができるのだろうか［……］」。

おわかりのように、このテクノクラシーという学説の紹介はその擁護ではまったくない。つまり、〈技術〉の勝利はピュロスの勝利〔犠牲の大きすぎる勝利〕として紹介されている。それは「不条理な」宇宙に足を踏み入れることであり、そこでは人間はあくまでも、「まさしく力を節約し、自分に奉仕するように作った恐ろしい機械と筋力で盲目的に競争しようと[49]」しているのである。ここで「魔法使いのへぼ見習い」としての産業資本主義というマルクス主義起源のテーマに通じることになる——三〇年代に、フリードマンにおいても非‐順応主義者においてもくり返される主題である。このようなシステムには持続性があるのだろうか。人間には間違いなく生存不可能である。そこからつぎの二者択一が生じる。「機械を廃止する」か、それとも必須の財とサービスを獲得することは「最低限の安全」の「権利」だと公に主張することで、人間の労働の全面的価値低下という結論を引き出すか、である。そういうわけで、ルーシ・ド・サルは、個人の基本的権利を定める「新しい〈人権宣言〉」を奨励する。個人の基本的権利とは、食料、住居、暖房、明かり、輸送である。人間が経済的にはもはや何の「価値」もないシステムにおいて、人間への配慮をふたたび主張することが重要なのである。

最初の〈宣言〉とフランス革命への言及は重要である。というのも、一七八九年のように簒奪と濫用に終止符を打つためでないとすれば、なぜ新しい〈宣言〉なのか。このようにして「テクノクラシー」は、今日、私たちが付与しているようないっそう国家管理的で官僚支配的な意味を帯びる、まさにそれ以前には、生産者と消費者にとって抑圧的な生産機構としてのみならず、また同時に民主主義を没収するものとしても指弾されるのである。アメリカの犠牲者クラブは拡大していく。フランスの論争家が擁護する人間とはもはや、かつて農奴が耕作させられていた土地においてそうだったように、たんに機械に縛りつけられた労働者だけではない。徐々に吹き込まれた偽りの欲望にがんじがらめにされた消費者だけでもない。規格化によって作り上げられた *homo quisquis*〔だれでもよい何者か〕だけでもない。それは同時に、監視によって追跡され、心理学者にプロファイリングされ、「人材」の専門家によって類別され、適性テストの精密秤で測られ、評価を下された人間でもある。（アンドレ・シーグフリードには極左主義者的なところはまったくないが、ためらいもなく知能テストと「警察の取り締まり記録」[50]とを比較する。この取り締まり記録は「みなさんについて回り」、「みなさんにはもう厄介払いできない」のである。）要するに、これが剝奪された市民なのである。というのも、選挙直前には高らかに叫ばれ、翌日には忘れ去られてしまう市民の主権は、明日には我が身に降りかかるこの絶対的な権利の剝奪、取り消しからどうしたら生き残れると想像できるだろうか。人間はテクノクラシーのなかで生きているときに、それでもなお民主主義のなかで生きていると、どうしたら偽りなく主張できるだろうか。

こうして新しい技術嫌いは、一九世紀末以降の反米的言説の定数である見せかけの民主主義という古いテーマを再開始させる。一八八〇年世代は、この幻想に対して、根本的に「貴族的な」社会の現実を対立させていた。一九〇〇年世代が対立させていたのは、金権的寡頭政治の圧倒的な重圧である。「テクノクラシー」を非難することは、同じテーマにかんする三番目のヴァリエーションとなる。それが選挙過程の腐敗や不正、組合運動に対する絶え間ない抑圧に対する非難に取って代わるということではない。これらの非難は、材料に不足することがないために、前よりも激しくつづけられる。ジュヴネルは一九三三年に（一九〇三年にそうしたように）つぎのように叫ぶことができた。「ああ！　これらのアメリカの選挙では、同じ〝市民たち〟が自分たちの国語もほとんど知らぬままに、投票ブースから投票ブースへとよろめき、押しつけられた一覧表のために一〇回、一五回と投票をして、暇なときには自分たちが投票したのと別の候補者に投票したと主張する人々を殴りつけるのである！」[51]ジュヴネルもまたドス・パソスとドライサーにつづいて、たとえば一九三二年のハーラン・カントリーのエピソードやディアボーンの大虐殺（一九三二年三月七日）のような、Great Upheaval〔大動乱〕の時代のもっとも暗黒の時期を彷彿とさせる、多数の人命を奪う抑圧のエピソードを告発することができる。「経営者は、移民という従順な家畜を台無しにしてくれるような企ては、どんなものでも厳しく処罰する。いかにささいなストライキでも、雇用者は〝deputy sheriffs〟〔保安官代理〕の美名で正体を隠した〝ギャング一味〟を雇う。[52]」そういうわけで、警察の蛮行と選挙の不正が告発されつづけるが、もっとも重要なことはほかにある。すなわち、民主主義の全面的没収である。これが民主主義の失態や逸脱を二次的な位置へと押しやるのである。権力者の権力濫用を公然と非難する人々自身が、なおいっそう恐れているのは、社会という機械がもはや麻痺をせず、この穏やかな独裁がスムーズなうなりを上げる日が来ることである。

アメリカの政治的語彙に早々に入った「選挙機械」や「民主主義機械」といった隠喩そのものはことごとく、「機械文明」が政治の領域に全面的に侵入したことの告白とみなされる。合衆国では、世間一般の人は政党を「機械」以外のものとは理解しない、と歴史家ベルナール・ファーユは強調している。ヨーロッパ流の、より「イデオロギー的な」定義、またはより社会的な定義は、いずれもが無理解の原因となる。政党の性質は教義によっても、そのリーダーの非凡な性質によっても――たとえそのリーダーが「スーパーマン」であっても――評価されない。重要なことは「その歯車の一つ一つが調和して機能すること」である。「政党のさまざまな構成員とさまざまな権限とのあいだには、この機械を思わせる関係が確立され、維持されなければならない。(53)」実際には、アメリカにおける政治の機械化は、ほとんど隠喩などではない。その結果、ベルナール・ファーユによれば、この政治の機械化は、投票機、あらゆる民主的組織の「象徴」であり「中心」である投票機へと必然的に到達したのである。

神の全身像。「アメリカ的生活における機械の威信と役割を理解するためには、レバーで覆われ、矢印と説明文を備えたこの圧倒的な道具、金庫のように荘厳で、パンドラの箱のように神秘的で、歯医者の設備一式のようにご立派で、釣鐘型潜水器のようにどきどきさせ、要するに巨大で騒々しいこの道具を、アメリカの大々的な選挙運動期間中に見ていることが必要である。」工業機械は、奉仕者をむさぼり食うだけで満足していた。たとえば、『モダン・タイムス』で歯車装置に呑み込まれるチャップリンである。投票機はそれ以上のことをする。つまり、合理的な選択と非の打ち所のない集計の買収できない保証人として、選挙人にみずからを押しつけるのである。民主主義は市民にゆだねるにはあまりに重大である。市民の弱さには投票機の監視が必要である。「それだけが、人間活動のもっとも高尚な機能を果たすにふさわしいように思われる」とファーユは解説している。「それだけが、主権を有する市民にふさわしい正確さ、忠実さ、威厳を保証しているように見える。選挙人は自分の機械と向かい合って、自分の責任と絶大な力の感覚をもつのである。[54]」金庫、歯医者の肘掛け椅子、パンドラの箱、釣鐘型潜水器――これらファーユによって積み重ねられたイマージュはかなり声高に語りかけているので、このオートメーション化した民主主義がフランス人に吹き込む感情についてくどくどと話す必要はない。つまり、アメリカが広場（アゴラ）の共同体の代わりにしたのは、これら機械のくすぐりの、どこかしらいかがわしい孤独な快感である――おそらく、デュアメルによれば、煌々と輝き、活発に動き、話しかけてくる機械に身をゆだねたアメリカの都市生活者が仕向けられるという「視覚的な自慰」の政治的な対応物なのである。[55]民主主義に対するテクノロジーの嘲弄の象徴である投票機は、こうして反米主義の記号学的武器庫に入れられる。冷戦のまっただ中に、『平和の擁護』という隠れ共産主義の雑誌では、アメリカの選挙メカニズムにかんする記事は投票機の写真ではじまっている。その横にはつぎのような題名、すなわち「大規模ＰＭＵ〔場外馬券売り場〕[56]」。

二〇〇〇年、フロリダの機械は、フランス人の確信を確証することになる。すなわち、アメリカ大統領選挙は、スクラッチによってではないとしても、少なくともパンチ入れで勝ち負けが決まるということは、ただの投票と同じだ、というフランス人の確信を確証するのである。しかしながら合衆国が僅差の選挙を独占しているわけではない。だからＧ・Ｗ・ブッシュの選挙が同時に思い出させることになったのは、《one man, one vote》〔ひとり一票〕の必然的結果とは、それぞれの人、それぞれの票が選挙をひっくり返すことができる、ということである。これが――これは婉曲語法である――フランスのマスメディアと公衆において支配的な反応ではなかった。最初のいぶかしげな浮かれ騒ぎ――怖そうな男が階段を踏み外すのを見るときに私たちを襲うベルクソン的なばか笑い――の波のあとにやって来たのは、望んではいないが、それほど思いがけなくもない混迷状態を前にした、いっそう穏やかな歓喜が長くつづく段階である。というのも、数億人もの市民を、パンチカードの多少ともうまく切り離された一握りの紙片にゆだねることによって、この混迷状態は、こうした「テクノクラートの」民主主義のなかでは、機械化から陰謀までは決して遠くないと、フランスで、たっぷり一世紀も前から主張していた人々全員を正当化することになったからである。

警察国家アメリカ、全体主義国家アメリカ

つまり、フランス人が合衆国についてもっている政治的認識を変容させる一連の非難は、機械というモロク〔セム族の神。子供を生贄として祭った〕の周りに集まるのである。一九世紀の大弾圧——二〇年代初頭に激しい社会的衝突が起こったときに、その記憶がよみがえる——の際、とくに左翼に生じた不公平だという疑惑のあとを引き継いだのは、合衆国は民主的な仮面とみずからの憲法にもとづいた諸原理の外観の下で、全体主義社会に変容したという確信である。

やがてベルナノスが「機械文明」に固有なものと明言することになるこの全体主義という運命は、*American way of life* の真理である。「アメリカ・システム」とは一塊である。そこでは機械化はたんなる物質的構造ではなく、「生活様式」である。ジョルジュ・デュアメルにとって、機械化は快楽と日常生活に侵入する（そして腐敗させる）。缶詰入りの音楽、箱入りの映像、ただ走るためだけのちょっとしたドライブ、オートメーション化された遊園地である。「機械はアメリカにおける活動の多種多様なあらゆる形式のなかに浸透した」と、数年後に歴史家ベルナール・ファーユは強調している。「機械はもちろん、産業の原動力であるが、同時に取引、教育、世論、知的生活の原動力でもある。[57]」機械化は労働において機

械に苦しめられている人々のしぐさや反射、生物学的リズムを駄目にするだけではない。機械自体の固有の合目的性に従って、国民全体の精神を形成する。二〇年代にフランス人によって発見された *standard*〔規格〕という語は、フランス人によってモノからヒトへとただちに広げられる。歴史家、社会学者、哲学者、ジャーナリストが強調するのは、人間は自分に従属していたはずのプロセスに隷属しているということである。シーグフリードとデュアメルはそろって訓戒を与える。「個人に売る製品をより規格化(スタンダルディゼ)できるように個人を規格化することは、もちろん、モノはヒトのために作られたのであって、ヒトがモノのために作られたのではないという事実を見失うことである。」「今日、アメリカという蟻塚に住みついている［……］人々は、すばらしく便利なものすべてを、できるだけはやく手に入れようと望んでいる。で、状況の奇妙な逆転によって、彼らはすぐに小心翼翼とした奴隷となる。(58)」同じ価値の逆転は、非‐順応主義者によって倦むことなく告発されている。「世界を支配しているのはヒトなのだろうか。違う、ヒトを奴隷状態にみちびくのはモノである。(59)」

これは隠喩だろうか。まったくそうではない。あるいは、ますます隠喩でなくなっていく。*homo americanus*〔アメリカ的人間〕は〈機械〉への奉仕者である。この人間は自分に吹き込まれた欲求によって社会的に隷属させられているだけではない。ごく露骨な言い方をすれば、徹底的な警察社会の囚人でもある。先にジュヴネルによって告発された組合活動の激しい弾圧から、シーグフリードの著作に見出される「警察の取り締まり記録」としての知能テストの記述にいたるまで、もっとも厳しい監視に、そして必要な場合にはもっとも非情な弾圧に、服していないように見えるアメリカ的生活の側面はいまや一つもない。すでに見たように、ドリュジョンのような社会主義者は、規格を資本主義の最高段階に特有のものと考える。彼には規格化と民主主義は矛盾しており、さらには両立しないものとさえ見える。では規格化が有無を言わさずに支配している以上、アメリカはそれでもなお民主的なのだろうか。「アメリカは民主主義国家である。それはたいへん結構である。だが、たいへん結構だと性急にいうのはやめておこう。ワシントンの民主主義がどれほどまで民主的なのかを知ることが残されている。よくご覧いただきたい。そうすれば、この民主主義が封建制に支配されていることが苦もなくわかるだろう。だがいまは、それがまったく民主的ではないなどと性急に結論を下すのもやめていただきたい。他の独裁に比べれば、それは民主的である。[60]」独裁のなかでもっとも悪くないもの――一九三八年、大中小の独裁者を縫い合わせたヨーロッパで、ローズヴェルトのアメリカはこの誠実な社会主義者にはそのように見えるのである。だがそれではどうして、アメリカを崇拝しているとみなされ、いつも攻撃の的となっているアンドレ・フィリップの筆の下にも見出される独裁という語を使うことを、この社会主義者がためらうはずがあるだろうか。タルデューが右翼のスケープゴートだったように、この意味で左翼のスケープゴートだったアンドレ・フィリップもまた、一九二七年刊の五五二ページにも及ぶ彼の大著――例によってアンドレ・シーグフリードの序文付きの『合衆国の労働者問題』――を思い切ってひもとくほど十分に勇敢な読者のために、さまざまな驚きを用意しておく。第一章は全体にわたって、経営者やその刺客によって犯される弾圧、権力濫用、殺人が詳細に描かれているが、つぎのような誤解の余地のない一節で終わる。「したがって、誇張なしにつぎのようにいうことができる。アメリカ合衆国憲法のえせ‐民主主義的性格とニューヨーク港の入り口にある〈自由の女神〉の存在にもかかわらず、今日、合衆国は世界のなかで資本主義独裁のもっとも完璧な典型を体現している。」〈自由の女神（リベルテ）〉の像にかんする注解には、以下のような皮肉がつけ加えられている。「というのも、アメリカ人は自分たちの著名な故人に記念碑を建立するというフランスの習慣を採り入れたからである[61]」……。

そこからアメリカの物語において、〈禁酒法〉がもつ大きな重要性が生じる。もちろん、恵みのワインを含めたアルコール飲料の禁止は、合衆国のメンタルな健康に疑念を呈するのに十分である。もちろん、ヴォルステッド法〔国家禁酒法〕は、ヤンキーの化けの皮を剝いで、ふたたびピューリタンを見出そうとしているフランス人の期待を満足させる。もちろん、金持ちや権力者、ギャングによる法律無視は、偽善的アメリカをふたたびけなすことを可能にする。だが〈禁酒法〉は反米的言説でそのような重要性を獲得するけれども、それはまた、とりわけ国家による強制的な「自由の国」の変化の証拠として重要性を獲得するのである。二〇世紀初頭には、*blue laws*〔厳法〕は「信じられないほど七面倒なもの[62]」として揶揄された。穏やかなランソン自身も、自由のアメリカが何とか増やそうと工夫を凝らしている「抑圧的規則」に苛立っていた[63]。だが〈禁酒法〉自体は「アメリカ人の魂の中心に関係している[64]」。こういってよければ、それは樽の底を明らかにする。そして「国家が神に取って代わろうとする」国が間もなく全体主義化することを確証している。このような仮借なき結論を引き出すのはデュアメルである。だがつぎのように書くのは、三〇年代のアメリカに対して寛大なごく少数の人物のひとり、ジュール・ロマンである。「〝自由な人々の祖国〟アメリカという理念は［禁酒法によって］あまりにひどく嘲弄された。原理原則そのものにまで及ぶかくも強い嘲弄に対して、文明の尊厳はひとたまりもない[65]。」

愚弄された自由、人殺しの警察官、行動操作のアメリカをどこに分類すべきだろうか。投票機、客でぎっしりの *speak-easy*〔もぐり酒場〕、そして〈ヘイズ法〉が官能表現の長さをフィルム七フィートに決め、それ以上は決して許さなくなったときから、ミリメートル単位で計算された映画のキスシーンの国は、いかなる体制に属するのだろうか。フーヴァーのアメリカ、あるいはとりあえずローズヴェルトのアメリカを前にして、両大戦中におけるフランス人の過半数の回答は、これまでの記述の論理的帰結である。アメリカはフランスには似ていない。それはＵＲＳＳに似ている。ファシストの国家に似ている。まずは、そしてひょっとすると、とりわけＵＲＳＳに似ている。この一九世紀の古い紋切り型、米露の対比についていては、一九一七年以後の体制の両極への分離によって、必然的にトーンダウンしたと思われるかもしれない。実際に起こるのは正反対である。デュアメルにおいては、これは無意識（チック）の癖である。プルマン式車輌の旅行者が共有する洗面台（またもやこれである！）はソヴィエト的である。ニューヨークのクラブもソヴィエト的である。それはモスクワの「作家の家」や「建築家の家」に似ている。「ブルジョワ共産主義」と、自分を招いてくれたアメリカ人にデュアメルは説明する。このアメリカ人は英国の伝統を永続させていると無邪気にも信じていたのである。フランスから見れば、ハリウッドまでも〈ソ連国家計画委員会（ゴスプラン）〉の事務所に似ているのだ！　リュック・デュルタンの詩は「［……］スタジオがもっとも似ているのは／ソヴィエトの役所だということを／知らない人みんなに(66)」そのことを教えてくれる。詩とはいっさい無縁であるが、ロベール・アロンにおいては米露の同等性は明確である。「ＵＲＳＳ、ＵＳＡ［……］過剰に設備がそろっていると同時に過剰に国営化されている(67)」。両国が関連づけられるのは、機械化という名目だけではなく、当時のフランス人の眼差しからしてなおいっそう重要な仕方で、すなわち国家の遍在という名の下においてである。セリーヌにかんしては（だが彼がばかにしているのはだれか）、『世の果ての旅』の華々しい糞便の場面で類似を認めている。「大便（うんこ）の陽気な共産主義(68)」は、アメリカ的なみんなと飲み食いする楽しみの本質的特徴として提示されているのである。非‐順応主義者もまた米ソの同等性をくり返しているが、彼らの場合には、ごくわずかなユーモアすら感じられない。一九三一年の『フランス評論』誌のなかで、ジャン＝ピエール・マクサンスは「モスクワの物質主義とニューヨークのあくどい金儲け主義(69)」に対して、魂と人間とヨーロッパを擁護する。若くて軽快な思想のアジテーターであるダニエル＝ロップスは一九三三年、『エスプリ』、『反抗』、『新秩序』といった「若者の運動」に共通の立場を総合して提示する役目を引き受ける。つぎのテクストでは、USA－URSSの根深い同一性が何度もくり返し語られている。「スターリン主義は、真のマルクス主義からはるかに遠ざかっており、［……］アメリカのフォード方式と同じくらい無益であると同時に有害であるように見える。[70]」数か月後、『新秩序』誌では「ファシスト的、アメリカ的、あるいはソヴィエト的であれ、大衆[71]」を告発することで、二重奏（デュオ）を三重奏（トリオ）に拡大している。一九三五年、ロベール・アロンは「現代の指導者としてフォードやテーラー、あるいはヒトラーを指名している今日のにせ予言者[72]」を告発している。ここではナチス・ドイツがURSSの代わりになっている。だが共産主義とファシズムがイデオロギー上の信条ゆえに交換可能であるとすれば、アメリカはこれらどうなるかわからない構築物の解きほぐせないかなめなのである。

三〇年代の文献はこれらの「対比」であふれている。ヨーロッパの危機の際にはアメリカの「エゴイズム」から何も期待できないということをすでに確信している公衆が、さらに確信するのは、合衆国は全体主義国家と根本的には異なっていないということ、合衆国は集産主義的ではないとしても同じ集団的論理に従っているということ、ヨーロッパにおける合衆国の「ライバルたち」よりもいっそう完全に全体主義的でさえあるということである。（世界大戦前夜、ヒトラー主義に立ち向かうべくローズヴェルトにわずかな希望を託していた非共産主義的左翼の必死の願いが表明されるのは遅すぎるためにほとんど報いられず、このイマージュを変えることはできない。[73]）ロベール・アロンがフォードをヒトラーと同じ次元に置くのは、今日では驚くべきことである。しかし支配的感情とは、そしてそれは非－順応主義者だけに見られるものではないが、「アメリカ・システム」が強制力をさらに強め、スターリン主義とファシズムが合わさったよりも、いっそう人間に対する支配力を確固たるものにするということである。これは『未来生活情景』の「自由の感情をめぐる小問答」の章で、デュアメルがピトキン氏に説明していることである。この一節は少々長く引用する価値がある。「政治的独裁は確かに忌まわしく、おそらく耐えがたいように思われますが、これがいかに奇妙に見えようとも、私の懸念のなかではそれほど大きな位置を占めていないと、あえていいたいと思います。［……］ソヴィエトとファシズムという二つの独裁だけを採り上げても、それらは自国と世界全体であまりにも激しい抗議をかき立てるので、哲学者はこれらの独裁について落胆しながら思いをめぐらす理由がないほどなのです。」さあ、がんばれ！「人間の心のなかで消えていない」「政治的反抗の精神」に期待しよう。そして独裁者たちに対してご幸運を祈ろう。だがそれでもデュアメルの自信は無制限ではない。そして「もう一つ別の独裁、にせ文明の独裁」を前にして、つまり「アメリカの奴隷」にし自己自身の奴隷にする独裁を前にして、彼らが、人々が、尻込みしたらどうなるのか。「それこそが［彼を］悩ませているものである。[74]」これは聖職者の苦悩であって、この聖職者の裏切りはバンダが標的にしていた裏切りとは違っている。

しだいに右から左へ、没収から人間性喪失（アリエナシオン）へ、「あまりに形式的であるために現実的ではない民主主義」から、あまりに資本主義的であるためにヒューマニズムではない「テクノクラシー」へ――これこそが最後の砦まで追い詰められた「アメリカ・システム」である。何ものも逃れられないこの全体性は、全体主義の完成型ではないだろうか。「人間の自由意志の外見と幻想は残しつつ人間に圧力をかける」ために駆使されるこの膨大な手段は、独裁の傑作ではないだろうか。一九三五年の著書『自由の独裁』で、ロベール・アロンはこの問いをみずからに課している。彼の答えとは――ローズヴェルトとニュー・ディール政策のアメリカを対象にしているだけに、ますます驚くべきものであるが――、不可避的な個人の制圧と自由の削減である。要するに、目に見えない独裁であり、それだけにいっそう現実的である。「ジャーナリズムや広告のようなあらゆる暗示力——報酬と賞与の分配、あるいは保守的で体制順応主義的な相互扶助のある種の博愛的活動に加入した個人に与えられる恵まれた生活のようなあらゆる間接的な圧力、これらすべてがあからさまな暴力や露骨な独裁の使用をほとんど不要にするのである。[75]」このほとんどという語に、左翼の反米主義が忘れることのない修辞的プログラム全体がある。

この主題にも将来性があふれている。「目に見えない独裁」よりも有害なものはあるだろうか。それに、可視的な何ものも確証できないという事実を論拠とする非難以上に、反駁不可能なものがあるだろうか。もう一度いえば、非‐順応主義の風刺家の奇妙な屁理屈は、共産主義や左翼シンパ、または極左主義の模倣者の諸世代にエクリチュールの見本として役立った。両大戦間に定着するこの疑惑の論理は、うわべだけの民主主義であり、潜行する全体主義であるアメリカにかんするフランスの集団的言説を支配しつづけた。ご存知のように、悪魔が弄する最後のトリックは、悪魔が存在しないと信じさせることである。アメリカの「独裁」についても同じである。しかしフランスの知識人はだまされない。ファシズムが絶頂に達し、スターリン主義が強化されている最中に、彼らが全体主義の〈大悪魔〉として告発するのはアメリカである。冷戦で瓦礫と化し、半分は「解放者」ソヴィエトに従属していたヨーロッパで、彼らが形式的民主主義の外観の下で「真のファシズム」の構造を暴き出すのは、相変わらずアメリカについてである。もちろん共産主義者である彼らは、少なくとも *ex officio*〔職務上〕これをおこなっている。だが彼らとともに、同じ業務上の責務をもたない人たちが、他にどれだけたくさんいることだろう！　というのも、一九四八年に、だれが「ファシズムの誕生」を前にしたアメリカの若者の無気力ぶりに憤慨するだろうか——シモーヌ・ド・ボーヴォワールでないとすれば。[76]また一九四七年に、だれが「その誕生からすでに全体主義文明となるべく運命づけられた資本主義社会」について語るだろうか——ジョルジュ・ベルナノスでないとすれば[77]。
合衆国と全体主義との同一視は、それが典型的な全体主義への同一視ではないとき、政治的・外交的無能という直接的な結果をもたらしただけでない。より長期的には、この同一視によって冷戦下のPCFは、USA－ナチス・ドイツの類似性を、かならずしも説得力がない代わりに度を越した衝撃を与えることもなしに、強調することが可能になる。また戦前の非順応主義の精神的継承者は、戦後もほとんど変わらない決まり文句を何度もくり返すことができるようになる。左翼で予審に付されたファッショ化にかかわる訴訟に反応して、ほとんど同じくらい非妥協的な語彙で、アルベール・ベガンは一九五一年にアメリカを「独裁者のいない独裁[78]」として記述することができる。そしてジャン＝マリ・ドムナックは、一九五九年に非－順応主義的非難の延長線上で、明言する。「アメリカという国家は自由主義的だが、社会は全体主義的である。これはおそらく世界でもっとも全体主義的な社会である[79]。」

ヨーロッパのファシズムがつぎつぎと打倒されていったときに（あるいは大往生をとげたときに）、また共産主義体制が将棋倒しになったときに、さらに歴史上の全体主義が消滅したとき――、そのとき、つまり今日、唯一残るとすれば、それはこの全体主義、Amerikkka〔KKKは白人秘密結社クー・クラックス・クランの意か〕だろう。

独裁と抽象化

つまり、「システム」としての機械化に対する訴訟は、すでに二〇世紀中葉以前から二つの大きなテーマ体系を伴っている。「全体主義的」（さらには「ファシスト的」あるいは「ファッショ的（ファシザン）」）アメリカというテーマ体系と「抽象的」アメリカというテーマ体系である。というのも、生活の機械化と人心操作が合衆国を全体主義の模範と化すように——より表現主義的な独裁は、結局はこの全体主義の不器用な下絵にすぎない——、数字と計算と統計の支配によって「図式化傾向」に慣らされた精神の機械化が、精神のアメリカを抽象的なものの王国に変えるからである。かくして、緊密な網の目が、聖職者の反米的言説のなかで機械化と（形式的）民主主義と抽象化を結びつけるのである。

アメリカの人間性喪失を構造化する形式としての「抽象化」の告発は、三〇年代には右翼と左翼の反米主義の修辞学的な場と化す。そこには意外さと明らかな矛盾がある。伝統的にフランスでは、アメリカは実用的知性の国として記述されていた。その代わりに、知的思弁の才能にほとんど恵まれず、概念にはめったに興味を示さないといわれていた。一九四八年のシモーヌ・ド・ボーヴォワールはこの逆説を自覚している。「実際的な文明のほうにかくも熱心に目を向けている国で、この抽象化という語が毎日、私の唇に上ってくる。」というのも、抽象化がいたるところにあることを確認せざるを得ないからである。白人のジャズは抽象的である。若きアメリカ文学は抽象的である。彼女がギャラリーで発見する絵画は抽象的である。これでもってボーヴォワールがいわんとしているのは、「抽象絵画」ではなく、ひどく図式的で「中身を欠いた」絵画である。「絵画のギャラリーを歩き回って、いくつかの若者の作品を読んで、その現象が一般的であることに驚いた。キュビスムもシュールレアリスムも、その中身を欠いていた。それらから抽象的な図式しか保持していないのである。ヨーロッパでは生きた言語であったこれらの形式は［……］、ここでも無傷のまま見出されるが、防腐処理を施されている」何百万も使って購入された修道院のように？　何百万も使って購入された修道院よりも悪い。というのも、ヨーロッパの切り貼り細工であるこれらの作品は、「それらがもはや何も語らないことに気づかないままに機械的に生産され、再生産されている」(80)からである。ボーヴォワールによれば、抽象的表現主義である。根をもたぬものの上に金張りした機械装置である。

アメリカの抽象化というテーマが左翼によってまとめられたとしても、それは明らかに右翼の血統をもっている。〈独立宣言〉の書類から生まれた抽象的な連邦国家であり、有機的一体性のない人間の寄せ集めである合衆国は、ずっと以前から伝統に固執する人々の攻撃の的である。この古くからの敵意が、三〇年代の雰囲気によって新たな力を付与されるのである。アロンとダンデューは、ヤンキーの国が有頂天になっているけれども、「理工科学校の第一学年の学生」にもあたいしないこの「抽象的なものの威信」を酷評しつづける。(81)「身を落とし、テーラー・システム化されたデカルト哲学」、「体面を汚されたヘーゲル哲学」にまみれたアメリカを皮肉るのである。(82) ここでもまた非‐順応主義が追随者を生む。シモーヌ・ド・ボーヴォワールに話をもどすと、彼女は『アメリカその日その日』のなかで『アメリカという癌』の両著者と違ったことはほとんど述べていない。アメリカの方程式とは、と彼女は説明する。主体と〈精神〉の二重の否定である。「ヘーゲル哲学の用語を使って、主体の否定は〈精神〉に対する悟性の勝利、つまり抽象化の勝利に通じるということができる。(83)」ボーヴォワールにとっても戦前の唯心論的反米主義にとっても、より都合のよい（または、より悪い）こととは、アメリカが金銭を崇拝するのは、この「空っぽの象徴」が抽象化へのアメリカの情熱に呼応しているがゆえだということである。「金銭が多くの人々にとって唯一の目的であるのは、他のすべての価値がこの公分母に還元されるからである〔……〕。アメリカ人はこの空っぽの象徴で満足している。」アメリカ人は「内的な熱気がない」だけに、ますます容易に金銭で満足するのである。(84)

これは同じ時期にベルナノスが『何のための自由か』のなかで転げ落ちるのと同じ斜面を滑ることである。というのも、ベルナノスは「機械というアングロ‐サクソン系アメリカ人の文明」を声高に強く非難するだけでは満足しないからである。この文明は必然的に「全体主義的」になるという運命を声高に主張することで立ち止まりさえしない。彼は残念ながら既－聴（デジャ－アンタンデュ）の印象を与える高利－機械という対の系譜に身を投じるのである。投機家たちはつねにいた、とベルナノスは想起させる。アングロ－サクソン系アメリカ人の以前にさえも。その証拠に、福音書でもこれについて語られている。「おそらくこうした人々が多かれ少なかれつねに考えていたのは、自分たちがいつしか世界の支配者になるということである。しかし人々は彼らを警戒し、疑惑の目で見ていた。」そして人々は何と正しかったことか！「中世が高利と高利貸しについて考えていたことを思い出していただきたい……。」戦後二年経ったばかりのときに、ベルナノス自身もこれらの言葉の意味と重みを思い出してくれれば、どれほどいいだろうか。いや、ベルナノスはバプテスト派のように静かにつづけるのである。「結局、待たれていようがいまいが、彼らの時代はやって来た。機械の発明は彼らに欠けていた道具を突然、一挙に与えてくれた。」ベルナノスはつけ加える。「機械にはそれについていかなる個人的な責任もない。」そして笑わせようとして、自分は「ニュルンベルクに機械を送ること」を望まないとつけ加える。「〔機械に対する〕訴訟費用があまりに高くつくからである。これはよく考えられている。だが送るのが、どうして機械の支配者と所有者ではないのだろうか。どうして「アングロ－サクソン系アメリカ人」（だれも怒らせない）と、中世以来、自分たちの時代が来るのを待っているこれらすべての不可解な高利貸しではないのだろうか。「かつての君主制では、ジャック・クールからフーケまで、ほとんどすべての大蔵卿がろくな終わり方をしなかった。」無念さがこみ上げてくるのが感じられる。ニュルンベルクまたはモンフォーコン〔パリのセーヌ川左岸の高台。絞首台があった〕に、「大蔵卿」と「アングロ－サクソン系アメリカ人」を！　ベルナノスが、「みなさんが多数の慣習的な考えを再検討するのを手伝う」と呼びかけているのは、このことを指しているのである[85]……。

実際には抽象化への非難は、いくつもの形で影響を及ぼしている。第一段階では、反米的言説によって作り上げられた「抽象的」アメリカは、アメリカの「生命力(バイタリティ)」を褒めそやす人々にきっぱりと反論している。機械装置と生命あるものを対立させるのは、むろん決まり文句である。[86] そのような理由で、ベルクソンの名は反米的論争のなかにしばしば登場する。彼の最後の著作『道徳と宗教の二源泉』(一九三二年)は、先進社会における機械化の問題を直接に採り上げている。機械化の有害な結果は、とベルクソンは主張する、「矯正することは不可能ではない。[……] 人類はこれまで、熱狂的に生活を入り組んだものにしてきたが、それと同じく熱烈に今度は生活の簡素化に乗り出さねばなるまい。この企ては人類自身の手によってしか開始されえない。というのは、発明精神をいわば馳場(はせば)へ進入させたのは、ほかならぬ人類なのであり、よくいわれる事象の力でもなければ、ましてや機械に内在する宿命的な力でもないからである」。[87] おわかりのように、翌年、ルーシ・ド・サルが「機械を廃止する」というアイディア(彼はこれを丁重に退ける)を引き出すのは、ここからである。疑い深いエコノミストから老哲学者へのひそかな賛辞である。ジョルジュ・フリードマンのほうは、この「歴史哲学」が汚されているかに見える「神秘主義」に対して、公然と論戦を挑むことになる。[88] しかし『道徳と宗教の二源泉』出版以前においてさえ広まっているある種のベルクソン哲学は、機械批判に対して哲学的保証をもたらす——たとえばデュアメルにおいてである。デュアメルは生命あるものと不活性なものとを同一基準で測定することの不可能性にかんする自分の論の展開の一つをベルクソンの権威の下に位置づけている。[89]

このベルクソン的ムードから(往々にして同じページで)まったく異なる発想の雰囲気に移行するが、そこでは「生気論」はむしろ漠然とした新‐ダーウィニズムを指し示している。その際、問題となるのは、ベルナノスの場合のように、機械の急速な増加をダイナミズムの証として提示するという近代的誤謬(あるいはアメリカ的まやかし）を告発することである。それ以上に間違っていることはない、と一九四七年にベルナノスは答える。「ヤンキーは二〇年前に、機械化はバイタリティの並外れた高まりの徴候であると私たちに信じさせようとした！　もしそうであったならば、世界の危機は解決されてしまい、絶えず拡大し、悪化し、ますます異常な性格を帯びたりすることはない。」いや、とベルナノスは主張する。機械化には「並外れたバイタリティ」などいっさいない。「機械化の人間」、つまり「狂気と無力という二重の脅威の下で、躁（そう）と鬱（うつ）を交互にくり返す神経症患者[90]」においてはなおさらそうである。「機械装置」とは、とベルナノスはつけ加える。生命の回避であり、迂回である。そして機械化が誤謬であるだけでなく、「ヘロインやモルヒネの害悪にも匹敵する人間の悪徳でもある」のは、この点においてである。真実とは、「近代の人間が、あえて口に出すこともなく、あるいは自分自身、心のなかで認めることもなく機械に要求しているのは、自分が生活を乗り越えることを手伝ってくれることではなく、あまりに困難な障害物を回避するように、生活を巧みに逃れ、避けて通るのを手伝ってくれることだ」ということである[91]。アメリカ化された世界の最後のドラッグである機械とは――現実から遠く、生活の外部への――「逃避の異常な形式」である。

かくして、アメリカの抽象化というテーマは、生活の機械化と民主主義の人工性というテーマと密接に関連してさまざまに変化させられる。「自由はそこにはない」とロベール・アロンは書いている、「それは機械装置にも抽象概念にもない[92]」。歴史家ベルナール・ファーユが示唆しているような精神の自由でもない。ファーユは生きたパロールに対して抽象的な定型表現を優遇するアメリカの大学の「強固に束縛された教育」（形容詞はあいまいである）を公然と非難する。「そこでは語は記号に、パロールは数字に、思想は定型表現に譲歩する[93]」と。不満は唯心論者とマルクス主義者を結集させる。一方はアメリカの「破綻した合理主義」を非難し、他方は社会的具体性に対するその断固とした拒否を非難する。その一般性そのものによって、抽象化への非難は合衆国に対して、生命、肉体、器官、同時に社会、さらには固有名詞にかかわる想像世界（イマジネール）の全体を動員する。アメリカはうつろな響きがする、と、こうした空虚に唖然としたクローデルはいった。アメリカ人に適用される「市民」という語と同じくらいうつろである、とシーグフリードはつけ加える。耳を澄ますだけで十分である。政治学自由学校（シアンス・ポ）の創始者であるエミール・ブートミは、すでにつぎのような科学的実験を提案していた。「フランスという名の響きを聞いていただきたい。それからつぎに合衆国の名を発音していただきたい。フランスは心の奥底を鳴り響かせる。まるで、洞窟から発せられ、いつまでも長く反響する声のようだ。合衆国（レ・ゼタ・ジュニ）は、音を乾いた短いものにする。それは私たちから数歩のところで打ち合わせられた二つの火打石の音のような戸外の音である(94)。」アメリカの大いなる秘密を見破るためのスー族の戦略のようなすぐれた策略である。ロベール・アロンは自分なりの他の策略を提示する。アメリカを文字どおり、非存在の現行犯でつかまえるのである。U、S、A、これはどのように見えるか。いずれにせよ、本物の国のようには見えない。本物の国とは、たとえば「イタリア」である。〈ドゥーチェ〉〔統領〕の下でイタリアが若干変質したと思っている気難しい人々にとっては残念だが仕方がない。「ヨーロッパ精神の発祥の地であるイタリアと、これらイニシャルで書かれる国々が形成する植民地的属領、すなわちURSSやUSAとのあいだには、体系的、文化的観点からして、真の競争はあり得ない(95)。」それからムッソリーニへの称賛がつづく。

　エドマンド・バークはすでに一七九〇年に、フランス革命がわずかな人間的現実さえもたない数々の小国を勝手に創設し、これらに名を与えたことに憤慨していた。すぐに消え去ると予想していたからである。彼が語りたかったのは、フランスの県についてであった。「イニシャルで書かれる国」とはうまい表現である。そのような国々と、株式会社やトラスト、あるいはコンビナート――イニシャルで書かれる帝国――との本質的類似を示唆することによって、人工性という昔からの非難に新鮮さを取りもどさせている。このアメリカという民主主義のだまし絵（トロンプ・ルイユ）、とロベール・アロンは強調する、そこでは「集団的な抑圧の力が［……］いくつかの株式会社や産業連合、あるいは金融連合の名の下に隠れている」(96)。この巨大な陰謀に対して絶えず警戒しよう！　フーケ、ジャック・クール、そして彼らの後継者たちが、これらの頭字語の下に潜んでいる。これらの略号と記号がもつずる賢い無意味さを頓挫させなければならない。USAとは物質的権力の名義人でしかないことを説明しなければならない。間もなく、フランス占領期も加わって、ドルのもつ抽象作用はユダヤ人＝フリーメーソンの陰謀を隠蔽していることを指摘しなければならないだろう。たとえば、これは一九四一年の反＝ユダヤの展覧会が取り組んでいることであって、そこではドル紙幣の絵柄の各パーツは、シナゴーグや〈ロッジ〉〔フリーメーソンの集会所〕という慣例どおりの標識として解読されている。そして一九四二年の『ユダヤ人のアメリカ』におけるピエール＝アントワーヌ・クストーのように、この記号の下で「USAは自分のイニシャルをURSSのイニシャルに結びつけた(97)」ことを忘れずに想起すること。

これらの図像の見せかけの平凡さに、ぜひとも真実を語らせなければならない。そしてデュアメルは五セント白銅貨（ニッケル）の両面に、インディアンのジェノサイドとバイソン絶滅の痕跡を発見するすべを知っている(98)。記号論と解釈の妄想の外れで、疑い深い反米主義全体が手にチョークをもって立っており、地球的規模の殺人者の背中に有罪に相当する破廉恥の痕跡を付けようと準備している――Maudit〔悪魔＝呪われた者〕のMではなく、U$ A$$A$$IN〔USAと殺人者 assassin とがドルの$を介して混然一体と化していることの表現か〕である。

第三の男

空虚、抽象化、見せかけ（シミュラークル）。アメリカをめぐる聖職者の言説は、アメリカの現実をほとんど欠いた言説、あるいはむしろアメリカを非現実化するための粘り強い努力である。その言説の形式は往々にして大ざっぱである。現実の国、有機的な国家、弁証法的具体性とアメリカとの対比である。その形式はいっそう繊細であることもある。アロンとダンデューは「ヤンキーの国」を特定の地域に囲い込まない（「ヤンキーの国」はいたるところにある）。リュック・デュルタンは記号と事物をごちゃまぜにする（*Realty*、すなわち不動産の商人、無の商人）。ボードリヤールはアメリカを蒸発させる（アメリカはどこにもない）。二〇年代以降、アメリカのこの中空化によって、点呼の際に欠席しているように、〈人間〉のさまざまな姿は陰刻で描き出される。[99]

最初の人間、もっとも古い人間は、神の創造物であるが、この最初の人間と機械文明との敵対関係はフランスで数多くの解釈者を生み出している。マリタンは、そのもっとも影響力のある著作『現世の体制と自由について』で、アメリカがその典型をなしている現代を、「物質による人間性の漸進的抑圧」を引き起こすものとして定義した。彼が告発したこれら「合理主義の継承者」は、「反‐禁欲的で、もっぱらテクノロジーに傾斜した道徳を［……］今日、私たちに押しつけようとしている」。マリタンは抵抗を呼びかけた。「機械と技術が制御されず、人間の幸福に力ずくで服従させられないのであれば、つまり宗教倫理に全面的かつ厳密に従い、禁欲的道徳の道具にならないのであれば、人間性は文字どおり失われてしまう。[100]」その後、マリタンはアメリカの「精神的」本性を肯定することに腐心するとしても、戦前の彼の著作は、ジョルジュ・ベルナノスがその熱心なスポークスマンになるカトリック的な反近代主義と反機械化を、長期間潤すことになる。『何のための自由か』（一九五三年）にまとめられたテクストは、戦後のもっとも激しい反米的文書の一つである。これらのテクストは、人間への一種の祈り、つまりベルナノスがキャンペーンで出発点とした「神の姿に似せて創造された」あの人間に対する一種の祈りに通じている。「だがもし人間が実際に神の姿に似せて創造されているとしたら［……］。もし人間が神のなかでしか自己実現できないとしたら？　もし人間からその神的な部分を切除する――あるいは少なくとも、血が流れることをやめた器官のように干からびるまでこの部分を徹底的に衰弱させる――という微妙な操作が、人間を残忍な獣に変えることに行き着くとしたら？　あるいは、おそらくさらに悪いことに、永遠に飼い慣らされた獣、家畜になったら？　あるいはさらに悪くなって、精神異常や狂人になったら？[101]」事態は切迫している。「明日の世界はデカルト的かヘーゲル的なものになるだろう[102]」と、マリタンおよび非‐順応主義者を踏襲しながらベルナノスは予告する――つまり、アメリカ的である。さもなければ……。

第二の人間は最初の人間と、あまりよい関係を維持していない。これは還俗した世界の自律的で合理的な個人である。（クローデルはアニェス・メイエールに宛てた手紙で、こうした個人を激しく非難している。「“*Individual liberty*”！〔個人の自由〕*individual liberty* など存在しない。あるのは神の子の自由だけである[103]。」）アメリカはこれを、つまりこの個人を尊重し、その正当な「追求」をはぐくんでいることで得意になっている。しかし模造品には注意せよ！　この個人主義は私たちの個人主義とは違う。タルデューが説明しているように、私たちの個人主義の逆でさえある。「両国が同じように鼻にかけている個人主義は、それぞれにおいて逆の法則に従っている。アメリカの個人主義はフランスの個人主義よりも社会的である。合衆国では個人は寄り集まる。フランスでは孤立している[104]。」この個人は脅威にさらされている。「大衆文明」から守らなければならない。アメリカは自分自身の神話にもかかわらず、個人の楽園でもなければ、個人主義の好みの土地でもない。この点で、一九三〇年代から頭角をあらわすフランス的言説と、「アングロ‐サクソン的」解釈とのあいだで断絶は明らかである。この「アングロ‐サクソン的」解釈は、フィラレート・シャールから二〇世紀初頭にいたるまで、*squatter*〔不法定住者〕、*settler*〔開拓移民〕、*frontier's man*〔辺境の開拓者〕の周りに、アメリカの個人的エネルギーの類型学全体を築き上げていたからである。一九二〇年代―一九三〇年代から二〇世紀の残余の期間を通じて、反米的言説はこのヤンキー「神話」を解体し、アメリカ社会をいっさいの個性を打ち砕くものとして提示することに専念する。ここに賭けられているものは大きい。問題なのは「全体主義」の非難に本当らしさがあるかどうかということだからである。だがそれはまた、*self-made man*〔叩き上げの人〕、開かれた社会、つねに手の届くところにある成功、への信仰をくつがえす手段でもある。一石二神話である。

アメリカにおけるこの真の個人主義の欠如は、アンドレ・シーグフリードにおいては、何よりもまずフランス人移民の不在と結びついた民族‐文化的現実である。アメリカという *melting-pot*〔るつぼ〕におけるこの「ガリア的個人主義」の欠如を強調することで、シーグフリードはこの点で仏米両国が示している絶対的コントラストについて結論を下している。「個人の文明であるフランスは、現代アメリカという効率性を求める群生社会の対蹠地にある。」[105] シーグフリードによれば、フランス人はあまりに「反抗的」、あまりに「非社会的」であるために、「個人の独創性を減少させる」[106] 傾向にある社会を受け入れることができないのである。デュアメルがいうのも別なことではないだろう。彼の反米主義は本質的に「個人の消去、自己犠牲、個人の消滅」[107] に対する抗議である。つまり、シーグフリードとデュアメルのうちに遍在するこの人間‐個人の擁護は、保守主義者の専有物ではない。というのも、個人を擁護することは、ボードレール的抗議の延長線上で、抑圧に脅かされている芸術家、作家、創作家の権利を要求することにも等しいからである。しかもここでは聖職者はイデオロギーの障壁を無視して連帯している。一九四八年、シモーヌ・ド・ボーヴォワールが「アメリカでは個人は無である。それは抽象的な崇拝の対象となっている」[108]と書くときに考えているのは、おそらくこの知識人の立場についてである――それだけではないにしても。

知識人だけではない。というのも、アメリカについて書いている人すべてが、多少とも念頭においているあの第三の男〔人間〕がいるからである。この第三の男はカトリック教徒と不信仰者、ファッショのシンパと共産主義者、非‐順応主義者と「反体制派の人」のあいだの逆説的関係の仲介者である。この二〇世紀の知的ドラマツルギーの主要人物は、あるときは顔を隠し、あるときは素顔で二〇世紀を前進していく。それ自体、重要であり、反米的言説のなかでも枢要なこの形象は、革命的人間という形象である。

革命家は二〇世紀のフランスの知的言説において、副次的な英雄でも、極端な人物でもない。革命家は好ましい亡霊として、あらゆる反米的テクストにつきまとっている[109]。激怒した左翼主義者、魂の片隅に希望の名残を残しながら、「アメリカの蟻塚にはおよそ想像できるような革命がない」[110]ことを嘆く、落胆した活動家とはだれか。この危険な扇動家、これはジョルジュ・デュアメルのことであるが、彼にそのような熱狂があるとは、だれも予想していなかった。第三世界と連帯する放火狂、そしておそらくは解放の神学者として、合衆国は世界を救うはずの「革命的な心理的爆発を回避する［……］という根深い目的」をもっていると非難するのは、いったいだれか[111]。それは〈新秩序〉の峻厳な二人組、一九三一年におけるアロンとダンデューである。ちぐはぐなやり取りや人違いが幾度もくり返されるだろう。〈革命の人間〉は、反米的言説全体のなかをウサギ狩り用イタチ（フュレ）のように駆け回る。〈革命の人間〉は反米的言説の *famulus*〔弟子〕であり、不可欠な主役のようなものなのである。

合衆国に向かい合ったとき、聖職者の言説は全員一致で革命的である。これには、三〇年代のもっとも反共和主義的な論客において、それまで軽視されてきた古い問題が（少なくとも一時的に）復権するという不思議な結果が伴っている。フランス革命である。合衆国という名だけで、自分たちの「人権宣言」をもち出してこない人はほとんどいない。フランス革命に「徹底的に反対している」といったばかりのロベール・アロンが、二つの宣言を比較するだけでフランス革命にふたたび愛情を寄せるようになる。「フランス思想は、大西洋の向こう側ではむしろ局地的な手続きの寄せ集めであったものから、真の人間的信条を引き出すすべを知っていた。[112]」すでに見たように、ルーシ・ド・サルは「テクノクラシー」の結果を糊塗するために、新しい「人権宣言」を要求する。ベルナノス自身は「機械文明」に対するとりわけ激しい攻撃のなかで、突如、「世界が［フランスから］受け取った最後のメッセージ、人間への信頼の叫び、人間の人間に対する友愛への信頼の叫びであったこの人権宣言」を引き合いに出す。しかしそれは「人間を事物に従属させようとする文明に対する呪いの叫びともなりえた」とベルナノスは、唖然としたと想像される聴衆を前にしてつけ加える。彼が少し前に「アングロ－サクソン系アメリカ」と名づけたばかりの文明に対する「呪いの叫び」のことである。[113]

独立宣言の国に対する呪詛としての一七八九年の人権宣言。ベルナノスの大胆さには考えるべきものがある。歴史家のなかに、とりわけフランス反米主義の辛辣さに混乱したアメリカの歴史家のなかに、敵対関係は二つの大きな民主主義革命のあいだの競争から生じるという考えが、かなり頻繁に見出される。フランス人は、［合衆国という］民主主義の長子の身分を自分たちと争うことができる唯一の国家、いっそう安定し、もっと血で染まっていない土台を自国の体制に与えたことをも自慢できる唯一の国家に対して、敵意を示したのかもしれないというわけである。この仮説は魅力的だが、反米的言説を分析しても、これを確証することはできない。両革命間のこうしたいわゆる競争は、一瞬たりともフランス人の頭をよぎらない。フランス人は決してフランス革命の歴史的優位を疑ったこともなければ、そのすぐれた模範性を疑ったこともない――その叙事詩的な壮大さと詩的な力についてはいうまでもない。アメリカという基準は、フランスにおいては共和主義的な「小川」――ルネ・レモンのいわゆる「忠誠の細々とした流れ」[114]――しか養わなかった。まさしく、フランスではフランス革命が唯一の真の革命と見えるからである。一八八〇年代というはやい段階でフレデリック・ガイヤルデがおこなった自己批判はその全体が、その後、絶対的に反駁不能な自明の理となるつぎの認識をめぐっていた。すなわち、アメリカという国家は決して革命的ではなかった、というものである。これはフランスが――そしてこの上なくブルジョワ的なフランスさえもが――、倦むことなく、絶えずアメリカに対して非難していることである。二〇世紀のフランス反米主義は、この不満を絶えず採り上げ、くり返し表明することになる。革命への真の確信の名によってであろうと、それよりもはるかに頻繁だが、いっさいの計画から切り離された大言壮語としての革命の名によってであろうとである。第三千年紀〔西暦二〇〇〇年代〕にいたるまでそれが永続していることは、「フランス的特例」の不可欠な一部となる。

*

「ヨーロッパはアメリカ精神（アメリカニスム）の魅力に対する最初の答えの概略を示した。[115]」ジャン＝マリ・ドムナックのこの文は、六八年〈五月〉の奇妙な要約である。というのも、それに先立つ数か月間、ヴェトナム戦争に対する抗議が学生運動にとって動員力の役割を果たしたとしても、合衆国はデモやスト参加者の手帳（アジャンダ）（そもそも存在しない）の冒頭にはなかったからである。一〇年後、レジス・ドブレはこの熱のこもった反応とは正反対のことをする。六八年〈五月〉をアメリカ化のシナリオとして解釈するのである。すなわち、「アメリカに向かうフランスの道は六八年〈五月〉を経由した(116)」。ドムナックにおいては「アメリカ精神」に対する精神の反抗だったところから、六八年〈五月〉はドブレにおいてフランスの順応化の小劇場（あるいはグラン・ギニョル〔パリ第九区にあった劇場。大げさで俗悪なショーを得意とした〕）になった。〈五月〉のおかげで、いまや「とことんまでアメリカ的になる」ことができる。「〈事件〉」はアメリカ精神の解毒治療などではまったくなく、フランス人にあきらめさせるUSというモルヒネを注射したのである。「フランス人よ、最後の夢を放棄するにはあと一息だ。最後の夢、すなわち〈人民〉（労働者、職人、学生）、各階級の連合または同盟（文化の力＋労働の力）、労働者による生活条件および労働条件の集団的な再占有、国家共同体の保護、世界の被搾取者・被抑圧者との連帯(117)。」この解釈の大きな開きは、「アメリカ」を対象とするさまざまな備給が相矛盾しているさまをカリカチュアを思わせるまでに例証している。〈五月〉の愛好家はここで、*American way of life* の特徴である「物質主義」と消費者運動に対する精神の反撃を称賛している。〈五月〉を中傷する人がそこに見るのは、じわじわと進行するアメリカ化を利する、フランス流の革命的-である（エートル-レヴォリュシオネール）ことの派手かつひそかな清算でしかない。レジス・ドブレとジャン＝マリ・ドムナックは、〈五月〉についても、またおそらくは何が「アメリカ性」であるかについても、意見は一致しない――両者の意見が一致するのは、アメリカを二人の相対立する分析の否定的中心に据えていることだけである。

〈五月〉-以後の言説は、十分に多くの相矛盾した要素をもたらすがゆえに、そこから一義的な教訓を引き出すのは危険である。何よりもまず区別すべきは、合衆国が音楽、書物、映画、あるいは性を通じて一部の若者に行使しはじめる魅力と、凝縮されて極左主義の文化（あるいはカウンター-カルチャー）を形成する執拗にくり返される種々のテーマのインパクトである。物事のよし悪しを別にしていえば、そこではほとんどすべてが「時代遅れ」である。反機械化と〈技術〉に対する嫌悪も、「モノ」に対するにせの欲望としての自己喪失(アリエナシオン)に対する批判も、遂行的なものとしてのパロールへの崇拝も、そしてもちろん〈革命〉への呪文じみた言及もである。この点で、ドムナックがそこに、〈精神〉の覚醒として(非‐順応主義の伝統のなかで)構想された反米主義の再燃を見る根拠はなくはなかった。同じく、いわゆる「古典的な」左翼が、疑念を呈しつつ、また困惑しつつ、まるでバリケードそのもののように遠い過去から立ち上ってきた革命至上主義的な調子をそこに認めたことも間違っていない。一方にとっては「生命の反乱」であり、他方にとっては革命の驚くべき再来である六八年〈五月〉は明らかに、少なくとも一世代にわたって、三〇年代以降、反米主義を協力してはぐくんできた〈人間〉擁護の言説をふたたび軌道に乗せた。〈五月〉‐以後、アメリカ的カウンター‐カルチャーのさまざまな要素が輸入されたことについては、異論の余地がない。それでも、一方では、カウンター‐はどうしても強調しなければならないし、他方で確認しなければならないのは、この輸入によって、極左主義的年代の強固にフランス的な想像上の舞台装置が変化するようなことはほとんどないということである。すなわち、インターナショナル〔国際労働者同盟〕、スペイン戦争、レジスタンス、五〇年代のスターリンの労働者階級至上主義と積極的行動主義、さらには植民地戦争反対闘争である。〈コミューン〉を称賛することは、一九七一年は暴力的なまでにそうした時代であったが、かならずしもハリウッド的アイディアでもなければ、ウッドストック的アイディアでさえない……。

帝国主義に対する激しい告発と結びついた「〈五月〉の思想」は、合衆国にかんする全面的に否定的な言説にふたたび可能性をもたらした。短期の観察者には決定的なパラダイムの転換のように見える反生産性至上主義さえもが、長く根強い伝統を再活性化する。機械とは生命の反転である。デュアメルふうヒユーマニストや人格主義者、唯心論者に共通のこのテーマが、一九六八年にふたたび登場し、「〈五月運動〉」の特徴をなすユートピア的で絶対自由主義的な反近代主義の基盤を形成する。かくして、極左主義の融合的な（フュジオネル）（そして往々にして混乱させる（コンフュジオネル））エネルギーは、それまで併行していたさまざまな批判を収斂させる。それらの批判とは、反集産主義者の原理的な反機械化と、みずからの敵意を「資本主義体制下」の機械に対するものと定めていたマルクス主義的伝統の「選択的」反機械化である。三〇年代に導火線に着火されたロケットが、遅れて発射されるのである。

この言説の中心にあるもの――〈革命〉。呪文と具象化のあいだで、その際、ある舞台空間が大規模に再演されたが、そのモデルは半世紀以上も前に、あるいはほぼその近辺に〈シュールレアリスム〉によって提供されていた。六八年〈五月〉の空気に結びつくすべての知的・道徳的な「雰囲気」のなかに、もっとも明確に現前していたのは、たとえその主役が知らなかったとしても、この〈革命〉であることは間違いない。ところで、〈革命〉へのフェティシズムとアメリカへの憎しみが、相互に養い合い、正当化し合った言説があるとすれば、まさしくシュールレアリスム運動である。シュールレアリスムは、まるで閃光を放つように明々白々な反米主義――指示対象をほとんど気にかけないがゆえにますます反駁不可能である革命的なパロールと不可分な反米主義――の磁化にとって、決定的な知的・芸術的な極となった。そして、その影響がいよいよ強く持続的であったというのも、途方もなく荒々しい罵言の語彙、熱烈な殺人へのアピール、さらには戦火と流血の場と化せとか、死刑にしろとか、根こそぎにしろとかいう一般的なレトリックが、フランスでは決して、慎重さとか疑念、さらには不信をも引き起こさなかったからである。「考えざるを得ない」と、最近になってジャン・クレールは指摘した、「他の前衛とは反対に、シュールレアリストは奇妙な寛容に恵まれつづけている」[118]。しかしながら「シュールレアリスム宣言は、あえてこれを冷静に読んでみれば、当時の左翼および右翼の扇動家が発した過激な言葉とほとんど変わらない」。ジャン・クレールもまた罪をあまりにも重く見ているのだろうか。いずれにせよ、シュールレアリスムの逆説的な過去への執着――それを引き継いだのが六八年〈五月〉である――にかんする彼の指摘には賛同する以外にない。というのも、「現代世界はシュールレアリスムの関心事ではない」からである。シュールレアリスムは、未来派や構成主義の美術家にとって貴重な「機械、スピード、エネルギー」には驚くほど無関心である。近代性（モデルニテ）に直面したとき、シュールレアリスムは怒りっぽく強情な拒絶の前線である。したがって、アメリカを攻撃することが問題となるや、シュールレアリストが、辱められ嫌われる「ヒューマニスト」とふたたび協力し合うことに、それほど驚くべきものはない。破壊すること、と彼らはいう。「遠方のアメリカで、不条理な禁酒法のなかで、白い高層ビル群が崩壊せんことを」と一九二五年にアラゴンは言い放つ。[119]「詩的」無害を引き合いに出すことは、隠喩が論理の力を有し、イマージュが行為の力を発揮するとするシュールレアリストには侮辱だろう。ジャン・クレールがふたたび想起させているように、一九二九年に『ヴァリエテ』誌に発表された地球全図においては、各国の大きさはシュールレアリスムが認める重要性に対応しており、北米大陸にはいまや隣接しているカナダとメキシコしか存在しない。合衆国は根絶させられたのである。一〇年前にシュールレアリスムの地図から抹消された国に、ブルトンが一九三九年からわびしく滞在したことも、この事態を改善することにならなかった。

一九四九年四月三〇日、フランスにもどってきたブルトンは、ダヴィッド・ルーセのＲＤＲ〈革命的民主連合〉によって招集された政治集会で発言することを求められる。この「独裁と戦争に対する抵抗の国際デー」は、もろもろの平和主義運動をスターリンが支配していることへの反撃の試みである。なおいっそう直接的には、すべての逸脱者を締め出した共産党傘下でおこなわれた四月二三、二四、二五日の〈平和支持者の世界会議〉への反駁である。明らかにRDRの集会は、それほど円滑には進まない。公衆のなかでは、トロツキストと絶対自由主義者が、批判的マルクス主義者や足並みのそろわない平和主義者たちと隣り合っている。ひとりのアメリカ人科学者（陰のスポンサー、つまりアメリカの組合とCIAに命じられている）が核抑止力に賛成するために参加して、ブルトンが発言できるようになる前にパーティをめちゃめちゃにする。

彼のテクストが残されている。やはり驚かざるを得ない。ブルトンはもちろん、スターリン主義と距離をおくところからはじめる。だが突如、途中で方向を変え、西に方向転換し、合衆国の攻撃に身を投じる。この攻撃はURSSに対するいわば「歯に衣着せぬ」非難よりもはるかに激しい。「私がUSAに対して五年間の滞在期間中にまったく友好を感じなかったほど、個人的というよりは個人を超えたまったくひどい不満を感じるようになったことについては、私と知り合いの方であればだれもがご存知です。」（この論拠には当惑させられる。）その後、すぐれた表現がつづく。「私は何人（なんぴと）とも同じくらい、そして彼ら自身がそれを［原文のまま］憎むことができるのと同じくらい、USAが私の友人である黒人たちに対してふるまう態度を、そしてもし可能ならば、それ以上に、USAが私の友人であるインディアンたちに対してふるまう態度を憎んでいます。私はUSAで勢力をふるっている性的偽善と、その結果、生じた恥ずべき放縦が大嫌いです。」アメリカの葬式の慣習をめぐる一節は渋々飛ばすことにしよう。「合衆国については、その安ものの実用主義（プラグマティズム）以上に私と対立するものはない。『ダイジェスト』誌の突飛な考え以上に知的に私に嫌悪感を催させるものもないし、その優越感ほど私を憤慨させるものはない。」当時、フランスでは『リーダーズ・ダイジェスト』誌を帝国主義に直接に結びつけることが習慣となっている。ブルトンはその習慣にそむかないように配慮している。「私は中米と南米に対する合衆国の支配を憎む。合衆国をその現状において把握し、合衆国が帝国主義的意図を旧大陸に拡大しつつあることを確認せざるを得ない私としては、コカコーラの愚かさ、その指導者、その銀行家たちの愚かさが、ヨーロッパを打ちのめしうるということを激しく否定する……」[120]。

結局、「アメリカ人が私たちの国に押しつけようとしている厚かましい独裁、すなわち教養がなく、横柄で、ドルの優越性を信じ込んだボスの独裁[121]」について語っているジャック・デュクロと張り合うために、反スターリンの対抗集会を呼びかけたことは、ご苦労なことであった。恐怖症。この語を発するのは、ブルトン自身である。「私は英語のようにぶよぶよ太った言語、たとえば〝angoisse〟〔不安〕という語がもはや翻訳されないような言語に対して、恐怖症のようなものを抱いている。」周知のようにブルトンはほとんど英語を話さないが、*angoisse* を翻訳するのに二語も存在することを知らないほどではない。*anguish* と *anxiety* である。だからブルトンが語っているのはこれについてではなく、より意味論的ではない欠如、こういったほうがよければ、より言い表わし得ない欠如、つまりアルベール・ベガンがベルナノスを引用しながら言及している欠如についてである。「今日どんなアメリカ人がベルナノスのこの言葉を聞く覚悟があるだろうか。〝人間の不幸は宇宙の驚異である[122]〟。」〈唯心論〉という反米的な小型船団を不安（アンゴワッス）の港に再結集させるために、「通称カエルの沼地と呼ばれる場所[123]」をかくも悪しざまにいうとは、ご苦労なことであった……。アメリカに対する憎しみは、どう考えても、フランス人どうしのあいだでは、奇跡的な愛として存在する。

だがどれくらいの人間が、ブルトンのように、〈革命〉を――あるいはむしろ飽くことなく想起されるその亡霊を――もっぱらこれほど愛したがゆえに、これほど合衆国を憎んだだろうか。

6 精神の反乱、文化の闘争、同業者組合の擁護

アメリカ魂！　それは思い上がりかもしれない。ひょっとしたら不可能かもしれない。だからアメリカ化するだけにしよう。

カドミ＝コーエン、『嫌悪すべきアメリカ』（一九三〇年）

私たちはいう、**ノン！**　と。ドーナツ作りの講義なんてまっぴらだ……。

『ラ・ヌーヴェル・クリティック』（一九五一年六月）

前章で見たのは、真の人間に本質的に属するものとして提示された革命への要請が、二〇世紀全体を通じて、一見、相容れないさまざまな反米主義をいかにして関連づけたかということである。これからしなければならないのは、文化的な敵意、すなわち反米的言説の恒常的で、ほとんどの場合、支配的な構成要素である文化的敵意が、フランスにおいていかにしてその特異な力を、知識人がそこで行使している特別な影響力からのみならず――これは自明の理に属する――、いっそう巧妙に、精神的伝統と非宗教的伝統という二大伝統の合流から引き出しているかを示すことである。これらの伝統は、いつもは共同戦線を張

ろうとすることはほとんどないが、偽善的かつ愚鈍なアメリカに対しては例外的に同盟関係を結んでいる。もっとも、これらの伝統が同盟関係を結んでいるということによって意味しているのは、場合によっては起こりうる同盟関係——冷戦期に共産主義者とキリスト教左派のあいだで成立する、象徴的に重要な同盟関係のような同盟関係——というよりも、二種類の言説の混合である。アメリカはここでもまた *melting-pot*〔るつぼ〕の役割を果たしたことになるだろう。つまり、アメリカにかんして、アメリカを犠牲にして、精神主義の要請と、伝統的に相互に敵対し合う諸陣営から発せられる文化の名においてなされる抗議とが、二〇世紀後半に少しずつ一つに混ざり合ったのである。精神的・宗教的な諸価値の名においてアメリカの「物質」文明の評判を失墜させる動きは、ひそかに非宗教的超越性を備給された、いずれもが数世紀来の文化的諸価値の名においておこなわれる合衆国の非難のなかに、その反響を、ついでフランス社会の非宗教化が進むにつれて、その延長を、引き継ぎを、さらにはその「止揚」を見出した。これらの道の交差点に精神という語がある。この語の多義性は、精神的反抗と文化的抵抗のあいだを証人が行き来することに有利に作用した。

　アメリカに対する精神主義的告発がもっとも勢いを得るのは、二〇年代、三〇年代である。その目標は〈精神〉Esprit そのものの名でもって、さまざまな精神 esprits を結集することである。この語は大文字かどうかで解釈の大きな自由を可能にする。したがって、この語もまた収斂に適している。その宗教的な響きのおかげで、クローデルからベルナノスまで、モーラスからムーニエにまでいたる「アメリカ化」へのカトリック的抵抗の広範な戦線を結集することが可能となる。だが一九二七年の特筆すべき著作でジャック・マリタンが主張した「精神的なもの（スピリチュエル）の優位」は、たんに信仰にかられた要求ではない。これは非宗教的な多くの「非-順応主義者」の標語でもある。信者のサークルを越えて、人格主義がカトリックのもやい綱を緩めるあいまいな領域のなかで、「精神的なもの」は、かならずしも宗教的な超越性を仮定することも聖職者への従属を前提とすることもなく、（物質主義的または合理主義的な）あらゆる過度の単純化（レデュクシオニスム）に対する有効な闘争として措定される。その際、精神の擁護は本質的に、真の諸価値がアメリカによって忘却された、あるいは荒廃させられたことへの警告たらんとしている。「支配するのは、精神的で道徳的な要因である」とロベール・アロンは一九三五年に主張する。[1] それより数年前、『アメリカという癌』は、「精神的なものの錯誤[2]」としてのアメリカというショッキングな定義を示した。両大戦間にでっち上げられたたくさんの辛辣な表現のなかでも、これはとくに示唆的である。示唆するといっても、おそらくアメリカのことではない。しかも、この闘争のなかでしばしば援用されるマリタンは、遅ればせながら自分の保証を取り下げる必要性を感じ（一九五八年）、アメリカ国民を「工業段階に達した近代的国民のなかでもっとも物質主義的でない国民[3]」と定義するだろう。そうではなく、示唆しているのは、〈精神〉の眼差しの下でアメリカを怪物に変えようとする傾向をもつ反米主義のことである。

　必然的に文化的な帰結を伴う戦前の精神主義的なレトリックと、精神主義のおぼろげな記憶をとどめる戦後の文化的なレトリックとのあいだで、移行はスムーズにおこなわれる。一九四五年以降、すぐれた「精神の擁護者」は、反米主義のなかで、歴史的・弁証法的唯物論のもっとも熱烈な支持者と結びつくことになる。とくに後者は、みずからのイデオロギー上の敵対者から遺贈された「価値の擁護」という遺産を引き受け、戦前に精神主義の十字軍参加者によってたくわえられた象徴的資本の大半を自分たちのためにせしめるすべを知るだろう。「知性に対して陰謀をたくらんでいる」として、また消費者保護運動家の狂気におぼれていると非難されるアメリカを前にして、彼らが効果的な作戦軸を定めるのは、（アメリカ資本主義によって価値をおとしめられ、評判を落とされた）「知的労働」の擁護と *American way of life* という俗悪な物質主義の批判とのあいだである。当時は、スターリン主義的共産主義者とカトリック的人格主義の継承者が、平和主義的な顔をもち、文化的な中身を備え、倫理的主張をはらんだ辛辣な反米主義に結集して、舷を接しつつ航行するのが見られるのである。

宗教の見本市と精神的なもの(スピリチュエル)の破綻

「精神的なもの」の名においてなされるアメリカに対する異議申し立ては、信仰の伝統に根差してはいるが、かならずしもこの伝統を自分のものとして主張しているわけではなく、みずからのテーマ体系の一部をこれに負っていたにすぎない。「十字架がもはやプラス記号にすぎない国……。」ポール・モランは『世界チャンピオン』の最後のページで、自分がつぎつぎと死に追いやったばかりのヤンキーの若き英雄たちの墓に、暗殺した証拠に花を投じるようにこの象徴を投じる。(4)「物質主義的」アメリカにみずからの世代のほぼ全体を対立させるこのキャンペーンより前に存在する、プロテスタンティズム一般、および個別にはそのアメリカ的形態に対するフランス・カトリシズムの長い嫌悪感を知らないでいることは不可能である。フランスでは、宗教的であろうがなかろうが、アメリカの性格をめぐって二つのステレオタイプが対立している。だが相矛盾してはいるが、これらのステレオタイプは、一世紀以上前から共存している。一つ目のステレオタイプは、〈米国憲法制定者〉の基本宣言、また〈憲法〉に法的に組み込まれた政教分離にもかかわらず、アメリカを宗教にまみれた国にしている。宗教については、「これはアメリカ共和国のいたるところにある」と、二〇世紀初頭にユルバン・ゴイエが揶揄している。(5)二つ目のステレオタイプは逆に、アメリカを宗教観念をすべて失った国として描写している。そこでは「信仰」は、最善でも漠然とした社会道徳に還元され、最悪の場合には、偽善的なポーズ、すなわち豪勢なゆすりを覆い隠す一般化した形だけの信仰心に還元される。告発作業の分裂である。教権支持者は質の悪いアメリカの宗教的感情に憤慨する。他方、反教権主義者は、政教分離を主張しながら、すべてが聖書に手を置いてなされるか、手に聖書をもってなされると〈共和国〉の欺瞞を告発する。合衆国は無信仰者にとってはあまりにも宗教的で、宗教的精神の持ち主にはあまりにも信仰心がなさすぎるのである。

つまり、両者のあいだでは、この偽りの宗教——偽りとしてであれ宗教としてであれ——を公然と非難する点で同意がなされるのである。しかも、この宗教がかき立てる反感は、両者の観点を近づけている。極めつきの反教権主義者たちは、自分たちの主たる情熱をトーンダウンさせる。アメリカの空の下で道に迷った彼らは、カトリックの〈天国〉に魅力と美徳を認めるのである。覚えておられると思うが、すでに二月革命の革命家ガイヤルデは変節していたのであった。彼の意見では、カトリシズムのなかには「より多くの青〔共和派〕がある」ということを理解するには、アメリカのプロテスタントとつき合うことにすぐるものはなかったのである。[6] ニューヨークやシカゴへの旅は、まさしくダマスカスへの道〔使徒パウロが啓示を受けて回心する道〕のようなものである。断固たる坊主嫌いであるユルバン・ゴイエは、改宗への誘惑にかられる。「その日曜日、私はカトリックになりたかった」と、「結婚したボーイ」が唱えるお説教に顔を引きつらせながらゴイエは告白している。[7] かくしてコチコチの無信仰者と熱狂的なカトリックが嫌悪感でもって結びつく——この嫌悪感は、駐ワシントン大使ポール・クローデルが日記のなかで外交的とはとても思えない観点で吐露している。みずからの職責の犠牲者であるクローデルは、フランクリン・デラノ・ローズヴェルトの大統領就任後に、ワシントンの National Cathedral〔国立大聖堂〕でおこなわれた米国監督教会のミサに参列する。「もう一度、私にとってひどく不快なことに、新大統領就任式の際に、米国監督教会の茶番劇に列席せざるを得なかった。*humbug*〔ペテン〕と偽善には吐き気がする［……］。プロテスタントの性格と精神の空虚、不毛、傲慢、知的貧困を納得するためには、この不幸な人々全員の精神生活に向かって窓をうがつこれらの儀式の一つに列席しなければならない。(8)」この改宗の専門家が、最初のアメリカ滞在の際に、ユルバン・ゴイエに出会わなかったことは、いかにも残念である……。

連邦における宗教の状況をめぐってフランスで維持されている矛盾を含んだ常同症（ステレオティピー）は、実際にはただ一つの命題に帰結しうる。すなわち、アメリカ人とは偽りの非宗教的国家の偽りの宗教的市民だということである。敵対的な言説の論理のなかでも、この二つの命題は相殺されることなく、相乗効果をもたらしつつ同一方向に向かう論証の方向性を描き出している。この相乗効果は一八世紀末以降、一九世紀全体を通じて観察できる。『両インド史』のなかでニューイングランドのピューリタニズムとその「言語道断な不寛容」、また「血なまぐさい形態」をもつその「惑乱した精神(9)」の予審をおこなっているレーナル神父のような人に対して、ジョゼフ・ド・メーストルは、逆というよりも補足的に、プロテスタントの誤謬のなかをますます遠くへと流されている、道に迷った国全体の予審に着手する。啓蒙主義の息子、あるいはカトリック教会の子であるいかなるフランス人も、この不可解な簡素さと理解不能の教義の枠組みをもつ粉々の宗教感情のなかに自分の姿を認めることはないようである。ヒステリックな *revival*〔宗教復興〕をめぐるファニー・トロロープの嫌みな物語は、合衆国にかんするタレーランの毒舌——「三二の宗教とたったの一品」——を確証しているがゆえに、フランスの公衆における宗教的アメリカのイマージュを改善することはない。この事態は一九世紀末になってもほとんど変わらなかった。ペテンと「魂の売買(10)」というライトモチーフが支配的なのである。エミール・バルビエがアメリカで見た光景とは、「宗教の見本市」と「カーニバルのように多種多様な教会と礼拝堂である。そこでは、謎めいた過去をもつ名ばかりの司祭、神々と闇取引をおこなういかさま師、野次馬を神聖なバラックに集めるために宣伝と口上をやたらに振りまく滑稽な牧師など、ペテン師や狂信者のこの上なくへんてこりんな精鋭が悪戦苦闘している」[11]。一〇年のあいだをおいて、それはゴイエの言説そのものである。「ビジネスはアメリカの宗教である。そしてアメリカの宗教はビジネスの一つである……。」[12] しかしフランス人の敵意は、宗派だけに向けられているわけでもなければ――不気味な〈モルモン教徒〉は当時、文学的に大きな人気を博している――、内陸地域を縦横に動き回る奇妙な *preachers*〔牧師〕だけに向けられているわけでも、まったくない。この敵意は、もっとも確固たる金持ちの諸教会にも公平に向けられている。ベル・エポックのもうひとりの旅行家エドモン・ジョアネはニューヨーク五番街の「大金持ちの教会」を揶揄しているが、それは〈社会主義共和国〉の名においてでも、コチコチの急進‐社会主義の名においてでも、まったくない。「プロテスタンティズムよりもすぐれた」カトリシズムの名においてである。すぐれていることのなかには、と、彼はこれ以上の詳細は語らずに明言している。「現世のビジネス経営も」[13] 含まれている。

つまりフランスで「教権支持派」と「反教権支持派」の緊張が最高潮に達しているときに、うさんくさい宗教性を帯びたアメリカの数かぎりない宗教を目の当たりにして、ふたたび満場一致が成立するのである。この意見一致は政教分離にかんするフランスの論争によっても、「アメリカニスム」〔一九世紀後半にアメリカで起こったカトリック改革運動〕をめぐって数年間、カトリック界を動揺させる論争によっても傷つくことがない。カトリック教会内部におけるこの自由主義的傾向と保守主義的傾向の論争で、アメリカに関係するのは枝葉末節でしかない上に、この論争がカトリシズムの内部そのもののごく狭いサークルにかぎられているために、アメリカについてのフランス人の表象に痕跡を残すことができないのである[14]。

一九世紀から二〇世紀の転換期における独創的な唯一の注釈は、エミール・ブートミが『アメリカ国民の政治心理学の基本原理』で表明している仮説である。ブートミがトクヴィルの作品と維持している紆余曲折した関係については、すでに言及した。アメリカの宗教問題をめぐる彼の説明の仕方は、彼自身が『デモクラシー』の著者について提案している部分的であいまいな再評価と不可分である。同時代人とは異なり、ニューイングランドのピューリタニズムをアメリカ的自由の流派とするトクヴィル的礼賛は、ブートミも免れなかった。しかしブートミは、みずから重要と考えるこの命題について思いをめぐらせ、最終的にはこれを明確なものにするが、多大な困惑を拭い切れない。いかにも、ヤンキーはその信仰によって定義される。いかにも、この信仰は「亡命者のキリスト教」である。いかにも、「宗教と教会がヤンキーを作った」が、ヤンキー自身が「アメリカを作った」。いかにも、「アメリカはほぼ全員がキリスト教徒でありつづけた」。だが結局は、このキリスト教は果肉のない搾り滓、「コクもブーケもない[15]」残り滓にすぎない。ここまでは独創的なものは何もない。ブートミはピューリタニズムの歴史的重要性を受け入れるが、そこに現在の生命の源泉を見ることはない。だがいかに味気ないものであるとしても、この宗教性がアメリカ人の一体感を、依然として、かくも強力に作り出していることをどのように説明できるのだろうか。ブートミは自著の最終章でこの問題に立ちもどる必要があると考え、以下のような説明をしている。すなわち、この疑う余地なき宗教性は、精神の事象に対するアメリカ人の憎しみの結果だということである。アメリカでは、「ヨーロッパのように、独創的な思想を創造し、この独創的な思想を認めさせようとする高級な精神に無条件の信用は与えられていない。精神に対する偏見があるのだ」。ブートミはこの現象に対して名前をでっち上げる。「いい加減な教養しかもたない人々の新しいもの嫌い、あるいはむしろ、phobonéisme（未知なものへの恐れ）」である。一見すれば逆説的なテーマである。アメリカは過度に、目がくらむまで、絶え間ない（そしてうんざりさせる）革新の国ではないだろうか。だがこれが二〇世紀のフランス反米主義者に大きく受け入れられたテーマなのである。このテーマがくり返されるなかでもっとも驚くべきは、シモーヌ・ド・ボーヴォワールである。彼女は半世紀後にエミール・ブートミに輪をかけたことをいうのである。すなわち、アメリカ人は――と、『アメリカその日その日』のなかでボーヴォワールは説明する――、「新しいものを発明することは、これをいっさい拒否する」。アメリカ人の実存的順応主義は徹底しており、「何千もの目に見えない束縛が彼らを麻痺させているような気がいつもする」[16]。知的生活にも未知なるもの(フォボネイスム)への恐れがある。アメリカ人は何よりもまず新しい思想に混乱させられないように気をつかう。そのために読書とのいっさいの接触を避けるという成功間違いなしの方法を発見した。そしてボーヴォワールはエリザ・マックスウェルの証言を引用する。マックスウェルはボーヴォワールにつぎのように宣言するのである。「アメリカじゃ、だれも読書なんて必要ないのよ。だってだれもものを考えないいんだから[17]。」

エミール・ブートミはそこまでは行かないように注意していた。だが彼は反米主義的言説にとって貴重な解釈の方向を開いた。というのも、この方向は、アメリカにおける空虚な形式としての宗教の遍在と創造的精神に対する不信とのあいだに直接的な関係を樹立するからである。アメリカ人は信心深くはないとしても、少なくとも精神に対する本能的恐怖を隠すためにキリスト教徒になったのである。これは一石二鳥であり、スタンダールとボードレールにつづいて、思想とその大胆さに対するアメリカ人の欲求の低さを再度、確認しつつ、アメリカ人の宗教感情への信用を失墜させることである。ブートミは恐ろしい(あるいは滑稽な)言葉で結んでいる。「唯一、キリスト教だけが提供されたのであった[18]。」つまり、ブートミのアメリカ人は間違いなくきわめてキリスト教徒的であるが――トクヴィルのアメリカ人以上ですらある――、欠点によってキリスト教徒的なのである。しかも二重にそうである。すなわち、みずからの知的欠如を取り繕うためであり、もっとよいものを見つけられなかったのである。

合衆国の宗教現象をめぐって、フランスではすでに多くのインクがついやされていた。だがこの現象が社会的な穴埋めであると同時に知的なぼろ隠しとして提示されたのは、これがはじめてである。この欠落した知的生活の代用品である宗教が「ブーケ」を欠いているということに、驚くべきものは何もない……。精神性の欠如および知性の不足は、いまやアメリカ「文明」にかんするフランス人の表象のなかで手を結ぶ。これは目立たないが重大な結びつきであり、すでに二〇世紀の初頭において、カトリック起源の「精神主義的」批判と、文化および知性の名の下におこなわれる非宗教的批判とのあいだに便利な懸橋を架けるのである。二〇世紀後半の反米主義がこの協調から引き出す利益全体をこれから見ていくことにしよう。

博愛から「奉仕（セルヴィス）」へ

無色無臭のアメリカ式キリスト教は、知性の代用品とみなされるが、それでもなおフランス人観察者の目から見て、現実的で強力な力をもっている。だがこの力は精神的なものは大して含んでいない。この力は完全に社会的である。アメリカのプロテスタンティズムは、と一九三五年にアンドレ・シーグフリードは強調する。はっきりと「社会活動」に向かった。その結果、「この宗教はいかなる宗教的性格をもほとんど欠いており、その集会は政治会議にそっくりである」[19]。したがって、酔わせるもの、うっとりさせるものは何もない。だがこの味気なさは権威主義的であり、この非宗教的宗教は、社会的にいえばカトリシズムとまったく同じくらい強制力がある。はるかにいっそう強制的でさえある、とクローデルを含め多くのカトリック教徒が訂正する。聖なるものと社会的なものの境界を消してしまったことで、プロテスタンティズムは知らないあいだに日常の行動と市民の行動基準に浸透していく。カトリックによる「良心の指導」は、この絶え間なき操作に比べれば何ほどのものでもない。このような状況ではまた、ペギー主義によってふたたび活性化したカトリックの主張は、宗教による社会的なものの操作に伝統的に懸念を抱いている非宗教的左翼の主張と軌を一にすることになる。

歴史的情勢は、合衆国を引き立て役として、フランスにおける種々の立場を接近させるのにとりわけ好都合である。教会と国家の分離はいまや既定事実である。カトリックの知識人はこの点については時代への適応（アジョルナメント）を果たした。多くはそこに新たな精神的な飛躍の機会さえ見るのである。戦闘的カトリシズムがふたたび動き出し、戦闘的精神主義が広まりつつある時代にあって、宗教改革に反対した古い論争が新時代に適合するようにアレンジされる。これらの知識人は、効力がない時代遅れの神学的呪詛よりも、信仰の「質」をめぐる論争のほうを好む。アメリカ人の信仰は、彼らには躍動も神秘もなく、ひどく味気ないものに思われる。つまり、散文的であると同時に字面どおりである。教条的な屁理屈に没頭するのは無駄である。彼らの生ぬるい美徳の光景だけで十分に示唆に富んでいる。アメリカは自分では〈信仰〉をもっていると信じているが、そのおののきを知らない。〈望徳〉を必要としないほど、みずからの確実さと成功を信じ込んでいる。ずっと前から博愛に脅かされている〈慈善〉については、「奉仕」――フランス人の不信感が集中する新しい世俗宗教――に押しのけられて以来、まさしく博物館にはうってつけである。

フランスの精神主義者はこのように考え、それに足並みをそろえる自由思想家も多い。両大戦間の知識人は、アングロ＝サクソンのプロテスタンティズムに対して、前世代の年長者たちと同じ不安げな称賛の念はもはや抱いていない。彼らは評価をおこなう際、アメリカのケースを英国というモデルからしだいに切り離していく。不可知論者や反教権主義者自身にとっても、アメリカの宗教性は知的次元で未発達に見える。(精神と芸術の)所産から判断すると、アメリカのプロテスタンティズムは文字どおり無教養とみなされる。ローマ・カトリック教会がみずからその継承者たることを望んでいるヨーロッパのキリスト教によって何世紀ものあいだに蓄積された知と美の宝物を懐かしく思い出させるほどである。熱意も創造的な躍動もないとみなされる宗教性を前にして、フランスでは、信仰者と無信仰者を接近させる知性の戦線が浮かび上がってくる。この知的欠如の確認に賛同しつつ、バレス、ペギー、さらにはレオン・ブロワによってはぐくまれたカトリックの世代は、アメリカの宗教性を無味乾燥であり、「ブルジョワ的」であり、計算ずくのものとして告発することによって、この確認をいっそう苛酷なものにする。千年以上にもわたるカトリシズムの高い知性まで自己を高めることができないアメリカのプロテスタンティズムは、素朴な人々の心の躍動を受け入れるのには、なおいっそう不向きである。この「素朴な人々」のおかげで、とくローデルは想起させる。ヨーロッパでは「真の精神性が保たれた」のである。[20] ところで、このような評価は、フランスにおいては、戦闘的カトリック教徒によってのみなされるどころか、イデオロギー的区分を超越するひじょうに広範なコンセンサスの対象になっている。学問分野の区分についても同様である。ベルナール・ファーユのような歴史家は、一九三五年につぎのように書くことができる。「この宗教の空虚と冷たさについては、全員が強く感じ取った。」[21] ここで全員の名の下に語っているのはだれか。合衆国にかんする専門家だろうか、それとも反米的なドクサの波に押し流されたフランスの知識人だろうか。

こうした伝統的な軽蔑的態度は、宗教思想を経済的目的のために直接に役立たせているように見える社会形態をもつ合衆国の急成長に対する反発として、一九二〇年代から一九三〇年代にかけて、まったく新しい展開と様相を呈する。アメリカの宗教は、利益の追求、社会的操作、不平等の管理といったごく世俗的な企てに巻き込まれているように見える。巻き込まれていると同時に汚され（プロスティテュエ）てもいる。ドナルド・ロイ・アレンが書いているように、一九三〇年代のフランス人の目から見て、「アメリカのプロテスタンティズムは、いまやみずから公言している快適な〝社会的〟ドグマのために、ドグマを構成する神秘的・知的な諸要素を汚した」[22]のである。論争上のある新しいテーマが、まさしくこの精神状態を反映している。すなわち、フランスの著作に普遍的に広まっている〈奉仕〉に対する辛辣な批判である。一九世紀にフィラレート・シャールによって記述された「カルヴァン主義の蜜蜂の巣」[23]は、〈奉仕〉とともにその実践のためのイデオロギーを分泌したように見える。

〈奉仕〉という概念がフランス人観察者に引き起こす激しい苛立ちは、社会的なものと宗教的なものの絡み合いを対象とする敵意というもっと一般的な文脈のなかに置き直さなければ、理解できない。フランス人が大文字で書いたり〔本訳文では、そのようなケースに相当する語は〈 〉で囲んである〕、そのエキゾチシズムに注意をうながすギュメで囲んだりする〔訳文ではギュメ《 》は「 」に置き換えている〕この語は、世俗的‐宗教的道徳を意味しており、この世俗的‐宗教的道徳の名において個人は*community*〔コミュニティ〕に「奉仕を」おこなうのである。おこなう、またはおこなうつもりになる。というのも、フランス人の満場一致の見方からすれば、大実業家やお偉方が〈奉仕〉という甘ったるいレトリックを誇示するのは、自分たちの利益を〈共同体〉に対してなされたすぐれた奉仕の報酬として提示することによって「神聖化する」ためであると同時に、嫌がらずに、良心と誠意をもって働くことを義務とするイデオロギーで労働者をがんじがらめにするためでもある。かくしてフランス人の解釈は、〈奉仕〉をアメリカの新しい倫理――人心操作と神秘思想、善意の脅しとイデオロギーの横暴の混合物としての倫理とみなすことで、この概念に大きな広がりを与えるのである。

〈奉仕〉は、信仰心と功利主義の不純な混ぜ物としてフランス人に嫌悪感を催させ、トクヴィルの教訓のなかでもっとも頻繁に引き合いに出される教訓をよみがえらせる。この教訓は多数派の順応的態度を「思想にはめられた恐るべき箍(たが)」[24]のようなものとして描き出すのである。モランはここでもフランス人の嫌悪感のすぐれた解釈者であることが判明する。だが巧みな小説職人として、モランはアメリカと縁を切った若きアメリカ人の登場人物にこの嫌悪の表明を委任する。「〈有用性〉！〈奉仕〉！奴らが口にするのはいつもこんな言葉だけだ！これは〔ワグナー楽劇『パルシファル』の〕クンドリからパルシファルへの答えであり、自分の主人のもとを離れたくない古いズボンの股底の誠実な叫びである！私はこんな大文字の言葉が嫌いだ！そしてこの国がそれでうまくいくかどうかは神のみぞ知るだ！」[25]きわめてまじめな反感のための滑稽な長広舌である。一九二七年、反米的作品の波が押し寄せた当初においてすでに、リュシアン・ロミエの『どちらが支配者になるのか、ヨーロッパか、アメリカか』は、〈狂乱の時代〉〔一九一八年―一九二九年〕のアメリカの新しい社会状況において〈奉仕〉がいかに重要であるかをあますところなく証明していた。「アメリカの大衆は、〝奉仕〟と〝利益〟という強力な二つの概念からインスピレーションを得た教育を受けている。」そして、この怪物じみているが効果的な組み合わせこそ、ラテン系諸国に対する合衆国の優越性を保証しているのである。[26]

同じ年にアンドレ・シーグフリードは「〝奉仕〟という教義」に四ページを割くが、これらのページは持続的な影響力をもつことになる。というのも、『今日の合衆国』は、〈奉仕〉を「豊かになり充足したアメリカ」の究極の社会的神話として強調しているからである。このアメリカは「奉仕することが今日まさしく利益を生む条件となっており、その結果、大実業家、大商人はたんに財をなすだけでなく、共同体に奉仕していると好んで明言する」のである。シーグフリードが記述しているような「奉仕」とは、欺瞞、あるいは最善の場合でも自己欺瞞（「というのも、アメリカ人は容易に自分を思い違いをするからである」)、アメリカ人の良心と楽観主義のレトリック上の人工物、商工会議所の演説家のためのスローガン、「自分の利益を正当化することを望んでいる人にとって欠かすことができない合言葉」である。「奉仕」はこれらすべてであるが、同時にはるかにそれ以上のものである。というのも、この *roaring twenties*〔ジャズと狂騒の一九二〇年代〕の「口癖」(これはシーグフリードが使った語である)の背後で、新しい経済的‐社会的な装置、恐るべき有効性をもつ表象の操作が、まるまるそっくり進展しているからである。アンドレ・シーグフリードが〈奉仕〉をもって工業生産についての章のフェルマータ〔延長記号〕としているとすれば、それは明らかに彼が〈奉仕〉をたんなる意味論的な飾りとみなしているのではなく、これこそが新しい「教義」、つまり政府によって、そしてとくに貿易大臣の資格をもったフーヴァーによって後押しされた「生産方法の全体的改革」の要石(かなめいし)だと考えているからである。(27)「〝奉仕〟という教義」はこの拡大された文脈のなかで「社会道徳の真の代用品」としてあらわれる。つまり、アメリカの経済発展の新たな段階にもっともよく合致した非宗教的‐宗教のイデオロギーなのである。そしてこの教義は、アイデンティティとしてのWASP〔アングロ‐サクソン系白人プロテスタント〕の文化的資本に根差しているだけに、ますます効果的であることが判明する。というのも、これは「プロテスタント的公民精神やベンサム的功利主義、進歩崇拝」によって作られているからである。〈奉仕〉は実際、「カトリックの概念ではない。それはラテン系ヨーロッパ諸国では花開くことはない」。シーグフリードがこれについて与えている理由は、興味深い。私たちをもう一度、アメリカ人の非‐知性へと連れもどすからである。「これは個人労働に慣れた知識人や芸術家の概念ではなく、クレジットの感覚をもった商人の概念である。」つまり数ページでもって、シーグフリードは〈奉仕〉を新しいアメリカのイデオロギーの中心的な歯車に変えているのである。これは長きにわたる社会的・宗教的変化の論理的帰結であるが、同時に「成功と正義とを折り合わせようとする楽観主義的国民の教義」として、二〇世紀のアメリカ国民の正確な反映である。魂に青痣をこしらえることなしに、とモランならばいうだろう。世界チャンピオンになることを望む国民。若きブロツキーが揶揄した言葉の癖(チック)――「〈功利性〉！〈奉仕〉！……」――の背後に、操作と支配の大がかりな意図が見え隠れする。「思わずにっこり笑ってしまう」とシーグフリードは警告する。だがそんなことをしている場合ではない！〈奉仕〉は私たちを不安にさせなければならない。この「教義(ドクトリン)」――この語はシーグフリードにおいて執拗にくり返され、モンロー主義(ドクトリン)が反映していると否応なく思わせる――は、経済戦争において有効な武器である。というのも、この教義は政府、実業家、労働者、消費者、および「世論そのものを、驚くべき一致でもって」団結させるからである。このような一致はフランスではまったく不可能に思われる(28)。

この確認は、フランス人を〈奉仕〉と和解させるためにおこなわれるわけでもなければ、アメリカ・プロテスタンティズムと和解させるためにおこなわれるわけでもない。このアメリカ・プロテスタンティズムは、エドモン・ジョアネには気の毒だが、「現世的事業の経営」のなかでかつてないほど居心地よく感じているように見えるのである。退化した宗教の最後の化身である〈奉仕〉は、信仰の下劣な還俗として、あるいは市民道徳に偽装された社会操作として、フランス人の顰蹙をかう。『世界チャンピオン』のブロツキーのように、フランス人は「いわば良心から立ち上ってくる強烈な香りに鼻孔を開いた(29)」ままにしている。フランス人が博愛という偉大な欺瞞の最後の化身である〈奉仕〉の周りに嗅ぎ分けるのは、このむっとするにおいなのである。

というのも、アメリカ人の博愛がフランスで評判がよかったことは一度もないからである。たいていの場合、資産家の保守的な気取りとか下品な術策とみなされる。一九世紀末以降、フランス人旅行家は、大富豪が運営するこれ見よがしの基金財団に対してお定まりのように怒りの矛先を向け、この財団と、アメリカには恥ずべきことに公共事業（セルヴィス・ピュブリック）が存在しないことを対比させる。ロックフェラーは、と、すでに一九〇四年にはジュール・ユレは説明している、「石油の絶対的な支配者である」。そして「ある朝、起きあがりながら、友人でシカゴ大学学長のハーパーに数百万ドルの寄付をする気になれば、彼はさっさと当日の相場を一セント上げるだけでいいのだ[30]」。これはとても理路整然とした慈善である。懐を痛めるのは他人だけである。おまけに、ボストンのような都市には「まったくひどい道路[31]」がある。フロリダのブルックスヴィルでは「道路清掃（セルヴィス）」はハゲワシに任されている[32]。ニューヨークにかんしては、「市の役人」は「毎年八〇万ドルから九〇万ドルをポケットに入れ、臆面もなくほぼ完全に道路管理（セルヴィス）をなおざりにしている[33]」。両大戦間中にも記述は同じままである。*prosperity*〔金銭上の成功〕は何も変化させなかった。五番街を離れ、「五〇メートルも行くと、文字どおりの露店、半分穴のあいた歩道、舗装が行き届いていない車道にぶつかる[34]」。ニューヨークのアスファルトに不規則な間隔で穴をあけている否むべくもないくぼみ――このくぼみに対するフランス人の過敏症は、個人の自主性を特権化しすぎるがゆえに、いかなる文明化された共同体にもあるもっとも基本的な義務さえもなおざりにするシステムに対する満場一致の深い非難の表現である。博愛対よき政府、〈奉仕（セルヴィス）〉対「公共事業（セルヴィス・ピュブリック）」。この対立は決して瑣末なものではない。反対に、それは仏米間の強固で持続的な文化的・政治的対立を反映しているのである。

『アメリカという癌』の熱に浮かされたページには、それらの要素がすべて見出される。断固として「反‐デカルト的」で、ほとんど検閲にも引っ掛かりもせず、しばしば自由連想すれすれのアロンとダンデューの説得力のある文体は、彼らの誹謗文書をすぐれた神話的な導き手としている。そこには博愛に対する一九世紀の不信が無傷のまま認められるが、この博愛に対してはアロンとダンデューはためらうことなくトクヴィルを（いくらか横柄に）引き合いに出す。「善良なトクヴィルの言葉によれば、ヤンキーは博愛精神によって〈赤肌〉〔アメリカ・インディアン〕を排除したのである。[35]」だがアロンとダンデューにとって興味があるのは現在である。すなわち、博愛がもはや情け容赦ない *Realpolitik*〔現実政策〕の偽善的なブドウの葉であるだけでなく、国家の経済的原動力の一つ、その象徴的な土台のもっとも重要な部分となっている現在である。かくして、アロンとダンデューによれば、二〇世紀のアメリカの博愛は、もはや幾多の正当化の言説の一つではなくなっている。それは資本主義経済の一つの支柱となった。「国家の八番目の産業[36]」である。そしてとりわけ、それはアメリカ人の心的な大建造物の新しい要石となる。「保険と博愛。すなわち心的幸福の代用品[37]」。豊かさと同時に精神的「安逸」を産み出す博愛は、アロンとダンデューによって記述される（そして告発される）文明の中枢にある。この記述においては、心をなごませる全体主義の最後の宝物である〈奉仕〉も忘れられてはいない。シーグフリードやモランにおけるように、システムの補足的な装置、神話的な補助物である〈奉仕〉は、アロンとダンデューによれば、その上、忘却の学校でもある。つまり、頭脳のアメリカ的再構成のための、古い価値を根絶する最高の道具なのである。「社会〈奉仕〉」は「従順を教える学校」であり、この意味で順応主義という鉄の輪に加えられたナットの最後の一回転である。だがこの近代的従順は健忘症の結果である。すなわち、〈奉仕〉の大成功とは「慈善と友愛が個人的原理であることを忘却させること[38]」である。時代に先んじたオーウェル的な〔独裁主義体制的な〕アメリカ式〈奉仕〉は、たんに人々を隷属させるだけではなく、過去の記憶を破壊するのである。

慈善と自由。〈奉仕〉によって消滅の運命にあるこれら二つの価値は、偶然選ばれたわけではない。（人格主義者が使う意味での）人格（ペルソヌ）にとって「基本的な」価値である慈善と自由はまた、歴史的にキリスト教ヨーロッパと革命フランスを創設した価値でもある。人格主義と一七八九年とを同時に引き合いに出す、政治的には無党派であるアロンとダンデューは、アメリカに反対して「慈善」――その心臓は右寄りである――と、その左翼的な妹である「友愛」を全面的に擁護するのに絶好の立場にある。それだけにいっそう二人の書物は、反米主義のおかげで成立する左翼の言説と右翼の言説の懸橋を象徴しているのである。

偽善的な人と無教養な人――「ブン！　ブン！　ジン、ライ、ラ！」

一九四八年にその『非合衆国』が出版される（だが書かれたのは一九三八年で、ローズヴェルト時代を描いている）ウラジミール・ポズネルは、自分の物語にジャーナリズムの切り抜きをベースにした一種の航海日誌を挿入している。一八三六年四月八日の日付には、以下のように書き留めている。「ロサンゼルスの九一八人の住民は文通によって牧師になった。ある住所に手紙を書き、その手紙に金を同封するだけで十分だった。一〇ドルで司祭に任命され、神学博士の免状は一五ドルの値段がし、この金額の二倍で聖別されて司教になった。」[39] このマルクス主義者は、レーニンが悪い司祭のほうがよき司祭よりも危険ではないと考えていたことは忘れて、このことを笑い飛ばすのではなく、むしろ憤慨している。

もっとも確実に精神主義者と非宗教的な聖職者を結集するもの、彼らの共同戦線を取りまとめるものは、アメリカでは宗教と文化が同じ苦境に陥っているという確信である。すなわち、〈ドル〉という苦境である。司祭になることは金の問題である。作家として生きていくことは、奇跡が起こるのでなければ、ジャーナリズム市場の法則に従うことを要求する。[40] 自分の芸術で生活することは、無教養な金権政治の悪趣味で、お上品ぶった、誇大妄想的な注文を満たすことに帰着する。これが根強い確信である。

ポーを悲惨な状態に放置するアメリカに対してボードレールが投じた呪詛にはさかのぼらぬとしても、芸術と文学がアメリカではほとんど値打ちが認められないことに対するフランス人の（そしてヨーロッパ人の――その証人がチャールズ・ディケンズである）長い不満の歴史については強調しなければならない。アメリカ人は精神の事象にも芸術の事象にも無関心である。アメリカ人が社会的上昇によってそれらを気にかけ、手に入れるよう強いられることがあるとしても、アメリカ人の悪趣味はばかげた気まぐれと贅沢な出費として破裂する。ジュール・ユレがスタンフォードで見たのは、「ひじょうに美しいフリーズ〔建物上部の装飾をほどこされる小壁面〕に馬上のスタンフォード夫人が描かれた凱旋門〔、そして〕無邪気で、無分別で、美意識を欠いたブロンズ製のスタンフォード家全員、すなわち〈ご主人〉、〈奥さん〉、〈赤ちゃん〉を乗せた巨大な台座(41)」である。ポール・ド・ルージエはつぎのようにくり返されるのを耳にする。「ねえ、私らはインディアンの時代から歩いてきたんだよ！」そしてルージエは *in petto*〔心ひそかに〕答える。「おそらくそうでしょう。でも、あなた方は芸術的趣味については、いまでもなおこの上なくインディアン的ですね！(42)」私的建物と公共建造物は同じ基準に応えている。巨大であることと費用がかさむということである。銀行に入る？「そこにたどり着くのには、金メッキされたブロンズの手すりつきの大理石の階段を通る。天井も金メッキされ、壁は無数の金箔で飾られ、エレベーターの骨組み、窓口の格子など、すべてが金メッキされ、すべてが醜悪である……(43)。」四〇年後、彼の魂を「歯のように」引き抜こうとする映画館のこの豪華さの誇示は、デュアメルにはなおいっそう気に入らない。すなわち、「ブルジョワ的な大娼家の豪華さ(44)」である。都市の尺度でも同じことである。というのも、「美の追求は、公共建築物においてはほとんど重要な位置を占めていないからである〔……〕。アメリカ人が好きなものは、巨大なもの、並外れたもの、力の証である(45)」。ホワイト‐ハウスは全体的な醜さの例として引用される(46)。その一方で、ユレは、

「ただたんにきれいなもの、つまりそれ自体きれいで、有用性も、有用であろうとする意志もなくきれいなものは、アメリカではもっとも稀少なものである[47]」と説明している。そこではすべてが重みと値段で判断される。ルージエはシンシナティで展示されたポーリーヌ・ボナパルトの肖像画について書かれた紹介文を引用している。「この肖像画によれば、彼女は一五〇ポンドかもう少し重い体重だったように見える。」大西洋の向こう側の美術愛好家とその日常的な関心事について詳しく語れば、つぎのようなことになる。「何と*ranchman*〔牧畜経営者〕の肥えた目が感じられることだろう」。しかし「アメリカ人にとっていっそう確実な基準とは、芸術作品の値段である[48]」。バルビエは一八九三年に、「ミレーの『晩鐘』〔……〕は彼らの目から見れば、競売によって私たちの〈美術館〉から奪い取られたことから価値を引き出している[49]」と記している。マリ・デュガールにはひどく悪意があったわけではないが、彼女もまたアメリカ人を告発する。すなわち、アメリカ人は「自分たちの邸宅を満たすために征服者の傲慢さによってギリシアから彫像を奪うローマ人と同じように、私たちの美術館の財産を奪い、大量のドルでもって私たちからホッベマやレンブラント、メソニエやコローのような画家たちの作品を奪い、自分たちが決して行くことのないギャラリーに飾っているのである[50]」。このようにくり返される非難を反映して、からかい好きのゴイエは合衆国において軽んじられているフランスの文学者を嘲笑している。痩せすぎだ、とゴイエは主張する！　芸術も含めてすべてが量で評価される国では、「フランスは少し自国の文学者を太らせる」ことを必要とする。貧弱な男にはチャンスがないのである。無学な大金持ちのアメリカ人という肖像は昨日にはじまったのでもなければ、一昨日にはじまったのでさえないことがわかる。一九六六年のリンカーン・センター落成式の際、フランスのジャーナリズムは「スキャンダラスな」写真を発表する。招待客がマイヨールの作品の土台に（空の）シャンパン・グラスを置いていたのである。それより四分の三世紀前には、バルビエが、「ブグロー氏の『ニンフたち』」がアメリカで栄光を失って、「ニューヨークの大きなバーの一番の魅力」になっているのを見つけて憤慨していたのであった……。[51]

だが無教養や悪趣味というたくさんの非難の向こうで、もっとはっきりとした不満が、とくにアメリカ人が作家の権利を尊重しないという事実をめぐってはやい段階で表明されている。ディケンズはこれを執拗に自分のアメリカでの講演のライトモチーフにしていた。これらの講演は彼に対してひじょうに敵対的なプレス・キャンペーンを引き起こすのである。一九〇〇年前後、非難はフランス人のなかに遍在している。「保護貿易主義者が統治する国では」と『ジョナサンとその大陸』の著者は皮肉っている、「国内生産物がすべて保護されているのに、知性の産物が除外されているのは奇妙に見える。[52]」非国産品の権利がそれよりも保護されていないことはつけ加えるまでもない。『フィガロ』紙の特派員ジュール・ユレは、新聞小説作家のギュスターヴ・ル・ルージュと口をそろえて、著作権の組織的窃盗を告発する。[53] アメリカで知識人がかくも保護されないのは、「知性のトラストがまだ形成されていない」からなのだろうか。[54] いずれにせよ、アメリカの作家あるいは芸術家の運命は、物質的な次元でさえ、フランス人の同業者に羨ましいと見えるようなものではない。「これ以上に適切で示唆的な他の呼称がないので〈アート〉と名づけられているものが、あらゆる形式における展示の広大な領域のことであり、また象徴的な興行師バーナムが支配し、成功をおさめている」国において、みずからの才能を発揮することは、清廉潔白な創造者にとっては売春、あまり儲からない売春である。大西洋の向こう側の美的感情は「ブン！　ブン！　ジン、ライ、ラ！」[55]であるとバルビエは要約している。この擬音語はすべてのアメリカ芸術を要約している。そこには音楽も含まれる。ゴイエは音楽をつぎのように言葉少なに厄介払いしている。「これについて語ってはならない。まったく原始的である。[56]」同じユルバン・ゴイエは、ある章につぎのようなタイトルを付けている、「ジャーナリズム、文学、芸術、演劇、裁判」。つぎのような副題が付いている、「この章は必然的にきわめて短くなるだろう」。

展示と検閲、芸術という「戦利品」の見せびらかしと、どんな相場も固定できない「価値」に対する本能的不信感。これらはそれぞれが極であって、アメリカ人の文化的欲望はこれらの極のあいだでパニックに陥っている。貪欲はいかなる *connaisseurship*〔鑑識眼〕をも実証せず、所有の喜びはひそかな破壊欲を妨げるものではない。ギュスターヴ・ル・ルージュの大金持ちを思い出していただきたい。この大金持ちは自分の私的なギャラリーを歩き回って、ヨーロッパの巨匠のカンバスを破ったのであった。「一冊の本、一つの芸術品とは、よりすぐれた欲求、無私の喜びの感染——アメリカ人の観点からすれば、おそらくは危険な感染——である」とバルビエは解説している。「豚肉の塩漬けの取引が少しでも不振に陥るのを見るよりも、〈書物〉が滅び去らんことを。[57]」

一世代後にバルビエの後継者が気づいてぞっとするのは、アメリカ人は塩漬けの豚肉の取引を保護するための、いっそう確実な方法を見つけたということである。すなわち、芸術と思想をして、塩漬けの豚肉とあらゆる点で類似した「新しい市場」にすることである。

テーラー・システム化された精神の大市場

両大戦間になっても文化的中傷は減じない。だがその標的は変化する。文学著作権の尊重は、ベルン会議〔一八八六年のこの会議で七六か国によって文学、科学、芸術の所有権にかんする条約が締結された〕と、アメリカにおける作家の権利の法制化以来、よりよく保証されるようになる。その上で、あぶく銭を蓄積したアメリカが創作者への報酬をけちっていると主張するのは難しくなる。書物、雑誌、グラビア雑誌の大量発行により、反対に作者に高い代金を支払うことが可能となる。芸術の分野において、とルクリのようなアメリカの常連は記している。成功する者たちは、いまやフランスの仲間たちよりもはるかに多くの金を獲得する。

その上、合衆国がヨーロッパの作品の客であり消費者であるという役割にもはやとどまることがないのは明白である。すでに一四年以前から、活気のある多種多様な国民文学の存在を認めざるを得なくなっていた。マーク・トウェイン、イーディス・ウォートン、ヘンリー・ジェームズ、あるいはシオドア・ドライサーのような国民文学である。その後は、スコット・フィッツジェラルドやシンクレア・ルイスによって引き受けられているように見える。だとすれば、なぜアメリカ人は文学だけで満足するだろうか。「今のうちに急いでからかっておこう」と一九〇三年にゴイエは予告していた。「五〇年経たぬうちに、彼らは芸術を手に入れるだろう。[58]」アメリカの芸術家がそれまで「模倣、模倣、模倣、そして収集、収集」しかしなかったとしても、このような時期はゴイエが定めた期日よりも前に終わるだろう。そういうわけで、文化的反米主義は変心する。指弾されるのは、その国特有の作品がないことではもうない。それは文化の概念そのものをくつがえす文化的「製品」の大規模な生産とマーケティングである。偏狭な考え方にとらわれた出資者の横暴ではもはやない。文学と芸術がこうむっているのは、なおいっそう重大な危険である。無教養な大衆の「注文」を満足させるよう命じられているのである。

つまり、語調の変化を一四年の前後ではっきりと感じ取ることができる。もっとも、ヨーロッパが文化的覇権を失うという恐怖はいまだほとんど広まっていない。というのも、「アメリカ側には、知的、精神的、道徳的には、何もないし、だれもいない」と一九三〇年にあるジャーナリストは主張しているからである。[59]アメリカ人がこの分野で真のライバルになるという考えは、相変わらず疑念と抗議を引き起こしている。一九〇九年のあるフランス人は、つぎのように一般的感情を要約した。「彼らが莫大な小切手を使って、大学、アカデミー、図書館、博物館をいくら設立したところで無駄である。それらはすべて何の役にも立たない。彼らは私たちの知的優位の前に頭を下げにやって来なければならないだろう。[60]」一九三〇年、『忌まわしきアメリカ』の著者は、拡大する物質的な力の不均衡に懸念を抱きながらも、「私たちの知的優位」を相変わらず固く信じている。すなわち、「アメリカが自国の〝思想家〟を通じてヨーロッパを服従させようと欲したとしても、それはせいぜい一時的な好奇心を引き起こしただけだろう」。不幸なことに、とカドミ＝コーエンはつけ加えている。アメリカは国際決済銀行をも所有している……。物質的世界の巨人（タイタン）であるアメリカは、精神の次元では小人国（リリパット）の住民のままである。「アメリカは危険を冒してまでこのような出会いをしようとはしない。すなわち、アメリカというピグミー族が〈旧世界〉という巨人にあえて立ち向かうことである。[61]」同じ時期にオクターヴ・オンベールが思い描くのは、合衆国は世界的反乱を恐れて、知的に地球を支配しようとしたりはしない、ということである。「地球の人口の七パーセントにすぎないアメリカ国民が、みずからの支配が正当化されない領域を支配しようとしても、つまりドルの掟を精神的な力や思想に押しつけようとしても、きっと反乱が起こるだろう。そしてそれは〈未開人〉の反乱ではなく、新たな暴力的侵略に対する文明の反乱となるだろう。[62]」

　アメリカがヨーロッパに対して明らかに知的に劣った状態にあるということが一般に認められているとしても（これが同年に出版されたデュアメルの本全体がわかりやすく説明しようとしていることである）、その巨大な物質的な力はそれだけで〈旧世界〉の文化にとって脅威となる。自分たちの優位をもっとも強く確信しているフランスのエッセイストさえこの危険に目をつぶるわけにはいかない。

　この脅威がとるもっとも暴力的な形式、そしてまたもっとも目につく形式とは、芸術品の略奪である。

というのも、大金持ちと芸術の庇護者が、飽くことなく「収集につぐ収集」をおこなうからである。ドルの力で広げられた彼らの活動は、二〇年代には公然たる敵意の源と化す。シャルリュスの陰険な賛辞を思い出していただきたい。「彼らはわが国のもっていた傑作を愛している。その多くはいまではアメリカにあります。」さらに思い出されるのは、ラウール・ガンの小説で『見出された時』のこのページを反映している部分である（文学的にはそれほど記憶にあたいしない）。すなわち、大金持ちのバードコールとその娘がケルクヴィルの教会を横取りしようとするのである――「あの娘は」と彼女は私にいった、「私たちの村が好きなのです……」(63)。同じ月並みな表現（トポス）・主題が、三〇年代終わりにモランの『急いでいる男』にも見られるが、これはフランス南東部の修道院を半ば秘密裡に輸出するという試みを詳述している。実際、この時代は、修道院や宮殿が注意深く番号を打たれた小包となって送られ、アメリカで第二の――「バレス氏」を引用してシャルリュスがいっているように――「故郷を喪失した（デラシネ）」生活を送る時代なのである。こうした売却によって引き起こされる不快感は、三〇年代には明白である。当時は、世論に警告を発し、公的権力を動かすために、自主的な行動が多くとられる。しかしながら、しばしばフィクションによって演出されるこの「ドルの力で」奪い取られる遺産の強奪は、反米的エッセイストの著作にはほとんど見られない。ひょっとすると極端な悲観主義者たちは、第二次世界大戦直前のヴァレリーのように、ヨーロッパ文明のごく一部が、アメリカの博物館のおかげで、予想される災厄から救われるという考えを楽しんでいるのだろうか。おそらく、もっと単純に、これらの知的な創作者たちは、遺産の運命よりも自分自身の作品の運命に関心をもっているのだ。いずれにしても、彼らの不安は、ほかのところに備給される。すなわち、収益性の要請と大衆の嗜好への従属という二重の影響の下で、文化の形態そのものが破壊されるのを見るという恐怖に、である。

リュシアン・ロミエが（ポール・ヴァレリーを引用しながら）名づけているように「量の文明」であるアメリカは、精神の事象にも、ほかのすべての産物と同様、市場を創造した。文化はそこでは、買い手の意のままになる財産、*a commodity*〔商品〕と化しつつある。美的選択の指針となるほど十分に強力な、組織化されたエリート層がいないので、文化的要求は大衆の「俗悪な」欲望のたんなる反映か、大衆の嗜好をレジャー産業が望む方向へと「教化」するための操作の結果となる。前提となっているのは、文化をめぐる二つの概念のあいだの持続的な対立である。すなわち、一方の概念は《*high culture*》〔ハイ・カルチャー〕と気晴らしを求める大衆文化（*entertainment*〔エンターテインメント〕）とをはっきりと切り離す。もう一方の概念は、それによって文化が分裂したり、値切られたりすることはない。この概念にとって文化とは、聖職者の保護――努力によって獲得され、努力の忘却によって完成される保護――の下に置かれる非物質的な「共有財産」である――「人間がすべてを忘却したときに、人間のうちに残っているもの」とエリオはいうだろう。この二番目の論理、フランスの聖職者の論理は、聖職者のなかでもっとも進歩主義的な人々をエリート主義の立場へと追いやるが、このエリート主義の立場は、エリートの教養にもとづいた選択と「国民の真の願望」のあいだの共生という神話によって相殺される。大衆的な文化的産物を告発することで、こうしたインテリゲンチャは国民に対して自分の義務を果たしているという確信、そして国民を国民自身から保護しているという確信をもっている。というのも、この国民は、ラウール・ガンのノルマンディーにおけるように、生まれながらに「健全」であるとしても、精神的には脆いからである。そして「その作品がヨーロッパで大衆の魂を堕落させ、腐敗させ、卑俗にさせることになる」[64] ハリウッド映画は、国民にとって阿片よりも悪い。文字どおり道徳的・知的な毒物なのである。

中毒の主たる源泉。ハリウッド。ハリウッドにかんする記述は三〇年代のフランスで増加する。〈映画スタジオ〉の伝説（サガ）を語るためではなく、この生産性第一主義という異常な増殖物の真の性質を明らかにするためである。ここでもまたデュアメルは、「無知蒙昧の徒の気晴らし」であり「文盲の暇つぶし」である映画に反対するそのさわりの一節をもってしても、あまり典型的だとはいえない。ミスター・ピトキンに無理やり連れて行かれた「娼家」ふうの部屋で彼が見たものは、金ぴかの飾り、むき出しの腿、軽業師、横柄な下僕、催眠術をかけられた落伍者たちである。映画は、ない。有名な楽章のひどい演奏が延々とつづく支離滅裂な音楽伴奏だけが、この試練によって麻痺した感覚に強い印象を与えた。この章には「映画の小休止」という題名が付けられている。この章は長いあいだ、〈第七芸術〉〔映画〕に対するすばらしい風刺とみなされてきた。これを再読すると驚かされる。そこには映画は存在しないのである。

彼の仲間たちはこの盲目的先入観を共有しているわけではない。『未来生活情景』と同年に出版された『忌まわしきアメリカ』も、大量生産に特徴的な知性の均等化の危険に動かされている。しかし集中攻撃をおこなっているのは、知的労働に適用された規格化の実験室としてのハリウッドに対してであって、映画を丸ごと断罪することは拒否している。レーモン・ルクリはとりわけ創作者に強いられる圧制的な束縛に衝撃を受けている。「これらの知的労働者たちは、厳格な従属状態に置かれている。〔……〕彼らのアイディア、彼らの構想は、束縛（ブリメ）されるとはいわなくても、絶えず抑制（ブリデ）させられる。」のちに映画好きにとって「黄金時代」となるこの両大戦間のハリウッドは、当時はテーラー・システムと精神の軽蔑とのカクテルとして受け取られている。「文学、芸術の生産活動に関係するすべてのものが、これほど全面的に軽蔑されたことはかつてなかった。作者は金目当てとか〝ゴーストライター〟とみなされている」とルクリは書いている。(65) ジョゼフ・ケッセルが一九三七年に出版する出色の『ハリウッド、夢幻都市』も軌を一にする。不可思議というより「愚かし」く、遊びというよりも労苦であり、創意に富んだというよりも目端がきく世界にかんする、辛辣でもなければ熱狂的でもない主観的ルポルタージュであるケッセルの書物は、「金メッキされ、まがいもので、怪物じみた牢獄」――部分的狂気(モノマニー)と専門化の牢獄、テーラー・システム化された創造性をもつアルカトラズ〔カリフォルニアのサンフランシスコ湾にある島。連邦刑務所があった〕――を記述する。「ハリウッドは労働者の都市である」とケッセルは書いている。この都市は「フォードが自動車を製造するように、雄弁なイマージュを製造する」。だがここで流れ作業に組み込まれ、点検に従事させられ、持ち場に拘束されるのは、作家や芸術家である。「すべての作家、すべての作曲家は、たとえ著名で、週に二万フランから五万フラン支払われる場合でも、自分の番号のついた事務室で製作しなければならない。彼らの出勤は朝九時と、帳簿の点検と同じ厳密さが要求される。さまざまな道具がそこで彼らを待っている。タイプライター、図書室、ピアノ、オルガン、またはヴァイオリンである。」金ぴかのまがいもの(ストラス)の下に隠されたストレス。幻想の工場は、精神の徒刑囚の一団である。「すべてが組織され、階層化され、規格化されている。思考まで、インスピレーションまでもがそうである[66]。」年間九〇〇本の映画を発表するために創造性に強いられるテンポは、デトロイトの組み立てラインのテンポよりもすさまじい。映画は「もはや芸術ではない。それは知的な機械装置である」。リュック・デュルタンはかつてアメリカの工場一般についてつぎのようにいっていた。「すべてが完璧にうまくできている。そして、あたかも機械の機能が完璧にうまくいくたびごとに、そこから大きな悲しみがただよってくる。言葉を超えた、一種の魂の挫折の印象である[67]。」「迅速さ、生産性、精度、調整。ここにハリウッドにおける存在の本質的特徴がある」とケッセルは記している、「すべてが冷ややかで、すべてが自動的に関連し合う」。そしてこの「温かみのない相互作用〔……〕は、ハリウッドに対して、単調さと、実体のない夢のむなしさをもたらす[68]」。

だがケッセルが語る「幻想の工場」も、文化の大量生産の他の形態も、それだけが合衆国における精神の堕落の原因なのではない。しかも神が「結婚したボーイ」といかさまの*preachers*〔牧師〕によって祭務を受けもたれているとすれば、そこでは知性は危機に陥っている。いないためである……知識人が。

フランスではだれもが十分に理解していない。そして現地で闘いを指導すべき人々の無力ないし「消極性」に対する苛立ちがますます募っていく。アメリカの作家、芸術家、大学人のことである。あいまいなところがないわけではない。大西洋の向こう側で彼らに欠けている好意的な土壌をヨーロッパとフランスに求めに来ることについては称賛する。だが彼らがアメリカの文化的戦場を放棄することについては不満に思う。フランスの聖職者は、彼らが自分の立場を守ろうとせず、知的権力を形成することができなかったこと、あるいはそれを望まなかったことを非難する。ジュール・ユレは二〇世紀初頭に、合衆国にエリートの「影響がまったくない」ことを確認して驚いていた。すでに引用した彼の嫌みはそこから生まれる。「これまでアメリカ人は自分たちの産業と金融の諸力しか中央集権化してこなかった。知性のトラストはまだ形成されていない。[69]」知性のトラストは二〇年後にも五〇年後にも相変わらず形成されない。その代わりに形成されたのは、ジャーナリズム、出版社、映画、テレビの企業複合体であり、作家や芸術家はその歯車にすぎない。ジャック・ロンドンとドライサーからドス・パソスとスタインベックまで、いくつかの力強い声がこの「システム」に対して批判の声を聞かせることができたとしても、対抗勢力を確立しようという知識人――この語自体が不適切である――の挫折を前にして、フランスでは失望がまさっている。国民生活に重きをなすことができないことは、アメリカそれ自体の罪であるのと同様、知識人の罪であるとみなされる。アメリカはここでもまた、反‐フランスのようなものとしてあらわれる。その文化的エリートに対して〈国家(シテ)〉におけるいかなる役割も禁じるからである。さらに悪いのは、彼らの位置が、偏狭な専門家、自称「テクノクラート」、そして間もなく《brain-trust》〔ブレーン‐トラスト〕の秘密エキスパーのパンフレットによって横取りされることである。このような非難が表明されるのは、きわめて反米的な対独協力派のパンフレットのような、この上なく予想外のテクストにおいてである。このパンフレットで合衆国における存在が指摘されるのは、「教養ある広い精神をもつ卓越した知的エリートである。不幸なことに、サロンも社交界もないので、このエリート層は分散しており、他の階層にいかなる影響ももたらさない」[70]。シモーヌ・ド・ボーヴォワールが一九四八年に思い浮かべているのは、もちろん同じ「影響」ではない。だが彼女もまた合衆国における「大学の世界と生きた知的世界とのきわめて明確な対立」、およびアメリカの知識人を公的な参加から遠ざける「敗北主義」を嘆いている。「かくも新しいと同時にすでにかくも古いこの世界に、知的敗北主義という伝統が確立された」[71]。」*entertainer*〔エンターテイナー〕のようなもの以外に、合衆国には作家は存在しない。「作家は人気がない。あるいは、人気があるとすれば、人を楽しませる人としてである」とボーヴォワールはさらに記している。「作家は世論を深く動かす可能性をもたない」[72]。」このことはかくも多くのフランス人作家が「本物の人気」と市民への影響力という夢を維持していることを、*a contrario*〔対当によって〕もののみごとに要約している。

全面的に犠牲者なのであれ、部分的に有罪者としてであれ、聖職者の離脱は惨憺たる結果を招く。カドミ＝コーエンが強調しているように、この離脱は資本主義と文化帝国主義の策動に行動の自由をもたらす。「アメリカ〈帝国主義〉は、思考の高邁な領域を、実業家が征服すべき市場を検討するように検討することで満足した。」一九三〇年、彼はまだなお多くのフランス知識人とともに、「〈帝国主義〉」はヨーロッパのエリートにあまりに気圧されているので、彼らと直接に戦うことはできないと信じている。文化の大量生産（まず第一が映画である）は、二部構成の作戦のトロイの木馬である。ヨーロッパの「人民」は籠絡され、「堕落させられる」。その知的・精神的指導者(メントール)は徐々に見捨てられ、水を離れた魚のように最後には窒息するだろう。そうすれば彼らを追い出して、「創造の下僕」の一団によって丸め込むことは容易になるだろう。(73) これが冷戦下の反米主義がはぐくむような「反知性の陰謀」というシナリオの初期の構想である。

それまでは憂慮すべき徴候が増加していく。というのも、いかなる知的権力、あるいは知的対抗勢力も存在しないために、市場は王となり、文化はありふれた製品——まさにそのことによって俗悪な製品となるべく運命づけられたありふれた製品となる。(フォークナーのように)シナリオライターになった「真の」創作家、大作家は、型にはまった注文、共同作業の義務、*rewriting*〔書き換え〕という恥ずべき行為にますます服するようになる。しかし同時に、そしてとりわけ、この王としての市場は、みずからの文化形態を発明する。フランスの知識人のうちに混乱と驚愕の種を撒き散らしはじめる文学的・芸術的UFO〔未確認飛行物体〕である。一九四五年までは、*comic books*〔漫画本〕についてはほとんど話題にならない。*digest*〔ダイジェスト〕が採り上げられはじめるだけである。だが心配なのは、幾多の商品の一つとして取り扱われる書物のステイタスそのものである。デュアメルはアメリカ人の「文学商人」に言及している。さらに歴史家ベルナール・ファーユはシェービング・クリームと同じ場所、ときには同じ棚で売られている月並みで型にはまった文学の氾濫を見て、不安を感じずにはいられない。書物と雑誌と新聞のあまりにも窮屈な共生は、作品の文学的な質について不安を引き起こす。その結果、アメリカのジャーナリズムは定期的にひどく否定的な評価の対象となる。(74) だが大学も逃れられないこの経済的シナジー〔企業活動における分業や専門化が個々の活動の合計以上の相乗効果を生むこと〕は、思考の自立についても不安を引き起こす。アロンとダンデューは、いつもの過激さをもってこの主題に取り掛かる——この過激さは二〇世紀後半に多くの後継者をもつことになる。ヨーロッパ流文化の象徴である書物の運命に不安を感じている人々には、「アメリカという癌」がさっぱり理解できなかった。*digests* のために書物が消え去るか否かはまったく重要ではない。書物はすでに「ヤンキーの土地では、自由の国でそうであったものと同じものではない」。「生まれたとたんに知的生活が隷属状態にあり、大学生は「無防備」で、先生は「黙認された居候」にすぎない、あらゆる領域で隷属化が進行したこの国では、もっともすばらしい図書館は取るに足りないだまし絵（トロンプ・ルイユ）にすぎない。破風に *free library*〔フリー・ライブラリー。（無料の）公共図書館〕と書かれているときには、「このフリー・ライブラリーでは、すべてのもの、すべての人が自由であるが、おそらく精神だけが自由ではない」ことを知らなければならない。

アメリカがこの状況から抜け出すのは容易ではない。*digests* を生産すれば、文明の破壊者（ヴァンダル）扱いされる。だがアメリカが図書館を開設しても、人々は〈未開人〉のほうを好む。というのも、とアロンとダンデューが結論を下している。「図書館を銀行の別館にするよりは、図書館を焼き払ったほうがよい」[75]からである。

「反知性の陰謀」

つまり、すでに両大戦間には、一九五〇年から一九六〇年代の反米主義がその力をくむ文化的妙薬のあらゆる要素が、利用可能な状態にあるのである。すなわち、精神の所産が商品のランクへ失墜することを前にした不安、知識人と創作者の象徴的な格下げ、専門的な仕事に閉じ込められた思想一般と個別には大学の隷属、聖職者の権威を全面的に免れる大衆的な文化市場の形成、である。辱められ、大損害を受けた一九四五年のフランスにおいて、これら断片的で茫漠とした恐怖が、激しい喪失感として具体化する。戦闘的な右翼が一時的に不在で、政権に就いている穏健派の左翼が必然的に「大西洋同盟振興主義」以外の選択肢をもたない政治情勢のなかでは、きわめて多くの知識人、大学教員、芸術家が集結する拠点である共産党は、みずからの威信と「イデオロギー闘争」に対する莫大な賭け金を残らずかっさらうことに成功する。すなわち、フランスの文化的レジスタンスのリーダーになることに成功するのである。

『ラ・ヌーヴェル・クリティック』誌が一九五一年に書いているように、「反知性の陰謀」が存在する。いまや国民の唯一真の代表を自称している共産党はまた、フランス文化という財宝の文字どおりの擁護者とみなされることをも熱望する。「ラブレー、モンテーニュ、ヴォルテール、ディドロ、ユゴー、ランボー、アナトール・フランス、さらには侵略者に対する〈レジスタンス〉を首唱する人々の国であるフランスは、人間のなかにあるこの上なく卑しいものを称揚する輸入文学や、その愚かさが人間の精神に対する侮辱となる一部のアメリカの雑誌によって圧倒されている。[76]」この愚鈍化による破壊活動に反対する共産主義の出版物は尽き果てることがない。問題なのは一方では、スターリン主義に敵対するかなりの数の知識人と芸術家が結集しようとする企てを妨害することである。だがとりわけ問題なのは、著しく収益性のあるイデオロギー的鉱脈を採掘し、さまざまな分野に由来しながらもPCF〔フランス共産党〕に結集した知識人に、文化的侵略に対する共同防衛という統合した目標を与えることである。種々の調査によって計測されるこれらのキャンペーンの効果はささやかに見えるかもしれないが[77]、その「ターゲット」は一般大衆というよりも、味方に引き入れるべき「知識人層」である。この「知識人層」はこのレジスタンスのメッセージを好意的に受け取る。デュアメルが戦前におこなっていたような、文化とその代表者の誇大表示は全面的に受け入れられるが、同時に隅から隅まで政治化される。すなわち、個人的嫌悪から集団的動員に移行しなければならないのである。「精神の事象」を擁護することは公的な救済の問題である。というのも、「国家の背骨を砕こうとするために、またその防御反応を消し去るために、攻撃されるのはその精神である」[78]からである。

戦前にはうぬぼれとみなされていた「精神的な奴隷化」計画は、今日、全能のアメリカによって再開される。「占領された」フランスの植民地も同然のステイタスは、この計画に悲劇的な真実味を付与する。いずれにせよ、これが共産主義のジャーナリズムがくり返していることである。一九五一年六月の特別号で、『ラ・ヌーヴェル・クリティック』誌は文化の「腐敗」と政治的隷属は軌を一にすると説明している。「学問と芸術の腐敗、文化の堕落という膨大な企てが、USAで起こっていることに倣って、私たちの国にも根を張りつつある［……］。フランス人はロボットになることを望まないし、知識人もトラストの傭兵になることを望まない。」文化闘争と政治闘争との全面的な重なり合いという考えをさらに遠くへと推し進めながら、この論説記者は結論づけている。「与党とRPF〔フランス人民連合〕の名簿に賛成投票することは、ハリウッドとクー・クラックス・クラン、反啓蒙主義と検閲、道徳的腐敗と鑑識課付きの警察、学校で兵員を徴募する伍長、学生の貧困、画家から雑役夫への転換、文学の死に賛成投票することである。[79]」帝国主義とその召使いになった者たちのプログラムは、大規模なプログラムである。

共産党によって再開された文化の自己防衛という言説は、戦前、とりわけ右翼で蓄積された論証の武器庫を左翼において再生利用する。すなわち、文化的反米主義は、愛国的な義務となるのである。危険はもはや、いわゆる大衆文化の諸様式に内在しているだけではない。危険はアメリカが望んでいるイデオロギーのグローバリゼーションにとって障害となる「国民」文化の徹底的な破壊計画のなかに組み込まれている。アメリカの指導者はフランス人の「自覚を失わせること」に専念している、と共産党系インテリ雑誌は主張する。この雑誌は一九五一年末に「反知性の陰謀」にかんする大規模な調査をおこなうのである。「実際、私たちの経済の窒息と私たちの歩兵隊の予備教練［NATOの枠組みのなかで］が要求しているのは、私たちがそこで私たちの自覚を失うことであり、ばかばかしくも、彼らの自覚のなかで私たちの自覚を取りもどすことである。」もっと非ヘーゲル哲学ふうにいえば、「彼らは私たちに［彼らの文化を］強制することによって、思想、感情、歴史の〝共有〟という神話で私たちを丸め込もうとしている」(80)。数世紀来の役割は逆転している。過去をきらめかせ、ラ・ファイエットの名を響かせるのは、アメリカ人である。エティアンブルの言葉が思い出される。「ワシントン閣下、ここに私たちが参上いたしました。ラ・ファイエット閣下、あちらに私たちが参上いたします。要するに、USAをめぐるハリウッド的神話(81)」

戦前の攻撃を特徴づけていた嘲弄、皮肉、軽蔑以上に、優位に立っているのは、これは陰謀だというレトリックのなかに流し込んで成形された、人心を不安におとしいれようとする傾向（アラルミスム）である。マーシャル・プランの必然的な帰結として、「思想のマーシャル・プラン」がある。その存在については、一九五一年三月にロジェ・ガローディが暴き出している。「〝全体的な外交〟に対応する〝全体的なプロパガンダ〟をめぐって、一九五〇年四月二〇日にトルーマンによって、四月二二日にディーン・アチソンによって、それぞれ下された指令のあとで、アメリカ国務省は〝冷戦高等評議会〟を設立した。」『フィガロ』紙のように既成秩序側のフランスの新聞は、いまやアメリカ文化を称賛する「ばかげた」記事を掲載するが、これはトルーマンの新しい「プロパガンダ・シュタッフェル Propagandastaffel〔宣伝チーム。フランス占領期のドイツの宣伝・検閲機関〕」である「アメリカ心理戦略局」が直接に押しつけてきたものである。その証拠に、いまや「『USA』や『フランス－アメリカ』といった公報をめくってみれば……出版される二日前のいわゆるフランスの出版物を読む」ことができるのである。しかし「陰謀」の支流は、「マーシャル出版のおかかえ文筆家(82)」によって、これらお粗末な操作をはるかに越えて広がっていく。そして戦前の反米主義者によってすでに指示されている二つの軸に沿って展開していく。

第一の軸は〈大学〉である。アメリカの大学のモデルは、一九世紀末以降、きわめて矛盾するさまざまな分析の対象になる。ギュスターヴ・ランソンからジャン゠マリ・ドムナックにいたるまで、大学人と教育者はそこに魅力と確実な切り札を見出す――「私たちはいまに彼らの犯罪を犯すようになるだろう。だとすれば、私たちもまた彼らの大学をもちえますように。[83]」だがフランス人観察者の大半は、アメリカの大学は *big business*〔ビッグ・ビジネス〕に過度に依存していると見ている。大学人の知的孤立を強調し、盛りだくさんの教育の過度に抽象的で、過度に専門化された特徴を批判する。この最後の二つの非難は、フランス人観察者には相矛盾しているとは見えない。人文科学の教育を受けたフランス人観察者は、専門化の行き過ぎを一種の抽象化と考え、これをあらゆる教育の目的である人文主義的総合に対立させるのである。だが一九四五年までは、ヨーロッパにおけるアメリカの「文化的」攻勢が本気では信じられないのと同様、アメリカの大学モデルの伝染も想像だにできない。

ところで、同意の上であれ強制であれ、いまやフランスの〈大学〉はアメリカの大学に追随しなければならないという脅威が喧伝される――喧伝するのはモーリス・トレーズ自身である。「フランスの教育はアメリカの戦争政策に従わなければならないだろう。」アメリカ人はフランスの教育の学問的資源を利用しようとしている。だがとりわけフランスの教育をイデオロギーの伝達役にしようとしている。このような共同歩調は、潜在的なマッカーシズムの前兆である教員の懲戒処分となってすでに表明されているが[84]、なおいっそう教育そのものの中身の変容となってあらわれている。愚鈍化を促進させる専門化へとみちびかれ、実体を欠いたアメリカの教育は、知的レジスタンスに武器も手がかりも与えない。帝国主義が私たちをゆだねる教育とは、『ラ・ヌーヴェル・クリティック』誌がバンクーバー大学のカリキュラムのなかで見つけた「ドーナツ作りの講義」である。そこからつぎのようなスローガンが生まれる。スローガンにあふれた時代でももっとも突飛なスローガンの一つである。「私たちは、ノン！　という。ドーナツ作りの講義なんて、私たちの大学のアメリカ化なんて、まっぴらだ！　ワシントンが世界中に広めている文化の恥ずべき損壊もまっぴらだ。(85)」その悪ふざけのトーンにもかかわらず、このスローガンはいくつもの時代の絆を結び直す。すなわち、ジュヴネルは一九三三年にすでに、アメリカの大学によって提供されるホテル経営の講義やマーケティングの訓練に対して反旗を翻していた。(86)だが彼は前触れでもある。すなわち、「教育科目」としての *doughnut*〔ドーナツ〕の排除は、ジャンク・フードの拒否と「軽い（ライト）高校」〔一九九九年〕の拒否とを前もって総合しているのである。

アメリカが浸透する第二の道は、すでに両大戦間の聖職者が危惧していた道である。すなわち、メイド・イン・USAの「大衆文化（キュルチュール・ド・マッス）」によってフランスの庶民文化（キュルチュール・ポピュレール）が包囲されることである。この場合もまた、共産党のキャンペーンは、インテリゲンチャと大半の住民の拒否を一時的に総合することに成功する。一九二〇年代から合衆国では *cartoons*〔漫画〕が一世を風靡している。*Comic Books*〔漫画本〕はもともとは無料の「付録」として、一九三三年にプラクター&ギャンブル社によって考案され、世に出されている。有料での販売は翌年から開始され、合衆国で一〇年間で毎月一八〇〇万部に達する。だが子供向けの出版物（プレス）がつねにほぼ「好評（ボンヌ・プレス）」を博してきた国の敵意をかき立てるのは、一九四五年以降に見られる映画館やキオスクへのそれらの大規模な到来である。(87)暴力的で俗悪なアニメと *Comic Books* に対する告発によって、共産党のジャーナリズム、宗教的ジャーナリズム、非宗教的な教育的ジャーナリズムが結集する。『ラ・ヌーヴェル・クリティック』誌の寄稿者たちが「ドナルド・ダックや犬のプルートーに加えられる責苦を笑いものにするアニメ」に憤慨するとき、また「大西洋の向こう側の *cartoons* から大ざっぱに模倣され」、「ポルノグラフィ、サディスム、そして劣情に訴えるすべてのものの途方もない混合物」で飽和状態にある「漫画や絵本」によって、子供向け出版物が「まったく破廉恥にも侵略される」のを告発するとき、さらにそこに「半分尻が出たスカートと乱れた胸」を見て眉をひそめるとき、彼ら『ラ・ヌーヴェル・クリティック』誌の寄稿者たちは、カトリックの意見、あるいは「教育の」伝統に根ざした子供向け文学にたんに結びついただけの意見のような、一部の意見全体の懸念に与している。ここで共産党のジャーナリズムは二股をかけている。それは「スクリーン上で説き勧められる悪い手本を心配する一家の父親」[88]に対して力のこもったアピールをする。だが同時に、バチカンの禁書目録と、「一九二九年にあるイエズス会士によって作成された」[89]〈ヘーズ法〉――映画における慎み深さの基準を定める――のあいだの共謀を告発するためにルイ・ダカンに発言権を与える。映画の「ピューリタン的」検閲に対する一撃＋コマ割り漫画の「ポルノグラフィのような」下品な表現に対する一撃＝アメリカへの二重の叱責、である。

文字どおり「アメリカ製品に対する武器」[90]である一九四九年七月一六日の青少年保護法によって、これまで抗議してきた人々の努力が報いられることになる。第二条の規定によれば、いかなる青少年向け出版物も、強盗、窃盗、怠惰、卑怯、憎悪、放蕩、あるいは幼年期・青年期に悪影響を及ぼしかねないすべての行為を好意的に表現してはならない。その推進者たちの証言そのものによれば、「率直にいって、指定されたターゲットはアメリカの*Comics*であり、『ターザン』は一九五三年一〇月に出版を中止する」[91]。アメリカ・スタイルの推理小説が（大半を）占める大人向け文学については、これもまた大々的な反発を引き起こす。その思いがけない誹謗者のひとりに、レーモン・クノーがいる。彼は一九四五年に、推理小説の雰囲気、サドの宇宙、ゲシュタポと強制収容所の世界を奇妙にも組み合わせているのである[92]。犯罪推理小説やギャング映画を押しつけることは、大衆に暴力の訓練をし、戦争に向けて準備させることである、と『ラ・ヌーヴェル・クリティック』誌は考えている。ポズネルはさらに遠くまで進む。ギャングがアメリカの「芸術における」あらゆる関心の対象であるとすれば、それはギャング行為が「独占企業時代の犯罪産業」と化したからであり、「そのもっとも重要な部門である *racketeering*〔ゆすり〕は、別な手段による資本主義的競争の継続以外の何ものでもない」[93]からである。ギャングとそのアメリカ人擁護者よりも下劣なのは、「自分たちの創作をアメリカ人の翻訳として通用させるまでに身を落とす［ように見える］フランス人作家」以外にいない――おそらくは、ヴァーノン・サリヴァンというペンネームでボリス・ヴィアンが出版した『墓に唾をかけろ』に対する暗示である[94]……。

だがもう一つ別の「製品」が――まさしくこれについて述べるべきチャンスである――アメリカ文化への恐怖を要約している。*digest*〔ダイジェスト〕である。「三〇ページに」縮められた小説は、多方面の憤りを買う。『キリスト者の証言』が語っているのは、アスピリンの錠剤にされた文学である。ウラジミール・ポズネルが説明しているのは、*digest* は *quiz*〔クイズ番組〕やフォード的専門化と同じ管理の論理から生じるということである[95]。「タイム・イズ・マネー」のアメリカだけがこのようなおぞましいものを発明できた。（実際には、小説を書き換えて、縮小し味気ない形式にするようなことは、一八世紀のフランスでは大いに実践されていた。前世紀の長い小説はその犠牲になっていた[96]。）*digest* というあまり感じのよくない語自体が、噛み砕かれる前のこの精神的な餌、咀嚼されすぎたこれらのテクストが醸す不快感を強めている。文化にかんしては、フランスはアメリカの掃き溜めとなる権利しかない。すなわち、抽斗の奥の削りくず、一五年前に封切られた映画のすり切れた古いリール、そしてコカコーラという純然たる「汚物」（とエティアンブルが *dixit*〔いったらしい〕）はいわずもがなである。「私はそれを覚えている」と、一九三八年および戦時中にアメリカに滞在したことに暗に言及しながら、一九四八年にポズネルは書いている。「すでに使用され、あえてごまかす手間さえかけなかった道具一式のことを。すなわち、映画、

best-sellers〔ベスト－セラー〕、グラビア雑誌、*digest*、絵本、*pin up girls*〔ピン・ナップ・ガール〕のカラー写真[97]である。あの「ろくでなしたち」（またしてもエティアンブルである）が私たちをうんざりさせる俗悪な文化的金ぴかがこれであるが、連中はここから、余剰軍事物資の販売と同様、かなりの儲けを引き出すのである。

幻影から神話へ

これらすべての「闘争」のなかで映画をめぐる闘争がもっとも熾烈である。その理由はたくさんあるが、その劈頭は、これにかかわる公衆の規模の大きさである。フランスのプロの映画界には、そもそも左翼の強い伝統があり、政治的な同業組合の動員をうながすすぐれた導き手となっている。他にも政治的に決定的な事情がある。それは、フランスにおける配給の最低割当量を決定することによってアメリカ映画の大量侵入を調整した、一九四六年のブルム－バーンズ協定である。この文化的「降伏」としての協定を告発することで、共産主義者は社会党の政治家と「帝国主義」との共謀を明るみに出し、「フランスにおけるアメリカ党のイデオローグ[98]」としてのブルムの肖像を流布させる。つまり、一九四六年の割当量は背信行為として執拗に追及されるのである。「ブルム氏は」とジョルジュ・ソリアは書いている、「かくして、フランスのスクリーンをメイド・イン・ＵＳＡの犯罪の波へと開き、フランス映画を緩慢だが確実な臨終へと追い込んだ人間として歴史に登場することになった」。

これは（故意に）健忘症に陥ることであった。というのも、アメリカ産業による沈没への恐怖は、実際には一九二〇年代にさかのぼるからである。一四年以前には大盛況だったフランス映画は、実際、大戦による中断でひどく苦しんだ。国家再建に投資が必要とされたために、その分、資金の調達源が縮小されたのである。一九二四年、フランスで上映された長編映画の八五パーセントがアメリカ映画である。この比率はその後、ふたたび落ち込むが、それでもなお一九二七年には六三パーセントである。この状況は当時、かなり気がかりなものとみなされ、その結果、主として製作者から構成される〈映画委員会〉がエリオによって招集される。この委員会は割当量の制限の必要性という結論に達する。輸出されるフランス映画一作品に対して、アメリカ映画四作品が許可されるのである。この割当量は一九二八年に適用され、即座に〈映画製作者および配給会社〉Motion Picture Producers and Distributors の同業組合（ギルド）によるフランス・ボイコットを引き起こす。その年の末になる前に、フランスの立場は「再調整される」。いまやフランスで製作された映画一本につき七本の映画の輸入が可能となるのである。これではまるで降伏である。大都市にあるもっともすぐれた映画館の四分の三がすでにアメリカ人の所有になっていただけに、抵抗はますます難しいものとなった。フランスで上映されるアメリカ映画と合衆国で上映されるフランス映画のあいだで割合を調整するという考え方自体が、すでにこの時期には、現実の力関係から見て、はかない願いやデマゴギーに属するものであった。一九二九年に合衆国で上映されたフランス映画は一九作品だけだった[99]。この数字はブルム－バーンズ協定によって水門が開かれるよりもはるか以前の問題の規模を示している。

一九四七年からはじめられ、五〇年代初頭に最高潮に達するフランス映画の保護キャンペーンは、共産党の出版物のなかで、文化、経済、イデオロギーの議論を分かちがたく混ぜ合わせる。「映画は合衆国において国民を痴呆化させる最強の手段となった」と、一九五〇年のある記事の著者は指摘している。この記事は合衆国によって六か月間で制作された戦争映画の憂慮すべき数と、「半－サディズムの暴力（〝暗黒小説（ロマン・ノワール）〟の暴力に類似している）[100]」が主役を務める犯罪映画（フィルム・ノワール）の増加を強調している。ハリウッド作品の往々にして反‐ソヴィエト的な性格も忘れてはならない。この性格はアメリカ人が臆面もなく映画をプロパガンダに利用するという主張を確証している。『鉄のカーテン』、『赤いダニューブ』、『私は共産主義者と結婚した』は、「ウォール街の戦争」がどれほど「文化の道具を退廃」させようとしているのかを示している。それらは演劇における〔サルトルの〕『汚れた手』の映画における等価物である。このことは一九五〇年の共産主義者にとっては少なからざる意味をもっている。「イデオロギー的な痴呆化、反ソヴィエト主義、〝(資本主義的な)アメリカ的生活様式〟mode vie américain (capitaliste) の擁護。[101]」これがハリウッドに服した映画館の一週間のプログラムなのである。

映画をめぐる反米主義の怒号は、共産主義のキャンペーンに賛同する政治的サークルを大きくはみ出す。トラウマの一部は、一九二七年にフランスが不器用に振りかざした割当量という武器が、一九四六年には疲弊した経済の苦しみをよみがえらせたことに起因する。だが映画監督や多くの俳優のなかで際立って激しいトーンは、永遠に言葉に発せられないことをも覆い隠す。すなわち、ヴィシー政権下で「アングロ‐サクソンの」競争から保護されたフランス映画が獲得した猶予である。たとえば子供向け出版物や漫画といった感性的な領域においては、フランス占領期は、あとで思い返すと、フランスの作品制作にとってオアシスのように見える。状況はフランスの制作作品の異論の余地なき（そしてもっともな）優越性というところから、突然に、しばしば凡庸である作品の大量輸入という状況に移行する。一九四六年の一月から六月までに、フランスで上映されたアメリカ映画はわずか三六作品だった。それが一九四七年には一年で三八八作品となった。一〇年間にわたって配給の半分を占めるアメリカ映画は、約四三パーセントの観客を我が物にする。[102]アメリカの割当量に抗議するすべての男女が懐かしんでいるのは、当然ながらヴィシーではない。だが同業者であれ、その仲間内であれ、「強い国家」であれば強制することができる「文化救済」という保護貿易主義を確立してほしいという願望は大きい。[103] フランスは正当防衛することができる。すなわち、妨害（サボタージュ）によって侵略に立ち向かうか対抗しなければならない。かくして映画作家（シネアスト）ジャック・ベッケールは、ブルム＝バーンズ協定をねじ曲げるために、アメリカ映画を禁止するのではなく、その吹き替えを禁止するように提案する。この措置をとるだけで、「私たちはアメリカ製作品の九五パーセントの市場を浄化（アセニール）することができるだろう」[104]。浄化する。ベッケールが選択したこの動詞は意味深長である。ヤンキーの映画は毒や麻薬なのである――コカコーラと同じである。同じ時期に、ブドウ栽培の圧力団体と手を結んだ共産主義者は、コカコーラを公衆衛生の名目で禁止しようとするのである。[105]

ここにはまたターニングポイントとなるエピソードがある。冷戦下の反＝ハリウッド・キャンペーンが、三〇年代の論争に依拠しながらも、もっとも現代的な「映像の戦争」を先取りしているということである。すでに一九二〇年代から経済的考察と象徴的次元とが解きほぐせぬほどに混交している。エドゥアール・エリオは政治家ではなく批評家という立場で、アメリカの文化的覇権をめぐる論争において、今日では中心的である問題をすでに提起していた。すなわち、諸国民が自分たち自身のイマージュ――世界のイマージュと彼ら自身のイマージュ――を産み出す権利にかんする問題である。ジャンヌ・ダルクがいまやカリフォルニア人女性として具現され、ナポレオンがイリノイ州の俳優に具現されるのは、害のないことなのだろうか、とエリオは問いを投げかけた。[106] そこには世襲財産としての想像世界（イマジネール）を吸血鬼のように吸い取る陰険な様式はないだろうか。映画の映像（イマージュ）、つまり映画作家の文体と言語は、国家的でほとんど民族誌学的な意味での文化に根差すことを要求していないだろうか。すでに戦前においてこの問いが発せられるのは、むしろ左翼からである。この奇妙な *mea culpa*〔過ちの告白〕をおこなうのは（一九三八年に）、ジャン・ルノワールである。「無邪気に、そして苦労して、アメリカ人の巨匠の真似をしようと私は努力した。私が理解できていなかったのは、フランスで生活し、また灰色にくすんだパリの眺めを前にして赤ワインを飲み、ブリーのチーズを食べているフランス人は、自分と同じように生きた人々の伝統に支えられてしか、すぐれた作品を作ることができないということである。[107]」「彼ら」と「私たち」のあいだでは映画という模擬行為（シミュラークル）さえも声と身体と気質の肉体的差異をよみがえらせる。三〇年後に実施されたある調査は、どの国民についてフランス人は自分たちがいちばん似ていると感じるかを訊ねるものだった。アメリカ人は英国人、イタリア人、ドイツ人のはるか後塵を拝したのであった。「演じられる」ことをどうしたら受け入れられるだろうか。しかも自分たちがもっとも似ていないと思っている人々によって演じられることを？

「映画はたんに商品であるだけではない。」これは一九九三年のＧＡＴＴ〔関税貿易一般協定〕での（そしてＯＭＣ〔世界貿易機関〕以来の）「文化の一翼」をめぐる交渉において、フランスの宣伝パンフレットのキー・フレーズとなったものだが、これは『祖国』（一九四五年）を製作したばかりの映画監督ルイ・ダカンが、フランスの解放時に発した言葉である。[108]「文化的特例」についての言説は、象徴的に感知可能で経済的に脆弱な諸部門を保護することへの熱望をごく直接に受け継いでいる。今日ではそこに差異への（集団的）権利に対する同じ固執が見出される。外国の想像世界（イマジネール）による財産没収に直面して、「土着の」映像製作はバランスを回復するものとして考えられているのである。フランスでこの言説を発する人々は、そのあいまいさを知らないわけではない。このことから、彼らは世界の映像にとって望ましき「多様性」と「複数性」に言及するようになる。だがフランスの解放時のように、危機感と権利要求の中心にあるのは、まさしく国民の文化と想像世界（イマジネール）の擁護である。よそからやって来た神話の侵害に対して保護しなければならないのは、まさしく土着の神話制作（ミトグラフィ）なのである。

「すでにあなた方の神話はフランスになだれ込んでいる」とウラジミール・ポズネルは一九四八年に言

い放つ。アメリカ映画は内容が乏しいと、もはや（たんに）非難されるだけではない。介入だとして非難されるのである。ケッセルは戦前、幻影について語った。これよりはるかに政治的な意味を充塡された神話という語は、パースペクティヴの変化をあらわにしている。左翼では、神話はいまや、歴史的ファシズム、ファシズムによる世論の「非理性的」征服、ファシズムによる映画映像の大規模な使用と強く結びついている。『シチュアシオンI』（一九四七年）のあるテクストで、サルトルは「ソレル以後きわめて流行している」神話の疑わしい起源について注意を引きつけた[109]。ポズネルは自分の『非合衆国』という年代記を「神話ハンターの手中にある武器」として提供している――それも神話のなかでももっとも有害な、アメリカにおける「民主主義という神話」のハンターの手中にある武器である[110]。それほど乱暴ではないが、同じくとても論争好きな一九五〇年代の神話学者バルトは、アメリカ映画を忘れないように気をつけている。チャップリンの『モダン・タイムス』からカザンの『波止場』まで、ハリウッドはバルトにいくつもの「小神話学」の機会をもたらす。これらの小神話学はもっとも辛辣な種類のものであり、そこではマンキーウィッツの『ジュリアス・シーザー』（一九五三年）にかんして、一九三〇年にエリオが討議したのと同じ問題が再提起されている。すなわち、「ハリウッドのエキストラのヤンキー面」でもってローマ人をでっち上げることができるだろうか、というものである。バルトは、いかなる「自然さ」にも強い不信感を抱いているにもかかわらず、マーロン・ブランドに対してだけは、その「自然にラテン的な額」のおかげで説得力のある垂れ前髪を映画のなかで誇示することを認めるのである。他方、ジュリアス・シーザーは「アングロ‐サクソンの弁護士面で、とんでもない代物」である。これらの「ヤンキー面」に直面して、このステレオタイプの繊細な追放者は、これらえせ‐ローマ人の顔の上に大きく広がった汗にかんする以下の挿入節が証明しているように常同症を免れていない。「汗をかくとは考えることだ（これは明らかに、実務家の国民に固有な前提にもとづいている。つまり、考えるということは激しい作用なのだ……)[111]」。お気づきのように、「実務家の国民」とはローマ人のことではない。そしてバルトは、今回は無意志的に、肉体的類型学から文化的常同症(ステレオティピー)までは決して遠くないというもう一つの証拠を提出している。

つまり、当時のフランスの文化的逆襲の大半がアメリカ映画に集中しているとすれば、それはまたアメリカ映画が精神による全体主義的征服のための「神話的な」手先とみなされているからでもある。月刊誌『ソヴィエト研究』が一九五一年に、「いかなる国であれその国民の三分の二を絶滅させ、残りの三分の一にアメリカ映画しか観ないように強制するアメリカ人資本家の熱意[112]」を告発する際の穏やかな確信については、これを苦笑したくなるかもしれない。冷戦のレトリック……。つぎのようなハリウッドとプロパガンダ・シュタッフェルの何度目かの比較のように。「合衆国ではスタジオやネットワークのオーナーが、近々世界中で見ることができる映像はアメリカ製だけになると率直に主張するのを耳にする。ゲッベルスはその時代にドイツの映像について同じことをいっていた。」ただしこの指摘がなされるのは、もはや一九五一年ではなく、一九九一年である。そして私たちが読んでいるのはもはや『ソヴィエト研究』ではなく、大夕刊紙の映画欄である[113]……。

冷戦という論争的スペクタクル史劇のほこりがゆっくりと落ちていき、あとには一つの問いがまるまる残されている。すなわち、何をなすべきか、という問いである。アメリカがもし、*digest* のように矮小化され、「半-サディスティックな」探偵映画のように堕落し、あるいはジェームズ・メーソン〔一九〇九-八四。アメリカの映画俳優〕の垂れ前髪のように神話化する「文化」をフランスにもち込み、押しつけることがいまやできるとするならば、どこに精神のマジノ線を引くべきだろうか。

「不平等な交流」とカウンター＝カルチャー

この問いに対して二〇世紀の後半は二つの答えをもたらす。最初の答えは、サルトルによって「不平等な交流」の拒絶として理論化された、アメリカ文化の全体的拒絶である。第二の答えは、最初の答えの必然的帰結であるが、私の敵の敵は私の友という原理の名においてアメリカの「カウンター＝カルチャー」を採用することである。

一九四五年以後にはじまる時代は、戦力の不均衡の痛々しい自覚に特徴づけられる。あらゆる権力行使の手段を、さらには独立の手段さえをも奪われた国が、一九四〇年以前のフランス人がまだ信じていたような文化的支配権をどうしたら維持できるというのだろうか。ベルナノスのような精神の持ち主は、フランスの知的な「輝かしい名声」は世界内のフランスの立場によって必然的に凋落せざるを得ないという考えに抗議する。だがそういった人物はまれで、新しい知的世代は幻想だけでは我慢しない。輝かしい名声もまた権力の問題だからである。そしてこの状況を当然の謙虚さをもって引き受け、よりよい時代を待とうというレーモン・アロンの訴えは、ビヤンクール〔ルノー工場の所在地。共産党の牙城〕以上にサン＝ジェルマン＝デ＝プレ〔サルトルやボーヴォワールなど戦後の知識人のたまり場〕をいっそう落胆させる。

サルトルはこの問題に解決策をもたらすことはないが、フランス文化を脅かす「窒息状態」への抵抗を一世代全体にわたって具現する。アメリカの「来襲」に直面して、アロンが勧める忍耐とPCによる偏執狂的罵倒のあいだで、サルトルは知識人に戦闘的モラルを提案する唯一の人物である。一種の攻撃的ストイシズムである。彼の反米主義はそこではじまる。つまり、仏米間の不平等がだれの目で見ても取り返しがつかなくなったという確認とともにはじまるのである。秤にかけると、フランスはもう釣り合うことがない。そしてこの不均衡には、後退と自粛によって応えなければならない。サルトルが、感情的というよりも、さらには政治的というよりも、むしろ体系的な反米主義者になるのは、この計算、つまり将来の吟味によってである。サルトルの強迫観念は以来、アメリカとの交流を断ち、接触を拒否し、またディドロがホッテントットの〈未開人〉に〈白人〉から逃げること——あるいは〈白人〉を殺すこと——を勧めたように、ヤンキーから逃げることである。これがローゼンバーグ夫妻の死刑執行ののちに書かれた「狂犬病にかかった動物たち」という論説の結論である。「私たちをアメリカに結びつける絆を断ち切ろう。」これが北ヴェトナム爆撃をめぐって一九七二年に『ヌーヴェル・オプセルヴァトゥール』誌の求めでなされた辛辣なインタビューの精神と内容である。「もはや対話は不可能である。」そこで、サルトルは戦争反対の一大中心地コーネルへの旅をキャンセルする。(114) 反戦家との対話さえ不可能なのだろうか、とアメリカ人は驚く。怒ったサルトルは、彼らには回答すべきことは何もないと答える。一つの文が『ヌーヴェル・オプセルヴァトゥール』誌のインタビューのなかで二度くり返されている。すなわち、「アメリカは世界の中心ではない」である。だがアメリカは戦争直後からサルトルの懸念の中心である。そしてこの隔離措置は実際には、すでに一九四九年に文化的な背景のなかでこれよりずっと穏やかに提示された確信を、著しく政治的な背景でくり返しているのである。

つぎのテクストはこれまでのものほど有名ではないが、決定的である。その題名は「ヨーロッパ文化によるフランス文化の防衛」である。サルトルはそこで、フランスよりもすぐれた「潜在能力」をもつ国とのいっさいの文化的関係を差し控えるようにフランスにうながしている。とりわけアメリカである。彼の論証の要石（かなめいし）とは「相互性のない交流」という概念である。「一国の政治的、経済的、人口統計学的、軍事的な覇権は、相互性のない文化交流を強制する」とサルトルは言明している。[115] こうした交流から逃れ、同等の潜在能力をもつ国としか交流を認めないようにしなければならない――姉妹都市になるために、ある都市が同じ規模の外国の都市を探さなければならないのに少し似ている。この「相互性のない交流」という概念は、一九四九年のサルトルの著作としてはいささか意外である。これはモースやバタイユの語彙であって、実存主義の語彙ではない。サルトルはここで、『クリティック』誌の読者になじみ深い贈与をめぐる分析と境を接している。ところで、これら贈与をめぐる分析はまさしく、その前年にマーシャル計画のために書かれたもっとも独創的な書物、すなわちジャン・ピエルがミニュイ出版社から、その義兄弟であるジョルジュ・バタイユの責任編集による「富の利用」という短命の叢書の一冊として出版する書物から援用されたものである。この『アメリカの資産とその運命』は、一九四八年のアメリカの提案を、世界の現状やこの提案の底流に流れる経済モデルと比較対照する経済学者の書物である。だがその描写は、きわめてバタイユ的な提案に到達する。反ナチの交戦国に軍需品と財貨一般を――これら供給品をかならずしも償還の対象とはせずに（この償還は「大統領が十分とみなすまったく別の直接・間接の利益」でもありえた）――提供することを合衆国政府に許可した一九四一年三月一一日の「武器貸与」法に立ちもどりながら、ジャン・ピエルはこうした措置の全面的に革新的な性格を強調する。勝利した暁には、欧米間の資力の莫大な不均衡はますますひどくなる一方になった。世界の「根本的な不均衡」はそこに位置する。ひじょうに長期にわたったバランスのとれた交流についてはもう問題にならない。問題なのは、あらゆる部分で我慢ならない不均衡な補償行為だけである。「補償が持続的に実行されうるのは」とジャン・ピエルは書いている、「アメリカ資本の残余の世界への連続的な、おそらくは増大していく、相互性のない流れによってのみ、およびこの流れの唯一の源である国とその恩恵を受ける国々のあいだに、これまで債務者と債権者の関係を取り仕切ってきた法的規約とは相容れない新しい種類の関係が確立されることによってのみである。この新しい関係のイマージュは、やむを得なければ、そもそも間接的なイマージュではあるが、原始社会のなかに観察される贈与の特定の様式のなかに見出すことができる」。要するに、とピエルは結論として強調している、「贈与は以来、対外貸付の最良かつ唯一のスタイルになる」。合衆国とヨーロッパはこの〈虚構〉に対処する能力を獲得し、かくして実質的に「アメリカの資産」に真の「前途」を付与することができるのだろうか。これについてはピエルは確信をもつことができず、簡潔に「〝マーシャル計画〟の本来の考え方は、その必然性についての部分的な自覚を含んでいたように思われる」[116]と記している。これはサルトルが激しく異議を申し立てていることである。

というのも、サルトルは「相互性のない交流」という考えを採用するとしても、仏米関係が贈与の論理にあてはまるとは一瞬たりとも考えないからである。これら同じ前提からサルトルが引き出す結論とは、合衆国とはいかなる真の知的交流もア・プリオリに不可能だということである。そういうわけで、サルトルはいかなる文学的・哲学的主題についてであれ、合衆国で協議することを拒否することになる。そういうわけで、サルトルはコーネル大学の教授たちの説明要求に対し無言をつらぬくことになる。そういうわけで、サルトルはアメリカに対してつねに不公正にも反発することになる。そういうわけで、サルトルは同じ知的実践がアメリカ的であるか否かに応じて、それに憤慨したり満足したりする。そういうわけで、サルトルは『恭しき娼婦』と『ネクラソフ』がソヴィエトでひどい修正を受けても、これを平然と受け入れるが[117]、合衆国では『汚れた手』がこれよりもはるかに少ない手直しで脚色されて上演されるのを放置したからといってアメリカ人発行者ネーゲルに対して訴訟を起こすのである。サルトルはアメリカに対して「ダブル・スタンダード」の人間になっている。関係のバランスが歪んでいるとみなしているためである。サルトルはかくしてフランス反米主義に対して、断固とした不公平と、絶対的な力の不均衡にもとづくこの不公平の正当化とを結びつける、頑丈なイデオロギー的組み立て材料一式(キット)をもたらす。相互性の欠如という断定的な議論は、フランスの文化政策を左右するまでに静かに幅をきかせるだろう。フランソワ・ミッテラン大統領の最初の七年任期の当初、きわめて好戦的なジャック・ラングという人は『エクスプレス』誌のなかで、アメリカン・ドリーム——人々がそれを見ながら大きくなった映画——はあるが、同時に「夢の裏面、すなわち産業の覇権と、各人が自分の生き方を発明し、相互性にもとづいて自分の生産物を交換する義務もある」[118]と説明するだろう。

　サルトルの態度は、アメリカという「中心」の拒否とアメリカを執拗に非難すること（「アメリカ社会をその真実において」示すこと）[119]のあいだでしばしば揺れ動いている。だがサルトルの先鋭性は、実際には、過ちを犯したアメリカに対するかたくなな非難よりも、アメリカとのいっさいの交流のア・プリオリな放棄にある。このサルトル的 *abstine*〔控えること〕は、ひとりひとりが独特なスタイルで実施している行為の理論づけになっている。すなわち、ロジェ・ヴァイヤンは「卑劣漢」[120]と化したかつての戦友と関係を断っている。ポズネルは『非合衆国』の序文で「アメリカの友人」に別れの挨拶をしている。そしてもちろんブルトンもである。彼は合衆国に滞在しているあいだにだれとも友人にならなかったことを自慢している。これらすべての虚構の断絶は、聖職者にとって断絶という大きな〈虚構〉に訴えることの必要性を例証している。

　それでは、アメリカに友人はいないのだろうか。それでも、いるのである。一九四九年にブルトンが「私の友である黒人」、「私の友であるインディアン」と呼んだ人々である。ポズネルの場合は、ハーレムの人々である。サルトルの演劇ではリンチを加えられた黒人とセーレム〔アメリカ・マサチューセッツ州の都市。魔女狩りで有名〕の魔女である。（翻案をめぐるもう一つの話――サルトルは自分の戯曲がマルセル・エーメによって映画に翻案されたことに対して猛然と抗議する。「アメリカ特有の現象であったもの」[121]を月並みなものにしたとして非難するのである。）アメリカの *mainstream*〔主流〕の拒絶、すなわち「もう一つ別のアメリカ」の移入というサルトルの戦略モデルは、意識的であれ無意識的であれ、文化的反米主義の運動を二〇世紀末まで先導することになる。アメリカで許容可能と宣言されるのは、非‐アメリカ、あるいはもっといえば、フランスで華々しいヒットを飛ばすマッカーシズム的新語をもちいれば、*un-American*〔反‐アメリカ的〕アメリカである。「私の本は」とポズネルは毅然として書いている、「もちろん非‐アメリカ的である。これがフランス語の本である以上、それは明々白々である……」[122]。ブラック・パンサー〔アメリカ黒人の極左過激武装組織団体〕を支持しようとするジャン・ジュネから、ボブ・ディランが鼻声で歌う一節（その「メッセージ」は、ユーグ・オフレのフランス語バージョンのほうがより判読可能である）を懸命に理解しようとするベリー県の高校生にいたるまで、いまやカウンター‐カルチャーと呼ばれるものに対する熱狂は、保守的で多数派をなす白人のアメリカに対する訴訟と分かちがたく結びついている。「私はアメリカ人ではない」とマルコムXは『自伝』のなかで書いている。これはフランス人の関心を呼び覚ますのに十分な題名である。これはカウンター‐カルチャーのスローガンとなりうるだろう。このカウンター‐カルチャーの成功は、一九六〇年―一九七〇年代以降、反米主義を否定するどころか、反米主義と手を取り合うのである。実際、しばしばなされるように、ジャズ[123]、ロックンロール、西部劇、あるいはジェリー・ルイスの映画、*protest song*〔反戦歌〕、あるいはラップに対するフランス人の好みを「アメリカ化」の徴候として説明することは、完璧に逆説的である。というのも、この主張は字面としては正しいとしても――これらすべては「アメリカからやって来た」――、イデオロギー的には間違っているからである。これらの表現形式のフランスにおける高い評価は、それらがアメリカ文化の内部において反体制的で破壊的なものとしてあらわれる（あるいは当時はそのようなものとしてあらわれた）という事実と分かちがたく結びついている。これらの表現形式の採用とその賛美者による反米的言説の永続のあいだには、矛盾も緊張も断絶もない。アメリカ原産のカウンター＝カルチャーへの好みは、他の手段によってつづけられた反米主義なのである。

＊

『デモクラシー』第二部でトクヴィルは、民主的状態は「科学、文学、芸術にとって」もっとも有害であるという、その時代に広まっていた決まり文句を拒否した。アメリカは、彼の目から見れば、こうした両立不可能の証拠として引き合いに出すことはできなかった。アメリカ人の状況はあまりにも例外的であった。ヨーロッパはアメリカ人にとって、非物質的な財のいわば物置場の役割を果たしていたからである。「私は合衆国国民を新世界の森を開発する任務を負った英国民の一部だとみなしている」とトクヴィルは書いた。その間に、「博学で文学的なヨーロッパは、真実の起源一般にさかのぼることを引き受け、同時に快楽に貢献することのできるすべてのものを改良した［……］」。この大陸間の分業を利用して、トクヴィル的アメリカは工業および商業活動に没頭することができる。「ヨーロッパという隣人」のおかげで、アメリカは「ふたたび野蛮に陥ることなく」そうすることが可能となるのである。(124)

一世紀半後、この分業のモデルは粉々になる。それは合衆国がずっと前から木こりとしての使命の範囲を多様化したからだけでなく、いっそう重大なことに、ヨーロッパの得意分野であるらしい精神活動の性質が明確でなくなったからでもある。二〇世紀になってだいぶ時間が経つまでは、かならずしも反米的な意図はないとしても、利害関係でつながった聖職者たちの同盟は——少なくともこの同盟自体の目から見て——、「物質的拠点」としてのアメリカに対する「文化的拠点」としてのヨーロッパという筋の通った虚構を維持することができた。ヨーロッパ——どちらかといえばフランス的なヨーロッパ、あるいはフランスのほうを向いたヨーロッパ——の精神的・文化的優位を主張するために、両大戦間のフランス反米主義者はあらゆる努力を傾注する。その結果、アメリカの影響の範囲のいかなる拡大も、精神にとっては管轄領域を失うことであるとみなされる。「アメリカは西洋の諸価値を消滅させかねない白蟻の巣を増やしている」と一九二九年にエマニュエル・ベルルは書いている。[125]第二次世界大戦でくり返された災厄と植民地帝国の終焉によって、この野心を引き受けるヨーロッパの能力がきわめて疑わしくなるまさにそのとき、大衆文化が精神の産物に「第二の市場」を——およびヨーロッパのひとり舞台にとてつもなく大きな裂け目を——開くのである。

「防御」から撤退へと、なわばりはフランス人の想像世界（イマジネール）のなかでアステリクス〔紀元前五〇年のガリア地方を舞台にした漫画の主人公〕の村の広さに縮小されるように見える。フランス人の想像世界は、少し前には自尊心でいっぱいだったが、それとまったく同様に、いまや退廃に取りつかれている。「不平等な交流」に対する戦後の問題意識の集中は、アメリカ文化の輸出禁止というサルトル的計画に論理的に帰着するが、カウンター - カルチャーだけが何とかこの輸出禁止を免除されうる。二〇世紀末の文化的キャンペーンは、「積極的差別」の様式でもって、この輸出禁止の論理を延長する。すなわち、私たちが欲しているのは、世界のすべての文化であり、したがってアメリカ文化ではないということである。アメリカ文化は場を独占してしまうのである。文化的特例[126]——これを律する懸念の正当性がいかなるものであれ——は、力学的な原則ではない。そして文化的特例を取り巻く想像世界、包囲妄想的で生態環境を維持しようとするこの想像世界は、合衆国に対する半世紀に及ぶマジノ戦略の延長線上にある。

ところで、このマジノ防衛は、すでに迂回されてしまったように思われる。アメリカという敵によってではなく、防衛者自身によってである。「文化的特例」の闘争は、最近の一五年間の「文化的」闘争の大半が、実際には敵対者の領地でおこなわれたという事実を隠すことはできない。ユーロディズニーのミッキーマウスたちに対する反対キャンペーンは、おそらくこの表現のあらゆる意味において、これらの失敗の最初のものであった。いくつかのアトラクションの英語名に反対してフランス語圏でおこなわれた抗議が、想像力とテクノロジーの仕掛けを前にすると、完璧に非現実的な性格を帯びていたためばかりではない。この仕掛けはごく本質的にアメリカ的であるがゆえに、《*Pirates of the Caribbean*》〔『カリブの海賊』――英語〕を《Pirates des Caraïbes》〔フランス語〕に変えたところで、いかなる点でこの書き直された「神話の氾濫」をくいとめたことになるのか、だれにもわからないのである。それればかりではなく、同時に、そしてとりわけ、ディズニーのような遊園地が、アメリカ大衆文化の産物の原型だからでもある。半世紀のあいだ、〈精神〉のバリケードはこの大衆文化の産物に対抗して築かれてきたのであった。だから、アステリクス公園のために請願書に署名するように要求されれば、ベルナノスやマルローはおそらくひどく驚いたことだろう……。フランス的差異であるとして想定された要求を満足させるために、「海賊」がフランス語の綴りになろうが、マクドナルドがハンバーガーにサラダ菜一枚を差し込もうが[127]、そんな人はパンを食べることもなければ、*bun*〔ハンバーガーロール〕の味を変えることもない。おそらくジャンクフードへの反対運動によって、内容が貧弱だとされるアメリカ料理に対するフランスの反抗の伝統は永続化される。だがこの反対運動はしだいに「アメリカ的」基準そのものにのっとっておこなわれるようになる。すなわち、味覚や会食といった基準と同様に、またそれ以上に、ダイエットや衛生という基準である。調理済食品に反対する同時代の宣伝パンフレットは、フランスの自然と文化は解きほぐせないというデュアメル式の口と味蕾の働きよりも、ラルフ・ネイダー〔アメリカの環境活動家〕流の啓蒙的な消費者運動に属している。マクドナルドのフランスの子会社が、敵対的キャンペーンに対して、全面的に読者の反米主義につけ込んだ反‐キャンペーンの宣伝によって応じることができたということは、できの悪いトーチカのなかに迷い込んだ文化防衛戦略のポジショニングの誤りを考えさせることになる。ジョゼ・ボヴェ〔フランスのアルテルモンディアリスムの代表的運動家〕のようにもっとも明晰な人々は、自分たちの闘争は反米的ではないと語り、そうくり返した。この点で、グローバリゼーションの敵対者に対して「反米的であることはまったくばかげている」(128)と宣言するトニ・ネグリと意見が一致している。反米主義ははじめのうちはジャンクフードとグローバリゼーションに対する反対キャンペーンを助長することができる。だが反米主義は「マクドナルドがカモの笹身のなかで」――『リベラシオン』紙のとりわけわかりづらい見出しを採り上げるならば(129)――消えてなくなるのと同じく不可避的に、ジャンクフードとグローバリゼーションのなかで消えてなくなるのである。

«culturel»〔文化的な――フランス語〕もまた*«cultural»*〔英語〕のなかに溶解する。最近、アステリクスやクロック‐ムッシュー〔ハムサンドにチーズを乗せて焼いたもの〕の名において、小さなミッキーマウスや大きなハンバーガーの攻撃に突進した文化的反米主義者たちは、『独裁者』の冒頭のシーンで兵士を演じたシャルロ〔チャップリン〕に似ている。シャルロは戦闘で一面に立ちこめる霧のなかを歩いているが、その後、霧が晴れると敵と肩を並べて歩いているのである。

結論

「私は差異が憎しみを生み出すのを見るほどに十分に生きた」と『赤と黒』でジュリアン・ソレルは叫んでいる。スタンダールの考えはそこから決して遠くはないが、これを誤りだとしている。というのも、状況はもう少し複雑だからである。差異は憎しみを生み出すかもしれないが、興味、称賛、尊敬、欲望を引き起こすこともある。いかなる差異の質的度数に、愛、憎しみ、あるいは……無関心が対応しているのか。これは度数の学、すなわちバルトが「言語活動の段階性」のために夢見ていたような「段階論（バトモロジー）」[1]が私たちに教えてくれることだろう。いくぶんフーリエ主義的ないかなる人類学者が、さまざまな幸福な共可能性〔各事象がそれぞれに可能であるだけでなくたがいに相容れる、現実が成立するための根拠。ライプニッツの用語〕や爆発の危険についてのラヴォアジエ流の一覧表をもたらしてくれるだろうか。少し皮肉屋のいかなる歴史家やモラリストが、アンドレ・モーロワによって示された道――「フランス人男性とアメリカ人女性の結婚は、二人の甘やかされた子供の結婚、つまり不安定な合成物である」[2]――を歩みつづけ、性格の不一致〔による離婚〕の文化的期日算定を提示してくれるのだろうか。

このような文化の距離測定ができるまでは、つぎのような単純な質問をしておこう。つまり、アメリカ人はどれくらいの距離にいるのか。近すぎると同時に遠すぎる。未開のアメリカの神話時代のように感嘆にみちた好奇心を引き起こすには近すぎる。そしてヴァレリーからマルローまで、ヨーロッパからアメリカへの文化的連続性を強調する好意的立場の人々は、だれもが事態を悪化させただけだった。自己自身が輝かしいオリジナルであるのに、どうしてその色あせたコピーに興味をもつのか。だが感情的あるいは知的な共通性をもち出すには遠すぎる。このことから、アメリカをめぐり一世紀以上も前から蓄積されてきた敵対的な、あるいはただたんに悪意のあるテクストの山が生じる。このことは一九六八年に折よく実施された世論調査が確認していることである。この年、われらが反米主義者によれば、アメリカ化という水門が(さらにもう一回)開かれたのである。問いは簡単である。「どの国民がもっともフランス人に似ていないか。」圧倒的多数で選ばれたのがアメリカ人である(四三パーセント)。第二位は妥当だが、それでも相当に差がついている英国人(二二パーセント)である。使い減りしないアングロ‐サクソン……。イタリア人とドイツ人については、フランス人は彼らと養子縁組し、家族の一員として扱っている(それぞれ八パーセントと七パーセント)(3)。制度の類似も、政治的・道徳的価値の近接も、物質的生活様式の接近も、フランス人の漠然とした確信をぐらつかせることはできなかった。アメリカ人は「私たちのよう」ではないという確信をである。アメリカ人は、望ましき差異に達する手前で、想像しうるもっとも大きな隔たりを表現している。この奇妙な確信は、途方もない敵対関係をめぐる民族的・文化的言説の累積を通じて、時代とともに形成されていった。

この「私たちの同類」としてのアメリカ人の拒否は、主体のいかなる体験にも、いかなる事件の記憶にも対応していない。それはたんなる反米的言説の所産である。最近のエピソードがこの拒否の激しさを物語っている。すなわち、二〇〇一年九月一一日の同時多発テロの翌日に『ル・モンド』紙の編集長とその短文「私たちはみなアメリカ人である」が引き起こした抗議である。ジャン＝マリ・コロンバニの言葉は、ジョン・F・ケネディがベルリン市民に向けて語った言葉、《Ich bin ein Berliner.》〔「私はベルリン市民である」〕の明らかな剽窃である。引用と指示対象の戯れによって、コロンバニは明確に、本質ではなく歴史、帰属の宣言ではなく連帯の選択という星の下に自分の発言を位置づけた。骨折り損だった！ 連帯のメッセージは、フランスでは同一性の主張として受け取られたのである。常軌を逸した解釈を超えて、激情に駆られた反発が示していたのは、深い嫌悪の念——自分たちを「アメリカ人」であると言うことができると考えただけで、またこのようにして、一世紀以上も前からフランス人の知的エネルギーの大半を集結させている彼らと私たちのあいだの区別という長い作業を、たとえ危機の時代であろうとも無効にできると考えただけで触発される深い嫌悪の念である。

*

ここでは九・一一はほとんど問題にならなかった。数年前に書きはじめられたこの本は、この事件に何も「負っていない」し、それを解明するつもりは——いずれにせよ直接的には——ない。そのためには、フランス人の反応の愚言集を作らなければならないが、私には勇気がなかったらしい。

あの日の朝、私はアメリカの都市への嫌悪をめぐる一章を書いていた。そのとき、三番街にある私のビルの真上を最初のハイジャック機が通るのを見た。一分と経たないうちに、ハイジャック機は世界貿易センター World Trade Center の北棟に激突した。すでにコルネリウス・デ・パウがいったように、目撃者には用心しなければならない。

だがこの朝については、私が保持しているのは、何よりもまず聴覚的記憶である。それぞれの棟が倒壊するときに二度にわたって都市から立ち上った途方もないどよめきの聴覚的記憶である——一種の巨大な悲鳴、五〇万人（あるいは一〇〇万人、あるいはそれ以上）の喉から同時にほとばしり出た叫び声、通り、広場、テラス、屋根から上ったうなり声、恐怖のどん底に落ちた〈都市(シテ)〉全体を覆う古代の途方もない *planctus*〔悲泣〕である。

ad nauseam〔むかつくほど〕くり返される二つの棟の倒壊の映像は、いっさいの意味を失うかもしれない——それらの映像がかつて意味をもっていたとして。スタジアムの喧騒や暴動の轟きとはまったく違うこの未曾有の叫喚は、私にとって永久に「知的な」解説の音響効果となっている。

*

系譜はたどれるが、要約はされない。結論を下す際には、*digest*〔ダイジェスト〕は避けよう。フランス反米主義は存在する。私たちは全員がこれに出会ったことがあり、場合によってはこれを実践してきた。何人(なんぴと)も国民的言説からは免れ得ない。ボードレールからブルトンまで、モーロワからベルナノスまで、あるいはデュルタンからボードリヤールまで、私がいくつかの形象について長々と論じることがあったとしても、私の意図は彼らをめぐる個別的な情熱のギャラリーを作ることではなかった。くり返しと永続化の言説であるフランス反米主義は、一つの伝統として分析されなければならない。これは歴史に投じられた鎖である。この鎖を通じて、私たちは知らず知らずのうちに過去の嫌悪ないし反感の全体と接しているのである。

この鎖の歴史に没した環を、私たちは表面に引っ張り出してきた。すなわち、博物学者の言説の環から、フランス反米主義を民族化されたヤンキーの形象に結びつける人種類型学の強力な環を通って、ファシズムよりも非民主主義的で、ソヴィエトの政治体制よりも「全体主義的」とみなされたアメリカをめぐる政治的な環までである。このレトリックのすべての大きな連辞(サンタグム)は、一九世紀末と一九三〇年代のあいだに確立される。以後、反米的言説はその経験と勢いによってやすやすと生きていく。すでに利用可能なシークェンスを再分配することによって（忘恩、負債）、つぎにそれらのシークェンスを情勢に適合させることによって（孤立主義の終焉は、一九四五年以後は一九〇〇年代の帝国主義的アメリカを復活させる）、さらには、シークェンスをそれらの受け手の気まぐれな要求に合致させることによってである（そして〈精神(エスプリ)〉の擁護は非宗教化して〈文化〉のための闘争と化す）。これらの言説の「襞(プリ)」〔折りめ〕はすべて一九五〇年以前に固まったものであり、二〇世紀後半の反米主義は、一〇〇年来のドレープの垂れでしかない。

この経過全体を通じて、私たちは *realia*〔事実〕――競争、闘争、利害の衝突――が言説と併行して進展するのを見てきた。事実の現実と言説の現実のあいだに一義的な因果性の関係はない。この二つの領域のあいだには、ずれのあるエコー装置一式がまるまる確立する。反米的言説は記号論的粘性を獲得すればするほど、ますます出来事から自由になったり、結局は同じことだが、出来事を口実にしたりするようになる。したがって、仏米関係史と反米的言説の系譜のあいだに、人為的に一致点を探してはならない。フランスにおける政治体制の変化と合衆国に対する意見の変化のあいだに相関関係の「規則」[4]があると、何人かの歴史家によって申し立てられたが、これに確証をもたらすことは難しいように見える。反米的言説は、仏米関係史の *companion book*〔手引き書〕なしに解読することはできない。だがこの歴史の変化に、反米的言説が機械的に一致することはない。

こうした言説の形成と伝達において、知識人が果たした役割は独占的とまではいわずとも傑出している。いかなる伝統とも同様に、この伝統も専門集団によって引き受けられ、維持されなければならなかった。

ニーチェが〈虚構〉に任ぜられたと記述している聖職者集団である。私はこれを聖職者の同業組合と呼んだ。反米的書物が規則正しく大量に生産されていることは、彼らの仕事への精進ぶりを示している。すなわち、三〇年代において真実だったことは、第三千年紀〔西暦二〇〇〇年代〕初頭において、なおも真実なのである。

だが聖職者が成功したことは、とりわけ彼らの言説が幅広く流布したことによって明らかである。フランスの「公衆」は、インテリゲンチャによって生産された攻撃的な論法と否定的な常同症（ステレオティピー）を徐々に採用していった。そのトレーニング効果にはア・プリオリに自明なものは何もなかった。今日でもなお反米主義が確証されるのは、国民の大衆層よりも知識人においてである。反米的反応をもっとも高い割合で示しているのは、上級管理者や高等教育修了者である。だが最近の統計学的研究の根本的な教訓とは、これらの反応の均質化がますますはっきりとしてきたということである。年齢、階層、職業はもはや誤差の範囲でしかない。唯一左翼への政治的帰属だけが、調査された右翼のスコアをつねに上回る反米的スコアを生み出しつづけている。ただし、その開きは量的にはほとんど重要性をもたない(5)。表現においても辛辣さを減じた反米的言説は（だが勢いの低下は表現にかぎったことではない。フランスでは、論争は二〇世紀のはじめと終わりのあいだで大きくトーンを低下させている）、かつてよりも穏やかになり、より広く共有されている。社会集団内部での反米的言説の分配のこの均質化は、国内の象徴市場全体に当の言説を押しつけるために聖職者が払った一〇〇年来の努力に有終の美を授けている。

*

すでに序文でも述べたように、フランス反米主義の失墜ないし弛緩を予測させるものは何もない。

（二〇〇二年五月のジョージ・W・ブッシュのヨーロッパ訪問に際して実施された比較調査によって、フランスは敵意の表彰台で相変わらずいちばん高いところに立っていることが確認された。）あまりに一時的な情勢判断と結びついた予測に立ち返るのは無益である。しかし「反米主義の終焉」は目前である、さらにはすでに開始しているという主張を支えるために、今日、頻繁に引き合いに出されている二つの図式については、ひと言いうことができる。

反米主義の消滅という第一のシナリオは、社会学的性質をもっている。生活水準、快適さ、収入の観点からすれば、仏米間ではなはだしい不均衡の時代は過ぎ去ったとされる。すなわち、五〇年代に*American way of life*によって引き起こされた羨望に結びついたとげとげしさの全体が終わったのであり、反米主義はここで欠くべからざる原動力を失ったのである。さらにつけ加えられるべきは、若者がアメリカの衣、食、文化の様式を大々的に採り入れているということは、人々がその国の製品を消費し、また少なくとも部分的にはその国の文化を採り入れている、そうした国に対する敵意を後退させることにしかならないということである。ここで第一の誤りは、フランスにおける反米的言説の形成において、この物欲の重要性を過大評価していることにある。この物欲がそれほど大きな役割を果たしたようには見えない。第二の誤りは、消費の「選択」という表象に有利になるように可逆性を仮定していることである。すべてのことが証明しているのは、反対に、アメリカに対する全体的な態度を変えることなく、アメリカ的とみなされているいくつかの製品や「嗜好」を採り入れることは何の苦もなく可能だということである。一九九九年に実施された『リベラシオン』紙とCSA〔放送メディア高等評議会〕の調査は、このことについてほとんど疑いの余地を残さない。当時、一八歳から二四歳の五五パーセントが、アメリカの文化的影響力が「あまりに大きすぎる」と考えていた。親たちは当然のことながら、もっと批判的だったが（三五歳から四九歳では六七パーセント）、「その開きはそれほど大きくない。この世代は厳密にフランス的な文化消費に忠実だとは思えないので、この抵抗を通じて表現されているのは、おそらく別なことである(6)。それは予想されていたことであり、この研究はそのことを確認している。すなわち、消費とは同意ではないということである。このことは実地の観察者によって、よりそっけなく表明されている。「ナイキ（ニケ）の商品を身につけることは、アメリカをばかにする（ニケ）ことを望むことの邪魔にはならない。」

　反米主義者自身が喜んで主張する二番目の「脱出の図式」は、おおよそつぎのように述べることに存する。すなわち、もちろん私たちは「アメリカ」という語を使用する。もちろん、私たちは執拗に「合衆国」について語り、「合衆国」についてさんざん悪口をいっている。だが実際には、私たちは――そして読者もまた――、これらの語が今日、意味を変化させたことを知っている。これらの語が意味するのは、もはや国土でも国民でもなく、むしろ地球規模となった一種の世界‐内‐存在だということである。括弧つきの「反米主義者」のようなものを好んで自称するレジス・ドブレは、同時に彼のアメリカを括弧でくくり、これを「輸出のアメリカ」と呼んでいる。すなわち、「私が反対するアメリカニスム、全体主義とロシアを等号で結ぶことができたようにはアメリカと等号で結ぶことができないこのアメリカニスムを、私は現代に特有の過度の単純化（サンプリスム）と定義するだろう――そこにその力の源がある」。つまり、マス・メディアのターゲットとなった人間を、とドブレはつけ加える、「この変人が私たち各人のうちで眠っていることを知っているという条件で(7)、《*homo americanus*》〔アメリカ的人間〕と呼ぶことができる。結局は、当然のことではないだろうか。フランスの読者は、三〇年代以降、反米主義の伝統全体によって、こうした知的訓練に対して柔軟になっているだけに、ますます容易にこの訓練を受け入れる用意があるのである。「地図上でアメリカの国境を探そうとしても無駄であることを示すためには、アメリカをむしろヤンキーの国と呼ばなければならないだろう」とすでにアロンとダンデューは書いていた。ドブレの場合と同様、両者にとってアメリカとは「ある生き方であり、あるいは生活に〝否（ノン）〟という言い方」、地上全体に広がった「精神の病」である[8]。そして、「〈帝国〉の精神が植民地における以上に残忍になる場所はどこにもない以上、私たちはあなた方よりもずっとアメリカ化されているとさえ私には思われる」[9]とドブレがアメリカ人たちに宛ててつけ加えるとき、ジョルジュ・デュアメルのこだまを聞いているような気がする。すなわち、「もっとも奇妙なアメリカ的行為（アメリカヌリ）、私はこれをドイツで」、フランクフルトで、ベルリンで、すなわち「アメリカ精神が植民地化し」、その「新しい帝国」に包含しているあの古いヨーロッパの中心部で「見た」のである[10]。フランス反米主義がマグリットふうアメリカを描き出してから間もなく七五年になる。そのキャプションには「これはアメリカではない」«Ceci n'est pas l'Amérique» と書かれている。だが商品がラベルに対応していないのであれば、説明書きを増やすよりはラベルを貼り替えるほうが簡単ではないだろうか。

　したがって、フランス反米主義にはまた盛りの日々が来ると予測することができる。ナポレオン三世治下では、自分の船のボイラー用燃料が切れたと報告されたある士官の話が物語られたものである。その士官はみごとに答えたのであった。「兵士たちの熱狂で暖めろ！」フランス反米主義は、この理想主義者が夢見ていたボイラーである。歴史の火でそれをかき立てる必要はない。聖職者の熱狂だけで圧力を保つには十分である。聖職者は気弱になったとも信頼を失ったとも見えない。そもそも、彼らが突然、燃料庫を捨て、ボイラーをあらゆる悪魔にくれてやることに、何らかの危険はないのだろうか。

　ゴルベール教授の「精神的蓄電池」によって好意を吹きつけられたフランスの聖職者が明日、自分たちのキャンペーンの軍旗を折り畳むとしても、フランス反米主義が変化させるのは人格（ペルソナリテ）であって、強度ではない。ティエリ・メサンの著書『恐るべきペテン。いかなる飛行機もペンタゴンに激突しなかった』は題名がばかばかしさを端的にあらわしているが、その途方もない成功は、歴史的な「指導者」を欠いたフランス反米主義がどうなるかについて見通しを与えてくれる。(11) そして反米的〈ゴーレム〉〔ユダヤの伝説で、カバラの呪文によって生命を与えられる泥人形〕の製造で果たした役割についてフランスの聖職者をかくも詰問したあとで、ひょっとしたら彼らに対して、〈極西〉の前哨における気難しい監視をあまり早急に見捨てたりしないように懇願しなければならないのかもしれない。というのも、おそらくもっとも憂慮すべきこととは、疲労、倦怠、あるいは軽薄さによって、彼らがこの〈虚構〉を導き手なしに残すことだからである。

言説それ自体については、それが相続人不在になることを心配しなくてもいい。言説はその自動生成の傾向によって、現実の衝撃に対してきわめて幅広い免疫性を獲得する。九・一一以後は、このことについて華々しくもあり、むごくもある証明をもたらした。だが同時に、この種の言説と現在とのあいだには特別な一致が存在することもあるかもしれない。本書の序文において、言説としての反米主義のつつましい定義を提示した。これをこの行程の終わりで洗練させることができるだろうか。

反米主義は近代性が擁しているもろもろの「大きな物語」といくつかの特徴を共有している。とりわけその連合する力とアレゴリーの能力である――アメリカを話題にしながら、絶えずフランスについて語っているのであるから。(12) だがそこには著しい差異もある。すなわち、正当性付与のメタ言説は、純然たる積極性――市民の解放、〈精神〉の実現、階級なき社会など――の周囲に展開されていた。もろもろの「大きな物語」はポスト・モダンに特有の「疑い深さ」によって無効と化し、壊滅した。(13) 反米主義のほうは延々とつづき、発展している。凹型としての「大きな物語」は、いまだに操作的である一方で、〈善〉のメタ言説は、社会という想像世界（イマジネール）のなかでいっさいの効力、いっさいの連合力を失っているのである。反米主義を重要視するためのもう一つの理由。すなわち、この「アンチとしての物語」はその個別的な歴史を超えて、普遍的な〈物語〉の納骨堂と化したヨーロッパ全体において働いている否定的総合のアウトラインを描いているのである。

*

「他国民に対する好悪の感情にいつも囚われる国民は、ある意味で奴隷になる。そうした国民は憎悪または愛情の奴隷なのである。」ワシントンの「遺言」から借用され、本書の冒頭に置かれたこの格言は、マルクスの有名な金言と同じ論理構造を呈している。「他民族を抑圧する民族は、自由な民族ではない。」では反米主義が今日、もはやフランス人が自分に課した精神的奴隷状態、すなわちマゾヒスティックな怠惰、怨恨の因習、情熱なきパヴロフの犬的反応にすぎないとしたら？　希望をもつ理由があるとすれば、おそらくはこのときだろう。みずからが引き起こす退屈さに長いあいだもちこたえる悪徳は、たとえ知的なものであっても、ほとんど存在しないのである。

私はこの数ページでもってその終焉をはやめることができるとは思わない。しかしたとえそれが延々とつづくとしても、この系譜学はおそらく、その終焉に役に立たないことはないだろう。つまるところ、反米主義が解明されることは、どうでもいいことではないのだ。

二〇〇二年六月三日、パリにて

訳者あとがき

本書は Philippe Roger, *L'Ennemi américain, Généalogie de l'antiaméricanisme français*, Éditions du Seuil, 2002 の全訳である。「日本語版への序文」はこの翻訳の機会に新たに書き加えて頂いた。

本書が出版された翌年である二〇〇三年、国連安保理事会においてフランスのド・ヴィルパン外相（当時）がおこなったアメリカのイラク攻撃の提案への反対演説のテレビ映像は衝撃的であった。フランシス・フクヤマの『歴史の終わり』が一世を風靡し（フランシス・フクヤマは最近、公式に自分の立場を翻した）、政治的にも軍事的にも世界に敵なしと思われていたアメリカに真っ向から反対するド・ヴィルパン外相の舌鋒の鋭さは、その風貌と相まって、イラク攻撃に反対するという演説の主旨以上のものを、その映像は映し出していたように思われる。これをフランス語が外交の共通語として通用していた時代がよみがえったようだったと言ってもいいし、本書に引きつけて言えば、映し出されたのはド・ヴィルパン外相を駆り立てているフランス反米主義そのものであったと言ってもいい。その後、トドロフが『イラク戦争と明日の世界』（拙訳、法政大学出版局）でド・ヴィルパンを批判して、政策を実現してはじめて政治家なのであるから、実現する見込みのない反対演説はスタイルでしかないとして切り捨てていることからすれば、ド・ヴィルパンの態度をますます反米主義的だと言うにあたいするのではないだろうか。

この状況を一九九〇年代に移行させれば、ほぼ本書成立の背景となるだろう。フランスには明らかな反米的な伝統がある。しかしアメリカの一極支配によって、この反感もいずれ消え去る運命にある。一九九〇年代、フランス国内に蔓延していたこうした楽観的観測にフィリップ・ロジェは異論を呈するのである。ただしフィリップ・ロジェは反米主義者ではない。彼はこの機会を捉えてフランス反米主義の系譜を対象化するという膨大な作業に着手する。その結果、私たちは本書『アメリカという敵――フランス反米主義の系譜学』をひもとくことによって、たとえばド・ヴィルパンが棹さしているフランス反米主義の豊饒な歴史の存在を知ることができるのである。いまとなっては、これがなければフランスの文化史から重要な一項目が欠落してしまうような豊饒な歴史である。

自分が掘り起こした反米主義の歴史の厚みをフィリップ・ロジェは、自負を込めてつぎのように述べている。「[……]フランス反米主義は、一つの伝統として分析されなければならない。これは歴史に投じられた鎖である。この鎖を通じて、私たちは知らず知らずのうちに過去の嫌悪ないし反感の全体と接しているのである。／この鎖の歴史に没した環を、私たちは表面に引っ張り出してきた。すなわち、博物学者の言説の環から、フランス反米主義を民族化されたヤンキーの形象に結びつける人種類型学の強力な環を通って、ファシズムより非民主的で、ソヴィエトの政治体制よりも〝全体主義的〟とみなされたアメリカをめぐる政治的な環までである」（本書、七二六―七二七ページ）。

だが歴史に没した鎖を通じて私たちが接する途方もない反米主義とは、ここで述べられているような大きな環ばかりではない。ジーンズが反米的反感を惹起して、フランス的なものとしてコールテンを称揚したり、コカ・コーラが反米主義を刺激して、その有毒性を喋々したりするような、どういう経路を通してか、私たち日本人の身辺にまで浸透していた小さな環までがこの鎖には組み込まれている。

アメリカ合衆国が成立する以前からのこうした反米主義の長い伝統にもかかわらず、フィリップ・ロジエが「序文」でも「日本語版への序文」でもくり返しているのは、フランスはアメリカと戦争をしたことがないという事実である。この事実を強調することによって著者が指摘しようとしているのは、この反米主義においては「事実の現実と言説の現実のあいだに一義的な因果関係はない」ということである。「この二つの領域のあいだには、ずれのあるエコー装置一式がまるまる確立する。反米的言説は記号論的粘性を獲得すればするほど、ますます出来事から自由になったり、結局は同じことだが、出来事を口実にしたりするようになる」（本書、七二七ページ）。

本書で、アメリカの分離戦争〔＝南北戦争〕については詳しく述べられているが、第二次世界大戦のような大きな出来事にはまったく触れられていないのは、フランス反米主義が第二次世界大戦を口実にできなかったからだということになるだろう。

こうした反米主義的言説の特徴を、フィリップ・ロジェは「日本語版への序文」であらためて解説している。「そもそも、争点とはたんに外交的なものでも、政治的なものでも、〝文明にかかわるもの〟でもない。というのも、反米主義の系譜を分析することとは、真と偽と検証不可能なものをごちゃ混ぜにするタイプの言説の誕生と展開について考えることだからである。反米主義は物語とイマージュの蓄積からの産物である。こういってよければ、それは対抗‐伝説（コントル‐レジャンド）であって、反米主義に身をゆだねる集団の不安、強迫観念、怨恨をごちゃごちゃに混合させるのである。反米主義は、その機能の仕方においては、偏見に固有のいくつかの特徴（決まり文句、社会通念、批判を受けることの決してない申し立て、の反復的回帰）を、風聞に固有のほかの特徴に結びつける〔……〕」（本書xiii－xivページ）。

ここで「対抗‐伝説（コントル‐レジャンド）」とは、フランスと合衆国とが、時間的にも理念的にもきわめて近い民主主義革命から生じた「姉妹共和国」であるという「幸福感を醸す伝説（レジャンド）」に彩られていることを前提としている。反米主義はこの幸福な伝説への「対抗（コントル）ー」だからである。

それでは、反米主義は間もなく終焉を迎えるだろうという楽観的観測が支配していた時代に、フランス反米主義を対象化することにはいかなる意義があるのだろうか。二〇〇八年に『ロラン・バルトの遺産』（みすず書房）という書名で翻訳出版されたロラン・バルト論集にはフィリップ・ロジェの「ふたつのオリエント」（中地義和訳）という論文が採録されている。そこには自身の『アメリカという敵』に想を得たような一節がある。「近東と極東に二重化したバルトのオリエントは、彼にとってのロゼッタ・ストーン〔……〕である。ただしバルトは、シャンポリオンの身ぶりを転倒する。既知のもので未知を解読しようとはせず、遠くにあるものから出発して〈ここ〉や〈わたし〉の謎を解きほぐそうとする」（同書、二〇八ページ）。すなわち、フィリップ・ロジェはフランス反米主義の方向性を転倒して、反米主義の分析を通じてフランスそれ自体について診断を下すのである。フィリップ・ロジェはつぎのように述べている。もう一度、「日本語版への序文」から引用すれば、「フランス反米主義のような大がかりな現象に歴史的な考察を加えることとは」、「私たち自身に対する警戒を呼びかけることである。他者に対する恨みのこもった中傷の便宜さに対する警戒を呼びかけることである。それはしばしば自己嫌悪の反映でしかないからである。決まり文句の自動性に警戒を呼びかけることである」（本書xivページ）。

ここまで来れば、訳者のごとき哲学の門外漢にも本書の背後にあるのはニーチェであることは一目瞭然であるように思われる。ニーチェとその『道徳の系譜』である。ニーチェは『道徳の系譜』で、たとえばつぎのように書いている。「――道徳における奴隷一揆は、ルサンチマン（怨恨 Ressentiment）そのものが創造的となり、価値を生みだすようになったときにはじめて起こる。すなわちこれは、真の反応つまり行為による反応が拒まれているために、もっぱら想像上の復讐だけによってその埋め合わせをつけるような者どものルサンチマンである。すべての貴族道徳は自己自身にたいする勝ち誇れる肯定（ヤー・ザーゲン）から生まれでるのに反し、奴隷道徳は初めからして〈外のもの〉・〈他のもの〉・〈自己ならぬもの〉にたいし否（ナイン）と言う。つまりこの否定こそが、それの創造行為なのだ」（『善悪の彼岸　道徳の系譜』信太正三訳、ちくま学芸文庫、三九三ページ）。他者を否定することによる間接的な自己肯定――フィリップ・ロジェが本書で指摘し、警戒を促しているのは、この「奴隷道徳」である（本書全体のエピグラフとして引用されているトクヴィルの『アメリカにおけるデモクラシーについて』の一節――この一節自体、ジョージ・ワシントンの遺言からの引用で成っている――のなかですでに「奴隷」という語がもちいられていることは、きわめて示唆的である）。

だがフィリップ・ロジェの言説の射程はここにとどまらない。「日本語版への序文」は、京都産業大学や関西日仏学院でのセミナー等を通じて日本における反米主義が潜在的なものから公的なものとして顕在化してきたという事実を確認したと述べたあとで、「反米主義はアメリカのヘゲモニー――あるいはこのヘゲモニーの認識――と同様、世界的な現象となった」（本書xiiiページ）と指摘している。反米主義はもはやフランスだけの問題ではないのである。それに伴って本書の射程そのものも変化する。フランス国内の、あるいは仏米関係の一現象の系譜学にとどまらない。反米主義という現象が世界的なものになるとともに、本書もまた新たなグローバルな意義をもちはじめるのである。フィリップ・ロジェが「日本語版への序文」であらためて主張しているのはこのことである。

本書の著者、フィリップ・ロジェは一九四九年、フランスのブールジェに生まれた。高等師範学校の出身で、現在、フランス国立科学研究所（ＣＮＲＳ）及び社会科学高等研究院の研究指導教授である。そのかたわらでアメリカのヴァージニア大学とニューヨーク大学の教授を兼務している。

主著として『サド――圧搾機の哲学』*Sade. La Philosophie dans le pressoir* (Grasset, 1976)、『ロラン・バルト、小説』*Roland Barthes, roman* (Grasset, 1986; Livre de Poche, 1990) がある。本書『アメリカという敵――フランス反米主義の系譜学』（スイユ社、二〇〇二年）は、同じスイユ社のポワン叢書に採録された（二〇〇四年）。二〇〇三年には〈今日賞〉Prix Aujourd'hui を冠せられている。本書の英訳は二〇〇五年にはグールド財団及び仏米財団賞 Prix de la Gould Foundation et de la French-American Foundation を受賞している。

その他、『サド――危機を書く』*Sade. Écrire la crise* (avec M. Camus, Belfond, 1983)、『二〇世紀におけるフランス革命の伝説』*La Légende de la Révolution française au XXe siècle* (avec J.-Cl. Bonnet, Flammarion, 1988)、『啓蒙主義の人間――パリからペテルブルグへ』*L'Homme de Lumières. De Paris à Pétersbourg* (Napoli, Vivarium & Paris, Maison des Sciences de l'Homme, 1995)、『百科全書――ネットワークから書物へ、書物からネットワークへ』*L'Encyclopédie: du réseau au livre et du livre au réseau* (avec R. Morrissey, Champion, 2001)、『二世紀にわたる一時代？　一七世紀と一八世紀――連続性と不連続性』*Un siècle de deux cents ans? Les XVIIe et XVIIIe siècles: continuités et discontinuités* (avec J. Dagen, Ed. Desjonquères, 2004) など、フランス内外を問わずさまざまな雑誌に掲載された文学や文化史にかんする著作が多数ある。一九九六年以降は、ジョルジュ・バタイユによって創刊された『クリティック』誌の編集長を務めている。

本書の翻訳はジル・リポヴェツキー著『空虚の時代――現代個人主義論考』（法政大学出版局）のときと

同様、佐藤が下訳を作成し、その他は大谷がおこなった。平川俊彦氏が編集代表の時代に訳出をはじめたが、そのあとを継いだ秋田公士氏がご退職になっても訳了しなかったのは、もっぱら大谷の側の事情による。この遅延について、伏して謝意を表したい。

二〇一二年一月、北上川のほとりにて

訳　者

人名索引

ア　行

アスリノー，シャルル
Asselineau, Charles　112, 271.
アダムズ，ジョン
Adams, John　60, 463.
アチソン，ディーン
Acheson, Dean　544, 701.
アッチラ
Attila　346, 436, 543, 563.
アデナウアー，コンラッド
Adenauer, Konrad　479.
アノトー，ガブリエル
Hanoteaux, Gabriel　240.
アミリ，セルジュ
Hamili, Serge　7.
アラゴン，ルイ
Aragon, Louis　554, 663.
アリスター，ウォード・マックス
Allister, Ward　Max　418.
アレー，アルフォンス
Allais, Alphonse　208.
アレクサンドル2世
Alexandre II　150.
アレン，ドナルド・ロイ
Allen, Donald Roy　515, 678.
アロン，レーモン
Aron, Raymond　494, 525-526, 450, 713.
アロン，ロベール
Aron, Robert　435, 445, 449, 452-454, 457, 475, 477, 785-490, 503, 518, 520, 543, 563, 570, 613, 628, 630-631, 642-644, 648, 651-654, 657-658, 668, 682-684, 697-698, 731.
イエス - キリスト
Jésus Christ　436, 438.
イザベル1世
Isabelle Ière　356.
ヴァイヤン，エドゥアール
Vaillant, Édouard　411.
ヴァイヤン，ロジェ
Vaillant, Roger　541, 547-548, 610-611, 717.
ヴァシェ・ド・ラプージュ，ジョルジュ
Vacher de Lapouge, Georges　302, 603.
ヴァランディガム，クレマン・レール
Vallandigham, Clement Laird　138.
ヴァリニ　→クロニエ・ド・ヴァリニ
ヴァルデック＝ルソー，ルネ
Waldeck-Rousseau, René　403.
ヴァレリー，ポール
Valéry, Paul　221, 249-250, 262-263, 466-477, 482, 490, 495, 506, 691-692, 724.
ヴァンゼッティ
Vanzetti, Bartolomeo　226, 430, 442, 523.
ヴィアン，ボリス
Vian, Boris　705.
ヴィクトリア女王
Victoria, reine　293.
ウィクリフ，ジョン
Wyclif, John　440.
ヴィニー，アルフレッド・ド
Vigny, Alfred de　106.
ヴィノク，ミシェル
Winock, Michel　3.
ヴィリエ・ド・リラダン
Villiers de l'Isle-Adam　277.

ウィルケス艦長
Wilkes (capitaine)　133.
ウィルソン，ウッドロー
Wilson, Woodrow　330, 428-432, 434-442, 495, 504-508, 510-511, 609.
ヴィルヘルム１世
Guillaume Ier　170.
ヴィルヘルム２世
Guillaume II　249, 260-261, 297.
ウィロビー，ウィリアム
Willoughby, william　400.
ウィンズロー，ジョン
Winslow, John　122.
ウェイラー将軍
Weyler, général　235-236.
ウェスト，W・リード
West, Warren Read　126-127.
ウェスリー，ジョン
Wesley, John　440.
ヴェラーレン，エミール
Verhaeren, Émile　567.
ヴェルジェンヌ伯爵，シャルル・グラヴィエ
Vergennes, Charles Gravier, comte de　55.
ウェルズ，H・G
Wells, H. G.　352, 397, 401.
ヴェルヌ，ジュール
Verne, Jules　162-166.
ウォーカー，ウィリアム
Walker, William　192.
ウォートン，イーディス
Wharton, Edith　689.
ウォディントン，ウィリアム
Waddington, William　173-174.
ヴォルテール
Voltaire　20, 28-29, 94, 176, 283, 590, 699.
ヴォルネー伯爵，コンスタンタン＝フランソワ・シャッスブッフ
Volney, Constantin-François Chasseboeuf, comte de　70, 73, 77, 80-81, 83-86, 88, 93, 397.
ウナムーノ，ミゲル・デ
Unamuno, Miguel de　622.
エイリン，ジャック
Allyn, Jack　265.
エーヴリング，エドワード
Aveling, Edward　293, 397, 401.
エーヴリング＝マルクス，エリノア
Aveling-Marx, Eleanor　293, 376, 401.
エーメ，マルセル
Aymé, Marcel　538-540, 718.
エジソン，トマス
Edison, Thomas　257, 277, 630　.
エチェヴェリア，デュラン
Echeverria, Durand　22.
エティアンブル
Étiembre　17, 453, 493, 542-543, 545-547, 559, 701, 705.
エピキュロス
Épicure　556.
エマーソン，ラルフ・ウォルドー
Emerson, Ralph Waldo　290-291.
エマニュエル，ピエール
Emmanuel, Pierre　535.
エリオ，エドゥアール
Herriot, Édouard　479, 481, 513-514, 692, 707, 709, 711.
エルヴュー，オーギュスト
Hervieu, Auguste　99.
エルジェ
Hergé　453.
エロール＝パキ，ジャン
Hérold-Paquis, Jean　583.
エンゲルス，フリードリヒ
Engels, Friedrich　139, 378-385, 387-394, 396-398, 401, 408, 412.
オウィディウス
Ovide　338.
オーウェル，ジョージ
Orwell, George　683.
オーディベルティ，ジャック
Audiberti, Jacques　545.
オートロッシュ伯爵
Auteroche, comte d'　166.
オーネ，ジョルジュ
Ohnet, Georges　183.

オーレル，マックス［ポール・ブルエ］
O'Rell, Max [Paul Blouët] 265.
オサリヴァン，ジョン
O'Sullivan, John 230-231.
オシヌ，ブライド
Hocine, Belaïd 548.
オズーフ，モナ
Ozouf, Mona 605.
オバマ，バラク・フセイン
Obama, Barack Hussein xii-xiii.
オフレ，ユーグ
Aufray, Hugues 718.
オランデール，モーリス
Olender, Maurice 302.
オロスコ，J・C
Orozco, J. C. 42.
オンベール，オクターヴ
Homberg, Octave 518, 690.

カ 行

カーゾン卿，ジョージ・ナサニエル
Curzon, George Nathaniel, lord 511.
ガードナー，イザベル・スチュアート
Gardner, Isabelle Stewart 402.
カーネギー，アンドリュー
Carnegie, Andrew 371, 417.
ガーフィールド
Garfield 229.
カーライル，トマス
Carlyle, Thomas 290, 295.
カイザーリング，ヘルマン・ド
Keyserling, Hermann de 447, 450, 572-573, 592.
ガイヤルデ，フレデリック
Gaillardet, Frédéric 106, 175, 181-189, 191-206, 208-210, 212-220, 232, 243, 311-312, 350, 353, 659, 670.
カヴェニャック，ルイ＝ウージェーヌ
Cavaignac, Louis-Eugène 138, 183.
カウツキー，カール・ヨハン
Kautsky, Karl Johann 401.
カサニャック，グラニエ・ド
Cassagnac, A. Granier de 130.
カザン，エリア
Kazan, Elia 711.
カスー，ジャン
Cassou, Jean 533.
カスター将軍，ジョージ
Custer, général George 209.
カスティーリョ，カノバス・デル
Castillo, Cànovas del 235-236.
カドミ＝コーエン
Kadmi-Cohen 518, 666, 690, 696.
カナパ，ジャン
Kanapa, Jean 605.
カベ，エティエンヌ
Cabet, Étienne 70, 377.
ガリバルディ，ジュゼッペ
Garibaldi, Giuseppe 169.
カルヴァン，ジャン
Calvin, Jean 440, 678.
カルム，ペーター
Kalm, Peter 52.
ガローディ，ロジェ
Garaudy, Roger 610-611, 701.
ガン，ラウール
Gain, Raoul 323, 332, 449, 452, 559-560, 563, 691-692.
ガンディ
Gandhi 473.
カンデル，リリアーヌ
Kandel, Liliane 606.
カント
Kant 489, 505.
ガンベッタ，レオン
Gambetta, Léon 171, 174-175.
カンボン，ヴィクトール
Cambon, Victor 615.
カンボン，ジュール
Cambon, Jules 305-307.
ギゾー，フランソワ
Guizot, François 94, 106.
ギトン，ギュスターヴ
Guitton, Gustave 252.
キプリング，ラドヤード
Kipling, Rudyard 280, 305.
キャムデン，セオフィラス
Camden, Theophilus 279.

キャロル，ルイス
Carroll, Louis 6.
ギュイヨー，アンドレ
Guyaux, André 115.
キンキナトゥス
Cincinnatus 82, 367.
グーアン，フェリックス
Gouin, Félix 527.
クーデンホーフ＝カレルギー
Coudenhove-Kalergi, Richard de 478-483.
クーリッジ，カルヴィン
Coolidge, Calvin 431, 511, 555.
クール，ジャック
Cœur, Jacques 649, 653.
グールド，ジェイ
Gould, Jay 225.
クストー，ピエール＝アントワーヌ
Cousteau, Pierre-Antoine 653.
クノー，レーモン
Queneau, Raymond 545, 605, 704.
クライン神父，フェリックス
Klein, abbé Félix 588.
グラッドストーン，ウィリアム
Gladstone, William 144.
クラピュルスキ
Crapulski 211.
グラムシ，アントニオ
Gramsci, Antonio 630.
グラント，ユリシーズ・S
Grant, Ulysses S. 161, 170, 178, 384, 441.
クリーヴランド，グローヴァー
Creveland, Grover 177.
グリム，ヤーコプ
Grimm, Jakob 420.
クルティウス，エルンスト
Curtius, Ernst 457, 483.
グレヴィ，ジュール
Grévy, Jules 179.
クレーヴクール，ジョン
Crèvecœur, John 81, 367-368.
クレール，ジャン
Clair, Jean 662-663.
グレコ，エル
Greco, el 40.
クレビヨン
Crébillon, Claude-Prosper Jolyot de 55.
クレマンソー，ジョルジュ
Clemenceau, Georges 338, 432-434, 436-438, 497, 542.
クレム，マリア
Clemm, Maria 112.
クローデル，ポール
Claudel, Paul 12-13, 116, 443, 446, 482, 514, 566, 575, 577, 579, 612, 652, 655, 667, 670, 675, 677.
クローリー，ハーバート
Croly, Herbert 579.
クロニエ・ド・ヴァリニ，シャルル
Crosnier de Varigny, Charles 229-233, 235, 259, 310-313, 315, 318, 354, 373, 589.
クロムウェル，オリヴァー
Cromwell, Oliver 153.
ケイラー，ウィリアム・R
Keylor, William R. 510.
ゲード，ジュール
Guesde, Jules 411.
ゲーノ，ジャン
Guéhenno, Jean 579.
ゲーリング，ヘルマン
Gœring, Hermann 536.
ケッセル，ジョゼフ
Kessel, Joseph 693-694, 711.
ゲッベルス，ヨーゼフ
Gœbbels, Josef 712.
ケネディ，ジョン・F
Kennedy, John F. 725.
ケロッグ，フランク・ビリングズ
Kellog, Frank Bilings 512.
ゴイエ，ユルバン
Gohier, Urbain 220, 311, 314, 318, 335, 337, 344, 349, 351-352, 373, 402-404, 406, 624, 669-672, 686-687, 689.
コクトー，ジャン
Cocteau, Jean 330, 609, 614-615, 619.

コゼレック，ラインハルト
Koselleck, Reinhart　11.
コディ，ウィリアム，通称バッファロー・ビル
Cody, William, dit Buffalo Bill　350.
コニョ，ジョルジュ
Cogniot, Georges　529-530, 533.
ゴビノー伯爵，ジョゼフ＝アルチュール
Gobineau, Joseph-Arthur, comte de　302, 603.
ゴヤ，フランシスコ
Goya, Francisco　40, 42.
コルテス，フェルナンド
Cortez, Fernando　42.
コロー，カミーユ
Corot, Camille　686.
コロナル，オリヴィエ
Coronal, Olivier　338.
コロンバニ，ジャン＝マリ
Colombani, Jean-Marie　724-725.
コロンブス，クリストファー
Colomb, Christophe　22, 265, 342.
ゴンクール兄弟
Goncourt, Edmond et Jules de　310, 614.
ゴンタール，ジャン
Gontard, Jean　615.
コンドルセ侯爵，ジャン・アントワーヌ・ニコラ・カリタ
Condorcet, Jean Antoine Nicolas Caritat, maruquis de　77.
ゴンパーズ，サミュエル
Gompers, Samuel　405.
ゴンブロヴィチ
Gombrowicz　606.
コンラッド，ジョゼフ
Conrad, Joseph　83.

サ　行

サヴィーヌ，アルベール
Savine, Albert　305-307, 309.
サガスタ
Sagasta, Praxedes Mateo　236.
サッコ，ニコラ
Sacco, Nicola　226, 430, 442, 523.
サド
Sade, Donatien-Alphonse-François de　45, 704.
サリヴァン，ヴァーノン　→ヴィアン，ボリス
サル　→ドゥリル・ド・サル
サル　→ルーシ・ド・サル
サルドゥ，ヴィクトリヤン
Sardou, Victorien　103-104, 106, 169, 172, 202, 234, 319.
サルトル，J＝P
Sartre, J.-P.　6-7, 10, 320, 330, 338, 446, 540, 542, 590-601, 604-605, 613, 711, 713-718, 720.
サン＝シモン
Saint-Simon, Claude-Henri de　70, 371.
サント＝ブーヴ
Sainte-Beuve, Charles Augustin de　129.
シーグフリード，アンドレ
Siegfried, André　195,199, 301, 341, 342, 345-347, 352-354, 356-357, 359-364, 447, 449-450, 467, 470-473, 476-477, 501-503, 509, 518-524, 561, 588-590, 615-618, 620-621, 623-625, 629, 634, 639-640, 652-656, 675, 679-681, 683.
シーグフリード，ジュール
Siegfried, Jules　400.
シーリー，ジョン・ロバート
Seely, John Robert　305.
ジェイ，ジョン
Jay, John　65.
シエイエス神父
Sieyès, abbé　173.
シェークスピア，ウィリアム
Shakespeare, William　520.
ジェームズ，ヘンリー
James, Henry　322, 689.
ジェファーソン，トマス
Jefferson, Thomas　18, 20, 29-30, 36, 56-58, 60-63, 88, 279-281, 283, 463.

ジェルビ，アントネッロ
Gerbi, Antonello　18, 87.
ジオノ，ジャン
Giono, Jean　557.
シオラン，E・M
Cioran, E. M.　87, 90.
シジスベー艦長
Sigisbee, capitaine　236.
シズ，ピエール
Scize, Pierre　523.
ジダーノ
Jdanov　533.
シムノン，ジョルジュ
Simenon, Georges　569.
シモナン，ルイ
Simonin, Louis　350.
シャール，フィラレート
Chasles, Philarète　104-105, 265, 269-270, 275-276, 278, 287, 337, 416, 656, 678.
ジャクソン，アンドリュー
Jackson, Andreuw　73, 187, 230, 387, 441, 498, 499.
シャスタネ，J＝L
Chastanet, J.-L.　494, 518-519.
シャステリュクス侯爵，フランソワ＝ジャン
Chastellux, François-Jean, marquis de　30.
シャタール，ウージェーヌ
Chatard, Eugène　136-137.
シャッスルー＝ロバ侯爵，ジュスタン・プロスペル
Chasseloup-Laubat, Justin Prosper, marquis de　228, 233.
シャトーブリアン
Chateaubriand, François-August-René de　82, 91-93, 96, 106, 196, 210, 450.
ジャネ，クローディオ
Jannet, Claudio　109.
シャハト，ヤルマル
Schacht, Hjalmar　536.
シャム
Cham　125.
シャルルヴォワ，ピエール＝フランソワ＝グザヴィエ・ド
Charlevoix, Pierre-François-Xavier de　21, 40, 92-93.
シュアレス，アンドレ
Suarès, André　249, 263, 469-471, 473-478.
シュー，ウージェーヌ
Sue, Eugène　252.
シュヴァリエ，ミシェル
Chevalier, Michel　104, 185, 269.
ジュヴネル，ベルトラン・ド
Jouvenel, Bertrand de　375, 449, 558, 620-623, 625, 635, 639, 703.
シューマン，ロベール
Schuman, Robert　444, 537, 539.
ジュスラン，ジュール
Jusserand, Jules　615.
ジュット，トニー
Judt, Tony　457, 546.
ジュネ，ジャン
Genet, Jean　718.
ジュネ，ジャン＝シャルル
Genet, Jean-Charles　64.
シュレベール，エミール
Schreiber, Émile　615.
ジョアネ，エドモン
Johanet, Edmond　177, 246-247, 319, 346, 350, 354, 366, 369-370, 372, 416, 418, 421, 672, 681.
ジョージ，ヘンリー
George, Henri　392.
ジョーンズ卿，ウィリアム
Jones, sir William　281.
ショメ，アンドレ
Chaumeix, André　449.
ジョリオ＝キュリー，フレデリック
Joliot-Curie, Frédéric　527.
ジョレス，ジャン
Jaurès, Jean　401, 403, 408.
ジラルダン，エミール・ド
Girardin, É,mile de　138.
ジルソン，エティエンヌ
Gilson, Étienne　533-535, 538.

ジロー，アンリ
Giraud, Henri　584.
スコット，ハワード
Scott, Howard　632.
スコット卿，ウォルター
Scott, sir Walter　280, 283, 286.
スターリン
Staline　453, 531, 533, 535, 542-543, 584, 610, 643, 645, 661, 663-665, 669, 699.
スタール夫人
Staël, Mme de　72, 79.
スタインベック，ジョン
Steinbeck, John　695.
スタンダール
Stendhal　69, 71, 74, 80, 96, 98-101, 111, 114, 205, 365, 567, 674, 723.
スタントン大佐，チャールズ・E
Stanton, colonel Charles E.　428, 497, 560.
スタンフォード家
Stanford (famille)　685.
スティル，アンドレ
Stil, André　530.
ストラウス，デーヴィッド
Strauss, David　10, 450, 520.
スミス，ウィリアム・H
Smith, William H.　632.
スライデル，ジョン
Slidell, John　133, 142, 159.
セストル，シャルル
Cestre, Charles　615.
セムズ，ラファエル
Semmes, Raphael　120-122.
セリーヌ，ルイ＝フェルディナン
Céline, Louis-Ferdinand　309, 362, 443, 446, 449, 454-455, 518, 555, 572, 576, 587, 592, 598, 600, 642.
セルヴァン＝シュレベール，ジャン＝ジャック
Servan-Schreiber, Jean-Jacques　544, 615.
ゼルディン，シオドア
Zeldin, Theodore　14.
ソーヴァン，ジョリジュ
Sauvin, Georges　349.
ソーラム，ポール
Sorum, Paul　546.
ゾラ，エミール
Zola, Émile　239, 401.
ソリア，ジョルジュ
Soria, Georges　444, 527, 544, 706.
ゾルゲ，フリードリヒ・アドルフ
Sorge, Friedrich Adolf　397.
ゾンバルト，ヴェルナー
Sombart, Werner　395-397.

タ 行

ダーウィン，チャールズ
Dawin, Charles　302, 460.
タートルダヴ，ハリー
Turtledove, Harry　380-381.
ターナー，シャロン
Turner, Sharon　286.
ダカン，ルイ
Aaquin, Louis　704, 710.
タキトゥス
Tacite　279-280.
タッソー
Tasse, le　100.
ダニエル＝ロップス
Daniel-Rops　610, 643.
タフト，ウィリアム・ハワード
Taft, William Howard　555.
タメルラン
Tamerlan　610.
タルデュー，アンドレ
Tardieu, André　317, 434-435, 443-444, 450, 463-464, 497-498, 502-503, 512-513, 515, 615, 640, 655.
タレーラン
Talleyrand, Charles-Maurice de　72, 79-85, 90-91, 97-98, 100-101, 140, 671.
ダレス，アラン
Dulles, Allan　533.
ダンテ
Dante　97.
ダンデュー，アルノー

Dandieu, Arnaud　435, 445, 449, 452-454, 457, 475, 477, 485-490, 503, 518, 520, 543, 563, 570, 613, 630-631, 648, 654, 657, 682-684, 697-698, 731.
チェンバレン，ヒューストン・スチュアート
Chamberlain, Houston Stewart　302, 603.
チボー，ジャック
Thibau, Jacques　544.
チャップリン，チャールズ
Chaplin, Charles　615, 636, 711, 722.
チンギス＝ハン
Gengis-Khan　610.
デ・パウ，コルネリウス
De Pauw, Cornelius　13, 20-23, 26-28, 37, 39-53, 56-57, 59-61, 63-64, 97, 217, 349, 389, 450, 564, 575, 725.
デ・レオン，エドウィン
De Leon, Edwin　142-143, 146-148, 150-153, 158, 394.
デイヴィス，ジェファーソン
Davis, Jefferson　385.
ティエール，アドルフ
Theirs, Adolphe　172.
ティエリ，オーギュスタン
Theirry, Augustin　283, 285-286, 421.
ディオン＝クリュソストモス
Dion-Chrysostome　452.
ディケンズ，チャールス
Dickens, Charles　101-102, 685, 687.
ディドロ，ドゥニ
Diderot, Denis　23, 43, 50, 195, 699, 714.
デイトン，ウィリアム・ルイス
Dayton, William Lewis　160.
ティヨン，シャルル
Tillon, Charles　529, 536, 538.
ディラン，ボブ
Dylan, Bob　718.
テーヌ，イポリット
Taine, Hippolyte　447.
テーラー，フレデリック・ウィンズロー
Taylor, Frederik Winslow　613, 630, 643, 648, 688, 693-694.
デカルト，ルネ
Descartes, René　488, 648, 655, 682.
デブス，ユージン
Debs, Eugene　394.
デュアメル，ジョルジュ
Duhamel, Georges　199, 317, 330, 333-335, 340, 345, 360, 443, 445-446, 448-450, 454, 457, 468-469, 478, 482-483, 485, 523-524, 543, 554, 558-559, 564-566, 572, 577, 581-583, 587-588, 592, 597-598, 603, 605-606, 610-612, 616-619, 622, 624628, 631, 637-639, 641-642, 644, 650, 653, 656-657, 661, 685, 690, 693, 697, 699, 721, 731.
デュヴェルジェ，モーリス
Duverger, Maurice　532.
デュガール，マリ
Dugard, Marie　324-325, 346, 353, 686.
デュクロ，ジャック
Duclos, Jacques　665.
デュプーイ，オーギュスタン
Dupouy, Augustin　120.
デュブール猊下
Dubourg, monseigneur　70.
デュマ，アレクサンドル
Dumas, Alexandre　182.
デュメ，ロラン
Dumay, Roland　539.
テュルゴー男爵，アンヌ＝ロベール＝ジャック
Turgo, Anne-Robert-Jacques, baron de 55.
デュルタン，リュック
Durtain, Luc　325, 360, 447, 449-450, 456, 482-483, 565, 572-575, 577-579, 592, 600, 603, 606, 633, 642, 654, 694, 726
デュロゼル，ジャン＝バティスト
Duroselle, Jean-Baptiste　491.
ド・ゴール，シャルル
De Gaulle, Charles　444, 452-453, 457-458, 495-496, 541, 544-545, 551-

552, 556, 584.
ドゥーセ
Doucet 473.
トゥヴネル
Thouvenel 133.
ドゥール，ガブリエル
Dheur, Gabriel 551.
トゥールヴィル，アンリ・ド
Tourville, Henry de 292.
トウェイン，マーク
Twain, Mark 365, 402, 422, 689.
トゥスネル，アルフォンス
Toussenel, Alphonse 519.
ドゥモラン，エドモン
Demolins, Edmond 201, 210, 290-296, 329, 331-332, 376, 475, 589.
ドゥラマール，テオドル＝カジミール
Delamarre, Théodore-Casimir 151.
ドーズ，チャールズ・ゲイツ
Dawes, Charles Gates 511, 516, 536, 555.
ドールヴィイ，バルベ →バルベ・ドールヴィイ
トクヴィル，アレクシス・ド
Tocqueville, Alexis de 1, 102-110, 138, 158, 166, 182, 184-185, 201-202, 205, 210, 216, 234, 269-271, 275-276, 302, 417, 673-674, 678, 683, 719.
ドス・パソス，ジョン
Dos Passos, John 587, 591, 635, 695.
ドストエフスキー，フョードル
Dostoïevski, Fédor 456.
トトロープ，アントニー
Trollope, Anthony 95.
ドブレ，レジス
Debray, Régis 10, 659-660, 730-731.
トマス・アクィナス
Thomas d'Aquin 533.
ドムナック，ジャン＝マリ
Domenach, Jean-Marie 646, 659-661, 702.
ドライサー，シオドア
Dreiser, Theodore 635, 689, 695.
ドラクール
Delacour 246.
ドラクロワ，ウージェーヌ
Delacroix, Eugène 92, 179.
ドリアン，ギー
Dollian, Guy 564, 580.
ドリオ，ジャック
Doriot, Jacques 490.
ドリュ・ラ・ロシェル，ピエール
Drieu La Rochelle, Pierre 490.
ドリュオン，モーリス
Druon, Maurice 457, 552.
ドリュジョン，フランソワ
Drujon, François 623, 639.
ドリュモン，エドゥアール
Drumont, Édouart 321, 357.
トルーマン，ハリー
Truman, Harry 529-530, 536-537, 544, 701.
トレーズ，モーリス
Thorez, Maurice 530, 538, 702.
ドレフュス，アルフレッド
Dreyfus, Alfred 239, 403.
トロツキー，レオン
Trotski, Léon 378, 401.
トロロープ，フランシス
Trollope, Frances 76, 93, 95-99, 101, 110-111, 267-271, 273, 276, 368, 566, 671.
トワネ，マリ＝フランス
Toinet, Marie-France 8, 395.
トンプソン，フローラ
Thompson, Flora 313.
ドンブロウスキ
Dombrowski 211.

ナ 行

ナポレオン 1 世
Napoléon Ier 70, 97-98, 100, 456, 498, 517, 587, 709.
ナポレオン 2 世
Napoléon II 128, 133, 151, 159-160, 164, 170-171, 191, 228, 241, 731.
ニーチェ，フリードリヒ
Nitzsche, Friedrich 116, 356, 390-

391, 448, 728.
ヌヴェール，アンリ
Nevers, Henri　583, 585-587, 591.
ネイダー，ラルフ
Nader, Ralph　722.
ネグリ，トニ
Negri, Toni　722.
ネルヴァル，ジェラール・ド
Nerval, Gérard de　114.
ノアイユ，アレクシス・ド
Noailles, Alexis de　175, 341, 354.
ノエル，オクターヴ
Noël, Octave　243-246, 253, 265, 273, 300, 342, 354, 370, 373, 463.

ハ　行

パーカー，マシュー
Parker, Matthew　279, 511.
バーク，エドマンド
Burke, Edmund　652.
パーシー，トマス
Percy, Thomas　282.
パーシング，ジョン・ジョーゼフ
Pershing, John　Joseph　427, 434, 542.
ハースト
Hearst　237.
ハーディング，ウォーレン
Harding, Warren　431, 438, 555.
バーナム
Barnum　687.
ハーパー，ウィリアム・レイニー
Harper, William Rainey　682.
バーンズ
Byrnes　527, 534, 706-707, 709.
ハイデガー，マルティン
Heidegger, Martin　608, 613.
ハインドマン，H・M
Hyndman, H. M.　397, 401.
ハウ，エリアス
Howe, Elias　426.
パウ，コルネリウス・デ　→デ・パウ，コルネリウス
パヴロフ，イヴァン・ペトロヴィチ
Pavlov, Ivan Petrovich　xx, 733.
パジェス
Pagès　135.
バタイユ，ジョルジュ
Bataille, Georges　715.
ハッツェ，ヘンリー
Hotze, Henry　142-143.
バトラー将軍，ベンジャミン・フランクリン
Butler, général Benjamin Franklin 152.
ハミルトン，アレグァンダー
Hamilton, Alexander　12-13.
ハミルトン，トマス
Hamilton, Thomas　94-95.
バリット，ウィリアム
Bullit, William　438-439.
バルザック，オノレ・ド
Balzac, Honoré de　71-72, 74.
バルト，ロラン
Barthe, Roland　5, 15-17, 591-593, 599, 711-712, 723.
バルトルディ，フレデリック＝オーギュスト
Bartholdi, Frédéric-Auguste　176-180.
バルビエ，エミール
Barbier, Émile　178, 217, 234-235, 315-317, 369, 671, 687-688.
バルベ・ドールヴィイ，ジュール
Barbey d'Aurevilly, Jules　125.
バレス，モーリス
Barrès, Maurice　357, 605, 677, 691.
ハロルド
Harold　278.
バンダ，ジュリアン
Benda, Julien　448, 473.
バンツォン，Th［テレーズ・ブランのペンネーム］
Bentzon, Th. [nom de plume de Thérèse Blanc]　377.
ピエル，ジャン
Piel, Jean　715-716.
ピガール，ジャン＝バティスト
Pigalle, Jean-Baptiste　176.

ビグロー，ジョン
Bigelow, John　134-135, 138, 160.
ピサロ，フランシスコ
Pizarre, Francesco　42.
ビスマルク，オットー・フォン
Bismarck, Otto von　127, 229, 259, 463.
ビドー，ジョルジュ
Bidault, Georges　544.
ピトキン
Pitkin　644, 693.
ヒトラー，アドルフ
Hitler, Adolf　489, 528-529, 537, 643.
ヒューストン，ジョン
Huston, John　565.
ピューリッツァー，ジョーゼフ
Pulitzer, Joseph　176, 237.
ビュッフェ，ベルナール
Buffet, Bernard　599.
ビュフォン伯爵，ジョルジュ・ルイ・ルクレール
Buffon, Georges Louis Leclerc, comte de　20-21, 27-40, 42, 49-53, 56-57, 60-64, 74, 97, 488, 564.
ピラネージ
Piranèse　568.
ビルンボーム，ピエール
Birnbaum, Pierre　239.
ピンカートン，ジョン
Pinckerton, John　286, 412.
ファーユ，ベルナール
Faÿ, Bernard　447, 636-638, 651, 677, 697.
フイエ，オクターヴ
Feuillet, Octave　120.
フィッツジェラルド，F・スコット
Fitzgerald, F. Scott　322, 428, 689.
フィリップ，アンドレ
Philip, André　443, 640.
フィリップス，ウェンデル
Phillips, Wendell　383, 386.
ブーヴ＝メリ，ユベール
Beuve-Méry, Hubert　533-535.
フーケ，ニコラ
Fouquet, Nicolas　649, 653.
フーコー，ミシェル
Foucault, Michel　xiv, 14-15.
ブートミ，エミール
Boutmy, Émile　107-109, 300, 345, 351, 353-359, 362-363, 400, 447, 652, 672-674.
フーバー，ハーバート
Hoover, Herbert　513, 516, 535, 641, 680.
ブーランヴィリエ伯爵，アンリ
Boulainvilliers, Henri, comte de　284.
ブーランジェ，ニコラ＝アントワーヌ
Boulanger, Nicilas-Antoine　25.
フーリエ，シャルル
Fourier, Charles　377, 723.
ブールジェ，ポール
Bourget, Paul　107, 116, 300, 334, 342-343, 357-358, 360, 365, 401-403, 406, 417, 446, 568, 603-604.
ブールデ，クロード
Bourdet, Claude　533.
フェリー，ジュール
Ferry, Jules　161.
フェリーニ，フェデリコ
Fellini, Federico　92.
フェルステーヘン，リヒャルト
Verstegen, Richard　279.
フォークナー，ウィリアム
Faulkner, William　591, 697.
フォースター，ジョン
Forster, John　102.
フォード，ヘンリー
Ford, Henry　9, 473, 613, 626, 628-630, 643, 694, 705.
フォール，エリ
Faure, Élie　443, 576.
フォックス，ジョン
Foxe, John　279.
フォッシュ元帥
Foch, maréchal　427, 432-434, 587.
ブグロー，ウィリアム
Bouguereau, William　687.
プジェ，エミール

Pouget, Émile　411.
ブッシュ，ジョージ・W
Bush, George W.　xiii, 637, 729.
ブライス，ジェームズ
Bryce, James　108-109.
ブラウン，ジョン
Brown, John　210-211, 216, 407.
フランク，ウォルドー
Frank, Waldo　450-451, 579-580, 592, 606.
フランクリン，ベンジャミン
Franklin, Benjamin　55-61, 64, 93.
ブランショ，モーリス
Blanchot, Maurice　616.
フランス，アナトール
France, Anatole　699.
ブランド，マーロン
Brando, Marlon　711.
ブリアン，アリスティード
Briand, Aristide　479, 484-485, 490, 512, 518.
フリードマン，ジョルジュ
Friedman, Georges　447, 613, 617, 626-630, 633, 650.
ブリソ・ド・ワルヴィル，ジャック＝ピエール
Brissot de Warville, Jacques-Pierre　76-78.
ブルース，ポール
Brousse, Paul　409.
プルースト，マルセル
Proust, Marcel　116, 260, 433, 456, 560.
プルードン，ピエール・ジョゼフ
Proudhon, Pierre Joseph　398.
フルーリオ，ゼナイード
Fleuriot, Zénaïde　321.
ブルトン，アンドレ
Breton, André　663-665, 717, 726.
フルニエール，ウージェーヌ
Fournière, Eugène　409.
ブルム，レオン
Blum, Léon　527-528, 534, 706-707, 709.
ブレイン，ジェームズ・ギレスピー
Blaine, James Gillespie　229, 232, 259.
プレヴェール，ジャック
Prévert, Jacques　533, 557.
フレデリック２世
Frédéric II　23, 40-41.
ブレヒト，ベルトルト
Brecht, Bertolt　386.
フロイト，ジークムント
Freud, Sigmund　429, 438-440.
ブロック，ジェームズ・D
Bullock, James D.　120.
フロベール，ギュスターヴ
Flaubert, Gustave　445.
ブロワ，レオン
Bloy, Léon　116, 677.
ペイン，トマス
Paine, Thomas　64.
ヘーゲル，G・W・F
Hegel, G. W. F.　87, 304, 379, 488-489, 648, 701.
ベーベル，アウグスト
Bebel, August　397.
ベール，アリゴ
Beyle, Arrigo　93.
ベール，アンリ　→スタンダール
ベール　→ルーベ・デル・ベール
ベガン，アルベール
Béguin, Albert　646, 665.
ペギー，シャルル
Péguy, Charles　473, 677.
ベッケール，ジャック
Becker, Jacques　709.
ペトラルカ
Pétrarque　95.
ペナック，ダニエル
Pennac, Daniel　557, 605.
ベネヴァン　→タレーラン
ヘミングウェイ，アーネスト
Hemingway, Ernest　587.
ベヤール，フェルディナン
Bayard, Ferdinand　75.
ベラミー夫人
Bellamy, Mme　103-104.

ペルーティエ，シモン
Pelloutier, Simon　280, 284.
ベルクソン，アンリ
Bergson, Henri　626-627, 637, 650.
ベルジュリ，ガストン
Bergery, Gaston　512.
ヘルダー
Herder, Jean Gottfried de　87, 90, 92.
ベルナノス，ジョルジュ
Bernanos, Georges　532, 536, 538, 544-545, 610-612, 631, 638, 645, 648-651, 655, 658, 665, 667, 713, 721, 726.
ベルナルダン・ド・サン＝ピエール，ジャック＝アンリ
Bernardin de Saint-Pierre, Jacques-Henri　82.
ペルネティ，アントワーヌ・ジョゼフ
Pernety, Antoine Joseph　40-41, 52, 56.
ベルル，エマニュエル
Berl, Emmanuel　720.
ベルンシュタイン，エドゥアルト
Bernstein, Eduard　408, 410.
ヘンギスト
Hengist　281, 421.
ベンサム，ジェレミー
Bentham, Jeremy　680.
ベンジャミン，ジューダ・フィリップ
Benjamin, Judah Philip　142-143.
ベンヤミン，ワルター
Benjamin, Walter　594.
ヘンリー8世
Henry VIII　279.
ボヴェ，ジョゼ
Bové, José　722.
ポー，エドガー・アラン
Poe, Edgar Allan　102, 111-114, 271, 391, 685.
ボーヴォワール，シモーヌ・ド
Beauvoir, Simone de　446, 591-592, 600, 608, 613, 645, 647-648, 657, 674, 696.
ホースマン，レジナルド
Horsman, Reginald　280-281.
ボードリヤール，ジャン
Bauderillard, Jean　115, 298, 446, 600-601, 605-607, 654, 726.
ボードレール，シャルル
Baudelaire, Charles　69, 74, 78, 88, 100, 102, 111-118, 205, 271, 330, 358, 567-568, 594, 613-614, 656-657, 674, 685, 726.
ボーモン，アンリ・ド
Beaumont, Henri de　339, 459-466, 478, 483, 491.
ボーモン，ギュスターヴ・ド
Beaumont, Gustave de　104, 185, 201, 348.
ホール，バジル
Hall, Basil　76, 94, 267.
ボス，ヒエロニムス
Bosch, Jérome　40.
ポズネル，ウラジミール
Pozner, Vladimir　531, 601, 684, 705, 710-711, 717-718.
ポチョムキン
Potemkine　575.
ホッベマ，メインデルト
Hobbema, Meindert　686.
ポトシェール，モーリス
Pottecher, Maurice　473.
ボナパルト，ポーリーヌ
Bonaparte, Pauline　686.
ボネ，ジョルジュ
Bonnet, Georges　512.
ポマレ，シャルル
Pomaret, Charles　518.
ホメロス
Homère　100, 196.
ホルサ
Horsa　281, 421.
ポルト，ジャック
Portes, Jacques　174, 224.
ボワシー・ダングラ伯爵，フランソワ＝アントワーヌ
Boissy d'Anglas, François-Antoine, comte de　499.
ポワンカレ，レーモン
Poincaré, Raymond　511-512.

マ　行

マーシャル，ジョージ・C
Marshall, George C.　495, 511, 525-529, 531, 541, 550, 552, 701, 715-716.
マーティノー，ハリエット
Martineau, Harriet　95.
マイエ，ブノワ・ド
Maillet, Benoît de　25.
マクサンス，ジャン＝ピエール
Maxence, Jean-Pierre　642.
マクシミリアン（フェルディナン＝ジョゼフ）
Maximilien (Ferdinand-Joseph)　134, 170, 187.
マクドナルド，ラムジー
MacDonald, Ramsay　401.
マグリット，ルネ
Magritte, René　731.
マコーリー，キャサリン
Macaulay, Catherine　280.
マッキンリー，ウィリアム
McKinley, William　236-238, 305.
マックスウェル，エリザ
Maxwell, Elisa　674.
マッツェイ，フィリッポ
Mazzei, Filippo　57.
マネ，エドゥアール
Manet, Édouard　123-126, 164, 456.
マブリ神父，ガブリエル・ベノ・ド
Mably, abbé Gabriel Bennot de　56-57, 281, 284.
マラ，ジャン
Mara, Jan　584.
マラー，ジャン＝ポール
Marat, Jean-Paul　77.
マラン，ルイ
Marin, Louis　522, 524.
マリタン，ジャック
Maritain, Jacques　533, 611, 654-655, 667-668.
マルクス，カール
Marx, Karl　139, 293, 371-374, 377-393, 395-401, 408-409, 412-413, 421-422, 558, 613, 625, 630, 633, 651, 662, 664, 684.
マルコムX
Malcom X　518.
マルサス，トマス・ロバート
Malthus, Thomas Robert　295.
マルモンテル，ジャン＝フランソワ
Marmontel, Jean-François　195.
マルロー，アンドレ
Malraux, André　605, 721, 724.
マレ，ポール・アンリ
Mallet, Paul Henri　280, 284.
マンキーウィッツ，ジョゼフ
Mankiewicz, Joseph　711.
マンスフィールド，ジェーン
Mansfield, Jayne　611.
マンダ＝グランセ，エドモン・ド
Mandat-Grancey, Edmond de　107, 181, 205-220, 233, 311, 418.
ミシェル，ルイーズ
Michel, Louise　411.
ミシュレ，ジュール
Michelet, Jules　64, 603.
ミショー，レジス
Michaud, Régis　517.
ミッテラン，フランソワ
Mitterrand, François　717.
ミルラン，アレクサンドル
Millerand, Alexandre　401, 408.
ミレー，ジャン＝フランソワ
Millet, Jean-François　686.
ムーア，ローレンス
Moore, Laurence　378.
ムーニエ，エマニュエル
Mounier, Emmanuel　425, 455, 485, 532-533, 536, 538, 610-612, 667.
ムーリエ＝ブータン，ヤン
Moulier-Boutang, Yann　458.
ムッソリーニ，ベニート
Mussolini, Benito　489, 652.
メイエール，アニェス
Meyer, Agnès　655.
メイソン，ジェームズ・M
Mason, James M.　133, 712.

メーストル，ジョゼフ・ド
Maistre, Joseph de　48, 69, 74, 79, 86-93, 671.
メサン，ティエリ
Meyssan, Thierry　732.
メソニエ，エルネスト
Meissonier, Ernest　686.
メッテルニヒ
Metternich, C. W. N. L., Fürst von　468.
メルシエ，アルフレッド
Mercier, Alfred　160.
メロニオ，フランソワーズ
Melonio, Françoise　106.
モーガン，J・P
Morgan, J. P.　371, 417, 420.
モース，マルセル
Mauss, Marcel　715.
モーパッサン，ギ・ド
Maupassant, Guy de　259.
モーラス，シャルル
Maurras, Charles　297, 430, 438-440, 452, 458-459, 495, 504-509, 613, 667.
モーリアック，フランソワ
Mauriac, François　494, 546.
モールズワース，ロバート
Molesworth, Robert　280.
モーロワ，アンドレ
Maurois, André　101, 317, 330, 435-436, 443, 447, 569, 608-609, 611, 723, 726.
モク，ジュール
Moch, Jules　539, 544.
モニエ，アンリ
Monnier, Henri　457.
モラン，ポール
Morand, Paul　360, 443, 446, 449-450, 502, 512, 555, 569-570, 572, 576, 590, 629, 669, 679, 681, 683, 691.
モルニエ，ティエリ
Maulnier, Thierry　540.
モルニ公爵，シャルル
Morny, Charles, duc de　160.
モレ，ギ
Mollet, Guy　444.
モレート
Moret y Prendergast, Segismundo　236.
モロー・ド・サン＝メリ，ユベール
Moreau de Saint-Méry, Hubert　79.
モロトフ
Molotov, V. M.　526.
モンテーニュ，ミシェル・ド
Montaigne, Michel de　195, 699.
モンテスキュー男爵，シャルル＝ルイ・ド・スコンダ，ラ・ブレード男爵
Montesquieu, Charles-Louis de Secondat, baron de la Brède et de　23, 38, 43, 62, 280, 28, 286-287.
モンロー，ジェームズ
Monroe, James　189-190, 227, 231-232, 241, 243, 245-246, 461-463, 474-475, 530, 681.
モンロー，マリリン　Monroe, Marilyn　611.

ヤ　行

ヤン，ウージェーヌ
Yung, Eugène　173.
ヤング，オーウェン
Young, Owen　484, 487, 512-513, 515-516, 536, 555.
ユゴー，ヴィクトル
Hugo, Victor　162, 179-180, 210, 216, 242, 262, 406, 422, 465, 479-480, 699.
ユレ，ジュール
Huret, Jules　220, 248, 257, 298, 301, 313-314, 318, 324, 326, 327-328, 331, 333-334, 336-337, 339-340, 349-351, 353, 373, 401, 405, 464, 568-569, 604, 682, 685, 687, 695.

ラ　行

ラ・ファイエット侯爵，マリ＝ジョゼフ
La Fayette, Marie-Joseph, marquis de　17-18, 71, 153, 428, 496-497, 507, 551, 560, 701.
ラ・ブレー，エドゥアール＝ルネ・ルフ

ェーヴル・ド
La Boulaye, Édouard-René Lefèbvre de 109, 172-179, 181.
ラ・ロシュフコー＝リアンクール，フランソワ
La Rochefoucauld-Liancourt, François 75, 77, 79-81.
ライト，ファニー
Wright, Fanny 95.
ラヴォアジエ，アントワーヌ＝ロラン
Lavoisier, Antoine-Laurent 723.
ラカン，ジャック
Lacan, Jacques 177.
ラクチュール，ジャン
Lacouture, Jean 552.
ラサラス，エマ
Lazarus, Emma 180.
ラス・カサス，バルトロメ・ド
Las Casas, Bartolomé de 40, 93, 196.
ラパン＝トワラ，ポール・ド
Rapin-Toyras, Paul de 280, 283.
ラビッシュ，ウージェーヌ
Labiche, Eugène 246, 550.
ラファルグ，ポール
Lafargue, Paul 371-373, 380, 389, 401, 410, 412, 414, 416, 419-421.
ラフィトー，ジョゼフ＝フランソワ
Lafitau, Joseph-François 21, 40, 51, 92-93.
ラプージュ →ヴァシェ・ド・ラプージュ
ラブレー，フランソワ
Rabelais, François 556, 699.
ラマルティーヌ，アルフォンス・ド
Lamartine, Alphonse de 106, 499-501.
ランカスター，ジョン
Lancaster, John 124.
ラング，ジャック
Lang, Jack 717.
ラング，フリッツ
Lang, Fritz 615.
ランゲ，シモン＝ニコラ＝アンリ
Linguet, Simon-Nicolas-Henri 56-57.
ランソン，ギュスターヴ
Lanson, Gustave 272, 320-322, 567-568, 641, 702.
ランボー，アルチュール
Rimbaud, Arthur 699.
リー，フィッツヒュー
Lee, Fitzhugh 236.
リー，ロバート・E
Lee, Robert E. 191, 236.
リーヴズ，ウィリアム・キャベル
Rives, William Cabell 499.
リープクネヒト，ヴィルヘルム
Liebknecht, Wilhelm 401.
リープクネヒト，カール
Liebknecht, Karl 293, 376, 397, 401.
リッコーヴァー提督
Rickover, amiral H. G. 237.
リッジウェイ将軍，マシュー
Ridgway, général Matthew 548.
リッテンハウス，デイヴィッド
Rittenhouse, David 61.
リップマン，ウォルター
Lippmann, Walter 579.
リトレ，エミール
Littré, Émile 274-276, 287-288.
リベラ，ディエゴ
Rivera, Diego 42.
リラダン →ヴィリエ・ド・リラダン
リンカーン，エイブラハム
Lincoln, Abraham 133-134, 138-140, 145, 150, 161, 171, 272, 351, 380-384, 386-387, 407, 686.
ル・コルビュジエ
Le Corbusier 576.
ル・プレ，フレデリック
Le Play, Frédéric 292, 399.
ル・ルージュ，ギュスターヴ
Le Rouge, Gustave 240-241, 251-256, 258-260, 262, 265, 276, 278, 297, 301, 305, 307, 309, 322, 328, 349, 412, 421, 464-465, 630, 687-688.
ルアネ，ギュスターヴ
Rouanet, Gustave 409.
ルイ＝フィリップ
Louis-Philippe 187, 272, 498, 501.

ルイ 16 世
Louis XVI 55, 94, 172, 183, 499.
ルイス，ジェリー
Lewis, Jerry 718.
ルイス，シンクレア
Lewis, Sinclair 624, 689.
ルーシ・ド・サル，ラウール・ド
Roussy de Sales, Raoul de 608, 631-633, 650, 658.
ルージエ，ポール・ド
Rousiers, Paul de 107, 207, 216, 234-235, 247, 318-320, 328, 333, 370, 372, 374-375, 400, 417-419, 471, 685-686.
ルージュモン，ドゥニ・ド
Rougemont, Denis de 610.
ルーセ，ダヴィッド
Rousset, David 663.
ルーベ・デル・ベール，ジャン＝ルイ
Loubet del Bayle, Jean-Louis 450.
ルクリ，レーモン
Recouly, Raymond 501, 515-516, 576-577, 588, 590, 689, 693.
ルクリュ，エリゼ
Reclus, Élisée 135.
ルソー，ジャン＝ジャック
Rousseau, Jean-Jacques 29, 75-78, 81-82, 88-91.
ルナン，エルネスト
Renan, Ernest 72, 302-304, 310, 469.
ルノワール，ジャン
Renoir, Jean 709.
ルブルトン，エルキュール
Lebreton, Hercule 123.
ルロワ＝ボーリュー，ピエール
Leroy-Beaulieu, Pierre 351, 370, 374.
レヴィ＝ストロース，クロード
Lévi-Strauss, Claude 14.
レーナル神父，ギョーム＝トマ
Raynal, abbé Guillaume-Thomas 20, 23, 28, 41, 51, 53-54, 58-61, 63-64, 84, 92, 195, 671.
レーニン
Lénine 378, 626, 684.
レーノー，ポール
Reynaud, Paul 512.
レーヒー，ウィリアム・ダニエル
Leahy, William Daniel 536.
レオミュール，ルネ＝アントワーヌ・ド
Réaumur, René-Antoine de 25.
レジェ，アレクシス・サン＝レジェ［サン＝ジョン・ペルス］
Léger, Alexis Saint-Léger [Saint-John Perse] 484.
レセップス，フェルディナン・ド
Lesseps, Ferdinand de 176, 189.
レニエ，アンリ・ド
Régnier, Henri de 401-402.
レモン，ルネ
Rémond, René 70-71, 73, 500, 658.
レンブラント
Rembrandt 686.
ロイド，H・D
Lloyd, H. D. 372.
ロイド・ジョージ，デイヴィッド
Lloyd George, David 436.
ローズヴェルト，シオドア
Roosevelt, Theodore 8-9, 189, 237, 256, 301, 305-307, 309, 315, 337, 392, 441, 463, 588.
ローズヴェルト，フランクリン・デラノ
Roosevert, Franklin Delano 9, 330, 514, 583-584, 586, 640-641, 643-644, 670, 684.
ローゼンバーグ夫妻
Rosenberg, Ethel et Julius 226, 714.
ロカール，ミシェル
Rocard, Michel 444.
ロジェ，フィリップ
Roger, Philippe xv〔本書の著者〕
ロシェル，ルー・ド
Rochelle, Roux de 70.
ロシャンボー，J＝B・ドナシヤン・ド
Rochambeau, J.-B. Donatien de 153.
ロシュフォール，アンリ・ド・ロシュフォール＝リュセ，通称
Rochefort, Henri de Rochefort-Luçay, dit 411.
ロチ，ピエール

Loti, Pierre　241-242, 249-250, 260, 262, 455, 616-617.
ロックフェラー，J・D
Rockefeller, J. D.　371-372, 416, 419-420, 576, 682.
ロバートソン，ウィリアム
Robertson, William　56, 97.
ロベスピエール，マクシミリアン
Robespierre, Maximilien　64, 77.
ロマン，ジュール
Romains, Jules　482, 601, 641.
ロミエ，リュシアン
Romier, Lucien　447, 449-450, 482, 623, 679, 692.
ロラン，ロマン
Rolland, Romain　473.
ロワイエ＝コラール，ピエール＝ポール
Royer-Collard, Pierre-Paul　106.
ロンゲ，ジャン
Longuet, Jean　401, 411, 413.
ロンダン（写真家）
Rondin (photographe)　124.
ロンドン，ジャック
London, Jack　412, 695.

ワ　行

ワイズミューラー，ジョニー
Weismuller, Johnny　339.
ワイルド，オスカー
Wild, Oscar　493.
ワグナー，ヴィルヘルム・リヒャルト
Wagner, Wilhelm Richard　679.
ワシントン，ジョージ
Washington, George　1, 17, 56, 61, 82, 100-101, 171, 367, 701, 733.
ワットヴィル，オスカール・ド
Watteville, Oscar de　140.

原注

序文

（1） M. Winock, entretien avec Marion Van Renterghem, *Le Monde*, 25-26 novembre 2001.

（2） これらの例は，当時，出版された以下の共著から借用している．D. Lacorne, J. Rupnik et M.-F. Toinet, *L'Amérique dans les têtes. Un siècle de fascinations et d'aversions* (Hachette, 1986)．現在でも本書は，このテーマについてすぐれた書籍の一つでありつづけている．以下の序文と論考についてもそれぞれ参照のこと．D. Lacorne et J. Rupnik, «La France saisie par l'Amérique» (p. 38), D. Pinto, «La conversion de l'intelligentsia» (pp. 124-136)．

（3） この表現はアンドレ・カスピ André Kaspi のものである．彼の発言内容は *L'Amérique dans les têtes* という書物の結論となった．1999年にそこで指摘されているように，当時何人もの関係者によって作成されたフランス反米主義の死亡証明書は，時期尚早だった（*Mal connus, mal aimés, mal compris. Les États-Unis aujourd'hui*, Paris, Plon, 1999, p. 31）．

（4） *Libération*, 10 et 11 avril 1999.

（5） J.-P. Sartre, «A letter from M. Sartre» (en date du 18 novembre 1946), *New York Herald Tribune*, 20 novembre 1946, p. 2. これは M. Contat et M. Rybalka, *Les Écrits de Sartre*, Paris, Gallimard, 1970, p. 137 によってフランス語に訳され，引用されている．この哲学者は，*La Putain respectueuse*〔『恭しき娼婦』（『サルトル全集』第 8 巻），芥川比呂志訳，人文書院〕のなかで，（白人の）アメリカについてかなり好意的でない描写をしたといって彼を非難した人々に反論を加えている．

（6） S. Halimi, «Un mot de trop» et «Les "philo-américains" saisis par la rage», *Le Monde diplomatique*, mai 2000, p. 10. 二番目の題名は，ローゼンバーグの死刑執行に抗議したサルトルの有名な論文 «Les animaux saisis par la rage» への暗示である．ここで引用されているアメリカびいきは，以下の順番である．Michel Wieviorka, Alain Richard（当時国防省大臣），François Furet（没後），Bernard-Henri Lévy, Pascal Bruckner, Jean-François Revel, Guy Sorman.

（7） M.-F. Toinet, «L'antiaméricanisme existe-t-il ?», *L'Amérique dans les têtes...*, p. 269.

（8） D. Strauss, *Menace in the West. The Rise of Anti-Americanism in Modern Times*, Westport, Connecticut & London, Greenwood Press, 1978, p. 6. D・ストロー

スの定義によれば，*americanism*〔アメリカニズム〕とは「アメリカに起源をもつ価値，実践，制度の全体であるが，それは公式の政策よりもはるかに大きな普遍的特徴を示している」(*ibid.*)．そもそもアメリカの反米主義者は，アメリカの伝統そのもののなかから *americanism* の公式版に対抗する論拠と武器を絶えず採り入れている．

(9) サルトルは「アメリカニスム」«américanisme» にまさしく非投影的意味を与えようと努力した唯一の人物だろう．サルトルがそこに見るのは，アメリカ人の心的な社会主義化に向けた鍵と，合衆国における集団による個人に対する強制権という主要メカニズムである．「私は十分にアメリカ人だろうか」という問いは，それぞれの別個のアメリカ人に，順応主義に取りつかれた社会にとって規格化の動因と化す「隣人の眼差し」をもたらす（強いる）問いである．したがってサルトルによれば *americanism* は——典型的なサルトル主義的現象であると同時に——厳密にアメリカ的な問題である．

(10) 同時に，共産主義のジャーナリズムでは，*americanism* ははっきりとした中身のない非難語になる．『ヌーヴェル・クリティック』*La Nouvelle Critique*（n° 3, février, 1949, p. 16）にその極端な例がある．「みずからの作品をアメリカ人の翻訳と思わせるところまで身を落とした［フランス人］作家」は，「もっとも卑劣なものにおいてアメリカニスム」の猿真似をするとして非難されるのである．

(11) 「[……] 絶えず休みなき消費者運動，普遍としての商品，技術の中立性に対する信頼，消費者の背後への市民の消失，悲劇的事件への無関心，公私混同，成功と金銭の崇拝，人間生活を一連の利益追求活動へと還元することへの至上命令等々．」R. Debray, *Contretemps. Éloges des idéaux perdus*, Paris, Gallimard, 1992, p. 103. レジス・ドブレの独創性は，みずからが賛同している反米主義の常同症的（ステレオティピック）な性質を完全に認めている点にある．

(12) 「その語彙だけでなく論証によっても，1942年—44年代にふさわしい新しい反米主義」を厳しく非難する『エスプリ』*Esprit* 誌の記事，C. Marker, *Esprit* n° 7, juillet 1948において．Pierre Enckell, *Dotations et Documents lexicographiques*, deuxième série, n° 20 (1982) における注記．フランス共産党のインテリ向けの月刊誌『ヌーヴェル・クリティック』でさえ，この語を使用している——ギュメでくくられていることは確かであるが（「エティエンヌ・ジルソン氏と同じくらい，ほとんど“反米主義”の嫌疑をかけられていない人物」n° 12, janvier 1950）．

(13) Reinhart Koselleck, *Le Futur passé. Contribution à la sémantique des temps historiques*, tr. par J. et M.-Cl. Hoock, Paris, Éd. de l'École des Hautes Études en Sciences

Sociales, 1990 [publication en langue originale : 1979], p. 114.

(14) M＝F・トワネはすでに引用した論文（注7）で，反米主義という語は「19世紀から使われて」いたと示唆している．残念ながらトワネは出典を挙げていない．私としては，1860年から1900年にかけてアメリカについて書かれたページのなかで，この語に出会ったことは一度もない．このことは少なくとも，反米的な何千ものページで，この語がごくまれにしか使用されていないことを示している．

(15) P. Claudel, *Journal II*, 18 janvier 1933, Paris, Gallimard, Bibliothèque de la Pléiade, 1969, p. 5.

(16) A. Hamilton, *The Federalist*, n° 11, 23 novembre 1787 ; éd. par E. M. Earle, New York, 1941, p. 69. 注は「アメリカ人にかんする哲学的探求」について言及している．

(17) J. Baechler, *Qu'est-ce que l'idéologie?* , Paris, Idées-Gallimard, 1976, p. 60.

(18) これは Raymonde Carroll, *Évidences invisibles. Américains et Français au quotidien*, Paris, Éd. du Seuil, 1987でみごとに論じられている主題である．

(19) J.-N. Jeanneney（sous la dir. de), *Une idée fausse est un fait vrai. Les stéréotypes nationaux en Europe*, Paris, Éd. Odile Jacob, 2000を参照．

(20) R. Barthes, *Leçon*, Seuil, 1978, p. 33; *Œ.C.*, éd. établie par E. Marty, Éd. du Seuil, 1994, t. III, p. 809.〔ロラン・バルト『文学の記号学』花輪光訳，みすず書房〕

プロローグ

(1) Étiemble, *Parlez-vous franglais ?* , Paris, Gallimard, 1964, p. 291.

(2) A. Gerbi, *La Disputa del Nuovo Mondo. Storia di una polemica*（*1750-1900*), Milano-Napoli, Riccardo Ricciardi Editore, 1955. クローチェの弟子であるこの思想史家は，ファシズムのイタリアを離れてラテン・アメリカに赴き，つぎつぎとさまざまな版で（スペイン語，英語，そしてイタリア語)，この「いさかい」にかんする膨大な資料をまとめた．彼の作品はフランス語では相変わらず未発表のままである．ごく最近，James W. Ceaser はこの「〈新世界〉のいさかい」について興味深い議論を展開させた．すなわち19世紀全体を通じて，一方の「人種学」として花咲く「自然主義的な」系譜が，他方の政治学の伝統と対立していたというものである．彼の著作，*Reconstructing America. The Symbol of America in Modern Thought*. New Haven & London, Yale University Press, 1997を参照．

(3) J.-B. Delisle de Sales, *De la Philosophie de la Nature*, À Londres, 1777, t. IV, p.

247. 初版は1770年（最初の３巻）と1774年（つづきの３巻）にさかのぼる．

（４） Voltaire, *Essai sur les mœurs*, éd. par R. Pomeau, Paris, Classiques Garnier-Bordas. 1990, t. II, p. 340.

（５） C. De Pauw, *Recherches philosophiques sur les Américains ou mémoires intéressants pour servir à l'histoire de l'espèce humaine*, [1768], Paris, Jean-Michel Place, 1990（éd. en fac-similé de l'édition de Berlin, 1774), préface de Michèle Duchet ; tome second, p. 191.

（６） *Ibid.,* p. 137.

（７） Durand Echeverria, *Mirage in the West: A History of the French Image of American Society to 1815*, Princeton University Press, 1957, p. 15.

（８） C. De Pauw, *Recherches...*, «Dissertation préliminaire», éd. cit., tome premier, p. v.

（９） G. T. Raynal, *Histoire philosophique et politique des établissements et du commerce des Européens dans les Deux Indes*, Genève, 1781（dix volumes in -12°), t. IX, chap. XXVII, p. 133.

（10） たとえば，S. Engel を参照．S. Engel, *Essai sur cette question: quand et comment l'Amériques a-t-elle été peuplée d'hommes et d'animaux ?*, Amsterdam, 1767.

（11） C. De Pauw, «Lettre sur les vicissitudes de notre globe», *Recherches...*, éd. cit., vol. 2, p. 303.

（12） スペイン語とポルトガル語の最初の旅行記が，どこにでも水があふれているという月並（トポス）みな表現・主題を導入する．すでにこの時期からアメリカの大地の異常さは，その地に住む人々にとって好ましくないという意味で解釈されている．女王イザベルのものとされる以下の言葉は，何世紀にもわたって神話的評価を得ることになる．「樹木が根づかないこの地では，人々のなかには真理はわずかしかなく，毅然たる態度はもっとない」（A. Gerbi, *La Disputa...*, p. 45に引用）．

（13） Buffon, *Variétés dans l'espèce humaine* [1749], *Œuvres complètes*, Diom-Lambert, puis Paris, J. Poulain & Cie, puis Imprimerie et Librairie Générale de France, 1859; V, p. 441.

（14） C. De Pauw, *Recherches...*, éd. cit., tome premier, p. 3.

（15） *Ibid.,* p. 2.

（16） Voltaire, *Essai sur les mœurs...*, t. II, p. 340.

（17） T. Jefferson, *Notes on the State of Virginia*, London, Penguin Classics, edited with an introduction and notes by Frank Shuffelton, 1999, p. 68.

（18） T. Jefferson, *Lettre au marquis de Chastellux*, 7 juin 1785 ; *Notes...*, éd. cit., p. 267.

（19） *Ibid.,* p. 308, note 111.

（20） Buffon, *Dégénération des animaux* [1766], *Œ. C.*, VIII, p. 240.

(21) *Ibid.,* p. 241.

(22) Buffon, *Variétés...*, p. 451.

(23) Buffon, *Dégénération des animaux...*, p. 219.

(24) これは二つの動物相の類似関係をあらかじめ既定のこととして前提にしている．この類似関係が，それぞれの一覧表において占めている場所に従って（「大きさにおいて第一位」など），個々の比較への移行を可能にするのである．これら個々の比較（ラマから雌羊へ）は期待外れである．細部の類似しか提示していないからである．したがってこれらの比較の合目的性は，これらの動物について種々の発見を可能にすることではなく，二つの一覧表を対比するという最初の操作の正当性を権威づけることである．

(25) Buffon, *Variétés...*, p. 241.

(26) Buffon, *Dégénération...*, p. 217.

(27) *Ibid.,* p. 218.

(28) *Ibid.,* p. 219

(29) *Ibid.,* p. 217.

(30) C. De Pauw, *Défense des* Recherches philosophiques sur les Américains, *par Mr. de P****, [1770], *Recherches...*, vol. II, p. 205.

(31) C. De Pauw, *Recherches...*, tome premier, p. 188.

(32) C. De Pauw, *Défense des* Recherches..., p. 320.

(33) コメディー・フランセーズで上演されたインディアンを主題とする最初の芝居は，1764年の『若きインディアン女性』*La Jeune Indienne* であったように思われる．この芝居は，24歳になるシャンフォール Chamfort の最初のヒット作でもあった．

(34) C. De Pauw, *Recherches...*, tome premier, p. 3.

(35) *Ibid.,* p. 4.

(36) *Ibid.,* p. 3.

(37) *Ibid.,* p. 19.

(38) *Ibid.,* p. 31.

(39) *Ibid.,* p. 20.

(40) *Ibid.,* pp. 4-5.

(41) これらの宣教師は，とりわけ反米的論争家によって槍玉に挙げられる．反米的論争家とは，『初期の習俗と比較したアメリカ未開人の習俗』*Mœurs des Sauvages Américains comparées aux mœurs des Premiers Temps*（1724）の著者であるラフィトー神父 Père Lafitau，ビュフィエ Buffier，およびシャルルヴォワ Charlevoix である．シャルルヴォワは，『歴史ジャーナル』*Journal historique* のなかで，インディアンをイスラエル民族の族長に比較している．「その

とき私は，あの古代の族長を思い出した．彼らは住処をもつことなく，テント暮らしをしていた…….」(*Histoire et description générale de la Nouvelle France. Avec le Journal historique d'un Voyage fait par ordre du roi dans l'Amérique septentrionale*, Paris, Vve Ganeau, 1744-1746, vol. 6, p. 254).

(42) C. De Pauw, *Recherches...*, tome second, p. 108.

(43) *Ibid.,* p. 109.

(44) *Ibid.,* p. 160. ここでデ・パウは，カリフォルニアの土着民の肖像を描いているが，その肖像は「私たちがすべてのアメリカ人について提示した肖像に一致している」ことを明確にしている．

(45) M. Delon, «Du goût antiphysique des Américains», *Annales de Bretagne* n° 2, 1977.

(46) C. De Pauw, *Défense des* Recherches..., *Recherches...*, vol. 2, p. 145.

(47) C. De Pauw, *Recherches...*, tome premier, p. 51.

(48) *Ibid.,* pp. 354, 352.

(49) C. De Pauw, *Recherches...*, tome second, p. 53.

(50) ペーター・カルムの『北米への旅』は，1753年と1761年のあいだにスウェーデン語で出版された．1761年にはフランス語に部分的に訳され，Rousselot de Surgy の署名と『ペンシルヴェニアの博物誌＆政治史』(パリ，1768) という題名の下で「翻案されている」．De Pauw, *Défense des* Recherches..., *Recherches...,* vol. 2, p. 136 に引用．

(51) C. De Pauw, *ibid.,* pp. 206, 145.

(52) C. De Pauw, *Recherches...*, tome second, p. 118.

(53) G. T. Raynal, *Histoire philosophique et politique des établissements et du commerce des Européens dans les Deux Indes*, Amsterdam, 1770, t. VI, p. 376.

(54) W. Robertson, *History of America*, London, W. Strahan, 1777; t. I, p. 398.

(55) C. De Pauw, *Recherches...*, éd. cit., tome premier, pp. 20, 91.

(56) G. T. Raynal, *Histoire philosophique et politique des établissements et du commerce des Européens dans les Deux Indes*, À Genève, chez Jean-Léonard Pellet, 1780, t. IV, ch. XXXII, «De quelles espèces d'hommes se sont peuplées les provinces de l'Amérique septentrionale», p. 363.

(57) C. De Pauw, *Défense des* Recherches..., *Recherches...*, vol. 2, p. 250.

(58) G. T. Raynal, *Histoire des Deux Indes...*, Genève, 1780, t. IV, p. 459. 同じテクストが，1781年の第12ジュネーヴ版にある．

(59) J. Adams à Mazzei, 15 décembre 1785 (Jefferson papers, VIII, 678); D. Echeverria, *Mirage...*, p. 123 に引用．

(60) ジェファーソンによれば，アメリカの第三の「天才」デイヴィッド・リッテンハウス (1732-1796) は，天文学者兼数学者であり，多くの測定器

具を考案し，製作した．さまざまな政治的任務にも就き，合衆国造幣局局長も務めた．友人のフランクリンの後を継いで，米国哲学協会の会長にもなっている．

(61) T. Jefferson, *Notes...*, éd. cit., p. 51. ビュフォンの反駁は，第6の質問（«Query VI»）への回答のなかで展開されている．

(62) Buffon, Jefferson（*Notes...*, p. 48）dans l'édition de Paris de 1764（XVIII, p. 122）に引用．

(63) elk はアメリカのヘラジカ，あるいはワピチである．moose はオオジカで，カナダのヘラジカも意味する．

第I部　ヤンキーの抑えがたい上昇

1　軽蔑の時代

(1) G. de Nerval, *Promenades et Souvenirs*, Paris, Gallimard, Bibliothèque de la Pléiade, 1974, t. I, p. 136.〔『散策と回想』田村毅訳，『ネルヴァル全集』VI所収，筑摩書房〕

(2) René Rémond, *Les États-Unis devant l'opinion française. 1815-1852,* Armand Colin, 1962を参照．「遠(ディスタンス)さと隔たり(エルワニュマン)」は第1章の題名．

(3) この主題については以下の二つを参照．R. Rémond, p. 60. A. S. Tillet, «Some Saint-Simonian Criticism of the United States before 1835», *The Romanic Review* n° 52, 1, février 1961, pp. 3-16.

(4) Stendhal, *La Chartreuse de Palme*, Paris, Gallimard, Bibliothèque de la Pléiade, 1952, t. 1, p. 431.〔スタンダール『パルムの僧院』生島遼一訳，岩波文庫〕

(5) G. Lacour-Gayet, *Talleyrand*, Paris, 1928, vol. 1, p. 199に引用．

(6) この危機は，帝政下でアメリカの商船隊がこうむった被害の賠償に関係している．本書第II部第2章を参照．

(7) Volney, *Tableau du climat et du sol des États-Unis* [1803], *Œuvres*, Paris, Fayard, 1989; t. 2, p. 37. ヴォルネーは『廃墟』*Les Ruines*（1791）という題名の旅行記と省察録によって名声を得ていた．

(8) G[iraud], *Beautés de l'histoire d'Amérique d'après les plus célèbres voyageurs*, Paris, 1816, p. 186; R. Rémond, *Les États-Unis devant l'opinion...*, t. 1, p. 268に引用．

(9) *Ibid.*

(10) フランス人におけるジャクソンの悪いイマージュについては，R. Rémond（*ibid*, t. 1, pp. 359-360）を参照．1834年—1836年の危機によって，

ジャクソンは「扇動政治家（デマゴーグ），独裁者，火付け役の同義語」となり，「幼稚な自尊心，金銭欲，ヤンキーの乱暴さ」の化身となる．

(11) La Rochefoucauld-Liancourt, *Journal de voyage en Amérique et d'un séjour à Philadelphie*, éd. par J. Marchand, Paris, Droz, 1940, p. 62. 開始は1794年11月27日である．ラ・ロシュフコー＝リアンクールは，その前月にアメリカに到着した．

(12) J.-P. Brissot de Warville, *Nouveau Voyage dans les États-Unis de l'Amérique septentrionale fait en 1788*, Paris, Buisson, 1791; t. I, p. 139.

(13) «[...] a contradictory and confusing picture of simultaneous progress and retrogression»; Durand Echeverria, *Mirage in the West: A History of the French Image of American Society to 1815*, Princeton University Press, 1957, p. 190.

(14) La Rochefoucauld-Liancourt, *Journal de voyage...*, p. 68.

(15) *Ibid.,* p. 73.

(16) Talleyrand, *Correspondance diplomatique, La Mission de Talleyrand à Londres. Ses Lettres d'Amérique à Lord Lansdowne*, éd. établie par G. Pallain, Paris, Plon, 1889, Lettre à Lord Lansdowne, 1er février 1795, p. 424（強調はタレーランによる）．この長い手紙が提示している論拠は，1799年にフランス学士院で読み上げられる〈報告書〉のなかで発展させられる．

(17) Talleyrand, «Mémoire sur les relations commerciales des États-Unis avec l'Angleterre», Recueil des Mémoires de l'Institut, classe des Sciences Morales et Politique, II, an VII.

(18) クエーカー教徒の神話自体は，世紀末に亀裂が入った．ベフロワ・ド・レニ Beffroi de Reigny――クーザン・ジャック Cousin Jacques のペンネームでフランス革命時に非常に人気のあった作家――の *Allons ça va, ou le Quaker en France* は1793年，祖国で増大する腐敗に失望し，フランス革命に賛同したひとりのアメリカ人クエーカー教徒を描き出している．

(19) Volney, *Tableau...*, p. 23.

(20) *Ibid.*

(21) G. T. Raynal, *Histoire des Deux Indes*, À Genève, chez Jean-Léonard Pellet, 1780, t. IV, p. 451.

(22) Volney, *Tableau...*, p. 22.

(23) *Ibid.,* p. 29.

(24) *Ibid.,* p. 25.

(25) *Ibid.,* p. 27.

(26) *Ibid.,* pp. 28-29.

(27) A. Gerbi, *La Disputa del Nuovo Mondo. Storia di una polemica*（*1750-1900*），

Milano-Napoli, Riccardo Ricciardi Editore, 1955, pp. 463-495を参照．ヘーゲルの「誤りの二乗」については，491ページを参照．

(28) Volney, *Tableau...*, t. II, p. 31.

(29) J. de Maistre, *Considérations sur la France* [1797], avant-propos de J. Boissel, textes établis, préfacés et annotés par J.-L. Darcel, Genève, Éd. Slatkine, 1980, p. 98.

(30) J. de Maistre, *Considérations sur la France...*, p. 134.

(31) *Ibid.*, pp. 133-134.

(32) J. de Maistre, *Les Soirées de Saint-Pétersbourg ou Entretiens sur le gouvernement temporel de la Providence*, Paris, Librairie grecque, latine et française, 1821, Deuxième entretien, t. 1. この引用文，およびそれにつづく引用文は，108から114ページに見出される．

(33) E. M. Cioran, *Essai sur la pensée réactionnaire. À propos de Joseph de Maistre*, Montpellier, Fata morgana, 1977, p. 33.

(34) 「アメリカの未開人は，完全には人間ではない．まさしく未開人だからである．しかもこの存在は，目に見えて心身ともに堕落している．少なくともこの問題にかんして，『アメリカ人にかんする哲学的探求』の言葉巧みな著者にだれかが抗弁するのを私は見たことがない」(*Étude sur la souveraineté, Œ. C.*, Lyon, Vitte et Perrussel, 1884; t. 1, p. 453)．

(35) Chateaubriand, *Atala*, in *Atala, René, Les Natchez*, éd. J.-Cl. Berchet, Paris, Le Livre de Poche, 1989, p. 99. 〔シャトーブリアン『アタラ・ルネ』畠中敏郎訳，岩波文庫〕

(36) Chateaubriand, Préface des *Natchez* [1826], éd., cit., p. 69.

(37) Thomas Hamilton, *Men and Manners in America* (II, 169); A. Gerbi, *La Disputa...*, p. 528, note 1 に引用．

(38) A. Gerbi, *ibid.* に引用．ハリエット・マーティノー嬢 Miss Harriet Martineau はとりわけ『アメリカ社会』*Society in America*（1837年）と『西部旅行回想』*Retrospect of Western Travel*（1838年）の作者である．彼女は合衆国で1834年から1836年のあいだの２年間を過ごしている．改革派であり，奴隷廃止論者の彼女は，フランシス・トロロープの作品の行き過ぎた敵意を非難している．

(39) F. Trollope, *Domestic Manners of the Americans* [1832], éd., introd. et notes de Pamela Neville-Sington, Penguin Books, London & New York, 1997, p. 314.

(40) *Ibid.*, p. 138.

(41) *Ibid.*, p. 37.

(42) *Ibid.*, p. 40.

(43) *Ibid.*, p. 241.

(44) これらの注釈については，以下を参照．R. L. Doyon, «Stendhal. Notes sur

l'Angleterre et l'Amérique», *Table Ronde* n° 72, décembre 1953, p. 25.

(45) Stendhal, *Le Rouge et le Noir...*, t. 1, p. 222.〔スタンダール『赤と黒』桑原武夫，生島遼一訳，岩波文庫〕

(46) Stendhal, *La Chartreuse de Parme...*, t. 2, p. 135.〔スタンダール『パルムの僧院』生島遼一訳，岩波文庫〕

(47) Stendhal, *Lucien Leuwen...*, t. I, pp. 822-823.〔『リュシアン・ルーヴェン』，『スタンダール全集』第３巻，第４巻所収，島田尚一訳，人文書院〕

(48) A. Maurois, *En Amérique*, Paris, Flammarion, 1933, pp. 93-94.

(49) «I believe there is no country, on the face of the earth, where there is less freedom of opinion on any subject in reference to which there is a broad difference of opinion, than in this —There ! — I write the words with reluctance, disappointment and sorrow; but I believe it from the bottom of my soul»; lettre à John Forster, 24 février 1842; *The Letters of Charles Dickens,* éd., par M. House, G. Storey et K. Tillotson, Clarendon Press, Oxford, 1974, vol. 3 (1842-1843), pp. 81-82.

(50) A. de Tocqueville, *De la Démocratie en Amérique* (I), Paris, Robert Laffont, collection «Bouquins», éd., procurée par J.-Cl. Lamberti et F. Mélonio, 1986, p. 246.〔トクヴィル『アメリカのデモクラシー』第１巻（上）（下）松本礼二訳，岩波文庫〕

(51) 「一九世紀の叡知が，かくもしばしば，かくも悦に入って繰り返す，人権の数多い列挙のなかで，二つのかなり重要なものが忘れられてきたが，それは自己矛盾する権利と，おさらばする権利とである．」ボードレールは，ポーの自殺を思わせるアルコール中毒に暗に言及しているのである（«Edgar Poe, sa vie et ses œuvres» [1856], *Œuvres Complètes*, Paris, Gallimard, Bibliothèque de la Pléiade, 1976, t. 2, p. 306).〔『エドガー・ポー，その生涯と作品』，『ボードレール全集』II所収，阿部良雄訳，筑摩書房〕

(52) V. Sardou, *L'Oncle Sam.*, Acte II, scène 3. この喜劇は1873年11月６日，ヴォードヴィル劇場において初演された．『サムおじさん』については第３章でも採り上げる．

(53) A. de Tocqueville, *De la Démocratie en Amérique* (II)..., p. 434.

(54) A. de Tocqueville, *De la Démocratie en Amérique* (I)..., p. 341.「したがって，連邦(ユニオン)の一部が他から離れようと真剣に望むならば，それを妨げることができないばかりでなく，妨げようとさえしないだろうということは，私には確かであるように思われる．」つづくページで展開されるのは，「したがって，アメリカ人はひとつにまとまっていることに莫大なメリットがある」(342ページ）という思想，アメリカ人を対立へと追いやるほどに十分な利害の対立は存在しないという思想である．すなわち，「私は連邦のさまざ

まな部分で異なった利害を見ているが，相互に相反している利害を発見することができない」（343ページ）．あまりに大きな領土的拡張だけが，長期的に見れば，遠心的な危険をもたらすかもしれない．

(55) F. Gaillardet, *l'Aristocratie en Amérique*, Paris, Dentu, 1883, p. 7.

(56) A. de Tocqueville, *De la Démocratie en Amérique* (I)..., p. 316, note 2.

(57) Ph. Chasles, *Études sur la littérature et les mœurs des Anglo-Américains au XIXe siècle*, Paris, Amyot, 1851; Introduction, p. I.

(58) *Ibid.*, p. 507.

(59) P. de Rousiers, *La Vie américaine*, Paris, Firmin-Didot, 1892, p. 628.

(60) Fr. Mélonio, Introductions à A. de Tocqueville, *De la Démocratie en Amérique...*, pp. 9 et 397.

(61) *Ibid.*, p. 9.

(62) P. de Rousiers, *La Vie américaine...*, p. 528.

(63) P. Bourget, *Outre-Mer. Notes sur l'Amérique*, Paris, Alphonse Lemerre, 1895, p. ii.

(64) オックスフォード大学の法学の教授ジェームズ・ブライス James Bryce は，1888年に『アメリカ共和国』*The American Commonwealth* (London, Macmillan) を出版して成功を博していた．同書は1890年と1903年に再版された．フランス語訳 *La République américaine* は，1900年と1902年のあいだに出版される (Paris, Giard et Brière, 4 vol.)．

(65) É. Boutmy, *Éléments d'une psychologie politique du peuple américain* [1902], Paris, Armand Colin, 1911, pp. 3, 5, 7.

(66) *Ibid.*, p. 289. このままの引用文ではトクヴィルのなかには見出されない．おそらくブートミが『アメリカのデモクラシー』第１巻の有名な第７章の一節を自分なりに書き替えたのだろう．「かつて君侯たちは暴力をいわば物質的に行使した．今日の民主的共和政は暴力を，それが強制しようとする人間の意思と同じ知的な力に換えてしまった」(éd., cit., p. 246)．〔『アメリカのデモクラシー』第１巻（下），松本礼二訳，岩波文庫〕

(67) A. de Tocqueville, *De la Démocratie en Amérique...*, p. 49.

(68) 引用はそれぞれ以下のとおり．*Ibid.* I, 241; I, 206; I, 216; I, 199-200; I, 218; I, 284; I, 247; I, 235; II, 583; II, 520.

(69) *Ibid.*, I, 231 et 247.

(70) *Ibid.*, p. 246.〔『アメリカのデモクラシー』〕

(71) ボードレールがアメリカに適用するためにくり返すことになるこの表現は，ロックを非難するためにジョゼフ・ド・メーストルが使っていたものである．ロックはメーストルの目には啓蒙主義のえせ哲学者の権化と見えたのである．メーストルはロックの口調の下品さを非難している．「私

が希望するのは，とロックはいった．私の本を買った読者が払った金を惜しまないことである．何という商店臭さなのだ！」(*Les Soirées de Saint-Pétersbourg...*, t. 1, Sixième entretien, p. 450).

(72) Baudelaire, lettre à Édouard Dentu du 18 février 1866.『火箭』に引用．*Mon cœur mis à nu. La Belgique déshabillée*, éd. d'André Guyaux, Gallimard, «Folio», 1986, p. 629 (2, note 5).

(73) Baudelaire, *La Belgique déshabillée* (feuillet 352), *ibid.,* p. 293.

(74) Baudelaire, «Hygiène. Conduite. Méthode. Morale» (feuillet 93), *ibid.,* p. 128.

(75) Baudelaire, «Edgar Allan Poe, sa vie et ses ouvrages» [*Revue de Paris*, 1852], *Œ. C...*, t. 2, p. 274.〔『エドガー・ポー，その生涯と著作』，『ボードレール全集』II所収，阿部良雄訳，筑摩書房〕

(76) Baudelaire, Dédicace des *Histoires extraordinaires, ibid.,* p. 291.〔『"異常な物語集"の献辞』，『ボードレール全集』II所収，阿部良雄訳，筑摩書房〕

(77) Baudelaire, «Edgar Poe, sa vie et ses œuvres» [1856], *ibid.,* p. 299.〔『エドガー・ポー，その生涯と作品』，『ボードレール全集』II所収，阿部良雄訳，筑摩書房〕

(78) Baudelaire, «Edgar Allan Poe, sa vie et ses ouvrages», *ibid.,* pp. 250-251.〔『エドガー・アラン・ポー，その生涯と著作』，『ボードレール全集』II所収，阿部良雄訳，筑摩書房〕

(79) *Ibid.,* p. 270.〔『エドガー・アラン・ポー，その生涯と著作』〕

(80) *Ibid.,* p. 273.〔『エドガー・アラン・ポー，その生涯と著作』〕

(81) *Ibid.,* p. 262.〔『エドガー・アラン・ポー，その生涯と著作』〕

(82) *Ibid.,* p. 269.〔『エドガー・アラン・ポー，その生涯と著作』〕

(83) Baudelaire, «Edgar Poe, sa vie et ses œuvres», *ibid.,* p. 306.〔『エドガー・ポー，その生涯と作品』阿部良雄訳〕ボードレールのほのめかしは，ヴイヨの記事を指示対象にしている．

(84) Baudelaire, «Notes nouvelles sur Edgar Poe» [1857], *ibid.,* p. 321.〔『エドガー・ポーに関する新たな覚書』，『ボードレール全集』II所収，阿部良雄訳，筑摩書房〕

(85) Baudelaire, «Edgar Allan Poe, sa vie et ses ouvrages», *ibid.,* p. 252.〔『エドガー・アラン・ポー，その生涯と著作』〕

(86) 以下の序文参照．André Guyaux, *Fusées. Mon cœur mis à nu. La Belgique déshabillée...*, p. 15. 紙片22は，82ページから85ページに掲載されている．

(87) Baudelaire, «L'Art philosophique», *Œ. C...*, t. 2, p. 603.〔『哲学的芸術』，『ボードレール全集』III所収，阿部良雄訳，筑摩書房〕

(88) André Guyaux, Préface, *Fusées....*, p. 16.

(89) F. Nietzsche, lettre à Peter Gast du 26 février 1888; A. Guyaux, *Fusées*..., p. 10 に引用.

(90) Baudelaire, «Exposition universelle» (1855), *Œ. C*..., t. II, p. 580.〔『一八五五年の万国博覧会，美術』，『ボードレール全集』III所収，阿部良雄訳，筑摩書房〕

2 アメリカ非合衆国

(1) Charles Grayson Summersell, *CSS Alabama: Builder, Captain and Plans*, University of Alabama Press, s.d.

(2) E. Manet, *Le combat du* Kearsarge *et de l'*Alabama, 1864, Huile sur toile, 134×127, Philadelphie, The John G. Johnson Collection.

(3) *Manet*, catalogue de l'exposition Galeries nationales du Grand Palais, Paris et Metropolitan Museum of Art, New York, Éd. de la RMN, 1983, la notice de Françoise Cachin, pp. 218-221を参照.

(4) Barbey d'Aurevilly, «Un ignorant au Salon», *Le Gaulois*, 3 juillet 1872; F. Cachin, *ibid.* に引用.

(5) Cham, «Le Salon pour rire», *Le Charivari*, 1872; *ibid.*

(6) Stop, *Le Journal amusant*, 23 mai 1872; *ibid.*

(7) 『キアサージュとアラバマの戦闘』は，マネによって「雑貨・絵画・扇」店ジルーのショーウィンドーに展示されたらしい．13年後，まさしくこのショーウィンドーに，サロンに落選した『ナナ』が展示されるのである．このことについては，以下の2冊を参照．O. Batschmann, «Transformations dans la peinture religieuse», dans *Mort de Dieu, fin de l'art* (dir. Daniel Payot), Cerf, CERIT, 1991, p. 61, note 7. および，Anne Coffin Hanson, *Manet and the Modern Tradition*, New Haven et Londres, Yale University Press, 1977, p. 111. この絵は1888年にニューヨークに売却される前に，1872年のサロンでふたたび展示される.

(8) Warren Reed West, *Contemporary French Opinion on the Civil War*, Baltimore, The Johns Hopkins Press, 1924, p. 9.

(9) Sainte-Beuve, A. Billy, *Sainte-Beuve, sa vie et son temps*, t. II, pp. 63- 64 に引用.

(10) *Le Constitutionnel*, 26 décembre 1860, p. 1.『ル・コンスティテュショネル』紙は1849年1月1日にアレツによって創刊され，1850年にはラマルチーヌによって責任編集されたが，その後，エリゼ宮側（大統領側）に寝返ることになる.

(11) *Le Pays*, 22 novembre 1860.

(12)　*Le Pays*, 29 décembre 1860.

(13)　*Le Pays*, 21 novembre 1860.

(14)　フォレ将軍に宛てたナポレオン3世の非公式文書．P. Gaulot, *La Vérité sur l'expédition du Mexique*, Paris, Ollendorff, 1889, t. 1, p. 92 に引用．

(15)　6か月の休戦を交戦国に承諾してもらうために，11月10日，フランスはロシアを含め3カ国で連携するように英国外務省に公式な申し出を伝える．

(16)　J. Bigelow, *Retrospections of an Active Life*, New York, The Baker & Taylor Company, 1909, vol. 1, p. 385.

(17)　*Ibid.*, p. 252.

(18)　*La Presse*, 24 juin 1863.

(19)　W. R. West, *op. cit.*, ch.VIII, «From Gettysburg to the Close of the War» を参照．とくに，pp. 130-131.

(20)　*Revue des Deux Mondes*, vol. XXXV, pp. 243-244, 1er septembre 1861（E. Forcade）.

(21)　*Le Pays*, 31 janvier 1861（Camille de la Boulée）.

(22)　*La Presse*, 8 juin 1863（Eugène Chatard）.

(23)　Weed to Bigelow, 27 juin 1863; J. Bigelow, *Retrospections*..., p. 23.

(24)　*Journal des débats*, 28 septembre 1861.

(25)　*Journal des débats*, 15 août 1861（F. Camus）.

(26)　この論争については第I部第8章で再度，扱うだろう．

(27)　*La Patrie*, 25 mars 1861.

(28)　Slidell to Benjamin, n° 24, 21 janvier 1863. W. R. West, *Contemporary French Opinion*..., p. 108 に引用．

(29)　1861年12月13日付の『ル・コンスティテュショネル』紙は，まだみずからのアメリカびいきを捨て去るにはいたっていず，「人種の類縁性」と「南部のさまざまな州名にまで見出される起源の国の伝統」をよりどころにしながら，公式方針への賛同を予告する――「方針決定の必要性が明確に［なった］」ときには，この類縁性に“耳を傾ける”［原文のまま］ことが必要となるだろう．

(30)　E. De Leon to Benjamin, 19 juin 1863; Bigelow, *Reflexions*..., t. II, p. 20 に引用．

(31)　Hotze to Benjamin, n° 38, 12 mars 1864; W. R. West, *Contemporary French Opinion*..., p. 111 に引用．

(32)　*Le Constitutionnel*, 7 mai 1861.

(33)　W. R. West, *Contemporary French Opinion*..., p. 65.

(34)　*Le Constitutionnel*, 22 mai 1862.

(35)　*La Revue contemporaine*（J.-E. Horn）, 31 juillet 1862, pp. 425-426.

(36)　*La Presse*, 8 octobre 1862.

(37)　*Le Constitutionnel*, 8 octobre 1862.

(38)　E. De Leon, *La Vérité sur les États confédérés d'Amérique*, Paris, E. Dentu, 1862, p. 25.

(39)　*Ibid.,* p. 29.

(40)　*Ibid.,* p. 30.

(41)　*Ibid.,* p. 27.

(42)　*Le Pays*, 20 décembre 1861.

(43)　E. De Leon, *La Vérité*..., p. 31.

(44)　*Ibid.,* p. 13.

(45)　*Ibid.,* p. 32.

(46)　*Ibid.,* pp. 5-6.

(47)　E. De Leon to Benjamin, 19 juin 1863. Bigelow, *Reflexions...,* t. II, p. 20 に引用．黒い獣 *bête noire* という「しゃれ」は，テクストのなかにフランス語で書かれている．

(48)　E. De Leon, *La Vérité*..., p. 30. ニュー－オリンズの占領後に要塞司令官になったバトラーは，住民に対する暴力行為で告発された．

(49)　*Ibid.,* p. 15.

(50)　*Ibid.,* pp. 30-31.

(51)　*Ibid.,* p. 30.

(52)　*Le Constitutionnel*, 13 décembre 1861.

(53)　*La Patrie*, 12 janvier 1864, p. 1.

(54)　Dr Alfred Mercier, *Du Panlatinisme*, Paris, Librairie Centrale, s.d. [1863].

(55)　*Ibid.,* p. 5.

(56)　*Ibid.,* p. 7.

(57)　*Ibid.,* pp. 9-10.

(58)　1990年には人口が２億4900万人に達し，現実が，この不穏をあおろうとする予測をはるかに超えている．

(59)　*Ibid.,* p. 12.

(60)　De Leon, *La Vérité*..., p. 31.

(61)　Dr Alfred Mercier, *Du Panlatinisme*..., p. 19.

(62)　*Ibid.*

(63)　*Ibid.,* p. 28.

(64)　*Ibid.,* p. 30.

(65)　*Ibid.,* p. 28.

(66)　J. Bigelow, *Reflexions*..., p. 281.

(67)　Dr Alfred Mercier, *Du Panlatinisme*..., p. 17.

(68) *Ibid.,* p. 28.

(69) *Ibid.,* p. 20.

(70) J. Verne, *Nord contre Sud,* [1887], Paris, Hachette, 1966; p. 403.

(71) Charles-Noël Martin, J. Verne, *Nord contre Sud,* éd. cit., Préface, p. vii. この「明確さ」は執拗な人種主義的土台によっていくらか損なわれている．愚かにも権利要求をする黒人，そして人種主義者－だが－かくも－勇敢な－男である管理人（ペリー氏）といった登場人物は，本書が奴隷解放のバイブルであるという印象をかならずしも与えてはいない．

(72) 同書は，当時，人気を博している『浮き島』*Une île flottante* といっしょに本にまとめられる．

(73) 「野蛮な」«barbare» という形容語は，『ル・コンスティテュショネル』紙1862年１月12日号に使われている．

(74) 「深い遺憾の意と反発の感情は，フランスでも英国でも，ニューヨークの公用文書が言及している局面を受け入れていた．」*Le Moniteur universel,* 11 janvier 1862.

3 ミス・リバティと聖像破壊者

(１) Simon Jeune, *Les Types américains dans le roman et le théâtre français* (*1861-1917*), Paris, Didier, 1963; p. 168 に引用．サルドゥの激しい語調は，アメリカ人が1870年以前には「低俗喜劇」(*ibid.,* p. 162) の様式で演劇的に扱われていたのと好対照をなしている．

(２) Sardou, *L'Oncle Sam,* Acte I, scène 3.

(３) この表現は以下に由来する．Jacques Portes, *Une fascination réticente. Les États-Unis dans l'opinion française,* Presses Universitaires de Nancy, 1990, p. 154.

(４) E. de Laboulaye, *La République constitutionnelle,* Paris, Charpentier, 1871, p. 16.

(５) *Ibid.,* p. 9.

(６) J. Portes, *Une fascination réticente...,* p. 155.

(７) 1876年12月28日のフランス下院でのレオン・ガンベッタ．J・ポルト J. Portes によって引用 (*ibid.*)．ポルトは，この当てこすりは，前日，『論争誌』*Journal des débats* に掲載された「アメリカ人への手紙」の執筆者であるラブレーを明らかにターゲットにしていることを強調している．

(８) Catherine Hodeir, «La campagne française», dans *La Statue de la Liberté. L'exposition du centenaire* (Musée des Arts Décoratifs/New York Public Library, 1986-1987), Musée des Arts Décoratifs et Sélection du Reader's Digest pour la version française du catalogue, 1986; pp. 132-153.

(9) *Frank Leslie's Illustrated Newspaper*, 30 août 1884; *ibid.*, p. 174, ill. 371.

(10) E. Johanet, *Autour du monde millionnaire*, Paris, Calmann-Lévy, 1898, p. 56.

(11) アイディア商品 *gadget* の語源はおそらく，彫像の小型レプリカを商品化しようと考えついたガドジェット商会 la maison Gadget であることを想起しよう．

(12) 模型の進歩については，ピエール・プロヴォワユール Pierre Provoyeur, «L'idée et la forme» を参照．プロヴォワユールはまた，この足で踏みつけられた鎖は目に見えず，それが何であるかわからない恐れがあると強調している（*La Statue de la Liberté*, éd. cit., pp. 86-109）．

(13) C. Hodeir, «La campagne américaine», *ibid.*, p. 153 参照．

(14) V. Hugo, *Œ. C.*, sous la dir. de Jules Massin, Club Français du Livre, 1970, t. XV-XVI, 2, p. 915.

(15) 彼は，*Voyage en Amérique et principalement à Chicago* du marquis de Chasseloup-Laubat（Paris, *Extraits des Mémoires de la Société des Ingénieurs Civils de France*, 1893, pp. 49-50）でそのように紹介されている．

(16) F. Gaillardet, *L'Aristocratie en Amérique*, Paris, Dentu, 1883, p. 6.

(17) *Ibid.*, p. 5.

(18) A. de Tocqueville, *De la Démocratie en Amérique*（II）, Paris, Robert Laffont, collection «Bouquins», éd. par J.-Cl. Lamberti et F. Mélonio, 1986, p. 432.

(19) F. Gaillardet, *L'Aristocratie en Amérique*..., p. 123.

(20) *Ibid.*, p. 157.

(21) *Ibid.*, p. 7.

(22) *Ibid.*, p. 157.

(23) これはジェイによって締結された条約である．ガイヤルデが依拠しているのは，1860年10月28日に『ラ・プレス』紙に掲載されたペラの記事である．

(24) F. Gaillardet, *L'Aristocratie*..., p. 144.

(25) もう一つ別の不如意が翌年起こる．ラ・サールに敬意を表すべく準備された記念祭が，ミシシッピ川の増水によって延期されなければならないのである．だがガイヤルデは，これを合衆国批判のために利用するのは控える．

(26) F. Gaillardet, *L'Aristocratie en Amérique*..., p. 123.

(27) *Ibid.*, p. 146.

(28) *Ibid.*, p. 3.

(29) *Ibid.*, p. 358.

(30) *Ibid.*, p. 348.

(31) *Ibid.*, p. 349.

(32) Edmond Demolins, *À quoi tient la supériorité des Anglo-Saxons?*, Paris, Didot,

1897, p. III. ドゥモランの指摘は，正確というよりも予告的である．*«the Old World»*〔旧世界〕という表現は，合衆国で1837年以降，ヨーロッパを指すのに使用されている．そして「軽蔑」«dédain» という語もまた1897年には目新しいものではない…….

(33) F. Gaillardet, *L'Aristocratie en Amérique...*, p. 341.

(34) *Ibid.*, p. 238.

(35) *Ibid.*, p. 264.

(36) *Ibid.*, p. 5.

(37) *Ibid.*, p. 264.

(38) *Ibid.*, p. 250.

(39) *Ibid.*, p. 66.

(40) *Ibid.*, p. 233.

(41) *Ibid.*, p. 267.

(42) *Ibid.*, p. 343.

(43) *Ibid.*, p. 249.

(44) *Ibid.*, p. 75.

(45) V. Sardou, *L'Oncle Sam*, Acte I, scène 3.

(46) F. Gaillardet, *L'Aristocratie en Amérique...*, p. 66.

(47) *Ibid.*, p. 211.

(48) *Ibid.*, p. 236.

(49) *Ibid.*, p. 58.

(50) 「アメリカの貴族階級をどこに置いたらよいか自問するならば，私はためらわずにこう答える．それは金持ちのあいだでは決してない，金持ちには自分たちを結びつけるような共通の絆は一つもない，と．アメリカの貴族階級は，弁護士席と裁判官席にいるのである．」Tocqueville, *De la Démocratie* (I)..., p. 257.

(51) F. Gaillardet, *L'Aristocratie en Amérique...*, p. 155.

(52) *Ibid.*, p. 235.

(53) *Ibid.*, p. 221.

(54) *Ibid.*, p. 371.

(55) E. de Mandat-Grancey, *En visite chez l'Oncle Sam, New York et Chicago*, Paris, Plon, 1885, p. 47.

(56) E. de Mandat-Grancey, *Dans les Montagnes Rocheuses*, Paris, Plon, 1884, p. 178.

(57) 「たとえばダコタ Dacotat［原文のまま〔正しくは Dakota〕］のユリの花園 *Fleur de lys Ranche*［原文のまま〔正しくは Ranch〕］で，5，6人の若いフランス人が馬の飼育のためにグランセ男爵殿と手を結び，輓馬には軽す

ぎるアメリカ産の雌馬にペルシュ馬の血液を愛国心に燃えて注入する．」
Paul de Rousiers, *La Vie américaine*, Paris, Didot, 1892, p. 53.

(58) E. de Mandat-Grancey, *Dans les Montagnes Rocheuses*..., p. 13.

(59) E. de Mandat-Grancey, *En visite chez l'Oncle Sam*..., pp. 51-52.

(60) E. de Mandat-Grancey, *Dans les Montagnes Rocheuses*..., p. 32.

(61) *Ibid.*, p. 31.

(62) *Ibid.*, p. 19.

(63) シッティング・ブルSitting Bull〔本文中に記述はないが，インディアンの名と思われる〕については，マンダ＝グランセは，彼は「おそらくはすばらしい騎兵隊の将軍になっただろう」と書いている——もちろんフランスの騎兵隊の将軍である（*Dans les Montagnes Rocheuses*, p. 236）．

(64) E. de Mandat-Grancey, *En visite chez l'Oncle Sam*..., p. 203.

(65) *Ibid.*, p. 198.

(66) *Ibid.*, p. 202.

(67) *Ibid.*, p. 255.

(68) *Ibid.*, p. 268.

(69) *Ibid.*, p. 269.

(70) E. de Mandat-Grancey, *Dans les Montagnes Rocheuses*..., p. 164.

(71) F. Gaillardet, *L'Aristocratie en Amérique*..., p. 3.

(72) メイフラワー号以来，とプロヴァンス号で旅するマンダ＝グランセが書いている，「移民の性質は改善されなかった」（*En visite chez l'Oncle Sam*..., p. 11）．これもまた将来性のあるテーマである．

(73) *Ibid.*, p. 81.

(74) *Ibid.*, p. 266.

(75) F. Gaillardet, *L'Aristocratie en Amérique*..., p. 357.

(76) Paul de Rousiers, *La Vie américaine*, Paris, Didot, 1892, p. 682.

(77) E. de Mandat-Grancey, *Dans les Montagnes Rocheuses*..., p. 302.

(78) E. de Mandat-Grancey, *En visite chez l'Oncle Sam*..., p. 273.

(79) *Ibid.*, p. 59.

(80) *Ibid.*, p. 270.

(81) *Ibid.*, p. 68.

(82) Émile Barbier, *Voyage au pays des dollars*, Paris, Marpon et Flammarion, 1893, p. 337.

(83) F. Gaillardet, *L'Aristocratie en Amérique*..., p. 367.

(84) *Ibid.*, p. 339.

(1) J. Portes, *Une fascination réticente. Les États-Unis dans l'opinion française*, Presses Universitaires de Nancy, 1990, pp. 273-276 参照.

(2) *Rapport de la délégation ouvrière libre*, Mécaniciens, Paris, Sandoz, Fischbacher et Vve Morel, 1877, p. 199; J. Portes, *ibid.*, p. 272 に引用.

(3) *Rapport d'ensemble de la délégation ouvrière libre à Philadelphie, Tailleurs d'habit*, Paris, Imprimerie nouvelle, 1879, p. 124; J. Portes, *ibid.*, p. 273 に引用.

(4) Jeremy Brecher, *Strike !*, San Francisco, Straight Arrow Books, 1972, p. 28.

(5) 無政府主義的新聞『反逆』紙 *La Révolte*（1887年11月27日付）のなかで．M・コルディヨ M. Cordillot, «Les réactions européennes aux événements de Haymarket», *À l'ombre de la statue de la Liberté. Immigrants et ouvriers dans la République américaine. 1880-1920*, textes réunis et présentés par Marianne Debouzy, Presses Universitaires de Vincennes, Saint-Denis, 1988, p. 185 に引用.

(6) J. P. de Chasseloup-Laubat (marquis de), *Voyage en Amérique et principalement à Chicago*, Extrait des Mémoires de la Société des Ingénieurs Civils de France, Paris, 10 cité Rougemont, 1893, p. 53.

(7) *Ibid.*, p. 48.

(8) *Ibid.*, p. 73.

(9) Jules Huret, *En Amérique. I— De New York à La Nouvelle-Orléans*（『アメリカにて I ――ニューヨークからニュー－オリンズへ』), Paris, Fasquelle, 1904, p. 51. 第2巻 *En Amérique. II— De San Francisco au Canada*（『アメリカにて II ――サンフランシスコからカナダへ』）は1905年に出版された.

(10) Ch. Crosnier de Varigny, *Les États-Unis. Esquisses historiques*, Paris, Kolb, 1891, p. 233.

(11) この表現の出所は，William Ames, *Conscience with the Power and Cases Thereof*, London, 1643, t. I, p. 2. 第1版（ラテン語）は1632年発行.

(12) John O'Sullivan, «The Progress of Society», *United States Magazine and Democratic Review*, VIII, July 1840, p. 87; Cl・フォラン Cl. Fohlen, «La tradition expansionniste des États-Unis au XIXe siècle», *L'Expansionnisme et le débat sur l'impérialisme aux États-Unis. 1885-1909*, textes réunis et présentés par R. Rougé, *Americana* n° 2, Presses de l'Université de Paris-Sorbonne, 1988, p. 15 に引用.

(13) Cl. Fohlen, *ibid.*

(14) Ch. Crosnier de Varigny, *Les États-Unis...*, p. 114.

(15) *Ibid.*, p. 257.

(16) *Ibid.*, p. 277. ヴァリニは1889年２月12日の『ニューヨーク・ヘラルド』紙に掲載されたブレインのインタビューに依拠している.
(17) Ch. Crosnier de Varigny, *Les États-Unis*..., p. 119.
(18) Émile Barbier, *Voyage au pays des dollars*, Paris, Marpon & Flammarion, 1893, pp. 336-337.
(19) Paul de Rousiers, *La Vie américaine*, Paris, Didot, 1892, p. 2.
(20) H. G. Rickover, *How the Battleship Maine Was Destroyed*, Naval History Division, Department of the Navy, 1976.
(21) 「それはまぶしいほど小さな戦争でした．ひじょうに高尚な動機ではじまり，崇高な知性と精神でつづけられ，勇敢な行為を好む運命によって促進されたのです．」ジョン・ヘイ（当時駐ロンドン大使）からセオドア・ローズヴェルトへの７月27日付の書簡．W. R. Thayer, *The Life and Letters of John Hay*, Boston, 1915, vol. 2. p. 337 に引用.
(22) *Le Temps*, 11 avril 1898; J. Portes, *Une fascination*..., p. 345 に引用.
(23) P. Birnbaum, *Le Moment antisémite. Un tour de la France en 1898*, Paris, Fayard, 1998.
(24) A. Ruz, *La Question cubaine. Les États-Unis, l'Espagne et la presse françaçaise*, Paris, P. Dupont, 1898, p. 46.
(25) モーラスは本書でのちに触れるテクストで（第II部第２章），14年以前をこのように表現している.
(26) P. Loti, «À Madrid, les premiers jours de l'agression américaine», *Reflets sur la sombre route*, Paris, Calmann-Lévy, 1899, p. 104.
(27) *Ibid.*, p. 84.
(28) *Ibid.*, p. 152.
(29) O. Noël, *Le Péril américain*, Paris, De Soye et ses fils, 1899, p. 1.
(30) *Ibid.*, p. 32.
(31) *Ibid.*, p. 40.
(32) *Ibid.*, p. 41.
(33) *Ibid.*, p. 38.
(34) *Ibid.*
(35) *Ibid.*, p. 39.
(36) *Ibid.*
(37) *Ibid.*, p. 41.
(38) *Ibid.*, p. 32.
(39) *Ibid.*
(40) *Ibid.*, p. 49.
(41) *Ibid.*, p. 2.

(42)　*Ibid.,* p. 42.

(43)　*Le Correspondant*, 10 août 1898, p. 498; J. Portes, *Une fascination...*, p. 349 に引用．

(44)　E. Johanet, *Un Français dans la Floride*, Paris, Mame, 1889, p. 75. 唯一の独創的特徴．この評判のよい常連客は，つぎのような強力な毒舌に匹敵する下品な人種主義をさらけ出すのである．「基礎教育書（ソルフェージュ）が述べているように，ひとりの白人はつねに黒人二人分にあたいする」(43ページ)．

(45)　E. Johanet, *Autour du monde millionnaire*, Paris, Calmann-Lévy, 1898, p. 84.

(46)　*Ibid.,* p. 78.

(47)　*Ibid.,* p. 355.

(48)　P. de Rousiers, *La Vie américaine...*, p. 604. また２万5000人という極端に少ない兵員を強調することで，ルージエは同時に，兵士の個人的な資質と社会にみなぎる愛国心が，アメリカ人をして戦争の場合には「恐るべきもの」とするということを指摘した．

(49)　J. Huret, *En Amérique. I...*, p. 50. 1904年のアメリカの軍事支出は，公式には，国軍における７万387人の兵員と *National Guard*〔州兵軍〕における11万5937人の兵員に対して１億6500万ドルである．７年で２倍になっているとはいえ，この予算はユレがフランで提示した金額を大きく下回っている．

(50)　P. Loti, *Reflets...*, p. 156.

(51)　*Ibid.,* p. 121.

(52)　P. Valéry, *Regards sur le monde actuel, Œuvres II*, Paris, Gallimard, Bibliothèque de la Pléiade, 1960, p. 914.〔『現代世界の考察』，『ヴァレリー全集』12，寺田透他訳，筑摩書房〕

(53)　*Ibid.*

(54)　Gustave Le Rouge et Gustave Guitton, *La Conspiration des milliardaire* [1899-1900], Paris, UGE, 1977, t. I, p. 201.［簡略化するために，今後，ギトンとの共著の場合は，ル・ルージュの名のほうを挙げることにする．］

(55)　*Ibid.,* t. III, p. 194.

(56)　*Ibid.,* t. III, p. 259.

(57)　*Ibid.,* t. II, p. 171.

(58)　*Ibid.,* t. II, p. 98.

(59)　*Ibid.,* t. II, p. 100.

(60)　*Ibid.,* t. I, p. 314.

(61)　*Ibid.,* t. III, p. 277.

(62)　*Ibid.,* t. I, p. 225.

(63)　*Ibid.,* t. I, p. 60.

(64)　*Ibid.,* t. II, pp. 169-170.

(65) J. Huret, *En Amérique. I...*, p. 267.
(66) *Ibid.,* p. 393.
(67) J. Huret, *En Amérique. II...*, p. 298.
(68) G. Le Rouge, *La Conspiration...*, t. I, p. 225.
(69) *Ibid.,* t. I, p. 315.
(70) プロイセン軍将校が「地雷を仕掛ける」と呼ぶこの娯楽のせいで，「広いサロンはネロ流の一斉射撃によって大混乱に陥り，美術工芸品の残骸が散乱した状態になった」(*Mademoiselle Fifi*, Paris, Éd. Conard, 1929, p. 12).〔モーパッサン「フィフィ嬢」,『脂肪の塊　他八編』所収，水野亮訳，小山書店〕
(71) G. Le Rouge, *La Conspiration...,* t. II, p. 171.
(72) E. Reyer, «L'Américanisation de l'Europe», *Revue bleue, politique et littéraire*, 19 avril 1902, p. 487. J. Portes, «Un impérialisme circonscrit», *L'Expansionnisme...*, p. 46, note 26.
(73) G. Le Rouge, *La Conspiration...*, t. III, pp. 362-363.
(74) *Ibid.,* t. II, p. 89.
(75) 少なくともこの紛争の初期においては，合衆国をもっとも批判しないのは，社会主義陣営である．しかし1902年にジャーナリズムによって，フィリピンの軍事的占領と血なまぐさい「平和の回復」における合衆国の暴力の全容が暴露されると，社会主義者と組合活動家は態度を硬化させることになった．

5　ヤンキーとアングロ－サクソン

(1) S. Jeune, *Les Types américains dans le roman et le théâtre français* (*1861-1917*), Paris, Didier, 1963, p. 162.
(2) 好戦的愛国主義 *jingoïsme* は，感嘆詞（«*By jingo !*»〔「誓って！」〕）から派生した語だが，1878年以降，攻撃的な愛国心を示すためにもちいられている．
(3) 1896年のベネズエラ危機のとき．
(4) F. Trollope, *Domestic Manners of the Americans* [1832], éd., introd. et notes de Pamela Neville-Sington, Penguin Books, London & New York, 1997, p. 287.
(5) *Ibid.,* p. 235.
(6) Philarète Chasles, *Études sur la littérature et les mœurs des Anglo-Américains au XIX*[e] *siècle*, Paris, Amyot, 1851, pp. 491-492.
(7) シャールが「合衆国の精力的な生活」(p. IV) と呼んでいるものは，アメリカ文化に特有の「絶えざる前進主義 (*go-a-headism* [原文のまま])」と

なってあらわれる（*ibid.,* p. 483）．トクヴィルは『デモクラシー』第1部第2章「出発点について，またそれがアングロ－サクソン系アメリカ人の将来に対してもつ重要性について」のなかで，自説を展開している．

（8） Ph. Chasles, *Études...*, p. 4.

（9） *Ibid.,* p. 4 et IV.

（10） A. de Tocqueville, *De la Démocratie en Amérique*（II）, Paris, Robert Laffont, collection «Bouquins», éd., procurée par J.-Cl. Lamberti et F. Mélonio, 1986, p. 577.

（11） Baudelaire, *Œuvres complètes,* Paris, Gallimard, Bibliothèque de la Pléiade, 1976, t. 2, p. 1202 に引用．

（12） H. Castille, *Les Hommes et les Mœurs en France sous le règne de Louis-Philippe*, Paris, Henneton, p. 354 ; référence donnée par Pierre Enckell, *Dotations et documents lexicographiques* n° 42, CNRS-Klincksieck, 1994.

（13） G. Lanson, *Trois Mois d'enseignement aux États-Unis,* Paris, Hachette, 1912, p. 66. 合衆国の白人全体にこの語の意味を広げるのは不正確であるとして拒否し，この語は「ニュー－イングランドの住民にしか適用されない」ことを想起させる作者も何人かいる（Max O'Rell et Jack Allyn, *Jonathan et son continent. La société américaine*, Paris, Calmann-Lévy, 1900, p. 13, note 1）．

（14） O. Noël, *Le Péril américain*, Paris, De Soye et fils, 1899, p. 33.

（15） エドモン・ジョアネ Edmond Johanet において（*Un Français dans la Floride*, Paris, Mame, 1889, pp. 53-55），このヤンキーはファニー・トロロープが描くヤンキーにまだたいへんよく似ている．フランス人は予防のために「策略と不実」を駆使して，つねに警戒しつづけなければならない．ほほえんだとしたら，「それは悪いしるしだ……．あなたをだまそうとしているのだ」．

（16） Ph. Chasles, *Études...*, p. 491, note 1.

（17） *Ibid.*

（18） A. de Tocqueville, *De la Démocratie...*, p. 577.

（19） 「この無感動な世界の老いさらばえた子供たちは，過去を無視して，みずからがその萌芽すらもっていないアメリカの自主独立精神をいまや模倣するのが正しいのだろうか．この試みは成功するだろうか．まったくもって疑わしい．」（Ph. Chasles, *Études...*, p. 507.）

（20） *Ibid.,* p. 455.

（21） 「ヤンキスム」«yankeesme» は，1964年のエドガー・モランにも見出される．オクターヴ・ノエルが1899年に使用しているのであるから，これは新語ではない．この語が「固まる」のは，1899年ではないように，1964年で

もない.

(22) Villiers de L'Isle-Adam, *L'Ève future* [1886], Paris, Garnier-Flammarion, 1992, p. 312.〔ヴィリエ・ド・リラダン『未来のイヴ』斎藤磯雄訳，東京創元社〕

(23) Reginald Horsman, *Race and Manifest Destiny: The Origins of American Racial Anglo-Saxonism*, Harvard University Press, Cambridge, 1981, p. 22 に引用.

(24) *Ibid.,* p. 94.

(25) 近刊の，Jacques Portes, «En finir avec une norme : Les Anglo- Saxons», *La Norme*, (coll.) dir. par Y. Janeur, ALCUP, Paris, Chancellerie des Universités を参照．この論文は同時代におけるアングロ－サクソン *Anglo-Saxon* の模範的な用法について，アンソロジーを提供してくれる．

(26) たとえば，1751年には『新英国史年代記概要』(*Nouvel Abrégé chronologique de l'Histoire d'Angleterre*, traduit de l'anglais par M. Salmon et paru chez Rollin et Jombert）は，596年に「アングル－サクソン」«Angles- Saxons» の修道士オースティンが改宗したことに言及している．

(27) Voltaire, *Essai sur les mœurs*, éd. de R. Pomeau, Paris, Bordas, «Classiques Garnier», 1990, t. 1, p. 465.

(28) ジョン・ピンカートンは1787年に，彼らをケルト人ではなく，ゴート人やペルシア人と結びつけている．ケルト人は劣っているとみなされたのである．R. Horsman, *Race and Manifest Destiny*..., pp. 31 et 47 を参照．

(29) Robert Morrissey, *L'Empereur à la barbe fleurie. Charlemagne dans la mythologie et l'histoire de France*, Paris, Gallimard, 1997 参照．

(30) A. Thierry, *Histoire de la conquête de l'Angleterre par les Normands*, préface à l'édition de 1838 (Paris, J. Tessier), p. 7.

(31) 「アメリカ人は自分たちがアングロ－サクソン人種のチュートン人的，キリスト教的伝統を断ち切れるとは思わなかった」(Ph. Chasles, «L'avenir de l'Amérique», *Études*..., p. 457)．シャールは他の箇所でも（431ページ）「友愛のキリスト教」と「古代のチュートン主義」について語っているが，やはり英国への関連づけはない．

(32) 『オックスフォード英語辞典』によれば，1832年である．

(33) Michael Lind, *The Next American Nation. The New Nationalism and the Fourth Revolution*, New York & Alibi, The Free Press, 1995, p. 29 に引用．みずからが「アングロ－サクソン系アメリカ」«Anglo-America» と命名するアメリカの「第一共和国」についてのM・リンドの分析は，関心をもって参照していただきたい．

(34) E. Demolins, *À quoi tient la supériorité des Anglo-Saxons ?*, Paris, Didot, 1897, p. 112.

(35) *Ibid.,* p. 320.

(36) *Ibid.,* p. 272.

(37) *Ibid.,* pp. 269-270.

(38) *Ibid.,* p. 100.

(39) *Ibid.,* p. iii.

(40) *Ibid.,* p. 343.

(41) *Ibid.,* p. ii.

(42) *Ibid.,* pp. 272 et 339.

(43) *Ibid.,* p. 309.

(44) *Ibid.,* p. iv.

(45) デイヴィッド・シュトラウスが書いているように．すなわち，「英国嫌いであれ，英国びいきであれ，旅行者は合衆国を英国の拡大と見ていた」．その一方でシュトラウスは，ドゥモランの著作がアングロ－サクソンの表象においてプラスの転機となっていると考えている（「このことはアングロ－サクソンに対する態度を自然と改善した」）．この二つの主張のうちいずれも，事実に裏づけられているようには見えない．（*Menace in the West. The Rise of French Anti-Americanism in Modern Times*, Westport-London, Greenwood Press, 1978, p. 50.）

(46) E. Demolins, *À quoi tient...*, p. 110.

6　人種のポートレート

(1) マドレーヌ・ルベリュー Madeleine Rebérioux が驚きながらも認めている．「“フランス人種”，“英国人種”，その上，おお，何という驚きか！　“ヤンキーという人種”．これらの対〔フランスと人種，など〕はマルク・アンジュノー Marc Angenot が1899年に示したように，共通のドクサの一部をなしている」（«Le mot *race* au tournant du siècle», *Mots*, n° 33, déc. 1992, p. 56）．

(2) P. Bourget, *Outre-Mer. Notes sur l'Amérique*, Paris, Alphonse Lemerre, 1895, p. 12 ; O. Noël, *Le Péril américain*, Paris, De Soye et fils, 1899, p. 43; É. Boutmy, *Éléments d'une psychologie politique du people américain* [1902], Paris, A. Colin, 1911, p. 61.

(3) もっとも，これはルナンが引き受けた矛盾である．このことについては，Maurice Olender, *Les Langues du Paradis*, Paris, Gallimard-Le Seuil, coll. «Hautes Études», 1989, pp. 75-111 とくに p. 83を参照．

(4) *Ibid.,* p. 85.

(5) E. Renan, «Nouvelles considérations sur le caractère général des peuples sémitiques, et en particulier sur leur tendance au monothéisme», *Journal asiatique*,

février-mars et avril-mai 1859; M. Olender, *ibid.*, pp. 84-85 に引用.

(6) E. Renan, *Histoire du peuple d'Israël, Œuvres complètes*, éd. par Henriette Psichari, Paris, Calmann-Lévy, 1947-1961; t. 6, p. 32; *ibid.*, p. 84に引用.

(7) E. Renan, «Qu'est-ce qu'une Nation ?» [1882], *Œ. C.*, t. 1., p. 898; *ibid.*, p. 86 に引用.

(8) E. Renan, *La Réforme intellectuelle et morale* [1871], *Œ. C.*, t. 1., p. 455; *ibid.*, p. 88に引用.

(9) 1900年5月8日，カンボン Cambon よりデルカッセ Delcassé 宛. J. Portes, *Une fascination réticente...*, p. 193 に引用. 今日ではキップリングよりも名が知られていないが，歴史家兼エッセイストであるジョン・ロバート・シーリー（1834年—1895年）は，『英国の膨張』*The Expansion of England*（1883年）を出版して成功を博したが，同書は1688年以降のフランスと英国とのライバル関係の歴史をたどっている. シーリーは帝国連邦同盟の知的指導者のひとりである.

(10) Albert Savine, *Roosevelt intime*, Paris, Juven, 1904, p. 2.

(11) Gustave Le Rouge et Gustave Guitton, *La Conspiration des milliardaires* [1899-1900], Paris, UGE, 1977, t. II, p. 222.

(12) *Ibid.*, p. 224.

(13) Ch. Crosnier de Varigny, *La Femme aux États-Unis*, Paris, Colin, 1893, p. 302.

(14) *Ibid.*, p. 303.

(15) Henri Destrel, *Le Correspondant*, février 1887 ; J. Portes, *Une fascination réticente...*, p. 224 に引用.

(16) U. Gohier, *Le Peuple du XXe siècle aux États-Unis*, Paris, Fasquelle, 1903, p. 33.

(17) Ch. Crosnier de Varigny, *La Femme...*, p. 3.

(18) *Ibid.*, p. 95.

(19) Jules Huret, *En Amérique (II)*, Paris, Fasquelle, 1905, p. 340.

(20) U. Gohier, *Le Peuple...*, p. 9.

(21) J. Huret, *En Amérique...*, p. 378.

(22) *Ibid.*, p. 384.

(23) É. Barbier, *Voyage au pays des dollars*, Paris, Marpon et Flammarion, 1893, pp. 126-128.

(24) *Ibid.*, p. 128.

(25) A. Tardieu, *Notes sur les États-Unis. La Société. La Politique. La Diplomatie*, Paris, Calmann-Lévy, 1908, p. 56. タルデューは，エリオット・グレゴリー Eliot Gregory から「貴重な情報」を得ている. グレゴリーの『浮世の道と脇道』*Worldy Ways & Byways* は1898年にはある程度の成功を博した.

(26) A. Maurois, *En Amérique*, Paris, Flammarion, 1933, p. 13.

(27) G. Duhamel, *Scènes de la vie future* [1930], Paris, Arthème Fayard, «Le Livre de demain», 1938, p. 47.

(28) A. Maurois, *En Amérique*..., p. 13.

(29) P. de Rousiers, *La Vie américaine*, Paris, Didot, 1892, p. 441.

(30) Ch. Crosnier de Varigny, *La Femme*..., p. 198.

(31) J. Huret, *En Amérique* (*I*) ..., p. 325.

(32) J. Huret, *En Amérique* (*II*) ..., p. 385.

(33) U. Gohier, *Le Peuple*..., p. 36.

(34) P. de Rousiers, *La Vie américaine*..., p. 184.

(35) *Ibid.,* p. 525.

(36) *Ibid.,* p. 451.

(37) J.-P. Sartre, «Individualisme et conformisme aux États-Unis» [*Figaro*, février 1945], *Situations III*, Paris, Gallimard, 1949, p. 81.〔サルトル「アメリカの個人主義と画一主義」,『シチュアシオンIII』(『サルトル全集』第10巻) 所収, 佐藤朔訳, 人文書院〕

(38) G. Lanson, *Trois Mois d'enseignement aux États-Unis*, Paris, Hachette, 1912, pp. 55-56.

(39) Mlle Zénaïde Fleuriot, *De trop* [1888], Paris, Hachette, 1907, p. 21.

(40) F・スコット・フィッツジェラルド F. Scott Fitzgerald の *Flappers and Philosophers* は1920年に出版された.

(41) R. Gain, *Des Américains chez nous*, Paris, Éditions Montaigne, 1928, p. 100.

(42) J. Huret, *En Amérique* (*II*)..., p. 380.

(43) Marie Dugard, *La Société américaine. Mœurs et caractères. La famille. Rôle de la femme. Écoles et universités*, Paris, Hachette, 1896, p. 311.

(44) Luc Durtain, «Crime à San Francisco», *Quarantième Étage*, Paris, Gallimard, 1927.

(45) J. Huret, *En Amérique* (*II*)..., p. 387. 同じテーマがサザン・パシフィック鉄道の機関車にかんするリュック・デュルタンの詩 «El Paso»〔進行〕の落ちとなっている.「[……] 手袋をはめた機関士が／そっと触れる.／機械はアメリカ人が幸福にできる／唯一の女性だ」(*USA 1927*, Paris, Plaisir de bibliophile, 1928).

(46) J. Huret, *En Amérique* (*I*) ..., p. 318.

(47) *Ibid.*

(48) E. Johanet, *Un Français dans la Floride*, Paris, Mame, 1889, p. 37.

(49) G. Le Rouge et G. Guitton, *La Conspiration*..., t. II, p. 99.

(50) P. de Rousiers, *La Vie américaine*..., p. 447. アメリカ人女性の「不妊症」につ

いては，社会問題の観察者がひじょうな関心を抱いている．『社会改革』紙 *La Réforme sociale* の共同執筆者 R＝G・レヴィ R.-G. Lévy は，1894年にこれについて他の説明をしている．それによれば「不妊症」は高等教育への女性の進出と直接的な相関関係があるとされる（«La vraie Amérique», Paris, 1894, p. 15; J. Portes, *Une fascination*..., p. 222 に引用）．

（51） P. de Rousiers, *La Vie américaine*..., p. 526.

（52） J. Huret, *En Amérique* （*I*）..., p. 304.

（53） Maurice Bedel, *Voyage de Jérôme aux États-Unis d'Amérique*, Paris, Gallimard, 1953, p. 139.

（54） G. Duhamel, *Scènes*..., p. 118.

（55） J.-P. Sartre, *Le Figaro*, 11-12 mars 1945.

（56） Cocteau, *Lettre aux Américains*, Paris, Éd. Bernard Grasset, 1949 [rééd. 1990], p. 32.

（57） R. Gain, *Des Américains*..., p. 25.

（58） E. Demolins, *À quoi tient la supériorité des Anglo-Saxons ?*, Paris, Didot, 1897, p. 50.

（59） *Ibid.,* p. 1.

（60） *Ibid.,* p. iv.

（61） G. Duhamel, *Scènes*..., p. 94.

（62） P. de Rousiers, *La Vie américaine*..., p. 510.

（63） J. Huret, *En Amérique* （*I*）..., p. 135.

（64） G. Duhamel, *Scènes*..., p. 93.

（65） P. Bourget, *Outre-Mer*..., p. 144.

（66） J. Huret, *En Amérique* （*I*）..., p. 43.

（67） G. Duhamel, *Scènes*..., pp. 94-95.

（68） U. Gohier, *Le Peuple du XXe siècle*..., p. 13. 決まり文句が性に合わないゴイエは，「エネルギー」という決まり文句（テディ・ローズヴェルトと結びついている）を「伝説」として告発する．

（69） G. Duhamel, *Scènes*..., p. 93.

（70） J. Huret, *En Amérique* （*I*）..., p. 133.

（71） *Ibid.,* p. 15.

（72） *Ibid.,* p. 58.

（73） Philarète Chasles, *Études sur la littérature et les mœurs des Anglo-Américains au XIXe siècle*, Paris, Amyot, 1851, p. 483.

（74） O. Noël, *Le Péril américain*, Paris, De Soye et fils, 1899, p. 39.

（75） E. Johanet, *Un Français dans la Floride*..., p. 53.

（76） J. Huret, *En Amérique* （*I*） ..., p. 3.

(77) U. Gohier, *Le Peuple du XXe siècle...*, p. 251 et p. 3.

(78) G. Le Rouge et G. Guitton, *La Conspiration...*, t. II, p. 170.

(79) J.-P. Sartre, «Individualisme et conformisme aux États-Unis»..., p. 77.

(80) H. de Beaumont, «De l'avenir des États-Unis et de leur lutte future avec l'Europe», *Journal des Économistes*, juillet 1888, p. 77.

7 「敵の血が流れる人々」

(1) O. Noël, *Le Péril américain*, Paris, De Soye et fils, 1899, p. 50.

(2) P. Bourget, *Outre-Mer. Notes sur l'Amérique*, Paris, Alphonse Lemerre, 1895, t. 1, pp. 295, 297.

(3) *Ibid.,* p. 12.

(4) *Ibid.,* p. 310.

(5) この語は，É. Boutmy, *Éléments d'une psychologie politique du people américain* [1902], Paris, A. Colin, 1911, p. 64 から．

(6) U. Gohier, *Le Peuple du XXe siècle aux États-Unis*, Paris, Fasquelle, 1903, pp. 244, 251.

(7) この対比は，たとえばすでに1830年には表明されているが，「私」信においてである．「アメリカ人はインディアンに対して情け容赦ないが，慈善的な出動をする際でも，彼らをそのように扱う．つまり，私たちがアルジェリアで戦争をするときのようなやり方をするのである．」Adolphe Fourier de Bacourt, *Souvenirs d'un diplomate. Lettres intimes sur l'Amérique.* これはミラボー伯爵夫人 la comtesse de Mirabeau によって公表され（Paris, 1882, p. 299），R. Rémond, *Les États-Unis devant l'opinion française. 1815-1852*, Paris, Armand Colin, 1962, p. 741, note 62 に引用．

(8) E. Johanet, *Un Français dans la Floride*, Paris, Mame, 1889, p. 42.

(9) E. Johanet, *Autour du monde millionnaire*, Paris, Calmann-Lévy, 1898, p. 374.

(10) Marie Dugard, *La Société américaine. Mœurs et caractères. La famille. Rôle de la femme. Écoles et universités*, Paris, Hachette, 1896, p. 162.

(11) *Ibid.,* p. 93.

(12) A. Siegfried, *Les États-Unis d'aujourd'hui*, Paris, Armand Colin, 1927, pp. 6, 7-8.

(13) この白人の「抵抗」は保守主義者においてのみならず，いっそう思いがけないことには，社会博物館の使者であるポール・ド・ルージエ Paul de Rousiers（*La Vie américaine*, Paris, Didot, 1892, p. 590）からも大きな理解に恵まれる．

(14) R. Rémond, *Les États-Unis devant...*, p. 732.

(15) J. Portes, *Une fascination réticente. Les États-Unis dans l'opinion française*, Presses Universitaires de Nancy, 1990, p. 87.

(16) Gustave Le Rouge et Gustave Guitton, *La Conspiration des milliardaires* [1899-1900], Paris, UGE, 1977, t. II, p. 98.

(17) G. Sauvin, *Autour de Chicago*, Paris, Plon, 1893, p. 203; J. Portes, *Une fascination...*, p. 91 に引用.

(18) U. Gohier, *Le Peuple du XXe siècle...*, p. 299.

(19) J. Huret, *En Amérique* (*II*)..., Paris, Fasquelle, 1905, pp. 179-180.

(20) Louis Simonin, *À travers les États-Unis*, Paris, Charpentier, 1875, p. 34; J. Portes, *Une fascination...*, p. 103 に引用.

(21) E. Johanet, *Un Français dans la Floride...*, p. 42.

(22) J. Huret, *En Amérique* (*I*)..., pp. 332, 398.

(23) J. Portes, *Une fascination...*, p. 104.

(24) P. Leroy-Beaulieu, «Blancs et Noirs dans l'Amérique du Nord», *Le Correspondant*, 25 octobre 1886 ; J. Portes, *Une fascination...*, p. 110 に引用.

(25) A. Siegfried, *Les États-Unis d'aujourd'hui...*, p. 89.

(26) É. Boutmy, *Éléments...*, p. 73.

(27) 「白人種の敗北は間違いない［カリフォルニアにおいて］. この平和な土地では, 対等な武力で戦うことはできない.」Ch. Crosnier de Varigny, *Les États-Unis, esquisses historiques*, Paris, Kolb, 1891, p. 71.

(28) A. de Noailles, «Les publicistes américains et la constitution des États-Unis», *Le Correspondant*, 25 février 1877 ; J. Portes, *Une fascination...*, p. 307 に引用.

(29) É. Boutmy, *Éléments...*, p. 271.

(30) *Ibid.*, p. 64.

(31) *Ibid.*, pp. 25, 61.

(32) *Ibid.*, p. 41.

(33) *Ibid.*, p. 89.

(34) *Ibid.*, p. 90.

(35) *Ibid.*, p. 94.

(36) *Ibid.*, p. 26.

(37) *Ibid.*, p. 46, note.

(38) プロローグ, 注12を参照.

(39) A. Siegfried, *Les États-Unis d'aujourd'hui...*, p. 17.

(40) P. Bourget, *Outre-Mer...*, p. 324. マーク・トウェイン Mark Twain は1897年に「ポール・ブールジェは私たちについてどう考えているのか」«What Paul Bourget Thinks of Us» (*How to Tell a Story and Other Essays*, New York, Harper &

Brothers, 1897）という題名で，ブールジェの著作について滑稽な書評を発表している．この味のある小品を教えてくれたロベール・マニキ Robert Maniquis に感謝したい．

（41） *Ibid.,* p. 26.

（42） *Ibid.,* p. 297.

（43） *Ibid.,* p. 111.

（44） *Ibid.,* p. 295.

（45） É. Boutmy, *Éléments...,* p. 68.

（46） A. Siegfried, *Les États-Unis d'aujourd'hui...,* p. 1.

（47） *Ibid.,* p. 3.

（48） *Ibid.,* p. 20.

（49） *Ibid.,* pp. 6-7.

（50） *Ibid.,* p. 7.

（51） *Ibid.*

（52） *Ibid.,* p. 18.

（53） *Ibid.,* pp. 9, 10.

（54） *Ibid.,* p. 16.

（55） *Ibid.,* p. 11.

（56） ベルナール＝アンリ・レヴィ Bernard Henri-Lévy が『フランス・イデオロギー』*L'Idéologie française*（Paris, Grasset, 1981）において理解している意味において．その反米主義にかんするページ（pp. 281-291）がいまだにあますところなく今日的な意義をもっている．

（57） M. Twain, «What Paul Bourget Thinks of Us» ; 前掲注（40）参照．

（58） E. Johanet, *Autour du monde millionnaire...,* p. 374.

8　トラストの帝国

（1） 「七月王政」まで「アメリカのイマージュは農業神話から完全には抜け出せていない」とルネ・レモン René Rémond, *Les États-Unis devant l'opinion française. 1815-1852*, Paris, Armand Colin, 1962, pp. 777-778 は書いている．

（2） エミール・バルビエ Émile Barbier の題名『ドルの国への旅』*Voyage au pays des dollars* やエドモン・ジョアネ Edmond Johanet の題名『百万長者の世界をめぐって』*Autour du monde millionnaire* が告げているように．その第1章は「絶対的な金権都市」«Tout-Ploutopolis» を扱っている．

（3） Émile Barbier, *Voyage au pays des dollars*, Paris, Marpon & Flammarion, 1893, p. 135.

（4） E. Johanet, *Autour du monde millionnaire*, Paris, Calmann-Lévy, 1898, p. 70.

(5) Leroy-Beaulieu, *Les États-Unis au XXe siècle*, Paris, Armand Colin, 1904, pp. 233, 232.

(6) P. de Rousiers, *Les Industries monopolisées* (*trusts*) *aux États-Unis*, Paris, Armand Colin, Bibliothèque du Musée social, 1898, p. vi.

(7) E. Johanet, *Autour...*, p. 71.

(8) O. Noël, *Le Péril américain*, Paris, De Soye et fils, p. 34.

(9) P. Lafargue, *Les Trusts américains*, Paris, V. Giard et E. Brière, 1903, p. 41.

(10) *Ibid.,* p. 124.

(11) *Ibid.,* p. 41.

(12) ラファルグは単行本として出版される前に，その改訂前の版をゲード主義〔ゲードはラファルグと並び称せられる社会主義者〕の機関誌『社会主義者』*Le Socialiste* (18-25 janvier 1903) に発表している．

(13) H. D. Lloyd, *Wealth against Commonwealth*, New York, Gay & B., 1896.

(14) 「[*tariff*〔関税〕は] 彼らの目にはヨーロッパに対する武器と見える．だから彼らは自分たちが産業技術によって世界を押しつぶすのに十分な力をもっていると感じられる日まで，これを磨きつづけるだろう．」O. Noël, *Le Péril américain...*, p. 30.

(15) ユルバン・ゴイエ Urbain Gohier は「資本と労働のトラスト」という「二つの貪欲者の群れ」を対比している (*Le Peuple du XXe siècle aux États-Unis,* Paris, Fasquelle, 1903, p. 93).

(16) P. Leroy-Beaulieu, *Les États-Unis au XXe siècle...*, p. XVII.

(17) *Ibid.,* pp. 238, 244. P・ルロワ＝ボーリューにとって，この確認は安心させるものではまったくない．というのも，この国内の停滞は，外国の市場に向かってアメリカ経済をふたたび外部へと向かわせることになるからである．

(18) P. de Rousiers, *Les Industries...*, p. vi.

(19) U. Gohier, *Le Peuple du XXe siècle...*, p. 89.

(20) P. de Rousiers, *Les Industries...*, p. 326.

(21) *Ibid.,* p. 320.

(22) *Ibid.,* p. 322.

(23) E. Demolins, *À quoi tient la supériorité des Anglo-Saxons?*, Paris, Didot, 1897, p. 270.

(24) Th. Bentzon, *Choses et Gens d'Amérique*, Paris, Calmann-Lévy, 1898, p. 2.

(25) Laurence R. Moore, *European Socialists and the American Promised Land*, New York, Oxford University Press, 1970, p. 192.

(26) H. Turtledove, *How Few Remain*, New York, Ballantine, 1997; *The Great War. Walk in Hell, The Great War. Breakthroughs, ibid.,* 1999 et 2000. 私にこれらの本を

教えてくれたジョン・メーソン John Mason に感謝したい.

(27) Marx à Engels, 10 septembre 1862; *Correspondance*, trad. par J. Molitor, A. Costes, 1933 (t. 7).

(28) Marx, «La guerre civile nord-américaine» [*Die Presse*, 25 octobre 1861], dans Marx et F. Engels, *La Guerre civile aux États-Unis*, trad. et prés. de R. Dangeville, Paris, UGE, 10-18, 1970, p. 38.

(29) Marx à Engels, 29 octobre 1862.

(30) K. Marx, «Crise dans la question esclavagiste» [*Die Presse*, 14 décembre 1861], *La Guerre civile...*, p. 217.

(31) F. Engels et K. Marx, «La guerre civile aux États-Unis» [*Die Presse*, 26 novembre 1861], *ibid.*, p. 87.

(32) K. Marx, «Manifestations abolitionnistes en Amérique» [*Die Presse*, 30 août 1862], *ibid.*, pp. 223-227. マルクスは以下の傍点部の表現で，この激烈な毒舌を導入している.「現状において，ウェンデル・フィリップスからアビントンに向けた発言は，戦闘公報よりも重要である」(p. 233).

(33) F. Engels et K. Marx, «La guerre civile américaine» [*Die Presse*, 26 et 27 mars 1862], *ibid.*, p. 109.

(34) Engels à Marx, 30 juillet 1862.

(35) Engels à Marx, 5 novembre 1862.

(36) *Ibid.*

(37) Engels à Marx, 15 novembre 1862. *border states*〔境界諸州〕(デラウェア，メリーランド，ヴァージニア，ケンタッキー，ミズーリ) については，一部に奴隷を所有する南部連合派が住んでいたが，彼らの北部との歴史的，制度的なつながりは強かった．ヴァージニアを除いて，すべての州が北部を選択した（分裂を引き換えにして，西ヴァージニアは1863年に北部に復帰した).

(38) *Ibid.*

(39) Engels à Marx, 17 février 1863.

(40) Engels à Marx, 30 juillet 1862.

(41) Engels à Marx, 9 septembre 1862.

(42) Marx à Engels, 7 août 1862.

(43) Marx à Engels, 29 octobre 1862.

(44) *Ibid.*

(45) K. Marx, «Manifestations abolitionnistes en Amérique»..., p. 222.

(46) *Ibid.*, p. 226.

(47) F. Engels et K. Marx, «Les événements d'Amérique du Nord» [*Die Presse*, 12

octobre 1862], *La Guerre civile...*, p. 133.

(48) «Adresse de l'Association Internationale des Travailleurs au président Johnson», *ibid.,* p. 245.

(49) Engels à Marx, 15 juillet 1865, *ibid.,* p. 244, note.

(50) アメリカ分離戦争にかんするテクストの編者ロジェ・ダンジュヴィル Roger Dangeville は，巧まざるユーモアをもって，リンカーンに対する死後の称賛について書いている．「このマルクスの礼賛を合衆国大統領全員に敷衍することは，明らかに行き過ぎのようである．」生前のリンカーンにこの称賛を敷衍することも行き過ぎのようである（*ibid.,* p. 239, note）．

(51) Marx à Engels, 29 octobre 1862.

(52) Engels à Marx, 15 novembre 1862.

(53) F. Engels, *The Condition of the Working Class in England*; L. Moore, *European Socialists...*, p. 6 に引用．

(54) 「分離戦争以降，驚異的に発展した農業は，合衆国では資本主義の一大産物という特徴を帯びた．」Paul Lafargue, *Les Trusts américains...*, p. 88.

(55) F. Nietzsche, *Aurore, Œuvres philosophiques complètes*, texte et variantes établis par G. Colli et M. Montinari, trad. de J. Hervier, Paris, Gallimard, 1970, p. 160.

(56) Marx to N. F. Danielson, 10 avril 1879; *Lettres to Americans. 1848-1895*, ed. by Alexander Trachtenberg, New York, 1953; L. Moore, *European Socialists...*, p. 9 に引用．

(57) ポール・ド・ルージエは解説している．「ヘンリー・ジョージ Henri［原文のまま］George の手中で社会主義思想がどう変わったのかを考えることは，かなり興味深い．それは本人がこの思想に付与する名称に従えば，部族国家の社会主義ではもはやない．それはアメリカ社会主義なのである．私たちがアメリカ社会のなかで確認した特徴をいっそう目立ったものにしている．これは強制的な改善であり，強制的な成功……あるいは死である」（*La Vie américaine...*, p. 642）．

(58) «History is on the move over there at last»; Engels à Sorge, 8 août 1887, *Letters to Americans...*; L. Moore, *European Socialists...*, p. 15 に引用．

(59) この主題については，Hubert Perrier, «Le Parti Ouvrier Socialiste d'Amérique du Nord jusqu'en 1886», *À l'ombre de la statue de la Liberté. Immigrants et ouvriers dans la République américaine. 1880-1920*, textes réunis et présentés par Marianne Debouzy, Presses Universitaires de Vincennes, Saint-Denis, 1988, p. 169 を参照．

(60) Engels à Sorge, 8 août 1887, *Letters to Americans...*; L. Moore, *European Socialists...*, p. 15 に引用．

(61) Marie-France Toinet, «La participation politique des ouvriers américains à la

fin du XIXe siècle», *À l'ombre...*, p. 291.

(62) L・ムーアは，マルクス主義のジャーナリズムでは「1905年以後，アメリカについて新しいことはほとんど語られていない」ことを強調している．そのままくり返し印刷しない場合でも，古いコピーを再利用しているのである（*European Socialists...*, p. 130）．

(63) Engels à Sorge, 16 janvier 1895, *Letters to Americans...*, L. Moore, *European Socialists...*, p. 19 に引用．

(64) Volney, *Tableau du climat et du sol des États-Unis* [1803], *Œuvres*, Paris, Fayard, 1989, p. 23.

(65) ニューアークの創設会議（1877年）に参加したのは，ドイツ出身の活動家17名，英国出身７名，３名のチェコ人，フランス人１名である．ユベール・ペリエ Hubert Perrier (art. cité, p. 169) は，SLP〔社会主義労働党〕幹部の努力――ドイツ語と同様に英語でも決議文のコピーを配布し，あるいはさらに「英語をよく知っている」代表者が指名されることを要求するための努力を伝えることによって若干の補正をもたらす．またこれらのすばらしい決議文はまた，きわめて低いところから出発しようとしていたことを示している．英語で中央新聞を発行しつづけようとする努力は，結局，すべて無駄に終わることになった．

(66) 以下の充実した研究を参照．Janet R. Horne, *A Social Laboratory for Modern France. The Musée Social and the Rise of the Welfare State*, Durham and London, Duke University Press, 2002 (p. 22).

(67) J. Horne, *ibid.,* p. 157 に引用．

(68) J. Huret, *En Amérique.* (*II*) ..., p. 284.

(69) U. Gohier, *Le Peuple du XXe siècle...*, p. 1.

(70) U. Gohier, *Histoire d'une trahison, 1899-1903*, Paris, SPE, 1903, p. 9.

(71) *Ibid.,* p. 29.

(72) U. Gohier, *Le Peuple du XXe siècle...*, p. 77.

(73) *Ibid.,* p. 88.

(74) *Ibid.,* p. 78.

(75) *Ibid.,* p. 16.

(76) P. Bourget, *Outre-Mer...*, p. 219.

(77) U. Gohier, *Le Peuple du XXe siècle...*, p. 78.

(78) *Ibid.,* p. 88.

(79) J. Portes, *Une fascination réticente. Les États-Unis dans l'opinion française*, Presses Universitaires de Nancy, 1990, p. 286.

(80) «[...] to organize their economical and political power to secure for labor

the full equivalent of its toil»; Philip S. Foner, *History of the Labor Movement in the United States*, New York, 1964, p. 383. これは1902年の会議のことである.

(81) J. Huret, *En Amérique.* (*I*)..., p. 8.

(82) U. Gohier, *Le Peuple du XXe siècle*..., p. 162.

(83) この拒絶は，フィラデルフィアから帰ってきた労働者代表団，たとえば屋根職人－配管工－トタン工の代表団の報告書のなかに読み取ることができる.「アメリカを物質的に豊かにしたと同時に，精神的に貧しくしたのは移民である」(*Rapport d'ensemble de la délégation ouvrière à Philadelphie*, Paris, Imp. Nat., 1879, p. 122; J. Portes, *Une fascination*..., p. 306 に引用). 約20年後，ルヴァスール Levasseur のうちにも移住を思いとどまらせようとする同じ意志が見られる.「失業者の集団があふれ返っているこの国に，不十分な武器しかもたずに細々と生活しに行こうとする人の不幸」(*L'Ouvrier américain*, Paris, Larose, 1898, pp. 475-476; *ibid.*, p. 307に引用).

(84) J. Huret, *En Amérique.* (*II*)..., p. 246.

(85) ブルースは，ヘイマーケット訴訟の際に沈黙を守る唯一の社会主義指導者となるだろう.

(86) Eugène Fournière, *La Petite République*, 1er déc. 1902, p. 1.

(87) P. Lafargue, *Les Trusts américains*..., p. 131. また同じラファルグの論文，«Les réformes et le parti socialiste», *L'Humanité*, 24 septembre 1908 を参照.

(88) この表現は，Michel Cordillot, «Les réactions européennes aux événements de Haymarket», *À l'ombre*..., p. 185 から借用.

(89) 「アメリカ人を見習おう．彼らの例を手本にしよう［……］．期日を決めて，私たちが選んだ日から，いかなる場合でも８時間以上働くことに同意しないと宣言しよう」. É. Pouget, *La Voix du Peuple* n° 23, 1er mai 1901; M. Cordillot, *ibid.*, p. 188 に引用.

(90) P. Lafargue, *Les Trusts américains*..., p. 124.

(91) Jean Longuet, «Aux États-Unis», *La Petite République*, 5 novembre 1902; L. Moore, *European Socialists*..., p. 90 に引用. 合衆国に付けられた「実験室」という隠喩は，すでに1851年にフィラレート・シャールにおいて，徹底したアメリカびいきという評判と矛盾する『研究論文集』*Études* の多くの文章の一つに見出される.「それはまさしく，もっぱらアトリエであり，るつぼであり，未来における未知の文明の製造のための実験室である」と，シャールは合衆国について語っている.「そしてそれは最終的な社会のもろもろの結果を含む，完成された申し分のない祖国ではほとんどないので，その地で財産を築いたらすぐに，ヨーロッパにもどってそれを享受することになる.」

(92)　P. Lafargue, *Les Trusts américains*..., pp. 138, 137.

(93)　*Ibid.*, p. 137.

(94)　E. Johanet, *Autour du monde millionnaire*..., p. 78. おそらく「ユダヤ化する」«enjuivé» をまねて作られたこの新語〔entrusté〕は，「アメリカという癌」«cancer américain» という隠喩にも見出される伝染性の幻想を表現している．

(95)　P. Lafargue, *Les Trusts américains*..., p. 10.

(96)　P. de Rousiers, *La Vie américaine*..., pp. 533, 528.

(97)　P. Bourget, *Outre-Mer*..., pp. 12, 318.

(98)　E. Johanet, *Autour du monde millionnaire*..., p. 212.

(99)　*Ibid.*, p. 215.

(100)　*Ibid.*, p. 203. アリスターは1895年に亡くなったばかりだった．

(101)　カレッジ *college* の費用は含まない．すなわち，2002年のほぼ２万2000＄（またはユーロ）に相当する．

(102)　E. Johanet, *Autour du monde millionnaire*..., p. 111.

(103)　*Ibid.*, p. 206.

(104)　*Ibid.*, p. 209.

(105)　*Ibid.*, p. 210.

(106)　*Ibid.*, p. 207.

(107)　*Ibid.*, p. 211.

(108)　P. Lafargue, *Les Trusts américains*..., p. 122.

(109)　*Ibid.*, p. 84.

(110)　*Ibid.*, p. 84.

(111)　E. Johanet, *Autour du monde millionnaire*..., p. 224.

(112)　ついでに，1889年に出版されたマーク・トウェインの有名な小説の原題は，『アーサー王の宮廷におけるコネチカット州出身のヤンキー』*A Connecticut Yankee in King Arthur's Court* であることを記しておこう．相次いで出された訳本では，ヤンキー *Yankee* は，フランス語の用法ではすでにあまりにも軽蔑的であったために徐々に消されていった．

第II部　聖職者の偏見

1　もう一つのマジノ線

(1)　これらの資料は展覧会のカタログ，«Images d'Épinal: les Amériques» (Venise, 1992), présentation de Brigitte Maury et textes de Henri George に見出される．同

じく，Véronique Alemany-Dessaint, «La représentation des Américains dans la Première Guerre mondiale, *Les Américains et la France (1917-1947). Engagements et représentations*, sous la dir. de F. Cochet, M.-Cl. Genet-Delacroix, H. Trocm, Actes du colloque organisé à Reims par le Centre Arpège (Université de Reims) et le Centre de recherche d'histoire nord-américaine (U. de ParisI), Paris, Maisonneuve et Larose, 1999 を参照.

（2） 「ラ・ファイエット閣下，ここに私たちが参上いたしました！」という言葉は，しばしばパーシング将軍のものとされたが，彼自身はこの噂を否定し，この言葉を発したのはスタントン大佐だとしている．

（3） S. Freud et W. Bullitt, *Le Président Thomas Woodrow Wilson. Portrait psychologique*, trad. par Marie Tadié, Paris, Albin Michel, 1967, p. 106. フロイトは，自分が署名した序文のなかで，ウィルソンに対する「嫌悪」を語っている．

（4） Ch. Maurras, *Les Trois Aspects du président Wilson. La Neutralité. L'Intervention. L'Armistice*, Paris, Nouvelle Librairie Nationale, 1920, p. 186.

（5） G. Clemenceau, *Grandeurs et Misères d'une victoire*, Paris, Plon, 1930, p. 146.

（6） *Ibid.,* p. 46.

（7） M. Proust, *Le Temps retrouvé*, Paris, Gallimard, Bibliothèque de la Pléiade, 1989, t. IV, pp. 373-374.〔マルセル・プルースト『失われた時を求めて』鈴木道彦訳，集英社文庫〕プルーストのイロニーの妙技――「われわれがほとんど終わったときでした」«quand nous étions quasiment finis» において，助動詞 «étions» の古風な用法がもっている二重の意味がドイツびいきのシャルリュスにいわしめているのは，われわれは実際上，終わってしまっていた nous *avions* pratiquement finis であるか，われわれはほとんど駄目になってしまいました nous étions quasiment foutus である．

（8） G. Clemenceau, *Grandeurs...*, p. 59.

（9） *Ibid.,* p. 38.

（10） A. Tardieu, *Devant l'obstacle. L'Amérique et nous*, Paris, Éd. Émile Paul Frères, 1927, p. 295.

（11） *Ibid.,* p. 6.

（12） A. Maurois, *En Amérique*, Paris, Flammarion, 1933, p. 37.

（13） R. Aron et A. Dandieu, *Le Cancer américain*, Paris, Rioder, 1931, p. 105.

（14） A. Maurois, *En Amérique...*, p. 35. モーロワは，二度のディナーの前よりも後のほうがなおいっそう当惑したとみずから認めている．

（15） G. Clemenceau, *Grandeurs...*, p. 140.

（16） フロイトは *Le Président Thomas Woodrow Wilson...*, p. 304 のなかでこのことを報告している．このことは1919年５月13日付のハウス大佐の日記に書き

留められている.

(17) 「完全に消えた［また同時に失敗した］光」とは，すなわちウィルソンにかんする二冊の著作についてジェフ・シーソル Jeff Shesol がおこなった書評の題名. *New York Times Book Review*, 14 octobre 2001.

(18) G. Clemenceau, *Grandeurs...*, pp. 140, 144.

(19) ウィリアム・バリットは，同盟国に対する譲歩に異論を唱えるために，講和会議におけるアメリカ代表団を辞職していた.

(20) G. Clemenceau; S. Freud et W. Bullitt, *Le Président Thomas Woodrow Wilson...*, p. 274 に引用.

(21) *Ibid.*, pp. 13-14.

(22) *Ibid.*, p. 157.

(23) S. Freud et W. Bullitt, *Le Président Thomas Woodrow Wilson...*, p. 95. ジョン・ウィクリフ John Wyclif あるいは Wycliffe（1384年没）は，オックスフォードの神学者であり，聖書の翻訳者兼宗教改革者であるが，カトリック教会の悪弊に対抗すべく聖書に訴えかけた．彼は福音書について倫理的であると同時に実践的なヴィジョンを提示した．ジョン・ウェスリー（1703年—1791年）は福音主義者で，長きにわたって巡回司祭を務めたが，メソジスト教会の始祖である.

(24) Ch. Maurras, *Les Trois Aspects du Président Wilson...*, p. 184.

(25) *Ibid.*, p. 165.

(26) 隠喩をもちいていえば，周知のように，ウィルソンは長老派会員であった.

(27) R. Aron et A. Dandieu, *Le Cancer américain...*, p. 16.

(28) É. Faure, *Mon périple* [1932], éd., établie et commentée par J. Hoffenberg, avant-propos de J. Lacouture, Paris, Seghers-Michel Archimbaud, 1987, pp. 42-45.

(29) R. Aron et A. Dandieu, *Le Cancer américain...*, p. 92.

(30) G. Soria, *La France deviendra-t-elle une colonie américaine?*, préface de F. Joliot-Curie, Paris, Éd. du Pavillon, 1948, p. 48.

(31) *La Cinquième Colonne, la voici!*, Paris, SEDIC, s.d. [1950].

(32) A. Maurois, *En Amérique...*, p. 69.

(33) 1930年の『レアクシオン』*Réaction* 誌の特集号に付された題名.

(34) André Rousseaux, «Un quart d'heure avec M. G. Duhamel», *Candide*, 19 juin 1930, p. 4; A.-M. Duranton-Crabol, «De l'anti-américanisme en France vers 1930», *RHMC*, n° 48-1, p. 122 に引用.

(35) J.-L. Loubet del Bayle, *Les Non-Conformistes des années 30. Une tentative de renouvellement de la pensée politique françcaise*, Paris Seuil, 1969, p. 254 に引用.

(36) David Strauss, *Menace in the West. The Rise of French Anti-Americanism in Modern Times*, Wesport, Connecticut/London, England, Greenwood Press, 1978, p. 69.

(37) J.-L. Loubet del Bayle, *Les Non-Conformistes...*, p. 254. この「傾向」を「むしろ少数派」のように記述することは，いずれにせよ緩叙法〔否定を用いて肯定を故意に控えめにいうことで印象を強める修辞法〕である．

(38) R. Aron et A. Dandieu, *Le Cancer américain...*, p. 240.

(39) Ch. Maurass, «La France et l'Amérique» [1926], *Quand les Français ne s'aimaient pas. Chronique d'une renaissance. 1895-1905*, Paris, Nouvelle Librairie Nationale, 1916, p. 323.

(40) Étiemble, *Parlez-vous franglais?*, Paris, Gallimard, 1964; それぞれ pp. 332, 33（エティアンブルはオーディベルティから「租界」«concession» という語を借用している）, 52, 435.

(41) *Ibid.*, p. 244. この〈才女気取りの婦人〉の「ちんぷんかんぷんな言葉」を通じてエティアンブルが語っているのが，レジスタンス運動家と人質の処刑を告げるビラのことであることはおそらく理解されたであろう．

(42) *Ibid.*, p. 333. テクストではイタリック体で．このことは熟慮にもとづいた暗示を示唆している．

(43) Céline, *Voyage au bout de la nuit*, Paris, Gallimard-Folio, 1983, p. 237.〔セリーヌ『世の果ての旅』上巻，生田耕作訳，中公文庫〕

(44) E. Mounier, *Esprit*, n° 6, mars 1933, p. 896; J.-L. Loubet del Bayle, *Les Non-Conformistes...*, p. 243 に引用．

2　衰退に直面して

(1) T. Judt, *Un Passé imparfait. Les intellectuels en France (1944-1956)*, Paris, Fayard, 1992, p. 229.

(2) G. Duhamel, *Scènes de la vie future* [1930], Paris, Arthème Fayard, «Le Livre de demain», 1938, pp. 124, 125.

(3) «Enquête sur une détestation française», Jean Birnbaum, *Le Monde*, 25-26 nov. 2001 において．雑誌『ミュルティテュード』*Multitudes* の編集長は，そこで一部の反グローバリゼーション運動の不毛な反米的常同行動（ステレオティピー）を告発した．

(4) H. de Beaumont, «De l'avenir des États-Unis et de leur lutte future avec l'Europe», *Journal des Économistes*, juillet 1888, p. 76.

(5) *Ibid.*, p. 77.

(6) *Ibid.*

(7) 国際関係に対するこのダーウィニズムの適用は，オクターヴ・ノエルの

ような人を安心させることはない．ノエルは「アングロ－サクソン人種の同盟は，英国領植民地を保護することになる」（*Le Péril américain*, Paris, De Soye et fils, 1899, p. 45）と主張している．

（8） *La Conspiration des milliardaires* の chap. 4 de la première partie を参照．

（9） H. de Beaumont, «De l'avenir des États-Unis...», p. 84.

（10） モンロー宣言に対するフランスの反応については，R. Rémond, *Les États-Unis devant l'opinion française. 1815-1852*, Paris, Armand Colin, 1962, pp. 606-616 を参照．

（11） 1901年9月2日，ミネソタ州の博覧会でおこなわれ，ただちに有名になった演説のなかで，セオドア・ローズヴェルトはこの「アメリカ特有のことわざ」を引用した．すなわち，「穏やかに話し，ビッグ・スティックをもっていれば，旅は快適だろう」（«speak softly and carry a big stick, you will go far»）．これを「理論」に変えたのはタルデュー Tardieu, *Notes sur les États-Unis. La Société, La Politique. La Diplomatie*（Paris, Calmann-Lévy, 1908, p. 262）である．

（12） A. Tardieu, *ibid.,* p. 270.

（13） O. Noël, *Le Péril américain...*, p. 49.

（14） A. Tardieu, *Notes sur les États-Unis...*, pp. 360-361.

（15） Jules Huret, *En Amérique* (*II*) ..., Paris, Fasquelle, 1905, p. 86.

（16） P. Valéry, *Cahiers*, Paris, Gallimard, Bibliothèque de la Pléiade, éd. de J. Robinson, 1974, t. II, p. 1498.〔『ヴァレリー全集　カイエ篇』寺田透他訳，筑摩書房〕

（17） H. de Beaumont, «De l'avenir des États-Unis...», p. 83.

（18） 最初の出版は『アテーネウム』*Athenæum*, April-May 1919，ついで『新フランス評論』*Nouvelle Revue française*（août 1919）においてである．

（19） シュペングラーだけが『西洋の没落』*Le Déclin de l'Occident*（1918年に出版されたが，1912年のアガディール危機〔第二次モロッコ事件〕に衝撃を受けて構想された）によって，かなり幅広い影響力を誇示することができる．ムージルのすばらしいテクスト「寄る辺なきヨーロッパ」（*Das hilflose Europa*, 1922）は，ずっとかぎられた賛同しか得られない．

（20） P. Valéry, *Regards sur le monde actuel, Œuvres*, Paris, Gallimard, Bibliothèque de la Pléiade, 1993, t. 2, pp. 913-914.〔『ヴァレリー全集12』寺田透他訳，筑摩書房〕

（21） *Ibid.,* p. 927.

（22） G. Duhamel, «Entretien sur l'esprit européen», *Cahiers libres*, 1928, p. 29.

（23） *Ibid.,* p. 50.

（24） P. Valéry, *Cahiers...*, t. II, p. 1552.

（25） ヴァレリーは機械化と民主主義の相伴った勝利は実現されたものと考え，

「アメリカ文明」に対する抵抗運動をしていない.

(26) A. Siegfried, *Les États-Unis d'aujourd'hui*, Paris, Armand Colin, 1927, p. 345.

(27) P. de Rousiers, *La Vie américaine*, Paris, Firmin-Didot, 1892, p. 2.

(28) A. Siegfried, *Les États-Unis d'aujourd'hui*..., p. 346.

(29) *Ibid.,* p. 351.

(30) P. Valéry, «La crise de l'esprit», *Variété, Essais quasi politiques*, Deuxième lettre, *Œuvres I*, Paris, Gallimard, Bibliothèque de la Pléiade, 1957, p. 995.〔『ヴァレリー全集11』桑原武夫訳, 筑摩書房〕

(31) この主題については, Jacques Alain Favre, *André Suarès et la grandeur*, Paris, Klincksieck, 1977, pp. 118-120 et *passim.* を参照.

(32) A. Suarès, «Vues d'Europe: le principe européen», *Revue des vivants*, n° 8, août 1928, pp.183-193. Y. Hersant et F. Durand-Bogaert, *Europes. De l'Antiquité au XXe siècle*, anthologie critique et commentée, Paris, Robert Laffont, coll. «Bouquins», 2000, p. 170 に再録.

(33) *Ibid.,* pp. 171-172.

(34) Marcel Dietschy, *Le Cas André Suarès*, Neuchâtel, À La Baconnière, 1967, p. 70 に引用.

(35) A. Suarès, «Vues d'Europe: le principe européen»; *Europes*..., p. 170.

(36) G. Duhamel, *Scènes*..., p. 11.

(37) Y. Hersant et F. Durand-Bogaert, *Europes*..., pp. 160-161を参照.

(38) 英国は「汎ヨーロッパ任意条約には受け入れられるかもしれない」が, 「安全保障条約」ではない. クーデンホーフ＝カレルギーが引き合いに出したその理由とは, アジアや太平洋での英国の過剰かつ危険な関与である.

(39) V. Hugo, «Aux membres du Congrès de la Paix, à Lugano», 20 septembre 1872, *Œuvres complètes*, sous le dir. de J. Massin, Paris, Club Français du Livre, 1970, t. XV-XVI/1, p. 1339.

(40) D. Strauss, *Menace in the West. The Rise of Anti-Americanism in Modern Times*, Westport, Connecticut & London, Greenwood Press, 1978, p. 215. また, J.-B. Duroselle, *L'Idée d'Europe dans l'histoire*, Paris, Denoël, 1965, p. 274 も参照.

(41) 『交換』*L'Échange* は1893年―1894年にボストンで書かれ, 1900年に『レルミタージュ』*L'Ermitage* 誌に発表され, 1914年にコポーによって上演された. 四半世紀後の『未来生活情景』のなかで, ジョルジュ・デュアメルは忘れていない. すなわち, 「現代の天才は, 魂のはかりしれない世界を限定された物質的価値に還元することをあきらめない. フランスのある偉大な詩人によって発明されたアメリカ人であるトマス・ポロック・ナジョワールがいっているように, “どんなものにもそれなりの価値がある”」

(p. 100)のである．

(42)　『アメリカ人への訪問』，*Visite aux Américains* (Flammarion, 1936)のなかで，J・ロマンはタイムズ・スクエアと，「俗悪」かもしれないが，「ちまちまして」いないその群衆を礼賛している．「タイムズ・スクエアのこの群衆全体は庶民的だが，その歓喜全体は深く民主的である」(p. 45)．のちほど(本書第II部第5章)，この見解がいかにわずかしか共有されていないかを見ることになるだろう．

(43)　「さらには，もし私が，ヨーロッパ文明がその意図の終わりに達し，その野心をくみ尽くし，その営為全体を完遂したのだと考えるのであれば……．だがそうとは私は思わない」(*Scènes*..., p. 125)．これは結末の言葉である．

(44)　これはとくに『時代遅れのハリウッド』*Hollywood dépassé* の場合である．この小説は，一方のイタリア人と他方のフランス人という二人の移民に焦点をあてている．『USA についての若干の覚え書』*Quelques notes d'USA* (1928年) の主張によれば，国家間の対立の時代は過ぎ去り，その一方で大陸間の対立の時代がはじまるのであるが，この主張はクーデンホーフ＝カレルギーが〈宣言〉で与えた「他の諸大陸に相対して一つにまとまった本質」というヨーロッパの定義と一致している．

(45)　R. Aron et A. Dandieu, *Le Cancer américain*, Paris, Rioder, 1931, p. 68.

(46)　*Ibid.*, p. 21.

(47)　*Ibid.*, p. 236.

(48)　J.-L. Loubet del Bayle, *Les Non-Conformistes des années 30. Une tentative de renouvellement de la pensée politique française*, Paris, Seuil, 1969, p. 193. ルーベ・デル・ベールは『レアクシオン』誌 *Réaction* (nº 5, février 1931, p. 25) では，ジャン・ド・ファブレーグを引用している．

(49)　R. Aron et A. Dandieu, *Le Cancer américain*..., p. 17.

(50)　*Ibid.*, p. 15.

(51)　G. Duhamel, *Scènes*..., p. 109.

(52)　R. Aron et A. Dandieu, *Le Cancer américain*..., p. 47.

(53)　*Ibid.*, p. 46.

(54)　*Ibid.*, p. 106.

(55)　*Ibid.*, p. 82.

(56)　*Ibid.*, p. 144.

(57)　*Ibid.*, p. 245. «Deutchland Erwache !»〔ドイツよ，目覚めよ！〕というスローガンは，ドイツ国家社会党〔ナチ〕とまさしく同一視されるがゆえに，『ル・カナール・アンシェネ〔鎖でつながれたアヒル〕』紙は，1933年のナ

チの選挙での大躍進をわかりやすく説明するために，このスローガンを有名なカリカチュアのテーマとしている．機械仕掛けのヒトラーがチロル地方のハト時計から出てきて，聞こえないふりをしているドイツ人に「目覚めよ！」と叫ぶのである（Pol Ferjac, *Le Canard enchaîné*, 10 mai 1933）．

(58)　「ヒトラーへの手紙」は1933年11月に『新秩序』*Ordre Nouveau* 第5号に発表される（J.-L. Loubet del Bayle, *Les Non-Conformistes...*, pp. 308-310を参照）．ロベール・アロンはとくに『自由の独裁』*Dictature de la liberté*（Paris, Grasset, 1935）で，「アメリカの友人」に反対して書かれた一節において，ムッソリーニのイタリアを擁護している（pp. 108-110）．

(59)　〈対独協力〉の文学は，この種の歴史的啓示に富んでいる．ユダヤ人の陰謀というカンバスの上に，合衆国の歴史を起源から完全に書き直しているのが見られる．たとえば，Henri-Robert Petit, *Rothschild, roi d'Israël et les Américains*, Paris, Nouvelles Études Françaises, 1941（pp. 34-42）である．

(60)　R. Aron et A. Dandieu, *Le Cancer américain...*, p. 86.

(61)　*Ibid.*, p. 21. 槍玉に挙げられているのは，またもやデュアメルである．

(62)　反米主義と反ヨーロッパ統合主義の収斂については，Michel Wieviorka, «L'antiaméricanisme contemporain: les intellectuels en France, la nation et l'Europe», *Les Antiaméricanismes*, Actes du colloque dir. par T. Bishop, Y. Hersant et Ph. Roger（Paris, 3-4 juin 1999）, The Florence Gould Lectures at New York University, Special volume Spring 2001, pp. 56-60 を参照．

3　負債から従属へ

（1）　Étiemble, *Parlez-vous franglais?*, Gallimard, 1964, p. 231.

（2）　François Mauriac, *Le Figaro*, 24 février 1951.

（3）　*Le Monde*, 11 mai 1966. 署名者には，ジャン＝マリ・ドムナック，ピエール・エマニュエル，アンドレ・フィリップ，ダヴィッド・ルーセがいる．

（4）　G. Clemenceau, *Grandeurs et Misères d'une victoire*, Paris, Plon, 1930, p. 260.

（5）　A. Tardieu, *Devant l'obstacle. L'Amérique et nous*, Paris, Éd. Émile-Paul Frères, 1927, p. 287.

（6）　ルネ・レモン René Rémond がこの危機について記述したのは，『フランス世論を前にしたアメリカ合衆国――1815年―1852年』（*Les États-Unis devant l'opinion française. 1815-1852*（Paris, Armand Colin, 1962, pp. 779-814）においてである．

（7）　とくに問題となったのは，アメリカ政府によって損害を与えられたフランス国籍保有者（そのなかにはボーマルシェもいる）の補償と，1803年の

条約に対してアメリカ政府がおこなった違反である（その第８条が定めるところによれば，フランスの船舶はルイジアナでもっとも優遇される国籍として永久に取り扱われることになっていた．英国は1815年に税金の完全な免除を獲得したがゆえに，フランスは条約の名において同じ免除を要求する）．

（８） *Le National*, 29 mars 1834; R. Rémond, *Les États-Unis devant l'opinion française...*, p. 788 に引用．

（９） A. de Lamartine, débat du 1er avril 1834; *ibid.,* p. 793に引用．

（10） A. de Lamartine, débat du 20 mai 1842; *ibid.,* p. 817.

（11） R. Rémond, *Les États-Unis devant l'opinion française...*, p. 817に引用．

（12） *Le Constitutionnel*, 19 avril 1835; *ibid.,* p. 816に引用．

（13） R. Rémond, *Les États-Unis devant l'opinion française...*, p. 816.

（14） A. Siegfried, *Les États-Unis d'aujourd'hui*, Paris, Armand Colin, 1927（chapitre XVI, «L'Amérique créancière du monde»）, p. 214.

（15） P. Morand, *Champions du monde*, Paris, Grasset, 1930, p. 41.

（16） A. Tardieu, *Devant l'obstacle...*, p. 279.

（17） L. Romier, préface à André Lafond, *New York 1928. Impressions d'Amérique*, Éd. du Journal de Rouen, 1929, p. XIII.

（18） R. Aron et A. Dandieu, *Le Cancer américain*, Paris, Rioder, 1931, p. 47.

（19） A. Tardieu, *Devant l'obstacle...*, p. 279.

（20） A. Tardieu, *L'Heure de la décision*, Paris, Flammarion, 1934, p. 21.

（21） A. Siegfried, *Les États-Unis d'aujourd'hui...*, p. 226.

（22） *Ibid.,* p. 227.

（23） A. Tardieu, *L'Heure de la décision...*, p. 22.

（24） *Ibid.,* p. 21.

（25） R. Aron et A. Dandieu, *Le Cancer américain...*, pp. 124, 117.

（26） Ch. Maurras, *Les Trois Aspects du président Wilson. La Neutralité. L'Intervention. L'Armistice*, Paris, Nouvelle Librairie Nationale, 1920, p. XV. ウィルソンは «peace without victory»〔勝利なき平和〕について語っていた．

（27） *Ibid.,* p. 28.

（28） *Ibid.,* p. 152［初出の日付は1919年１月24日］．

（29） *Ibid.,* p. 200.

（30） *Ibid.,* p. 190.

（31） *Ibid.,* p. 193.

（32） *Ibid.,* p. 195.

（33） *Ibid.,* p. XV.

(34) *Ibid.,* p. 35［初出の日付は1917年4月7日］.

(35) *Ibid.,* p. 158.

(36) A. Siegfried, *Les États-Unis d'aujourd'hui...*（chapitre XXVI: «Les États-Unis, leaders de la race blanche ?»）, pp. 337, 340, 341-342.

(37) Ch. Maurras, *Les Trois Aspects du président Wilson...*, p. XV.

(38) William R. Keylor, «L'image de la France en Amérique à la fin de la Grande Guerre», *Les Américains et la France（1917-1947）. Engagements et représentations*, sous la dir. de F. Cochet, M.-Cl. Genet-Delacroix et H. Trocmé, Maisonneuve et Larose, 1999, p. 161.

(39) R. Aron et A. Dandieu, *Le Cancer américain...*, p. 68.

(40) この小説についてはのちほどふたたび採り上げることにする．オグデン・ウェッブという登場人物の名前は，メロンとヤングのあいだのアメリカ財務長官オグデン・ミルズの名前を想起させる．

(41) 1930年4月5日に上院でアンドレ・タルデューがおこなった演説．議会では，3月29日，タルデューは同じ戦術をもちいて，ウィルソンの復権を試みた．「ひとりの男が，とくに左翼席での無際限の過度の人気を，つづいて過度の不正をつぎつぎに体験した．ウィルソン大統領である．」

(42) A. Tardieu, *L'Heure de la décision...*, pp. 15, 14.

(43) Donald Roy Allen, *French Views of America in the 1930s*, New York & London, Garland Publishing Inc., 1979, p. 280.

(44) R. Recouly, *L'Amérique pauvre*, Paris, Les Éditions de France, 1933, p. 325.

(45) *Ibid.,* p. 339.

(46) Régis Michaud, *Ce qu'il faut connaître de l'âme américaine*, Paris, Boivin, 1929.

(47) Victor de Marcé, «Autour du problème des dettes», *Revue de Paris*, vol. 2（1933）et le commentaire de D. R. Allen, *French Views...*, p. 262, note 5.

(48) R. Aron et A. Dandieu, *Le Cancer américain...*, p. 120.

(49) J.-L. Chastanet, *L'Oncle Shylock ou l'impérialisme américain à la conquête du monde*, Paris, Flammarion, 1927, p. 78.

(50) A. Siegfried, *Les États-Unis d'aujourd'hui...*, p. 226.

(51) J.-L. Chastanet, *L'Oncle Shylock...*, p. 159.

(52) *Ibid.,* pp. 9-10.

(53) たとえば，Saint-Brice, «Le réveil de Shylock»（*Revue universelle*, 15 décembre 1932）を参照．フーヴァーはここでは勇気も「視野の広さ」もない人物として示されている．ローズヴェルトもそれ以上の人物とは考えられていない．「将来の行政府についてわかっているのは，それが国内では民衆を扇動し，まったく夢のような経済的策略によって負債を値切ろうと考えてい

ることである.」一般にアメリカが「私たちに教えてくれたのは,アメリカがどんな契約も結ぶ能力がないということである」(pp. 731-732).

(54) A. Siegfried, *Les États-Unis d'aujourd'hui...*, p. 25.

(55) *Ibid.,* p. 16.

(56) Max O'Rell [Paul Blouët] et Jack Allyn, *Jonathan et son continent. La société américaine*, Paris, Calmann-Lévy, 1900, p. 112.

(57) A. Siegfried, *Les États-Unis d'aujourd'hui...*, p. 25.

(58) L. Marin, Annales de la Chambre des députés, 1re séance du 21 janvier 1925.

(59) Pierre Scize, «Sacco, Vanzetti et le goût du sport», *Le Canard enchaîné*, 10 août 1927.

(60) 両大戦間のもっとも奇妙な不満の種のなかには,アメリカ人に特有なものとみなされた「安全」信仰がある.工業生産や道路で利用された«Safety First»〔安全第一〕のスローガンは,モーランの著作で驚くべき憤激を買っている.「ヤンキーの"安全第一"は精神を圧殺する」(*Champions du monde...*, p. 141).«Battery»〔バッテリー〕という題名の付いたリュック・デュルタンの詩にも,同じ激しさがある.「いや,あなた,セイフティ・ファーストじゃないよ!/安全はあとだ/ずっとあとだ/ヨーロッパのようにね」(*USA 1927*, Paris, Plaisir de bibliophile,1928 [np]).

(61) A. Siegfried, *Les États-Unis d'aujourd'hui...*, p. 342.

(62) L. Marin, Annales..., 1re séance du 21 janvier 1925.

(63) G. Duhamel, *Scènes de la vie future* [1930], Paris, Arthème Fayard, «Le Livre de demain», 1938, p. 100.

(64) Jacques Gascuel, *France-Soir*, 14 septembre 1948.

(65) R. Aron, «Sommes-nous voués à la mendicité ?», *Le Figaro*, 1er et 2 août 1948.

(66) R. Aron, «Du plan Marshall à l'Europe unie», *Le Figaro*, 2 juillet 1948.

(67) Département d'État, *French Attitudes On Selected Issues*, 43; R. F. Kuisel, *Le Miroir américain, 50 ans de regard français sur l'Amérique*, trad. par E.-R. Nicoud, Paris, J.-C. Lattès, 1993, p. 70 に引用.

(68) G. Soria, *La France deviendra-t-elle une colonie américaine ?*, préface de F. Joliot-Curie, Paris, Éd. du Pavillon, 1948, pp. 30, 31.

(69) *Ibid.,* p. 38. ソリアは「税関の主権」についても語っている.

(70) *Ibid.,* p. 75.

(71) *Ibid.,* p. 22.

(72) «La lettre au président Truman», Combattants de la paix et de la liberté, Conseil National, Paris, Imprimerie Aulard, 1949 (sans pagination).

(73) G. Cogniot, «L'"Union européenne", le "Gouvernement mondial", camou-

flages de l'impérialisme». これは1951年３月９日にリヨンで，フランス共産党ローヌ県連盟の支部委員会会員と地方事業支部の書記を前にしておこなわれた講演である（Les Conférences éducatives du Parti communiste français, 1re série, nº 9 [s.d.] p. 11）.

（74） *Ibid.*, p. 3. 原文では太字.

（75） たとえば，雑誌『プルーヴ』*Preuves*は親－大西洋主義的であるが，アメリカの文化的影響に対しては，はっきりと敵意を示している（J.-Ph. Mathy, *Extrême-Occident. French Intellectuals and America*, Chicago & London, The University of Chicago Press, 1993, pp. 139-140 を参照）．聖職者の反米主義に対するこの忠誠は，『プルーヴ』誌がCIA〔アメリカ中央情報局〕から補助金を受け取っていただけに，いっそう面白く，称賛にあたいする.

（76） *Sondages*, 1953, 40; F. Kuisel, *Le Miroir américain*..., p. 73 に引用．冷戦下のフランス世論の状況については，Philippe Roger［本書の著者と親戚関係はない］, *Rêves et cauchemars américains. Les États-Unis au miroir de l'opinion publique française* (*1945-1953*), Lille, Presses Universitaires du Septentrion, 1996 を参照するのが有益だろう.

（77） V. Pozner, *Les États-Désunis*, Paris, La Bibliothèque française, 1948, p. 18.

（78） G. Bernanos, *La Liberté pour quoi faire?*, Paris, Gallimard, 1953, p. 58.

（79） M. Duverger, *Le Monde*, 1er et 15 septembre 1948; L. Greilsamer, *Hubert Beuve-Méry. 1902-1989*, Paris, Fayard, 1990, p. 339 に引用．『ル・モンド』紙のこの時期については，J.-N. Jeanneney et J. Julliard, *Le Monde de Beuve-Méry ou le métier d'Alceste*, Paris, Seuil, 1979 および Jacques Thibau, *Le Monde, histoire d'un journal, un journal dans l'histoire*, Paris, J.-C. Smoën, 1978 をも参照.

（80） G. Cogniot, «L'"Union européenne"...», p. 13.

（81） «Thèmes et buts du film américain»（署名はない）, *La Nouvelle Critique*, nº 12, janvier 1950, p. 114.

（82） E. Gilson, *Le Monde*, 2 mars 1949 ; 24 août 1950. このエティエンヌ・ジルソンの歩みは，EHESS〔社会科学高等研究学校〕の私のゼミナールでデュラントン＝クラボル夫人がおこなった研究発表（まだ出版されていない）を通じて生き生きと語られた.

（83） Pierre Emmanuel, «L'Amérique impériale», *Le Monde*, 25-26-28 octobre 1949.

（84） Ch. Tillon, «La lettre au président Truman»...[non paginé].

（85） E. Mounier, «Le Pacte atlantique», *Œuvres*, Seuil, 1961, t. 4, p. 221.

（86） 本書第II部第５章を参照.

（87） E. Mounier, «Le Pacte atlantique»..., p. 220.

（88） 「50年代に一部の者たちが歌っていたスターリン主義の歌.」«Chants

staliniens de France par quelques-uns qui les chantaient dans les années 50», Label Expression spontanée, Patrice Gauthier et André Senik éd., s.d. この音声資料を私に教示してくれたニコル・フーシェに感謝する．

(89) E. Mounier, «Le Pacte atlantique»..., p. 220.

(90) *Ibid.,* p. 223.

(91) G. Bernanos, *La Liberté pour quoi faire?...*, p. 138.

(92) M. Aymé, «La fille du shérif», *La Fille du shérif*, Paris, Gallimard, 1987, pp. 15-17.

(93) R. Aron, *Les Guerres en chaîne*, Paris, 1951, p. 423; M. Winock, «Les attitudes des Français face à la présence américaine (1951-1967)», *Historical Reflections/Réflexions historiques*, 1997, vol. 23, n° 2, p. 253 に引用．

(94) T. Maulnier, *Spectateur*, 19 novembre 1946; M. Contat et M. Rybalka, *Les Écrits de Sartre*, Paris, Gallimard, 1970, p. 136 に引用．

(95) *Bulletin d'Informations de l'IFOP*, n° 1, 1er octobre 1944.

(96) J.-P. Sartre, «La leçon de Stalingrad», *France-URSS Magazine*, avril 1955, pp. 4-5; M. Contat et M. Rybalka, *Les Écrits de Sartre...*, p. 288 に引用．

(97) G. Duhamel, *Scènes...*, p. 124.

(98) Éditorial de Victor Joannes, *La Nouvelle Critique*, n° 16, mai 1950, p. 9.

(99) J.-J. Servan-Schreiber, *Le Défi américain*, Paris, Denoël, 1967. この語は52ページに登場する．

(100) Étiemble, *Parlez-vous franglais?...*, p. 36.

(101) *Ibid.,* p. 238.

(102) *Ibid.,* p. 52.

(103) *Ibid.,* p. 241.

(104) *Ibid.,* p. 327.

(105) *Ibid.,* p. 237.

(106) P. Sorum, *Intellectuals and Decolonisation in France*, Chapel Hill, U. of North Carolina Press, 1977を参照．

(107) T. Judt, *Un passé imparfait. Les intellectuels en France (1944-1956)*, trad. de P.-E. Dauzat, Paris, Fayard, p. 238.

(108) F. Mauriac, *Bloc-Notes. 1952-1957*, Paris, Flammarion, 1958 (12 octobre 1956).

(109) R. Vailland, *l'Humanité Dimanche* [février 1955]; dans *Chroniques II. D'Hiroshima à Goldfinger*, éd. dir. par René Ballet, Messidor-Éditions Sociales, 1984, p. 200.

(110) *Ibid.,* p. 230.

(111) Gabriel Dheur, «La Fayette, nous voici...», *Le Monde*, 29 mai 1948.

(112) ド・ゴールが合衆国の政策としばしば対立していたからといって，ド・ゴールは本書の意味での「反米主義者」ではない．ド・ゴールはアメリカ

批判の主張をしていない．「合衆国が合衆国の利益の方向に進むと信じていた国際秩序をド・ゴールが転覆させようとしていたからといって」，彼を反米主義者扱いすることは，反米主義という概念そのものから意味を奪うことになる．(R. F. Kuisel, «Was De Gaulle Anti-American?», *La Revue Tocqueville/Tocqueville Review*, vol. XIII nº 1, 1992, pp. 21-32 を参照．引用文は p. 27)．この論争については，Michael M. Harrison の論文，«La solution gaulliste» も参照．この論文は論争にユーモラスな色調を付与している．「ド・ゴールは，いかなる良識ある人物もそうであるが，アメリカ人にかんして相矛盾する意見をもっていた．ある日，彼はいった．“アメリカ人は力が強く，勇気があって，ばかだ”（だが結局，ド・ゴールはフランス人についてはもっと悪くいっていた）．」(*L'Amérique dans les têtes*, dir. par D. Lacorne, J. Rupnik et M.-F. Toinet, Paris, Hachette, 1986, p. 217.)

(113) M. Druon, *Lettres d'un Européen*, Charlot, s.d., pp. 112-113.

4　メトロポリス，コスモポリス

(1) *Réaction* nº 3, juillet 1930, p. 77.

(2) Crosnier de Varigny, *Les Grandes Fortunes aux États-Unis et en Angleterre*, Paris, Hachette, 1889, p. 7.

(3) B. de Jouvenel, *La Crise du capitalisme américain,* dans *Itinéraire 1928-1976*, Paris, Plon, 1993, p. 141.

(4) Étiemble, *Parlez-vous franglais?*, Paris, Gallimard, 1964, p. 75.

(5) R. Recouly, *L'Amérique pauvre*, Paris, Les Éditions de France, 1933, p. 46.

(6) 「このアメリカ人女性にとって，晩餐会や社交のパーティは，一種のベルリッツ語学院だった．つまり彼女は人々の名前を耳にすると，あらかじめその価値や，その正確な範囲を知りもしないのに，それを繰り返し口にするのだ．」M. Proust, *Le Temps retrouvé*, Paris, Gallimard, Bibliothèque de la Pléiade, 1989, t. IV, p. 539.〔マルセル・プルースト『失われた時を求めて』鈴木道彦訳，集英社文庫〕これはファルシー氏のアメリカ人妻のことである．

(7) R. Gain, *Des Américains chez nous*, Paris, Éditions Montaigne, 1928, p. 72.

(8) *Ibid.,* p. 75.

(9) *Ibid.,* p. 73.

(10) *Ibid.,* p. 83.

(11) *Ibid.,* pp. 105, 106.

(12) *Ibid.,* p. 71.

(13) *Ibid.,* p. 99.

(14) *Ibid.,* p. 73.

(15) *Ibid.,* p. 157.

(16) *Ibid.,* p. 63.

(17) *Ibid.,* p. 73.

(18) V・ポズネル V. Poznerの著書『アメリカ非合衆国』*Les États-Désunis*（Paris, La Bibliothèque française, 1948）は，ギャング行為にかなり広いスペースを割いている．著者は同書を戦前に書かれたものとして紹介している．

(19) 本書序文参照．

(20) G. Duhamel, *Scènes de la vie future* [1930], Paris, Arthème Fayard, «Le Livre de demain», 1938, p. 57.

(21) G. Lanson, *Trois Mois d'enseignement aux États-Unis*, Hachette, 1912, p. 31.

(22) *Ibid.,* pp. 32-33. 1818年以後，ニューヨークは原型的な都市として，みずからのライバルを押しのけていく．この都市をめぐるすぐれた歴史が，最近，フランソワ・ヴェーユ François Weil によってもたらされた（*Histoire de New York*, Paris, Fayard, 2000）．その神話的側面については，*New York, mythe littéraire français*, de Crystel Pinçonnat（Paris, PUF, 2001）を参照することができる．

(23) Émile Verhaeren, *Les Campagnes hallucinées*, Paris, Mercure de France, 1893.

(24) P. Bourget, *Outre-Mer. Notes sur l'Amérique*, Paris, Alphonse Lemerre, 1895, p. 41.

(25) Jules Huret, *En Amérique* (*I*), Paris, Fasquelle, 1905, p. 9.

(26) G. Simenon, *Maigret à New York*, Paris, Presses de la Cité, 1947, p. 14.

(27) A. Maurois, *En Amérique*, Paris, Flammarion, 1933, p. 69.

(28) P. Morand, *Champions du monde*, Paris, Grasset, 1930, p. 41.

(29) *Ibid.*

(30) R. Aron et A. Dandieu, *Le Cancer américain*, Paris, Rioder, 1931, p. 104.

(31) Hergé, *Tintin en Amérique*, 1931.〔エルジェ『タンタン，アメリカへ』川口恵子訳，福音館書店〕タンタンの創作者は，「ジョルジュ・デュアメルの影響を受けた」ことを認めたが，とくに右翼系の出版物である『ひきがえる』*Le Crapouillot* 紙に掲載されたルポルタージュをネタにして仕事をした．エルジェはクロード・ブランシャール Claude Blanchard の «L'Amérique et les Américains» (octobre 1930) と題された論文から自分の材料の大半を引き出している．ジャン＝マリ・アポストリデス Jean-Marie Apostolidès が *Les Métamorphoses de Tintin*, Paris, Seghers, 1984, pp. 30-33のなかでおこなったルポルタージュと絵本の比較分析が証明しているとおりである．ジャン＝マリ・アポストリデスがからかい気味に指摘しているように，「戦後，フランス語の知的世界における流行は一般に反米主義の側にあったがゆえに，

少なくともこの点については，エルジェの作品はほとんど修正を受けることなく」，フランスの子供たちは『ひきがえる』の偏狭な考え方によってアメリカを発見しつづけることになる．

(32) H. de Keyserling, *Psychanalyse de l'Amérique* (*America Set Free*), traduit de l'original anglais par Germain d'Hangest, Stock, 1930, p. 48. 同書は，クローデルによって称賛されながら引用されている（*Lettres à Agnès Meyer*, 28 août 1929, *Claudel et l'Amérique II, Lettres de Paul Claudel à Agnès Meyer [1928-1929] Note-Book d'Agnès Meyer [1929]*, éd. établie par E. Roberto, Éd. de l'Université d'Ottawa, 1969, p. 130）．カイザーリングの成功は現代の読者を驚かせるが，彼がすでにモーロワを驚かせていたことを確認すると安心させられる．

(33) L. Durtain, *Hollywood dépassé*, Paris, Gallimard, 1928, pp. 138, 139.

(34) *Ibid.*, p. 141.

(35) L. Durtain, «La cité que bâtit la vision», *Quarantième Étage*, Paris, Gallimard, 1927, p. 129.

(36) *Ibid.*, p. 131.

(37) *Ibid.*, pp. 145, 149.

(38) L. Durtain, *Hollywood dépassé*..., p. 140.

(39) C. De Pauw, *Recherches philosophiques sur les Américains* [1768], Paris, Jean-Michel Place, 1990, p. 2.

(40) P. Claudel, *Conversations dans le Loir-et-Cher, Œuvres en prose*, Paris, Gallimard, Bibliothèque de la Pléiade, 1965, p. 790. アメリカ社会がクローデルにとって「物質主義的」と見えるとしても，アメリカはクローデルの作品において非物質的になる傾向にある．すなわち，「アメリカは本質的に中央値（メディアン）である」(«Projet d'une église souterraine à Chicago», *Positions et propositions*, v. II, p. 230)．

(41) ル・コルビュジエ Le Corbusier はアメリカに到着するなり，ニューヨークの摩天楼は小さすぎるとアメリカのジャーナリストに宣言することによって大評判をとる（*Quand les cathédrales étaient blanches*, Paris, Plon, 1937〔ル・コルビュジエ『伽藍が白かったとき』生田勉，樋口清訳，岩波文庫〕における彼の物語を参照）．

(42) R. Recouly, *L'Amérique pauvre*, Paris, Les Éditions de France, 1933, pp. 12-13, 16.

(43) P. Claudel, *Conversations*..., p. 738.

(44) *Ibid.*, p. 741. 彼はピッツバーグにある未来の「学識のカテドラル」[Cathedral of Learning] にある希望をかけている．

(45) G. Duhamel, *Scènes de la vie future* [1930], Paris, Arthème Fayard, «Le Livre de demain», 1938, p. 56.

(46) L. Durtain, «Smith Building», *Quarantième Étage*..., p. 192.

(47)　*Ibid.,* p. 206.

(48)　*Ibid.,* p. 193.

(49)　*Ibid.,* p. 231.

(50)　『アメリカ的生活の約束』*The Promise of American Life* (New York, Macmillan, 1909) は，1913年，アルカン社からフランス語に翻訳出版され，ベストセラーになった．

(51)　W. Frank, *Nouvelle Découverte de l'Amérique. Introduction à une philosophie de la vie américaine*, trad. de L. Savitzky, Paris, Grasset, 1930, p. 337.

(52)　*Ibid.,* p. 105.

(53)　P. Claudel, *Conversations...*, p. 739.

(54)　G. Duhamel, *Scènes...*, pp. 56-57.

(55)　*Ibid.,* p. 124.

(56)　*Ibid.,* p. 57.

(57)　*Ibid.,* p. 125.

(58)　*Ibid.*

(59)　Henri Nevers, *Pourquoi l'Amérique est-elle en guerre?*, Paris, Nouvelles éditions françaises, s.d., pp. 21, 22.

(60)　«Métro interallié», dessin de Bogislas, *Au Pilori*, 2 août 1944. このデッサン（およびそのつづきの作品）は，クリスティアン・デルポルト Christian Delporte の興味深い著作，*Les Crayons de la propagande. Dessinateurs et dessin politique sous l'Occupation*, préface de René Rémond, CNRS Éditions, 1933, p. 102 のなかで複製されている．

(61)　「死の間際に」«In articulo mortis», dessin de Soupault, *Je suis partout*, 21 juillet 1941; *ibid.,* p. 95.

(62)　「"出会い"の家」«Maison de "rencontres"», dessin de Soupault, *Ils sont partout*, album 1944; *ibid.,* p. 144.

(63)　「〈自由〉が……ついに！　世界を照らす！」«La Liberté... enfin! éclaire le monde!», Mara, *La Gerbe*, 25 mai 1944; *ibid.,* p. 94.

(64)　Henri Nevers, *Pourquoi l'Amérique est-elle en guerre?...*, p. 20.

(65)　*Ibid.,* p. 8. このウィーンとベルリンのカフェ礼賛さえ書き写されたものである．この礼賛はレイモン・ルクリ Raymond Recouly の『貧しきアメリカ』*L'Amérique pauvre* のなかに原文どおりに記載されている．

(66)　*Ibid.,* p. 17.

(67)　*Ibid.,* p. 19.

(68)　*Ibid.,* pp. 7, 8.

(69)　*Ibid.,* p. 4.

(70)　*Ibid.*, p. 7.

(71)　F. Klein (abbé), *L'Amérique de demain*, Paris, Plon, 1910, p. 6.

(72)　E. Demolins, *À quoi tient la supériorité des Anglo-Saxons?*, Paris, Didot, 1897, p. 149.

(73)　Ch. Crosnier de Varigny, *La Femme aux États-Unis*, Paris, Armand Colin, 1893, p. 220. デュアメルの作品のなかに，この月並みな表現・主題の遅れた反響を見出すことができる．ホテルのロビーで交わされる二人のフランス人の奇妙な会話の際である．「……いや，これはレヴァント人ではありません．私が請け合います．これはユダヤ人ではありません．公平でなければなりません．私はここのユダヤ人といっしょに働きましたが，まったくきちんとした人々です．彼は一〇〇パーセントの人です．考えてもみたまえ！スミス！」ところが，このスミスはレヴァント人全員を集めたよりもずる賢い嘘つきである．「何かお望みですか．東洋は想像するより大きいです．それはワルシャワあたりではじまります．それは世界をぐるっと回って，大西洋のほぼまんなかで止まります……」(*Scènes*..., pp. 109)．

(74)　A. Siegfried, *Les États-Unis d'aujourd'hui*, Paris, Armand Colin, 1927, p. 17.

(75)　R. Recouly, *L'Amérique pauvre*..., p. 8.

(76)　G. Duhamel, *Scènes*..., p. 76.

(77)　A. Siegfried, *Les États-Unis d'aujourd'hui*..., p. 16.

(78)　J.-P. Sartre, «Villes d'Amérique» [*Le Figaro*, 1945], *Situations III*, Paris, Gallimard, 1949, p. 94.〔「アメリカの町々」，『シチュアシオンIII』(『サルトル全集』第10巻) 所収，渡辺明正訳，人文書院〕

(79)　J.-P. Sartre, «Individualisme et conformisme» [*Le Figaro*, février 1945], *ibid.*, p. 87.〔「アメリカの個人主義と画一主義」，『シチュアシオンIII』(『サルトル全集』第10巻) 所収，佐藤朔訳，人文書院〕

(80)　J.-P. Sartre, «Villes d'Amérique»..., *Situations III*..., p. 97.

(81)　Céline, *Voyage au bout de la nuit* [1932], Paris, Gallimard-Folio, 1983, p. 237.〔セリーヌ『夜の果ての旅』上巻，生田耕作訳，中公文庫〕一石二鳥としてサルトルが，ル・コルビュジエをもターゲットにしているのでないかぎりである．すなわち，「ニューヨークは新しい時代のしるしのもとにある直立した都市である．これはひとつのカタストロフであるが，それは美しいカタストロフであり，早急な運命によって信念と勇気ある人に下されたカタストロフである」(*Quand les cathédrales étaient blanches*, Paris, Plon 1937; Denoël/Gonthier, Médiations, 1977, p. 45〔ル・コルビュジエ『伽藍が白かったとき』生田勉，樋口清訳，岩波文庫〕)．

(82)　J.-P. Sartre, «Villes d'Amérique»..., *Situations III*..., pp. 101-102.

(83)　Céline, *Voyage*..., p. 247.

(84) R. Barthes, «New York, Buffet et la hauteur», *Arts*, 11-17 fév. 1959; *Œ. C.,* Paris, Seuil, 1994, vol. I, p. 781.

(85) J.-P. Sartre, «Villes d'Amérique»..., *Situations III*..., pp. 97, 96.

(86) *Ibid.,* p. 102.

(87) J.-P. Sartre, «New York, ville coloniale» [*Town and Country*, 1946], *Situations III*..., p. 120.〔サルトル「植民地都市ニューヨーク」,『シチュアシオンIII』(サルトル全集第10巻) 所収, 吉村正一郎訳, 人文書院〕

(88) *Ibid.*

(89) *Ibid.,* p. 119.

(90) *Ibid.,* p. 121.

(91) *Ibid.,* p. 124.

(92) J.-P. Sartre, «Villes d'Amérique»..., *Situations III*..., p. 105.

(93) *Ibid.,* p. 104.

(94) *Ibid.,* p. 105.

(95) G. Duhamel, *Scènes*..., p. 68.

(96) G. Duhamel, *Scènes*..., pp. 68, 104, 29.

(97) Céline, *Voyage*..., p. 255.

(98) J.-P. Sartre, «New York, ville coloniale»..., *Situations III*..., p. 121.

(99) J.-P. Sartre, «Villes d'Amérique»..., *Situations III*..., p. 107.

(100) R. Barthes, «New York, Buffet et la hauteur», *Arts*, 11-17 fév. 1959; *Œ. C.,* vol. 1, pp. 781-782.

(101) S. de Beauvoir, *L'Amérique au jour le jour*, Paris, Éd., Paul Morihien, 1948, p. 19.〔シモーヌ・ド・ボーヴォワール『アメリカその日その日』二宮フサ訳, 人文書院〕

(102) Céline, *Voyage*..., p. 271.

(103) Céline, *Voyage*..., p. 261.

(104) J.-P. Sartre, «New York, ville coloniale»..., *Situations III*..., pp. 114-115.

(105) J. Baudrillard, «L'esprit du terrorisme», *Le Monde*, 3 nov. 2001 を参照.「ツインタワーが倒壊したとき, ツインタワーは自分自身の自殺によって特攻機の自殺に応えようとしているという印象が拭えなかった.」

(106) V. Pozner, *Les États-Désunis*..., p. 167.

(107) 「アメリカン・パワー」をテーマにした第11回国際歴史映画祭 (2000年11月22日―27日, ペサック) での発言のなかで, ソフィ・ボディ゠ジャンドロが他方で明らかにしているのは,「ゲットー」のような語がいかに隠喩化され,「集合住宅地区」をめぐるフランス国内の論争に都合のいいようにねじ曲げられているかということだった. その一方で, 二つの現実に

は大した共通点がない．

（108） L. Durtain, «Match de boxe», *USA 1927*, Album de photographies lyriques, ornementation de Pierre Legrain, Paris, Plaisir du Bibliophile, 1928.

（109） P. Bourget, *Outre-Mer...*, II, p. 136.

（110） G. Duhamel, *Scènes...*, p. 107.

（111） 「それでも彼らは何かを，フランス人を，役場での登録手続きのばかばかしさでもって理解していた．なぜなら，感情を害されることの反対語が，友愛だから．」A. Marlaux, *L'Espoir*, Paris, Gallimard, Bibliothèque de la Pléiade, 1947, p. 514.〔アンドレ・マルロー『希望』岩崎力訳，『新潮世界文学全集』45所収，新潮社〕Mona Ozouf, article «Fraternité», dans F. Furet et M. Ozouf, *Dictionnaire critique de la Révolution française*, Paris, Flammarion, 1988, pp. 731-740.

（112） Liliane Kandel, «Il ne s'est rien passé le 11 septembre?», *Libération*, 5 novembre 2001.

5　人間の擁護

（1） A. Maurois, *En Amérique*, Paris, Flammarion, 1933, pp. 70-71.

（2） モーロワのアメリカ日誌は，1933年に『アメリカにて』*En Amérique* にまとめられる前は，『接触』*Contacts*（A. M. M. Stols, 1928）および「予想外のアメリカ」«L'Amérique inattendue»（A. et G. Mornay, 1931）という題名で，最初は分けて出版された．

（3） Daniel-Rops et D. de Rougemont, *Ordre Nouveau,* n° 3, juillet 1933; J.-L. Loubet del Bayle, *Les Non-Conformistes des années 30. Une tentative de renouvellement de la pensée politique française*, Paris, Seuil, 1969, p. 260 に引用．

（4） G. Bernanos, «Révolution et liberté» [Sorbonne, 7 février 1947], *La Liberté pour quoi faire?*, Paris, Gallimard, 1953, pp. 156, 158.

（5） *La Nouvelle Critique*, n° 27, juin 1951, V. I. Jérôme, «Aux sources américaines de la culture "occidentale"», pp. 29, 34.

（6） *Études soviétiques*, n° 35, mars 1951, E. Tarlé, «De Wilson à Truman. L'acharnement antisoviétique des impérialistes américains», p. 11.

（7） R. Vailland, *Arts. Lettres. Spectacle*, 9 octobre 1957; dans *Chroniques II, D'Hiroshima à Goldfinger*, éd. dir. par René Ballet, Messidor-Éditions sociales, 1984, p. 425.

（8） R. Vailland, «Le ménage n'est pas un art de salon», *La Tribune des nations*, 14 mars 1952.

（9） 私はここでミケーラ・ナッシが自分の豊かな研究に与えた題名，*La Barbarie del comfort. Il modello di vita americano nella cultura francese del '900*, Napoli,

Istituo Italiano per gli Studi Filosofici/Milano, Guerini e Associati, 1992 を借用している.

(10) E. Mounier, «Manifeste au service du personnalisme», *Esprit*, octobre 1936, p. 129; J.-L. Loubet del Bayle, *Les Non-Conformistes...*, p. 217 に引用.

(11) G. Duhamel, *Scènes de la vie future* [1930], Paris, Arthème Fayard, «Le Livre de demain», 1938, p. 25.

(12) P. Claudel à Agnès Meyer, 30 août 1929; *Claudel et l'Amérique II, Lettres de Paul Claudel à Agnès Meyer [1928-1929] Note-Book d'Agnès Meyer [1929]*, éd. établie par E. Roberto, Éd. de l'Université d'Ottawa, 1969, p. 132.

(13) Roger Magniez, numéro spécial de *Réaction* intitulé «Procès de l'Amérique», n° 3, juillet 1930, p. 83.

(14) R. Aron et A. Dandieu, *Le Cancer américain*, Paris, Rioder, 1931, p. 236.

(15) S. de Beauvoir, *La Force de l'âge*, Paris, Gallimard, 1960, p. 363. 〔シモーヌ・ド・ボーヴォワール『女ざかり』朝吹登水子, 二宮フサ訳, 紀伊國屋書店〕

(16) S. de Beauvoir, *L'Amérique au jour le jour*, Paris, Éd. Paul Morihien, 1948, p. 316.

(17) J. Cocteau, *Lettre aux Américains*, Paris, Bernard Grasset, 1949, p. 85. コクトーは眼科医ランドールの証言を伝えるゴンクール兄弟のテクスト (*Journal*, 17 juillet 1895) をいくらか不正確に引用している. それは「部屋の隅に置かれた大理石の洗面台のお湯と冷水のあの途方もない二つの蛇口」についてであるが,「この大理石の洗面台は移動することもできず, 体を洗うのには不便きわまりない. また部屋のまんなかに置かれたガスの照明では, ベッドで読書することもできない. ベッドのそばには手燭もマッチもない. そしてこれが女中の仕事なのに, 女中は決して衣服にブラシをかけたりしないのである」. Paris, Fasquelle-Flammarion, 1956, t. IV, p. 820.

(18) David Strauss, *Menace in the West. The Rise of French Anti-Americanism in Modern Times*, Wesport, Connecticut/London, England, Greenwood Press, 1978, p. 175.

(19) 「彼らのつながりが両者に対する極端な反動を説明するための一助となる」とデーヴィッド・ストラウス David Strauss (*ibid.,* p. 30) は書いている.

(20) J. Cocteau, *Lettre...*, p. 34.

(21) A. Siegfried, *Les États-Unis d'aujourd'hui*, Paris, Armand Colin, 1927, p. 347.

(22) M. Blanchot, *Réaction*, n° 11, avril 1932, p. 14; J.-L. Loubet del Bayle, *Les Non-Conformistes...*, p. 254 に引用.

(23) G. Duhamel, *Scènes...*, pp. 118, 117.

(24) G. Friedmann, *Problèmes du machinisme en URSS et dans les pays capitalistes*, Paris, Éditions Sociales Internationales, 1934, p. 108.

(25) G. Duhamel, *Scènes...*, p. 121.

(26) *Ibid.*

(27) A. Siegfried, *Les États-Unis d'aujourd'hui*..., p.178; G. Duhamel, *Scènes*..., p. 113. これが，のちほど問題となる「工業生産」にかんする章からデュアメルが採り上げたすべてであるように見える．

(28) J. Cocteau, *Lettre*..., p. 86.

(29) A. Siegfried, *Les États-Unis d'aujourd'hui*..., p. 163.「哲学」という語はこの章に何度もくり返し登場する．

(30) B. de Jouvenel, *La Crise du capitalisme américain,* dans *Itinéraire 1928-1976*, textes réunis et présentés par Éric Roussel, Paris, Plon, 1993, p. 9. ジュヴネルはローズヴェルト主義者になったあと，〔ジャック・〕ドリオのPPF〔フランス人民党〕に寝返ったが，1938年に反－ヒトラー主義により関係を断った．

(31) A. Siegfried, *Les États-Unis d'aujourd'hui*..., p. 165.

(32) G. Duhamel, *Scènes*..., p. 81.

(33) B. de Jouvenel, *La Crise*..., p. 146.

(34) とりわけ，Hyacinthe Dubreuil, *Standards. Le Travail américain vu par un ouvrier français* (Grasset, 1929) et *Nouveaux Standards. Les Sources de la productivité et de la joie* (Grasset, 1931).

(35) L. Romier, *Qui sera le maître, Europe ou Amérique?*, Paris, Hachette, 1927, p. 85.

(36) F. Drujon, *L'Amérique et son avenir*, Paris, Corrêa, 1938, pp. 158-159.

(37) *Ibid.,* pp. 112-113.

(38) G. Duhamel, *Scènes*..., p. 117.

(39) G. Friedmann, *Problèmes du machinisme*..., pp. 80, 79, 81, 80, 78.

(40) *Ibid.,* p. 79.

(41) *Ibid.,* p. 102.

(42) *Ibid.,* p. 104.

(43) 次章参照．

(44) これはグラムシ Gramsci の『獄中ノート』*Cahiers de prison* にも見出される〔グラムシ『グラムシ獄中ノート』獄中ノート翻訳委員会訳，大月書店〕．グラムシの考えでは，ヨーロッパは民主的操作を備えたフォードシステムを我が物にすることはできるが，テーラーシステムについてはそうではない．テーラーシステムは拒絶すべきアメリカのイデオロギーなのである．

(45) R. Aron et A. Dandieu, *Le Cancer américain*..., p. 83.

(46) G. Bernanos, *La Liberté pour quoi faire?*..., p. 58.

(47) R. de Roussy de Sales, «Un mouvement nouveau venu des États-Unis: la technocratie», *La Revue de Paris*, vol. 2, 1933.「テクノクラート」という語は，たとえば同時期のR・ルクリ R. Recouly にも登場する．すなわち，「現

在の危機を克服するのは“テクノクラート”と呼ばれる人々」ではない（*L'Amérique pauvre*, Paris, Les Éditions de France, 1933, p. 5）.

（48） L. Durtain, «Smith Building», *Quarantième Étage*..., Paris, Gallimard, 1927, p. 223.

（49） R. de Roussy de Sales, «Un mouvement...».

（50） A. Siegfried, *Les États-Unis d'aujourd'hui*..., p. 171. シーグフリードは知能テストがフランスで生まれたということ（ビネとシモン〔ビネ＝シモン検査法のこと〕）も想起している．さらに盗まれた特許のことも……

（51） B. de Jouvenel, *La Crise*..., p. 147.

（52） *Ibid*., p. 145.

（53） B. Faÿ, *Civilisation américaine*, Paris, Sagittaire, 1939, pp. 84-85.

（54） *Ibid.,* p. 85.

（55） G. Duhamel, *Scènes*..., p. 81.

（56） «Élections aux USA», Gérald Cazaubon, *Défense de la paix*, nº 13, juin, 1952, pp. 85-94. もっとも，この扇動的な図像（«I like Ike»〔アイクはアイゼンハワー大統領の愛称〕というスローガンが描かれた女性の脚も見られる）は，この記事がもたらす明確な情報と対照をなしている．

（57） B. Faÿ, *Civilisation américaine*..., pp. 82-83.

（58） A. Siegfried, *Les États-Unis d'aujourd'hui*..., p. 166; G. Duhamel, *Scènes*..., p. 118.

（59） J. de Fabrègues, *Réaction*, nº 8, février 1932, p. 24; J.-L. Loubet del Bayle, *Les Non-Conformistes*..., pp. 260-261 に引用．

（60） F. Drujon, *L'Amérique et son avenir*..., pp. 21-22.

（61） A. Philip, *Le Problème ouvrier aux États-Unis*, Paris, Félix Alcan, 1927, p. 38. 1930年にジョルジュ・フリードマンが手に入れ，〈人間科学館〉の図書館に寄贈された版については，この章末全体に青鉛筆の太い線でしるしが付けられている……．

（62） J. Huret, *En Amérique*（*II*）, Paris, Fasquelle, 1905, p. 172.

（63） G. Lanson, *Trois Mois d'enseignement aux États-Unis*, Paris, Hachette, 1912, p. 82.

（64） G. Duhamel, *Scènes*..., pp. 42-43.

（65） J. Romains, *Visite aux Américains*, Paris, Flammarion, 1936, p. 31.

（66） L. Durtain, «Hollywood», *USA 1927*..., [ページ番号は打たれていない].

（67） R. Aron, *Dictature de la liberté*, Paris, Grasset, 1935, p. 173.

（68） Céline, *Voyage au bout de la nuit*, Paris, Gallimard, «Folio», 1983, p. 252.〔セリーヌ『夜の果ての旅』上巻，生田耕作訳，中公文庫〕

（69） J.-P. Maxence, «L'Europe en danger», *La Revue française*, 22 mars 1931, p. 266; J.-L. Loubet del Bayle, *Les Non-Conformistes...,* p. 56 に引用．

(70)　Daniel-Rops, «Positions générales», publié par *La Revue française*, avril 1933; *ibid.,* pp. 455, 454 に引用.

(71)　Daniel-Rops, *Ordre Nouveau*, n° 3, juillet 1933, p. 3; *ibid.*, p. 85 に引用.

(72)　R. Aron, *Dictature de la liberté*, Paris, Grasset, 1935, p. 28.

(73)　Donald R. Allen, *French Views of America, in the 1930s*, New York & London, Garland Publishing Inc., Troisième partie: «The impact of Franklin Delano Roosevelt and the emergence from isolationism», pp. 245-321 参照.

(74)　G. Duhamel, *Scènes...*, pp. 34-35.

(75)　R. Aron, *Dictature...*, p. 111. 強調は私.

(76)　S. de Beauvoir, *L'Amérique au jour le jour*, Paris, Éd. Paul Morihien, 1948, p. 100.

(77)　G. Bernanos, «Révolution et liberté»..., *La Liberté pour quoi faire?...*, pp. 158-159.

(78)　A. Béguin, «Réflexions sur l'Amérque, L'Europe, la neutralité...», *Esprit*, juin 1951. ベルナノスの『ロボットに対抗するフランス』*La France contre les robots* はこの論文のなかで引用されている.

(79)　J.-M. Domenach, «Le Diplodocus et les fourmis», *Esprit*, mars 1959.

(80)　S. de Beauvoir, *L'Amérique...*, p. 270.

(81)　「酔っぱらった」理工科学校の第1学年の学生に対しても同様である. R. Aron et A. Dandieu, *Le Cancer américain...*, p. 87.

(82)　*Ibid.,* p. 74.

(83)　S. de Beauvoir, *L'Amérique...*, p. 385.

(84)　*Ibid.,* p. 321.

(85)　G. Bernanos, «Révolution et liberté»..., *La Liberté pour quoi faire?...*, pp.160-162. 戦前には「フォード－スターリン的ヒューマニズムの非人間的楽観主義」を告発していたエマニュエル・ムーニエが，1949年には（「騒々しい雄弁で満足している」）ベルナノスに対して，またより一般的には，「感情的で情動的な反機械化」に対して，論戦を挑んでいることを指摘しておこう（*La Petite Peur du XXe siècle*, Neufchâtel, 1949; *Œuvres*, Paris, Seuil, III, pp. 364, 367）.

(86)　このことは，反対に『未来のイヴ』*L'Ève future* におけるヴィリエ〔・ド・リラダン〕Villiers de L'Isle-Adam のように，一つの世界の他の世界に対する違反を想像することをも，またアメリカの機械を前にしたジュール・ユレのように，それらの機械は「考えているように見える」と主張することをも，いささかも妨げるものではない（*En Amérique...*, p. 295）.

(87)　H. Bergson, *Les Deux Sources de la morale et de la religion*, Paris, PUF [1932], 1992, pp. 327-328.〔ベルクソン『道徳と宗教の二つの源泉』森口美都男訳，『世界の名著』64『ベルクソン』〕

(88) G. Friedmann, *Problèmes du machinisme...*, p. 99 とくに注 4.

(89) G. Duhamel, *Scènes...*, p. 99.

(90) G. Bernanos, «Révolution et liberté»..., *La Liberté pour quoi faire?...*, pp. 155-156.

(91) *Ibid.,* p. 155.

(92) R. Aron, *Dictature...*, p. 22.

(93) B. Faÿ, *Civilisation américaine...*, p. 83.

(94) É. Boutmy, *Éléments d'une psychologie politique du people américain* [1902], Paris, A. Colin, 1911, p. 77.

(95) R. Aron, *Dictature...*, p. 108.

(96) *Ibid.,* p. 110.

(97) P.-A. Cousteau, *L'Amérique juive*, Paris Éditions de France, 1942, p. 71.

(98) 「私のポケットには，あなたの国の小さな硬貨がいくつもあるが，そこにはリバティという語が刻印されている．まさしくこの語に，あなたは何を見るのでしょうか．インディアン，あるいはバイソンの姿です．ああ，なんという皮肉でしょう！　これらは，あなた方が 3 世紀も経たないうちに絶滅させた二つの生き生きとした自由な種なのです」（G. Duhamel, *Scènes...*, p. 36）．この記号学に魅惑された対独協力派で，若干，剽窃家でもある『なぜアメリカは戦争状態にあるのか』の著者は，この記号学を自分のものとしている．「"リバティ"とは，ニッケル硬貨の上でインディアンの頭部のレリーフのそばに――ああ，何という皮肉――刻印された碑文でもある」（Henri Nevers, *Pourquoi l'Amérique est-elle en guerre?*, Paris, Nouvelles éditions françaises, s.d., p. 11）．

(99) ボードリヤール自身はついに打ってつけの人を見つけた．九・一一の「カミカゼ」である．「テロリストの行為は［……］そのイマージュと事件を同時によみがえらせる」（«L'esprit du terrorisme», *Le Monde*, 3 novembre 2001）．

(100) J. Maritain, *Du Régime temporel et de la liberté*, Paris, Desclée de Brouwer, 1933, pp. 110, 112-113. 最後の二つの引用は，彼〔J・マリタン〕の『デカルトの夢想』*Songe de Descartes* からとられたものである．

(101) G. Bernanos, «Révolution et liberté»..., *La Liberté pour quoi faire? ...*, p. 154.

(102) *Ibid.,* p. 63.

(103) P. Claudel à Agnès Meyer, 23 juillet 1929, *Claudel et l'Amérique II...*, p. 99.

(104) A. Tardieu, *Devant l'obstacle. L'Amérique et nous*, Paris, Éd. Émile-Paul Frères, 1927, p. 53.

(105) A. Siegfried, *Les États-Unis d'aujourd'hui...*, p. 19.

(106) *Ibid.,* p. 23.

(107) G. Duhamel, *Scènes*..., p. 36. デュアメルやその同時代人のうちに，アメリカ社会を定義するために必要とされた動物および群居の隠喩をすべて引用することは不可能だろう．すなわち，蜜蜂の巣箱，白蟻の巣，蟻塚などである．両大戦間の想像（イマジネール）の世界において，アメリカ社会は「無機的」であると同時に動物的である――下等動物の集団は，機械論的比喩を延長することにしかならない．

(108) S. de Beauvoir, *L'Amérique*..., p. 100.

(109) 革命思想は――とピエール・ノラは反米主義に割いた論文のなかで言及している――，それ自体，国民文化の中心にある左翼の中心にある（«America and the French Intellectuals», *Daedalus* nº 107, Winter 1978, p. 334）．

(110) G. Duhamel, *Scènes*..., p. 123.

(111) R. Aron et A. Dandieu, *Le Cancer américain*..., p. 162.

(112) R. Aron, *Dictature*..., p. 123.

(113) G. Bernanos, «Révolution et liberté»..., *La Liberté pour quoi faire?*..., p. 154.

(114) René Rémond, *Les États-Unis devant l'opinion française. 1815-1852*, Paris, Armand Colin, 1962, p. 826.

(115) J.-M. Domenach, *Esprit*, juin-juillet 1968.

(116) R. Debray, *Modeste Contribution aux discours et cérémonies officielles du dixième anniversaire*, Paris, Maspéro, 1978, p. 39.

(117) *Ibid.,* pp. 51-52.

(118) J. Clair, «Le surréalisme et la démoralisation de l'Occident», *Le Monde*, 22 novembre 2001.

(119) L. Aragon, «Fragments d'une conférence», *La Révolution surréaliste*, nº 4, 1925, p. 25.

(120) A. Breton, «Allocution au meeting du 30 avril 1949», *Œuvres complètes*, Paris, Gallimard, Bibliothèque de la Pléiade, vol. III, 1999, pp. 1107-1113.

(121) J. Duclos, *La Nouvelle Critique*, nº 30, novembre 1951, p. 125 に引用．演説は9月にさかのぼる．

(122) A. Béguin, «Réflexions sur l'Amérique, L'Europe, la neutralité...», *Esprit*, juin 1951.

(123) 「通称カエルの沼地という場所にひざまずいたことは，私は一度もなかった［……］」．A. Breton, «Pleine Marge»（1940）, *Poèmes*, Paris, Gallimard.

6 精神の反乱，文化の闘争，同業者組合の擁護

（1） R. Aron, *Dictature de la liberté*, Paris, Grasset, 1935, pp. 26, 28.

（2） R. Aron et A. Dandieu, *Le Cancer américain*, Paris, Rioder, 1931, p. 16.

（3） J. Maritain, *Réflexions sur l'Amérque*, Fayard, 1958, p. 29. もともとシカゴ大学の Committee on Socal Thought〔社会思想委員会〕の招待でおこなわれた講演をもとにしたこの本は，自分の戦前のテクストがおこなっている反米的用法とは一線を画そうというはっきりとした願望を示している．マリタンが指摘しようとしているのは，1940年にニューヨークで出版された1938年の講演（*Scholasticism and Politics*, Macmillan, 1940 の一巻に収められた«Action et contemplation»）において，自分がアメリカの大地での精神性の可能性をすでに擁護していたということである．出版地も，言語も，日付も，フランスの読者のなかにその幅広い流布を促すべくもなかった…….

（4） P. Morand, *Champions du monde*, Paris, Grasset, 1930, p. 275.

（5） U. Gohier, *Le Peuple du XXe siècle aux États-Unis*, Paris, Fasquelle, 1903, chap.V, «La question cléricale».

（6） F. Gaillardet, *L'Aristocratie en l'Amérique*, Paris, Dentu, 1883, p. 152.

（7） U. Gohier, *Le Peuple du XXe siècle...*, p. 115.

（8） P. Claudel, *Journal II*（*1933-1955*）, texte établi et annoté par F. Varillon et J. Petit, Paris, Gallimard, Bibliothèque de la Pléiade, 1969, pp. 10-11（1933年３月５日の冒頭）．

（9） G. T. Raynal, *Histoire des Deux Indes*, Pellet, 1780 in -4°, ch. XVIII «Fondation de la Nouvelle-Angleterre», pp. 233, 229, 237.

（10） É. Barbier, *Voyage au pays des dollars*, Paris, Marpon & Flammarion, 1893, p. 167.

（11） *Ibid.*

（12） U. Gohier, *Le Peuple du XXe siècle...*, p. 119.

（13） E. Johanet, *Autour du monde millionnaire*, Paris, Calmann-Lévy, 1898, pp. 111, 351.

（14） アメリカニスムという名称は19世紀末に，リベラルで民主的で社会的なカトリックの運動（クライン神父がそのリーダーである）に与えられるが，この運動は1899年にレオ13世によって断罪されることになる．

（15） É. Boutmy, *Éléments d'une psychologie politique du peuple américain*［1902］, Paris, A. Colin, 1911, pp. 89, 90, 94.

（16） S. de Beauvoir, *L'Amérique au jour le jour*, Paris, Éd. Paul Morihien, 1948, p. 319.

（17） *Ibid.,* p. 176.

（18） É. Boutmy, *Éléments...*, pp. 288, 289.

（19） A. Siegfried, *États-Unis, Canada, Mexique. Lettres de voyage écrites au Petit Havre*, juin-décembre 1935, Le Havre, Imprimerie du Petit Havre, 1935, p. 89.

（20） P. Claudel à Agnès Meyer, 17 sept. 1929; *Claudel et l'Amérique II, Lettres de Paul Claudel à Agnès Meyer [1928-1929] Note-Book d'Agnès Meyer [1929]*, éd. établie par

E. Roberto, Éd. de l'Université d'Ottawa, 1969, p. 137.「デューイの最大の誤りは，ヨーロッパ民族の人間と農民に対する軽蔑にある．長いあいだ真の精神性は素朴な貧しき人々の心のなかに保存されてきた．」

(21) B. Faÿ, *Civilisation américaine*, Paris, Sagittaire, 1939, pp. 282, 271.

(22) Donald Roy Allen, *French Views of America in the 1930's*, New York & London, Garland Publishing Inc., 1979, p. 206.

(23) Ph. Chasles, *Études sur la littérature et les mœurs des Anglo-Américains au XIXe siècle*, Paris, Amyot, 1851, p. 456.

(24) A. de Tocqueville, *De la Démocratie en Amérique* (I), Paris, Robert Laffont, collection «Bouquins», éd. procurée par J.-Cl. Lamberti et F. Mélonio, 1986, p. 246.

(25) P. Morand, *Champions du monde*, Paris, Grasset, 1930, p. 22.

(26) L. Romier, *Qui sera le maître, Europe ou Amérique?*, Paris, Hachette, 1927, p. 16.

(27) A. Siegfried, *Les États-Unis d'aujourd'hui*, Paris, Armand Colin, 1927, p. 174.

(28) *Ibid.,* p. 177.

(29) P. Morand, *Champions...*, p. 22. 反ユダヤ主義者モランがブロツキーを自分の小説の唯一の肯定的な主人公とし，アメリカに対する「神秘的」で根深い反抗の代弁者にする一方，元外交官のオクターヴ・オンベールは，アメリカ人が「精神的なものと世俗的なものを区別すること」ができないことの原因を「プロテスタントとユダヤ人の」エリートによる共同支配においている（O. Homberg, *L'Impérialisme américain*, Paris, Plon, 1929, p. 5）.

(30) J. Huret, *En Amérique* (*II*), Paris, Fasquelle, 1905, p. 23.

(31) *Ibid.,* I, p. 56.

(32) E. Johanet, *Un Français dans la Floride*, Paris, Mame, 1889, p. 76.

(33) É. Barbier, *Voyage au pays des dollars*, Paris, Marpon et Flammarion, 1893, p. 33.

(34) R. Recouly, *L'Amérique pauvre*, Paris, Les Éditions de France, 1933, p. 15.

(35) A. de Tocqueville, *De la Démocratie en Amérique* (I)..., p. 139.

(36) R. Aron et A. Dandieu, *Le Cancer américain...*, p. 211.

(37) *Ibid.,* p. 200.

(38) *Ibid.,* p. 96.

(39) V. Pozner, *Les États-Déunis*, Paris, la Bibliothèque française, 1948, p. 163.

(40) 「アメリカの作家は，大半が暇なときにしか作品を書くことができない．ペンで身を立てている人はごくわずかである」（Max O'Rell [Paul Blouët] et Jack Allyn, *Jonathan et son continent. La société américaine*, Paris, Calmann- Lévy, 1900, p. 29）.

(41) J. Huret, *En Amérique* (*II*)..., p. 68.

(42) P. de Rousiers, *La Vie américaine*, Paris, Didot, 1892, p. 108.

(43) *Ibid.,* p. 107.

(44) G. Duhamel, *Scènes de la vie future* [1930], Paris, Arthème Fayard, «Le Livre de demain», 1938, p. 25.

(45) P. de Rousiers, *La Vie américaine*..., p. 108.

(46) *Ibid.,* p. 596.

(47) J. Huret, *En Amérique* (*I*)..., p. 177.

(48) P. de Rousiers, *La Vie américaine*..., p. 648.

(49) É. Barbier, *Voyage au pays des dollars*..., p. 293.

(50) Marie Dugard, *La Société américaine*, Paris, Hachette, 1896, p. 310.

(51) É. Barbier, *Voyage au pays des dollars*..., p. 96.

(52) Max O'Rell [Paul Blouët] et Jack Allyn, *Jonathan et son continent*..., pp. 30, 29.

(53) J. Huret, *En Amérique* (*II*)..., p. 298.

(54) *Ibid.,* p. 243.

(55) É. Barbier, *Voyage au pays des dollars*..., pp. 288-289.

(56) U. Gohier, *Le Peuple du XXe siècle*..., p. 203.

(57) É. Barbier, *Voyage au pays des dollars*..., p. 89.

(58) U. Gohier, *Le Peuple du XXe siècle*..., p. 203.

(59) Kadmi-Cohen, *L'Abomination américaine*, Paris, Flammarion, 1930, p. 106.

(60) A. Saint-André de Lignereux, *L'Amérique au XXe siècle*, Paris, Taillandier, 1909, p. 148; J. Portes, *Une fascination réticente. Les États-Unis dans l'opinion française*, Presses Universitaires de Nancy, 1990, p. 376 に引用.

(61) Kadmi-Cohen, *L'Abomination américaine*..., p. 106.

(62) O. Homberg, *L'Impérialisme américain*, Paris, Plon, 1929, p. 82.

(63) R. Gain, *Des Américains chez nous*, Paris, Éditions Montaigne, 1928, p. 60.

(64) Kadmi-Cohen, *L'Abomination américaine*..., p. 116.

(65) R. Recouly, *L'Amérique pauvre*..., pp. 246, 252.

(66) J. Kessel, *Hollywood, ville mirage* [1937], Paris, Ramsay, Poche-Cinéma, 1989, pp. 93, 19-20, 23, 43.

(67) L. Durtain, «La cité que bâtit la vision», *Quarantième Étage*, Paris, Gallimard, 1928, pp. 159-160.

(68) J. Kessel, *Hollywood, ville mirage*..., pp. 59, 13-14.

(69) J. Huret, *En Amérique (II)*..., p. 243.

(70) Henri Nevers, *Pourquoi l'Amérique est-elle en guerre?,* Paris, Nouvelles éditions françaises, s.d., p. 7.

(71) S. de Beauvoir, *L'Amérique*..., p. 312.

(72) *Ibid.,* p. 348.

(73) Kadmi-Cohen, *L'Abomination américaine...*, p. 106.

(74) 20世紀初頭に，ギュスターヴ・ランソン Gustave Lanson は，「ジャーナリストの貧しい教養」を嘆いている（*Trois Mois d'enseignement aux États-Unis*, Paris, Hachette, 1912, p. 89）．フランス人旅行者の大半が英語に無知であるために，ジャーナリズムについての彼らの判断は大した重要性をもたない．

(75) R. Aron et A. Dandieu, *Le Cancer américain...*, pp. 216, 217, 221, 223.

(76) G. Soria, *La France deviendra-t-elle une colonie américaine?*, préface de F. Joliot-Curie, Paris, Éd. du Pavillon, 1948, p. 128.

(77) 詳細な分析は，Ph. Roger［本書の著者と血縁関係はない］の *Rêves et cauchemars américains. Les États-Unis au miroir de l'opinion publique française（1945-1953）*, Lille, Presses Universitaires du Septentrion, 1996 を参照．とりわけ，«Une culture de masse fascinante», pp. 211-223.

(78) G. Soria, *La France deviendra-t-elle...*, p. 186.

(79) *La Nouvelle Critique*, n° 27, juin 1951, pp. 3-4.

(80) *La Nouvelle Critique*, n° 30, nov. 1951, p. 124.

(81) Étiemble, *Parlez-vous franglais?*, Paris, Gallimard, 1964, p. 291.

(82) *La Nouvelle Critique*, n° 16, mai 1950; éditorial de Victor Joannes, «Notre fierté nationale ou le Congrès du Parti de la France».

(83) J.-M. Domenach, *Esprit*, n° 354, nov. 1966, p. 625.

(84) *La Nouvelle Critique*, n° 14, mars 1950 ; Guy Besse, «Notre Université ne sera pas atlantique».

(85) *La Nouvelle Critique*, n° 27, juin 1951. 料理教室は「家庭経済学」«Home economics» という見出しで，いくつかの高等学校のカリキュラムに載ることができた．

(86) B. de Jouvenel, *La Crise du capitalisme américain, dans Itinéraire 1928-1976*, Paris, Plon, 1993, p. 167.

(87) François Cochet, «La bande dessinée en France et aux États-Unis dans l'entre-deux-guerres: deux modèles culturels en action», *Les Américains et la France（1917-1947）. Engagements et représentations*, sous la dir. de F. Cochet, M.-Cl. Genet-Delacroix, H. Trocmé, Actes du colloque organisé à Reims par le Centre Arpège（université de Reims）et le Centre de recherche d'histoire nord-américaine（U. de Paris I）, Paris, Maisonneuve et Larose, 1999, p. 200 を参照．

(88) G. Soria, *La France deviendra-t-elle...*, p. 134.

(89) L. Daquin, «Le cinéma», *La Nouvelle Critique*, n° 25, avril 1951.

(90) Fr. Cochet, «La bande dessinée en France et aux États-Unis...», p. 201.

(91) *Ibid.* 統制委員会の委員であるルネ・ファンケルスタインが解説している．

「このようにして，私たちの子供たちは大人向けの“漫画”や，暴力，情熱，スーパーマンを賛美するいくつかの擬音語を伴った画像から守られることになる．」

(92) R. Queneau, *Front national*, 3 novembre 1945; *Bâtons, Chiffres et Lettres*, Paris, Gallimard, 1950, p. 152 に再録．

(93) V. Pozner, *Les États-Désunis...*, p. 161.

(94) E. Cary, «Défense de la France, Défense de la langue française», *La Nouvelle Critique*, n° 3, février 1949.『墓に唾をかけろ』*J'irai cracher sur vos tombes* の出版は1946年である．

(95) V. Pozner, *Les États-Désunis...*, p. 14.

(96) Muriel Brot, «Réécritures des Lumières», *Critique*, n° 663-664, «Couper-Coller. Les Plagiaires», août-septembre 2002 を参照．

(97) V. Pozner, *Les États-Désunis...*, p. 18.

(98) G. Soria, *La France deviendra-t-elle...*, p. 110.

(99) Carlton J. H. Hayes, *France: A Nation of Patriots*, New York, Columbia, 1930, pp. 186-195; David Strauss, «The Rise of Anti-Americanism in France: French Intellectuals and the American Film Industry, 1927-1932», *Journal of Popular Culture*, Bowling Green State University, Spring 1977, vol. X, n. 4; Jacques Portes, «L'internationalisation du cinéma—années 1920», *in* J. Porets, *L'Amérique comme modèle, L'Amérique sans modèle*, Presses Universitaires de Lille, 1993 を参照．

(100) *La Nouvelle Critique*, n° 12, janvier 1950, p. 108.

(101) ［原文のまま］; *ibid.*, p. 115.

(102) Patricia Hubert-Lacombe, «L'accueil des films américains en France pendant la guerre froide（1946-1953）», *Revue d'histoire moderne et contemporaine*, n° 33, 1986, pp. 301-314 からもたらされるデータ．

(103) G. Soria, *La France deviendra-t-elle...*, p. 135.

(104) Jacques Becker; G. Soria, *ibid.*, p 136 に引用．

(105) R・クイゼル R. Kuisel は，*Le Miroir américain, 50 ans de regard français sur l'Amérique*, Paris, J.-C. Lattès, 1993, pp. 92-124でこの経済的・政治的対立の詳細な分析をおこなっている．同じく，1999年の短い「リバウンド」の時期に発行されたジャン＝ノエル・ジャヌネ Jean-Noël Jeanneney の記事，«Coca-Cola: le sens d'un écho», *Le Monde*, 29, juin 1999を参照．

(106) E. Herriot, *Europe*, Paris, Rieder, 1930. すでに「私たちのヨーロッパの民間伝承が，まさしく私たちの〈大陸〉の歴史と同じく，尊敬すべきロサンゼルスの市民によって翻訳されている」ことを確認することで，エリオは「ヨーロッパの集中」を弁護している．これが「私たちの大陸文化の納

得のいく解釈を保護するために私たちに残されている唯一の手段である」(pp. 212-213).

(107) J. Renoir, G. Sadoul, *Dictionnaire des cinéastes*, Paris, Seuil, 1965, p. 190 に引用.

(108) G. Soria, *La France deviendra-t-elle...*, p. 137 に引用.

(109) J.-P. Sartre, «Denis de Rougemont: "L'Amour et l'Occident"», *Situations I*, Paris, Gallimard, 1947, p. 58.〔「ドニ・ド・ルージュモン『愛と西欧』」,『シチュアシオンⅠ』(『サルトル全集』第11巻) 所収, 清水徹訳, 人文書院〕

(110) V. Pozner, *Les États-Désunis...*, p. 19.

(111) R. Barthes, «Les Romains au cinéma», *Mythologies* [1957]; *Œ. C.*, dir. par E. Marty, Paris, Seuil, 1994, t. I, p. 579.〔ロラン・バルト「映画におけるローマ人」,『神話作用』所収, 篠沢秀夫訳, 現代思潮新社〕

(112) Nicolas Virta, «Une super-Gestapo: le FBI», *Études soviétiques*, n° 36, avril 1951, p. 32.

(113) J.-M. Frodon, «Chevauchée fantastique dans la pellicule», compte rendu de *Cinquante ans de cinéma américain* de B. Tavernier et J.-P. Coursodon, *Le Monde*, 18 avril 1991.

(114) J.-P. Sartre, «Il n'y a plus de dialogue possible», *Le Nouvel Observateur*, 1er avril 1965; *Situations VIII*, pp. 9-19.〔サルトル「もはや対話は可能ではない」,『シチュアシオンⅧ』(『サルトル全集』第36巻) 所収, 海老坂武訳, 人文書院〕

(115) J.-P. Sartre, «Défense de la culture française par la culture européenne», *Politique étrangère*, n° 3, juin 1949, p. 240; M. Contat et M. Rybalka, *Les Écrits de Sartre*, Paris, Gallimard, 1970, pp. 212-213 に引用.

(116) Jean Piel, *La Fortune américaine et son destin*, Paris, Éditions de Minuit, 1948; それぞれ pp. 49, 119, 8-9, 207 (強調は原著者), および p. 9.

(117) É. Galtsova, «*La Putain respectueuse* et *Nekrassov* en URSS: fox-tort avec Jean-Paul Sartre», *Sartre. Une écriture en acte*, dir. par Geneviève Idt, Ritm-Université de Paris X, 2001, pp. 221-251.『汚れた手』は1949年にリチャード・タラダッシュ Richard Taradash によって,『赤い手袋』*Red Gloves* という題名で脚色されている.

(118) J. Lang, *L'Express*, septembre 1982 ; M. Winock, «US go Home», *L'Histoire*, n° 50, nov. 1982 (強調は私) に引用.

(119) J.-P. Sartre, «Sartre répond» (au professeur Grossvogel), *Le Nouvel Observateur*, 8 avril 1965; *Situations VIII*, Paris, Gallimard, 1972, p. 25.〔サルトル「グロスフォーゲル氏に答える」,『シチュアシオンⅧ』(『サルトル全集』第36巻) 所収, 海老坂武訳, 人文書院〕

(120) R. Vailland, «Lettre au capitaine Jimmy F. B.», *L'Humanité Dimanche*, février 1954; *Chroniques II*..., pp. 230-231.

(121) J.-P. Sartre, *Théâtre populaire*, nº 15, sept-oct. 1955.

(122) V. Pozner, *Les États-Désunis*..., p. 16.

(123) *L'Antiaméricanisme*, dir. par S. Mathé, Aix-en-Provence, Publications de l'Université de Provence, 2000という興味深い一巻におけるLudovic Tournès, «La réinterprétation du jazz: un phénomène de contre-américanisation» を参照.

(124) A. de Tocqueville, *De la Démocratie en Amérique* (I)..., p. 451.

(125) E. Berl, *Mort de la pensée bourgeoise* [1929], Paris, Robert Laffont, 1970, pp. 76-77.

(126) 1933年以降，フランスが商談などの交渉で引き合いに出す文化的特例は，かなり異なる三つの意味を帯びているが，だからといってこの論争が明確になるわけではない．それは *primo*〔第一に〕，「文化的作品は他と同じような商品ではない」という主張である．だがこの命題は自明の理の再確認と価値判断のあいだを揺れ動き，文化的作品がいかなる点で「他と同じような」ものでないのか，これら「他」のものとの境界がどこを通っているかを述べることを免れさせるべくもないだろう．*secundo*〔第二に〕，文化的特例は文化的な保護貿易主義の政治的意志を示しているが，その目的は完璧に正当であるとみなすことができる．*tertio*〔第三に〕，文化的特例という旗印は，合衆国に対してだけ掲げられたものだが，その周りに反米的な文化的言説全体を再結集させたことは，きわめて論理的であった．

(127) 1999年11月のマクドナルドの広告における逆襲のテーマは，フランス人の反米主義に意図的につけ込んだものだった．とりわけ『リベラシオン』紙に掲載された一ページまるまる使った写真では，異常に太って，髭を生やし，オーバーオールと迷彩服のジャケットを着たアメリカ人がいう，「マクドナルドのサラダ菜なんて，興味ないね」．これに対して，フランスの声となったマクドナルドの声は答えた，「いかにも！　でも，フランス人はサラダ菜が好きなのでね……」．そしてこの哀れなアメ公に対して，つぎのような尊大な調子で，味覚とダイエットにかんする出任せの考察がつづく．「少しは見習いなさい…….」

(128) Toni Negri, *Le Monde*, 27-28 janvier 2002.

(129) Jean-François Perigot, «Le McDo est-il soluble dans le magret ?», *Libération*, 18 et 19 septembre 1999.

結　論

(1) R. Barthes, *Roland Barthes par Roland Barthes*, Paris, Seuil, 1975, p. 71.〔ロラン・

バルト『彼自身によるロラン・バルト』佐藤信夫訳，みすず書房〕

（2） A. Maurois, *En Amérique*, Paris, Flammarion, 1933, p. 124.

（3） R. Kuisel, *Le Miroir américain, 50 ans de regard français sur l'Amérique*, Paris, J.-C. Lattès, 1993, p. 34 に引用．

（4） D. Echeverria, «L'Amérique devant l'opinion française», *Revue d'histoire moderne et contemporaine*, janvier-mars 1962, p. 59 を参照．J・ポルトJ. Portes は自著，*Une fascination réticente. Les États-Unis dans l'opinion française*, Presses Universitaires de Nancy, 1990 (p. 16) で，これを参考にしている．D・エシュヴェリアがこれを適用する19世紀についてさえも，この「規則」はあまりに多くの例外によって妨げられているように見える．

（5） 1999年4月6日―7日に実施されたCSA・オピニオン／『リベラシオン』紙の調査を参照．この調査は，選挙人名簿に登録された18歳以上の1000人という，割当方式によって作成された代表的フランス人のサンプリングによる（*Libération*, 10 et 11 avril 1999）．

（6） *Ibid.* 解説はジャン＝ミシェル・エルヴィグ Jean-Michel Helvig による．

（7） R. Debray, *Contretemps*, Paris, Gallimard-Folio, 1992, pp. 104, 105.

（8） R. Aron et A. Dandieu, *Le Cancer américain*, Paris, Rioder, 1931, p. 80.

（9） R. Debray, *Contretemps*..., p. 109.

（10） G. Duhamel, *Scènes de la vie future* [1930], Paris, Arthème Fayard, 1938, p. 124.

（11） 『リベラシオン』紙が「恐るべきペテン」と名づけているものについて，同紙でピエール・ラグランジュ Pierre Lagrange がベアトリス・ヴァレース Béatrice Vallaeys とおこなっている対談を参照．メサン Meyssan の著書の大筋を形づくっているのは，「否定主義と同じレトリック」である，と「陰謀の信奉者」の専門家であるこの社会学者は指摘している．この本がベストセラーになったこと（1週間で10万部だと話題になった）は，アメリカ人から犠牲者という立場を奪い，彼らを容疑者，さらには犯人の立場にふたたび据えようとするシナリオ全体が，フランスの公衆に対して及ぼす途方もない魅力を示している．

（12） J.-F. Lyotard, *La Condition postmoderne*, Paris, Minuit, 1979〔リオタール『ポスト・モダンの条件』小林康夫訳，水声社〕を参照．

（13） *Ibid.*, p. 7.

《叢書・ウニベルシタス 974》
アメリカという敵
——フランス反米主義の系譜学

2012年 7 月22日　初版第 1 刷発行

フィリップ・ロジェ
大谷尚文／佐藤竜二訳
発行所　財団法人　法政大学出版局
〒102-0073 東京都千代田区九段北3-2-7
電話03(5214)5540 振替00160-6-95814
組版：アベル社　印刷：平文社　製本：誠製本
© 2012
Printed in Japan

ISBN 978-4-588-00974-7

著　者

フィリップ・ロジェ（Philippe Roger）

1949年，フランス・ブールジュに生まれる．高等師範学校出身．現在，国立科学研究センター（17・18世紀のフランス語フランス文学研究センター／パリ－ソルボンヌ），および社会科学高等研究学校の研究指導教授．そのかたわらでアメリカ・ヴァージニア大学とニューヨーク大学の教授を兼務している．

主著として『サド——圧搾場における哲学』（グラッセ社，1976），『ロラン・バルト，小説』（グラッセ社，1986．リーヴェル・ド・ポッシュ，1990），本書『アメリカという敵——フランス反米主義の系譜学』（スイユ社，2002．スイユ社〈ポワン叢書〉，2004．2003年の〈今日賞〉受賞．本書の英訳は2005年のグールド財団および仏米財団賞受賞）．

その他，『サド——危機を書く』（M. カミュとの共著，ベルフォン社，1983），『20世紀におけるフランス革命の伝説』（J.-Cl. ボネとの共著，フラマリオン社，1988），『啓蒙主義の人間——パリからペテルブルグへ』（ナポリ，ヴィヴァリウム & パリ，人間科学社，1995），『百科全書——ネットワークから書物へ，書物からネットワークへ』（R. モリセーとの共著，シャンピオン社，2001），『二世紀にわたる一時代？　一七世紀と一八世紀——連続性と不連続性』（J. ダジャンとの共著，デジョンケール社，2004）など共著，およびフランス内外を問わずさまざまな雑誌に文学や文化史にかんする論文多数．

1996年以後，ジョルジュ・バタイユによって創設された『クリティック』誌の編集長．

訳　者

大谷尚文（おおたに　なおふみ）

1947年に生まれる．東北大学文学部卒業．現在，石巻専修大学教授．訳書に，トドロフ『歴史のモラル』，『ミハイル・バフチン　対話の原理』，『イラク戦争と明日の世界』，『悪の記憶・善の誘惑—— 20世紀から何を学ぶか』，『絶対の冒険者たち』，『他者の記号学——アメリカ大陸の征服』（共訳），トドロフ他『アステカ帝国滅亡記』（共訳），ショーニュー『歴史とデカダンス』，ヴェーヌ他『個人について』，ラルセン『風景画家レンブラント』（共訳），オリヴィエ『母の刻印』，『母と娘の精神分析』（共訳），リポヴェツキー『空虚の時代』（共訳，以上，法政大学出版局）などがある．

佐藤竜二（さとう　りゅうじ）

1971年に生まれる．弘前大学人文学部卒業．ベルギー政府給費留学生としてブリュッセル自由大学に留学．京都大学大学院人間・環境学研究科博士課程単位取得認定退学．専攻：フランス文学，ユダヤ思想史．訳書に，リポヴェツキー『空虚の時代——現代個人主義論考』（共訳，法政大学出版局）がある．